Michel Peyramaure

Michel Peyramaure est né à Brive, en Corrèze, en 1922. À sa sortie du collège, il travaille dans l'imprimerie de son père. Il devient ensuite journaliste à *La Montagne*, avant de se consacrer à la littérature.
Son premier roman, *Paradis entre quatre murs*, paraît en 1954. Une cinquantaine d'autres suivront, marqués par son goût pour l'histoire de France – celle de ses provinces, en particulier – et pour la littérature de terroir. Au début des années quatre-vingt, il fonde, avec Claude Michelet et Denis Tillinac, l'école de Brive, un mouvement d'écrivains du terroir, tous corréziens, qui renouent avec la tradition romanesque et populaire du XIXe siècle. Il est également l'auteur de biographies (*Henri IV, Cléopâtre, Suzanne Valadon*).
Michel Peyramaure a reçu en 1979 le Grand Prix de la Société des gens de lettres pour l'ensemble de son œuvre. Écrivain "régional", il dit avoir "les deux pieds en Corrèze".

LOUISIANA

DU MÊME AUTEUR
CHEZ POCKET

LES DEMOISELLES DES ÉCOLES
LES FLAMMES DU PARADIS
L'ORANGE DE NOËL
PACIFIQUE SUD
LES TAMBOURS SAUVAGES
CLÉOPÂTRE : REINE DU NIL

HENRI IV

T. 1 — L'ENFANT DE NAVARRE
T. 2 — RALLIEZ-VOUS À MON PANACHE BLANC !
T. 3 — LES AMOURS. LES PASSION ET LA GLOIRE

SUZANNE VALADON

T. 1 — LES ESCALIERS DE MONTMARTRE
T. 2 — SUZANNE VALADON

*A Maître Jean-Louis Aujol,
amoureux de la Louisiane.*

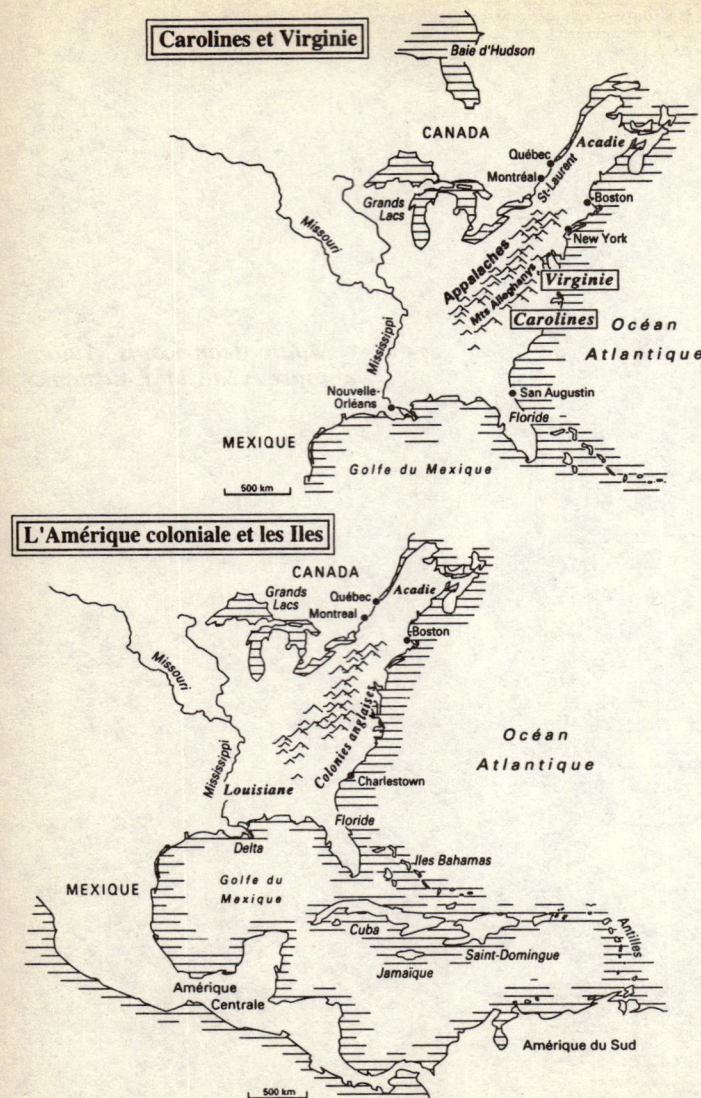

Louisiane méridionale, fleuves et nations indiennes

Premiers établissements, côte sud de la Louisiane

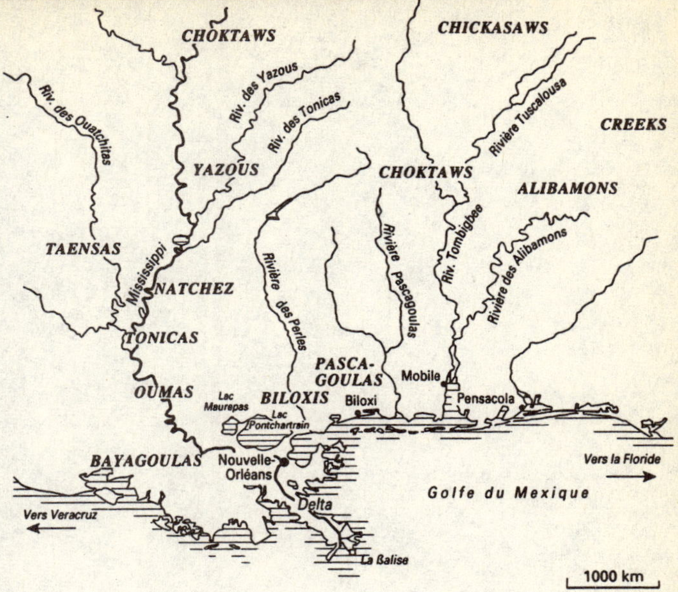

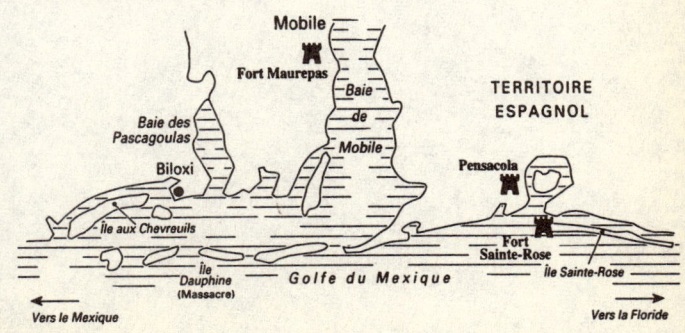

PRÉLUDE ET FUGUE POUR VIOLON SOLO

Paris : août 1698

Lorsqu'il vit la première brume flotter sur la Seine, François Picard se dit qu'il n'allait pas tarder à faire nuit et que le concert des cornes de brume allait retentir sur le fleuve. Il venait d'apercevoir le coche d'eau de Corbeil, le *corbeillard*, en train de manœuvrer pour accoster à la Grève, dans un large mouvement qui donnait une sorte de grâce à ce rafiot à moitié pourri dont on se demandait par quel miracle il pouvait assurer son service quotidien sans risquer de sombrer au moindre remous.

Lentement, son violon en bandoulière, François Picard prit par le quai de la Mégisserie pour se rendre aux cabarets des Halles où il avait ses habitudes.

A peine installé, son instrument près de lui, il posa la tête sur ses bras croisés et s'enfonça aussitôt dans un de ces petits sommes de fin d'après-midi qui lui mettaient du baume au cœur en lui faisant oublier qu'il n'avait pas déjeuné et que le souper demeurait hypothétique.

Quelques instants plus tard une voix brutale éclatait dans son dos :
– Il n'en finira donc pas de gueuler ! Que le bourreau en finisse et qu'on l'entende plus !

La main qui tenait une carte s'abattit rudement sur la table pour souligner cette observation. Il devait avoir une belle santé, ce Gruet, dit Quatre-Poils, à cause de sa barbiche de rabbin : depuis le temps qu'il gémissait et hurlait sous les jets de projectiles divers qui lui pleuvaient sur la figure !

13

De derrière les vitres du cabaret, François Picard, en soulevant la tête, distingua la silhouette massive du pilori coiffé d'une toiture hexagonale, la charpente apparente, la haute robe de brique crue où s'ouvrait une niche habitée par une Vierge rose et bleu.

Le spectacle se situait au-dessus de l'image sainte, au niveau du cercle de bois du carcan qui présentait au public le visage du condamné. Après quelques heures d'exposition accompagnée de lapidations, ce visage n'était qu'une plaie sanglante. En tendant l'oreille on aurait pu entendre le claquement des projectiles qui, manquant leur cible, heurtaient la ceinture de bois, et, lorsque le malheureux était touché de plein fouet, son hurlement et les vivats de la foule.

« A l'heure qu'il est, songea François, ce pauvre Gruet n'a sans doute plus de dents et doit être aveugle. S'il réchappe au supplice c'est qu'il y a un Bon Dieu pour la canaille... »

Alignés en cordon autour du pilori, les sergents d'armes contenaient la foule, composée en grande partie de victimes du prévaricateur. Dans l'espace laissé libre, le chansonnier Sacremore s'en donnait à cœur joie, jouant de son orgue d'Allemagne posé sur un pied mobile, dont la mélodie grinçante accompagnait les injures de la foule et les hurlements du supplicié. Ce bougre d'artiste ambulant n'avait pas perdu le nord. A peine avait-il appris le supplice, il avait composé une chanson. Il l'avait fait recopier par ses scribes, en assurait lui-même la distribution et empochait les picaillons sans cesser de tourner la manivelle en chantant :

> *De tous les corps de métier*
> *Voilà le fléau redoutable*
> *Qui, malgré le temps misérable,*
> *Obligeait deux fois à payer*
> *C'est lui qui, pour une pistole,*
> *Faisait deux cents écus de frais...*

François entendit la voix du patron murmurer dans son dos :

– Si tu étais moins fainéant et que tu aies davantage de jugeote, c'est toi qui serais en train de chanter la chansonnette et d'empocher la monnaie. Sacremore... Il n'a pas ton talent pour ce qui est de la musique, mais il doit s'être fait un beau pécule. Le pilori des Halles et

14

celui de la Grève lui font une jolie rente. Regarde comme il est gras...

– Cette graisse, dit François, je m'en passe fort bien. Je ne suis ni gras ni maigre, avec juste ce qu'il faut pour plaire aux dames qui écoutent ma musique. Sacremore ne pourrait pas en dire autant.

– Sans doute. Je parlais non seulement de ses fesses, mais de sa bourse. Elle doit avoir des formes plus arrondies que la tienne.

– Ce qui fait le succès de mes *concerts*, c'est ma légèreté et ma grâce. La bourse et le ventre vide me font léger comme une brise.

François Picard avala sa salive lorsque la première odeur de volailles rôties commença à flatter ses narines. Il dut bien convenir dans son for intérieur que, lesté d'une cuisse de poularde, son ventre ne l'aurait pas empêché de se trémousser en jouant du violon pour les belles.

– Aïe ! fit-il. Ce coup a porté...

Le hurlement du supplicié venait de tomber lourdement sur la foule : une pierre de fronde avait fait mouche. Suivit un silence puis une rafale de rires et de quolibets monta de la populace surexcitée. Si les sergents ne se décidaient pas à disperser la meute sanguinaire, la mort serait le châtiment du malfaiteur.

– Moi, dit le violoneux, je ne mange pas de ce pain-là. Sacremore est un charognard. Il danserait sur un cercueil pour une poignée de liards.

Sous la menace des hallebardes, le reflux de la foule emporta Sacremore. Le populaire repu, Gruet pouvait crever ; il avait son compte.

– Salut la compagnie ! cria le chansonnier en entrant dans le cabaret.

Le patron lui jeta :

– Laisse la porte ouverte, l'ami ! La clientèle ne va pas tarder à rappliquer. C'est le genre de spectacle qui donne faim et soif.

Sacremore posa sa boîte à musique sur la table voisine de celle qu'occupait le violoneux. Il écarta du pied la hotte de vannerie où François rangeait ses frusques et les rogatons qui lui servaient d'en-cas.

– La journée a été bonne ? demanda le violoneux. Te voilà bien *graissé*, à ce qu'il semble...

15

— J'ai fait mon beurre, dit le chansonnier. Cette fripouille de Gruet, c'est bien la première fois qu'il se montre généreux. Bien malgré lui, faut dire...

Une crampe d'estomac réveilla chez le violoneux une velléité d'hypocrisie.

— Ta chanson... dit-il. Bien tournée, ma foi. Sans toi ces supplices ne seraient que de tristes spectacles. Tu as le don de les rendre attrayants, presque humains... Il y a de la place près de moi. Si tu veux en profiter...

— Pour le moment, dit Sacremore en s'asseyant en face de son compère, ses lourdes épaules de roulier arrondies par la fatigue, j'ai d'autres soucis en tête que de chansonner le pilori, même si j'y mets quelque talent, comme tu me fais le plaisir de le reconnaître. Maître Gaster, du vin, et vite ! J'ai la gorge sèche comme si j'avais mangé une livre de harengs. Tu apporteras aussi une de tes poulardes, des oignons et une miche.

— Pour deux ? hasarda le tavernier.

— Pour deux. La journée a été bonne, et je me sens le cœur généreux.

La clientèle commençait à affluer, précédée par des bordées de rires et de plaisanteries. Maître Gaster, qui s'appelait en réalité Perrot, les servit copieusement. Dans la salle, la rumeur prenait de la consistance avec l'arrivée de nouveaux groupes qui commentaient le supplice comme s'il se fût agi d'une farce donnée sur le Pont-Neuf par les Italiens. Certains vinrent taper sur l'épaule de Sacremore qui s'était fait une spécialité honorable de ces chansons consacrées aux victimes du pilori.

— L'orgue d'Allemagne, dit-il en arrachant une cuisse à la poularde, convient parfaitement au pilori, mais j'ignore pourquoi. Dès que je commence à jouer, je vois des visages qui annoncent la pâmoison, des yeux en train de ribouler. Chez les femmes surtout : elles apprécient mieux que les hommes ce genre de divertissement. Les garces... Faut les entendre hurler ! Hier, sous le pilori de la Grève, elles étaient une nuée à jeter des pierres et des fruits pourris à la Roussette, la faiseuse d'anges mâtinée de maquerelle de la rue des Barres.

Il vida son verre, le remplit, ainsi que celui de Picard, demeura un instant songeur et ajouta en taillant dans un oignon :

— Si tu veux mon avis, compagnon, cette fin de règne

16

me donne la nausée. La cruauté, la méchanceté gratuite, le crime organisé suintent de partout. On dirait que les gens sentent venir une catastrophe. Ils sont comme des rats enfermés dans une cage et qui se bouffent entre eux.

François avait envie de rétorquer que, par ses couplets, Sacremore faisait ses choux gras de cette propension à l'hystérie ; il préféra, pour ne pas paraître ingrat, rétorquer :

– Que veux-tu, collègue, nous vivons une drôle d'époque.

– Ça, oui ! Parfois j'ai envie de foutre le camp.

– Tu en as de bonnes ! Et pour aller où et faire quoi ?

– J'en sais fichtre rien ! Peut-être en Provence, en Italie, dans les Iles, me dorer au soleil. Toi et moi, dans les salons de Saint-Domingue, de Québec ou des Indes, nous ferions vite fortune sans nous fatiguer. Si j'avais ton âge, petit...

– Si tu avais mon âge, tu resterais à Paris, comme moi. Nous y survivons parce que nous ne sommes d'aucune coterie, que nous respectons Dieu et le roi. Aux Iles, nous risquerions de finir sous la dent des nègres et des Indiens, comme cette poularde... Si tu permets...

– Eh bien, sers-toi ! Tu peux garder les restes pour demain. Je trouve que tu n'as pas bonne mine. On dirait que tu sors de la Salpêtrière. Toi et ton crincrin vous ne devez pas faire de miracles.

Il repoussa d'un coup de pied, avec un juron, le chien en train de pisser sur ses chausses.

– Faut dire que tu fais rien pour aider la chance et que c'est pas le travail qui te tuera. Au lieu de rester à te goberger à mes dépens tu devrais te trouver sur le Pont-Neuf ou au cabaret de Ramponneau à jouer ton répertoire : *La Mistenlaire* ou *A la volette*, si je ne me trompe...

– Le Pont-Neuf... soupira François Picard. Trop de monde et trop peu de gens pour m'écouter. On me chasse de partout et je ne suis pas de taille à me défendre. Toi, Sacremore, s'il te venait à l'idée d'aller donner l'aubade devant les grilles des Tuileries, les sergents se mettraient à genoux pour t'écouter. Ton orgue d'Allemagne... Il a quelque chose de magique. Quelque chose de... sorcier.

17

— De sorcier ? Quelle idée ! Parle plus doucement. Je tiens pas à finir mes jours sur le bûcher.

Ils achevèrent la cruche de vin de Loire puis Sacremore se leva pesamment.

— Mon gars, faut que je décampe presto. J'ai fini ma journée. Place au plaisir ! Je vais m'offrir la plus chaude putain des Halles.

Il ajouta, penché à mi-corps sur la table :

— J'ignore comment tu comptes finir ta soirée, mais je te donne un bon conseil : fais gaffe aux hallebardes ; elles sont nerveuses ces temps-ci. On les voit partout en train de patrouiller et pas pour faire risette aux promeneurs attardés. Vêtu comme tu l'es, avec ta mine de voyou affamé, tu risques de finir tu sais où ?

— A la Bastille, peut-être, ou au Châtelet, bredouilla Picard.

Sacremore éclata de rire.

— Sûrement pas, mon gars ! C'est des taules pour les rupins et les talons rouges. Tu risques de te retrouver dans les griffes d'un racoleur de l'armée qui t'enverrait *manu militari* te dorer au soleil de la Louisiane.

Que les hallebardes soient « nerveuses », François n'en doutait pas. Il avait eu une patrouille aux basques quelques jours avant, alors qu'il venait de donner une sérénade rue Vivienne à un moment de grande affluence, devant la boutique d'un changeur qui l'avait injurié et avait appelé la garde. Il faut dire qu'il y avait comme de la fièvre dans l'air, sans qu'il en sache vraiment la raison. L'incertitude et la misère des temps, peut-être. Mais ce n'était pas une nouveauté.

Surtout, se dit-il, éviter la rue de la Ferraille, lieu de prédilection des racoleurs à plumes, acharnés à écumer ce que la capitale compte de miséreux aptes à faire des soldats ou de la viande pour les cannibales des Iles.

François, harnaché de son violon et de sa hotte, décida de pousser jusque chez Ramponneau.

Il trouverait de la clientèle dans cette auberge. Pas du gratin, peut-être, mais les quelques picaillons qu'il pourrait collecter lui seraient bien utiles. Ensuite il regagnerait sa tanière du Port-au-Foin, proche de la Grève.

Pour avoir obtenu la permission de jouer dans son établissement il connaissait le propriétaire qui se faisait appeler le « Grand Ramponneau ». Cet étrange personnage atteint de mégalomanie soldait des crieurs de rue pour proclamer, ce qui semblait d'ailleurs être la vérité, que son cabaret et son auberge étaient les plus animés et fréquentés de Paris. Animé, sans doute ; quant à la fréquentation, sa nature en était douteuse : on trouvait sur ses bancs quelques bourgeois venus se dévergonder à vil prix, mais aussi gueux et ribauds issus des cours des Miracles qui prospéraient dans les quartiers bas.

La taverne sentait la mangeaille et le tabac à vingt brasses à la ronde. On avait allumé chandelles et quinquets et il sortait de la grande salle une rumeur de tempête.

On devait célébrer quelque événement extraordinaire, car des voitures de louage allaient et venaient dans la cour au milieu de laquelle on avait dressé une estrade et tendu verticalement une immense toile sur laquelle figuraient, sous forme d'images coloriées, les étapes de l'existence exemplaire du grand homme. Un tambour battait le rappel des chalands, sous des inscriptions rappelant le « triomphe de Monsieur Ramponneau » dont un bonimenteur commentait, baguette à la main, l'épopée cabaretière.

Le violoneux se frotta les yeux en se demandant s'il ne rêvait pas. Il s'avança à travers la foule vers une servante juchée sur l'estrade, qui distribuait du vin gratis à la demande. Il aurait aperçu le « Grand Ramponneau », une écumoire d'une main, un sceptre de l'autre, une lardoire passée dans sa ceinture en guise d'épée, assis comme Bacchus sur une barrique, qu'il n'eût pas été autrement surpris.

François connaissait la servante pour avoir échangé avec elle des câlineries et des complaisances sans lendemain. Lorsque Rosine l'aperçut, elle l'invita à s'approcher et lui cria :

– Il nous manquait un peu de musique !

Elle annonça à la cantonade que « maître François Picard » allait jouer quelques ritournelles. Le premier réflexe du violoneux fut de se faire oublier, mais il se dit qu'il devait y avoir quelque avantage à grappiller s'il se mêlait à cette fête. D'ailleurs, il n'avait plus le choix : on le libéra de sa hotte de misère, on le poussa vers une table libre qui servait d'estrade, avec tant d'insistance qu'il avait l'impression de voler au-dessus de cette mer humaine en folie. On touchait ses mains et ses vêtements comme s'il eût été le Messie avant de le hisser sur les planches dans une ovation qui déferlait vers lui.

— Eh bien! lui cria Rosine, joue donc un petit air si tu ne veux pas te faire écharper. Tu manquais à cette fête.

— Une fête? Quelle fête?

— Tu n'es pas au courant, innocent? Tout Paris ne parle que de la naissance du premier fils de Jean Ramponneau. Un joli petit Clovis...

— Que vas-tu nous jouer? lança un client.

Un trait de génie traversa l'esprit du violoneux. Il lança d'une voix forte:

— Je vais vous interpréter un air de circonstance: *Le Premier Sourire de Clovis*.

Il n'avait jamais ressenti autant de facilité et de plaisir à improviser. La musique se mit à couler comme d'une source de son vieil instrument; elle flottait avec grâce au-dessus des vagues et la foule se taisait pour la boire. Il ne manquait que les paroles, mais il n'avait pas pour cela le talent de Sacremore. On lui fit malgré tout un triomphe. Rosine lui versa à boire, fourra des saucisses dans son gilet, l'embrassa sur les deux joues et sur la bouche.

— Encore! Encore! criait la foule.

Marquant la mesure avec son talon il joua des gigues, des passe-pieds, des gaillardes, et le bon peuple se mit à danser. Rosine le fit boire de nouveau, si bien qu'en descendant de son estrade, traînant derrière lui sa hotte, il titubait.

— Bravo, petit! lui lança l'aubergiste. Tu m'as fait honneur et je ne l'oublierai pas. Le « Grand Ramponneau » n'est pas un ingrat. Reviens jouer tous les soirs. Tu auras un louis et une place à table pour manger et boire à la santé de Clovis.

— Vous êtes bien bon, maître Ramponneau... bredouilla François.

— Rosine! jeta l'aubergiste. Une table pour maître Picard. Donne-lui tout ce qu'il désire. C'est un grand jour!

L'immense salle était comble. Une vieille vendait des harengs près de la cheminée où cuisaient volailles et viandes qui répandaient une odeur de paradis. Les murs latéraux s'ornaient de fresques grossières patinées par la fumée et d'inscriptions bachiques.

La servante fit s'écarter un stropiat et une gueuse pour faire de la place, posa devant l'invité un pichet, un gobelet, une miche de pain blanc et un plat fumant de gigot aux haricots. François glissa la miche dans sa hotte dont il accrocha la lanière au pied de la table pour éviter qu'on ne la lui volât. Le vin était frais et généreux ; il vida la cruche, en réclama une autre que Rosine lui apporta aussitôt.

Il frémit d'inquiétude en songeant que, dans l'état où il était, il lui faudrait, à la nuit tombée, une bonne demi-heure pour regagner sa niche du Port-au-Foin disputée aux rats, sur l'embarcation désaffectée qui lui servait de logis. Après tout, quelle importance ? Malgré l'épaisse fumée de tabac qui lui piquait la gorge, il se sentait sur les rivages de l'Éden. Il laissa échapper un rot profond, ses paupières se mirent à papilloter et il s'endormit, la tête lourde, à même la table.

La voix semblait venir de très loin, du fond d'un sommeil épais, à travers des odeurs, des saveurs de mangeaille, des fumées de tabac : une voix de militaire ou de vendeur d'orviétan qui tonnait dans une sorte de brouillard.

François ouvrit un œil au-dessus de ses bras croisés, et ce qu'il vit lui donna envie de glisser sous la table.

Une sorte d'armoire normande vêtue d'une tunique bleue se dressait au-dessus de lui. Coiffant cet impressionnant édifice, un visage vultueux d'ivrogne de haute volée, un tricorne fleuri d'une cocarde blanche et surmonté d'une succession de panaches qui semblaient effleurer les poutres.

– Ton nom ! tonna l'armoire normande.
– Picard François.
– Profession ?
– Musicien ambulant.
– Ton âge ?
– Vingt ans dans trois mois.
– Vingt ans ! Une santé florissante ! Des talents artistiques ! Tu sais que tu feras un fameux militaire ? Nous avons besoin de musiciens dans l'armée pour entraîner la troupe ou pour la montre.
– C'est que... Je suis violoniste !
– Si tu sais jouer du violon tu ne tarderas pas à apprendre le tambour ou le clairon. Écoute plutôt, l'artiste...

21

L'armoire normande fit un signe et, derrière elle, se déclencha un roulement de tonnerre.

– Hein ? gueula l'armoire. Ça te prend aux tripes !

– Beuh... grommela François. C'est pas tellement mon genre, la fanfare.

– Ton genre ! Ton genre ! Monsieur fait le difficile... Tu préfères sans doute continuer à faire danser les drôlesses et les muguets plutôt que de conduire l'armée du roi vers la victoire ?

– Non, sans doute, monsieur, mais...

– Pas monsieur, tonnerre de Dieu ! Sergent... Donc, je constate que tu n'as rien contre l'armée du roi et que tu as la volonté de t'engager à combattre l'ennemi à nos côtés. Alors, signe là...

Il jeta un papier sur la table. Une sorte d'huissier apporta un encrier et une plume, tandis que la voix sortant des profondeurs de l'armoire égrenait une litanie dans laquelle il était question de six années de bonheur, d'une solde avantageuse, d'un uniforme princier, d'une nourriture abondante et de pain blanc.

– J'ajoute, poursuivit la voix, que tu pourras toucher une prime d'un louis pour chaque pouce de ta taille au-dessus d'un pied.

– A d'autres... bougonna François en laissant retomber sa tête dans ses bras.

Un tumulte le fit sursauter. Autour du bas-officier chargé du racolage, d'autres voix avinées faisaient tonner des louanges en l'honneur du nouveau soldat. Maître Jean Ramponneau lui flatta l'épaule et déclama sa tirade :

– Mes amis, nous perdons un grand musicien, mais nous gagnons un héros. Mon garçon, le royaume a besoin de jeunes de ton acabit. Tu as bien fait de signer.

– Hé là ! protesta François, j'ai rien signé !

– Tu plaisantes ? Regarde cette croix...

– Je suis capable de signer mon nom ! Quelqu'un m'a tenu la main ! Vous m'aurez pas !

– Il faut excuser ce pauvre garçon, soupira Ramponneau. Il est fin saoul et ne sait ce qu'il fait ni ce qu'il dit.

Le bas-officier lui flatta le dos.

– Demain, dit-il, tu te rendras compte que tu as accompli une bonne action.

– Demain, je serai loin.

– Non ! hurla le recruteur. Tu vas nous suivre sans faire d'histoires !

22

François cria, se débattit, jeta ce qui restait de vin au fond de la cruche à la figure du « Grand Ramponneau ». Il se sentit soulevé, arraché à son banc, jeté dans un groupe de jeunes hommes aussi éberlués que lui.

– Menez ces *héros* où vous savez ! jeta le bas-officier. Surveillez le violoneux. S'il continue à faire des manières, faites-lui le coup du lapin, mais en douceur. Un musicien, c'est délicat...

Enfermé dans une sorte de corps de garde, au coin d'un feu de bois, François Picard, alors que le jour se levait, écrivit une lettre bien tournée à « Son Excellence le Lieutenant de Police de Paris » pour protester contre ce qu'il appelait un « enlèvement ».

– Envoyez ce courrier immédiatement, dit-il à l'exempt qui commandait le poste.

Il lui donna trois sous pour la course.

– Un de nos hommes va s'en charger, dit l'exempt. En attendant la réponse, s'il y en a une, tu restes sous bonne garde. Je te préviens : essaie de nous glisser entre les pattes et c'est les galères, pire peut-être. Pour les déserteurs, c'est le peloton d'exécution ou la corde.

– Je n'ai pas l'intention de déserter, comme vous dites ! protesta François. Je demande simplement à être traité selon ma condition. N'oubliez pas que je suis un artiste et que j'ai un *concert* à donner tout à l'heure sur le Pont-Neuf.

François regarda partir le courrier en se disant que sa lettre ne parviendrait jamais à son destinataire et qu'à supposer qu'elle touchât au but il n'aurait jamais de réponse. Une bouteille à la mer...

Il lui restait à déserter. Facile à dire ! La surveillance du poste était serrée, ce qui vouait d'avance cette perspective à l'échec. A supposer qu'il y parvînt il devrait fuir la capitale où bourdonnaient les essaims de mouches du lieutenant du roi, mais il n'avait aucune envie de retourner dans sa famille : son père chasserait cette « graine de fainéant » qui avait renoncé aux mancherons de la charrue pour l'archet. S'expatrier ? Outre qu'il n'avait pas les moyens de s'offrir un voyage à l'étranger, il ne savait où porter ses grègues. Partir pour les Antilles, Saint-Domingue ou la Louisiane alors qu'il répugnait à ce genre d'aventures et que la vue d'un navire lui levait le cœur ? Cela lui semblait au-dessus de ses forces.

– A la grâce de Dieu... murmura-t-il.

Le convoi quitta la capitale à la fin du mois pour Compiègne.

Le régiment de Champagne, auquel François Picard avait été affecté, tenait garnison dans cette ville après les grandes manœuvres groupant soixante mille hommes, en présence du roi. Le convoi était commandé par l'exempt et encadré par des cavaliers chaussés de bottes évasées, à la houssarde : deux devant, deux derrière.

C'était une journée chaude d'arrière-été et la route était interminable. A l'arrêt de midi, après une collation spartiate : pain de munition noir et gluant, fromage aigre, le convoi fit une courte sieste. François profita d'un relâchement dans la surveillance pour mettre à exécution le plan qu'il avait mûri et qui relevait de l'héroïsme : il arracha des herbes à poignées et s'en gava jusqu'à la nausée.

Au moment de repartir, alors qu'il restait immobile au pied d'un arbre, il entendit la voix de l'exempt tonner au-dessus de lui :

– Debout, le musicien ! En route !

– Je suis malade... gémit François.

– Et tu souffres de quoi, fainéant ?

François fit tourner sa main sur son estomac.

– Mon ulcère se réveille, dit-il. Mes jours sont comptés, disent les médecins. Vous avez fait un mauvais choix.

Il était vraiment malade ; l'envie de vomir le torturait, mais il se contenait pour ne pas révéler son subterfuge. Un des cavaliers le prit en croupe. Quelques heures plus tard le convoi faisait halte pour passer la nuit dans une grosse ferme avec un billet de logement.

Le lendemain, François paraissait sur le point de rendre l'âme et l'exempt convint qu'il était intransportable.

Comme il ne restait qu'une petite étape à franchir pour arriver à Meaux on laissa le malade sous la surveillance d'un cavalier. On lui apporta des tisanes qu'il rejeta ; on le fit dormir avec des briques chaudes autour de lui et on ne le quitta pas de l'œil. La nuit suivante, il dormit mal, ce qui le sauva.

Le cavalier dormait à quelques pas de lui, sur une botte de paille, son mousquet posé contre la cloison, arête de métal rendue visible par la lueur de la lune qui filtrait des volets entrebâillés. Le soldat ronflait, son tricorne sur le nez.

« C'est le moment... », songea François. Il se sentait encore patraque mais capable de marcher des lieues. Écartant son vêtement de momie il se leva, s'habilla avec précaution, ouvrit la fenêtre et poussa les volets qui grincèrent comme un chat en colère.

– Oh là ! s'écria le cavalier, où vas-tu, mon garçon ?
– Pisser, répondit François.
– Alors, je t'accompagne.

Il n'en dit pas plus : la crosse du mousquet lui fit rentrer ses paroles dans la gorge. Frappé à la tête de plein fouet il retomba sur la paille, les bras en croix, avec un soupir pathétique.

François saisit son violon et dressa l'oreille. Rien ne bougeait dans la demeure. Il escalada le rebord de la fenêtre, respira une gorgée d'air nocturne au goût de liberté. Un chien aboya puis se tut.

Le fugitif marcha toute la nuit. Direction : Paris. A travers champs, au jugé. Le matin, après un léger somme dans les racines d'un gros orme dominant la berge d'une rivière, il estima avoir parcouru trois ou quatre lieues. Il lui restait du chemin avant d'apercevoir les tours de Notre-Dame.

Par bonheur, s'il se sentait encore faible, il n'avait pas faim. Il but à la rivière et somnola de nouveau. Le pays paraissait désert ; un village dormait au loin sous une écharpe de brume. Il décida d'attendre la nuit pour reprendre son chemin. Au matin, il découvrit une rivière qui devait être la Marne ; en observant le sens du courant il se dit qu'il trouverait Paris au bout de cette voie d'eau. A la lisière d'un champ il dénicha une fourche de bois abandonnée dont il s'empara comme s'il allait faner le regain. Des paysans le regardèrent passer sans surprise.

Aux alentours de midi, le ventre creux il se hasarda à acheter du pain dans une ferme. On ne se montra pas trop curieux, d'autant qu'il joua les idiots de village.

A un quart de lieue plus avant, il tomba sur un groupe de paysans en train de charger des betteraves sur un chaland. Il offrit de les aider et leur demanda s'ils descendaient vers Paris.

— Si tu veux être du voyage, lui dit le patron, laisse cette fourche. Elle te sert à quoi ?
— A conjurer le mauvais sort.
— Et c'est quoi, cette boîte, dans ton dos ?
— Mon porte-bonheur : un violon.
— Tu nous en joueras sur le pont, après le chargement. Avant, crache dans tes mains et retrousse tes manches.

Chargé de betteraves et de légumes, le chaland toucha le quai entre chien et loup, sur un air de gaillarde. En voyant se profiler sur un ciel couleur de pêche la silhouette de Notre-Dame, François sentit son cœur chavirer.
— Notre-Dame... soupira-t-il.
— Eh oui ! dit le patron, elle n'a pas changé de place depuis hier. Tu me fais l'effet d'un drôle de paroissien !
Il donna à son passager les restes du déjeuner et une poignée de monnaie pour la peine et la musique.
Ainsi lesté, coiffé d'un feutre à large bord qu'il fit tomber bas sur son nez, François, en longeant la rive gauche, prit la direction du Palais-Royal mais se garda d'y faire halte car on l'y connaissait bien et les mouches s'y promenaient derrière les piliers des galeries.
La rue Vivienne était juste derrière, en tirant vers le nord. Il savait pouvoir y trouver Sacremore qui avait là sa demeure. Débarrassé de ses hardes de chansonnier ambulant, juste assez miteuses pour décourager coupeurs de bourses et autres larrons, Sacremore se donnait, après la « tournée des piloris », comme il disait, des airs de bourgeois : petite perruque ronde et courte légèrement pommadée et poudrée, frac de ratine ajusté à la taille, culotte de droguet noir et bas de coton blanc.
Sacremore était occupé à lacer ses souliers de cuir verni à boucle de cuivre, le pied sur un tabouret, quand il vit surgir François Picard.
— Toi, ici ! s'écria-t-il. Ramponneau m'a dit que tu en avais pris pour six ans. L'armée n'a pas voulu de toi ?
— C'est moi qui n'ai pas voulu d'elle.
— Tu as déserté ?
— J'ai repris la parole qu'on m'a arrachée.
— C'est tout comme. Tu dois avoir les gendarmes aux fesses. Es-tu sûr qu'on ne t'a pas vu entrer chez moi ?
— J'ai pris mes précautions, mais sait-on jamais ?

– Qu'est-ce que tu attends de moi ?
– Que tu m'aides.
– Je m'en serais douté. Tu comptes rester longtemps ?
– Le moins longtemps possible. Il faut que tu m'aides à quitter Paris.

François se disait que le seul moyen de se mettre à l'abri des autorités était de franchir la mer ou l'océan. Il y avait souvent songé au cours de sa cavale, avec des frissons d'angoisse et le sentiment qu'une existence dans la demeure d'un planteur de Saint-Domingue pourrait revêtir un certain agrément. Il était assez joli garçon, pas sot, avec un talent artistique reconnu ; il pourrait épouser la fille d'un colon, se faire servir comme un pacha par des négresses voluptueuses, dans l'odeur des vanilliers en fleur...

– Ouais, fit Sacremore en laçant son deuxième soulier. En somme, ce que tu me demandes, c'est de t'offrir un voyage. Qu'est-ce qui te fait croire que je pourrais accepter ?
– Le souci de ta sécurité. Si on me trouve, on te trouve. Le poteau pour moi, les galères pour toi.
– Tu veux quoi ou combien ?
– Un habit décent, un passeport au nom que tu voudras, et une centaine de livres pour mes frais...
– C'est tout ?
– Non. Ajoutes-y la promesse que tu n'iras pas me dénoncer en sortant d'ici.
– Tu ne manques pas de toupet ! Enfin, ça me plaît d'aider un collègue. Marché conclu, si je peux parler de marché pour une opération où le couillon, sur toute la ligne, c'est moi.
– Tu seras remboursé, au centuple.
– Disons au décuple. Fourre-toi dans ce placard et n'en bouge pas. Tu as de quoi manger ? Bien. Je serai de retour sans tarder.

Le lendemain, alors que Sacremore dormait encore, François trouva sur la table un passeport au nom de Simon Blanchard. Le chansonnier lui expliqua à son réveil qu'il était allé trouver un lieutenant du Grand Coerse, à la cour des Miracles du quartier de la Truanderie.

– Tu ajouteras, dit-il, dix livres aux cent que tu me dois. Quand comptes-tu partir ?

— Dès que tu m'auras trouvé de quoi passer inaperçu.
— Où comptes-tu te rendre ?
— Je n'en sais fichtre rien ! Sur la côte atlantique, à Brest, Nantes, Rochefort ou La Rochelle. Que me conseilles-tu ?
— Choisis plutôt La Rochelle. C'est un joli nom, qui ne fait pas trop militaire. Un nom de femme.
— Alors, va pour La Rochelle...

Le prochain embarquement pour l'Amérique de Pierre Le Moyne d'Iberville ne laissait personne indifférent. La ville et le port de La Rochelle semblait tendus dans l'attente du jour où les frégates la *Badine* et le *Marin*, escortées d'un navire de guerre, le *Français*, franchiraient, entre les deux tours de la Chaîne et de Saint-Nicolas, toutes voiles dehors, le goulet qui leur ouvrirait la porte de l'océan sous le soleil d'octobre.

Les premiers jours d'automne sentaient les vendanges. Dans les faubourgs et les campagnes voisines, l'air retentissait du grondement sourd des maillets contre le flanc des futailles et fleurait le moût de l'année passée.

Les bourrasques balayaient la ville et, au-delà de la Grosse Horloge et du port, les quartiers populeux, mais ne contrariaient guère le mouvement venu des campagnes environnantes et convergeant vers les quais. Des convois menaient au port des tonnes de farine, de salaisons, de vin, d'eau-de-vie, ainsi que des troupeaux de bovins, de moutons et de chèvres, en telle quantité que l'on eût dit qu'une nouvelle arche de Noé allait quitter les rivages de Saintonge.

Le vieux Samuel avait horreur de la pluie ; dès qu'il voyait monter à l'horizon le nuage annonciateur d'un grain, il sifflait son chien, surnommé Richelieu, lointain rejeton d'une miraculeuse rescapée du siège. Il regagnait à pas pressés la masure où il se terrait, à l'arrière des façades princières de la rue Dompierre, avec son animation permanente, à deux pas de l'hôtel des dames de Rohan dont il pouvait, de sa porte, voir l'arrière-cour où stationnaient en permanence chevaux et voitures.

Depuis plus d'un an Samuel se tenait tranquille. Blanc comme neige. Toujours prêt même à rendre service pour quelques sous. Il avait confié à son locataire, Simon Blanchard – alias François Picard –, ce petit monsieur récemment arrivé de Paris le violon en bandoulière, avec des illusions plein la tête mais la bourse à peu près vide :

– J'étais, je le reconnais, une satanée fripouille, de celles qui méritent d'aller ramer sur les galères du roi, mais faut dire qu'on m'y avait poussé...

Depuis la fin du siège qui avait arraché la ville protestante aux Anglais, il y avait soixante-dix ans, son grand-père puis son père avaient occupé le poste honorable et recherché d'orlogeurs municipaux. Leur travail consistait à entretenir et à régler les nombreuses horloges de cette ville où l'on ne badine pas avec l'horaire.

Cette vieille famille de réformés s'était vaillamment conduite durant le siège, alors que les boulets français pleuvaient sur la ville, que la flotte du duc de Buckingham (on disait Bouquingan) hésitait à affronter la redoutable digue du Cardinal et que les habitants crevaient de faim par familles entières.

Le vieux Samuel disait à son locataire :

– J'étais destiné à succéder à mon père au titre d'*orlogeur*, mais une patrouille municipale a forcé une demeure des faubourgs Saint-Nicolas, un soir où se tenait une assemblée de fidèles de la Réforme. Mon père et ma mère y assistaient. On a pendu mon père place du Château. Quant à ma mère... Seigneur, quand j'y pense... On lui a fait subir le supplice de la *gourbeille*. Enfermée dans un grand panier de vannerie, on l'a plongée dans l'eau du port jusqu'à ce que mort s'ensuive, comme ces catins qui se donnaient à l'ennemi, alors qu'elle n'avait fait que se donner à Dieu !

Lorsque le vieux Samuel traversait la place du Château, accompagné de Richelieu, il ne pouvait s'empêcher d'imaginer les gibets plantés là pour la circonstance, et son cœur se serrait.

– Le supplice, je m'en souviens, avait lieu un jour de *gros eau*, de grande marée si tu préfères : celle de la Madeleine. Le vent soufflait en tempête et la mer montait jusqu'à la Grosse Horloge. Il ventait si fort que les pendus dansaient au bout de leur corde comme des damnés au moment d'entrer en enfer.

Demeuré seul de toute sa famille, Samuel n'avait eu d'autres recours pour survivre que de mendier, puis de voler. Il s'était fait une sorte de spécialité : coupeur de bourses à la sortie des messes. Il en avait bien vécu jusqu'au jour où la main d'un sergent s'était abattue sur son épaule alors que la sienne se préparait à ravir l'escarcelle d'un bourgeois.

Promis aux galères, il en réchappa grâce à un ami de son père, capitaine de la tour Saint-Nicolas. Depuis, il vivait honnêtement de ce qu'il trouvait sur son chemin, sur les marchés et le port, et ne s'en portait pas trop mal. Il avait élu domicile dans un appentis où il avait installé un mobilier fait de caisses d'emballage et de vieilles barriques. Heureux ? Oui et non. Il mangeait à sa faim, échangeait ses puces contre celles de Richelieu, louait le Seigneur pour sa générosité dans le langage secret des parpaillots rebelles à la foi des papistes, tout en se disant qu'il ne tarderait pas à aller finir ses jours à l'hospice.

Les rapports entre Samuel et son *locataire*, de complices qu'ils étaient au départ, étaient devenus amicaux. Ils s'étaient rencontrés un soir d'octobre au cabaret du Gros-Caillou, en arrière du port. François avait pris l'habitude, pour se faire quelque argent, de donner la sérénade à la clientèle, avec la bénédiction du patron qui le récompensait d'un plat de fèves et d'une cruche de vin.

Le vieux Samuel lui avait dit :

– Assieds-toi près de moi, mon gars. Ta musique me fait chaud au cœur. Où as-tu appris à jouer ? Dans une école ?

– A l'école du clair de lune, avait répondu François. A Paris je jouais le soir dans les rues, devant les théâtres, dans les auberges et les cabarets. Il y a quelques semaines l'air de la capitale est devenu malsain pour moi. Alors, je me suis dit que le vent du large me ferait le plus grand bien.

Ils avaient à peine entamé leur conversation qu'une patrouille d'archers avait fait irruption et commencé un contrôle d'identité.

– Tu en fais une tête ! avait murmuré Samuel. Es-tu en règle ?

— Plus ou moins. Plutôt moins que plus.
— Si tu n'es ni canadien ni espagnol tu ne risques pas grand-chose. La maréchaussée recherche des déserteurs, des engagés de M. d'Iberville, qui en avaient assez d'attendre leur embarquement depuis des semaines.

François montra son passeport ; on l'estima en règle et on le lui rendit, mais un sous-officier méfiant voulut en savoir davantage sur lui, et notamment ce qui l'avait amené à La Rochelle. Il répondit qu'il vivait de sa musique mais que l'air de Paris était nuisible à sa santé délicate. Il s'en tirait à bon compte.

— Simon Blanchard, dit Samuel avec un sourire en coin, c'est ton vrai nom ?
— C'est celui qui est marqué sur cette pièce.
— Tu aurais tort de te méfier de moi, mon gars. Les contrôles d'identité, ça me connaît, mais je suis devenu un citoyen exemplaire. Je vis de l'air du temps et, comme on n'a pas encore mis l'impôt sur ce produit, on me laisse respirer en paix. Toi, tu ne me parais pas tout blanc mais, si tu as besoin d'un coup de main, tu peux te fier à moi. Le jour où tu en auras assez de coucher sur la paille, je peux te trouver un abri à bon compte.
— Qui vous dit que je couche sur la paille ? répondit François d'un air soupçonneux.
— Tu en as plein tes cheveux, bonhomme ! Tu ne sembles pas rouler sur l'or et tu attends quelque chose de la vie, mais quoi ?
— De vivre, tout simplement.
— Si tu es venu à La Rochelle, ce n'est pas pour regarder voler les mouettes, respirer l'air du large ou faire danser les matelots de la Royale. Ce que je crois c'est que tu es foutrement intéressé par les bateaux et que tu aimerais prendre le premier à appareiller. Alors, où aimerais-tu te rendre ? Aux Iles, en Louisiane ? Plutôt la Louisiane, hein ? Est-ce que je me trompe ?
— A faire les questions et les réponses, dit François en se levant, on se retrouve souvent le bec dans leau.
— Reste ! dit le vieux en le retenant par le bras, et pardonne ma curiosité. Que le Seigneur me foudroie séance tenante si j'ai l'intention de te trahir ! Je t'offre l'hospitalité dans ma demeure. Ce n'est pas un palais, foutre non, mais tu n'y auras pas froid et tu n'en sortiras pas avec de la paille dans les cheveux. Tu me donneras ce que tu pourras, mais je pourrai me contenter de ta compagnie et d'un peu de musique. Ça te va ?

— Marché conclu, dit François en se rasseyant.
— Alors, tope là, mon gars, et commande un autre pichet ! Les petites conversations donnent de grandes soifs...

François n'eut guère de peine à déménager pour s'installer dans la demeure du vieux : son bagage, en plus du violon, tenait pour ainsi dire dans un mouchoir de poche.

Le contrat tacite qu'ils passèrent le soir même, à la chandelle, comportait pour François, outre le paiement d'un modeste écot, une condition : endormir le propriétaire, le soir, avec un air de violon. Pour ce qui est de leur subsistance, ils décidèrent de mettre en commun le fruit de leur collecte de déchets consommables prélevés sans idée de chapardage sur les quais et les marchés où il y avait toujours à glaner. Samuel avait mis les choses au point : ne ramasser que ce qui était tombé au ruisseau.

Trois ou quatre jours après leur rencontre, chacun savait de l'autre ce qu'il était utile ou intéressant de savoir.

— Tu veux toujours quitter ce foutu pays ? dit un soir Samuel, eh bien tu partiras. J'en fais mon affaire. Facile... Il y a peu de candidats à l'aventure des Iles ou de la Louisiane bien qu'ici on crève de misère. Le Français est plus casanier que l'Anglais : il meurt de faim, mais il reste attaché à sa niche. L'Anglais, dès qu'il voit un bateau, il faut qu'il monte dessus. Il s'expatrie par nécessité mais aussi pour le plaisir. Donne-lui un bout de désert avec quelques nègres. Trois ans plus tard il a sa plantation, fait travailler ses nègres, baise ses négresses et vit comme un pacha. Les sujets de Sa Majesté britannique ont déjà pris pied en Amérique. Si nous n'y prenons garde, le continent tout entier sera bientôt entre leurs mains...

Le lendemain, le vieux Samuel pria son compagnon de faire une toilette plus poussée que d'ordinaire et de le suivre au Gros-Caillou.

— Il faut te faire beau, dit-il. Un grand jour se prépare. C'est moi qui régale...

Ils dînèrent copieusement. De temps à autre, Samuel dirigeait ses regards vers l'entrée, la mine inquiète, comme s'il craignait de manquer un rendez-vous. Alors qu'on servait le fromage il dit à François :

- Mon gars, c'est le moment.

Son bonnet à la main, il se dirigea vers un groupe d'officiers de la Royale qui faisaient leur entrée avec un grand bruit de voix. Il s'entretint quelques instants avec un garde de la Marine qui paraissait avoir l'âge de François et le conduisit jusqu'à leur table.

- Voici votre candidat, dit-il en posant une main sur l'épaule de François. Un brave garçon. J'en réponds comme de moi-même. François, je te présente M. Jean-Baptiste Le Moyne de Bienville, garde de la Marine sur la *Badine*. Il va partir pour la Louisiane en compagnie de son frère, M. Le Moyne d'Iberville.

De petite taille, râblé, brun de visage, M. de Bienville s'inclina, l'air indifférent. Samuel annonça qu'on allait vider une bouteille pour saluer l'événement.

- Quel événement ? dit froidement Bienville.

- Ça n'en est sûrement pas un pour vous, dit Samuel, mais, pour notre jeune ami, c'est le plus beau jour de sa vie. Daignerez-vous nous tenir compagnie ?

Avec une mauvaise grâce apparente Bienville enjamba le banc et faillit s'entraver dans son épée. Il parut évaluer la nature du candidat et ses capacités à entreprendre un voyage long, dangereux, plein d'aléas imprévisibles, et ne sembla pas convaincu. Il s'enquit de l'identité du garçon, bâilla sans retenue et sortit de sa poche une blague à tabac taillée dans une poche de pélican et une curieuse pipe au fourneau de pierre rouge, au tuyau enrubanné de lianes de couleurs variées. Il poussa la blague vers François qui la repoussa.

- Un vrai marin, déclara Bienville, fume et boit sec. De là à penser que vous ne serez jamais un vrai marin... Au moins, votre maman vous a-t-elle donné la permission de vous expatrier ?

François s'apprêtait à riposter quand Samuel s'écria joyeusement :

- Mon jeune ami n'aurait sûrement guère de talent pour brasser de la toile ou virer au cabestan, mais il en a d'autres.

- Vraiment ? Des talents de cuisinier, peut-être ? Alors, il pourrait être mon homme.

- Je n'entends rien à la cuisine, dit François. En revanche je joue fort agréablement du violon, du moins à ce qu'on dit.

Bienville répliqua sèchement :

– Nous avons besoin de marins et de cuisiniers, monsieur, pas de musiciens. Merci pour le vin.

Il enjamba de nouveau le banc pour aller rejoindre ses amis qui venaient de s'attabler.

– Pardonne-moi, dit Samuel. C'est moins facile que je l'imaginais.

– Je ne t'en veux pas, dit François. Finalement, je crois que j'aurais eu tort de m'embarquer. L'aventure n'est pas faite pour moi et j'ai le mal de mer, du moins je le crois. Peut-être es-tu condamné à subir ma présence jusqu'à la fin de tes jours.

On devait parler de lui à la table des officiers car, de temps à autre, l'un d'eux glissait un regard vers lui par-dessus son épaule avec un sourire ironique. Plus mortifié qu'il n'y paraissait, François faisait mine de dédaigner cette attention. Il se disposait à se retirer quand un des officiers se dirigea vers leur table.

– Permettez-moi de me présenter, dit-il. Je me nomme François-Marie Le Moyne de Villantray de Sauvoles, enseigne de marine, frère de Jean-Baptiste et de Pierre Le Moyne. Je commande à bord du *Marin* qui doit lever l'ancre sans tarder pour la Louisiane. Mon frère vous a, un peu trop hâtivement à mon sens, refusé l'embarquement en tant que matelot. Puis-je vous le proposer à titre de musicien ?

– Je vous en remercie, répondit François, mais monsieur votre frère juge que je ne suis pas taillé pour affronter les risques d'une traversée. Ma santé ne s'est pas améliorée depuis tout à l'heure et...

L'enseigne éclata de rire en s'écriant :

– Regardez-moi ! Suis-je un hercule ? Ai-je l'aspect d'un vieux pirate ? Me croyez-vous capable de participer à la manœuvre sans perdre mon souffle ?

– Votre fonction, repartit François, est de commander la manœuvre, non de l'exécuter.

Sauvoles, il est vrai, inspirait la pitié plus que l'envie : long, blême comme une asperge, légèrement voûté et la poitrine creuse.

– Bref ! dit-il sévèrement, acceptez-vous, oui ou non ?

– Sûr qu'il accepte ! s'écria Samuel.

– Que tout soit bien clair, poursuivit l'officier. Vous ne serez pas porté sur le rôle au titre de matelot et vous n'aurez pas à frotter le pont comme les mousses. D'ailleurs, nos équipages sont au complet. Ce que j'attends de vous c'est de distraire l'équipage lorsqu'il sera au repos. La traversée durera environ trois mois. Les distractions à bord sont rares et les matelots trompent leur ennui avec des jeux parfois dangereux, quand ils ne songent pas à se mutiner. Un peu de musique leur fera le plus grand bien et sera bénéfique à l'ambiance générale. Présentez-vous demain à trois heures de relevée, avec votre bagage. Le départ est imminent.

Le vieux Samuel s'allongea sur son châlit, les mains sous la nuque, et dit à François :
– Mon gars, veux-tu jouer pour moi une dernière fois ? Tu sais, cet air qui parle de roses...
François sortit le violon de son étui et marmonna :
– Tout à l'heure, au Gros-Caillou, j'ai eu l'impression qu'il te tardait de te séparer de moi. Quel empressement tu as mis à me recommander à ces messieurs !
– Tais-toi, sacripant ! s'écria Samuel d'une voix brisée. Tu sais que je t'aime comme un père. Si ça t'ennuie de partir, il est encore temps de réfléchir. Cette demeure est la tienne.
– Pardonne-moi, soupira François. Je ne sais si j'ai fait le bon choix. Tout a été si vite...
Il commença à jouer et ne s'interrompit que lorsque son compagnon se mit à ronfler. Avant de s'allonger lui-même sur sa paillasse il fit une dernière promenade autour de la masure. Des gens prenaient le frais sur le pas des portes. Du port tout proche le vent du sud-ouest poussait de molles bouffées qui sentaient la marée et le goudron. Il devait y avoir fête chez les dames de Rohan car l'arrière-cour du palais s'animait de mouvements de voitures, de hennissements de chevaux, de lumières jaunes, sous le grand salon qui brasillait comme la nef d'une église le soir de Noël.

La nuit d'octobre était douce. Assis sur une borne charretière, François se sentait arrivé à une frontière entre le vieux pays et les terres neuves de l'aventure, à la lisière inquiétante d'une forêt qui lui soufflait son mystère au visage. Il était comme un gibier poursuivi par des chasseurs et qui se trouve soudain au bord d'un abîme.

« Demain, se dit-il, ne sera plus comme aujourd'hui, mais qu'est-ce qui valait le mieux ? » Il avait déjà mis un pied dans l'inconnu et souhaitait confusément le retirer. Samuel avait raison : il n'était pas trop tard. Sacremore lui aussi avait raison : la vraie vie, on pouvait la trouver *ailleurs*.

Il se dit qu'il avait encore toute une nuit pour réfléchir.

Lorsque minuit sonna à la Grosse Horloge, François se leva, prit son violon sous le bras et, en culotte et chemise, se rendit sous un gros têtard de saule dont les basses ramures caressaient le fil d'un ruisseau.

Il resta assis là jusqu'à l'aube, somnolant, se réveillant pour jouer quelque air improvisé, à la limite du silence, pour sa propre délectation, comme s'il faisait ses confidences à son instrument et qu'il en attendît la réciproque.

Il ne se décida à se lever que lorsqu'il entendit retentir au loin le canon d'un navire qui demandait l'entrée du port.

Ce n'était pas un matin comme les autres. Déjà, son petit univers avait basculé ; l'air n'avait pas la même transparence que les jours précédents et les perspectives semblaient se déformer comme par jeu. Des voix secrètes paraissaient sourdre autour de lui, tantôt amicales, tantôt hostiles. Des mains invisibles le poussaient en avant et d'autres le retenaient.

Lorsqu'il rentra au logis, le vieux Samuel dormait encore. François prit une cruche, alla chercher à la ferme voisine le lait de chèvre, comme il le faisait chaque matin pour leur déjeuner.

Ce matin-là, même le goût du lait avait changé.

LES ANNÉES MISÈRE

LIVRE PREMIER

BILOXI
(1698-1703)

L'ÎLE MASSACRE

Une voix autoritaire tomba du haut de la rambarde :
— Que se passe-t-il, maître Thomas ?
— Un homme qui prétend embarquer, répondit l'officier. Il n'est pas porté sur le rôle de l'équipage. Que faut-il en faire ?
— Laissez-le monter à bord. J'aviserai.

François Picard, son crincrin à l'épaule, grimpa jusqu'à la coupée par la passerelle qui tremblait sous son poids. Chaque pas qu'il faisait sur cet espace de quelques toises l'éloignait à la fois du continent et de sa jeunesse. Une nouvelle vie, une nouvelle ère allait s'ouvrir pour lui, à condition qu'il ne fût pas refoulé comme ces mendigots qui avaient vainement essayé d'embarquer pour la Louisiane à bord du *Français*.

L'officier qui avait interpellé le maître d'équipage le toisa et lui dit d'un ton rogue :
— Écarte-toi. Tu vois bien que tu gênes. Ton nom ?
— Picard François, capitaine.
— Ne m'appelle pas capitaine, mais *Excellence*. Je suis M. d'Iberville et je vais prendre le gouvernement de la Louisiane au nom du roi. Ainsi, tu n'es pas porté sur le rôle et tu voudrais qu'on t'embarque sur ta bonne mine ? Eh bien, tu ne manques pas de toupet, mon garçon ! As-tu au moins l'argent de la traversée ?
— Peut-être, Excellence, bredouilla François. J'ai bien un peu d'argent, mais...
— Qu'est-ce que tu portes dans ton dos ? Tes outils ?
— Si l'on veut. Mon instrument de travail, oui.
— Es-tu menuisier, maçon, tailleur d'habit ?

– Musicien, Excellence, murmura François d'une voix blanche. Cette boîte contient mon violon.
– Un violon ? Tu joues dans les concerts du roi, je suppose ? ajouta M. d'Iberville d'une voix ironique.

François rougit, dansa d'un pied sur l'autre en souriant.

– Non, Excellence. Je fais danser et je joue sur les places.

M. d'Iberville se gratta le menton.

– Tu fais danser... sur les places... Fichtre, fichtre... Tu me poses un problème, mon garçon. Nous avons eu beaucoup de mal à garnir le rôle des équipages, mais il est complet. Alors, qu'est-ce que je vais faire de toi ? Je vais en parler à mon frère, M. de Sauvoles...

– C'est inutile, Excellence, dit François. C'est lui qui m'a demandé de me présenter.

– Par exemple ! Pourquoi ne le disais-tu pas, imbécile ?

François faillit avouer qu'il était sur le point de le faire, mais le maître d'équipage l'intimidait. C'était comme s'il avait perdu la mémoire en montant vers ce personnage imposant comme on défile en procession vers la statue d'un saint : ce visage rugueux, ces yeux vifs, cette carapace de fer qui l'habillait du col aux genoux...

– Je n'ai pas osé... bredouilla-t-il.
– Pas osé... pas osé... Tu me fais l'effet d'un drôle de citoyen. Alors, écoute. Je peux t'embarquer comme violoneux, mais sans solde. Tu seras nourri et tu auras ton *branle*[1] pour dormir. Les hommes ont besoin de musique pour danser, le soir, et pour rêver. Tu vois ce que je veux dire, monsieur le timide ? L'aumônier leur chante bien un peu de messe mais ils préfèrent danser la gigue que chanter le *Salve*.

Il ajouta, en montrant le gaillard d'avant :

– Maintenant, file ! Va voir le capitaine pour qu'il te trouve une place et prépare-nous un petit concert pour ce soir. Moi, j'attends que l'intendant du port ait fini d'inspecter le *Français*.

La frégate du roi, le *Français*, était un fameux navire : trente canons, mais percé pour quarante, deux cents hommes d'équipage, une allure qui mêlait dans le moindre détail la grâce et la puissance. Elle transportait une

---

1. Hamac.

trentaine de passagers : des familles qui, acculées à la misère, fuyaient le royaume, des chevaliers d'aventure, des nobliaux dont le blason sentait encore la peinture fraîche et la savonnette à vilain, des filles à marier, les unes volontaires pour la traversée, d'autres forcées.

M. de La Herronière, le capitaine du navire, donnait congé à l'intendant du port lorsqu'il vit s'avancer vers lui un jeune homme à l'allure timide qui se présenta de la part de M. d'Iberville.

— Te donner un branle, dit-il, te loger avec l'équipage ? Il n'en est pas question. Si je te laissais une nuit avec ces brutes tu sauterais à l'aube par-dessus le bastingage pour te rafraîchir le fondement. Tu logeras dans la sainte-barbe en compagnie des canons, de l'aumônier et de quelques émigrants.

Il ajouta d'un ton bourru en tirant sur sa moustache :
— Un violoneux à bord, quelle idée !

« Quelle heure peut-il être ? » se demanda Jean-Baptiste de Bienville.

Accablé de fatigue après une nuit interminable, pleine des hurlements de vent et du fracas des haubans brisés, il s'était endormi après le déjeuner, à même son fauteuil, devant une table de travail bouleversée par le roulis. Sa montre de gousset accusait trois heures de relevée. Il bâilla et acheva ce qui restait de café froid dans sa tasse. Il se sentait vide de force et de volonté. Épuisé comme après une longue nuit d'amour. Le pont résonnait de coups de marteau, de bruits de scie, de piétinements, avec, par bouffées, la musique aigrelette d'un violon. « Quelle idée d'avoir embarqué ce violoneux ! se dit-il. Encore une folie de Sauvoles, mais pourquoi Iberville a-t-il accepté cet intrus ? »

Durant son sommeil, discrètement, son valet avait remis de l'ordre dans la cabine. Sa table était encore en désordre, mais il lui serait facile de remettre les choses à leur place. Le portrait en miniature de son père était toujours là, comme s'il veillait sur son somme. Il se reconnaissait en lui ; non seulement pour le tempérament porté à l'aventure mais aussi au physique : mêmes yeux d'un bleu délavé, mêmes traits rudes, mêmes gros sourcils roux ; une apparence de sévérité, de rudesse tempérée par une bouche délicate et bien dessinée.

Fils d'un aubergiste de Dieppe, Charles Le Moyne

de Longueil avait tout juste seize ans lorsque son père l'avait confié à titre d'engagé à des jésuites partant pour le Canada évangéliser les sauvages. Ce n'était pas l'exercice de la religion qui avait attiré Charles dans ces contrées. Il avait très vite renoncé à la croix pour se lancer dans l'aventure de la forêt avec un groupe de coureurs de bois et faire le commerce de la fourrure. Quelques années lui avaient suffi pour se familiariser avec la vie, les coutumes, la langue des Hurons, des Algonquins et des Iroquois alliés des Anglais. En trente ans de cette vie sauvage il avait amassé une fortune qui lui avait permis d'élever une famille de treize enfants dont onze étaient des garçons, comme lui de bonne trempe. Le roi lui avait concédé des lettres de noblesse et l'avait nommé procureur de la colonie. On respectait M. de Longueil à l'égal du gouverneur de la « Belle Province ».

Ses fils avaient suivi le même chemin. Il semblait qu'ils fussent nés l'épée au côté. Ils avaient reçu en héritage le sens du devoir, quelques domaines qui les autorisaient à porter les noms d'Iberville, de Bienville, de Sauvoles, de Châteauguay, de Maricourt, de Sérigny, de Sainte-Hélène...

Le *Français* avait pris un mois de retard en raison du gros temps qui sévissait au large sans discontinuer. Un jour, le ciel paraissant se découvrir, on faisait monter les passagers à bord; le lendemain on les débarquait. Une nuit la tempête atteignit un tel degré de violence que le pont du *Français* fut à ce point jonché de débris qu'il semblait que le diable eût dansé toute la nuit à travers les vergues et les haubans. Il fallut une semaine de plus pour réparer ces avaries. Des matelots mirent à profit ce nouveau retard pour prendre le large; on les récupéra dans les cabarets, les tavernes et les bordels de La Rochelle où ils achevaient de dépenser leur prime.

Un matin le maître-charpentier vint prévenir le capitaine qu'on pouvait mettre à la voile. Le branle-bas commença aussitôt dans les aigres coups de sifflet des officiers de quart, alors que la pointe du mât de misaine semblait jouer avec de petits nuages légers comme ceux qui annoncent le printemps.

Une escale à Brest pour une ultime vérification, l'embarquement de quelques canons supplémentaires, de munitions diverses, et la flotte pourrait reprendre la mer en direction de la Louisiane.

François Picard fut long à se remettre des premiers jours de la traversée. La sainte-barbe où il avait trouvé refuge, en compagnie du père Anastase Douay, sentait le vomi, malgré le sabord où entraient autant d'embruns que d'air salubre. Peu à peu, autant que le temps le permettait, il avait repris son violon pour faire danser l'équipage, le soir, sur le tillac, avec l'assentiment du jésuite qui préférait voir les matelots se livrer à ce plaisir innocent plutôt que d'aller *gueusailler*, comme il disait, avec les filles à marier ou les catins.

La navigation se fit sans encombre jusqu'à Saint-Domingue. Pas de flibustiers en vue : ils auraient réfléchi à deux fois avant de se frotter à ces trois navires bien pourvus en artillerie. Pas d'Anglais non plus : la paix avait été signée à Ryswick.

Pour Iberville cette escale avait un triple but : renouveler la cargaison de vivres et d'eau ; remettre du courrier au gouverneur, M. Ducasse ; visiter sa plantation d'indigo et de tabac dirigée par un régisseur en qui il avait placé sa confiance, Vauzelar.

La demeure du gouverneur dominait la cité du Cap et le port, sur la côte septentrionale de l'île : une maison coloniale de vastes dimensions d'où l'on découvrait l'immensité de l'océan et de la mer des Antilles. Ducasse était revenu dans ses pénates auréolé de gloire ; avant que la paix avec l'Angleterre ne fût signée, il était tombé comme la foudre sur la Jamaïque, avait raflé trois mille nègres et un énorme butin.

– Je suis au courant de vos exploits, lui dit Iberville. Grâce à vous la mer des Antilles est devenue aussi sûre que le lac du bois de Boulogne.

Ducasse avait invité à sa table, en même temps qu'Iberville, un officier de marine, M. de Graff, géographe de vocation, qui avait fait des relevés de la côte du golfe du Mexique, de la Floride à Veracruz.

– Je puis vous dire sans forfanterie, déclara l'officier, que ces cartes sont les plus précises qui existent à ce jour. Puis-je vous demander le but exact de votre mission ?

– Elle est simple, dit le commandant : interdire aux navires étrangers l'entrée du Mississippi et, en priorité, trouver un emplacement favorable à l'implantation d'un premier établissement. Plus tard nous aurons à découvrir l'embouchure du Mississippi et à le remonter le plus loin possible en créant des postes sur son parcours.

– Ce n'est pas une mission de tout repos, dit de Graff. Il existe peu d'endroits favorables à un établissement côtier hormis Pensacola, sur la côte de Floride, mais les Espagnols s'y sont solidement implantés, avec plus de trois cents hommes. Quant au delta du Mississippi, je vous souhaite bien du plaisir : c'est un véritable dédale. Il faudra que le sondeur soit très attentif, qu'il surveille à la fois les fonds qui recèlent beaucoup de pièges et la couleur des eaux : les eaux blanches vous signaleront le débouché du cours principal. Le Mississippi, dans ces parages, est une hydre à cent queues. Tâchez de trouver la bonne...

Tandis que le gouverneur prenait connaissance du courrier, ils continuèrent à converser en buvant un vin des Iles, le *sang-gris*.

M. d' Iberville passa une semaine dans sa plantation, à apurer les comptes, à visiter les champs d'indigo et de tabac. Les récoltes s'annonçaient bonnes et les nègres travaillaient avec entrain. Il serait bien resté là quelques semaines de plus : cette île le retenait par les basques et il avait besoin de repos après une traversée éprouvante. La balle qui s'était logée dans sa hanche lors d'une de ses campagnes contre les Anglais, au Canada et à Terre-Neuve, lui causait des douleurs atroces.

– Qu'est-ce qui vous empêche de rester ? lui demanda Vauzelar. La maison est vaste et bien située. Vous et votre famille y seriez à l'aise.

– Ma mission, Vauzelar, ma mission... Je suis avant tout un homme de devoir.

La flottille reprit la mer en direction de la Floride par vent favorable. Après avoir rangé durant des jours les côtes de Cuba, les trois navires essuyèrent une bordée venue du fort défendant une petite île anglaise qu'ils avaient serrée de trop près en vue d'en examiner les positions. Autour des navires dansaient des ballets de dauphins que les hommes d'équipage harponnaient pour le plaisir. Au-dessus des vergues planaient de grandes volées d'oiseaux de mer dans les parages des îles-fleurs qui se pavanaient sur des horizons d'un bleu d'orage.

La Floride... Cette terre était loin d'être le paradis que l'on vantait à Versailles. Durant des jours ce ne fut à tribord, sous un soleil de plomb, que des immensités de terres basses et marécageuses d'où sortaient des bandes d'Indiens Séminoles entièrement nus, au corps mataché de couleurs vives, qui poussaient des cris de mort en brandissant leurs lances. Quelques jours plus tard les trois navires jetaient l'ancre sur vingt pieds de fond en vue de la forteresse espagnole de Pensacola, le seul poste de défense sur le golfe du Mexique.

Iberville fit mettre une chaloupe à la mer non sans redouter qu'elle ne fût prise sous le feu des canons qui hérissaient les remparts. Il n'en fut rien.

Don Andrès de Riola, le gouverneur de Pensacola, reçut les visiteurs comme s'ils apportaient les germes de la peste. Ce vieillard rabougri, vêtu d'un uniforme qui montrait la corde, fit comprendre à ses visiteurs qu'ils n'étaient pas les bienvenus.

— Je suis prévenu de vos intentions par un brigantin de La Havane, dit-il d'une voix âpre. Vous venez pour ainsi dire chasser sur nos terres ! Je vous rappelle la bulle de Sa Sainteté le pape Alexandre qui a partagé les terres à découvrir entre les Espagnols et les Portugais et l'expédition de notre compatriote Hernando de Soto qui a pris possession de cette terre bien avant les Français.

Bienville ne se laissa pas démonter. Cavelier de La Salle avait fait flotter les couleurs de la France sur le Mississippi et les pères jésuites avaient évangélisé plusieurs nations indiennes.

Don Andrès joua nerveusement avec ses manchettes grisâtres avant de répondre :

— Quoi qu'il en soit, voici la protestation que j'adresse à votre souverain. Je vous serai obligé de la lui faire parvenir avec l'expression de mon respect.

Il se leva pour signifier la fin de l'audience mais retint Iberville par la manche.

— Puis-je vous dire deux mots en aparté, commandant ?

Il lui confia que la situation de Pensacola était catastrophique. On manquait de tout : subsistances, boisson, vêtements... On en était réduit à acheter du maïs aux Indiens. Chaque jour des soldats étaient portés déserteurs. Iberville promit de faire descendre à terre quel-

51

ques marchandises. Entre futurs voisins on se devait de s'entraider. On n'était pas en guerre, que diable !

Durant cet entretien Sauvoles avait procédé à une inspection rapide du fort. Il comptait environ trois cents hommes, tous dans un état lamentable, émaciés, vêtus de loques indiennes, la plupart malades. Il avait compté une vingtaine de canons mais aucun canonnier n'était à même de servir ces pièces. Les Espagnols possédaient deux traversiers hors d'état de prendre la mer.

— Plusieurs soldats se sont accrochés à mes basques, ajouta Sauvoles. Ils m'imploraient de les emmener avec nous.

— Cette escale ne nous aura pas été inutile, dit Bienville. Nous avons appris une chose importante : rien à craindre de ces gens...

— Picard, lança M. de La Herronière, réveillez tous ces paresseux, je vous prie ! Jouez-leur une gigue. Cela leur donnera peut-être du goût pour la manœuvre.

François joua sur son violon désaccordé une musiquette gaillarde qui n'eut d'autre résultat que de faire danser la matelotaille. Il se dit qu'une distribution de rhum eût été autrement efficace, mais la réserve s'épuisait.

Accoudé au bastingage, son chapeau sur les yeux, il regardait se dérouler au loin d'interminables étendues de sable et de végétation grise qui tremblaient sous une brume de chaleur. Il fallait sonder sans relâche pour éviter de donner sur les battures qui glissaient leurs pièges sous les eaux couleur de jade.

Au matin du 31 janvier, alors que l'on rangeait depuis des jours la côte du golfe du Mexique, un cri tomba de la vigie. On était en vue d'une plage de sable blanc qui présentait une apparence singulière, comme si une tempête y avait dispersé les débris d'un naufrage.

Iberville débarqua avec quelques officiers pour une reconnaissance. La plage éblouissante, qui réverbérait une lumière d'enfer, était jonchée d'ossements d'une blancheur de craie. On dénombra une vingtaine de squelettes, des crânes fichés sur des piquets ou des lances, sans que l'on pût dire si ces *memento mori* faits de macabres trophées constituaient un cimetière de Blancs ou de sauvages. On ne découvrit ni vêtements ni objets. On écarta l'idée que ce pût être le lieu où Cavelier et ses compagnons avaient trouvé la mort : cet événement s'était déroulé beaucoup plus loin, à l'est, au-delà du delta du Mississippi.

Parti avec un petit groupe armé de fusils, Sauvoles revint en déclarant qu'il semblait que ce fût une île.

– Eh bien, dit Iberville, nous l'appellerons l'île Massacre. Nous compléterons ainsi les relevés de M. de Graff.

On mouilla dans une anse de l'île. L'intérieur était couvert de belles pinières et le sol envahi par une herbe fine. Les sources y étaient rares et l'eau donnait la diarrhée, mais l'air était salubre et le vent marin apportait un peu de fraîcheur.

Les premiers sauvages qui firent leur apparition étaient nus, armés d'arcs et de lances. Timides, craintifs, ils se bornèrent à toucher les uniformes, à caresser les barbes, à renifler les fusils et les pistolets. Iberville leur fit distribuer des babioles et demanda à François Picard de jouer à leur intention un air de danse qui les mit en joie.

Pour François cette escale marquait le début de l'aventure. Aucun jour ne ressemblait au précédent et apportait son lot de surprises, agréables ou détestables. Cette île Massacre n'était rien d'autre à ses yeux qu'une ouverture sur des étendues incommensurables de marécages, mais c'était l'amorce d'un continent qui tenait l'essentiel de son attrait de son immensité et de son mystère.

L'expédition séjournait depuis une semaine sur l'île Massacre où l'on avait construit des huttes de branchages et de cannes lorsque Iberville annonça son intention de partir à la découverte sur le continent. Il ne perdait pas de vue le but essentiel de sa mission : la découverte du delta et la remontée du Grand Fleuve.

Il prit place avec une poignée de Canadiens sur une biscaïenne à deux mâts, laissant à Bienville et Sauvoles le soin d'établir des rapports avec les sauvages et de procéder à des relevés.

Longeant la côte au nord de l'île, la petite expédition louvoya à travers un archipel d'îlots de sable et de pinières avant de s'enfoncer dans un large estuaire où se déversaient les eaux d'une rivière qui, d'après les relevés de Graff, devait être la Biloxi. Certains havres paraissaient favorables à un campement. Iberville y laissa quelques hommes.

Le faible tirant d'eau de la biscaïenne facilitait la navigation au plus près des côtes dont l'aspect ne changeait guère : c'était partout le même spectacle monotone. Sous un ciel chargé de nuées menaçantes qui déchargeaient brutalement sur le navire des trombes d'eau, on passait d'îles en îlots, de battures sournoises en gigantesques échouages d'arbres morts, au débouché de rivières qui vomissaient leurs boues dans les eaux verdâtres de l'océan.

La vigie restait en alerte permanente, dans l'attente des effluents blanchâtres qui annonceraient les bouches du Grand Fleuve et la voie vers l'intérieur du continent. De cette découverte dépendaient la réussite de la mission d'Iberville et le sort de la future colonie.

Le matin du 2 mars François fut réveillé par un tumulte de voix joyeuses :

– Un demi-mille à tribord ! Les *eaux blanches* !

Il se mêla aux matelots qui laissaient éclater leur joie. Il semblait que l'on se fût un peu hâté. Au milieu du grand débordement qui avait envahi les marécages, les traînées d'eau répandues dans la profondeur de l'océan étaient simplement de couleur différente.

– Mes amis, s'écria Iberville, il semble que nous ayons attrapé l'hydre par la queue ! Quelle est notre position ?

Les instruments du bord donnaient 284 degrés et 3 minutes. On était loin des 273 degrés rapportés par Cavelier, mais il avait pu se tromper.

– Quoi qu'il doive nous en coûter, dit le commandant, nous allons remonter ce courant d'eau.

– Je crains qu'il ne nous en coûte beaucoup, fit observer un officier. Nous risquons de nous égarer dans ce labyrinthe.

Iberville décida de laisser la biscaïenne avec quelques hommes au creux d'une anse et de partir à la découverte dans les canots de Rochefort et ceux que l'on avait empruntés aux Indiens.

– Ce sera bien le diable, dit-il, si nous n'arrivons pas à découvrir le secret du mariage du Mississippi avec la mer.

La flottille se mit en route le lendemain, dans une grisaille de pluie aigre et le grondement, au large, des lames se brisant sur les écueils sous un ciel de fin de monde.

Le jour où le canot de tête se trouva devant une fourche à trois branches, indiquée par Cavelier, Iberville laissa éclater sa joie. Il divisa le convoi en trois groupes. Chacun ferait des salves pour signaler sa position. On devrait sous peu entrer en contact avec la petite nation des Oumas.

Après une longue et pénible progression à contre-courant, le détachement d'Iberville arriva en vue d'un village de huttes. Le premier mot qu'il entendit dans la bouche des Indiens le fit fondre de joie : « Oumas... » Le second lui donna la certitude d'être sur la bonne voie : « Tonty... »

Le deuxième convoi découvrait le cours oriental, après trente-cinq lieues de navigation périlleuse et harassante : un aimable pays planté de beaux arbres dans lesquels nichaient des nuées de flamants et de grues. Les embarcations accostèrent sur une plage de gravier, au milieu de canots indiens peints de couleurs vives. Une paisible tribu d'Oumas cabanait entre le fleuve et un lac paisible. Les sauvages accueillirent leurs visiteurs avec des démonstrations de joie : ils leur offrirent de fumer le calumet, leur frottèrent le ventre en leur présentant des viandes et du maïs, leur proposèrent des femmes...

Après avoir échangé les signaux de reconnaissance, les deux détachements firent leur jonction et attendirent le troisième qui s'était égaré dans un dédale de canaux et de marais dont il avait eu beaucoup de mal à se dépêtrer.

— Mes amis, dit le commandant, cette expédition nous aura réservé bien des surprises...

Il sortit de son gilet une feuille graisseuse, rongée sur les bords par l'humidité, mais dont l'écriture était encore lisible.

— Une lettre du chevalier de Tonty, dit-il en cachant son émotion. Elle m'a été remise par le chef du village ouma. Main-de-fer la lui a confiée il y a seize ans pour qu'il la remette à Cavelier. Il a conservé ce document comme une relique. Elle confirme mes espoirs : nous sommes sur la bonne voie. Il ne nous reste plus qu'à pousser plus avant...

Après trois jours de navigation le convoi abordait aux

territoires de chasse des Indiens Bayagoulas. L'anse où ils rangèrent leurs canots était dominée par un étrange monument : un tronc d'arbre haut d'une trentaine de pieds, badigeonné de rouge de la base au sommet, orné de trophées barbares : crânes d'ours, d'alligators, gueules de poissons géants et peaux de serpents.

On avait parcouru, depuis que le convoi s'était engagé dans le delta, une trentaine de lieues. Il était temps de retrouver le camp de base.

Bienville et Sauvoles n'avaient pas perdu leur temps.

L'île Massacre ne leur paraissant guère propice à un établissement de quelque importance, ils avaient prospecté la côte continentale.

A une dizaine de lieues de la rivière Pascagoula, portée sur la carte de Graff, ils avaient découvert un site qui leur parut favorable, sur le territoire d'une autre nation : les Biloxis.

Iberville décida de s'y rendre sur-le-champ.

Le site lui sembla plus accueillant que l'île Massacre. Des champs de cannes mettaient des touches d'un vert tendre le long de la berge, sur un horizon borné par des rideaux d'arbres. Au-delà, dans une profusion de vignes sauvages, s'étendaient de vastes pinières qui fourniraient le bois nécessaire à la charpente et à la menuiserie.

Seul inconvénient de taille : l'insalubrité. L'air était moite, traversé de rares souffles d'air et, le soir, des nuées de maringouins sortaient des marécages. Il fallait s'attendre à des cas de fièvres et de dysenterie.

— Malgré ces mauvaises conditions, dit Bienville, c'est l'endroit le plus propice. Nous ne trouverons nulle part un meilleur site que Pensacola. Les Espagnols ont eu le nez creux...

Le fort de Biloxi sortit de terre en moins d'un mois. Dans les premiers jours de mai on fit la fête, le moment venu de planter le bouquet traditionnel sur l'arête du bâtiment central à usage de caserne, de logement pour les officiers, de corps de garde et de magasin. On avait doté la petite forteresse de quatre bastions d'angle reliés par une haute et solide palissade et un chemin de ronde ; on y installa une batterie de quatre canons. On avait utilisé pour la construction du bois de cyprès, un arbre qu'il fallait aller chercher très loin, difficile à travailler mais imputrescible. Le bois des pinières avait été utilisé pour la charpente et le mobilier.

– Nous baptiserons cette redoute, dit Iberville, du nom de Maurepas, le fils de notre ministre, M. de Pontchartrain. Sauvoles, vous en prendrez le commandement.

Iberville se dit qu'il venait de mener à bien la première étape de sa mission et qu'il était temps pour lui de revenir en France rendre compte de son mandat. Il éprouvait de plus en plus de difficulté à se déplacer et devait se soutenir à l'aide d'une canne. Son expédition à travers le delta avait mis sa santé à rude épreuve. Il lui tardait de retrouver son convoi et de faire voile vers la métropole. D'autres projets lui occupaient l'esprit et lui donnaient la force de résister à la souffrance et au vague à l'âme lorsque lui apparaissait la suite de sa mission : on avait posé un pied sur le continent ; restait à le conquérir.

Il se confia un soir à Bienville, en débouchant la dernière bouteille de bourgogne :

– Cette installation chez les Biloxis, dit-il, est provisoire. Il va falloir chercher plus loin dans l'intérieur, nous rapprocher si possible du Mississippi, nous efforcer de créer un courant de circulation avec le Canada par les territoires des Illinois et des Natchez.

– Projet ambitieux, dit Bienville. Il nous faudra des années pour le réaliser. Une poignée d'hommes à la conquête d'un continent... Alexandre lui-même aurait hésité.

– Mon frère, méditez ces deux proverbes : « La fortune sourit aux audacieux » et « À cœur vaillant rien d'impossible ».

Il voyait plus loin encore dans l'avenir. Comme soulevé par un souffle religieux, il murmura :

– Lorsque les temps seront venus, que notre implantation sera solide, nous devrons porter nos regards au-delà du Mississippi, vers les territoires de l'ouest proches du Mexique.

– Les Espagnols... dit Bienville. Nous les trouverons sur notre chemin.

– Certes, mais ce sont de piètres colonisateurs et Pensacola nous donne une idée de leur puissance sous ces latitudes. Ils occupent à l'ouest d'immenses terri-

57

toires riches en métaux précieux qu'ils laissent inexploités. Ces pays sont à prendre. Nous devrons nous y employer, quitte à créer des conflits.

Bienville sursauta.

— Y pensez-vous sérieusement ? Nous sortons à peine d'une guerre, et vous voudriez...

— Je suis très sérieux, au contraire. Les Espagnols ne réagiront pas : ils n'en ont pas les moyens.

— Les avons-nous ?

— Nous les aurons, je vous en donne l'assurance. Lorsque M. de Pontchartrain aura eu connaissance de mon mémoire, il n'aura pas l'ombre d'une hésitation.

Il ajouta avec un sourire engageant :

— Mon frère, finissons cette bouteille. A mon prochain voyage j'en apporterai une cargaison...

François Picard contemplait son violon comme on se tient au chevet d'un malade.

L'archet n'avait plus que quelques filaments de crin et l'instrument avait perdu une corde. Il n'en tirait plus que des grincements de porte et des miaulements de chat en colère. L'humidité, la chaleur, le défaut d'entretien avaient fait leur œuvre. Il se disait que, sans ce compagnon des bons et des mauvais jours, il ne serait qu'un émigrant très ordinaire et qu'on ne lui témoignerait plus la moindre considération. Dans l'aventure qui l'avait conduit au bout du monde, c'est une part essentielle de lui-même qui le lâchait. Misère !...

Pour comble de malchance, il avait été requis d'office par Sauvoles pour participer à la construction du fort. Ses mains en avaient souffert et avaient perdu de leur agilité. Il les enduisait chaque soir d'une mixture de plantes et de graisse d'ours procurée par une jeune Indienne, mais chaque matin voyait se renouveler le calvaire.

Certains soirs, lorsqu'on lui demandait de faire danser les habitants, il montrait ses mains saignantes. On insistait : il lui suffirait de donner le rythme ; il n'y avait pas de mélomanes dans l'assistance.

Il se dit que le dieu des musiciens veillait sur lui lorsque Sauvoles, compatissant, lui annonça qu'il le relevait de la corvée de bois pour lui confier un travail moins éprouvant :

– Nous allons devoir créer un service administratif. Tu sais lire et écrire ? Bien ! Alors, te voilà promu secrétaire en chef. Belle promotion, n'est-ce pas ?

— Et en quoi consistera mon travail ?
— Il sera des plus faciles. Tu auras un cahier avec recettes d'un côté et dépenses de l'autre. Une véritable sinécure...

La jeune Indienne avait pris à cœur son rôle d'infirmière. Elle rendait visite chaque soir à son patient, examinait ses mains, hochait gravement la tête : les plaies étaient en voie de cicatrisation.

Elle lui avait dit son nom mais, comme il était interminable et imprononçable, il n'en retint que les premières syllabes : Waka.

Waka n'était pas laide, malgré sa croupe plantureuse, son visage large et plat, son allure pataude, les colifichets dont elle affublait sa nudité et sa chevelure qui sentait la graisse d'ours rance.

Elle avait fait comprendre à François qu'elle ne ferait aucune objection s'il lui proposait de partager sa solitude. Ils communiquaient par signes et par onomatopées et parvenaient fort bien à s'entendre pour l'essentiel.

Elle vint un jour le rejoindre dans sa cabane, à cette heure lourde et gluante de chaleur de l'après-midi où même les Indiens n'auraient pu traverser tête nue le village sans risquer une insolation. Elle ne mit guère de temps à se dévêtir avant de se glisser près de François qui dormait sur sa paillasse de roseaux.

Il fut long à trouver son plaisir. Outre la température qui régnait dans la cabane et le harcèlement des maringouins réveillés par le printemps, il souffrait des premières atteintes de la dysenterie, un mal dont beaucoup pâtissaient et pour lequel on ne connaissait aucun remède spécifique. Le médecin du *Français*, M. Carré, avait bien entrepris de constituer une pharmacopée empirique avec le concours d'un sorcier, mais les résultats étaient décevants. Chaussé de mitasses de peau destinées à le protéger des morsures des reptiles qui pullulaient dans les parages, il herborisait avec des Indiennes et rapportait de pleins sacs d'herbes et de feuilles qu'il triait le soir à la chandelle, ses besicles sur le nez.

Premier résultat de son traitement : les malades évacuaient par le fondement des vers gros comme le petit doigt, de dix pouces de long, couverts de poils roux, à la tête semblable à celle d'un serpent, qui pouvaient vivre des heures à l'air libre.

La maladie était due, constata M. Carré, à la qualité des eaux qu'il fallait disputer aux batraciens, aux serpents et parfois aux alligators, redoutables en raison du mimétisme grâce auquel ils se fondaient dans le milieu.

Sauvoles avait été l'un des premiers atteints en raison de sa santé précaire : ventre gonflé, visage en forme de courge, accès de délire... Un matin, François le surprit à murmurer, l'œil dans le vague :

– Claire... elle si claire qu'on voyait le fond à dix brasses...

Il confia à son commis qu'il était obsédé par l'eau d'une rivière qui traversait son domaine de Longueil, au Canada, et qu'elle ruisselait dans ses rêves comme une bonne pluie. Il devinait que ses jours étaient comptés, que ce pays l'achèverait.

Waka lui amena le sorcier d'un village voisin réputé combattre avec succès le mal sous toutes ses formes. C'était une sorte de chaman au visage d'ascète, aux membres noueux. Il gesticula autour du lit, dansa en brandissant des chichikoués, sortes de calebasses emplies de graines ou de gravier, chanta, les bras levés au ciel, souffla de la fumée de tabac sur le corps dénudé. Après quelques instants de recueillement, il dégaina un couteau de pierre, fit au flanc du malade une incision, aspira les humeurs, les recracha, puis se retira sans un mot.

Trois jours plus tard Sauvoles vaquait à ses occupations.

Obsession de François : donner de ses nouvelles. A qui ? comment ? Les navires étaient repartis à la fin du printemps, et on ne les verrait pas reparaître avant des mois, des années peut-être.

En marge d'une population active qui ne lui témoignait que la déférence distante réservée aux comédiens ou aux musiciens, il se sentait étranger. Seul M. de Sauvoles lui manifestait, sinon de l'amitié, du moins quelque intérêt. Il le voyait rarement, le commandant du fort Maurepas passant le plus clair de son temps sur l'île aux Chevreuils, une langue de terre à quelques encablures à l'ouest de Biloxi, où l'air était plus salubre.

Il prenait la plume, jetait quelques phrases sur une feuille, réfléchissait, renonçait. Écrire à ses parents ? ils l'avaient renié. A Sacremore ? il l'avait sans doute oublié. A Samuel ? il était peut-être mort. Qui donc, au vieux pays, se souvenait de lui ? Pas un ami, pas une femme. Il n'avait pas laissé derrière lui l'ombre d'un souvenir. Parfois, il regrettait sa désertion, rêvait de cette caserne de Compiègne à laquelle il était promis, à la chaude camaraderie des camps, aux fanfares. Défiler sous la bruine d'un matin gris, le ventre plein et le cœur léger...

Heureusement il avait Waka : un agréable exutoire à ses nostalgies.

– Tu as beaucoup changé, lui disait Sauvoles. Où est cette joyeuse humeur que tu savais communiquer ? Qu'attendais-tu donc de ce voyage ? De vivre encadré de jeunes et de gracieuses esclaves, sous les palmiers, comme les colons de Saint-Domingue ? Tu as perdu tes illusions, mais tu as trouvé une mission de choix : créer un empire. Alors, mange ton pain noir sans faire la grimace et songe aux moissons futures.

– Du pain noir, soupirait François. Si seulement nous en avions...

Bienville avait écarté ces ombres pernicieuses. Malgré le délabrement de sa santé, il paraissait soulevé par le souffle de l'aventure. Avant les premières pluies d'automne il décida de tenter une nouvelle prospection du delta qui demeurait pour lui un mystère.

François fut invité à se mêler à cette expédition. Il assista à la confection des canots par les Indiens : des embarcations légères, fragiles mais rapides et maniables ; elles étaient faites d'écorces de bouleau cousues avec des liens végétaux, colmatées de résine de pin mêlée à de la graisse animale, sur une structure en bois de cyprès.

Il avait décidé de longer la côte en direction de l'ouest, puis de piquer vers l'intérieur à travers lacs et bayous. On se ferait guider par les Indiens. Accablés par la fatigue et les lourdes pluies de septembre, ils arrêtèrent leur progression au même endroit que précédemment, au pied de ce mât qui semblait marquer une frontière et que Bienville nomma Bâton Rouge.

Pour regagner Biloxi, il décida de prendre les chemins du delta. Il souhaitait redescendre le cours principal du fleuve jusqu'à la mer.

Un matin brumeux il découvrit avec stupéfaction, entre deux épaules de forêt aux arbres gigantesques, une jolie corvette à trois mâts battant pavillon britannique, armée d'une vingtaine de canons.

– Tudieu ! s'écria-t-il, en voilà une embrouille... Nous nous attendions à trouver des Indiens et nous tombons sur des Anglais. Ces bougres nous ont sûrement aperçus et vont nous donner la chasse.

– Il faut passer à l'abordage, suggéra un Canadien. Comme à Terre-Neuve avec votre frère Iberville. C'est bien le diable si...

– Ce serait une folie, dit Bienville. Nous ne sommes plus en guerre contre les Anglais.

Il se fit connaître ; on lui envoya l'échelle de coupée. Le capitaine s'inclina, chapeau bas :

– Capitaine Banks, dit-il. Bienvenue à mon bord.

– Garde de la Marine Jean-Baptiste Le Moyne de Bienville.

– Seriez-vous le frère de cet Iberville avec lequel j'eus jadis, dans la baie d'Hudson, quelques démêlés ?

– Autant qu'il m'en souvienne, mon frère a capturé votre unité. J'étais tout jeune alors, mais on parlait de ce fait d'armes dans tout le Canada.

Bienville ajouta :

– Serait-ce indiscret de vous demander ce que vous faites sur notre territoire, capitaine ?

Le visage de Banks se figea. Il répliqua avec un sourire narquois :

– Votre territoire, vraiment ? J'ignorais que cette partie du continent appartînt à votre souverain.

Il expliqua qu'il avait quitté Londres l'année précédente avec un contingent de fidèles de la religion réformée d'origine française dont l'intention était de fonder une colonie sur le Mississippi. Il fit confirmer ses dires par le chef du groupe, un solide Vendéen, M. Second, qui s'expliqua à son tour :

– Cette idée me revient, dit-il. Je souhaite que votre souverain nous accorde l'hospitalité et la liberté d'exercer notre culte.

– Votre religion, s'étonna Bienville, est la même que celle des Anglais, il me semble ?

– Certes. On nous a débarqués en Caroline mais nous avons très vite compris que nous étions des intrus. Nous avons donc décidé d'aller chercher ailleurs où installer nos pénates. Si l'on ne nous avait pas chassés de France comme des criminels, nous n'en serions pas réduits à jouer les Juifs errants.

— Il ne m'appartient pas de juger du bien-fondé de cette décision, dit Bienville, et je ne peux, de mon propre chef, vous accorder le droit d'asile.

Il se tourna vers le capitaine Banks.

— Veuillez, je vous prie, ramener ces pauvres gens en Nouvelle-Angleterre ou ailleurs. Vous ne pouvez rester dans ces parages. Je vous rappelle que vous naviguez dans des eaux françaises.

Il attendit, pour reprendre son chemin en direction de l'océan, que les Anglais eussent levé l'ancre. Il décida que l'on appellerait cet endroit du fleuve le Détour-de-l'Anglais.

La santé de Sauvoles s'était altérée. *Poumonique* à la suite des campagnes dans les neiges du Canada, il avait pâti des chaleurs accablantes de la côte. Il tenait malgré tout la situation bien en main.

Il reçut en l'absence de Bienville deux messieurs des Missions étrangères, société rivale de celles des jésuites et des récollets, que l'on appelait aussi capucins. Il s'enquit des réactions des Canadiens à l'annonce de la création de cette nouvelle colonie.

— Nombre de nos compatriotes, dit M. de Montigny, se déclarent satisfaits de n'être plus seuls contre les Anglais...

— ... tandis que d'autres, ajouta M. Davion, sont mécontents de la concurrence que vous ne manquerez pas de leur faire dans la fourrure qui est leur ressource principale.

Les deux religieux étaient accompagnés d'un jeune coureur des bois : Germain Chapdeuil [1]. Comme il était roux de cheveux et de barbe les Indiens Algonquins l'avaient baptisé Cheveux-Rouges.

— Au train où vont les choses, dit-il, les castors vont se raréfier. La concurrence sera rude entre les deux colonies. Je crois pourtant que nous avons plus à gagner qu'à perdre à votre installation au moment où la menace des Anglais se précise. Leurs établissements de la côte atlantique se renforcent d'année en année. Ils envisagent de franchir la barrière des montagnes Alleghanys pour s'infiltrer jusqu'au Mississippi. S'ils y parvenaient, nos deux colonies seraient condamnées.

— Vous poussez les choses au noir, dit Sauvoles, mais

---

1. Personnage des *Tambours sauvages*, du même auteur.

j'apprécie votre franchise. Que comptez-vous faire ? Repartir pour le Canada ou rester parmi nous ?

Cheveux-Rouges s'était engagé pour quelques mois au service des deux religieux. Il allait accompagner le père de Montigny chez les Taensas, sur la rivière Ouatchita, affluent de l'ouest du Mississippi, et le père Davion chez les Yazous, en amont, à l'est du Grand Fleuve.

– Restez avec nous si cela vous tente, dit Sauvoles. Votre connaissance des Indiens et de leurs langues nous serait utile.

Cheveux-Rouges promit de réfléchir. Il accompagna les religieux au cours d'une prospection qu'ils firent dans les tribus de l'intérieur. A leur retour ils faisaient grise mine : sans le secours des Indiens, cette petite communauté aurait du mal à survivre. Les sauvages qu'ils avaient rencontrés étaient de pauvres bougres malingres et peu communicatifs.

Cette inquiétude, Sauvoles la partageait. Les premiers essais de culture s'étaient soldés par un échec : après de laborieuses opérations de défrichage, les habitants avaient semé des légumes et du froment, mais les premières chaleurs et les brumes du matin avaient réduit à néant les promesses de récolte. Un navire traversier de Saint-Domingue avait amené une cargaison de viande sur pied, de fruits, de maïs, de rhum et de clarine, une eau-de-vie qui, disait-on, rendait fous les Indiens au point qu'il était interdit de leur en vendre. Le gibier ? Il ne manquait pas, malheureusement c'était une nourriture échauffante à la longue. Le poisson ? Il était pêché en abondance mais on s'en lassait vite et il ne tenait pas au corps. Restait le maïs : les colons comptaient sur les Indiens pour en approvisionner la colonie en priant Dieu que la récolte fût bonne.

Un matin pluvieux de janvier, balayé de rafales de vent, le canon tonna sur la petite redoute édifiée dans l'île aux Chevreuils. Deux navires étaient en vue : malgré la brume on devinait leurs coques au large, leurs dorures et l'éclat métallique des canons.

— Une surprise que nous font les Anglais ? interrogea Sauvoles. Nous voilà dans de beaux draps...

Ç'aurait pu être aussi bien des navires de la flibuste : on en voyait passer parfois, au large, en quête d'un convoi de Veracruz à prendre à l'abordage.

C'étaient des navires de France. M. d'Iberville était de retour.

Il arrivait à bord d'une frégate, la *Renommée*, belle unité de cinquante canons, récemment sortie des chantiers de Rochefort ; elle était escortée d'une flûte : la *Gironde*, et de quelques embarcations de moindre tonnage destinées à la traverse.

Les nouvelles qu'il ramenait de France n'avaient rien de réjouissant. On n'avait pas que des alliés à la Cour.

— La plupart des gens que j'ai rencontrés, à Versailles, à Paris, à Rochefort, avaient du mal à se convaincre que notre implantation avait quelque chance de succès. Nous allons leur démontrer qu'ils nous sous-estiment. Ce sont des opinions de marchands : ils attendaient peut-être que je leur rapporte une cargaison de métaux précieux comme au temps des conquistadores ! L'or... c'est le premier de leur souci, et sans doute le seul. En trouverons-nous ?

Bienville haussa les épaules. Il n'y avait pas le

moindre gisement en vue. Il faudrait en faire son deuil tant qu'on n'aurait pas les moyens de lancer des expéditions vers le Mexique.

– Si ces messieurs, dit-il, comptent sur la Louisiane pour remettre leurs finances à flot, offrir des joyaux et des palais à leurs maîtresses, ils en seront, je le crains, pour leurs frais.

On avait pourtant pris au sérieux cette deuxième expédition. Iberville avait embarqué deux membres de sa famille, des cousins : Pierre Dugué de Boisbriant et Louis Juchereau de Saint-Denis, une poignée de commis, une cinquantaine de gens de métier, de tâcherons, et un jésuite, le père Duru. Ce dernier remplacerait le père Douay, que l'on n'avait pu retenir d'aller évangéliser la nation des Natchez, sur les terres fertiles en amont de Bâton Rouge.

Il rapportait d'autres nouvelles : Sauvoles devenait gouverneur et Bienville lieutenant du roi. La croix de Saint-Louis, distinction réservée aux cœurs courageux, accompagnait la promotion du premier.

Il bougonna :

– Gouverneur des Indiens et des oies sauvages !...

L'état de santé du nouveau gouverneur avait empiré. Il souffrait avec une violence accrue de flux de ventre et de fièvre qui s'ajoutaient à son mal de poitrine. Il ne quittait sa cabane de l'île aux Chevreuils et les pinèdes qui la protégeaient des ardeurs de l'été que pour de brèves promenades sur la côte baignée par l'océan, à regarder les vols d'oiseaux de mer autour des îlots et à sonder l'infini comme s'il en attendait l'annonce de sa fin.

Une foule de colons et de soldats auxquels se mêlaient des groupes de sauvages attendaient les chaloupes qui conduisaient les nouveaux arrivants sur la terre ferme. Des vivats éclatèrent, des bonnets volèrent dans le ciel pour saluer le retour du commandant. On se bouscula pour la distribution du courrier. On versa des larmes de joie lorsque la fanfare commandée par François Picard joua un air pour accueillir les nouveaux venus.

– Vous arrivez à point nommé, dit Bienville, pour fêter en notre compagnie le début du siècle. Nous n'avons, hélas, pas de quoi faire ripaille.

– Rassurez-vous, dit Iberville, et souvenez-vous de ma promesse. Regardez ce qui m'accompagne...

Une chaloupe chargée de futailles manœuvrait pour s'insérer entre les canots des Indiens. Elles portaient une inscription en lettres blanches sur leur flanc : Bordeaux.

— Mon frère, poursuivit-il, je constate avec plaisir que vous avez fait de la bonne besogne. On se croirait presque dans un village de France ! Il n'y manque que l'église et le relais de diligence...

La petite forteresse retint son attention : elle n'avait que peu de rapports avec des défenses à la Vauban et aurait mal supporté une vigoureuse canonnade anglaise, mais elle imposait dans ce site sauvage une image de sécurité et faisait impression sur les Indiens. Malgré ses uniformes défraîchis, la garnison portait haut ses couleurs : deux soldats se tenaient en faction, la lance au point, devant l'entrée, un autre derrière chaque canon.

Bienville, à son tour, donna des nouvelles à son frère. Les Espagnols de Pensacola ? Ils n'avaient manifesté aucune hostilité ; cette forteresse était calme comme un cimetière. Il en venait fréquemment des déserteurs que l'on renvoyait avec quelques hardes et une platée de maïs ou de pois. Les sauvages ? Ils aidaient la colonie à survivre, se liaient, surtout les Indiennes, avec les soldats et les habitants.

L'hiver menaçait d'être rude.

Octobre apporta sur les terres basses de la côte et des îles des vents porteurs de pluies noires. Le pays semblait se liquéfier ; le sol tremblait sous les pieds, dégorgeait une eau boueuse, paraissait sur le point de se détacher du continent pour partir à la dérive. Les cabanes prenaient des airs de guingois. Un débordement diluvien amenait jusqu'aux portes des monceaux d'herbes pourries, d'antiques humus, des crapaudailles, des vers géants. Les plages, les battures se fragmentaient, disparaissaient, se reformaient sous l'assaut des lames. On voyait remonter des abysses comme des têtes de baleines des îlots couverts de coquillages, d'ossements de mastodontes, de carapaces de tortues géantes, d'arbres fossilisés. Les rivières charriaient des pans de forêts avec leur faune accrochée aux arbres, que le courant allait vomir dans l'estuaire.

Le déluge marquant un répit, le froid sévissait. On trouvait le matin l'eau gelée au bord des marais.

Malgré les souffrances que lui occasionnait le moindre effort, Iberville n'était pas homme à rester longtemps inactif.

S'entretenir avec les Indiens, écouter leurs palabres, leurs chants, assister à leurs danses rituelles, c'était l'affaire de son cadet, Bienville, à qui cela plaisait. Il avait mieux à faire : l'hiver passé il faudrait songer à de nouvelles explorations. Il s'y préparait.

La rencontre de son frère avec le capitaine Banks au Détour-de-l'Anglais lui avait mis la puce à l'oreille. Un affrontement avec les colons de Nouvelle-Angleterre, de Caroline et de Virginie, lui paraissait inévitable. Ces gens en prenaient trop à leur aise. Les traitants [1], qui prospectaient les territoires entre les Alleghanys et le Mississippi, échangeaient leur alcool et leur pacotille contre des esclaves destinés à travailler dans les plantations. Le jour semblait proche où ils se sédentariseraient sur les terres les plus prospères de la Louisiane et ouvriraient la voie à la troupe.

Iberville avait eu l'occasion, à Versailles, au cours d'un échange avec un attaché d'ambassade, de prendre la mesure des ambitions des Anglais. Ils se prévalaient de l'antériorité de la possession de la Louisiane. Les Espagnols avaient de Soto ; ils avaient Francis Drake, le premier à explorer la côte du Pacifique, fondateur d'une colonie : la Nouvelle-Albion.

– La Californie, avait fait observer Iberville, n'est pas la Louisiane.

– La Louisiane... avait rétorqué le diplomate. Auriez-vous la prétention, avec une poignée de colons et quelques compagnies, de tenir sous votre autorité cette immensité ?

– Certes. Et les Indiens nous y aideront. Nous les avons gagnés à notre cause. Ils nous reçoivent avec des sourires...

– ... mais ils vous accueilleront bientôt avec des grimaces lorsque vous n'aurez à leur offrir d'autre présent que de bonnes paroles. Notre politique, en revanche...

– Votre politique ? Parlons-en ! Vous traitez les sauvages comme des esclaves, des bêtes de somme et des nègres, sans le moindre respect pour leurs traditions et leurs croyances. Vous les caressez, vous les armez pour

---

1. Les individus pratiquant la traite (commerce) des nègres, des peaux...

qu'ils se détruisent entre eux ou qu'ils vous livrent des esclaves, et vous vous étonnez qu'ils demeurent fidèles à nos missionnaires. S'ils s'insurgent, ce sera contre vous. Ils tolèrent votre présence, mais ne vous aiment pas.

L'altercation avait causé un mouvement de gêne dans l'assistance. M. de Pontchartrain, qui assistait à cette algarade, avait pris à part M. d'Iberville et lui avait glissé à l'oreille :

– Vous n'y êtes pas allé de main morte, commandant, mais vous avez eu raison de remettre le bonhomme à sa place. Nul n'ignore que, derrière les empiétements et les agressions des colons et des militaires anglais, se cachent les financiers et les négociants de Londres. Ils ne se montrent guère regardants sur les méthodes employées par les colons de Virginie et de Caroline.

Quelques jours auparavant le ministre s'était entretenu avec le roi de la situation en Louisiane.

– Sa Majesté estime que les premiers résultats sont décevants et je ne puis lui donner tort, mais elle convient avec moi que nous ne devons pas baisser les bras et laisser le champ libre aux Anglais. Nous avons prévu de vous donner une nouvelle chance. Il est à craindre que ce ne soit la dernière...

Le plan d'Iberville était sommaire : consolider l'implantation à Biloxi et poursuivre l'exploration de l'intérieur en vue d'y installer des postes et des établissements. Si, en cours de prospection, on découvrait des gisements aurifères ou argentifères l'avenir de la colonie serait assuré et il n'y aurait plus à redouter les réticences de Versailles.

Il proposerait dans un premier temps des concessions aux immigrants qu'il avait amenés à bord de la *Renommée*. Il partirait ensuite avec ses Canadiens prospecter des terres nouvelles, rencontrer des tribus qui n'avaient à ce jour eu affaire qu'à des missionnaires, rechercher des sites favorables à l'installation de défenses avancées.

Sa préoccupation immédiate : la santé de Sauvoles. Il savait que la fin était proche et qu'il perdrait le meilleur de ses frères et un précieux collaborateur.

François-Marie de Sauvoles avait dû renoncer à ses promenades et ne quittait plus sa chambre. Il avait installé son fauteuil près de la fenêtre donnant sur la pinière balayée en permanence par le vent marin. Il suivait de l'œil les nuées de volatiles qui crépitaient comme des étincelles blanches au-dessus des roselières et de la plage. Il s'attachait aux événements les plus futiles comme à des planches de salut susceptibles de le maintenir à la surface de la vie. Il les consignait dans sa mémoire comme si elle eût pu lui survivre, et se donnait l'impression de tisser une toile qui n'en finirait jamais.

François Picard venait de temps à autre lui faire son rapport, lui tenir compagnie et lui jouer un air de violon. Le malade lui disait :

— J'aimerais que tu sois présent le jour où je mourrai. Un petit air de musique m'aidera pour le passage. Tu me joueras *Sur le pont du Nord* et *Aux marches du palais*... Ta musique m'accompagnera jusqu'aux portes du paradis...

Iberville quitta le village de Biloxi à la mi-février en compagnie de Bienville, du Canadien Cheveux-Rouges et de quelques-uns de ses compatriotes.

Première halte : les Bayagoulas dont le territoire s'étendait autour du lac baptisé Pontchartrain. Au centre de leur village établi sur une hauteur se dressait un temple, vaste édifice de branchages enrobés de peaux ; un feu perpétuel y était entretenu comme la lampe d'un sanctuaire chrétien ; les squelettes des chefs s'alignaient le long des parois comme une danse macabre, avec au centre le cadavre momifié du dernier chef disparu, dont la peau avait la couleur du caramel ; il tenait d'une main le tomahawk, de l'autre le calumet.

La cérémonie d'accueil allait leur réserver des surprises peu agréables.

On farda le visage du Grand Soleil des Français d'un enduit de terre blanche avant de lui faire fumer le calumet orné de plumes, peint en vert et en rouge. Le tabac avait un goût légèrement vinaigré et faillit le faire vomir. Après quelques échanges d'amabilités, un robuste Indien le jucha sur ses épaules pour lui faire effectuer le tour du village. Au retour de ce périple on le fit asseoir sur une peau de chevreuil étendue à même le sol. Un vieillard aux longues nattes poisseuses se leva pour venir le bercer par-derrière avec les gestes tendres et les mots doux d'une mère endormant son enfant.

Il dut faire effort sur lui-même pour rester éveillé et

assister aux danses rituelles des guerriers qui brandissaient des boucliers de peau et des lances ornées de scalps.

Après des heures de ce cérémonial, alors que les femmes allumaient des feux au centre du village, il procéda à la distribution des présents : peignes, miroirs, aiguilles, clochettes, images saintes...

Le moment venu de *faire chaudière* [1], il examina d'un œil soupçonneux les mets d'apparence équivoque posés sur des nattes : cela lui rappelait les repas auxquels le conviaient les Indiens du Canada et dont il sortait la nausée aux lèvres.

— Qu'y a-t-il au menu de ce balthazar ? demanda-t-il à son frère. Cela ne me dit rien qui vaille.

— Le plat du jour, dit Bienville d'un air amusé, est constitué par des tranches de queue d'alligator. Délicieux... On nous servira aussi des filets de serpents. Succulent... Viendront ensuite des fricassées de ouaouarons (des grenouilles géantes), des pattes de calalous (de petites tortues)... Rien qui sorte du *Cuisinier royal* ou des cuisines des *Frères provençaux*, je vous l'accorde.

— Jamais je ne pourrai avaler ces mets infâmes... soupira Iberville. Je me contenterai d'un plat de maïs ou de pois.

— Ce serait mécontenter le maître des lieux ! Vous devrez au moins goûter de chaque plat.

— Cela me fera vomir.

— Gardez-vous-en bien ! Cela serait interprété comme une insulte. Tenez trois jours de ce régime et vous serez reconnu de tous comme le Grand Soleil des Blancs...

A quelques jours de cette réception mémorable, alors que la flottille accostait chez les Indiens Oumas, à quelques dizaines de lieues en amont, le chef de l'expédition eut la surprise de voir venir à lui un adolescent de race blanche, vêtu à l'indienne d'un pagne de daim et de mitasses de cuir. Il salua Iberville en français, ajoutant :

— Vous ne semblez pas me reconnaître, mon commandant. Mon nom est Pierre de Saint-Michel. J'étais mousse à bord de la *Badine* lors de votre premier voyage. J'avais treize ans lorsque vous m'aviez confié au chef de ce village pour apprendre la langue et les coutumes du pays. J'en ai quinze aujourd'hui.

1. Banqueter.

– Vous ne semblez pas regretter mon initiative.
– Bien au contraire : je vous en sais gré.
– Souhaitez-vous nous revenir ?
– Avec votre permission, j'aimerais poursuivre cette expérience. Mon père adoptif est mort lors d'une petite guerre entre tribus. Je songe à émigrer vers une autre nation, j'ignore encore laquelle. Il y a tant à apprendre de ces peuples !...
– N'auriez-vous pas eu vent de gisements d'or ou d'argent dans les parages ?

Iberville bondit de joie lorsque le garçon lui répondit :
– Mes frères indiens parlent souvent de mines d'argent. Elles se situeraient non loin d'ici, à l'est, aux alentours de la rivière Mobile et près de l'embouchure de la Rivière Rouge. Je ne peux vous en dire davantage.
– De l'argent ! s'écria Iberville. Des mines d'argent ! Quelle joie vous me faites, mon jeune ami !... Béni soit le Seigneur qui vous a placé sur mon chemin ! Quand je vais annoncer cette nouvelle à Versailles !...

Quelques jours plus tard, sous la conduite de Cheveux-Rouges, l'expédition pénétrait sur le territoire des Natchez.

– Mes amis ! s'écria Iberville, j'ai l'impression de me trouver en Normandie et que nous naviguons sur la Seine.

Les canots s'enfonçaient dans de vastes plaines animées de gracieux mouvements de collines verdoyantes et boisées précédant des immensités de forêts de chênes, de hêtres, de vergers sauvages où pruniers, noyers, pêchers et vignes venaient à profusion. Les villages dominant le fleuve abritaient une population dense qui frappait par sa propreté, son urbanité et une sorte d'innocence originelle. Les cases faites de cannes s'alignaient sur des tertres gazonnés qui les mettaient à l'abri des inondations. Les temples s'ornaient à leur fronton de grands oiseaux de bois peinturlurés dressant leur bec menaçant en direction de l'ouest.

Les Natchez, Cheveux-Rouges les connaissait bien.
– Ce peuple est plus évolué que celui de la côte, dit-il, mais ne vous y fiez pas trop. Ces gens sont volontiers cruels et leurs mœurs sont dissolues au point d'effrayer les missionnaires qui se sont aventurés dans les parages. La sodomie y est courante.

Il désigna un groupe de femmes en train de fumer en cercle autour d'un noyer.

— Ce sont des travestis, dit-il. Le père Douay a renoncé à les convertir et à les faire renoncer à ces mœurs.

Quelques années auparavant, alors qu'il venait chasser le bison, il avait assisté au retour d'une expédition guerrière des Natchez chez leurs voisins, les Taensas. Ils en avaient ramené des esclaves, avaient torturé les guerriers avec un comble de raffinement et gardé les femmes pour leur service et leur plaisir.

— Nous avons vu les Iroquois à l'œuvre, dit Bienville. Les Natchez ne peuvent être pires.

— Permettez-moi d'en douter et acceptez ce conseil : ne les quittez pas de l'œil. S'ils vous tendent une main, veillez à ce que l'autre ne cache pas une arme.

Les Français n'eurent pas à se plaindre de l'accueil des Natchez. Ils demandèrent des nouvelles du père Douay : la « robe noire » était partie en mission chez les Tonicas, en amont du fleuve, avec son bréviaire et cet ustensile qui déclenchait l'hilarité des sauvages : une chaufferette. En son absence, les Indiens avaient pris soin de la petite chapelle qu'il avait édifiée de ses mains et que, chaque matin, en attendant son retour, les femmes fleurissaient de magnolias.

Iberville n'avait pas oublié l'interception de la corvette du capitaine Banks, au Détour-de-l'Anglais.

Dans le dessein de veiller à ce qu'un tel accident, qui aurait pu dégénérer, ne se renouvelât pas, il avait installé, dans les premiers jours de son expédition, un poste dans les parages, avec une poignée d'hommes pour assurer la surveillance, sous le commandement de M. de La Ronde. Au retour de la visite rendue aux Natchez, il avait trouvé le chantier en pleine activité malgré des conditions difficiles. Accablés par les premières chaleurs de l'été, à dix-huit lieues de la côte, les soldats travaillaient dans une ambiance d'étuve. Trois d'entre eux avaient disparu, victimes de la fièvre, d'insolation ou de morsures de serpents à sonnettes. Sinistre, désert, sans relief, le pays alentour faisait de cette cellule de vie un défi dérisoire à la sauvagerie.

Les plans du poste dressés par Iberville péchaient par trop d'ambition : la pierre était inexistante et les arbres rares. Il fallut se contenter d'une bâtisse d'adobe. Iberville promit d'envoyer deux canons.

Il donna au fort le nom d'un des disparus : La Boulaye.

En retrouvant Biloxi Iberville était d'humeur morose. Au lendemain de son retour il convoqua ses proches et leur dit :

– Mes amis, qu'avons-nous rapporté de cette expédition ? Rien ou peu de chose : des roseaux géants, quelques productions agricoles, des présents des sauvages, et ceci...

Il fit rouler sur sa table une poignée de perles grisâtres offertes par un chef ouma en échange d'un couteau.

– Des perles ! Certes, de véritables perles, mais qui feraient sourire le plus minable des orfèvres.

Il arpenta la pièce en boitillant et poursuivit :

– Il reste que l'arrière-pays de la rivière Mobile *pourrait* receler des gisements argentifères, mais comment les découvrir et les exploiter ? Cheveux-Rouges prétend que c'est une légende. Je ne suis pas loin de partager son avis. Avons-nous dans nos bagages une once de ce minerai ? Que vais-je rapporter, moi, à nos ministres ? Des promesses ! Du vent !

– Il n'y a pas de quoi s'alarmer, mon frère, dit timidement Bienville. Nous n'avons pas garni d'argent nos bagages, mais nous avons rempli notre contrat. Le reste viendra en son temps. Paris ne s'est pas construit en un jour.

Iberville le foudroya du regard.

– Vous vous moquez ? Le reste... en son temps... Si je tiens ce langage à Versailles, on m'enverra à la Bastille ou aux petites maisons. Mes amis... j'en viens à croire que nous devrions mettre un terme à cette aventure.

Il écouta, impavide, le concert de protestations qui accompagna ses derniers propos.

– A mon tour, dit Bienville, de vous demander si vous vous moquez ! Avoir tant souffert, tant peiné, tant dépensé pour en arriver à cette solution...

– Notre expédition, ajouta Boisbriant, ne m'a nullement déçu. Elle me confirme que les conditions pour fonder une colonie sont réunies.

Le Canadien Lesueur ajouta d'un ton véhément :

— J'ai la conviction que le petit Saint-Michel ne nous a pas rapporté une fable. Les gisements argentifères existent vraiment. Il n'y a pas de fumée sans feu...

— Eh bien! riposta Iberville, apportez-m'en la preuve et la croix de Saint-Louis est à votre portée.

— Qu'on m'en donne l'ordre, les moyens, et je pars dès demain.

Juchereau surenchérit :

— L'or existe lui aussi. Il suffit d'aller le chercher. Et je sais où.

— Eh bien, dites!

— A l'ouest, dans les parages du Mexique.

— En territoire espagnol? Bravo, mon cousin! Souhaitez-vous déclencher un nouveau conflit avec l'Espagne?

Juchereau de Saint-Denis parut faire fi de cette réaction. Il déploya une carte remontant à une dizaine d'années, un peu rongée sur ses franges. De la pointe de l'index il indiqua la piste que devrait suivre une expédition éventuelle. Les gisements? Ils se trouvaient là, là et là...

— Si je vous comprends, dit ironiquement Iberville, il suffit de se baisser pour ramasser des pépites!

— La preuve de ce que j'avance, c'est que, dans certaines tribus, les Indiens portent des bijoux en métaux précieux.

Sous la barbe qu'il n'avait pas rasée depuis son départ le visage du commandant se fendit d'un sourire dénué d'ironie.

— Bien... bien... fit-il. Votre confiance n'est pas pour me déplaire. Pourtant, là encore, aucune certitude.

Restait à traiter des défenses de la colonie. Chacun dut convenir que leur précarité était inquiétante. Il eût fallu pour les rendre dissuasives une centaine de canons, des armes et des munitions à l'avenant. On était loin du compte.

— Mes campagnes contre les Anglais, au Canada, dit Iberville, m'ont appris qu'avec l'ennemi l'audace est une vertu guerrière capitale. A la moindre alerte il conviendra de prendre l'ennemi de vitesse, l'attaquer sur son terrain, lui prendre des villages par surprise, des villes peut-être. En attendant...

— En attendant? dit Bienville.

— Il faut nous résoudre à abandonner Biloxi.

Iberville fit d'un geste cesser les protestations.

— Convenez, mes amis, que cette contrée n'est pas propice à un établissement fiable. C'est une position frileuse, difficile à défendre, un pis-aller. Nous sommes à la merci d'un coup de force des Anglais ou des flibustiers. Le sol est infertile. Sans le ravitaillement que nous recevons de la France et des Iles ce serait la disette, voire la famine.

— Que proposez-vous ? demanda Boisbriant.

— Nous devons nous installer plus à l'est du golfe du Mexique, entre Biloxi et Pensacola, dans l'estuaire de la rivière Mobile, un site facile d'accès pour des navires de faible tonnage. Nous pourrons établir un avant-port sur l'île Massacre. Nous aurons dans cet estuaire un espace suffisant pour y construire une vraie ville et la terre est plus fertile qu'à Biloxi, si j'en crois vos rapports. En remontant la rivière Mobile nous pourrons pénétrer aisément dans l'intérieur du continent, nous concilier les Indiens, créer des postes et des comptoirs.

— Mobile, dit Boisbriant, est à quelques dizaines de milles de Pensacola. Les Espagnols y verront une provocation.

— Ils ne broncheront pas. J'en fais mon affaire. Violerons-nous une frontière ? Il n'en existe pas.

Ils se concertèrent du regard, approuvèrent par des hochements de tête.

— Nous sommes donc d'accord, mes amis, conclut Iberville en se frottant les mains. Vous m'en voyez fort aise. Nous allons boire pour célébrer à la fois la naissance de notre établissement de Mobile et mon départ, qui ne saurait tarder. Il nous reste quelques bouteilles de bordeaux. Nous les boirons ensemble.

Il fut décidé entre deux verres de débaptiser l'île Massacre. Elle porterait dorénavant le nom de Dauphine. Moins sinistre. Plus élégant.

M. d'Iberville ne quitta le Nouveau Monde qu'à la fin du mois de juin.

Il fit escale à La Nouvelle-York sous un prétexte fallacieux : y négocier des peaux de castors. En réalité son but était de s'informer au plus près des conditions de réalisation d'un projet qui lui tenait fort à cœur et dont il avait entretenu ses compagnons à Biloxi avant son départ : prendre cette ville par surprise. Elle était mal défendue du côté de l'océan et pas du tout du côté de l'intérieur du continent; elle comptait davantage de commerçants que de soldats. Il présenterait ce projet au ministre.

Iberville avait prévu de séjourner à La Nouvelle-York une quinzaine de jours, mais deux obstacles l'en dissuadèrent : une épidémie de malaria fort virulente et les soupçons que sa curiosité avait éveillés chez les autorités. Méfiantes envers ce personnage au comportement singulier, elles l'avaient prié de reprendre la mer sans délai.

AU CŒUR DE L'OURAGAN

Dès le lever du jour on avait compris qu'il se tramait un phénomène singulier : le temps était trop serein, la mer trop calme, le silence trop profond. Les premiers à manifester leur inquiétude furent les oiseaux : ils voletaient en tous sens, tournoyaient au-dessus des pinières, des marécages, de la grève, du fort Maurepas et des chantiers comme pour y découvrir des abris.

– Mauvais... dit Waka.

La jeune Indienne fit avec une grimace le geste de balayer la table et de s'abriter sous ses mains jointes comme un toit au-dessus de sa tête, avec dans la gorge un ronflement de chat en colère.

– Ouragan ? dit François Picard. Tu veux me faire comprendre qu'il se prépare un ouragan ? Pourtant rien ne semble l'annoncer.

Elle répéta d'une voix rauque :

– Mauvais... mauvais...

A la fin de la matinée le ciel se graissa à fleur d'horizon de traces d'une suie qui, peu à peu, grignota avec de sourds grondements le léger tissu brumeux des nuages. Les chiens des sauvages, ceux des Canadiens et des soldats se rassemblèrent sur la place du village, la truffe humant l'air, inquiets et gémissants.

Cheveux-Rouges se rendit au poste où se tenait M. de Bienville pour lui faire part de son inquiétude.

– M'est avis, lieutenant, dit-il, que nous allons essuyer un sacré coup de chien !

Il avait assisté récemment, au fort La Boulaye, dans

le delta, au déchaînement d'un de ces cataclysmes : il lui avait laissé un souvenir d'épouvante.

– Le vent, raconta-t-il, a emporté les toitures, renversé les palissades. M. de La Ronde a été balayé et a eu un bras cassé. Le mât de pavillon a été arraché et emporté. Le matin, il faisait un temps doux et paisible, comme aujourd'hui, sans un souffle de vent, alors que l'océan était démonté.

Il ajouta en se grattant la barbe :
– Tout indique que le vent ne va pas tarder à souffler et à faire comme on dit le tour du compas : il se déchaînera de tous les côtés à la fois. Faites passer un crieur pour prévenir les habitants et leur demander de prendre leurs dispositions.

Quelques minutes après que Bienville eut fait vérifier l'amarrage des embarcations, la tempête se déchaîna de toutes parts, bientôt accompagnée de pluies diluviennes inondant la place d'armes et les chantiers. Des volatiles désemparés s'écrasaient contre les palissades et les murs de rondins. Au loin la forêt grondait, fouaillée par de féroces foucades qui creusaient des clairières, brassaient les cimes, déracinaient les vieux arbres et gonflaient les marécages. L'orage, qui accompagnait parfois l'ouragan et parvenait à le maîtriser, demeura impuissant, se contentant de faire sur un horizon couleur de suie une belle danse d'éclairs.

Aux premières heures de la nuit, insensiblement, l'ouragan rappela ses chiens et fit place à la pluie : elle tomba à seaux durant trois jours.

Le cataclysme avait fait des dégâts considérables : deux traversiers couchés sur le flanc, la biscaïenne échouée après la rupture de ses amarres, des canots démantibulés jetés sur la grève autour des pontons, la quasi-totalité des toitures éventrée ou emportée, le campement indien transformé en lac de boue où flottaient des volailles mortes et au milieu duquel erraient des formes fantomatiques drapées dans des manteaux de pluie.

M. Carré ôta ses besicles, les essuya sur sa manche, ralluma sa pipe à la chandelle et regarda M. de Bienville d'un air navré.

– Votre pauvre frère, dit-il, je ne lui donne guère plus d'un mois à vivre, si l'on peut parler de vie dans l'état où il se trouve. Il est à la limite du coma, pratiquement privé de conscience.

Les traits de Sauvoles prenaient de jour en jour l'apparence d'un masque mortuaire. Des pétales de sang parsemaient le drap. Il respirait péniblement, yeux clos, nez pincé. François-Marie de Sauvoles n'était plus là : il vivait dans ses souvenirs. Il avait fait à Paris de brillantes études et mené une vie ardente qui lui collait encore à la mémoire. Avant d'être terrassé par son mal de poitrine et les souffrances qui l'avaient accablé en Louisiane, il aimait parler de la vie qu'il avait menée dans la capitale. M. de Racine l'avait encouragé à écrire ; il disait de lui en faisant allusion à ses origines canadiennes : « Sauvoles est le prodige de l'Amérique. » Bossuet le tenait pour un orateur de talent. Le maréchal de Villars lui avait conféré, par anticipation, le bâton de maréchal.

– On dirait qu'il veut parler... dit Bienville.

Il s'approcha du malade, tendit l'oreille en retenant son souffle, entendit une voix abyssale murmurer :

– Ce bruit... mon Dieu, ce bruit...

– Ce n'est rien, dit Bienville. L'océan qui se fâche après le passage de l'ouragan.

– L'ouragan ? Je n'ai rien entendu.

– M. Carré vous avait fait prendre une drogue. Rassurez-vous : il n'a fait que peu de dégâts à votre demeure. Quelques bardeaux qui se sont envolés. A Biloxi, en revanche...

Il ne termina pas sa phrase : le malade, secoué par une violente quinte de toux, vomit dans une bassine une gorgée de sang brunâtre et fétide. Il laissa sa tête retomber lourdement sur l'oreiller et murmura :

– Mon frère... j'aurais aimé mourir en France. Le *Mercure*, la *Gazette* d'Eusèbe Renaudot auraient parlé de ma carrière et de ma mort.

Il ajouta en prenant la main de son frère :

– Faites venir près de moi ce violoneux, François Picard. Lorsqu'il joue j'ai l'impression de me trouver sur le Pont-Neuf, au milieu de la foule. Dites-lui... N'oubliez pas... Prévenez aussi le père Duru. Il est temps qu'il entende ma confession.

A une semaine de là, par un petit matin brumeux, François-Marie de Sauvoles, premier gouverneur de

Biloxi, rendait son âme à Dieu après une longue et pathétique confession, tandis que, dans le fond de la pièce, en sourdine, François Picard jouait *A Paris sur le petit pont*. On balança entre donner son corps à l'océan en souvenir du valeureux marin qu'il avait été, ou le porter en terre. Bienville décida de l'inhumer à proximité de sa demeure, dans le bois de pins où il aimait se reposer, face à la mer. On enferma le corps dans un cercueil en bois de cyprès, on l'enfouit profond dans la terre meuble, avec une simple croix de bois et une inscription.

Sur la fin d'un été torride, Bienville trouva un matin, assis sur un banc, face à la place d'armes, la pipe aux dents, un bonnet de cuir enfoncé jusqu'aux sourcils, un homme de petite taille mais de forte corpulence, aux traits rudes, vêtu à l'indienne.

– Heureux de vous voir, dit l'inconnu en se levant. Je suis le chevalier de Tonty, mieux connu sous le surnom de Main-de-fer.

– Cela fait longtemps que je souhaite vous rencontrer, dit Bienville. J'ai même envisagé...

– ... Que je pouvais être mort ? Dieu ne veut pas encore de moi, mon jeune ami.

Il était parti depuis quelques mois du fort Saint-Louis-des-Illinois, qu'il avait installé avec le concours des Canadiens, pour prospecter le castor et le cibola, ce bœuf sauvage appelé aussi bison ou buffalo qui hantait les grandes plaines du centre de la Louisiane. Aventurier de naissance, il connaissait mieux que quiconque les territoires situés entre les Grands Lacs et le golfe du Mexique, parlait une dizaine de dialectes et s'était fait de nombreux amis parmi les sauvages. Fidèle compagnon de Cavelier de La Salle, il avait accompagné le découvreur dans presque toutes ses campagnes, l'avait aidé à construire le fort Saint-Louis-des-Illinois et à se faire une alliée de cette puissante nation.

Tranquille comme Baptiste, la pipe au bec, ignorant les souffrances et méprisant la mort, il avait parcouru de long en large les territoires avoisinant le Grand Fleuve, jusqu'aux limites des missions espagnoles du Mexique, habitées par des tribus dont Bienville ignorait jusqu'à l'existence.

– Le fort Saint-Louis... dit Bienville d'un air rêveur.

J'aimerais aller jusque-là. On dit qu'il se trouve là les meilleures terres de l'Amérique du Nord.

— C'est vrai, mais nous avons dû l'abandonner, provisoirement je l'espère, à la suite d'un mouvement des populations indigènes qui souhaitaient découvrir des terrains de chasse plus favorables dans les parages du fort Crèvecœur, que j'ai fondé avec Cavelier, au sud-ouest du lac Michigan.

Jugeant que sa présence n'était plus nécessaire, l'homme aux semelles de vent avait pris le large avec une poignée de Canadiens qui avaient lié leur sort au sien.

Il accepta le verre de tafia que Bienville lui offrit, bourra de nouveau sa pipe d'une main experte, avant d'ajouter :

— Je ne suis pas de la première jeunesse, mais l'âge n'a pas trop rogné ma vigueur ni émoussé ma curiosité. Si je suis ici, c'est pour constater comment vous parvenez à survivre sur ces mauvaises terres. Le résultat ne me semble guère encourageant. Vous auriez pu trouver un meilleur site. Je pense à l'estuaire de la rivière Mobile.

— C'est l'avis de mon frère Iberville. L'idée fait son chemin. Nous avons achevé les plans du fort et de l'agglomération et envoyé sur place une équipe qui doit planter les premiers jalons.

Tonty tapa le fourneau de sa pipe contre ses mocassins, tripota sa main artificielle comme si elle le démangeait.

— Hernando de Soto y avait pensé, il y a des lustres, dit-il.

L'aventurier espagnol, cent cinquante ans auparavant, avait atteint le Mississippi avec sa troupe bardée de fer. Regagnant la côte il avait atteint la rivière qu'il avait appelée Mobila.

— De Soto, ajouta Tonty, aurait fort bien pu créer un poste à cet endroit, mais ses caravelles avaient un trop fort tirant d'eau. Il a préféré le site de Pensacola : la meilleure rade entre la Floride et le Mexique. Pensacola... Si vous parveniez, par quelque moyen que ce soit, à vous rendre maître de ce poste, vous régneriez sur le golfe. Quelle sorte de rapports entretenez-vous avec les Espagnols, vos voisins ?

— Ils sont pratiquement inexistants. La détresse du

gouverneur, don Andrés de Riola, fait peine à voir. Il est abandonné par Cuba et Veracruz. Nous lui venons en aide dans la mesure de nos moyens, mais il ne nous en témoigne aucune gratitude. Nous avons des nouvelles par les déserteurs qui viennent frapper à notre porte : du gibier de potence dont nous ne voulons pas nous encombrer.

Bienville servit une autre rasade de tafia à Tonty et lui demanda s'il comptait séjourner à Biloxi ou s'il n'était que de passage. L'aventurier eut un geste vague de sa main articulée.

– Je suis, dit-il, comme l'oiseau sur la branche. Je me laisse mener par les vents de l'aventure, mais si ma présence ne doit pas vous importuner et si je puis vous être de quelque secours, vous pouvez compter sur moi.

– Alors vous êtes des nôtres, conclut Bienville.

On avait innocemment espéré qu'à l'occasion de son troisième voyage M. d'Iberville conduirait en Louisiane un contingent de filles à marier pour accélérer le peuplement de la colonie. Il fallut déchanter. M. de Pontchartrain avait jugé une telle mesure prématurée, préférant attendre que le premier établissement donnât des preuves de viabilité et de sécurité. Tête basse, désabusés, les engagés canadiens et français revinrent à leurs Indiennes.

Le père Duru tempêtait, faisait tonner la voix de Dieu sur la petite communauté : ces relations de concubinage étaient une insulte à la religion ! Bienville rétorquait :

– Ce sont de jeunes et solides gaillards. Ils ont besoin d'une femme pour leur ménage et pour le reste. Qui, à part vous, aurait le front de s'en plaindre ? Ces sauvagesses sont dociles et travailleuses. Les enfants qu'elles ont de nos engagés sont fort beaux et en bonne santé.

– Elles ont des mœurs déplorables ! vociférait le religieux. Aucune morale, aucune religion ! Je crains que leur comportement ne gâte l'esprit et le cœur de nos hommes.

– Leurs mœurs ? Elles valent les nôtres, mon père. La morale ? Le mot leur est inconnu, mais ils auraient des leçons à nous donner quant à certains de nos comportements. La religion ? Laissez-leur le temps de la découvrir. Que reprochez-vous à nos hommes ? Ils assistent aux offices, communient, se confessent, font leurs

Pâques, à part quelques mauvaises têtes. Vous ne voudriez pas qu'en plus ils vivent comme des moines ou comme saint Antoine au désert ? Cette colonie vit dans la sérénité et cela me convient. N'allez pas déranger l'ordre des choses.

La cohabitation des Blancs avec leurs compagnes indiennes était moins sereine que Bienville ne le prétendait. Des querelles éclataient couramment dans ces ménages improvisés, soit que le mâle souhaitât répudier sa concubine, soit que celle-ci souhaitât retrouver sa liberté ou se montrât infidèle. Certaines retournaient sans prévenir dans leur tribu en emportant le petit *bois-brûlé* né de leurs brèves amours.

Sans les menus événements qui marquaient la vie matrimoniale des habitants, la colonie eût sombré dans l'ennui. L'existence de la communauté était exempte de secrets : tout se savait des uns et des autres, et les langues allaient bon train.

Le soir, lorsque le temps était favorable, les colons se réunissaient sur la place du village, chacun apportant qui un escabeau, qui une chaise. Ceux qui avaient élu domicile dans un village indien proche manquaient rarement cette fête qui, le dimanche, prenait une ampleur particulière.

La fanfare militaire composée de tambours, de fifres et d'une trompette, préludait avec des airs de marche qui faisaient souffler un vent d'héroïsme sur la colonie. Des engagés, des militaires du vieux pays entonnaient en chœur *En passant par la Lorraine*, *La Chanson de Margoton*, *En revenant de noces* ou *Les Filles de La Rochelle*. Dans la nuit indienne, lourde, oppressante, chargée des odeurs de la forêt et de la mer, traversée par les vols obsédants des maringouins, des mouches-à-feu et des frappe-d'abord, les chansons de France réveillaient des nostalgies et faisaient couler des larmes.

Parfois éclatait une voix coléreuse :

– Foutue saloperie de bestioles ! M'a encore piqué, la vérole !

Le chœur couvrait la voix du supplicié :

> *Sont les filles de La Rochelle*
> *Ont armé un bâtiment*
> *Pour aller faire la chasse*
> *Dedans les mers du Levant...*

Lorsque François Picard devinait que son tour était venu et que les gars éprouvaient des picotements de fourmis dans les jambes, il se hissait sur le cul d'une barrique de bordeaux, frappait du talon et lançait son cri de guerre :

— Et maintenant, dansez, marquise ! Une « randonnée » pour ouvrir le bal : *J'ai vu que j'avais un amant...*

Pour la partie chantée, il se faisait accompagner par un joli moussaillon un peu efféminé, retour de chez les Bayagoulas où son charme avait suscité des convoitises, et qui avait une voix joliment timbrée de haute-contre. Les hommes fermaient les yeux et imaginaient une fille du pays leur chantant à l'oreille :

J'ai vu que j'avais un amant
Ah ! j'en ai pas, j'en aurai, j'en voudrais...

L'assemblée reprenait en chœur le refrain sans rompre la danse :

C'est une douzaine que j'aime, que j'aime
C'est la douzaine que j'aimerais...

De retour à Biloxi en décembre, malade des suites d'une traversée mouvementée et de fièvres consécutives à un séjour dans sa plantation de Saint-Domingue, M. d'Iberville resta à bord quelques jours durant.

La *Renommée* en était à son troisième voyage en Amérique. Grâce à la compétence de son capitaine, M. de La Herronière, elle avait passé à travers les mailles de la flibuste ou d'autres coureurs de mers et d'océans. Le médecin de la colonie, M. Carré, rendait chaque matin visite au malade, examinait d'un œil perplexe les résultats de l'incision qu'il avait pratiquée à l'abdomen de son patient pour le délivrer de l'abcès qui l'avait mis à la torture.

– Je ne puis vous autoriser à descendre à terre, disait-il au commandant. Vous êtes trop faible pour vous déplacer et nous traversons une épidémie de mal de Siam. Je suis le seul médecin de cette colonie, vous le savez. C'est dire que je ne manque pas d'ouvrage.

Il tenait des Indiens la recette d'un remède propre, sinon à guérir ce mal par l'opération du Saint-Esprit, du moins à soulager les malades : il était à base de fruits de poirier sauvage, que l'on trouvait en abondance.

C'est sans surprise ni grande émotion qu'Iberville apprit la mort da Sauvoles. Outre qu'il n'avait guère d'affinités avec ce « bel esprit de salon », il le savait condamné à brève échéance.

Au lendemain de son arrivée à l'île aux Chevreuils, il avait fait parvenir un message à Bienville qui, depuis la mort de leur frère, cumulait les fonctions de gouverneur et de lieutenant du roi, afin de l'informer de sa présence. Bienville se présenta accompagné de son frère Joseph de Sérigny, revenu depuis peu d'une expédition dans le territoire des Indiens Choctaws, à l'est du Mississippi, entre le fleuve et la rivière Tennessee.

– Je suis déçu, leur dit Iberville, de vous trouver encore dans ces parages. Où en est notre projet d'installation sur l'estuaire de la rivière Mobile ? Est-il tombé aux oubliettes ?

– A quelques exceptions près, répondit Bienville, nos hommes sont inaptes au travail. Le mal de Siam a fait des ravages et les vivres font défaut. Comment voulez-vous, dans ces conditions...

Iberville partit d'un rire grinçant.

– Les vivres font défaut, vraiment ? A vous voir, on ne le dirait pas. La mine rose, un soupçon d'embonpoint, une plume au chapeau. Mes frères, le moins qu'on puisse dire est que vous n'inspirez pas la pitié. Peut-être est-ce l'amour ?...

Bienville se cramponna au bord de la table et se contint pour ne pas riposter vertement. Qui donc avait pu informer son frère de ses rapports de concubinage avec une jeune Indienne qui l'avait d'ailleurs quitté au début de l'été en emportant sa montre et des babioles ? Un commis de magasin, sans doute ; ces gens faisaient ragot de tout. Il mit les humeurs de son aîné sur le compte de la fatigue et de la maladie.

– Trêve de bavardage ! lança Iberville. Remuez votre monde et hâtez le transfert sur la Mobile. En une semaine, avec une cinquantaine d'hommes...

– Vous rêvez, mon frère ! Où trouver cinquante hommes valides ?

Iberville fit celui qui n'entend pas. Il porta la main à son flanc avec un gémissement ; le sang suintait sous la charpie.

– Je ne suis pas ici pour entendre des jérémiades ! Je reste encore quelque temps à bord. Tenez-moi au courant de l'avancement de notre projet. Au jour le jour, heure par heure au besoin !

Il les congédia d'un revers de main et bougonna alors qu'ils franchissaient le seuil de sa cabine :

– Pardonnez-moi d'être sévère. Peut-être n'aurais-je pas fait mieux moi-même, mais n'oubliez jamais ce que nous avons vécu dans les hivers canadiens. Dites-vous que vous êtes des pionniers et que je vous envie.

Iberville : une singulière nature d'homme. Ce qu'il ne pouvait accomplir lui-même, il refusait l'idée que d'autres – et ses frères notamment – ne pussent l'accomplir. Il était parvenu sur la fin de son existence à une sorte de frontière ; il avait déposé son bagage à ses pieds et acceptait mal que ceux qui l'accompagnaient ne pussent s'en charger sans faillir. Il était toujours allé au bout de lui-même, de sa résistance et de sa volonté ; les faiblesses, les défaillances des autres lui étaient intolérables.

Les colons de Caroline et de Virginie avaient entamé un conflit feutré avec les Français. Ils opéraient de biais, un peu comme marchent les crabes.
Les gouverneurs avaient envoyé des agents dans la plupart des nations indiennes à l'est des Alleghanys. Ils étaient revenus avec une certitude : si l'on ne se rendait pas maîtres de la Floride les Français le feraient. Quelques mois plus tard, ils prenaient les devants, mettaient en état de siège la forteresse de San Augustín, sur la côte atlantique, au nord de la péninsule, et la prenaient d'assaut. Quelques semaines plus tard ils affrontaient les troupes espagnoles et les dispersaient.

En dépit des pluies torrentielles une petite équipe parvint, dans un premier temps, à édifier sur l'île Dauphine un magasin et une redoute. Au même moment, Sérigny procédait au piquetage de la future agglomération baptisée Mobile, sur la côte occidentale de l'estuaire. Une noria de chaloupes, de biscaïennes, de canots sillonnait sans relâche, sous le vent âpre et les pluies glaciales de l'hiver, cette baie vaste comme une mer intérieure.
L'emplacement choisi occupait une plate-forme couronnée par des franges de cannes gigantesques précédant des forêts et des marécages grouillant de reptiles et de sauriens. Pour la construction du fort on s'était montré plus ambitieux que pour celui de Biloxi, Iberville souhaitant qu'il constituât le point central du système de défense de toute la colonie : les angles étaient renforcés de bastions sur lesquels on avait installé des batteries de canons ; la caserne, la demeure des officiers, l'infirmerie, la chapelle, la poudrerie étaient distribuées autour de la place d'armes.
En évoquant ce qui serait sous peu l'amorce d'une

agglomération, Iberville tenait des propos qui prenaient volontiers un tour prophétique : elle aurait l'allure d'une bastide, avec des rues et des avenues tracées au cordeau, des carrés réguliers pour les habitations, des jardins et des fossés. Il s'endormait sur cette géométrie sommaire et se réveillait avec elle. Pour les bâtisseurs de mondes nouveaux tous les détails comptent sans que l'ensemble leur échappe.

– J'ai décidé, dit-il, de nommer au poste d'administrateur un homme qui a fait ses preuves : Nicolas de La Salle, que j'ai ramené avec moi. Mauvais caractère, esprit tatillon, j'en conviens, mais honnête et scrupuleux. Tâchez de faire avec lui bon ménage pour le bien de la colonie.

Avant même que les premières constructions civiles fussent sorties de terre on procéda à l'adjudication des lots : une opération qui réveilla la confiance collective. Le chevalier de Tonty semblait bien décidé à finir ses jours à Mobile ; cet homme qui sentait venir la mort – il avait largement dépassé le demi-siècle – tenait à assister à cette naissance ; il obtint une concession, de même que quelques-uns de ses amis canadiens.

L'épidémie de mal de Siam jugulée, les opérations de défrichage débutèrent comme une fête.

Iberville avait fait effectuer des prélèvements de terre. Il en contemplait les résultats d'un œil dubitatif en la faisant couler entre ses doigts.

– Hum... Le moins qu'on puisse dire c'est que la terre de Mobile est moins fertile que celle de la Beauce. Il faudra s'en contenter avant d'aller en trouver de meilleures en d'autres lieux. Les Indiens en tirent leur subsistance ? Vous en ferez autant, et mieux, je l'espère. On ne fait pas un paradis d'un désert comme celui-ci d'un coup de baguette magique. N'espérez pas produire du froment. Vous devrez vous contenter de blé d'Inde. Ce qui convient aux sauvages devra vous convenir aussi.

Il fallait s'y attendre : le gouverneur de Pensacola avait vu d'un mauvais œil l'installation des Français à quelques portées de canon de sa forteresse. Ulcéré par la défaite de ses troupes devant les Anglais au nord de la péninsule, redoutant de voir ses voisins de l'Ouest suivre le même chemin, il voyait venir le jour où il devrait reprendre la route de Madrid.

Au début d'avril, surprise d'Iberville ! Un lieutenant de Pensacola, le *teniente* Francisco Martinez, lui demanda audience. L'officier flottait dans un uniforme râpé, disparate, auquel il manquait des boutons, échangés aux Indiens pour quelques platées de fèves. Il mit sous son bras son chapeau plat, à large bord, à la mode castillane et s'inclina sèchement avant de déposer un rouleau de papier devant le commandant.

– Permettez-moi d'attirer votre attention, *señor comandante*, sur le caractère officiel de ce document inspiré par la Junte de Madrid et signé par don Andrès de Riola, notre chef. Il s'agit d'une protestation contre votre installation sur l'estuaire de la rivière Mobile.

– Est-ce à dire, *señor teniente*, dit Iberville avec une expression amusée, que vous ne partagez pas le fond et la forme de cette protestation *officielle* ?

Don Francisco parut gêné. Il mordilla sa moustache avant de répondre :

– A vrai dire... je doute que vous nous manifestiez de l'hostilité. Si j'en crois le chantier important que vous avez ouvert, vous avez, comme on dit chez vous, d'autres chats à fouetter. Est-ce que je me trompe ?

– Nullement. Si vous avez des ennemis dans les parages, ce sont les Anglais. Comme ce sont aussi, sinon des ennemis, du moins des concurrents, vous n'avez rien à craindre de nous.

– Vous me mettez du baume au cœur, *señor comandante* ! J'étais persuadé que nous pouvions compter sur une alliance.

Le mot fit sursauter Iberville. Une alliance ! Drôles d'alliés ! Dépourvus de tout, livrés en pâture aux Caroliniens, certes, mais aussi peu fiables dans leurs promesses, sans scrupules, sans conscience. En revanche, comment refuser une main tendue avec cette apparence de sincérité qui lui touchait le cœur ?

– A mon retour en France, qui ne tardera guère, dit le commandant, je ferai escale à La Havane pour y déposer ma réponse. Rassurez-vous : elle sera telle que vous la souhaitez. *Adios, señor* Martinez, et que Dieu vous garde des Anglais...

Le chevalier de Tonty succéda à l'officier dans la cabine du commandant. Il paraissait intrigué par cette visite qui fleurait l'embrouille diplomatique. Iberville le rassura :

— Les gens de Pensacola font dans leurs braies, dit-il. Si les Anglais se montrent plus gourmands qu'ils ne l'ont été à ce jour, ils peuvent faire leurs bagages. Nous n'aurions rien à y gagner. N'est-ce pas votre avis !

— Les Anglais n'attaqueront pas Pensacola. Trop de risques. Je les connais bien : ils ne s'en prennent qu'à des proies à bout de résistance. A Pensacola, c'est la misère, mais ils ont du canon et une fameuse position. Quant à nous, c'est vers l'ouest qu'il faut regarder...

— ... et vers le nord. Si je vous ai prié de me rendre visite, c'est que je suis fort inquiet de ce qui se passe entre les Grands Lacs et Mobile. Les tribus de Choctaws et de Chickasaws, les plus fortes nations de ces parages, commencent à s'agiter. Elles se font la guerre depuis toujours mais, cette fois-ci, les Anglais ont pris les choses en main. Les Choctaws sont pour la plupart nos amis et nos alliés et nous n'avons rien à craindre d'eux. En revanche les Anglais arment les Chickasaws. Si nous n'y veillons pas au plus près, toute cette contrée nous sera hostile et nous aurons des dizaines de milliers d'Indiens aux portes de Mobile.

— Je connais cette situation, dit Tonty. Il ne me reste qu'une main à couper mais je suis prêt à parier que vous voyez juste.

— Notre seule sauvegarde consiste à réconcilier des gens en apparence irréconciliables. Voyez-vous où je veux en venir, monsieur Tonty ?

— Pas précisément.

— Je n'irai pas par quatre chemins : c'est à vous que je souhaite confier cette mission. Vous connaissez ces Indiens, n'est-ce pas ? Vous avez vécu parmi eux, vous avez appris leur langue, leurs coutumes, vous savez leur parler...

La main de Tonty s'agita sur la pipe qui ne le quittait jamais. Il toussa, regarda de droite et de gauche comme s'il cherchait des arguments propres à faire revenir le commandant sur sa proposition. Il ne trouvait rien que de fallacieux.

— La paix indienne... murmura-t-il. Cela a toujours été mon souci. J'aime ces peuples et j'ai toujours répugné à les voir collectionner des scalps au détriment de leurs adversaires. Cependant... considérez, commandant, que je ne suis plus en âge de courir l'aventure et que mes forces me trahissent.

– Allons donc ! Vous êtes indestructible. Vous avez échappé à tous les traquenards de la vie, à toutes les épidémies. Acceptez, je vous en conjure. Vous êtes le seul à réussir cette démarche.
– J'accepte... soupira Tonty.

Iberville se tenait contre le bordage de la *Renommée*, sa lunette au poing, lorsqu'il vit surgir par la coupée de tribord un personnage qu'il prit sur l'instant pour un de ces coureurs de bois qu'il recevait de temps à autre et qui lui apportaient de précieux renseignements sur la situation à l'intérieur du continent.
– Vous ne semblez pas me reconnaître, dit le visiteur.
– Ma foi, dit le commandant, j'en suis bien embarrassé.
– Je suis votre cousin, Pierre Lesueur. Pardonnez-moi de me présenter à vous dans cette tenue, mais je n'ai pas eu le temps de faire un brin de toilette.

Iberville le précéda dans sa cabine, lui servit du rhum et du biscuit.
– D'où venez-vous ? dit-il. Que s'est-il passé ?

Arrivé en Louisiane au cours du second voyage de la *Renommée*, Lesueur, avec quelques compagnons et des Indiens, était parti à la recherche de gisements miniers dans l'Ouest, à travers des pays inconnus et dangereux.

Lesueur avala cul sec son verre de rhum, grignota un peu de biscuit et lança d'un air joyeux :
– Mon cousin, j'ai un cadeau pour vous !

Il déplia son mouchoir crasseux au milieu des cartes : il contenait un caillou gros comme le poing.
– Eh bien ! fit Iberville. En voilà une surprise ! Quelle est cette plaisanterie ?

Lesueur gratta de la pointe de son coutelas son « cadeau », laissant apparaître sous la croûte de terre une couleur verdâtre.
– Ce n'est pas de l'or, hélas, dit-il, mais du minerai de cuivre. J'en ai trouvé en abondance et en ai rapporté un plein canot. J'ai découvert ce gisement par hasard, en longeant la Rivière Rouge, sur le territoire des Sioux. Ces Indiens ont failli nous massacrer en nous voyant creuser. Il est pour eux sacrilège d'éventrer, comme ils disent, le ventre de leur mère. Nous avons pu leur échapper avec notre chargement à la faveur de la nuit. Ils étaient déjà sur le sentier de la guerre...

Au retour de cette expédition il avait édifié une redoute baptisée fort L'Huillier, en hommage à un ministre. Il y avait laissé un quarteron de Canadiens avec des armes et des munitions.

– Du cuivre, dit Iberville. Vous avez découvert du cuivre. Soyez béni ! J'imagine l'accueil qu'on me réservera à Versailles. J'aurais préféré de l'or ou, à la rigueur, de l'argent, mais va pour le cuivre ! C'est mieux que rien...

– Ce n'est pas tout, dit Lesueur.

Il déposa quelques liasses sur la table : des relevés et des informations sur les contrées qu'il avait traversées. Comme il était illettré et savait tout juste signer de son nom, il avait confié à un charpentier rochelais, André-Joseph Pénicaud, le soin de mettre toutes ces informations par écrit.

LIVRE DEUXIÈME

MOBILE

FÊTES DE SANG

Tonty fit un signe de sa main valide pour interrompre la progression de la colonne. Des Indiens Chickasaws se dirigeaient vers eux. Sans doute les femmes occupées dans les champs de blé d'Inde avaient-elles donné l'alerte.

– Levasseur, dit Tonty, tu ne trouves pas que ça sent l'Anglais ?

Levasseur ne respirait que l'odeur de la fumée de boucan et la puanteur des cadavres pourrissant sur des pilotis.

– Et moi je te dis, ajouta Tonty d'un air têtu, qu'il y a des *British* dans le secteur. Fusil à la bretelle ! Sourions, mes amis.

L'accueil qu'ils avaient reçu chez les Choctaws quelques semaines auparavant le rassurait : malgré les raids auxquels ils étaient soumis de la part de leurs ennemis, ces sauvages se déclaraient prêts à conclure une trêve.

Ils se laissèrent encadrer et conduire au village. Tout paraissait calme. Par l'entrée en chicane se dessinaient des images sereines du quotidien : des femmes pilaient le maïs, leurs enfants suspendus à des perches, des hommes assis confectionnaient des armes de chasse au seuil des cabanes rondes faites de cannes et couvertes de feuilles de palmiers, des bambins nus jouaient dans la poussière avec des chiens efflanqués...

Un Indien squelettique vêtu d'une simple ceinture de peau, le torse couvert de verroteries anglaises et d'un petit miroir, se présenta comme le chef de la tribu.

Tonty fit déballer ses présents. Le vieillard les conduisit jusqu'à sa cabane, les invita à s'asseoir sur des nattes de bison.

Lorsque Tonty se fut fait connaître et eut énuméré selon la coutume la liste de ses principaux exploits, le chef parut en proie à une joyeuse agitation, comme s'il se trouvait en présence d'un messie. Il murmurait avec ravissement : « Tonty... wouah ! Tonty... » Il promena ses mains décharnées sur le visage et le corps du visiteur. Tonty tira quelques bouffées du calumet qu'on lui tendit, avant de déclarer :

— Il y a chez toi des Anglais, dit-il. J'aimerais leur être présenté.

Le visage du chef se referma, soudain immobile comme une calebasse. Il s'engagea dans un discours généalogique que Tonty interrompit brutalement, au risque de passer pour un malotru. Il voulait ses British...

Le squelette se leva de mauvaise grâce et fit signe à son visiteur de le suivre. Il s'arrêta devant une cabane et s'effaça pour laisser passer le chevalier. Main-de-fer, qui baragouinait tant bien que mal la langue de Shakespeare, lança :

— Mes amis, mon flair ne m'avait pas trompé.

Il n'y avait qu'un soldat dans la cabane, un *sergeant* semblait-il, assez mal en point à en juger par sa mine fiévreuse et les frissons qui l'agitaient. Il était allongé sur une peau d'ours, un plat de sagamité à son chevet. Son regard se porta sur le fusil accroché à la cloison, mais celui de Tonty le tenait en joue.

— Mon nom est Henry de Tonty, lança le chevalier. On me connaît aussi sous le sobriquet de Main-de-fer.

— *My name is Wilson*, dit le militaire. *Sergeant Wilson*. Que me voulez-vous ?

Sans cesser de tenir le British en joue, Tonty surveillait les sauvages, hommes et femmes, qui s'entassaient au fond de la cabane, entravés, sous la surveillance de deux Chickasaws tenant un fusil sur leurs bras. Il s'enquit de la nationalité des prisonniers : des Choctaws. Il l'aurait juré.

— Ce que nous voulons, répondit Main-de-fer, c'est libérer ces malheureux. Quant à vous, estimez-vous satisfait si je ne vous fais pas passer par les armes. Vous avez un beau fusil. Confisqué ! De même pour votre bagage. Au point où vous en êtes, il ne vous sera plus utile. *Sorry, sergeant!*

Tonty avait opéré des miracles de diplomatie, rétabli la paix entre les frères ennemis, obtenu que leurs territoires soient interdits aux Anglais, promis (à la légère) que les Français se montreraient aussi généreux que les Anglais, annoncé une grande fête à Mobile pour célébrer la réconciliation

A cette occasion, M. d'Iberville, en grande tenue, fit un beau discours inspiré par Tonty pour qui l'éloquence envers les sauvages n'avait plus de secret :

– Que vous apportent les Anglais ? Des armes pour vous exterminer entre frères, l'eau de feu qui vous détruit la santé et vous rend fous, l'esclavage, la ruine, la mort. Nous vous apportons l'amitié d'un grand peuple qui veut vivre en paix avec tous. Devenez nos alliés et vous vivrez dans la prospérité. Devenez nos ennemis et nous vous détruirons.

Un vieux chef choctaw lui répondit :

– Les Français n'ont qu'une bouche ; les Anglais en ont deux. Les Français ne veulent que des peaux et la paix entre les peuples rouges. Les Anglais ont mis leur tête entre leurs jambes...

Éprouvé par ces festivités qui avaient duré une semaine et par des accès de fièvre qui le mettaient sur le flanc, Iberville avança la date de son retour.

Avant que la *Renommée* n'eût mis à la voile, il dut subir un autre embarras.

On lui amena un matin un Canadien hirsute et dépenaillé qui sentait le tabac, la sueur et l'eau-de-vie : un de ces louches *trimballeux* dont le trafic consistait à échanger des pelleteries contre de l'alcool. On l'avait surpris alors qu'il s'apprêtait à livrer des peaux de bison aux marchands de Charlestown.

Le Canadien baissa la tête sous la semonce, se gratta la barbe d'un geste furieux et s'écria :

– C'est-y ma faute à moi si les British paient mieux que les Français ? Je fais point de sentiment, moi. Pas d'autre moyen de gagner ma vie. Et je suis point le seul.

Cette évidence n'avait pas échappé à Iberville. Les Canadiens, il les connaissait bien : indisciplinés, querelleurs, ivrognes, jouisseurs. On les jetait en prison ? A peine libérés ils récidivaient, désertaient pour aller vivre en sybarites chez les Indiens ou proposer leurs services aux Anglais. Il y avait quelques exceptions mais elles confirmaient la règle.

– Ta cargaison sera confisquée, dit le commandant, et toi tu iras méditer cette trahison à l'ombre. J'espère que ça te servira de leçon...

M. de La Herronière avait fixé le départ de la *Renommée* à un vendredi.

– Changez de jour, lui dit Iberville. Le vendredi porte malheur aux gens de mer.

Il passa les quelques jours qui le séparaient de son départ à relire son journal de bord. Au moindre répit que lui laissait son mal il se faisait conduire en chaloupe sur l'île aux Chevreuils, passait des heures dans la cabane où son frère Sauvoles était mort et à se promener dans la pinière.

Il éprouvait, à chacun de ses retours en France, la même sensation de déchirement. Cette terre avait fait s'épanouir en lui la passion qu'un homme d'âge mûr peut éprouver pour un tendron. Il n'en obtenait guère de satisfaction mais rien n'aurait pu effacer ses sentiments. Il possédait en France, près de Paris, une maison confortable, une femme et des enfants qui attendaient impatiemment son retour, mais c'est sur cette terre lointaine qu'il aurait aimé finir ses jours. Comme Sauvoles.

La veille de son départ il dit à Bienville qui achevait le déménagement de Biloxi :

– Mon frère, j'ai l'impression que ce troisième voyage sera le dernier. Je suis comme on dit au bout du rouleau. Je vous laisse le gouvernail. Tenez-le d'une main sûre.

La *Renommée* mit à la voile par un joli matin d'avril plein de nuages pommelés, de nuées d'oiseaux de mer. Le vent était favorable et la voilure se gonflait avec grâce sur un horizon violet bordé de franges d'écume qui scintillaient comme des rivières de perles et de diamants.

Iberville resta longtemps accoudé à la rambarde, l'œil humide, regardant la côte plate de l'île aux Chevreuils s'éloigner, s'estomper jusqu'à n'être plus qu'une ligne grisâtre comme la queue d'un paraphe.

Il se disait qu'il avait, tel Moïse au désert, fait sourdre sur cette terre une fontaine de vie.

On ne voyait de M. de Pontchartrain que des mollets maigres revêtus de bas blancs, écartés en triangle sous la table de travail, un buste court ennuagé de dentelle et orné de médailles, une lourde perruque à l'ancienne qui ensevelissait le visage ascétique, tavelé comme une poire blette.

Le ministre s'exprimait d'une voix de messe, cassée par des accès de toux. De temps à autre il portait à ses yeux des besicles aux verres sertis de nacre, jetait une signature fleurie sur les documents que lui soumettait son secrétaire.

Quand il eut terminé il parut s'intéresser à son visiteur.

– Eh bien, monsieur d'Iberville, vous avez une fois de plus, à ce que je vois, échappé à la flibuste. Trois voyages aux Amériques et pas le moindre incident. Cela, par les temps qui courent, semble tenir du miracle...

Iberville avait quitté la Louisiane au début d'avril et s'était un peu attardé en chemin : une escale à Pensacola pour y prendre livraison de pelu ; une autre à La Havane pour y embarquer du tabac et des épices ; une dernière à Saint-Domingue pour charger de l'indigo et du tabac que produisait sa plantation. Il fallait bien vivre...

Il déposa sur le bureau de M. de Pontchartrain une copie du rapport de ce troisième voyage. Le ministre parcourut le document d'un œil expert à saisir l'essentiel et à négliger le superflu.

– Fort bien... dit-il. Il semble que les huit mille livres

que Sa Majesté a consacrées à cette colonie aient été bien employées. Instaurer la paix indienne au nez et à la barbe des Anglais est un coup de maître. Cependant... je ne vois pas trace des prospections en matière de gisements. Pouvons-nous nourrir quelque espoir ?

– Nous avons des certitudes, monseigneur.

Iberville déposa sur le bureau du ministre un coffret en bois de cyprès qui, alors qu'il le tenait sur ses genoux, avait paru intriguer M. de Pontchartrain.

– Des certitudes, dites-vous ? Voyons cela...

Il ouvrit le coffret, fit la grimace, s'écria :

– Dieu me damne ! c'est de la terre ! Vous vous moquez ?

– Certes, monseigneur, de la terre, mais qui renferme un trésor : du minerai de cuivre ramené par mon cousin Pierre Lesueur.

– Du cuivre, Seigneur Dieu ! Du cuivre ! Voilà une nouvelle qui fera plaisir à Sa Majesté. Elle serait plus heureuse encore si vous découvriez de l'or et de l'argent.

– Ce n'est point impossible. Nous savons où en trouver en abondance, mais les gisements sont fort loin dans l'Ouest, du côté du Mexique. Malheureusement, nous n'avons pas les moyens d'y accéder, et les Espagnols risquent de prendre ombrage de ces prospections.

– Pour ce qui est des moyens, nous y pourvoirons. Quant aux Espagnols, j'en fais mon affaire. Ce n'est pas pour rien qu'on me dit bon diplomate... Comptez-vous repartir bientôt pour l'Amérique ?

– Dès que possible, monseigneur. Si ma santé me le permet.

Le ministre hocha la tête d'un air apitoyé mais se garda de demander des précisions, dans la crainte où il était de voir se déverser une litanie de jérémiades.

Iberville ajouta :

– Il faudra bien, pourtant, que je m'y résigne. Je ne puis me résoudre de gaieté de cœur à voir les gens de la Nouvelle-Angleterre se conduire en Louisiane comme en terrain conquis. Nous nous devons, monseigneur, de leur donner une bonne leçon. Prenons-les par surprise avant qu'eux-mêmes ne s'y décident.

– Qu'entendez-vous par là ? dit le ministre en fronçant les sourcils. Avez-vous quelque idée en tête ?

– Mieux qu'une idée, monseigneur : un plan.

– Et en quoi consiste-t-il ?

– Il se résume en quelques mots, monseigneur : une attaque en règle contre la Caroline, la Virginie et les autres colonies de la côte atlantique.

M. de Pontchartrain sursauta et se dit que ce brave homme avait dû perdre la boussole.

– Ainsi nous devrions attaquer ces colonies ? dit-il d'un ton ironique. Fort bien. Dites-moi seulement comment vous comptez vous y prendre.

Le ton de persiflage échappa au visiteur. Il détendit sa jambe droite qui s'ankylosait facilement, avant de lancer :

– Les sujets du roi George ne garderont pas longtemps les bras croisés. Leurs succès en Europe vont les inciter à se montrer agressifs en Amérique. Une armada espagnole les a chassés de San Augustín, mais ils ne resteront pas sur cet échec. Ils se vengeront puis se retourneront contre nous.

Le ministre se gratta la joue avec sa plume. Ce pauvre fou avait quelques éclairs de lucidité.

– Vous avez sans doute raison, commandant, mais je dois vous prévenir que notre flotte ne peut distraire les unités capables de mener cette opération à bonne fin.

Il avait pris connaissance, deux ans auparavant, d'un mémoire de M. d'Iberville concernant la ville de Boston (il écrivait « Baston ») ; il comportait des idées originales mais irréalisables dans les conditions où se trouvait la marine royale. Elles relevaient de l'utopie.

Ces contingences paraissaient laisser M. d'Iberville indifférent ; il était enfermé dans ses certitudes et rien n'aurait pu l'en distraire. Depuis ses campagnes héroïques au Canada et à Terre-Neuve il était persuadé que des attaques-surprises, menées avec des forces réduites mais sûres, au moment opportun, pouvaient se révéler efficaces.

Il ajouta, avec une fougue soudaine, d'une voix tremblante de conviction :

– Nous attaquerons en premier lieu « Baston ». Nous brûlerons les greniers à céréales, nous mettrons en fuite les habitants en direction de « Neuyorke » que cet afflux de population désemparée ne manquera pas d'accabler. Une attaque par mer accompagnée d'une canonnade viendra aisément à bout de cette cité de marchands.

Le ministre semblait se divertir de cet exposé. Ce fou était d'un drôle !...

– Fort bien ! dit-il. Je vous suis. Continuez ! Nous prenons Boston, nous prenons La Nouvelle-York. L'idée est plaisante, mais, dites-moi : avec quels moyens ?

– Mes frères et moi sommes en mesure de lever une armée au Canada. Nous y joindrons les contingents dont nous disposons en Louisiane et des milliers d'Indiens amis. A l'aide du concours de flibustiers que nous pourrons recruter dans les Antilles, l'affaire est dans le sac.

– Vous emportez ma conviction, monsieur ! Quand comptez-vous opérer ?

– Dès l'hiver prochain.

– Vous attaqueriez en hiver, vraiment ?

– C'est la saison la plus favorable. Les navires anglais sont employés au transport des produits de la traite en Angleterre. Il ne reste sur place que de faibles garnisons, des gens de métier et des colons.

– Vous omettez un détail qui me semble avoir son importance : les Iroquois. Vous savez mieux que moi qu'ils sont inconditionnellement alliés aux Anglais...

– ... mais ils les détestent. « Baston » et « Neuyorke » prises, ils se rangeront de notre bord.

Il détendit en grimaçant sa jambe raide avant d'ajouter :

– Puis-je vous rappeler, monseigneur, qu'il y a une douzaine d'années, M. de Callières, gouverneur de l'île de Montréal, avait déjà envisagé de prendre « Neuyorke » ? Des mémoires de cette époque en font foi. Pourquoi ne pas reprendre ce projet en le modifiant et en le complétant ?

– Certes... certes... faisait le ministre en se caressant le visage avec sa plume d'oie. Tout cela est à considérer.

Il se disait que ce diable d'homme, ce « Père de la Louisiane », comme on l'appelait, était en passe de le convaincre. Ce fou avait des accents prophétiques. Une réserve pourtant : comment ce grand malade, cette momie vivante, pourrait-il avoir la force de mener à bien une telle entreprise ? Le temps des exploits héroïques dans les neiges du Canada ? Révolu. M. d'Iberville bâtissait ses projets sur le sable : il ne pouvait s'appuyer que sur ses souvenirs et sur ses rêves.

M. de Pontchartrain souhaitait en finir avec cet entretien avant que son interlocuteur n'envisageât de conquérir les Indes orientales ou l'Angleterre. Il dit sèchement :

- Je parlerai de ce projet à Sa Majesté, mais dites-vous qu'elle est soucieuse à la fois de sauvegarder nos intérêts en Amérique et de ne pas susciter un nouveau conflit, ce qu'un tel plan ne manquerait pas de provoquer.

Dans ce fatras qui mêlait l'utopie au bon sens, il perdait son latin. Cela l'amusait, l'irritait, l'exaspérait, le séduisait. Il en parlerait à Sa Majesté, comme il l'avait annoncé, mais pour la faire rire. Elle aimait ce genre de personnages occupés à brasser des idées saugrenues.

Il s'apprêtait à congédier son visiteur quand un secrétaire vint lui glisser quelques mots à l'oreille. Il blêmit, jeta sa plume sur la table et murmura :

- Mon Dieu, comment est-ce possible ?

Il ajouta en se levant :

- Pardonnez-moi, monsieur d'Iberville, mais on vient de m'annoncer une nouvelle que je dois d'urgence transmettre à Sa Majesté : les navires anglais viennent d'entrer dans le port de Gibraltar...

Louisiane : été 1703-1706

Les pionniers engagés dans la création de Mobile partageaient un âpre sentiment de déception : rien n'allait selon leurs désirs.

Artisans et paysans avaient abandonné leur terre natale et souvent leur famille, avec, dans le creux des mains, le poids et le grain du bois et de la pierre, la forme du mancheron de charrue. Pour eux une maison était un assemblage de moellons bien équarris susceptible d'abriter des générations. A leur arrivée on leur avait dit : « Débrouillez-vous, mais sachez que vous ne trouverez pas de pierre. Défrichez, mais rien ne dit que vous ferez la moisson. » On leur montrait l'immensité de la forêt en leur disant : « Il faudra bâtir une ville avec ces arbres. » Ils haussaient les épaules, empoignaient leur cognée. La rage au cœur, broyant des humeurs noires, ils crachaient dans leurs mains pour faire des coupes claires dans les chênaies, les hêtraies, les cyprières. Harnachés comme des chevaux, ils traînaient les troncs jusqu'au chantier et les débitaient sur la chèvre.

Lorsqu'on partait pour la brousse, la forêt, le bayou, il fallait regarder où l'on posait les pieds. Cette partie du littoral grouillait de sauriens et de reptiles.

On avait prévenu François Picard :
– Mon gars, quand tu iras chasser la grenouille, chausse tes houseaux, sinon gare au serpent à sonnettes.

Il avait appris à distinguer le serpent siffleur, une

sorte de comédien qui fait tout un théâtre de contorsions et de chuintements, l'arlequin, sorte de collier de pierres fines qui se déroule à la moindre alerte, le serpent noir, le serpent à sonnettes que l'on appelle crotale, ou céraste dans les zones sableuses.

Un colon lui avait dit :

— Lorsqu'en te baladant tu entendras la cascabelle du crotale ce petit grelot qu'il agite au bout de sa queue, t'avise pas d'aller cueillir des fleurs sous son nez. Tu fous le camp ou tu lui tires un coup de fusil.

François avait négligé de prendre son arme, ce dimanche-là, après la messe dite par le père Duru, quand il partit en compagnie de Waka pour aller pêcher les quelques grenouilles destinées à son ordinaire. Elles étaient si abondantes qu'une épuisette suffisait à les capturer au bord des patouillages marécageux. Waka les assommait, les dépeçait en un tournemain, les jetait encore vivantes dans un panier de jonc.

Ils venaient de s'asseoir pour compter leurs prises lorsque François sentit un choc violent au-dessus du poignet, accompagné d'une douleur cuisante, avant même d'avoir entendu le signal de la cascabelle. Dressé sur sa queue dont l'extrémité s'agitait frénétiquement, le serpent l'observait avec un regard de défi en gonflant son cou. Waka lui brisa la colonne vertébrale avec une branche. C'était un gros crotale de deux toises de long. Avant de prendre soin de son compagnon elle trancha la cascabelle.

— Jouet... dit-elle. Pour les enfants...

— Au lieu de faire joujou, lui jeta François, ramène-moi au fort. La morsure est peut-être mortelle.

Il serra fort son bras au-dessous du coude avec sa ceinture. Par chance ils n'étaient pas très éloignés du fort. Ils trouvèrent M. Carré à l'infirmerie, occupé à sa tournée matinale des malades souffrant de fièvre ou de dysenterie. Il examina la morsure et laissa tomber :

— Pas beau à voir, mon garçon, et pas facile à soigner. Tu auras de la chance si tu en réchappes. Comment te sens-tu ?

Malgré la chaleur pesante François frissonnait comme sous une douche glacée.

— Normal, dit le praticien. La circulation sanguine se ralentit. Tu n'es pas le premier que je soigne pour ce genre d'accident. Nous avons déjà eu trois victimes de

111

morsures depuis le début de l'été. Elles sont au cimetière.

François riposta en claquant des dents :
– Sapristi, je ne le sais que trop ! Allez-vous me soigner au lieu d'admirer ma blessure ?
– Tout doux... dit M. Carré. Nous allons aviser.

Malgré son allure pataude, son bedon cuirassé d'un énorme bourrelet, son visage adipeux couronné d'une calvitie rose entre deux haies de cheveux gris et raides, ce poussah inspirait confiance. Il était inutile de le brusquer.

En même temps que les ondes glacées qui lui parcouraient les membres, François, que l'on avait allongé sur un cadre, sentait un feu intérieur s'insinuer dans ses membres et dans son corps. Il avait soif. Waka lui fit boire de l'eau.

– Je vais crever, murmurait-il. Je sens que je vais crever.

Autour des ligaments disposés par le praticien et de la ventouse qu'il avait posée sur la morsure afin de retirer le plus possible de venin, le poignet enflait et prenait une inquiétante couleur violâtre. M. Carré déposa sur la morsure, après avoir enlevé la ventouse, un emplâtre fait d'un oignon haché d'herbe à serpent.

– Il faudra attendre une bonne journée, dit-il, avant de savoir si nous pouvons éviter l'amputation. Ce serait dommage car tu joues fort bien du violon.

Ces derniers propos échappèrent au malade : il avait perdu connaissance.

– Lui, demanda Waka, mourir ?
– A la grâce de Dieu... murmura M. Carré. J'ai fait tout ce qui était en mon pouvoir.

Waka disparut. Elle revint une heure plus tard en traînant derrière elle le monstre qui se tortillait encore, le jeta aux pieds du médecin.

– Que veux-tu que j'en fasse ? s'écria-t-il.
– Très bon... manger... dit-elle.

Elle entreprit de le disséquer pour en tirer quelques filets qu'elle ferait rôtir avec des oignons. Puis elle fit comprendre au praticien que l'huile que l'on tirait de cette viande était souveraine contre les plaies.

– Décidément, dit M. Carré, il me reste encore bien des choses à apprendre.

François passa le reste de la journée et la nuit suivante dans une grande agitation, partagé entre la glace et le feu, luttant contre l'engourdissement, réclamant de l'eau chaque fois qu'il émergeait de sa torpeur.

Le lendemain, au cours de sa tournée du soir, M. Carré se montra satisfait.

– Mon garçon, dit-il, tu es sur la bonne voie. Le Grand Manitou de ta compagne devait veiller sur toi. J'ai pensé procéder à une scarification mais ce remède peut être pire que le mal. Ce crotale était une bonne bête : il ne t'a inoculé qu'une faible dose de venin. Tu pourras bientôt jouer de ton violon...

Au début de juin, M. de Bienville reçut la visite d'un groupe d'Indiens Alibamons, ces sauvages que l'on n'aimerait pas rencontrer au coin d'un bois. Ils avaient appris la paix indienne et venaient aux nouvelles, porteurs d'un chargement de blé d'Inde. M. d'Iberville fuma le calumet en leur compagnie, assista à leurs danses au son des tambours et des chichikoués.

Les Alibamons n'avaient apporté en présent qu'une partie du blé d'Inde qu'ils destinaient aux Français. Ils demandèrent que l'on vînt dans leurs villages prendre livraison du reliquat. Bienville confia cette mission à Cheveux-Rouges.

– Emmenez seulement quatre Canadiens avec vous pour ne pas avoir l'air de partir en expédition, dit-il. Vous parlez assez bien la langue de ces sauvages, ce qui facilitera la transaction. Vous faites grise mine. Pourquoi ?

– Cette mission ne me dit rien qui vaille. Cette subite générosité de leur part me paraît suspecte. Si vous voulez mon avis, cela sent le traquenard.

Sans enthousiasme, le groupe des cinq hommes quitta Mobile le lendemain, en compagnie des Alibamons qui avaient passé la nuit à s'enivrer, à danser et à se battre comme des chiens. Il remonta la rivière Alabama qui se jette dans la Tombigbee à peu de distance de l'extrémité septentrionale de la baie de Mobile.

La nation des Alibamons – ou Alabamas – était de modeste importance : environ quatre cents familles. Dans le passé, Cheveux-Rouges ne s'était aventuré sur leur territoire que sur la pointe des pieds, le fusil au bras, sachant que la réputation de férocité de ces sauvages n'était pas usurpée. La situation de leurs villages étant favorable à l'infiltration des traitants anglais, ils entretenaient des liens fructueux avec les gens de la Caroline.

De tout le voyage les Alibamons ne soufflèrent mot. La nuit, ils restaient à l'écart pour manger leur pémican puant et leurs platées de maïs. Détail rassurant : ils n'étaient armés que de casse-tête et de couteaux. Néanmoins, on ne les quittait pas de l'œil.

Une rumeur de tambours et de chants avertit les Canadiens que l'on approchait du premier village. Cheveux-Rouges flairait la trahison.

A sa grande surprise, on les accueillit comme des ambassadeurs du Grand Soleil des Français. On les combla de nourriture, on leur fit mille caresses, on envoya de jeunes sauvagesses leur tenir compagnie pour la nuit. Prudent, Cheveux-Rouges les renvoya, au grand dam de ses compagnons.

L'un des Canadiens achevait son tour de garde quand, avec la brutalité d'une tornade, des sauvages se ruèrent dans leur case, se jetèrent sur les fusils et maîtrisèrent leurs hôtes.

– Ne faites pas un geste ! cria Cheveux-Rouges. A la moindre résistance, nous sommes flambés.

Il ne croyait pas si bien dire.

Un feu brûlait au centre du village, devant un poteau orné de signes cabalistiques et de dépouilles animales. Toute la tribu était présente, les enfants assis dans la poussière, les femmes debout derrière avec les hommes, impassibles et muets. Entièrement nu, son corps adipeux mataché de couleurs vives, le chef discourait d'abondance face à un personnage barbouillé de jaune comme s'il avait écrasé des œufs sur sa poitrine et son ventre, et qui semblait faire les réponses.

– Quoi qu'il arrive, dit Cheveux-Rouges, ne bronchez pas. Ils ne vont pas nous faire rôtir tous à la fois.

Pour inaugurer les festivités sanguinaires le choix du chef se porta sur Barreau, un garçon qui se signalait par une abondante chevelure blonde nouée en catogan. Des guerriers se ruèrent sur lui en hurlant tandis que d'autres se livraient à une joyeuse mousquetade.

– Courage, mon garçon ! dit Cheveux-Rouges. Que Dieu t'assiste !

Barreau se laissa dévêtir et entraîner vers le centre du village sans résister. On le força à s'agenouiller. Un colosse au visage huileux tira un coutelas de sa ceinture et, en un prompt revers de poignet, arracha la chevelure qu'il brandit avec un air de triomphe. Barreau se roulait à terre en hurlant.

Attaché au poteau il hurlait encore, le crâne nu, le visage en sang. Ses tortionnaires avaient allumé trois foyers avec des tisons prélevés sur le grand brasier ; ils les disposèrent devant leur victime et sur les côtés, y glissèrent des hachereaux et attendirent qu'ils fussent portés au rouge.

De temps à autre, sur un signe du chef, un guerrier enlevait un fer du foyer pour l'appliquer contre la chair du malheureux qui, à chaque contact, gémissait à fendre l'âme en se débattant.

Lorsque le corps ne fut plus qu'une plaie charbonneuse, les tortionnaires lui accordèrent un moment de répit qu'ils mirent à profit pour chanter, danser et boire l'eau-de-vie volée aux Canadiens, sans cesser de jeter injures et sarcasmes à leur victime. Sa tête au crâne rosâtre pendant sur sa poitrine, Barreau ne bougeait plus.

– Il est mort, dit Jugné.

– Ça vaut mieux pour lui, dit Lafleur.

La trêve achevée on fit boire de l'alcool aux bourreaux. Des femmes ayant jeté quelques branches sur les brasiers, la chaleur brutale ranima le supplicié.

– Tonnerre de Dieu ! s'écria Bernard, ils vont le faire griller à petit feu.

– C'est pour eux un spectacle de choix, fit Cheveux-Rouges. Barreau mettra des heures à agoniser, et, par le diable, nous n'y pouvons rien. Si nous en réchappons...

Le supplice dura jusqu'au milieu de la nuit. Insensiblement, lambeau par lambeau charbonneux, la chair du supplicié se détachait. Barreau semblait avoir dépassé les limites de la conscience et de la souffrance, être désormais engagé dans un univers où la douleur physique n'avait plus de prise et ne réveillait aucun écho dans l'esprit. Il était encore vivant mais déjà dans un monde différent.

Cheveux-Rouges devina qu'il avait cessé de vivre, un moment plus tard, lorsque les bourreaux le démembrèrent et jetèrent les morceaux dans les différents brasiers.

– Ils vont faire durer le plaisir, dit Bernard. Demain,

ce sera le tour de l'un d'entre nous, et ainsi jusqu'au dernier, avec d'autres raffinements.

– Il faut trouver le moyen de tirer notre révérence, ajouta Cheveux-Rouges. J'ai mon idée.

Il la fondait sur une quasi-certitude. Les femmes avaient apporté, dans le ronflement des tambours, des récipients dans lesquels les Canadiens n'avaient pas eu de peine à reconnaître des galons d'eau-de-vie anglaise. Les hommes allaient danser et s'enivrer jusqu'à l'épuisement. Si les prisonniers parvenaient à se libérer de leurs liens de fibres, ils auraient une chance de prendre le large.

A coups de trique on les poussa dans leur cabane où Cheveux-Rouges leur donna pour consigne d'éviter de s'endormir afin de mettre à profit la moindre opportunité de filer à l'anglaise.

Les réjouissances macabres terminées, les Indiens étaient retournés à leurs cases en titubant. S'aidant les uns les autres les prisonniers parvinrent à se dégager de leurs entraves sans éveiller la vigilance du gardien qui se tenait assis dans l'entrée. La lune venait de surgir sur la crête de la forêt lorsque Cheveux-Rouges donna le signal.

– Lafleur, dit-il, tu vas neutraliser notre gardien. Il a un poignard à la ceinture. Tu lui mets la main sur la bouche et tu lui tranches la gorge. En douceur, gars...

Le gardien hors d'état de donner l'éveil, les prisonniers se glissèrent comme des ombres dans l'espace laissé libre entre la case et la palissade. Ils allaient se fondre dans la forêt quand un sauvage se dressa devant eux en hurlant, les menaçant de sa lance. Cheveux-Rouges parvint à le maîtriser et à lui planter son arme dans la poitrine.

– Dispersons-nous ! dit-il. Chacun pour soi. Nous risquons d'avoir tout le village sur le dos.

A peine avait-il bondi à travers la pénombre qu'il vit Lafleur s'abattre avec un cri, une flèche dans le dos. Bernard, qui le précédait de peu, n'eut pas le temps de se retourner : un *tomahawk* lui brisait le crâne.

– T'arrête pas, Jugné ! cria Cheveux-Rouges. Suis-moi !

Ils bondirent en zigzaguant, traversèrent en trombe une clairière baignée de lune, se précipitèrent dans un fourré d'épineux et se retrouvèrent comme écorchés vifs au bord d'un lac. Ils s'y jetèrent. L'eau leur montait à la taille mais les herbes entravaient leur marche. Arrivés hors d'haleine sur l'autre rive ils s'arrêtèrent au pied d'un chêne gigantesque pour reprendre leur souffle. A part les cris des nocturnes et le chœur des grenouilles, l'endroit était plongé dans le silence. Ils repartirent, jambes flageolantes et ventre creux, n'ayant rien mangé depuis la veille.

Au petit matin ils se retrouvèrent sur la berge d'une rivière pétillante de soleil et de vols de martins-pêcheurs. Elle traversait un aimable paysage bocager qui rappelait à Cheveux-Rouges l'île d'Orléans.

– Où sommes-nous? demanda Jugné.

– Le diable m'emporte si je le sais! Il faut piquer droit au sud. Le moindre mal sera de tomber sur les Espagnols, le pire sur d'autres foutus sauvages.

– Il faut trouver à bouffer, dit Jugné, sinon nous allons crever.

Au cours de ses pérégrinations, Cheveux-Rouges avait appris à tirer profit des plantes réputées comestibles, même si elles risquaient de mettre l'estomac à rude épreuve. La flore de cette contrée lui était étrangère. Restaient les grenouilles. Ils en capturèrent quelques-unes qu'ils mangèrent crues. Jugné vomit cette viande fade et coriace et se sustenta de quelques feuilles de mûrier qu'il rejeta de même. Plus âgé que son compagnon, il se traînait sur ses pas en gémissant. Au soir tombant, Jugné parvint à capturer une truite qu'il fit griller en heurtant des galets sur une poignée de mousse espagnole.

Ils passèrent la nuit à grelotter derrière un fourré de magnolias, les sauvages ne leur ayant laissé que leur chemise et leur culotte, et se remirent en route aux premières lueurs de l'aube. Au mitan du jour, alors qu'ils suivaient le cours d'une rivière descendant vers le sud sous de lourdes épaules de forêt, Cheveux-Rouges se jeta sur Jugné et le cloua au sol.

– Ne bouge pas! dit-il. Des Indiens...

Sur la rive opposée déambulait une caravane composée d'hommes, de quelques femmes harnachées de ballots, de travois traînés par des chiens. Des Taensas, ou peut-être des Thomès, se dit Cheveux-Rouges.

– Fais-leur signe, dit Jugné. Si je mange pas, je suis foutu!

Son compagnon s'y opposa : il ne tenait pas à tomber de nouveau entre les pattes de sauvages, quels qu'ils soient. Lorsque les Indiens eurent disparu, les deux fugitifs reprirent leur marche. En grattant les galets de la berge, Cheveux-Rouges réussit à récolter quelques poignées de tripe-de-roche.

— Ce serait excellent avec du chevreuil en sauce, dit Jugné.

Au soir tombant ils parvinrent à un confluent qui laissa Cheveux-Rouges perplexe.

— Il semble, dit-il en se grattant la barbe, que nous ayons atteint le río Perdido. Avant de quitter Mobile j'ai pris soin d'étudier les cartes. Cette rivière est proche de l'Alabama. Elles se suivent comme des sœurs jumelles en balade, sauf qu'elles ne se tiennent pas par la main. Plus de dix lieues les séparent. L'Alabama a son estuaire dans la baie de Mobile et le río Perdido près de Pensacola. Si la Providence continue à veiller sur nous, nous ne tarderons pas à entendre parler espagnol.

Il aida Jugné à se relever. Le vieux coureur des bois tenait à peine sur ses jambes.

— Il faut avancer ! lui jeta son compagnon. Cramponne-toi à la vie comme la misère au pauvre monde. Je vais t'aider.

Il le traîna sur une lieue puis entreprit de le porter sur son échine. Il dut renoncer après une heure de marche car il était lui-même à bout de forces.

— Il vaut mieux me laisser crever là ! souffla Jugné.

— Sacrée tête de bois ! Tu crois que je vais t'abandonner aux ours et aux loups ? Repose-toi et tâche de faire la sieste. Je vais me mettre en quête de nourriture.

Il tenta vainement de capturer une truite, ne trouva qu'une couleuvre endormie, lui brisa les reins, l'écorcha et la découpa avec une pierre tranchante. Il assortit cette chair fade de prunes blanches au goût acide et s'écria joyeusement :

— A table, Jugné ! Au menu : couleuvre grillée et fruits sauvages. C'est mieux que les grenouilles ou que la tripe-de-roche.

Il secoua l'épaule de son compagnon. Le vieux ne broncha pas ; il le regardait d'un œil vitreux, la bouche ouverte sur ses dents noires.

— Dieu me damne ! cria Cheveux-Rouges. Ne me fais

pas ça, mon vieux Jugné. Réponds-moi, tonnerre de sort !

A défaut de répondre la bouche du vieux trimballeux vomit une gorgée de sang brunâtre.

– ¿ *Quien va ?* s'écria une voix brutale.
Cheveux-Rouges leva les bras en s'écriant :
– Ne tirez pas ! Je suis Français. *Francés !*
Le soldat espagnol ajouta en abaissant son arme.
– D'où viens-tu ?
– De l'enfer.
– Où vas-tu ?
– Au paradis.
Le Canadien se jeta sur la platée de haricots rouges qu'on lui servit après l'avoir conduit dans un petit poste en pleine forêt, à une lieue de Pensacola. S'il n'avait entendu cette injonction dans la langue de Cervantès, il aurait cru avoir affaire à un Indien. Le soldat, de même que ceux qu'il venait de rejoindre, était habillé de défroques de sauvage. A peine avait-il fini de manger que Cheveux-Rouges piqua du nez dans son assiette. Une grosse Indienne l'aida à se coucher sur un matelas de cannes dans un coin de la cabane de branches et de feuilles de palmier, à travers lesquelles jouaient des rayons de soleil.

Quelques heures plus tard, Cheveux-Rouges se trouvait assis à la table de don Andrès de Riola, en compagnie du second : don Francisco Martinez. On lui témoigna d'autant plus de sympathie que l'on était encore sous le coup de l'agression anglaise.

Le gouverneur s'excusa de la frugalité de son souper.
– Mon ami, dit-il, le bon saint Antoine lui-même eût trouvé ce repas spartiate. Quant à votre tenue, je n'ai à vous offrir que ces mitasses et cette vieille veste en peau de chevreuil. Nous sommes abandonnés de tous et dépourvus de tout. *Olvidados... Madre de Dios... Miseria...*

Une déclaration peu digne de la légendaire fierté castillane.

Don Andrès ajouta :
– Vous traiter avec courtoisie est pour moi un devoir et un plaisir. J'ai une dette de reconnaissance envers le señor Iberville et j'ai pris beaucoup d'intérêt au récit de votre aventure. Restez ici le temps de vous remettre sur

pied. Lorsque vous l'aurez décidé je vous ferai reconduire en canot jusqu'à Mobile.

M. de Bienville soupira en laissant sa main tomber à plat sur sa table de travail.
— Vous aviez raison, dit-il à Cheveux-Rouges. Jamais je n'aurais dû vous envoyer en mission chez ces sauvages. Barreau, Lafleur, Bernard, Jugné... Tous ces braves sacrifiés inutilement. Je me suis conduit comme un *niaiseux*.
— Que comptez-vous faire, Excellence ?
— Que devrais-je faire, selon vous ?
— Les Alibamons attendent notre riposte. Ils seraient déçus si nous ne leur rendions pas la monnaie de leur pièce. Tuons-leur quelques dizaines de guerriers et ils nous respecteront à l'avenir.
— J'avoue que cela me démange, mais les consignes de Versailles sont d'éviter des massacres d'Indiens.
— Cela part d'un bon sentiment, mais si nous ne ripostons pas, vous savez comment ils interpréteront notre inaction ?
— Ils proclameront partout que nous sommes des lâches, des poltrons, et nous les aurons sur le dos à la première occasion. Mais voilà : la consigne est la consigne. Alors, attendons et veillons au grain.
Il demanda au Canadien ce qu'il souhaitait faire : rester à Mobile comme le chevalier Tonty, qui y avait déjà établi ses pénates, ou retourner sur le Saint-Laurent.
— Je ne souhaite pas revenir à Montréal, dit Cheveux-Rouges. C'est une ville sinistre, un repaire de fonctionnaires, de militaires, de marchands et de religieux. J'ai épousé il y a quelques années une jeune Huronne qui m'a donné deux petits *bois-brûlés* qu'elle a ramenés dans son village, sur l'île de Manitoulia. Elle a promis d'attendre mais, si je ne reviens pas, elle se fera une raison. Vous connaissez les Indiennes : la fidélité n'est pas leur qualité première. A vrai dire j'aimerais obtenir une petite concession ici même, plus tard.
— Devenir un cul-terreux ? Vous n'y pensez pas, vous, l'un des plus fameux coureurs des bois de tout le continent ? En attendant vos vieux jours, que comptez-vous faire ?
— J'ai des fourmis dans les jambes, ce qui ne sera pas pour vous étonner. Je me suis fait des amis chez les Illi-

nois et les Sioux. J'irai avec eux chasser le bison, car il faut bien vivre. Peut-être reviendrai-je à Mobile plus tôt que prévu, avec femme et enfants.

– Il y aura toujours une place pour vous, dit M. de Bienville.

Les engagés canadiens étaient décidément des gens insupportables. Sur la fin de l'été le gouverneur fut contraint d'en expulser quelques-uns. Ils troublaient les offices religieux, entretenaient dans la garnison une ambiance d'indiscipline, faisaient du trafic d'eau-de-vie avec les Indiens. Ils effectuaient des raids chez les Bayagoulas et les Thomès pour en ramener des esclaves qu'ils revendaient comme du bétail à des colons célibataires qui faisaient des femmes leurs servantes et leurs concubines et traitaient les enfants comme des gitons.

Le père Duru dénonçait en chaire, avec violence, ces mœurs infâmes : Mobile, c'était Sodome et Gomorrhe. Le feu du ciel ne tarderait pas à s'abattre sur cette sentine de vices.

M. de Bienville convoqua les brebis galeuses, les interrogea en présence des notables et du religieux. Il n'eut aucun mal à prouver leurs exactions mais ne put en tirer la moindre contrition.

Le chef de cette bande de brigands, Vergniaud, protesta même contre cette pratique digne de l'Inquisition. Ce colosse bâti comme un ours, barbu jusqu'aux yeux, dépoitraillé, cracha son jus de chique avant de lancer :

– Que le diable me pète un singe, sauf votre respect, si nos petits négoces sont condamnables ! Les *Domingois* font de même, et je parle pas des British ! Nous ne sommes pas des malfaiteurs. Nous payons les sauvages rubis sur l'ongle et tout le monde est content. J'ajoute que nous œuvrons pour le bien de la colonie : elle manque de bras pour le travail et de femmes pour le plaisir.

Décontenancé par ce plaidoyer, le gouverneur fouilla dans ses liasses d'une main nerveuse, en retira un décret signé de M. de Pontchartrain interdisant le trafic d'esclaves dans la nouvelle colonie. Persuadé à juste titre que pas un de ces lascars ne savait lire, il prit un feuillet au hasard et improvisa un additif au décret : la pendaison pour les contrevenants.

Les accusés se concertèrent d'un regard lourd d'inquiétude.

– Pardon, excuses, monsieur le gouverneur, mais peut-être qu'il faudrait commencer par pendre ces messieurs de Saint-Domingue. Ils font le trafic des nègres. Je vois pas de différence.

– Cette traite, dit M. de Bienville, est légale. C'est une tradition acceptée par tous. Ce commerce est organisé par une compagnie, avec l'aval de Sa Majesté. Cette main-d'œuvre est nécessaire à l'économie de l'île.

– Les nègres, glapit le jésuite, ne sont pas des êtres humains ! Les Indiens si !...

– S'il vous faut de la légalité, dit Vergniaud d'un ton sarcastique, nous allons, mes compagnons et moi, proposer à Sa Majesté la création d'une compagnie comme celle du Sénégal.

– Votre insolence passe les bornes ! s'écria le gouverneur. Vous allez quitter Mobile et aller vous faire pendre ailleurs !

A quelques jours de cette audience, on découvrit, dans une cachette proche de Mobile, au milieu d'un chant de cannes, le dépôt des trafiquants, appartenant à Vergniaud et à ses acolytes : une dizaine de pauvres filles et quelques garçonnets, enchaînés, mal nourris, en butte au viol et aux mauvais traitements. Libérés, ils rejoignirent leur village.

Une perquisition au domicile des trafiquants amena des découvertes stupéfiantes : un trésor de guerre composé de pistoles, de piastres provenant de Pensacola, de caisses de verroterie et de colifichets, de tonnelets de rhum et de clarine... De quoi s'attirer la sympathie d'une nation entière de sauvages.

Au cours de la messe dominicale qui suivit, le père Duru consacra son homélie à la condition des Indiennes : on ne devait pas les accabler de tâches ingrates, en faire des bêtes à plaisir, mais les traiter avec ménagement, un peu comme, en France, un paysan, traite son cheptel...

Sérigny avait été déçu de l'indulgence dont son frère avait fait preuve vis-à-vis des Canadiens. Il lui en fit le reproche :

– Ces fripons méritaient le gibet ! Savez-vous comment ils vont se comporter lorsqu'ils auront quitté Mobile ?

– J'en ai quelque idée. Ils vont probablement poursuivre leurs trafics chez les British. L'essentiel c'est de nous en être débarrassés. Dites-vous que je répugne aux pendaisons, sauf s'il y a mort d'homme.

Quelques jours plus tard, on ramena à Mobile le corps de Vergniaud, une flèche dans le dos. Quant aux autres membres de sa bande, on n'en eut jamais de nouvelles.

LES TEMPS NOIRS

François Picard se couchait avec la faim au ventre et se réveillait avec des crampes d'estomac. Waka était repartie dans son village pour en rapporter des provisions, mais elle tardait à revenir. Chaque jour, lorsque son travail de scribe – une sinécure – lui en laissait le loisir, il s'installait, la pipe aux lèvres, sous l'auvent de cannes, dans le fauteuil de vannerie confectionné par sa compagne, et guettait son retour.

Il aurait été déçu qu'elle ne revînt pas. Déçu et attristé. Il entretenait avec elle, depuis des mois qu'ils étaient en ménage, des rapports sans chaleur, sans véritable affection, mais courtois. Il n'aimait pas ses rires aigus, ses gloussements quand il lui faisait l'amour, mais elle ne se refusait jamais à lui. Elle était un peu sotte, incapable d'assimiler plus de dix mots de français, et il n'avait pu en tirer aucune connaissance quant aux mœurs et aux croyances de son peuple. Cette petite tête ronde, assez gracieuse, toujours souriante, était vide et sonore comme un chichikoué.

« J'attends encore une semaine, se disait-il. Si elle n'est pas revenue, je chercherai à la remplacer, et je n'aurai que l'embarras du choix. »

Il bourrait sa pipe, se versait un verre de tafia et, le rebord de son chapeau au ras des sourcils, guettait la silhouette un peu pataude de Waka parmi les groupes d'Indiens qui, descendus par la rivière Mobile, grouillaient autour du débarcadère.

Une voisine, femme d'un commis aux écritures comme lui, venait une fois par jour lui préparer son repas de midi, invariablement composé d'une petite galette de blé d'Inde, de poisson et parfois de coquillages et de gibier. Le même régime que les autres colons, sauf que les engagés qui travaillaient au défrichage et à la construction se plaignaient de ces rations de misère.

Ce n'était pas la famine, mais la disette. Elle s'était abattue sur Mobile au début de l'été : on attendait un navire de France, porteur de vivres, mais l'horizon incandescent restait vide.

Attendre des secours de Saint-Domingue et des Antilles s'était révélé illusoire. Les Indiens des tribus côtières et de l'intérieur venaient presque chaque jour négocier des panetées de blé d'Inde, mais les habitants consommaient à contrecœur cette nourriture qui ne leur faisait pas oublier le bon pain de France. On était las des poissons, des crustacés, de la viande de reptile, de saurien et de grenouille. Quant au gibier, il n'était abondant qu'en hiver, entre novembre et avril, et cette viande échauffait le sang.

Le blé de semence apporté par la *Renommée* avait donné quelque espoir, vite déçu : les tiges poussaient dru, leur belle couleur verte laissait présager des récoltes abondantes mais il souffrait de la « rouille » dès les premières chaleurs et dans les brouillards du matin. Le maïs poussait bien, non sans peine cependant.

Leurs rations réduites à la portion congrue, les soixante-dix soldats et les huit officiers de la garnison commençaient à murmurer. Par petits groupes ils prenaient la direction de la forêt pour échanger de la verroterie contre des vivres.

« On se moque bien de nous, à Paris et à Versailles... », songeait avec amertume François Picard. Chaque matin, il se rendait à l'endroit de la côte d'où l'on découvrait l'île Dauphine et revenait, la mort dans l'âme : aucune voile à l'horizon, aucune chaloupe.

Le gouverneur montrait un optimisme qui ne trompait personne.

– Que diable, Picard, disait-il avec un large sourire, de quoi vous plaignez-vous ? A voir votre mine vous n'inspirez pas la pitié. Et vous avez votre violon pour vous consoler, heureux homme ! La France ne nous oublie pas. Mon frère Iberville y veille. Si ce n'était cette maudite guerre, en Europe...

La guerre de Succession d'Espagne avait éclaté. Le roi Charles II, mort sans descendance, laissait un héritage démesuré à un Bourbon, petit-fils de Louis XIV, Philippe, duc d'Anjou. Les excès de pouvoir du nouveau souverain avaient suscité une coalition de l'Angleterre, alliée aux Provinces-Unies et à l'Autriche, contre l'Espagne alliée à la France. Malgré quelques victoires des maréchaux français, l'équilibre des forces jouait en faveur de l'ennemi.

– Prions le Ciel, ajouta M. de Bienville, que cette guerre ne gagne pas l'Amérique. Que pourrions-nous faire contre une seule frégate anglaise?

A vingt-deux ans il ressentait avec angoisse le poids de ses responsabilités de gouverneur et de lieutenant du roi. Lorsqu'il effectuait le recensement de la garnison il lui venait des accès de désespoir : comment, avec une vingtaine de canons et deux cents fusils, défendre cette position?

De même la situation de la colonie avait de quoi le préoccuper. En plus des engagés canadiens, au nombre d'une quarantaine, trente familles comptant une dizaine d'enfants s'étaient établies sur leurs concessions, simples immigrants ou gens de métier. Piètre résultat après ces quatre années...

Une lumière dans cette ambiance crépusculaire : les établissements de l'île Dauphine, avec son petit port, et de Mobile, prenaient forme. Lorsque, par miracle, un traversier arrivait de Saint-Domingue ou d'une autre des îles il suscitait une belle animation. Les habitants se reprenaient à espérer ; les magasins se garnissaient de marchandises ; on avait la certitude de savourer après une journée de labeur le rhum et le tafia.

Il restait que la zone côtière était un méchant pays pour la culture, d'un accès périlleux en raison des battures, des hauts-fonds de sable sans cesse en mouvement, de la faible profondeur de ses eaux.

Nommé commissaire de la colonie, M. Nicolas de La Salle, acariâtre de nature comme une chaisière, ne cessait de bougonner : on avait choisi de s'installer sur les plus mauvaises terres de la Louisiane !

Impossible de lui donner tort : il ne se trouvait de terre arable qu'à l'ouest de Mobile, le reste n'étant que lagunes d'eau saumâtre, bayous et cyprières, espaces de brousse encombrée de plantes épineuses, et, près de la côte, dunes de sable brûlant où ne poussait qu'une herbe courte et rêche.

Le moins que l'on puisse dire c'est que le commissaire ne portait pas la famille des Le Moyne dans son cœur. Il vouait à Iberville une animosité recuite issue d'un sentiment de jalousie. Sa conviction était que cette famille d'aventuriers avait pour seule ambition de faire fortune par des trafics plus ou moins légaux. Aigri par l'atmosphère des cabinets parisiens, il ressassait ses humeurs noires et déclarait à qui voulait l'entendre :

— Ces prétendus héros ont peut-être du courage mais ils ne perdent jamais de vue leurs intérêts. La Louisiane est peut-être une colonie ingrate, pas pour tout le monde en tout cas...

Mieux que quiconque, le gouverneur était conscient de cette erreur : on s'était trop hâté de trouver un établissement. Il rêvait des territoires de l'intérieur, de domaines plantureux installés au sein d'une nature généreuse, abondante en arbres fruitiers, en gibier, avec des espaces de terre vierge qui n'attendait que la charrue. Une terre de Canaan. Émigrer, abandonner cette amorce de colonie, chercher la terre de promission, il n'était pas un habitant qui n'en eût rêvé lui-même. Il eût fallu pour cela que Versailles leur en donnât les moyens, mais ces messieurs avaient d'autres chats à fouetter et aucune voile ne se dessinait à l'horizon.

M. de La Salle dit un jour à François Picard, à la suite d'une réunion qui avait été marquée de quelques éclats :

— J'ai la conviction que les choses vont changer. Il y faudra des années mais nous irons fonder une véritable colonie loin dans l'intérieur. Peut-être sur le territoire des Natchez, en amont du delta. Pour cela il faut attendre que cette folie, la guerre, s'arrête en Europe.

Le marquis de Rémonville était un habitant heureux.

Venu de France dans le dernier convoi de M. d'Iberville, il avait, contre toute logique, trouvé la contrée à son goût, demandé et obtenu sans peine une concession dans l'île Dauphine.

« C'est un original », disaient les uns. « C'est un fou », assuraient les autres. Ce qui était évident pour tous c'est qu'il avait les moyens de ses excentricités et de ses folies. D'où était-il originaire ? Même le gouverneur l'ignorait. Qu'est-ce qui l'avait incité à se lancer dans cette aventure ? Mystère. De quelle importance était sa fortune et d'où lui venait-elle ? Allez savoir. On ne pouvait pas dire que c'était un homme de bonne compagnie, car il n'avait guère de rapports avec les autres habitants.

– Personne ne m'ôtera de l'idée, décréta M. de La Salle, que ce talon rouge a fui la France pour échapper à la Bastille, au Châtelet ou même aux galères et qu'il a emporté avec lui la cassette volée à sa famille.

M. de Bienville se montrait plus circonspect, estimant qu'on ne devait pas juger les gens sur des apparences et moins encore sur des hypothèses.

– Pourquoi pas le pilori ou la potence, tant que vous y êtes ? protesta-t-il. Pour singulier qu'il paraisse, ce personnage ne nous est pas à charge et ne nous gêne nullement.

– Il faudra le surveiller de près, insista le commissaire. Placez donc une mouche à proximité pour épier ses faits et gestes. Qui nous dit qu'il ne s'agit pas d'un espion des Anglais ou des Espagnols ?

– Rien, justement, et c'est la raison pour laquelle nous le laisserons en paix.

M. de Bienville haussa les épaules, habitué qu'il était à la méfiance congénitale que le commissaire exerçait sur tous, à commencer par lui. Les rares contacts qu'il avait eus avec M. de Rémonville n'avaient nullement éveillé sa méfiance. Il n'en avait d'ailleurs reçu aucune confidence. Ils avaient simplement échangé des « bonjours » et des « bonsoirs ».

M. de Rémonville n'avait pas débarqué seul en Louisiane. Il était accompagné d'un grand flandrin de valet nommé Firmin et d'une servante bien ronde, Fleurette. Il leur avait demandé d'observer la même réserve que lui-même, si bien que l'expression *bouche cousue* semblait avoir été inventée pour eux.

Trois mois après qu'il eut pris terre avec une quantité impressionnante de bagages, ce nouvel habitant disposait d'une demeure à la mode du pays, bâtie de planches et de rondins, couverte de bardeaux et assortie, ce qui fit grand bruit, d'une écurie. On se gaussait : une écurie dans une contrée où l'on n'avait jamais vu galoper un cheval depuis Hernando de Soto... C'était bien la preuve que cet homme avait l'esprit dérangé.

M. de Rémonville envoya son valet à la découverte dans l'intérieur du continent pour en ramener de la terre arable. Canot après canot, couffin après couffin, durant des semaines d'une noria incessante, il fit répandre cette terre dans l'espace de son domaine que limitait une petite palissade à claire-voie, à l'ombre des pins. Il planta devant sa maison quelques rosiers rapportés du vieux pays et y sema des légumes.

Le bon peuple de l'île Dauphine et de Mobile s'esclaffait : toutes ces plantations allaient attraper la rouille dans les brumes glacées du matin et le soleil ferait le reste.

Lorsque la chaleur était supportable, le nouveau colon se plaisait à paresser sur sa terrasse à auvent, assis dans un fauteuil à bascule, à lire on ne savait quoi en fumant une petite pipe à tuyau d'argent et à priser du tabac à la rose ramené des îles.

S'il portait rarement la perruque, il ne se montrait jamais en négligé. Il paraissait avoir la quarantaine : visage long, rudement charpenté, creusé, des sourcils au menton, de rides parallèles qui lui conféraient une virile élégance – assurément pas l'allure d'un marquis poudré du faubourg Saint-Germain et du café Procope – et dénotaient l'aristocrate sur le retour, qui a bien vécu, mais allez savoir comment. Il s'était présenté au gouverneur et au commissaire avec le titre de marquis; sans doute s'agissait-il d'un cadet de bonne famille.

Au cours du printemps et de l'été de cette année-là qui fut éprouvante pour la colonie, il ne vint qu'à trois ou quatre reprises à Mobile. Il se faisait précéder de son valet qui transpirait dans son uniforme violet, passementé de cordonnets et de liens d'argent. Lui-même portait une tenue à la fois seyante et modeste, comme s'il eût souhaité passer inaperçu, mais sa distinction naturelle révélait la noblesse de ses origines sans qu'il eût besoin d'affûtiaux.

Cette écurie déserte, près de laquelle M. de Rémonville avait installé une petite forge, continuait à susciter la risée des habitants. Un jour d'automne il fallut déchanter lorsque le propriétaire apparut caracolant sur un cheval qui n'aurait pas eu sa place dans les écuries de Versailles, mais dont se fût contenté un modeste nobliau d'Ile-de-France.

Stupeur à la colonie! D'où sortait ce cheval? De l'océan?

Un entretien de M. de Bienville avec le nouvel habitant dissipa le mystère. M. de Rémonville lui fit une première confidence: il ne pouvait guère se passer de cette passion contractée dans son plus jeune âge: l'équitation. Il avait lu dans une relation de voyage que le conquérant de la Floride, Hernando de Soto, quelque cent cinquante ans auparavant, après avoir défait les Indiens du village de Mauvilia, qui avait donné son nom à la rivière Mobile, avait, durant son retour vers la côte, abandonné quelques chevaux dont les sauvages s'étaient emparés. Restait à savoir si ces animaux avaient procréé et quelle était la tribu qui les avait recueillis. Une entrevue avec le gouverneur de Pensacola lui avait révélé qu'il existait, dans les collines des Appalaches, une tribu où certains guerriers allaient à cheval.

Accompagné de son valet et de trois soldats que le gouverneur détacha de sa garnison, M. de Rémonville était parti à l'aventure. Il était de retour une quinzaine plus tard, chevauchant une monture jeune et robuste acquise chez les Indiens Caouitas contre un fusil et des munitions.

Il l'avait appelée Nigitaï, « eau blanche », en raison de la couleur de sa robe.

— Si le cœur vous en dit, proposa M. de Rémonville, vous pouvez m'emprunter Nigitaï. Je suis certain que vous saurez le mener dans les règles de l'art. L'espace ne manque pas pour le faire galoper.

M. de Bienville crut devoir repousser cette offre généreuse : il ne se voyait pas caracolant au milieu des habitants misérables. Une telle ostentation lui paraissait déplacée.

— Avec quoi nourrirez-vous cet animal ? demanda-t-il.

— Comme ses anciens propriétaires. Ici, l'herbe est abondante et elle lui convient.

— Le montez-vous à cru ?

— Je ne m'y risquerais pas. A mon âge ! Mon fondement est fait à l'usage de la selle, et celle que j'ai ramenée de Paris vient du meilleur bourrelier de la capitale. Un bijou. Regardez...

M. de Rémonville avait quelque chose d'un magicien. Il avait trouvé sur cette île plate comme la main, où l'eau était saumâtre, le moyen de se procurer de l'eau douce.

— C'est simple, dit-il. Je fais faire par Firmin des excavations dans le sol, à proximité d'une nappe d'eau. J'y plonge une barrique. Au bout de quelques jours, elle est pleine d'une eau excellente pour la consommation.

M. de Rémonville possédait le premier cheval de la colonie ; il eut, peu de temps après, le premier nègre, acquis à la suite d'une tractation avec le capitaine d'un navire traversier qui faisait la navette entre Mobile et Saint-Domingue. Il paya deux cents livres ce robuste gaillard aux dents saines, docile comme un chien et travailleur, nommé Salomon. Il venait, par un bateau négrier, des côtes de Juda, en Guinée.

— Compliments, monsieur, lui dit le gouverneur. Vous avez eu une riche idée. Le jour où l'on nous donnera à nous-mêmes les moyens d'introduire des esclaves noirs à la colonie nous aurons accompli un grand pas. Ces nègres sont plus courageux que ces maudits sauvages qui estiment déchoir quand on leur demande de travailler la terre. Les Anglais échangent deux Indiens contre un Noir et s'en trouvent fort bien.

— Cet Africain, dit M. de Rémonville, n'est pas un esclave mais un domestique à l'égal de Firmin et de Fleurette. Je lui verse un petit salaire et il est libre de me quitter quand il le voudra. Je condamne l'esclavage.

M. de Bienville se dit que ce personnage n'était ni un excentrique ni un fou, mais un « *philosophe* »...

Un Canadien venu livrer à Mobile un chargement de pelleterie apporta à M. d'Iberville une nouvelle qui l'affecta profondément.

Charles Juchereau de Saint-Denis, lieutenant général de la juridiction de Trois-Rivières, en Nouvelle-France, venait de trouver la mort au cours d'une attaque des Indiens Miamis, dans la basse vallée de l'Ohio.

Quatre ans auparavant, alors que la jeune colonie prenait pied à Biloxi, Juchereau, proche parent des Le Moyne, avait été des premiers à leur manifester sa confiance. Au cœur de la prairie abondante en bisons et autre gibier, il avait installé une tannerie avec le concours d'un groupe de Canadiens. Il avait choisi l'endroit le plus favorable ; les communications seraient relativement aisées entre le nord et le sud du continent, entre les Grands Lacs et la côte du golfe du Mexique. Vingt-cinq années passées à faire la traite avaient assuré sa fortune ; elle lui permettait de s'engager sans trop de risques dans ce défi : assurer la sécurité de son entreprise et construire le fort Massias.

Comme beaucoup d'autres aventuriers de son acabit, il n'avait pas échappé à la fascination des mines. Une fois son entreprise lancée, il se proposait d'opérer des prospections dans les contrées de l'Ouest où, à ce jour, peu de Blancs s'étaient risqués.

Informé de ce projet ambitieux et téméraire, Bienville l'y avait encouragé.

Les tanneries semblaient promises à un bel avenir : la main-d'œuvre et la matière première ne feraient pas défaut, croyait-on. Il fallut vite déchanter : par son caractère exécrable, ses accès d'autoritarisme, ce pionnier s'était aliéné très vite la sympathie et le concours des sauvages.

Ce qui devait arriver arriva. Les Miamis prirent le sentier de la guerre, se portèrent en masse sur la petite colonie, incendièrent les installations et mirent le siège devant le fort Massias. Au cours d'une attaque, Charles Juchererau succomba d'un coup de feu en pleine poitrine.

Bienville ressentit, à la nouvelle de cet incident, un grand froid et une angoisse. Son rêve s'enlisait dans une certitude : l'intérieur du continent n'était pas la terre promise dont il avait rêvé. Les Indiens étaient sur leurs terres et ils les défendraient les armes à la main. L'horizon, qui se colorait de lueurs d'espoir, sombra de nouveau dans la nuit.

LES ÉMIGRANTES

On avait entassé dans une grande charrette, où elles étaient liées et ne pouvaient que se tenir debout, les vingt-cinq filles destinées à la Louisiane. Destination : Rochefort. En cette fin du mois d'octobre, après des jours et des jours de pluie et de froid, elles étaient arrivées transies, malades pour la plupart, malgré les couvertures qu'on leur avait parcimonieusement distribuées.

M. de Pontchartrain avait été catégorique : il refusait de renouveler l'expérience tentée naguère avec des filles et des femmes prélevées dans la chiourme d'une maison de force de Dunkerque, et expédiées aux Antilles où elles s'étaient conduites d'une façon scandaleuse. Il s'opposait de même à ce que soient recrutés par la force, comme cela se faisait couramment, des hommes destinés au métier de soldat. Il voulait que fussent trouvées des filles saines, d'aspect avenant, bonnes chrétiennes, élevées dans des familles honorables. Il leur serait fourni un trousseau et de quoi subvenir à leurs besoins pendant un an.

On chercha en premier lieu des volontaires parmi les filles des hôpitaux. Comme il se révélait difficile, par ce moyen, d'atteindre le contingent prévu, il fut fait appel, en usant de conviction, aux filles des gens de métier.

Tout Paris lisait alors le mémoire d'un célèbre missionnaire récollet, le père Hennepin, compagnon de Cavelier de La Salle puis émigré en Hollande à son retour en Europe. Cet explorateur en robe de bure évoquait dans son ouvrage, sur un mode dithyrambique, le

Pays Louisianois : ce paradis attendait qu'on l'occupât pour donner ses fruits.

Ceux qui connaissaient la réalité pour l'avoir vécue condamnaient cet ouvrage pernicieux. C'est en se fondant sur ce récit mensonger que l'on était parvenu à convaincre de vénérables familles de laisser partir au-delà des mers, sans l'espoir de les revoir jamais, des filles difficiles à marier.

Cette *transportation* se faisait sous les auspices de l'évêque de la Nouvelle-France, Mgr de Saint-Vallier, qui avait érigé Mobile en paroisse de son ressort. Se trouvant alors à Paris, il avait veillé au départ du convoi avec le concours d'une congrégation enseignante et charitable, celle des Filles de M. Barré, dont la vocation était d' « envoyer ses ouailles partout où la divine Providence les appelait, aussi bien en France que dans les contrées les plus éloignées ».

La « divine Providence » semblait avoir manqué son rendez-vous avec ces saintes filles et avec celles que l'on avait recrutées par d'autres moyens, moins chrétiens.

Charlotte Lantier tenait à peine sur ses jambes lorsque, sous une averse glaciale, on fit descendre les filles de leur charrette pour les installer à l'hôpital de Rochefort. Depuis la veille, à l'étape de Saint-Jean-d'Angély, il ne leur avait été distribué qu'une soupe de chien ; elles n'avaient rien avalé d'autre, si ce n'est la pluie qui ruisselait de leur chapeau. Charlotte faillit hurler lorsque, à l'appel de son nom, elle se baissa pour ramasser son bagage : ses membres étaient moulus et ses pieds, gelés dans leurs escarpins, se dérobaient sous elle.

– Lantier ! Charlotte Lantier ! Eh bien, tu es sourde ?
– Je vais t'aider, lui souffla Justine Chapelle. Je suis plus résistante que toi, mauviette...

Une à une les filles furent conduites dans une chambre de l'hôpital après qu'il leur eut été servi une soupe fumante, un verre de vin et un quart de livre de pain. La plupart se couchèrent sur leur cadre et, bien qu'il fît encore grand jour, s'endormirent pesamment dans la rumeur de la pluie crépitant contre les fenêtres.

Les deux émigrantes avaient lié connaissance durant le voyage en charrette. Serrées l'une contre l'autre au départ de Paris par un beau soleil d'automne, elles avaient eu le temps d'échanger des confidences.

Charlotte Lantier était la fille d'un plumassier de la Cité qui vivait dans une simplicité biblique. Ne sachant que faire de cette fille tard venue ni à qui la marier, sa mère l'avait confiée, un an auparavant, à M. Barré, et avait fait sans remords une croix sur ce fruit sec.

Justine Chapelle venait d'une famille de maraîchers de Corbeil au milieu de laquelle, indépendante de nature et aguicheuse, elle ne se plaisait guère, d'autant qu'on lui confiait les tâches réservées aux hommes. Elle avait confessé au curé de la paroisse avoir commis l'œuvre de chair avec un tâcheron employé par son père, un brave garçon tout disposé à convoler, ce qu'elle refusait. Le curé la traita de *misérable*, de *fille perdue* et, rompant le secret de la confession, alerta la famille. Injuriée, battue par ses frères, Justine décida de fuir. Un jour où elle convoyait un chargement de légumes pour Paris par le coche d'eau, elle décida qu'elle ne reviendrait pas. Elle trouva refuge dans une institution charitable. C'est là qu'elle apprit que l'on cherchait des filles pour la Louisiane. Le nom de cette contrée lointaine n'évoquait rien pour elle mais chantait agréablement à son oreille. Elle se porta candidate et fut agréée sans difficulté.

– Nous allons épouser des Canadiens, disait Charlotte. Nous fonderons une famille et nous aurons de nombreux enfants. La terre, là-bas, est à prendre et c'est la plus fertile du monde. Les Indiens sont des gens de bonne compagnie, moins sauvages que certains le prétendent. J'ai hâte d'arriver...

– Moi, ce que je veux, disait Justine, c'est respirer un air qui sente la liberté, ne plus avoir d'entraves ni subir de loi. J'en ai la volonté et la force. A la ferme, je travaillais comme un homme, sans jamais me fatiguer, et mes parents me traitaient comme leur esclave. Il me tarde à moi aussi de partir et de voir à quoi ressemblent les tropiques. On dit que les planteurs sont riches et recherchent les femmes blanches...

Une semaine avant la date de leur embarquement, elles avaient reçu la visite de Mgr de Saint-Vallier et d'un homme souffreteux et boitillant qu'on leur dit être M. Le Moyne d'Iberville : le « Père de la Nouvelle-France », un héros.

Elles en plaisantèrent : un héros, cette momie ?

La date du départ avait été fixée à la fin du mois d'octobre mais le temps s'y opposa. Lorsque la pluie cessait, les émigrantes préparaient leur bagage, descendaient, jacassant et riant, dans la cour de l'hôpital. Le contrordre tombait, raide comme un fer de hache :

– Tempête au large... Embarquement repoussé...

Le gros temps sévissait sans relâche et, d'autre part, le rôle de l'équipage n'avait pu être complété. On leur jetait :

– Remontez dans vos chambres. Ce sera peut-être pour demain.

Les lendemains se chiffraient par dizaines. Les semaines, les mois passaient sans qu'on leur fît signe d'embarquer pour de bon.

Sous la conduite d'une religieuse, « fille d'autorité », Marie de Malbecq (les filles l'appelaient irrévérencieusement « La Malbecq »), secondée par un exempt de la compagnie du guet qui accompagnait le convoi depuis le départ de Paris, elles allaient par groupes en promenade, entre deux averses, à travers la ville et le long de la Charente. Ces navires, ces pinasses, ces barques alignés le long des grèves leur faisaient chavirer le cœur ; elles suivaient du regard le vol des oiseaux de mer qui tournoyaient en piaillant au-dessus de la rivière et du port et s'assemblaient en nuées autour des bateaux retour de la pêche. Des matelots, des pêcheurs, des soldats les regardaient passer en fumant leur pipe et, interrompant leur partie de cartes, les interpellaient joyeusement.

La Malbecq glapissait :

– Mesdemoiselles, ne vous retournez pas ! Si j'en prends une à répondre ou à sourire, ce sera le cachot !

L'hiver était exécrable, la discipline de l'hôpital excessive, la nourriture insuffisante. Les premières désertions se produisirent peu après Noël, célébré sans faste, dans une chapelle glacée.

Les patrouilles du guet repêchèrent quelques-unes des filles qui avaient pris le large et qui furent mises au cachot. La Malbecq vociférait :

– Mes petites, savez-vous ce qu'il vous adviendrait si vous rompiez votre contrat ? Ce serait au mieux la maison de force et au pire la prostitution !

Un soir, la mine sombre, Justine dit à Charlotte :

– J'ai rencontré dans la cour un vieil infirme revenu

voilà dix ans de la Louisiane. Il m'a avoué que cette colonie n'est pas ce qui nous en est dit. On y souffre de fièvres, de dysenterie et d'autres maladies inguérissables. Si l'on parvient à échapper aux cannibales c'est pour crever de faim. Pire que le bagne ! Nous avons été bernées, ma petite ! Je viens de prendre une décision grave : je retourne à Corbeil...

— Tu seras retrouvée, enfermée dans une maison de force. Pendue peut-être...

— Les perruches qui ont été rattrapées n'ont pas su s'y prendre. Moi, j'ai mon plan. Si tu veux, tu m'accompagnes.

— Merci. A tout prendre, je préfère rester.

Le guet rattrapa la fugitive le lendemain de son évasion. Elle s'était habillée en homme, avec des vêtements volés à un pêcheur avec qui elle avait passé la nuit. Sa voix l'avait trahie alors qu'elle tentait de franchir une des portes de la ville.

Un matin de mars, sœur Marie Malbecq annonça aux émigrantes que le départ était imminent. La frégate le *Pélican* était arrivée en vue de la côte et s'apprêtait à appareiller.

— Ma mision s'achève ici, dit-elle. Désormais vous devrez vous passer de mes services. Je retourne à Paris.

Elle fit mine d'ignorer les sarcasmes qui éclataient dans son dos.

— J'ai pu vous paraître sévère, mes enfants, mais j'avais reçu des consignes formelles et je me suis attachée à les respecter. J'ose espérer que vous ne vous comporterez pas sur ces terres lointaines comme des filles perdues et que vous n'emporterez pas un mauvais souvenir de sœur Marie. N'oubliez pas d'assister aux offices, sur ce navire comme en Amérique, de dire vos prières assidûment, de vous conduire en toutes circonstances comme des filles chrétiennes dans ces contrées païennes. Quant à moi je prierai chaque jour pour vous.

L'exempt conduisit le groupe des émigrantes jusqu'au port où des chaloupes les attendaient.

La date avait été mal choisie : il soufflait un âpre vent de noroît et les vagues balayaient les pontons. Les filles saluaient par des cris ce brave homme d'exempt qui, debout sur la grève, essuyait ses larmes.

A peine les chaloupes avaient-elles débouché dans la Passe-aux-Bœufs qu'elles se mirent à danser dangereusement, si bien qu'elles durent revenir au port. Elles regagnèrent le large quelques heures plus tard, parvinrent à sortir sans encombre de l'estuaire de la Charente, mais sans espoir de pouvoir atteindre le navire qui avait jeté l'ancre à quelques encablures, au large de l'île Madame. Entassées dans des cabines de pêcheurs du port des Barques, ces malheureuses exilées attendirent quatre jours que la tempête se calmât.

– Notre calvaire continue! soupirait Justine. Dire qu'avec un peu de chance je pourrais déjà être à Paris...

– Et qu'aurais-tu fait, seule et sans ressources? demandait Charlotte.

Justine secouait en riant l'épaule de sa compagne :

– Ce que font beaucoup de filles dans mon cas, innocente ! Je plais aux hommes et les hommes me plaisent. Je connais des endroits où une fille comme moi, saine, jolie et débrouillarde, peut facilement faire fortune en quelques mois.

La frégate le *Pélican* leva l'ancre dans les premiers jours d'avril, par une mer brumeuse et calme.

Elle avait embarqué, en même temps que les filles des hôpitaux et celles de M. Barré, des familles de gens de métier, une sage-femme, Marie Grisot, et une demoiselle de l'Annonciation, Françoise de Boisrenaud, qui se disait protégée de la Montespan et déployait à bord une telle activité qu'on l'eût crue habitée par quelque diablotin.

L'entassement des passagers sur le pont, en plein vent, sous de simples abris de toile, pour les plus misérables, dans l'entrepont pour les autres créait une insupportable promiscuité, d'autant que des semaines passèrent sans que l'on touchât terre. Un ennui oppressant s'emparait de tous.

Françoise de Boisrenaud s'employait infatigablement à le combattre.

Cette « demoiselle de condition » n'était fragile qu'en apparence. On devinait, sous la robe modeste dans laquelle elle flottait avec grâce, une énergie farouche et une résistance à toute épreuve. Elle était si menue qu'elle paraissait ne pas avoir de corps, seulement ce visage, lisse sous la guimpe proprette qui lui donnait l'apparence d'une vierge romane. Elle était toujours disposée à proposer des devinettes, des bouts-rimés ou quelque autre jeu de société que l'on pratiquait à Versailles. Parfois elle insistait pour que l'on chantât.

– Mesdemoiselles ! *Le Carillon de Vendôme*... Attention : La la la... ré mi do... Une, deux...

> *Mes amis, que reste-t-il*
> *De ce dauphin si gentil ?*
> *Orléans, Beaugency*
> *Vendôme, Vendôme...*

Elle avait constitué une petite *cantoria* et donnait des concerts, le soir, pour les passagers et l'équipage. Elle n'avait fait apprendre à ses filles que trois ou quatre chansons, mais elle suppléait à la modestie de ce répertoire en chantant seule, *a cappella*, et pas seulement des chants d'église.

Invitée à la table du capitaine avec les officiers elle les distrayait par sa faconde, sa grâce un peu mièvre, les sourires qui ne s'effaçaient jamais, même sous le coup d'une contrariété.

– Mesdemoiselles ! s'écriait-elle. Je suis fort mécontente de votre comportement lorsque vous vous rendez aux poulaines. Cette façon qu'ont certaines d'entre vous de se réajuster devant les hommes d'équipage est indécente. Ne m'obligez pas à sévir !

On se demandait quelle sorte de châtiment elle pourrait bien infliger à ses ouailles. Justine tournait en dérision ces menaces, exprimées d'ailleurs avec un demi-sourire. Elle lui lançait :

– Fiche-nous la paix, Françoise ! Tant que nous n'avons pas montré notre cul aux matelots, tu n'as rien de sérieux à nous reprocher.

Rude rebuffade pour une « demoiselle de condition »...

– Tu exagères, Justine ! protestait Charlotte. Cette sainte fille n'a pas l'habitude d'entendre un langage aussi trivial.

– Celui qu'elle entendra lorsque nous aurons débarqué ne sera pas plus châtié. J'ai entendu dire que les Canadiens auxquels on nous destine sont loin de se conduire, en actes et en paroles, comme des gentilshommes. Si tu attends qu'ils nous chantent des psaumes et nous récitent des poèmes, tu te fais des illusions.

Justine, discrètement, se laissait conter fleurette par les membres de l'équipage. Elle détestait se joindre à la cantoria et se tenait à l'écart lors des concerts vespéraux sur le gaillard d'avant. Mêlée aux matelots et aux officiers elle s'entretenait librement avec eux, mais menaçait d'une giroflée ceux qui poussaient l'audace jusqu'à glisser leurs mains sous ses jupes.

— Bas les pattes! s'écriait-elle. Cette poulette n'est pas pour ton museau.

Elle eut avec un officier une idylle qui, pour discrète qu'elle fût, ne put échapper au capitaine. La consigne étant pour l'équipage, officiers compris, de ne pas entretenir le moindre rapport avec les filles, le lieutenant fut mis aux arrêts et la belle au secret pour une semaine.

— Tu l'as bien cherché! lui dit Charlotte. Estime-toi heureuse que cette affaire ait échappé à notre gardienne. Tu n'y coupais pas des fers.

— J'emmerde ce garde-chiourme en jupons! s'écria Justine. Je l'aimais bien, ce petit lieutenant, et je crois qu'il avait quelque sentiment pour moi.

Insensiblement, Charlotte prenait ses distances avec sa compagne des premiers temps et ne lui adressait la parole qu'en cas de nécessité. Les autres la tenaient en quarantaine et se détournaient lorsqu'elle les interpellait.

Un soir elle dit à son amie :

— J'ai pris une grave décision : je vais m'amender.
— A la bonne heure! Il était temps.
— J'ai conscience d'être allée trop loin dans la provocation. Désormais, je me tiendrai tranquille. Ce n'est pas que je craigne les remontrances du capitaine ou de notre garde-chiourme mais une petite voix, en moi, m'a dit de modérer mon tempérament pour ne pas risquer de perdre mon âme.

— J'en suis ravie! s'exclama Charlotte. Alors, si tu es décidée, nous allons dire ensemble une prière. Cette voix, j'en suis persuadée, était celle du Bon Dieu.

Après trois mois de mer, le capitaine annonça à Françoise de Boisrenaud que l'on n'allait pas tarder à toucher terre.

Malgré les flibustiers et les navires ennemis qui croisaient en nombre dans les parages, le *Pélican* traversa sans encombre une poussière d'îlots et d'îles à cocotiers : Caïcos, Mayajigua, Inagua... Longeant le canal de Bahama et l'archipel de Camagüey qui bordait la grande île, il mit à l'ancre à l'extrême pointe nord-ouest de Cuba, dans le port de La Havane.

Il était temps ; on manquait d'eau potable et les viandes commençaient à puer.

L'ambiance de la ville était morne, presque tragique. L'épidémie qui sévissait depuis des semaines creusait des vides dans la population blanche et celle des esclaves que l'*asiento*[1] déversait régulièrement dans l'île.

Les autorités s'opposèrent à ce que le capitaine fît descendre à terre ses passagers. Mesure de prudence pour éviter que l'on ne contaminât la colonie de Mobile.

– Nous enregistrons des dizaines de décès chaque jour, dit l'intendant du port. Parmi ceux de ces jours derniers se trouvait le lieutenant général de la juridiction de Mobile, Pierre Lesueur, cousin, il me semble, des Le Moyne.

Le capitaine eut un sursaut : Lesueur était bien connu des gens de la Louisiane et sa renommée était parvenue jusqu'à Versailles où l'on tenait ce cousin de M. d'Iberville par sa femme pour l'un des plus intrépides découvreurs de l'Amérique. Deux ans auparavant, il s'était installé chez les Sioux, des tribus nomades qui évoluaient entre Mississippi et Missouri et passaient pour de redoutables guerriers. Avec l'aide de ses Canadiens il avait édifié une redoute qu'il avait baptisée fort Vert ou fort L'Huillier, pour rappeler la couleur des terres d'alentour, riches en minerai de cuivre, et honorer l'intendant. C'est lui qui avait apporté en canot des quintaux de ce minerai qu'il se proposait de mettre en exploitation.

Retour de France, épuisé par une quinzaine d'années d'explorations harassantes et dangereuses, il avait fait escale à La Havane pour se ravitailler. L'épidémie l'y attendait.

En dépit des précautions prises, la fièvre jaune gagna le *Pélican*. Quelques membres de l'équipage, qui avaient commis l'imprudence d'aller rôder malgré la consigne dans les quartiers chauds de la ville, suc-

---

1. Monopole de la traite des Noirs dans les colonies espagnoles d'Amérique, accordé par la Couronne à un particulier ou une compagnie.

combèrent à bord durant la dernière semaine de traversée. Le capitaine fit jeter leur corps aux requins qui abondaient dans les parages.

Lorsque le *Pélican* toucha l'île Dauphine, Justine s'écria :

– C'est ça, leur paradis ? On nous a trompées. Où sont les habitations ? Où sont les cocotiers ?

Françoise de Boisrenaud la rembarra :

– Taisez-vous, sotte ! Le paradis, si Dieu le veut, c'est dans votre cœur que vous le trouverez.

Muni de son violon, François Picard se rendit sur le débarcadère, au milieu de la foule des habitants, pour accueillir en musique les passagers. En voyant débarquer les demoiselles il s'écria :
– Tudieu ! on nous envoie des filles. J'espère qu'on n'a pas oublié les vivres et quelques barriques de vin.
On n'avait rien oublié.
Après le débarquement des demoiselles de Françoise de Boisrenaud, des familles et des gens de métier, les chaloupes et les traversiers arrivant de Port-Dauphin déversèrent sur le ponton des caisses, de la futaille et des bovins achetés à La Havane. Des bonnets s'agitaient sur la berge, des bras se levaient en guise de salut, des voix et des rires éclataient.
François ajusta son instrument, brandit son archet et se mit à jouer un air populaire que des Canadiens reprirent en chœur, ce qui fit flotter un air de fête sur l'assistance. Depuis que, par la *Renommée*, il avait reçu une réserve de cordes et de crins, son violon sonnait juste de nouveau.
M. de Bienville, en grande tenue d'officier de marine, assisté de Nicolas de La Salle, s'entretenait avec le capitaine du *Pélican* et Mlle de Boisrenaud. Des Indiens Oumas, Bayagoulas et Pascagoulas, médusés, tournaient autour des filles qui venaient de débarquer des chaloupes. Elles, ébahies par l'allure inquiétante et la quasi-nudité de ces sauvages, restaient muettes et immobiles. Ces naturels étaient très différents de ceux que certaines d'entre elles avaient vu exhiber dans Paris comme des

animaux de cirque. Leur allure, leurs mimiques, leur tenue les amusaient et les choquaient à la fois. Elles s'inquiétaient de savoir si ce pays était dépourvu de religion au point que l'on tolérât cette indécence. Certes, quelques-uns de ces sauvages, les femmes surtout, portaient une croix ou une médaille sainte sur la poitrine, mais ces nudités étaient proprement scandaleuses.

Leur timidité vaincue, les sauvages s'approchaient des demoiselles, tendaient vers elles une main curieuse, non pour mendier, ce que certaines s'imaginèrent, mais pour toucher leurs vêtements et caresser leur chevelure.

Justine revenait d'une incursion au milieu des naturels, se laissant caresser et flatter par toutes ces mains brunes.

– On prétend que les Indiens sentent fort, dit-elle. Moi, je trouve au contraire qu'ils sentent bon. Une odeur de forêt, de feu de bois. Quant aux colons, en revanche...

Dès le lendemain, le père Duru, aumônier de la garnison, aidé de jeunes missionnaires arrivés récemment de Montréal, procéda à la répartition des filles. Rebelles par nature au travail de la terre, la plupart d'entre elles ne lui paraissaient guère aptes à aider les Canadiens et à les inciter à défoncer le sol. Il finit par admettre que ces mines souffreteuses, ces teints terreux n'étaient que la conséquence des fatigues consécutives à l'interminable traversée et aux privations qu'elles avaient endurées.

On réunit les habitants, Canadiens, artisans, paysans et soldats mêlés, face à la rangée des demoiselles, dans la salle commune du fort Maurepas. Une grande table garnie de tonnelets de vin, de rhum, de tafia et de fruits rapportés de Cuba, occupait le centre de la pièce. Les regards qui s'échangeaient de part et d'autre trahissaient une curiosité timide et craintive.

En quelques mots, le père Duru s'efforça de dissiper cet embarras.

– Mes enfants, dit-il, nous vivons un moment solennel sous le regard de Dieu et de par sa volonté. Je vous inviterai dans quelques instants à laisser vos cœurs venir l'un vers l'autre et à vous choisir mutuellement, afin de vivre ensemble jusqu'à la fin de vos jours, pour le meilleur et pour le pire. Vous allez être fiancés. Bientôt, vous serez maris et femmes. J'aurai la joie de bénir votre union après vous avoir reçus en confession.

Il semblait faire allusion aux relations fantaisistes du père Hennepin lorsqu'il ajouta :

– J'ignore quels mirages trompeurs on a pu faire miroiter à vos yeux innocents. Je me dois pourtant de les dissiper. Ce ne sont pas les jardins d'Éden qui vous accueillent mais une terre ingrate, un désert stérile où mille dangers vous guettent. Il vous faudra beaucoup de courage et d'abnégation pour les affronter ; en couple, ces épreuves vous paraîtront moins pénibles. Vous avez, sur cette terre où le Seigneur fait ses premiers pas, une œuvre sainte à accomplir pour la plus grande gloire de notre roi et de notre foi. Comme disait le Christ : croissez et prospérez !

Le père Duru connaissait bien les Canadiens : ni leur nom ni leur origine ni leur caractère ne lui étaient inconnus. Françoise de Boisrenaud, pour sa part, se flattait d'avoir sondé, au cours de la traversée, les reins et le cœur de ses émigrantes. Ils convinrent elle et lui de procéder de concert aux fiançailles que consacreraient quelques verres de vin ou d'alcool.

Sur les vingt-quatre donzelles débarquées, une quinzaine trouvèrent, séance tenante, sur un simple échange de regards, chaussure à leur pied. Quelques-unes ne parvenaient pas à se décider et remirent leur choix à plus tard. D'autres refusèrent de choisir. Justine était de ces dernières ; elle parvint à convaincre Charlotte de ne pas engager sa vie sur une rencontre de hasard.

– Épouser une de ces brutes puantes ? dit-elle. Non merci ! Je préférerais passer ma vie avec un de ces sauvages qui tripotaient mes jupes tout à l'heure. Il y a de beaux hommes parmi eux. Habillés décemment, ils feraient des prétendants acceptables.

– Tu es folle ! s'écria Charlotte. Quand il en aurait assez de toi il te mangerait toute crue...

Alors qu'elle venait tout juste de prendre pied sur le ponton, Charlotte avait remarqué un personnage énigmatique qui se tenait à l'écart des autres habitants. Il était accompagné d'une grosse fille en tablier et d'un nègre à la stature impressionnante. Elle s'était hasardée à demander son identité à la femme d'un engagé.

– C'est le marquis de Rémonville, lui avait-elle répondu. Un original qui vit seul avec ses domestiques. On l'appelle le « Philosophe » parce qu'il lit des livres. C'est du gratin. Pas pour ton bec, ma jolie.

Le lendemain des accordailles, Justine dit à Charlotte :

– Décidément, je crois que je vais rester célibataire. Aucun de ces hommes ne me convient. Et pourtant, si... Ce gentilhomme qui jouait les dédaigneux avec sa servante et son nègre. Il est vieux mais encore bel homme et il me plaît. Je ne tarderai pas à aller en reconnaissance.

– On m'a parlé de lui, dit Charlotte. C'est un vrai marquis.

Françoise de Boisrenaud n'avait pas tardé à susciter la colère de M. de Bienville.

– Je ne vous cache pas ma déception, dit-il. Pourquoi jouer les mijaurées ? Pourquoi, alors que vous eussiez dû donner l'exemple, avoir boudé ces accordailles ? Vous n'êtes point laide et, Dieu merci, nous avons parmi nous, et notamment à la garnison, des officiers que vous eussiez pu agréer sans déchoir.

Le sourire de la jeune femme se figea sur ses lèvres, puis elle fondit en larmes. Elle avoua entre deux sanglots :

– Pardonnez-moi, monsieur le gouverneur, mais je ne suis pas prête pour le mariage. En France, j'ai repoussé de beaux partis. Ce n'est pas pour épouser le premier venu.

– Mes officiers, les premies venus ! La plupart ne dépareraient pas les gardes de Sa Majesté et sont de condition au moins égale à la vôtre. Ma petite, il faudra vous décider. Qu'est-ce qui vous a incitée à vous rendre en Louisiane si ce n'est l'intention de créer un foyer et de nous donner les enfants dont nous manquons ?

Mlle de Boisrenaud sécha son visage – il n'est pas convenable, pour une « demoiselle de condition », de laisser couler ses larmes devant un gentilhomme...

– Si je suis ici, monsieur, répondit-elle avec hauteur, c'est dans un but d'*éducation*.

– Diable ! qu'entendez-vous par là ?

– Je souhaite me consacrer à l'éducation des jeunes Indiennes, leur apprendre les bonnes manières.

– Voilà qui vous honore, mais je crains que vous ne soyez déçue. Nos sauvages sont rebelles à nos coutumes. Vous l'apprendrez à vos dépens, je le crains.

Il ajouta en la congédiant :

– Quoi qu'il en soit, je vous conseille de faire votre choix d'un élu. S'il en est besoin, vous pourrez faire appel à moi pour jouer les bons offices.

La fièvre de La Havane s'abattit sur la colonie comme un oiseau de proie.

La plupart des filles en furent atteintes et, à peine mariées, trois d'entre elles en moururent. Elle fit surtout des ravages parmi l'équipage du *Pélican*, au point que, pour regagner la France après la brève escale à Port-Dauphin, le capitaine dut prier M. de Bienville de prélever dans sa garnison des hommes aptes à la manœuvre pour compléter son contingent.

En l'espace d'un mois environ la mort jaune emporta une quarantaine de victimes parmi les habitants de l'île Dauphine et de Mobile. Après les mariages, le père Duru et ses assistants durent procéder aux obsèques et agrandir le premier cimetière de la colonie. Au train où allaient les choses et malgré les précautions que l'on prenait, il était à craindre, si la contagion ne marquait pas un coup d'arrêt, que la colonie ne se dépeuplât rapidement.

Cette situation n'encourageait pas les nouveaux couples à se consacrer à leur tâche.

Les filles qui avaient épousé des militaires ou des artisans ne trouvaient guère de changement dans leur vie quotidienne, comparée à la précédente ; elles veillaient aux soins du ménage dans le bel automne de la Louisiane, préparaient leurs repas avec les subsistances que le roi leur avait accordées « pour une année » mais qui s'épuisaient à vue d'œil ; elles tentaient, sans grand succès, de faire venir quelques légumes avec des semences qu'elles avaient apportées.

Les premières grossesses furent accueillies comme une bénédiction ; à peine annoncées, elles étaient saluées par des salves. D'ores et déjà, il y avait du travail pour la sage-femme, Marie Grisot. On baptisa en grand tralala le premier-né de la colonie. Il s'appelait Jean-François Huvé et fut ondoyé par le père de La Vente, nouveau venu à Mobile.

Il n'en allait pas de même pour les femmes qui avaient épousé des Canadiens.

Ces hommes rudes avaient l'aventure dans le sang et des habitudes de liberté qui ne s'accordaient guère avec une union à long terme. Leurs concubines indiennes furent reléguées au rôle de servantes ou d'esclaves, ce qui entraîna des zizanies dans de nombreux foyers, les hommes honorant sans distinction l'une et l'autre de leurs compagnes. On ne pouvait compter sur eux pour cultiver le sol qu'ils avaient courageusement défriché : ce n'était pas leur affaire ; les femmes étaient là pour ça. Ils passaient leur temps à préparer des pièges, à courir les bois, à palabrer et à fumer en compagnie des Indiens. Un beau matin, sans un mot, ils décrochaient leur fusil, se harnachaient de besaces, chaussaient leurs houseaux et s'enfonçaient dans l'intérieur pour aller respirer le vent du fleuve et la boucane indienne. Adieu, ma belle ! je reviendrai quand j'en aurai envie...

Il n'était pas une de ces filles de France qui ne regrettât l'atmosphère familiale, les séances de couture de l'institution en compagnie des religieuses, le chocolat de quatre heures, l'animation de la boutique paternelle, les sommeils paisibles, sans maringouins... Le monde qui les avait accueillies n'était ni à leur goût ni à leur mesure ; la nostalgie leur tirait des larmes amères, la fatigue ou la maladie des accès de rébellion. Elles s'en prenaient aux religieux qui les avaient bernées, à M. de Bienville qui semblait se désintéresser de leur condition, au roi et à Dieu qui les ignoraient. Pas une qui ne souhaitât retourner au pays.

M. de Bienville n'avait pas lieu, lui non plus, de pavoiser. Certes, la moralité de ces filles lui paraissait irréprochable et, en d'autres circonstances, sous d'autres latitudes plus clémentes, elles eussent fait des épouses très convenables.

Il confia un jour à Mlle de Boisrenaud :

— M. de Pontchartrain et mon frère Pierre d'Iberville ont fait un mauvais choix. Cela ne me surprend guère de la part du ministre mais davantage de mon frère. Ce qu'il nous fallait, ce sont de robustes filles de paysans.

— Il ne faut pas désespérer, répondait Mlle de Boisrenaud. Avec le temps ces filles s'adapteront et feront des Louisianaises exemplaires.

— Et vous-mêmes, êtes-vous satisfaite de vos petites néophytes indiennes ?

— Elles ont l'esprit vif et ne demandent qu'à apprendre à tailler de l'étoffe, à coudre, à écrire et à chanter dans notre langue. Elles savent parfaitement leurs prières mais leur accent est détestable.

— Vous ne pouvez pas leur demander de s'exprimer comme les demoiselles du faubourg Saint-Germain !

Françoise de Boisrenaud avait installé une école et un ouvroir dans la masure que le gouverneur lui avait affectée, face à l'immensité de la baie. Elle n'en demandait pas davantage ; il semblait qu'elle fût la seule femme de la colonie à se satisfaire de ses conditions d'existence. Elle confia au gouverneur qu'elle devait ces dispositions favorables à la foi qui l'animait. Il lui répondit :

— Je souhaite que vous manifestiez les mêmes dispositions pour le choix d'un compagnon. Vous avez eu tout loisir d'envisager un parti, au cours des repas avec mes officiers, auxquels je vous convie fréquemment. N'en est-il pas un que vous jugeriez susceptible de partager votre vie ? Parlez sans crainte.

Elle rougit, cacha son embarras en riant.

— Non, dit-elle. Je ne suis pas encore décidée, mais rien ne presse.

Mlle de Boisrenaud n'avouait qu'une partie de la vérité. Elle nourrissait un sentiment secret pour un jeune et élégant officier : M. Dugué de Boisbriant, parent du gouverneur.

La colonie devait connaître une fin d'année mouvementée.

Le chevalier de Tonty, accompagné du jeune major Dugué de Boisbriant, le meilleur officier de la colonie, disait-on, et de Louis Juchereau de Saint-Denis, fils du créateur des tanneries des Illinois, quittèrent Mobile pour remonter vers le nord à la rencontre des Alibamons. Ils étaient escortés de deux cents guerriers venus de tribus alliées, amenés par le Canadien Cheveux-Rouges, et de quelques engagés de Montréal.

Il n'avait pas été facile de convaincre le gouverneur de prendre des mesures de représailles contre les plus féroces ennemis des Français, qui montraient de plus en plus d'arrogance. Cheveux-Rouges s'y était employé sans succès mais Tonty s'était montré plus persuasif :

— C'est moins les Alibamons qu'il convient de ramener à de meilleurs sentiments à notre égard que nos voisins de Virginie, dit-il. Ils ont des traitants, des observateurs, des marchands d'armes dans de nombreuses tribus. Cette nation leur sert de base pour la conquête de la rive gauche du Mississippi. Frapper les Alibamons c'est, indirectement, frapper les Virginiens. Que pourrait-on y redire, puisque nous sommes depuis trois ans en guerre contre l'Angleterre ?

Non sans hésitation, M. de Bienville s'était laissé fléchir.

– Soit, dit-il, mais je souhaite que vous fassiez une démonstration de force, pas un massacre qui ferait de cette puissante nation un ennemi irréconciliable. Nous en aurons peut-être besoin un jour prochain.

Il songeait au « petit Saint-Michel », fils du capitaine du port de La Rochelle, qu'un chef des Oumas avait amené dans sa nation mais qui, depuis quelques mois, s'était installé dans une tribu du fleuve Alabama. Il redoutait qu'à la suite de cette expédition la vindicte des Alibamons ne retombât sur lui.

Par petits groupes les Indiens désertaient et une quinzaine d'engagés canadiens, qui avaient contracté la fièvre des marais, durent rebrousser chemin. La démonstration de force dont avait parlé M. de Bienville devrait se borner à un simple raid. Pour profiter de l'effet de surprise on attaqua de nuit un campement d'Alibamons, entre la rivière que l'on remontait en canot et sa voisine, la Tombigbee, qui prend sa source chez les Indiens du Tennessee.

– Monsieur de Boisbriant, dit Cheveux-Rouges avant le déclenchement de l'attaque, j'ai perdu quatre de mes compagnons au cours de ma dernière expédition dans une de ces tribus. Le jeune Barreau a été atrocement torturé et deux autres ont été tués au cours de notre évasion. Le vieux Jugné a succombé à la fatigue sur le chemin du retour. Accordez-moi un nombre équivalent de prisonniers.

– Je ne puis te refuser cette faveur, dit le major. Tu choisiras toi-même. Que veux-tu en faire ? Les vendre comme esclaves ?

– Je les destine au Bon Dieu, répondit le Canadien d'un air mystérieux.

L'attaque ayant réussi, avec simplement une poignée de victimes parmi les Indiens, Cheveux-Rouges fit son choix et se retira avec ses prisonniers dans une case. Il en ressortit seul un moment plus tard, aussi calme qu'il y était entré. Il jeta quatre scalps saignants aux pieds de M. de Boisbriant.

– Grand chef blanc, dit-il avec un sourire, j'ai honoré ma promesse : ces quatre bandits ont rejoint leurs ancêtres.

Tonty interrogea le chef pour avoir des nouvelles du « petit Saint-Michel » : il avait élu domicile dans une tribu située à la limite des territoires des Alibamons, avait adopté les mœurs et la langue de ses hôtes et n'était pas pressé de retrouver ses compatriotes ; il avait emmené avec lui son épouse, leurs deux *bois-brûlés*, et vivait heureux.

Le « brave Tonty » n'était plus que l'ombre du héros qu'il avait été.

Il avait assisté, impuissant, à l'attaque nocturne et au massacre des quelques guerriers qui s'obstinaient dans la résistance. Il n'avait plus le ressort de la jeunesse. Ce voyage l'avait épuisé. Il avait contracté à Mobile un flux de ventre qui ne l'avait pourtant pas incité à renoncer à ce qu'il estimait être sa dernière incursion en territoire indien. Mourir sur le fleuve d'une flèche ou en pleine sylve d'une morsure de serpent ? soit. Crever dans son lit, assisté par l'un de ces jésuites qu'il exécrait ? non !

Le voyage de retour lui fut fatal.

Allongé dans un canot, sous des couvertures, il ne voyait au-dessus de lui que le ciel traversé par les lourdes averses de l'automne, la cime des arbres géants balayée par des vols serrés de hérons, d'aigrettes et de flamants. Il aurait aimé finir ses jours dans ce fort Saint-Louis-des-Illinois qu'il avait aidé à bâtir de ses propres mains, six ans auparavant ; il y avait vécu plusieurs années, au contact des Indiens accourus par tribus entières apporter au magasin les peaux et les fourrures ramenées de leurs chasses dans la prairie : des années de plénitude, passées à rêver, dans l'odeur du tabac indien, aux temps héroïques où lui et quelques compagnons suivaient ce fou de Cavelier comme les disciples du Christ sur les chemins de Palestine.

Lorsqu'il se prenait à délirer, le major de Boisbriant se penchait sur lui et l'interrogeait :

– Que dites-vous, Tonty ? Que voulez-vous ?

Tonty réclamait parfois sa pipe qui ne le quittait jamais. Boisbriant la bourrait, l'allumait, la lui tendait. Le malade en fumait quelques bouffées puis la repoussait : du fait de la fièvre et de ses maux de ventre la fumée n'avait plus le même goût.

— Elle pue le boucan de tortue... disait-il.

Dans ses accès de fièvre, Tonty parlait souvent du fleuve Missouri. Il l'avait parcouru jusqu'aux missions espagnoles qui ouvraient leur porte de mauvaise grâce à ces Français et à ces Canadiens agités, braillards et païens.

Il avait rencontré dans ces parages l'un des aventuriers qui avaient le plus marqué sa chienne de vie : Jean Nicolet, un illuminé obsédé par l'ambition de découvrir la route conduisant à la mer du Japon où croisaient de somptueux navires aux voiles de soie et à la proue ornée de dragons d'or aux yeux de perle.

A la moindre occasion, deux pistolets, que les Indiens appelaient des *tonnerres*, à la ceinture, escorté d'une poignée d'autres fous, il prenait la direction de l'ouest, remontait le Missouri, s'attendait à chaque étape à découvrir des villages peuplés d'Asiatiques aux yeux bridés. Sur les conseils d'un comédien de Québec, il s'était fait confectionner une tenue qui rappelait celle des Chinois dont Marco Polo parlait dans ses relations de voyage en Extrême-Orient. Lorsqu'une tribu était en vue, il s'habillait en mandarin, s'avançait vers les sauvages ébahis en agitant des clochettes et en baragouinant un langage de son invention. Les Pawnees, Kansas ou Padoukas qu'il trouvait sur son chemin éclataient de rire après un moment de surprise et le fêtaient comme une divinité du Panthéon des visages pâles surgie des lointains de l'Occident.

Ce fou de Nicolet, après avoir parcouru en canot toutes les rivières et tous les fleuves de la Louisiane, était mort noyé devant Montréal, son canot s'étant retourné.

On transporta Henri de Tonty sur une civière à l'hôpital de fortune installé près du fort. Il était à demi inconscient, pas au point cependant d'ignorer la main que lui tendait la mort. Entre un vomissement et un flux de ventre il réclama la présence du gouverneur.

— Vous survivrez à ces maux, lui dit M. de Bienville en s'asseyant à son chevet. Il le faut. Sans vous, notre colonie serait orpheline. Tenez bon le gouvernail...

Tonty lui tendit sa main valide : elle était brûlante.

— Quand je serai mort, ce qui ne tardera guère, dit-il, promettez-moi de garder en souvenir cette main artificielle. Elle vous portera chance.

Il s'éteignit la nuit suivante, sans un mot, sans un soupir, sa main dans celle de Bienville... Une génération, avant de disparaître, tendait la main à celle qui la suivait, comme pour proclamer qu'il ne fallait renoncer à aucun prix à faire de la Louisiane un empire français.

Il était écrit que cette année 1704 s'achèverait dans le sang.

Les Anglais des Carolines avaient décidé de faire un holocauste des Appalaches, nation alliée aux Espagnols, et de frapper ainsi, indirectement, ces derniers. Soucieux d'épargner leurs propres citoyens, ils avaient lancé les Alibamons contre les Appalaches qui avaient été massacrés par tribus entières, sans épargner les femmes et les enfants. Ivres de sang et d'eau-de-vie, les massacreurs s'étaient ensuite rués sur les postes tenus par les Espagnols, avaient capturé une quarantaine de soldats, en avaient fait griller dix-sept avant de se retirer, des scalps pendus à leur ceinture.

Une quinzaine de jours après ces événements, alors que l'année touchait à sa fin, M. de Bienville fut prévenu qu'un fort parti de sauvages descendait la rivière Alabama en direction de Mobile. Ce n'étaient que des Appalaches rescapés du grand massacre. Sur plusieurs milliers qu'ils étaient il n'en restait que quatre cents.

LA MORT A LA HAVANE

Cuba : juillet 1706

Il a beau faire, il ne peut chasser de son esprit cette image prémonitoire : la mule sur laquelle on a hissé le cercueil recouvert d'un pavillon aux armes de France, le cortège accompagnant le convoi, mené par un vieil homme vêtu de satin noir qui a gardé son chapeau castillan sur la tête à cause du soleil, accompagné d'une suite d'officiers français et espagnols mêlés ; des soldats coiffés de morions et vêtus de cuirasses, comme au temps où Juan Ponce de León et Hernando de Soto attaquaient les Séminoles de Floride, flanquent le cortège. Ces obsèques, Iberville le sait, sont les siennes, qui ne vont pas tarder.

Il fait un temps lourd et brûlant, ce jour-là aussi. Des oiseaux noirs jacassent dans les arbres bordant l'hôpital, comme pour saluer le convoi. Un religieux agenouillé prie sous la galerie, une femme pleure près du puits, les mains sur son visage.

Passé le portail, l'attelage s'engage dans la rue qui conduit à la *Plazza de Armas*. Peut-être dans un moment le canon va-t-il tonner pour saluer le dernier voyage du commandant Pierre Le Moyne d'Iberville, que les Espagnols appellent *El general don Pedro Moin Berbila* et les Anglais le *pestilentiel de Brouville*...

– Le canon... murmure le malade. Kerlain, je n'entends pas le canon. Pourquoi ?

– Aucun navire n'est en vue, répond le médecin. Il

n'y a pas de raison de faire parler la poudre de salut. Avez-vous soif ?

Iberville hoche la tête ; Kerlain la soulève pour l'aider à boire.

— Vous êtes resté plus d'une heure sans connaissance, dit-il. Dieu merci, vous revenez à vous...

Il n'ose ajouter que ces comas qui se répètent, de plus en plus fréquents, sont de mauvais augure : ils annoncent que la fin est proche. Ces selles sanglotantes et ces urines brunâtres en témoignent. Un organisme jeune et normalement constitué peut résister avec quelque chance de succès à une fièvre de forme tierce ; celui d'Iberville, débilité, ne pourra se défendre plus de quelques jours, de quelques heures peut-être. En fait, le malade devrait déjà être mort. Le mal de Siam, quand on approche de la cinquantaine, conduit à une fin inéluctable.

— Nos navires... murmure Iberville. Ils doivent être arrivés à La Rochelle.

— Sûrement, dit Kerlain, et leur cargaison fera un bel effet. Il me plaît d'imaginer la tête de notre ministre en voyant débarquer du *Marin* pour trois millions de piastres de butin !

— Six millions, Kerlain. Plus de six millions, même...

Le prix que l'on a payé pour conquérir Nevis, cette petite île sous occupation anglaise, le « jardin des Caraïbes » : cinquante soldats français.

Il a fallu se battre pied à pied, sur les grèves, dans les plantations, jusque dans les montagnes. C'est une petite île, un gravier dans l'archipel, mais un double objectif a été atteint : un butin considérable a pris la route de La Rochelle, plusieurs centaines de nègres que Sérigny a conduits à Veracruz pour les vendre aux colons mexicains. Le coup de tonnerre de cette attaque foudroyante a dû retentir dans toutes les Caraïbes anglaises, jeter la consternation dans toutes les colonies britanniques.

Cette campagne, il l'attendait depuis longtemps. Depuis des mois, des années, mais ordres et contrordres se succédaient, Versailles soufflant le chaud puis le froid. On dressait des plans d'expédition pour anéantir toutes les places fortes, des Antilles à Terre-Neuve, puis on modifiait le projet de telle sorte qu'il n'eût aucune chance de réussite.

Lorsque, enfin, on parvint à mettre sur pied ce projet, Iberville tomba malade. Et ainsi de suite...

Jusqu'au jour où un courrier de Versailles l'informa que cette comédie avait assez duré. Il fallait passer aux actes. Il n'attendait que cela ! Il rédigea un mémoire destiné au roi d'Espagne pour l'avertir de ces préparatifs. Pas de réponse. Eh bien, il se passerait de cet olibrius cantonné dans sa superbe ! Iberville se sentait des ailes. Ses anciennes ambitions se ranimaient : détruire la flotte anglaise d'Amérique, raser les villes, libérer Terre-Neuve. *Delenda Carthago*... Il ne réclamait qu'un navire de cinquante tonneaux et la permission d'enrôler des flibustiers, des Canadiens et des sauvages.

Lettre de Sa Majesté : il demandait un navire ? on lui en accordait sept ! Avec huit cents hommes de troupe. Il aurait un dixième des prises. Il avait carte blanche. Il pensa mourir de bonheur.

– Ce qui compte, lui dit M. de Pontchartrain, est de porter de tels coups à l'ennemi qu'il ne puisse s'en remettre. Ordre de Sa Majesté : faire disparaître la présence anglaise en Amérique.

Tout se serait passé le mieux du monde si le capitaine d'une unité envoyée en reconnaissance, M. de Chavagnac, n'avait, lors d'une attaque prématurée de la petite île de Nevis, mis imprudemment les Anglais en alerte.

– L'imbécile ! s'écria Iberville. Nous allions surprendre l'ennemi et il nous attend de pied ferme. Nous devrons renoncer à attaquer la Jamaïque, ou remettre à plus tard.

M. d'Iberville ne pouvait passer à proximité de Saint-Domingue sans aller visiter ses plantations. Il y resta trois jours et remonta à bord sur une civière. Un nouvel accès de fièvre venait de le terrasser.

Silence... Chaleur. Par intermittence les cloches sonnent à la Santa Iglesia Parroquial Major San Cristobal, proche de l'hôpital. Le vaste édifice semble endormi au creux d'une conque de verdure immobile, dans l'air saturé de parfums de fleurs.

– J'ai pris sur moi, dit Kerlain, de convoquer à votre chevet un prêtre de la paroisse. Ce *padre* ne parle pas le français, mais vous connaissez suffisamment d'espagnol pour une confession.

Il posa sa main sur l'épaule du moribond.

– Monsieur d'Iberville, m'entendez-vous ?

165

Le malade cligna des paupières. Le padre s'agenouilla, murmura les prières des morts, recueillit tant bien que mal la confession et donna l'extrême-onction.

– Attendez... murmura Iberville. Laissez-moi encore un peu de temps... Il faut... Il faut que je reprenne la mer... Ma mission...

M. Kerlain lui ferma les paupières.

Quelques heures plus tard, après la visite du gouverneur et des officiers français et espagnols, on mit le corps en bière, revêtu de sa tenue militaire, avec la croix de Saint-Louis sur la poitrine.

– Il faudra, dit le médecin, porter le corps en terre demain, à la première heure. A cause de la chaleur...

M. de Bienville avait senti venir l'orage.

Il ne fut qu'à demi surpris lorsque, un matin, il fut tiré de son sommeil par des cris et des chocs contre sa porte. Il eut un sursaut de stupeur en voyant devant sa demeure, sur la place d'armes, un attroupement de femmes en colère auxquelles se mêlaient quelques hommes au comportement plus réservé. Les gardes n'avaient pu contenir ces furies.

Les raisons de cette révolte, il ne les imaginait que trop bien. Un mot les résumait : la misère.

Il s'habilla en maugréant, ouvrit sa porte, croisa les bras, décidé à faire front à la meute. Son frère, Joseph de Sérigny, qui arrivait avec un peloton, tenta de se frayer un passage jusqu'à lui.

– Quel est ce désordre ? s'écria le gouverneur. Que me voulez-vous ?

Marie Grisot, la sage-femme, que l'on appelait la *Quinquin* parce qu'elle était originaire de Lille, semblait s'être érigée en porte-parole des manifestantes. Elle bouscula les gardes qui tentaient de s'interposer et se campa devant M. de Bienville, les poings aux hanches. C'était une femme fort laide, au nez proéminent, au visage couvert de verrues dont quelques-unes portaient de longs poils.

– Ce que nous voulons, s'écria-t-elle, vous le savez bien ! Les seules femmes dans cette colonie qui aient le ventre plein sont celles qui passent entre mes mains. J'en ai accouché trois en l'espace d'un mois et leurs marmots sont au cimetière, trop *chétis* qu'ils étaient et privés de lait. Regardez ces femmes ! elles n'ont que la peau sur les os. Pas une d'entre elles qui soit capable d'allaiter... Alors je vous le demande, monsieur, que comptez-vous faire ?

M. de Bienville se gratta le menton. Ce grief ne lui était pas inconnu et il n'ignorait pas que les arguments qu'il pourrait lui opposer étaient de peu de poids.

— Nous sommes tous logés à la même enseigne... bredouilla-t-il, penaud. Nos magasins n'ont pas été approvisionnés depuis des mois. Moi-même je me nourris de ce que les chiens ne voudraient pas. Si vous ne me croyez pas, entrez, fouillez ma maison. Si vous y trouvez de quoi manger, c'est à vous !

Une voix lança du milieu de la foule :

— Monsieur le gouverneur, avez-vous déjà mangé des galettes pétries avec de la farine de gland ?

— J'en mange tous les jours ! C'est une nourriture de goret, mais je dois m'en contenter.

— Nos enfants, eux, n'en veulent pas ! jeta une autre femme. Pas plus que des poissons ou des coquillages. Quant aux serpents et aux alligators, c'est pas des nourritures de chrétiens.

Les hommes étaient moins à plaindre. Sentant venir la disette, la plupart avaient rejoint la forêt pour aller vivre chez les sauvages. Les Canadiens étaient partis les premiers et ils savaient comment s'y prendre pour se faire accepter dans une tribu. Il ne restait que quelques artisans, charpentiers notamment, qui se demandaient s'ils ne seraient pas contraints, eux et leur famille, de se sustenter de sciure de bois. Quant aux soldats, ils n'avaient pas touché leur solde depuis des mois, et devaient se contenter du maigre ordinaire de la garnison.

Même pénurie pour les vêtements : les femmes confectionnaient de quoi vêtir leur famille en taillant des peaux qu'elles achetaient aux Indiens, si bien que peu de chose les distinguait de ces derniers. Par temps chaud, les colons allaient presque nus.

Le fort La Boulaye, qui commandait sans la moindre utilité le delta du Mississippi, avait dû être abandonné, et ce sont des morts vivants que les chaloupes ramenèrent à Mobile. Il en allait de même au fort Maurepas de Biloxi : une poignée de moribonds rongés par la fièvre et la famine quittèrent cette position pour regagner le gros de la colonie.

M. de Sérigny, qui venait de se joindre à son frère, s'écria à son tour pour dominer la rumeur de la foule :

— Nous devons nous armer de patience, attendre dans l'ordre et la discipline le prochain navire. Je suis persuadé qu'on ne nous oublie pas, malgré la guerre qui sévit en Europe.

« Illusion... », songea Bienville. Depuis la mort de son frère à La Havane, la Louisiane semblait oubliée. En Europe la guerre menaçait de durer longtemps, les finances étaient au plus bas si bien que les appels au secours venus des colonies restaient lettre morte.

Le gouverneur avait effectué des démarches auprès des autorités de Pensacola pour qu'elles s'acquittent de leurs dettes passées en subsistances, mais ces malheureux avaient eux-mêmes atteint l'ultime degré de la misère. Pas plus de succès avec le *gobernador* du Mexique.

La Quinquin s'esclaffa. Tournée vers les insurgées, elle leur lança :

— Vous entendez, mes amies ? Nous allons recevoir un navire de vivres...

Elle fit volte-face pour apostropher Sérigny et son frère :

— De qui vous moquez-vous, messieurs ? Cette chanson, vous nous l'avez tant chantée que nous n'y croyons plus !

L'année précédente, l'*Aigle* avait accosté à Port-Dauphin avec un chargement de marchandises diverses, mais sans une once de farine ou de viande, les officiers ayant négocié à leur profit ces produits destinés à Mobile. M. de Bienville avait protesté avec énergie, mais en pure perte.

Quelques mois plus tard, la *Loire* avait débarqué une importante cargaison à l'île Dauphine : des vivres venus des Iles et du matériel à l'intention des artisans et des colons. La plus grande partie des subsistances étaient gâtées et les habitants n'avaient reçu que des fers de haches, des clous, quelques hardes entassées dans des barriques et bonnes à jeter.

En règle générale, les rares denrées que recevait la colonie étaient inconsommables, sauf à les donner aux porcs, mais on n'en avait point...

La mégère poursuivit d'un ton de plus en plus virulent :

- Votre ami le marquis ne semble pas avoir beaucoup pâti de la disette ! Même ses domestiques ont leur content ! Même leur cheval...
- M. de Rémonville... répondit Sérigny. Vous savez bien qu'il nous a quittés il y a un mois.
- Je parierais qu'il a laissé quelques miettes pour son retour ! lança un colon.
- Allons-y voir ! cria une virago.

Une dizaine de femmes prirent place dans des canots et gagnèrent la demeure du « Philosophe » située à quelque distance du fort, sur une éminence dominant la baie de Mobile. Les furies passèrent par-dessus les palissades ou les renversèrent, enfoncèrent la porte, cherchèrent quelque reliquat de nourriture qu'elles ne trouvèrent pas, et pour cause. Elles fouillèrent la terre du jardinet à la recherche de quelque tubercule. Sans les deux officiers qui les accompagnaient, elles auraient mis la demeure à sac ou l'auraient incendiée.

- Il ne nous reste plus, dit la Quinquin, qu'à nous ronger les poings et à attendre un miracle.

Constatant qu'il n'avait plus rien à espérer pour sa subsistance du magasin de l'île, le « Philosophe » avait décidé d'abandonner cette terre inhospitalière, quitte à y revenir si la situation s'améliorait.

Il avait acquis, quelques années auparavant, une plantation de cacaotiers à Saint-Domingue. C'est là qu'il s'était retiré à bord d'un traversier, avec ses domestiques et son cheval, sans oublier ses livres. Il avait ainsi, comme on dit en langage populaire, « tiré son ventre de la misère »...

A quelques jours de cette « insurrection de jupons », selon l'expression de Sérigny, le gouverneur envoya l'unique traversier de la colonie vers l'île de Cuba pour en rapporter de quoi faire patienter son monde. Sur le chemin du retour, à la suite d'une mauvaise manœuvre, l'embarcation heurta un banc de sable à l'entrée du port et sombra corps et bien.

Pour comble de malheur une nouvelle épidémie, propagée par ce qui restait des effectifs ramenés du fort La Boulaye et de Biloxi, gagna la colonie. Le médecin, M. Carré, auquel s'était joint un autre praticien, M. Barrot, ne purent que se croiser les bras, les remèdes que l'on avait commandés à la métropole faisant défaut et la pharmacopée empirique des Indiens se révélant d'une efficacité douteuse contre le mal de Siam.

Une dizaine de colons, des femmes surtout, payèrent leur tribut à cette nouvelle épidémie, et ce qui restait ne valait guère mieux.

Il fallut bientôt agrandir de nouveau le cimetière.

François Picard et son compagnon, le charpentier André-Joseph Pénicaud, de La Rochelle, n'étaient pas des plus à plaindre.

Sentant la famine pointer derrière la disette, François avait préparé son baluchon, enfermé son violon dans un coffret réalisé par Pénicaud, doublé de peau de chevreuil pour résister à la fois à l'humidité et aux chocs. Avec la bénédiction du gouverneur ils avaient tous deux pris la direction de la forêt.

Pénicaud n'était pas un colon ordinaire : il savait lire, écrire, et il écrivait beaucoup s'il lisait peu, faute de livres. Il tenait régulièrement son journal, y consignait les grands et les petits événements de la colonie. Il s'était confectionné une écritoire en bois de cyprès, avec un encrier et des plumes. Rien ne semblait lui échapper. C'était un esprit plein de curiosité et de ressources.

– Toi, avec ton crin-crin, dit-il à son ami, tu n'as rien à craindre pour ton ventre. Tu vas charmer les sauvages et ils n'auront rien à te refuser. Moi, ma méthode, c'est les *galanteries*...

Lorsqu'ils arrivaient dans un village après que leur canot d'écorce eut touché terre, on leur adressait des regards suspicieux : encore de ces ventres creux de Canadiens ou de Français qui venaient demander la becquée !

Le premier soir, sustenté de bouillie de blé d'Inde, d'un quartier de castor ou de chevreuil, François sortait en grand mystère son violon de sa boîte et lançait :

– *Le roi a fait battre tambour !*

Et André-Joseph, qui avait une agréable voix de baryton, entonnait le premier couplet :

> *Le roi a fait battre tambour*
> *Pour voir toutes ces dames*
> *Et la première qu'il a vue*
> *Lui a ravi son âme...*

Stupéfaits mais ravis, les sauvages buvaient la mélodie, assis en rond. Ces fous de Français mettaient comme un charme dans la nuit indienne. Pénicaud leur apprit comment il fallait marquer sa satisfaction : en battant des mains et en criant *bravo!* et *encore!* Ils étaient insatiables. Même le sorcier, personnage ombrageux de nature, participait à la liesse. François finissait par s'endormir sur son instrument et ils en réclamaient encore, fort mécontents s'il renonçait à les satisfaire.

On récompensait les artistes en les gavant de nourriture : maïs, riz sauvage, pémican, *succotash*...

Un soir, André-Joseph dit à son compagnon :

– Sais-tu quel mets de choix on nous a servi ce soir ?

François l'ignorait mais il ne s'était pas fait prier pour en reprendre.

– C'était excellent, répondit-il. Tu devrais demander la recette.

– Inutile. Regarde...

Il fouilla dans le fond de la cabane parmi les reliefs du festin et jeta aux pieds de François une grosse tête de chien.

François s'endormit la tête au ras du sol, dans la fumée du foyer, afin d'éviter les piqûres des maringouins. Les première semaines après son départ, sa concubine indienne, la petite Waka, lui avait beaucoup manqué. Il savait maintenant qu'elle ne reviendrait pas. Un Canadien lui avait donné de ses nouvelles : Waka avait accouché dans sa famille d'un petit bois-brûlé. Il lui restait de cette rupture une amertume qu'il avait cherché à compenser par des liaisons sans lendemain, mais elles le décevaient. L'amour sans amour ne lui semblait qu'un pis-aller.

André-Joseph, quant à lui, se laissait aller sans scrupules à ses *galanteries*.

Sa méthode était infaillible. Il sortait de sa ceinture une flûte à bec, s'asseyait à même le sol, en tailleur, devant la cabane où François, plus chaste que lui, reposait déjà. Pour « chasser le mauvais air », comme il disait, il buvait une gorgée d'eau-de-vie et commençait sa sérénade, malgré les moustiques géants et autres bêtes-à-chandelle qui le harcelaient et l'obligeaient à jouer staccatto les douces ritournelles de France.

Il était rare qu'après quelques mesures il ne vît pas venir à lui les filles et les femmes, les unes dans la fleur de l'adolescence, les autres veuves, toutes disposées à lui céder. Les plus réservées restaient assises sur leurs talons, jouant avec la pointe de leurs nattes, grattant leurs seins et leurs ventres nus ; les plus délurées prenaient place le plus près possible de l'enchanteur, laissaient courir leurs mains et leurs souffles sur sa peau avec des rires aigus comme des plaintes amoureuses. Il se sentait heureux et fier comme le satyre Marsyas au milieu d'une ronde de nymphes.

Il faisait mentalement son choix et, las de jouer *La Péronnelle* ou *Auprès de ma blonde*, il se levait, faisait signe à une ou à plusieurs donzelles de le suivre dans sa cabane. Un nouveau concert vocal débutait dans la nuit imprégnée des odeurs de la sylve et de la fumée.

Le matin, il paraissait transfiguré. Il avalait quelques rasades d'eau-de-vie « pour dissiper le brouillard », une platée de maïs et, les yeux mi-clos, racontait à François ses exploits nocturnes :

– Ah ! François... Non seulement ces filles sont faites à l'antique mais elles sont faciles et vont au-devant de tes désirs. Pas de cotte, de jupes, de jupons, de corsets, de rubans et de boutons à délacer ou à dégrafer. Il suffit de soulever le portillon pour entrer dans le temple d'amour...

Il racontait à François son idylle avec la veuve d'un capitaine du port de La Rochelle. Elle avait la quarantaine opulente, savoureuse, et la gourmandise à fleur de peau, mais il fallait une patience angélique pour venir à bout, après l'interminable préambule de fadaises qu'elle exigeait, de ce monument d'étoffes et d'affûtiaux dont elle se bardait comme une dinde prête à mettre au four. Le laborieux dépouillement achevé il lui arrivait de ne ressentir qu'un seul désir : celui de prendre la porte.

Leur incursion chez les sauvages : Bayagoulas, Thomès, Biloxis et autres, s'accompagnait parfois d'incidents. Ils étaient la plupart du temps occasionnés par les amours de Pénicaud, soit qu'une fille ou une veuve se fût mis en tête de se l'attacher, soit qu'un autre prétendant ou un époux eût pris ombrage des rapports de sa belle avec le séducteur. Dans ces conditions le mieux était de décamper à la faveur de la nuit pour éviter que le vaudeville ne tournât au drame.

Un jour, alors que les deux compères se trouvaient chez les Biloxis, dans les parages du lac Pontchartrain, François fut à l'origine d'une mésaventure.

Le chef, nommé Plume-Rouge, avait décidé d'acquérir l'instrument magique qui le faisait rêver. Il proposa en échange deux peaux de castor, puis trois, puis quatre, y ajouta deux peaux de chevreuil et une de ses filles pour faire bon poids. François demeurait de marbre : autant lui demander de se couper une main. La colère de Plume-Rouge éclata comme une tornade : il se dressa en brandissant son calumet, le brisa, vomit des anathèmes en trépignant.

Pénicaud, ayant vécu quelques mois dans la forêt et s'étant familiarisé avec la langue et les coutumes des Indiens, dit à son compagnon :

— Ce Plume-Rouge est à la fois un mélomane et un atrabilaire dangereux. Le mieux que nous ayons à faire est de tirer notre révérence le plus tôt possible, et discrètement. Pour ce soir, je renonce à mes galanteries. As-tu remarqué que nos hôtes sont en train de préparer un foyer près du poteau ? Si tu veux mon avis, ce n'est pas pour y faire griller un chevreuil.

Ils commençaient à être las de leurs pérégrinations musicales, gastronomiques et amoureuses. Quelques jours après avoir échappé à Plume-Rouge, alors qu'ils naviguaient sur le rivage du lac Borgne, François avoua à son ami :

— Il me tarde de revoir nos compatriotes. Dès notre retour, je choisirai une compagne parmi les filles que M. de Pontchartrain nous a envoyées. La plupart sont des mijaurées déçues de n'avoir pas rencontré le prince charmant, mais il en est d'assez gracieuses. Je ne partage pas ton goût pour les drôlesses indiennes. Il me plaît que l'amour charnel soit assorti de quelque sentiment. J'ai des principes en la matière : la fleurette doit passer avant le fruit, si savoureux soit-il. Va donc courtiser ces faces de harengs saurs ! Elles te riraient au nez...

Malgré les réticences de Pénicaud qui appréciait fort cette existence nomade, les deux amis reprirent le chemin de Mobile. En cours de route, ils prirent soin d'amasser une provision de vivres. Bien leur en prit : ils trouvèrent la colonie dans un état de dénuement total.

Avec quelque chance et des hasards miraculeux ils eussent pu croiser, dans les profondeurs de la sylve et des bayous, une autre compagnie.

Quelques mois après son arrivée à Mobile, Justine s'était mis en tête de susciter l'attention de M. de Rémonville. Elle gardait l'espoir que, séduit par sa faconde et sa majestueuse beauté, il en ferait sa compagne, sinon son épouse.

Elle avait tourné à maintes reprises autour de sa demeure sans se décider, puis, un après-midi où il était plongé dans la lecture d'Horace, la pipe aux lèvres dans son fauteuil à bascule, à l'ombre d'un pin, elle l'avait interpellé. Il s'était arraché de mauvaise grâce à sa lecture et lui avait demandé d'un ton sec ce qu'elle lui voulait.

– Il fait très chaud. Si vous pouviez m'offrir un verre d'eau...

– Rien de plus simple.

Fleurette apporta une cruche d'une eau légère et claire, sans le goût saumâtre qu'avait celle que l'on consommait habituellement. Justine se dit qu'elle pourrait rester des heures à contempler ce quidam ni très séduisant ni très jeune mais qui aurait été d'un charme fou si seulement il avait daigné sourire. S'étant replongé dans sa lecture, il paraissait ignorer sa présence.

– C'est une eau d'excellente qualité, dit-elle. Si j'osais... si j'osais je reviendrais vous en demander de temps à autre...

Elle espérait sans trop y croire qu'il accepterait et même qu'il l'inviterait à visiter sa demeure. S'il s'y était décidé elle l'aurait investi, pensait-elle, « en trois coups de cuiller à pot » pour parler son langage populacier. Il n'en fit rien.

Le lendemain elle renouvela son manège.

Le maître étant parti faire galoper son cheval, c'est la servante qui l'accueillit et lui servit à boire, sans un mot, sans un sourire.

Justine attendit trois jours pour revenir, afin de ne pas paraître marquer trop d'insistance. Elle constata avec amertume que la maison paraissait abandonnée : volets clos, écurie déserte. Le traversier frété par M. de Bienville avait emmené toute la maisonnée à Saint-Domingue.

La nouvelle lui fut confirmée par un sous-officier avec lequel, de temps à autre, elle partageait une couche de fortune et dont elle recevait en retour quelque subsistance.

– Rassure-toi, ma belle, lui dit-il. Il reviendra, *ton vieux*.

– Mon vieux... Tu exagères. C'est vrai qu'il n'est pas

de la première jeunesse, mais il ne manque pas de séduction...

– ... ni de picaillons ! Tu te placerais bien, mais ne te fais pas trop d'illusions : ce marquis semble être du genre exigeant.

A Saint-Domingue, M. de Rémonville s'occupait à faire le compte de ses barils de cacao. De là il repartirait pour la France afin de plaider sa cause à Versailles.

– Sa cause ? demanda Justine. De quoi veux-tu parler ?

– Tu es bien l'une des rares personnes de cette colonie à ignorer que M. le marquis de Rémonville n'est pas seulement un lettré, un philosophe, mais qu'il intrigue dans la politique. Il jouit de certains appuis dans l'entourage du souverain et brigue le titre de gouverneur de la Louisiane, persuadé sans doute qu'il fera mieux que ses prédécesseurs. Bienville n'ignore rien de ces menées, mais il est persuadé qu'elles n'aboutiront pas.

Ayant cuvé sa déception, Justine songea à se trouver un compagnon et à l'épouser. Sur les instances réitérées de Françoise de Boisrenaud, elle se livra à une secrète prospection puis renonça. Elle dit à Charlotte :

– J'ai bien réfléchi : je ne suis pas venue en Louisiane pour être la servante d'un Canadien et torcher le cul des marmots. Je veux me trouver un beau parti et j'y arriverai. Si ce n'est pas un marquis ce sera au moins un capitaine. Pas un de ces merdeux de sergents qui me courent après !

Bien que s'exprimant en termes plus choisis et sans une telle faconde, Charlotte pensait de même. Un sentiment de fierté outragée s'était insurgé en elle lorsqu'on lui avait proposé de faire son choix lors des accordailles. Elle s'était obstinée dans son refus, en dépit des admonestations de leur cerbère en jupons qui, elle-même, repoussait le moment de faire le choix d'un élu. « Elle ne le fera sans doute jamais, pensait Charlotte, car elle est de ces pucelles un peu rances qui ne s'amourachent pas d'un coq de caserne et préfèrent confier au Seigneur leur trop-plein de tendresse et d'amour. »

Lorsque Justine et Charlotte se trouvèrent devant leur buffet vide, elles décidèrent d'un commun accord que c'en était trop. Elles auraient volontiers repris le premier navire pour la France, mais il passait au large de l'île Dauphine moins de bateaux que sur la Seine. D'ailleurs c'eût été rompre leur contrat, ce qui n'était pas sans inconvénients.

— Pourquoi, dit Justine, ne pas imiter les hommes ? Sans cesser d'être à pot et à rôt, nous devrions quitter la colonie.

— Pour aller où ? répondit Charlotte.

— Chez les sauvages, pardi ! Nous nous ferons nourrir gratis en attendant des jours meilleurs. Il n'est pas nécessaire d'aller très loin. Le premier village des Bayagoulas est à deux lieues à peine et ces Indiens ont le sens de l'hospitalité.

— Tu en as de bonnes ! Et que leur donnerons-nous en échange ?

— Ce que nous avons de plus précieux, si tu vois ce que je veux dire.

— Jamais ! s'écria Charlotte. Forniquer avec des sauvages ? Plutôt mourir...

— Eh bien, crève donc ! Le cimetière est plein de femmes qui pensaient comme toi. Je partirai seule, avec le fusil et les balles que mon petit sergent m'offrira en guise de cadeau de rupture. Le bougre me doit bien ça...

Elle prépara son départ en chantonnant, sans quitter sa compagne du coin de l'œil, persuadée qu'au moment de la séparation elle se déciderait à la suivre. Charlotte considéra d'un œil morne la table où subsistaient les reliefs de leurs dernières agapes : un os d'alligator et des coquilles vides.

— Eh bien ! dit joyeusement Justine, adieu, ma jolie ! Veille bien sur ton pucelage et tâche de survivre. Il paraît que la bouillie de glands est excellente pour la santé...

— Attends ! s'écria Charlotte. J'ai réfléchi. Je te suis.

Cette décision de dernière heure n'allait pas sans précaution : Charlotte décida de se déguiser en homme. La Quinquin lui dégota un uniforme de soldat mort, dans lequel elle flottait, ce qui avait l'avantage de dissimuler ses formes à la concupiscence des sauvages.

— Autre précaution indispensable, dit Justine : je vais couper tes cheveux. C'est le premier détail que les Indiens remarqueraient. Tu ne tiens pas, je suppose, à voir ton scalp attaché à un poteau de torture ?

Elles partirent à pied, dans la grande chaleur de la

matinée. Justine allait devant, sifflotant et chantonnant pour se donner de l'allant, le fusil à l'épaule, un sabre d'abattage importé des Iles au côté pour se défendre des serpents.

Le sergent de Justine leur avait dressé une carte sommaire qui leur permettrait d'atteindre, en remontant la rivière Alabama, le premier village bayagoula. Elles se trompèrent de chemin, traversèrent des bayous avec de l'eau jusqu'au ventre, échappèrent aux reptiles qui fuyaient devant elles avec des grâces de rubans, aux alligators échoués sur les berges comme des troncs d'arbres morts. La nuit venue elles s'installèrent sur un coin de prairie, entre des buissons d'épineux, à la lisière d'une futaie de chênes.

Lorsque Charlotte s'éveilla, dans le petit matin glacé envahi par les brumes des marais, elle constata que Justine était déjà en train de consulter la carte.

— Nous nous sommes égarées, dit-elle. Il va falloir retourner sur nos pas jusqu'à l'énorme cyprès mentionné là, retrouver la rivière et la suivre durant une lieue environ. Si cette carte est exacte nous devrions nous retrouver à la mi-journée chez nos sauvages. En route !

Depuis la tranche d'alligator et les huîtres de leur dernier dîner elles n'avaient rien trouvé à se mettre sous la dent. Elles se remirent en route avec des crampes dans l'estomac et les jambes. Elles découvrirent le fameux cyprès, un monument végétal à moitié enfoui sous la mousse espagnole qui lui donnait un aspect funèbre. La rivière coulait non loin de là.

— Si nous avions pu disposer d'un canot, soupira Justine, nous aurions déjà touché au but.

Charlotte suivait sa compagne machinalement, les jambes douloureuses, les reins moulus, la tête sonore d'un carillon qui n'était pas celui d'une fête. Pour comble de malchance, elle venait de constater qu'elle avait ses règles.

— Ce n'est pas un inconvénient, au contraire, lui dit Justine. Les sauvages te ficheront la paix au moins pendant quelques jours et tu pourras dormir tranquille. Mon petit sergent m'a affirmé qu'ils évitent les femmes enceintes et celles qui ont leurs périodes.

Le pays riverain de l'Alabama qu'elles traversaient rappelait l'Ile-de-France : prairies de hautes herbes où paissaient des troupeaux de cerfs et de chevreuils, boqueteaux clairsemés d'ormes et de chênes géants, jolis mouvements de collines sous un poudroiement de soleil généreux.

Le premier Indien qu'elles rencontrèrent pagayait paisiblement sur la rivière, beau comme un dieu égyptien, son torse nu constellé d'amulettes et de colliers. Il semblait suspendu au-dessus d'un bouquet de nuages. Elles lui firent signe ; il les rejoignit dans une crique et les invita à monter dans son esquif.

C'est le chef qui les accueillit. Il parut surpris de voir une femme blanche venir rôder dans ces parages en compagnie d'un militaire qui semblait un adolescent. Il leur fit comprendre que des visages pâles étaient déjà passés à plusieurs reprises, qu'on les avait hébergés et nourris pendant plusieurs jours avant qu'ils ne repartent vers d'autres villages, plus au nord, pour y trouver leur subsistance. Tout cela par gestes, avec accompagnement d'une voix qui rappelait, par son volume et ses intonations, celle des bateleurs du Pont-Neuf.

Elles restèrent là trois jours sans essuyer la moindre tentative inconvenante, mangeant à satiété, assistant aux palabres et s'y endormant, aidant les Indiennes à piler le maïs, à préparer la nourriture et le feu, suivant même leurs hôtes à la chasse.

– Voilà ce qu'on pourrait appeler du bon temps ! plaisantait Justine. Pourtant...

Pourtant elle ne se sentait pas dans les meilleures dispositions. Était-ce la fatigue, le changement de mode de vie, la nourriture abondante mais souvent suspecte, les piqûres des maringouins ou le tabac qu'elle fumait pour complaire au chef ? Elle avoua à Charlotte qu'elle se sentait *patraque*.

Un matin, elle renonça à se lever. La fièvre bourdonnait à ses oreilles, son corps se couvrait de sueurs fétides et de rougeurs inquiétantes. Si prolixe d'ordinaire, elle gardait le silence, sauf pour réclamer à boire : une soif intense lui brûlait la gorge.

– Je vais demander au sorcier de venir, dit Charlotte. A ce qu'on dit, ces sauvages sont pleins de ressources pour guérir leurs malades.

Le chef se présenta dans leur cabane un moment plus tard, accompagné d'une sorte d'épouvantail mataché de couleurs violentes, emplumé comme un dindon et aussi remuant. Il parcourut de l'œil la cabane, sans doute pour évaluer les présents qu'on avait accoutumé de lui offrir pour s'assurer ses bons offices. Ne trouvant rien qui pût lui convenir il se retira en bougonnant. Le chef le rappela, lui administra une semonce interminable et le ramena auprès de la malade.

Le sorcier fit le tour du grabat en agitant ses chichikoués au-dessus de Justine et autour d'elle, conjurant les esprits de répondre à ses invocations. Sans cesser de hurler et de chanter il dénuda Justine jusqu'à la taille, répandit sur le corps fiévreux les poudres contenues dans les petits sachets de cuir qu'il portait au cou; il en délaya dans de l'eau et la lui fit boire, s'en emplit la bouche et la pulvérisa à grandes bouffées sur la patiente. Après quelques instants de silence et de méditation il fut pris d'un tremblement de tous ses membres, comme un possédé, poussa un cri inhumain et, se précipitant sur la malheureuse, la mordit férocement au flanc. Elle ajouta son cri au sien et tourna vers Charlotte, pétrifiée, un regard suppliant.

Quand l'épouvantail se fut retiré, Charlotte demanda à sa compagne comment elle se sentait.

– J'ai mal... soupira Justine. Partout... Si ce diable revient, mets-le dehors !

Le lendemain un groupe d'Indiens entreprit de construire derrière la cabane un singulier édifice. Après avoir creusé le sol avec une omoplate de bison, ils dressèrent au-dessus de la fosse quatre piquets qu'ils recouvrirent de vieilles fourrures de castor et de peaux de chevreuil. Charlotte frémit en se disant qu'ils étaient sûrement occupés à préparer la tombe de son amie.

– Qu'est-ce qu'ils sont en train de faire, là, derrière ? demanda Justine.

– J'aimerais le savoir, se contenta de répondre Charlotte.

Elle sortit pour assister au dernier stade de la construction. Les sauvages avaient tapissé le fond de la fosse d'écorce de bouleau et déposaient de grosses pierres sur un foyer, jusqu'à les porter au rouge.

« Cette fois-ci, songea Charlotte, plus de doute : ils vont la faire griller... » Elle s'abîma dans une prière, invoquant le secours du Seigneur et de tous les saints qui lui étaient familiers afin qu'ils évitent ce supplice à l'infortunée.

Lorsque les sauvages, en s'aidant de branches comme de pinces, eurent disposé les pierres incandescentes dans la fosse, de part et d'autre du lit d'écorces, le sorcier reparut, dansant, chantant, agitant ses chichikoués. A un geste qu'il fit, deux robustes Bayagoulas se présentèrent pour arracher la malade à sa couche.

Charlotte saisit son fusil, le pointa vers eux en criant :
– Arrière ! Touchez-la et je vous troue la peau !

Il fallut tout le pouvoir de conviction du chef pour la dissuader d'en venir à cette extrémité. Avec des gestes rassurants, des intonations de voix lénifiantes il tenta de faire comprendre au « petit soldat » qu'il s'agissait simplement de guérir la malade en lui enlevant le mal du corps. Il arracha d'un geste vif le fusil des mains de Charlotte, le rangea puis fit signe à ses hommes de dévêtir la patiente et d'accomplir leur office.

– Où m'emmènent-ils ? gémit Justine. Ne me laisse pas. Ils vont me tuer !
– Ils veulent simplement te guérir à leur manière. Tu ne souffriras pas trop.

Les Indiens déposèrent la malade au creux de la fosse, entre deux rangées de pierres rougeoyantes. Elle se débattit, hurla, disant qu'on allait la faire griller, injuria Charlotte qui, agenouillée au bord de la fosse, se voilait la face de ses mains. Elle hurla de plus belle lorsque les Indiens recouvrirent le four incandescent avec les voiles de peau qu'ils soulevaient de temps à autre pour arroser les pierres et jeter sur elles des tiges de tabac sec dont l'odeur se répandit alentour.

Justine devait avoir perdu connaissance car elle avait cessé de crier et de se démener. Tout le temps que dura le traitement, Charlotte resta au bord de la fosse, gémissant, priant, et faisant des signes de croix. Environ une heure plus tard, on découvrit le four qui libéra une bouffée odorante de vapeur.

Non sans efforts, les Indiens entreprirent d'extraire la patiente de sa couche inconfortable. Justine n'avait plus apparence humaine : la couleur de sa peau avait viré au rose vif de l'écrevisse ébouillantée et la sueur lui donnait le brillant de la laque. Au pas de course les Indiens la portèrent jusqu'à la rivière où ils la plongèrent sans ménagement. Elle suffoqua, se débattit, hurla sous les rires et les quolibets de ses tortionnaires qu'elle se mit à injurier copieusement, avec un vocabulaire emprunté aux bouges de Paris.

– Merci, mon Dieu... soupira Charlotte. Elle est sauvée !

Le chef des Bayagoulas avait fait comprendre aux deux Françaises que le sorcier attendait sa récompense et qu'il se contenterait du fusil et des munitions. Justine refusa avec vigueur : cette arme lui était nécessaire.

– Charlotte, dit-elle, cette breloque que tu portes au cou, tu y tiens beaucoup ?

La directrice de l'institution où elle apprenait son futur métier de ménagère lui avait offert ce cadeau à l'occasion de son départ. Elle y tenait vraiment ; c'était son porte-bonheur. Justine insista pour qu'elle s'en séparât au profit de l'épouvantail. Elle accepta à contre-cœur ; elle n'avait rien d'autre, pas plus que Justine, à offrir à celui qui avait accompli ce miracle.

– Nous avons bien fait de refuser de nous séparer de notre fusil, dit Justine. Réflexion faite, il nous sera plus utile que je ne pensais. Pas pour nous défendre : nous l'échangerons contre de la nourriture.

– Bonne idée ! dit Charlottte. Le bon temps est terminé. Ces sauvages t'ont sauvée et nous leur devons beaucoup de gratitude, mais plus tôt nous les quitterons mieux ça vaudra. Il me tarde de retrouver notre cabane de Mobile. Peut-être un navire sera-t-il arrivé en notre absence...

L'échange du fusil contre des vivres ne se fit pas sans marchandage. Il fallut fumer le calumet, subir une palabre avant que le chef intimât à ses femmes l'ordre d'apporter trois outres de blé d'Inde et de riz sauvage, ainsi que des quartiers de viande boucanée enfilés sur une liane. Le chef, généreusement, y ajouta un sachet de tabac. Il souhaitait de même négocier, contre des colliers de coquillages, ces *wampums* qui servaient à transmettre des messages de tribu à tribu, le sabre d'abattage, mais elles refusèrent : c'était la seule arme qui leur restât.

Elles obtinrent gracieusement qu'un canot et un pilote fussent mis à leur disposition pour retourner sur la côte.

Le lendemain, à l'aube, leur canot chargé à ras bord, elles reprenaient la direction de Mobile par la rivière Alabama.

LES SURPRISES DE LA FORÊT

M. de Bienville a refusé de se séparer de la main de cuivre que le chevalier Henri de Tonty lui a confiée avant sa mort, comme une relique, en lui demandant de la garder toujours auprès de lui. Elle est là, sur son bureau, immobile tel un gros insecte ; elle ne le quitte plus.

Ce n'est pas une main articulée comme peuvent en réaliser des fabricants d'automates, mais un simple crochet métallique rendu lisse et terni par l'usage. Lorsque Tonty tirait un gibier – et avec une adresse surprenante – cette main servait à tenir l'arme épaulée, tandis que la main valide pressait la détente. Un miracle d'équilibre.

Cet objet, avec quelques hardes, est tout ce qui lui reste de ce vieux compagnon. Tout ce que cet aventurier avait pu amasser durant une existence passée à rayonner dans les espaces vierges de la Louisiane tenait dans les deux besaces dont les lanières se croisaient sur sa forte poitrine.

« Pourquoi, se demande parfois le gouverneur, ne m'a-t-il pas enseigné, lui qui avait une profonde expérience de la nature humaine, à me désintéresser des vanités et du goût du profit, à ne vivre que dans l'instant qui passe, à ne me nourrir que de l'air du temps ? »

Bienville, contrairement au dire de certains, n'a jamais mis l'esprit de lucre en balance avec sa conscience de grand commis de la nation et cette obsession qui le tient depuis son enfance sur les rives du Saint-Laurent : le goût de l'aventure. S'il s'est, comme tous ses semblables, livré à certains trafics clandestins, si certaines manœuvres de prévarication lui sont imputables, c'est que le royaume se désintéresse de son sort et de ceux qu'il a le devoir de secourir. Sans vivres, sans solde depuis des mois, voire des années, doit-il se laisser mourir de faim et de dénuement et, ainsi, trahir sa mission ?

Ce cas de conscience, qui revient de temps à autre le harceler, ne résiste pas longtemps à la pression des nécessités. *Primum vivere...*

Ces nécessités, pour l'heure, sont tragiques. Il est ancré à Mobile comme Christophe Colomb et ses caravelles dans les algues de la mer des Sargasses, dans l'attente de la tempête qui bouleversera l'ordre des choses.

C'est encore et toujours au souvenir de Tonty qu'il revient. Il aurait aimé le garder plus longtemps près de lui, recevoir de cet homme d'expérience les qualités qui lui manquent : sagesse, rapidité de jugement, esprit de décision.

Il a été surpris de l'entendre lui dire peu avant sa mort :

– Mon garçon, vous êtes embarqué sur un méchant navire. Les gens de Versailles se moquent de vous, les religieux inondent la France de sornettes et les marchands n'attendent que des bénéfices et vous abandonneront s'il ne s'en présente pas. Moi, à votre place, je démissionnerais pour revenir en Europe mais, avant de partir, je foutrais le feu à ces baraques !

« Tonty avait raison », songe Bienville à ses heures de découragement.

Dans cette agitation qui possède la petite colonie, l'espoir n'est plus qu'une étincelle fragile. Après le fort La Boulaye et Biloxi, Mobile et l'île Dauphine s'enlisent dans un marécage de misère et de turpitudes. Que reste-t-il des perspectives ouvertes par les premiers pionniers ? Quelques mauvaises redoutes perdues dans les immensités de l'intérieur, des résidus de la présence française accrochés comme des nids délabrés aux branches du Grand Fleuve, à la merci des caprices des sauvages.

Ce matin un lieutenant est venu au rapport, la mine longue sous le bonnet de fourrure, débraillé, la pipe aux lèvres. Il a jeté d'un geste insolent l'état de la garnison sur la table du gouverneur.

- Que faites-vous de la discipline, Garnier ? Depuis quand ne salue-t-on plus au rapport ?

Le sergent a rectifié sa position, rangé sa pipe dans sa poche et salué.

- Manquent huit hommes, Excellence.

M. de Bienville a secoué la tête et soupiré. Les effectifs auraient dû comporter deux compagnies de cinquante hommes chacune ; elles ne pourraient en aligner quarante à elles deux. On ne sonnera pas le rassemblement aujourd'hui. A quoi bon étaler cette misère ? Le tiers des hommes souffrent de dysenterie ; un autre tiers a déserté ou vit chez les sauvages.

Pourquoi les gens des Carolines et de la Virginie n'ont-ils pas encore pris, à la faveur de la guerre en Europe, la décision d'attaquer Mobile ? M. de Bienville en vient à souhaiter cette agression : elle donnerait un sursaut à la communauté, le sentiment d'avoir des biens et des valeurs à défendre. Tout plutôt que cette lente consomption.

Mobile... L'île Dauphine... Deux vastes cimetières qui exhalent des brumes méphitiques. La misère a engendré aigreurs, jalousies, colères. Des clans agitent la communauté et risquent d'accélérer son dépérissement.

Bienville se sent seul et dépossédé de son pouvoir. Dugué de Boisbriant ? Malade. Son frère Châteauguay ? Occupé à négocier au Mexique la vente de nègres de Saint-Domingue contre des subsistances. Sérigny ? Parti pour les Iles veiller à l'embarquement en direction de La Rochelle des produits de ses plantations. Tel officier en mission chez les Natchez, tel autre posté sur la Tombigbee pour surveiller les Alibamons. Seul avec les quelques Canadiens qu'il n'a pas licenciés. Seul...

La situation sanitaire s'aggrave de jour en jour. On peut encore compter sur le chirurgien en chef, M. Carré, mais son inexpérience des maladies indigènes et son indolence naturelle font qu'il n'est pas d'un grand secours. Son adjoint, Barrot, ne vaut guère mieux ; de plus, il s'est acoquiné avec la sage-femme, la Quinquin, et passe plus de temps à s'enivrer et à lui faire l'amour qu'à visiter ses malades.

La situation religieuse n'est pas plus brillante. Sous l'œil navré des Sœurs grises récemment débarquées, un conflit a éclaté entre les jésuites, les récollets et les messieurs des Missions étrangères : ils se disputent leurs ouailles comme s'il s'agissait d'un troupeau, sans que le père de La Vente, curé de la paroisse de Mobile, parvienne à les calmer.

Aussi redoutables sont les tempêtes qui sévissent dans l'administration de la colonie.

Nicolas de La Salle, commissaire-ordonnateur, qui détient les clés du « trésor », se plaint que le gouverneur mette de la mauvaise volonté à lui communiquer les comptes, ce qui transforme ce Jérémie en procurateur. Un personnage sournois, inquiétant : il vit avec trois Indiennes qui tiennent sa maison et son jardin. L'essentiel de son temps passe à la rédaction de rapports et de mémoires à l'intention des ministres. Il les assaisonne volontiers de vinaigre.

M. de Bienville a intercepté une de ces philippiques. « *MM. d'Iberville, de Bienville et de Châteauguay sont coupables de toutes les espèces de méfaits. Ce sont des voleurs, des fripons qui dilapident les effets de Sa Majesté. Notre médecin, M. Barrot, est leur complice : il vend à son bénéfice, dans son officine, les potions du roi...* » Il dénonce de même M. de La Vente qui « *tient boutique dans sa sacristie comme un Juif arabe et abuse de ses paroissiennes...* ».

Le 1ᵉʳ janvier 1707 fut sinistre comme une veille des Cendres.

On sacrifia les dernières volailles, on mit en perce les derniers tonnelets, on collecta chez les sauvages de quoi faire chaudière. Accompagné à la flûte par son compère Pénicaud, François Picard fit danser son monde jusqu'aux aurores.

Le marasme allait retomber sur la colonie lorsque le canon tonna au large de l'île Dauphine. Certains, croyant à une agression anglaise, sautèrent sur les fusils et apprêtèrent les canons. Ce n'était qu'une petite unité de la Marine royale, une balandre qui apportait une cargaison de vivres envoyée par Sérigny.

Un mois plus tard, autre surprise heureuse : l'arrivée d'une vieille connaissance : la *Renommée*.

L'alacrité retomba aussi brutalement qu'elle avait éclaté : la plupart des denrées étaient gâtées par un trop long séjour en mer ; de plus, ce navire apportait de mauvaises nouvelles et un personnage qui se présenta avec le titre d'inspecteur : Jean-Martin Diron d'Artaguette.

On lui réserva l'appartement le plus confortable. Il s'y enferma avec son secrétaire et frère, géant souriant et débonnaire, M. d'Itourlande, qui faisait office de factotum. Une mine avantageuse faisait oublier sa taille médiocre. Il avait la réputation d'un bel esprit doublé d'un commis compétent. A Versailles, on le disait modeste et *charmant*. Le lendemain de son installation il rendit visite au gouverneur après un bref examen de la situation.

— Ma mission, dit-il, consiste à effectuer un rapport sur l'état des troupes. Où sont-elles ? En manœuvre, sans doute. Un autre rapport sera consacré à la situation générale de votre établissement. Hum... Il y aura beaucoup à en dire, et pas du meilleur. Un mot pourrait résumer la situation : le *désordre*.

Le gouverneur ne se laissa pas désarmer par ce sermon.

— Votre surprise, dit-il, ne laisse pas de me surprendre. Eh quoi ! Notre situation est bien connue à Versailles. On nous abreuve de promesses. Nous en attendons toujours les effets.

— Je pourrais vous répondre par le dicton bien connu : « Aide-toi, le Ciel t'aidera », mais je ne vous ferai pas l'injure de croire que vous êtes resté bras croisés. Pourtant, avez-vous fait tout ce qui était nécessaire pour permettre à cette colonie de se développer ? Je dis bien *tout* ! Sa Majesté en doute et je ne suis pas loin de partager cet avis. D'ailleurs, elle a décidé de vous remplacer. Nous avons embarqué avec votre successeur, mais voilà : il est mort à La Havane. En revanche, je suis chargé de veiller au rapatriement de votre commissaire, M. de La Salle, dont je prends la suite.

Il invita le gouverneur à s'asseoir, fit de même à sa table de travail, feuilleta les liasses que lui tendait son secrétaire et ajusta ses besicles sur son nez rond et petit.

— Voici, dit-il, les copies des mémoires adressés contre vous et M. de La Vente par La Salle. Ils sont virulents et sûrement mensongers, du moins en grande partie. L'ennui c'est que, par votre silence, vous semblez plaider coupable.

— Et que me reproche-t-on ?

— Ces messieurs de Versailles ont beaucoup d'estime pour votre famille, et pour vous en particulier. Ils apprécient votre connaissance de l'Amérique, des

mœurs et coutumes des sauvages, l'humanité dont vous faites preuve envers ces derniers. En revanche...
— En revanche ?

D'Artaguette joignit ses mains sous son cou, le visage soudain assombri.

— On vous accuse de prévarication.
— Comment ose-t-on ? s'écria Bienville.
— Restez calme. Je cherche quant à moi à comprendre, sans vous accuser a priori.

Bienville se leva, rouge d'émotion, et lança :

— Cette accusation porte atteinte à mon honneur ! J'aimerais partir avec la *Renommée* pour m'expliquer auprès du ministre. Si je me suis livré pour mon compte à quelques transactions c'est que, sans cela, je serais mort dans le plus complet dénuement.

— Veuillez vous rasseoir ! s'écria l'inspecteur. J'ai examiné les comptes depuis mon arrivée. Ils fourmillent d'incohérences, d'irrégularités, mais je n'y ai rien relevé de pendable. Ce sont des comptes d'*épicerie*. On n'y voit aucune entreprise commerciale de taille, aucun grand projet. Cette colonie vivote, monsieur. Il vous manque le feu sacré qui habitait votre frère Iberville...

— ... et les moyens ! intervint Bienville. Les moyens, monsieur ! Des nègres, des bœufs, des charrues...

M. d'Artaguette l'interrompit d'un geste sec.

— Vous aurez tout cela, je m'en porte garant, mais c'est autre chose qu'il vous faut. Votre installation à Biloxi était une erreur. Déménager pour Mobile a été une faute. Il me semble qu'il y a suffisamment d'espace ailleurs.

— Dans l'intérieur, certes, mais pas sur la côte. Et déserter la zone côtière c'est nous exposer aux incursions des Anglais et des Espagnols. D'ailleurs, avons-nous les moyens d'effectuer un tel déménagement ?

— Nous nous efforcerons de les trouver. En procédant par étapes nous y parviendrons. Dans les jours qui viennent nous étudierons sérieusement ce problème. Il conditionne l'existence de la colonie.

Il prit congé du gouverneur et lui dit en le prenant par le bras :

— Monsieur le gouverneur, j'aime votre franchise et, malgré tout ce que l'on dit, votre intégrité. Venez donc souper avec moi ce soir...

L'atmosphère de la colonie s'était rassérénée depuis la retraite de La Salle et l'arrivée de d'Artaguette. Plus question d' « insurrection de jupons », moins de désertions, une fallacieuse paix religieuse... Par sa rigueur alliée à un certain entregent, l'inspecteur avait apaisé les esprits et redonné confiance.

Son premier soin fut de veiller au ravitaillement de Mobile. Il envoya une balandre à Saint-Domingue et aux Antilles, au nom du roi; elle revint chargée à ras bord de subsistances; les magasins se garnirent de marchandises et chacun mangea à sa faim.

Il n'avait pas perdu de vue ce qu'il appelait sa *grande idée* : l'implantation d'un nouvel établissement en amont du delta. Il envoya un petit contingent de colons et de Canadiens à la découverte. A Mobile et à l'île Dauphine il mit chacun au travail pour renforcer les défenses du fort, améliorer l'accostage par de nouveaux débarcadères, achever la construction de l'hôpital et de la chapelle. Doué d'ubiquité, il était présent sur tous les chantiers, accompagné de son frère, secrétaire et garde du corps, le géant Itourlande.

C'est le fort Saint-Louis de Mobile qui sollicitait ses soins les plus vigilants. Avec les qualités d'un véritable ingénieur il avait complété les défenses en doublant les palissades, en établissant des retranchements et une barbacane, en érigeant dans les parages, jusqu'à l'embouchure de la Mobile, des fortins auxquels les sauvages se heurteraient en cas d'attaque.

Sage précaution, inspirée d'ailleurs par le gouverneur : les Alibamons venaient de déterrer la hache de guerre.

Encadrés par des officiers des Carolines, ils s'abattirent par centaines sur les paisibles villages des Thomès et des Mobiliens, massacrant les hommes, emmenant femmes et enfants pour les revendre aux Anglais.

– Ce crime ne doit pas rester impuni ! décréta M. d'Artaguette. Nous devons mobiliser tous les hommes valides, lancer une expédition punitive et faire en sorte qu'ils y réfléchissent à deux fois avant de renouveler ce genre d'exploit.

Bienville partit avec une escorte d'une cinquantaine de soldats, d'une dizaine de jeunes colons et d'autant de Canadiens conduits par Cheveux-Rouges. Triste spectacle ! Alors qu'ils traversaient les contrées habitées par les Thomès et les Mobiliens, ils rencontraient fréquemment des villages déserts, incendiés, où erraient des bêtes sauvages. L'odeur de la mort et du feu régnait sur ces solitudes.

Retrouver la trace des assaillants fut facilité par la connaissance que Cheveux-Rouges avait de cette contrée et par les amoncellements de cadavres qu'ils découvraient de place en place.

Une semaine après leur départ ils tombèrent sur un premier campement d'Alibamons et déclenchèrent une attaque foudroyante. Ivres d'alcool anglais et de carnage, les Indiens se défendirent malaisément, si bien que l'engagement tourna au massacre. On rendit leur liberté à la plupart des prisonniers. Bienville aurait aimé mettre la main sur les Anglais mais, leur coup fait, ils avaient depuis des jours pris la clé des champs.

Avant de le faire exécuter, Bienville s'enquit auprès d'un chef alibamon de l'endroit où se trouvait le « petit Saint-Michel » : il avait rejoint les villages du Nord, non loin des territoires de chasse des Indiens Creeks.

M. d'Artaguette accueillit M. de Bienville comme Miltiade au retour de sa victoire de Marathon contre Darios le Grand.

– Vous nous avez débarrassés de cette vermine! dit-il. Dieu soit loué! Nous allons enfin connaître la paix.

– Cela n'est pas certain, dit le gouverneur.

Il avait rencontré sur le retour un trimbaleux canadien qui s'était fait l'écho d'une nouvelle inquiétante : une trentaine d'Anglais s'étaient installés sur le territoire des Alibamons pour battre le rappel des guerriers et foncer sur Mobile.

– Notre démonstration de force, dit le gouverneur, a impressionné ces sauvages. Elle ne les a pas désarmés. Pour cela, il eût fallu une armée et des mois de campagne.

Soit que les inondations suscitées par les orages de l'été eussent contrarié leur projet, soit qu'ils eussent reçu des consignes de prudence de la part de leurs alliés des Carolines, soit que leur Grand Soleil eût reçu un avertissement au cours d'un rêve, les Alibamons enterrèrent la hache de guerre.

Au début de septembre, une explosion de joie secoua Mobile. On venait d'apercevoir, au large de l'île Dauphine, un navire battant pavillon français.

Il fallut vite déchanter : ce n'était qu'un flibustier de la Jamaïque. Après une vigoureuse canonnade les brigands envahirent l'île, l'arme au poing, s'emparèrent des marchandises du magasin et des armes contenues dans le fort qui, défendu par une dizaine de pauvres bougres et de canons dépourvus de munitions, dut ouvrir ses portes.

Au milieu des habitants et des soldats terrorisés, les flibustiers firent bombance, abusèrent des femmes indiennes et ne repartirent pas les mains vides : ils avaient trouvé dans le magasin, outre des vivres et des ballots de fourrure, et un pactole : un coffe de piastres provenant du commerce avec les Espagnols.

Lorsque les gens de Mobile arrivèrent sur place, plus trace des brigands : ils avaient déjà repris la mer.

– Décidément, soupirait M. d'Artaguette, il est écrit que cette malheureuse colonie ne connaîtra jamais la paix.

Cet événement renforçait sa décision de chercher ailleurs un lieu d'implantation moins exposé et plus favorable. Le détachement qu'il avait envoyé dans l'intérieur lui expédiait des rapports pessimistes. Un nouvel établissement entre le delta et Bâton Rouge était aléatoire : ce n'était partout que marécages, bayous, taillis impénétrables et faune dangereuse. Tout au plus pourrait-on y installer des postes de traite.

M. d'Artaguette ne désarmait pas.

– Je me rendrai moi-même sur les lieux ! dit-il. Je veux en avoir le cœur net. La capitale de la Louisiane ne sera jamais ce cul-de-sac de Mobile. Elle se situera en amont du delta, sur le Mississippi.

Il se prenait à rêver.

Le « charme de la Louisiane » opérait en lui insensiblement, ce dont il convenait volontiers, disant que, si cette contrée était une femme, il en serait amoureux.

« Drôle de bonhomme... », songeait Bienville. Les difficultés quotidiennes auxquelles il se heurtait, l'effondrement progressif de ses espérances, les déceptions qui s'accumulaient autour de lui semblaient stimuler son énergie. Enfoncé dans ses problèmes il rebondissait comme une balle.

Il se confiait volontiers au gouverneur dont il s'était fait un ami, disant :

– Je prenais pour de dangereux illuminés ces Louisianais venus quémander à Versailles des marques d'intérêt pour ce pays. Je songeais même qu'il eût été raisonnable de renoncer. J'avais tort. Et voilà que je cède au charme... Sait-on jamais, mon ami, ce qui vous attire dans une femme plus que dans une autre ? J'ignore la nature du philtre magique qui agit sur moi. Quel nom lui donner ?

— Il porte deux noms : l'aventure et la Louisiane.
— La Louisiane... répondit en écho l'inspecteur.

Ce nom fondait dans sa bouche comme de la pâte d'amandes.

NOËL SUR LA GRÈVE

Aux approches de Noël de l'an 1709, d'Artaguette procéda à un bilan des ressources alimentaires et en tira une conclusion pessimiste : si la Providence n'y mettait pas la main la fête serait sinistre et le réveillon spartiate, la dinde traditionnelle relevant du mirage. Même à prix d'or on n'eût pas trouvé la moindre volaille à mettre à la broche. Les familles de colons, si elles détenaient des richesses de ce genre, les abritaient dans des caches de la convoitise des maraudeurs.

L'inspecteur pria son frère Itourlande, qui avait vécu quelques mois à Saint-Domingue la vie des flibustiers, de lui trouver une tortue de mer.

— Pas facile en cette saison, dit le colosse. Je vais malgré tout me mettre en campagne.

Avec quelques hommes qui avaient l'habitude de la pêche il embarqua dans une chaloupe, se rendit à l'île Dauphine et de là s'en fut prospecter les fonds entre la pointe Guillery et la pointe Loucot, à l'entrée du chenal menant au port. La chance voulut qu'après quelques jours de traque incessante il parvînt à capturer sur une langue de sable deux chélonidées de belle taille.

— Mon cher Jean-Baptiste, dit joyeusement d'Artaguette, je vous invite, pour le soir de Noël, à un festin. Avez-vous jamais dégusté de la tortue ? Non ? Alors, vous allez vous régaler.

Itourlande était passé maître dans la préparation de ce mets de flibustier, qu'on appelle aussi boucan de tortue. L'inspecteur et le gouverneur assistèrent à la préparation, en plein air, sur une grève déserte, à peu de distance du fort Saint-Louis, à la tombée de la nuit.

Le secrétaire, passé cuisinier, retourna sur le dos la plus grosse de ces tortues, plongea son sabre d'abattage dans le flanc de la bête, sans la détacher de son plastron ni lui couper la tête et les pattes. Il convenait de pratiquer un pertuis pour extraire tous les *dedans*.

– Maintenant, dit-il, je vais lever le plastron de sa petite sœur.

Il opéra avec la même dextérité, retira de la carapace la chair, les entrailles et une graisse verte qu'il mêla à ce qu'il avait extrait de la première.

– Pour préparer ce plat dans les règles de la flibuste, dit-il, il faudrait des œufs durs. Nous nous en passerons. Fort heureusement, nous disposons d'autres ingrédients : herbes, épices, citrons de Saint-Domingue... N'oublions pas le piment de Cuba. Indispensable...

Il versa les organes dans une marmite, touilla longuement avec un faisceau de cannes et enfourna le hachis dans le ventre de la grosse tortue. Il recousit l'ouverture et la recouvrit de terre grasse.

Tandis qu'il procédait à ces opérations délicates, deux officiers invités à participer à ces agapes avaient creusé un trou dans le sol, y avaient entassé du bois sur quatre pieds de profondeur et fait un feu qu'ils laissèrent brûler jusqu'à ce qu'il ne fût plus qu'un lit de braises. Après que l'on eut retiré les charbons la grande tortue fut couchée dans sa tombe, sur le dos.

– Et maintenant, dit Itourlande, il faut patienter. La cuisson sera longue. Lorsque le Christ sera sur le point de naître la tortue sera cuite...

– J'ai tout prévu, ajouta d'Artaguette, pour que cette attente soit le plus agréable possible. Que diriez-vous, mon cher Jean-Baptiste, de quelques rasades de mon rhum favori ? J'en ai conservé un tonnelet pour la circonstance. Il nous réjouira le cœur en cette veillée solennelle. Il est là, sous cette jonchée de feuilles. A vous l'honneur de le mettre en perce et d'en boire la première rasade.

Bienville s'exécuta de bonne grâce.

Il faisait un temps doux et calme. L'immense baie s'endormait sous une couette de nuages couleur de lilas et de roses. On ne distinguait que par un trait de plume la rive opposée.

D'Artaguette songeait à son dernier Noël en France, dans un Paris encombré de voitures et de passants en goguette, à la neige qui se transformait en boue au contact du pavé. Ce soir-là, il avait rendez-vous avec quelques joyeux compères de la « Coterie royale », une assemblée de bons vivants. L'un d'eux, le chevalier de Beauchêne, célébrait la mort d'un oncle à héritage et s'était proposé pour régler la dépense. Les petites courtisanes qu'il avait invitées jouaient les pleureuses entre deux santés.

Un autre Noël lui revenait en mémoire : il l'avait fêté chez un planteur de Saint-Domingue. Le repas était digne de Versailles : menu fastueux, liqueurs ardentes servies par de jeunes négresses peu farouches...

– Ce rhum est une merveille de finesse, dit M. de Bienville en faisant claquer sa langue.

La nuit étant tombée, on alluma torches et quinquets à huile. Deux autres invités se mêlèrent au petit groupe : le violoniste François Picard et son compère, le flûtiste-charpentier André-Joseph Pénicaud.

– Avancez, mes amis! s'écria joyeusement d'Artaguette. Je vous rappelle qu'il faudra payer votre écot d'un peu de musique. Un petit brin de sérénade pour commencer...

– Un air de Noël, monsieur? demanda Picard.

– Certes non! Nous aurons notre content tout à l'heure, à la messe. Jouez-nous un air entraînant. Pour vous mettre en train, acceptez ce gobelet de rhum.

La cuisson fut moins longue qu'on ne l'avait craint. Lorsque Itourlande jugea que le fricot était à point, deux bonnes heures s'étaient écoulées sans que l'on s'ennuyât un seul instant. On lia de cordes les pattes et la tête de la tortue pour la hisser hors de sa fosse égueulée sur un côté, la faire glisser sur une civière de branches et la déposer sur un lit de cannes, au milieu du cercle formé par les convives.

– Mes amis! s'écria d'Artaguette dont la tête commençait à s'embrumer de vapeurs de rhum, ouvrez grands vos yeux et vos narines!

Itourlande détacha d'un revers de poignet le plastron qui avait pris une belle couleur de caramel et ouvrit l'animal comme on ouvre une boîte. Il en monta une buée odorante, à fondre de bonheur, dont toute la nuit de Noël fut imprégnée. Il commença à servir dans des assiettes aux armes d'une compagnie négrière.

Bienville avoua n'avoir jamais dégusté un tel régal.

— Merci aux dieux de la mer de nous avoir réservé ce présent de Noël ! dit-il en agitant sa fourchette d'argent. Merci à vous, monsieur l'inspecteur et à vous aussi, monsieur d'Itourlande. J'espère qu'avant de sacrifier ces superbes animaux vous leur avez présenté vos excuses. C'est la coutume des Indiens qui ont le respect de la nature et de la vie.

Il était lui-même un peu ivre et prêt à fondre de lyrisme. D'Artaguette murmurait, au comble du bonheur :

— Succulent, mes amis !... Succulent ! On ne mange pas mieux aux Frères Provençaux. Hélas ! il manque à ce balthazar quelques bonnes bouteilles de vin de France. Que souhaiteriez-vous, Jean-Baptiste, pour accompagner cette merveille ? Je dirais : un gigondas...

Itourlande n'était pas de cet avis.

— Avec tout le respect que je vous dois, monsieur mon frère, dit-il, je choisirais plutôt un bordeaux blanc ou un sancerre de dix ans. En l'occurrence le gigondas est une hérésie.

L'hérésiarque, confus, demanda l'avis de Bienville, lequel se contenta de hausser les épaules : depuis qu'il séjournait à la colonie il avait perdu le goût des grands vins.

Avant d'avaler une ultime gorgée de rhum, d'Artaguette bredouilla :

— Mes amis, je crois que je suis fin *poivré*. Permettez-moi cependant de porter une dernière santé à la Louisiane et aux Louisianais. Musique !...

En vidant son gobelet il répandit un peu de liquide sur le revers de sa jaquette, l'essuya avec son mouchoir de dentelle, ainsi qu'une petite tache de graisse qui avait la couleur du sang.

— Christ est né, ajouta d'une voix molle Bienville. Alleluia ! J'en ai moi aussi dans le casque mais je vous rappelle qu'il serait bon d'assister à la messe de minuit si nous ne voulons pas être en butte aux remontrances des autorités ecclésiastiques.

— Nous arriverons tout juste pour la bénédiction et le *missa*, dit Itourlande. Nous aurons fait passer le réveillon avant la messe, mais Dieu nous pardonnera sûrement.

Comme il était incapable de se relever, son frère lui

tendit la main, le souleva de terre et, le portant dans ses bras, s'engagea dans la direction du fort, précédé par les musiciens qui n'avaient cessé de jouer durant toutes ces agapes et entamèrent une joyeuse ritournelle.

Des lumières de chandelles et de quinquets tremblotaient aux fenêtres et à la porte de la cabane du fort faisant office de chapelle. Lorsque le joyeux cortège parvint devant l'édifice, la cantoria dirigée par Mlle Françoise de Boisrenaud entonnait une hymne à la gloire du Christ, les voix des petites Françaises mêlées harmonieusement à celles des jeunes Indiennes vêtues de couvertures.

L'unique cierge qui eût jamais brûlé dans la colonie, fondu avec des bouts de chandelles collectés chez les colons, brillait au pied de l'autel.

Celui que l'on ne s'attendait plus à revoir surgit un matin à l'île Dauphine. Il arrivait de la Martinique avec le traversier de M. de Châteauguay, encadré par son factotum Firmin, sa servante Fleurette et le nègre Salomon. Suivaient une vingtaine d'esclaves noirs et son cheval. Il confia au commis responsable du magasin la totalité de sa cargaison de produits des Iles, lui demanda de traiter humainement et de fournir en vivres les Africains qu'il comptait venir reprendre d'ici peu.

Il remonta dans le traversier. Arrivé à Mobile, il se rendit chez le gouverneur qui eut un mouvement de surprise en le voyant paraître.

– Monsieur de Rémonville! Vous, ici? Quel bon vent vous ramène parmi nous?

– Le même qui m'y conduisit il y a quelques années. J'étais en France il y a six mois pour des affaires de famille. Les terres et les biens que j'y possède m'eussent permis d'y finir mes jours sans embarras d'argent, mais j'avoue être piqué de la tarentule. La Louisiane me manquait.

Il demanda des nouvelles de la colonie et parut surpris qu'elle végétât. On avait tracé les plans de la future ville, planté des jalons, délimité des parcelles, tracé des rues, des avenues, des places, prévu l'emplacement des bâtiments publics, mais beaucoup de maisons tardaient à sortir de terre.

M. de Bienville à son tour s'enquit des nouvelles de France.

– La pagaille... soupira M. de Rémonville. Une énorme pagaille...

La guerre de Succession d'Espagne se poursuivait dans la confusion, la lassitude et la misère des populations. Les maréchaux Vendôme et Bourgogne voyaient avec consternation leurs troupes se débander dans un effroyable désordre à chaque engagement, dans les Flandres notamment, face à celles du Prince Eugène et du maréchal de Marlborough. Ville fétiche du roi, Lille avait capitulé. En septembre de l'année précédente, à Malplaquet, village du Nord, le maréchal de Villars avait bien atténué les effets de sa défaite en infligeant des pertes énormes à ses poursuivants, mais l'issue de ce conflit interminable ne faisait pas de doute.

M. de Rémonville s'exprimait avec la retenue mélancolique d'une estafette venue rapporter à l'état-major l'annonce d'une défaite : une voix monocorde, grave, qui paraissait venir de la tête plus que du cœur.

– Comptez-vous rester longtemps parmi nous ? demanda le gouverneur.

M. de Rémonville annonça qu'il entendait reprendre possession de sa demeure si elle était encore habitable. Combien de temps resterait-il ? Il n'en savait rien. Le venin de la tarentule pouvait agir encore des années. Quant à dire ce qu'il souhaitait faire, sinon vivre de ses rentes ou de sa légitime, mystère.

M. d'Artaguette avait son avis sur le personnage.

– J'ai appris, dit-il, que son ambition est de créer une compagnie commerciale destinée à exploiter les ressources du Mississippi, ainsi qu'une société de portage au nord du delta, à l'endroit que nous faisons prospecter par les habitants que nous y avons envoyés.

– A-t-il les moyens de cette ambition ?

– Il est, dit-on, fortuné, mais il lui faudra des associés. Reste à les trouver. Ce personnage a parfois l'apparence d'un excentrique mais il sait mener ses affaires.

La demeure de M. de Rémonville avait disparu.

Certains que le propriétaire ne reviendrait jamais, les habitants l'avaient pillée puis débitée planche à planche, récupérant les clous et tous les éléments métalliques dont la colonie avait le plus grand besoin. Il ne restait que des fragments de palissade.

M. de Rémonville constata les dégâts sans manifester

la moindre acrimonie, comme s'il s'attendait à ce pillage. Il convoqua M. Leroux, sous-maître en construction, qui accepta de bâtir une nouvelle demeure, quasiment identique à la précédente, sur une éminence dominant la baie, à un quart de lieue de Mobile, vers le sud.

– Je dois m'absenter pour deux ou trois mois, dit M. de Rémonville. Un peu de commerce à faire avec les Espagnols du Mexique. Tâchez de mener rondement le chantier en mon absence.

– Quand vous serez de retour, dit le sous-maître, il ne vous restera plus qu'à mettre les pieds sous la table et des draps à votre lit.

Le marquis dut manœuvrer habilement et faire briller ses écus pour persuader Châteauguay de le conduire avec son traversier à Veracruz. Il comptait tirer un bénéfice important des nègres qu'il avait ramenés d'un marché d'esclaves de Fort-de-France : seize mâles et quatre femelles dont deux étaient gravides. Certes pas de première qualité, le voyage depuis la côte de Guinée les ayant réduits à l'état de momies, mais il avait su faire un bon choix et les payer un prix assez bas. Après les avoir nourris convenablement durant une quinzaine il les avait embarqués à bord du traversier venant de Mobile, ainsi que sa servante, son factotum, son nègre, son cheval, et diverses marchandises nécessaires à sa nouvelle installation et à sa subsistance.

Les planteurs du Mexique manquant d'esclaves noirs, M. de Rémonville vendit sa cargaison le double de ce qu'il l'avait payée, et en bonnes piastres. Il se réserva une des femelles, qui avait un port de reine et qu'il comptait destiner à son service. Les ambitions l'avaient incité à réviser ses idées généreuses quant à l'esclavage.

M. de Châteauguay avait émis quelques réserves avant de cingler vers Veracruz :

– Ne comptez pas mettre les Espagnols dans votre poche, avait-il dit. Ils vous achèteront vos nègres. En revanche vous aurez du mal à en tirer des subsistances.

Non seulement, le marquis avait fait une affaire avec ses nègres, mais il avait, en usant d'entregent et de diplomatie, obtenu des denrées : une cargaison qu'il revendrait aux magasins de Mobile et de Port-Dauphin avec un substantiel bénéfice.

Ce « Philosophe » avait la tête sur les épaules.

En revenant à la colonie après trois mois d'absence,

M. de Rémonville eut la surprise de constater que sa nouvelle demeure était sortie de terre, à l'emplacement de la précédente et à l'identique. Il avait tout le rez-de-chaussée pour son usage personnel ; ses domestiques logeaient dans les combles et les Noirs dans une cabane, derrière la maison. M. Leroux n'avait pas oublié l'écurie et la petite forge. M. de Rémonville agrémenta son lit de rideaux et d'une moustiquaire, rangea ses livres sur des étagères et mit les pieds sous la table en se disant qu'il était peut-être l'homme le plus heureux du monde.

Peu de temps après son retour, le marquis de Rémonville décida de rompre avec l'érémitisme passé et de sortir de sa réserve. Sans renoncer à agrémenter sa solitude de lectures savantes, il condescendait à frayer avec les habitants. On le voyait aux offices, aux montres de la garnison, aux festivités populaires, sans toutefois participer à ces dernières. Autre décision surprenante : il ouvrait sa demeure, donnait des repas, avait son *jour* comme les dames du faubourg Saint-Germain.

Au cours d'une fête publique donnée en l'honneur du roi, le jour de la Saint-Louis, Justine Chapelle revint à la charge en s'aidant de ses avantages naturels, dans tout l'éclat de sa jeunesse et de sa beauté ; elle avait acheté au magasin, une fripe, une robe qu'elle avait fait rafistoler par Charlotte et qui lui allait en perfection.

– Ce bonhomme de marquis, avait-elle confié à son amie, il me le faut et je l'aurai.

– Tu te mets le doigt dans l'œil, lui avait répondu Charlotte. Il possède à demeure ce qui lui convient : sa servante et sa négresse. De plus Françoise de Boisrenaud semble guigner ce fruit mûr.

– Nous verrons bien, répliquait Justine. Au moment où il est parti, j'étais sur le point de le mettre dans ma poche et d'avoir accès à son lit. N'as-tu pas remarqué comme il lorgnait mes *pommiers en fleur* ?

Justine aborda sa proie, ce jour-là, alors que Picard et Pénicaud entamaient une gaillarde. Elle s'assit sans façon sur le banc qu'il occupait, jambes croisées, sa pipe aux lèvres, l'œil dans le vague, l'air distant.

— Pardonnez-moi, monsieur le marquis, dit-elle. Ne savez-vous pas danser ou n'aimez-vous pas ?

Il soupira d'un air d'ennui, tira une dernière bouffée de sa pipe, tapa le fourneau contre le talon de sa botte.

— En vérité, mademoiselle...

— ... Justine, monsieur le marquis. Justine Chapelle, pour vous servir.

— Eh bien, mademoiselle Justine, apprenez que j'ai eu à l'âge de treize ans un maître à danser, en plus d'un maître de musique et d'un précepteur. J'avoue que j'étais, pour ce qui est du menuet ou de la gavotte, un élève peu doué. Contraint de danser aux soupers du roi, à Versailles, je faisais mauvaise figure auprès des muguets et des marquises qui ne se privaient pas de me brocarder. En revanche, il me plaît d'écouter de la musique. Dans ma jeunesse j'ai bien connu M. Lully...

Il n'en avait jamais tant dit en une fois et Justine sentait comme un encouragement à poursuivre sa manœuvre.

— Jouez-vous d'un instrument ?

— La flûte, le hautbois, et assez bien, je crois. Je tâte de même de l'épinette. J'en avais une fort belle en France.

— Et quelle musique interprétez-vous ?

— Ma foi, j'aime bien Lully, mais aussi Couperin, et Mme Jacquet de La Guerre qu'on dédaigne un peu...

Enhardie par ces confidences qui la comblaient, Justine voulut savoir ce qu'il pensait des deux musiciens de la colonie.

— Ils jouent avec du nerf et de la conviction, dit le marquis, mais je pense qu'ils feraient mauvaise figure à Versailles s'ils s'y présentaient. Pourtant, ce violoniste, si je le prenais en main et lui enseignais le solfège, ne trahirait pas nos grands musiciens.

Justine se sentit au comble du bonheur lorsqu'il ajouta :

— Votre intérêt pour la musique me touche, mademoiselle. Peut-être un jour me ferez-vous l'honneur et le plaisir de venir m'entendre jouer une sonate, mais je dois vous prévenir : je n'ai rien d'un virtuose.

— Tout l'honneur et tout le plaisir seraient pour moi, monsieur le marquis. Votre jour sera le mien...

— Je vous ferai prévenir, dit-il d'un ton soudain plus sec. Pardonnez-moi : j'ai deux mots à dire à M. le gouverneur.

Elle le regarda s'éloigner comme si, tout à coup, il lui retirait la promesse d'un cadeau.

– Alors ? dit Charlotte, brûlant d'impatience.

– Alors, répondit Justine en retrouvant son sourire, il va m'inviter chez lui. Cette fois-ci, j'ai ferré le poisson. Il ne m'échappera pas.

– S'il apprend qui tu es et comment tu vis, il pourrait bien revenir sur son invitation.

– Il n'apprendra rien ! D'ailleurs, je m'en moque.

– Lui peut-être pas.

Depuis quelques mois, Justine et Charlotte s'étaient installées dans un mode d'existence qu'elles jugeaient confortable comparé au sort commun.

Tandis que Justine pêchait le jobard dans le vivier de la garnison, parmi les officiers solitaires, et recueillait de ce commerce de quoi subsister, Charlotte tenait la maison. En dépit des virulentes admonestations et menaces du père de La Vente qui dénonçait en chaire, chaque dimanche, « ces filles sans morale qui sont la honte de la colonie », Justine persistait dans l'exercice de son gagne-pain. De même que Charlotte, elle avait repoussé la perspective d'une union avec un colon qui l'eût contrainte à travailler la terre comme une esclave et à faire des enfants. Finalement tout le monde y trouvait son compte : les officiers la préféraient aux petites Indiennes et elle garnissait son bas.

M. de Rémonville accueillit François Picard et André-Joseph Pénicaud autour d'une table garnie d'une collation choisie : *sang-gris* et rhum de La Havane, fruits confits de la Martinique, petites pâtisseries fabriquées par Fleurette... François surtout semblait retenir son attention ; il s'enquit des circonstances qui l'avaient conduit en Louisiane ; le musicien lui parla de son ami Sacremore, des conditions de sa désertion, du vieux Samuel. M. de Rémonville lui demanda de jouer un air de son choix et François s'exécuta, non sans émotion.

– Vous vous y entendez sûrement pour faire danser le populaire, dit le marquis, mais je crois qu'on peut attendre mieux de vous. Avez-vous appris les règles du solfège ?

– Non, monsieur, répondit François. Je joue de mémoire, et fort maladroitement, j'en ai conscience. Il est vrai que mon instrument à beaucoup souffert du climat et que je manque de nouveau de crin de cheval pour mon archet.

– J'ai le cheval et il est à votre service. L'essentiel est que vous aimiez votre art et que vous ayez le souci de le perfectionner.

M. de Rémonville l'accompagna au hautbois pour une danserie ordinaire. Cet exercice les réjouit. Le marquis invita Pénicaud à se joindre à eux et ils jouèrent durant des heures.

– Nous passerons bientôt aux choses sérieuses, dit le marquis en les congédiant. Aimez-vous la bonne musique, je veux dire, par exemple, celle de Couperin ou de Lully?

– Je préfère Couperin, dit Pénicaud.

– Et moi, dit Picard, j'ai une certaine tendresse pour Lully.

– Voilà qui me comble, mes amis. Vous avez du goût. La musique populaire a gâté votre talent mais on peut remédier à cet inconvénient.

Il fallut quelques semaines de répétitions assidues pour que Picard et Pénicaud pussent interpréter sans trop d'écarts arias et sonates. M. de Rémonville, quant à lui, avait de la magie au bout des doigts. Il accorda le violon, prêta une flûte traversière à Pénicaud et annonça que l'on donnerait un concert sans tarder.

Devant un parterre composé des notabilités de la colonie et de quelques officiers, M. de Rémonville y alla de sa tirade :

– Mes amis, l'heure est solennelle et l'événement que nous allons vivre d'une importance exceptionnelle. Nous vous proposons un concert. Ce sera le premier dans cette partie du monde pour des sujets de Sa Majesté. J'espère que mes deux musiciens et moi-même nous montrerons dignes de cet honneur.

Ils jouèrent une adaptation d'un opéra de Mme Jacquet de La Guerre : *Céphale et Proscris*, qui comportait un passe-pied pour violon, flûte et hautbois. L'auditoire applaudit avec discrétion.

– Charmant... se contenta de dire M. d'Artaguette.

– Délicieux... ajouta M. de Bienville.

La suite du programme comportait des œuvrettes de Lully extraites des *Petits violons du roi* et une adaptation très libre de l'*Apothéose de Corelli*, de Couperin le Grand, qui plongea l'auditoire dans le ravissement.

On se demandait ce que M. de Rémonville, dans les domaines de la musique comme de la littérature et de la philosophie, pouvait bien ignorer. Les soirées se passaient à des échanges d'idées, parfois à d'innocentes passes d'armes, sur des sujets épars dans l'air du temps. Le problème de l'esclavage revenait souvent dans la conversation.

M. d'Artaguette, qui avait lu davantage de mémoires administratifs et de livres de comptes que d'ouvrages philosophiques ou littéraires, tenait les Indiens et les Noirs pour des êtres de nature inférieure, soumis aux instincts plus qu'à la raison, ce qui, à son sens, justifiait qu'on les traitât comme du bétail, mais avec humanité.

Pour M. de Rémonville, ces gens de couleur n'étaient pas des êtres inférieurs mais *différents*. Il insista sur ce mot.

– La preuve, protestait le commissaire, que nous les dominons au moins par l'esprit, c'est qu'ils sont incapables de produire des hommes de science ou de culture.

– De quel secours ces matières leur seraient-elles ? Ils vivent à l'état de nature et, semble-t-il, en sont satisfaits. Quel droit avons-nous de les juger ?

– Leurs sociétés sont figées, comme celles des abeilles ou des fourmis, et incapables de la moindre évolution.

– Si les abeilles et les fourmis sont satisfaites de leur condition, doit-on les en mépriser ? Pour leur organisation, leur discipline, ne croyez-vous pas qu'elles auraient des leçons à nous donner ? Pouvons-nous nous considérer comme les chefs-d'œuvre de la Création parce que nous avons découvert la poudre à canon ?

M. de Bienville intervenait discrètement :

– Votre raisonnement me surprend, monsieur le marquis. Vous avez pris parti contre l'esclavage, et je respecte ce comportement, mais alors, pourquoi, sans état d'âme, du moins en apparence, faites-vous le trafic du bois d'ébène ?

Loin de se démonter, M. de Rémonville répliquait :

– Nous vivons dans un système que je réprouve, mais dont je n'ai pas établi les règles. Si je veux accomplir la mission que je me suis fixée, je dois m'en donner les moyens, que cela me plaise ou non, en m'en tenant aux cadres de la loi. J'ai acheté des nègres, je les ai revendus avec bénéfice, et je continuerai, « sans état d'âme » comme vous dites. Contrairement aux Anglais et à certains religieux qui les torturent pour des peccadilles, je les traite le plus humainement possible.

Il saisit un in-folio sur son étagère et le feuilleta.

— Je vous rappelle, dit-il, ce qu'écrivait notre vieux Montaigne sur les Indiens qu'il ne tenait pas, lui, pour des êtres méprisables : « *Les Indiens montrent presque tous plus d'intelligence dans leurs affaires, leur parler, leur politesse, leurs relations, leurs tours et leur subtilité que les citoyens et marchands de France les plus entendus...* » Certes, il ne les avait pas fréquentés mais il s'était entretenu avec des voyageurs qui, eux, les connaissaient bien : Jacques Cartier ou Samuel de Champlain, peut-être...

Il ajouta avec un bel effet de manchettes et un air précieux :

— Il faut vivre avec son temps, messieurs, mais ne pas être dupe et ne pas dépasser les intentions du législateur. Mon attitude à moi est une *complicité lucide*.

Fier de sa formule, il la répéta et ajouta :

— Demandez à mon domestique noir, Salomon, s'il est mécontent de son sort ! Il vous répondra qu'il est plus heureux chez moi qu'en Guinée et que, pour rien au monde, il ne souhaiterait y retourner.

Il est vrai que Salomon n'inspirait pas la pitié. Vêtu à l'européenne, il parcourait les parages de Mobile pour donner un peu d'exercice au cheval de son maître ; il portait la jaquette lorsqu'il aidait Fleurette à faire ses achats, jardinait en chemise blanche, et personne ne semblait s'en offusquer.

M. de Rémonville ne cachait pas ses relations avec Justine Chapelle, cette pulpeuse hétaïre qui n'avait eu aucune peine à le séduire.

Il partageait ses nuits entre elle et la jeune négresse prélevée sur le contingent d'esclaves vendus à Veracruz : Gracieuse. Peu de temps après son arrivée à Mobile, elle avait accouché d'un bel enfant noir et elle était de nouveau enceinte, des œuvres de son maître cette fois. Fleurette s'était fait une amie et une complice de la jeune esclave, sous l'œil complaisant de Firmin qui, lui, préférait les Indiennes, morphologiquement plus conformes à ses goûts.

Ce petit monde vivait, en marge de la colonie, dans une harmonie exempte de fausses notes. Rien n'incitait le maître des lieux à regretter la métropole.

Ses projets semblaient prendre corps. A l'intention, qu'on lui prêtait complaisamment, de supplanter M. de Bienville, avaient succédé des ambitions purement commerciales. Jour après jour, son idée de créer une Compagnie du Mississippi et une société de portage du côté du lac Pontchartrain entrait dans la voie des réalisations.

Il y avait entre lui et M. d'Artaguette un autre sujet de controverse sur lequel, d'ailleurs, leurs conceptions se rapprochaient parfois : les différences de nature entre la colonisation pratiquée par les Espagnols d'après Colomb et celle que les Français et les Anglais menaient en Amérique septentrionale.

– Lorsque les Espagnols ont débarqué au Mexique et au Pérou, disait M. de Rémonville, ils ont trouvé des sociétés et des États organisés, avec un empereur et des caciques tenant d'une main ferme leur capitale et leurs provinces. Il leur a suffi de maîtriser ces gouvernements pour que le pays cédât à leur désir de conquête. Le monde civilisé peut réprouver leurs méthodes sanguinaires mais elles ont été efficaces. Une poignée de brigands à cheval et cuirassés, armés de mousquets, ont pu ainsi conquérir d'immenses empires.

– Il n'en a pas été de même en Amérique du Nord, ajoutait M. d'Artaguette. Ici, pas d'empereur, pas de cacique, pas de société ou d'État organisé et centralisé, mais une poussière de peuplades pour la plupart nomades, de tribus qui passent leur temps à se faire la guerre, comme pour éviter que l'une de ces nations, devenue plus puissante que les autres, ne cède à la tentation de les dominer. Vouloir créer une fédération de ces peuples et les convaincre d'accepter notre autorité serait pure utopie. Nous devrons nous contenter de faire en sorte qu'ils vivent en bonne intelligence. Si la Nouvelle-France a partiellement réussi dans son œuvre de pacification, nous en sommes loin. Il est vrai que le Canada n'est pas la Louisiane et que Mobile n'est qu'une bourgade en comparaison de Québec et de Montréal.

– A propos, hasardait M. de Rémonville, pensez-vous que nous soyons condamnés à rester encore longtemps à Mobile ?

L'INDIEN BLANC

Le chef Yahoya, qui régnait sur une tribu des Alibamons, au nord, dit un jour à son *fils*, un visage pâle :
– Maintenant que tu es des nôtres, il va falloir te faire tatouer.

Celui qu'à Mobile, où il avait débarqué quelques années avant la fin du siècle, on appelait le « petit Saint-Michel », avait accepté, non sans quelque appréhension, cette épreuve que son *père* lui avait annoncée douloureuse. En la subissant il prouverait qu'il était un homme et un guerrier.

Le « petit Saint-Michel », qu'on appelait dans le village Yangiwana, était devenu un homme. Rien ou presque ne le différenciait des autres, qui le considéraient comme l'un des leurs, malgré la couleur plus claire de sa peau.

Il se souvenait encore de cette épreuve. Le vieil homme affecté à cette fonction – un véritable artiste en son genre – avait tracé au charbon, sur son corps, en commençant par la nuque, l'image d'un serpent : une ligne sinueuse qui faisait le tour du torse et aboutissait au bas-ventre, la gueule du reptile grande ouverte comme pour happer la virilité du patient.

A l'aide d'une planchette où s'incrustaient six aiguilles serrées il piquait environ sur deux doigts le tracé, jusqu'à faire perler le sang ; il frottait ensuite les piqûres d'un mélange de charbon de pin réduit en poudre mêlé à du vermillon. L'opération s'était renouvelée chaque jour durant une demi-lune, jusqu'à ce que la tête du serpent s'ouvrît au niveau du pubis.

Yangiwana avait demandé que le praticien lui tatouât également une croix sur la mamelle droite et une image de la vierge Marie sur la gauche.

Au deuxième jour de l'épreuve, le patient, tremblant de fièvre, avait constaté avec inquiétude que les endroits du corps que le tatouage avait recouverts avaient enflé. Quelques jours plus tard son corps était recouvert d'une sorte de gale qui le démangeait atrocement.

A l'issue du supplice, Yahoya lui avait posé les mains sur les épaules et lui avait dit :

– Mon fils, je suis fier de toi. Cette marque te lie à jamais à ta nouvelle tribu. Je suis persuadé que tu sauras t'en montrer digne. Quant à ces inconvénients, ils passeront vite.

Le chef Yahoya avait enseigné à son fils tout ce qu'il devait savoir. La langue d'abord, que Yangiwana avait apprise en quelques semaines. Les coutumes ensuite, en premier lieu la signification et l'usage du calumet.

– Ceux de ton pays, lui avait-il révélé, fument le calumet par plaisir, parce qu'ils aiment le goût du tabac. Ils l'aspirent parfois par le nez, sous forme de poudre, ce qui est contraire au bon usage. Le tabac est un don des dieux ; il doit être fumé religieusement. Danser ou chanter le calumet, c'est communiquer avec les esprits.

Il s'était engagé dans une interminable explication des symboles qui s'attachaient à cette coutume : le fourneau taillé dans une pierre était l'image de la terre... le long tuyau de bois représentait le monde végétal... les plumes qui entouraient ce tuyau symbolisaient les oiseaux, l'aigle tacheté notamment... L'unité de l'univers, l'harmonie qui le régissait se trouvaient réunies dans cet objet sacré.

Il lui disait :

– Dorénavant, lorsque tu seras appelé à fumer le calumet, n'oublie pas ce que je viens de te confier.

Yangiwana apprit très vite à confectionner un canot d'écorce : il fallait couper à la lune favorable les branches du cyprès, les travailler délicatement pour en faire la structure légère dont on ligaturait les éléments avec des liens de peau et sur laquelle on tendait les écorces de bouleau cousues que l'on devait arracher du tronc en remontant de la base de l'arbre vers le sommet ; on colmatait les joints avec de la graisse d'ours mêlée à de la résine de pin.

Restait à Yangiwana à apprendre la rivière.

L'Alabama, voisine de quelques dizaines de lieues de sa sœur jumelle, la Tombigbee, était abondante en poissons qui entraient pour une large part dans la nourriture de la tribu : truites, barbues, anguilles. S'y ajoutaient crevettes, écrevisses et tortues à la chair fade mais aux œufs excellents.

Yangiwana avait chassé avec les garçons de son âge, en hiver surtout où le gibier est beaucoup plus abondant et plus facile à traquer et à piéger. On lui avait appris à capturer le castor, à tirer à l'arc un chevreuil lancé en pleine course, un oiseau en plein vol, et il connaissait les formules employées pour s'excuser auprès de la victime du mal qu'on est contraint de lui faire. Son arc n'était pas de corne, comme celui des guerriers, qui exige une force peu commune pour être bandé correctement, mais de noyer. Le jour où il avait ramené un porc-épic de belles dimensions, il avait été complimenté pour son adresse ; les épouses du chef lui avaient confectionné avec les piquants une parure martiale qu'il portait avec fierté.

Après toutes ces années passées parmi les Indiens, Yangiwana ne se sentait plus d'attaches réelles avec le monde qu'il avait quitté malgré lui. A son arrivée, après quelques mois passés chez les Oumas à qui le chevalier de Tonty l'avait confié alors qu'il était adolescent, le chef Yahoya lui avait dit :

— Ne crains rien. Je te traiterai comme si tu étais de mon propre sang.

Yangiwana était son fils ; les épouses du chef, ses frères et ses sœurs, l'avaient accepté sans un murmure et le considéraient comme un membre de la famille, sans que personne se risquât à l'interroger sur ses origines ou à le tenir en suspicion.

Des visages pâles, dont il avait oublié le nom depuis longtemps, lui avaient expliqué que leur intention, en le confiant à un chef indien, était qu'il se renseignât sur les coutumes des autochtones et leurs intentions vis-à-vis de la colonie. L'un d'eux lui avait dit :

— Ouvre bien tes yeux et tes oreilles, petit. Tâche de savoir s'il existe dans la région où tu vas vivre des mines que nous pourrions exploiter. Apprends la langue, les mœurs, les intentions de ces sauvages à notre égard.

Une *robe noire* avait ajouté :

217

— Enseigne-leur qu'ils sont dans l'erreur. Dis-leur qu'il est un seul Dieu : le nôtre, et que leurs rites ne sont que des mascarades.

Tous ces visages pâles et leurs propos s'étaient égaillés avec le temps comme des feuilles sous les rafales du vent d'hiver. Il avait treize ans lors de son départ : un âge où l'on est plus ouvert aux attraits de l'aventure et aux merveilles du monde qu'aux conseils des adultes.

Un matin de printemps on vint inviter le fils du chef à participer à une expédition contre une tribu de Choctaws située à l'embouchure des rivières Tombigbee et Tuscaloosa. Un guerrier avait eu un songe qui lui représentait les ennemis descendant vers leur territoire de chasse pour leur voler les castors qui devenaient rares du fait du trafic intense que l'on en faisait avec les Anglais.

Mêlé aux autres mâles de la tribu, Yangiwana, le corps peint aux couleurs de la guerre, avait dansé et chanté toute une journée et toute une nuit autour d'un feu entretenu par des femmes qui semblaient dormir debout. On lui avait fait boire, ainsi qu'à d'autres novices, la liqueur noire qui donne de la lucidité à l'esprit et de la vigueur aux muscles ; il avait dû se contraindre pour ne pas vomir.

Avant de quitter la tribu, luttant contre le sommeil, il avait écouté pour la dixième fois le récit des faits d'armes du chef Yahoya contre les Choctaws qu'il traitait de femmes et qu'il méprisait.

Il était tellement familiarisé avec les récits de guerre, de rapts, de supplices qu'il était parti sans appréhension pour cette expédition. La liqueur noire avait dû produire un effet magique car il se sentait dans des dispositions inhabituelles, animé d'une sombre exaltation. Le chef lui confia, comme aux autres novices, un tomahawk enrubanné de lianes et de plumes disposées de manière rituelle avec à l'extrémité une grosse boule de pierre rouge, et un couteau de fabrication anglaise qui, en plus de son arc, constituait sa panoplie guerrière. Le matin du départ le chef lui attacha au cou des sachets pleins d'une poudre destinée à le protéger des coups de l'ennemi.

Les Choctaws avaient installé leur campement non loin du confluent des deux rivières, au milieu d'un grand espace de prairie d'herbe folle où jouaient des enfants et des chiens.

Les assaillants les observèrent à la tombée de la nuit, dissimulés derrière des buissons d'épineux. Au matin ils passèrent à l'attaque avec de grands gestes et des cris de déments, tuèrent trois chasseurs dont ils prélevèrent les scalps, capturèrent cinq femmes avec leurs enfants, dans l'intention d'en tirer un bon prix auprès des Anglais de passage.

Au moment de scalper sa victime, un garçon de son âge, et de l'égorger, Yangiwana eut un instant d'hésitation : c'était la première fois qu'il partait pour la guerre ; il devait tuer au moins un ennemi. Son geste accompli, il regarda longuement la chevelure, le cuir blanc du crâne qui s'emperlait de sang, le corps qui tressautait, la gorge tranchée. Il le repoussa du pied avec une expression de mépris et des injures : celles qu'il venait d'entendre adresser à ces « chiens de Choctaws ».

Yangiwana venait de franchir un nouveau seuil. Derrière lui, sa dépouille de Blanc, mince et diaphane comme une peau de serpent ; devant lui un être de chair et de violence qu'aucun événement ne pourrait remettre en cause. Il venait d'entrer de plain-pied dans un domaine autour duquel, à ce jour, il n'avait fait que tourner ; il s'y insérait le plus naturellement du monde, comme un enfant en train de naître ; il ne regrettait rien ; aucun souvenir ne venait lui rappeler ses origines et les particularités de sa nature. Le trophée humain qu'il venait de prélever scellait le contrat tacite avec sa nouvelle existence.

Il rejoignit en hurlant le groupe des guerriers qui repartaient au pas de course en poussant devant eux les captifs vers les canots dissimulés dans l'épaisseur des cannes.

La guerre était bonne. La guerre était saine. La guerre délivrait des doutes. La guerre rapprochait l'homme de la divinité.

Yangiwana se dit qu'il était temps d'achever de parcourir le chemin où il s'était engagé pour devenir un véritable Alibamon. Afin que l'on ne pût supposer qu'il était de ces hommes qui s'habillent en femmes, préparent les peaux, cousent les vêtements et pilent le maïs et le riz sauvage, il devait prendre une épouse.

– Le temps est venu, lui dit Yahoya. Les maladies des

Blancs ont fait mourir beaucoup des nôtres et nous avons un grand besoin d'enfants pour éviter que notre nation ne disparaisse.

Le chef choisit pour son fils une jeune veuve nommée Hooki, ce qui signifiait Salut. Il l'épousa à la fête du Maïs vert et lui fit un enfant la première année de leur union, puis un autre l'année suivante. Le monde tournait autour de lui, dans une harmonie sans commune mesure avec celui, plus compliqué, des Blancs dont il se souvenait par éclairs, comme d'un rêve qui part en lambeaux aux premières lueurs de l'aube.

Un matin de la première lune de printemps, alors que l'on faisait des préparatifs pour une campagne de chasse, une dizaine de Blancs débarquèrent sur de grands canots, porteurs d'alcool et de fusils dans l'intention de procéder à des échanges. Yahoya annonça qu'il s'agissait de traitants anglais venus d'une ville qui portait le nom de Charlestown, qui est celui de leur Soleil ou de leur Grand Onontio : le gouverneur.

Ces Blancs avaient de mauvaises manières : ils étaient brutaux, tyranniques, méprisants. Ceux que l'on voyait passer de temps à autre, isolés ou par groupes, achetaient des fourrures qu'ils payaient en pacotille et en eau-de-vie. Ils ne restaient guère plus d'une semaine.

Ceux-là voulaient autre chose.

— Père, dit Yangiwana, je n'aime pas ces étrangers. Je sens qu'ils apportent le malheur avec eux.

Le vieux Yahoya était de cet avis, avec des réserves cependant.

— Vois-tu, mon fils, si je suis chef de ce village, je dois tenir compte des opinions de mon conseil. Il est composé de guerriers qui ont fait leurs preuves et dont l'opinion compte autant que la mienne. J'aurais déjà dû reprendre le chemin du couchant et rejoindre mes ancêtres mais je n'ai pas encore reçu le signe que j'attends et, tant que je vivrai, je tiendrai mon rang.

— Que nous veulent ces Blancs ?

— Ce sont des ennemis des Français et, comme ils ne peuvent leur faire ouvertement la guerre, car ils les craignent, ils comptent sur nous pour la faire à leur place.

— Pourquoi ne pas refuser ?

— Ils lanceraient contre nous autant de guerriers qu'il y a d'étoiles dans le ciel, et nous succomberions.

Ceux-là sont porteurs de présents. En échange, ils nous demandent d'aller porter la guerre dans les tribus alliées des Français, près de Mobile.

Le chef Yahoya avait laissé Yangiwana libre de participer ou non à cette nouvelle expédition guerrière, mais s'abstenir alors qu'il avait déjà fait la preuve de son courage aurait été remettre en cause son appartenance à la nation qui l'avait adopté. Yangiwana partit donc à la première lune d'octobre avec une centaine des siens encadrés par dix Anglais.

Cette guerre lui inspirait une profonde amertume : il savait que les tribus que l'on devrait anéantir avaient tout perdu des vertus guerrières de leurs ancêtres, qu'elles s'étaient amollies au contact des Blancs.

Ce ne fut pas un combat mais un massacre. Yangiwana en ramena quatre chevelures d'hommes et de femmes, une dizaine de captifs – des enfants surtout – dont les Anglais tireraient le meilleur profit en les vendant à leurs planteurs.

– Père, dit Yangiwana à son retour, je ne suis pas fier de moi. Vous savez que j'aime me battre, que la guerre me met de la fureur dans le sang, mais je n'ai pas eu vraiment, cette fois-ci, à me servir de mes armes. Ces gens se sont fait tuer comme des castors, presque sans se défendre.

– Si les Anglais sont satisfaits, répondit le chef, pourquoi ne le serions-nous pas ? Lorsque tu te trouves en canot sur une rivière qui t'entraîne et que tu as perdu ta pagaie, il te reste deux solutions : te laisser emporter par le courant ou te jeter à l'eau pour regagner la rive. Si tu choisis la première issue, il faut accepter ton sort sans murmurer ; si tu penches pour la deuxième et que tu décides de revenir chez les tiens, tu me brises le cœur. Pourtant, si telle est ta volonté, je ne puis m'y opposer.

Le moment vint pour le chef Yahoya de rejoindre ses ancêtres et de goûter les ineffables délices des pays du Couchant.

Quand son cœur eut cessé de battre on lui enfila ses mitasses neuves, son habit de cérémonie tissé de fibres, de plumes et de coquillages. Durant une journée et une nuit on dansa et chanta à son chevet, tandis que des anciens se relayaient pour raconter sa vie et ses exploits. Ses veuves distribuèrent des bûchettes pour inviter la population à participer au festin des funérailles, au cours duquel l'eau de feu achetée aux Anglais coulerait à flots.

Déposé sur une civière, le cadavre fut hissé sur une plate-forme proche du village avec, pour l'accompagner dans son grand voyage, une chaudière de nourriture.

La mort lui avait fait signe. A quelques jours de son rendez-vous il avait réuni son conseil et avait annoncé l'événement qui se préparait :

– Avant la fin de cette lune j'aurai cessé de vivre.

Il avait levé la main pour faire taire le murmure et avait ajouté :

– D'où je serai je veillerai sur notre peuple, comme nos anciens, depuis le Déluge, veillent sur lui.

Il s'était opposé à ce que l'on fît, à l'occasion de ses funérailles, les sacrifices auxquels on se livrait aux temps jadis : il refusait que l'on jetât au feu des enfants, que l'on étranglât des femmes, que le goût du sang et des larmes se mêlât à la grande sérénité qui lui serait offerte.

Une autre lune avait passé depuis la mort du chef Yahoya, qui l'avait emporté peu après l'attaque contre les Indiens de la côte, lorsque des chasseurs revenus des territoires proches de ceux des Taensas déclarèrent qu'ils avaient été témoins d'une étrange procession de canots montés par des visages pâles armés de *tonnerres* et accompagnés des Mobiliens, des Taensas et des Bayagoulas rescapés du massacre.

L'opinion était que cette expédition allait passer par portage sur la Tombigbee et remonter jusqu'aux Choctaws pour en ramener du castor ou – nouvelle manie des Blancs – chercher où tirer des métaux du ventre de la terre.

Un matin, à travers les brumes du fleuve, une femme qui allait puiser de l'eau se trouva en présence de quelques Canadiens qui semblaient à l'affût. L'un d'eux, qui avait les cheveux roux et parlait sa langue, lui demanda à quelle distance se trouvait le village. Il ajouta :

– Nous ne te ferons aucun mal, mais tu vas rester là, dans un canot. Pas un cri, sinon...

Il passa le tranchant de sa main sur sa gorge.

Avec la violence d'un ouragan d'été, les Canadiens fondirent sur le village qui s'éveillait dans l'odeur des fumées. D'entre les arbres et les buissons ils avaient examiné la disposition des cabanes, évalué le nombre des hommes en état de porter des armes et soudain, sur un coup de sifflet du chef aux cheveux roux, ils s'étaient rués vers le centre du village.

En quelques instants celui-ci se transforma en théâtre d'horreur. On traînait les Indiens qui n'avaient pas eu le temps de s'armer au milieu de la place pour les égorger. Tandis que les Taensas les scalpaient avec des hurlements de triomphe, les Français s'occupaient à rassembler femmes et enfants dans une grande cabane, sans leur lier les membres car, malgré leurs lamentations, ils montraient une passivité rassurante.

– Cheveux-Rouges, dit un Français, nous avons découvert un phénomène : un Indien blanc. Regarde !

Il frappa le sauvage d'un coup de crosse dans les reins pour qu'il s'agenouillât.

– Ma foi, dit le Canadien, ce quidam a une drôle d'allure. Il s'est fait piquer le cuir comme un véritable Alibamon et il en a toute l'apparence. Pourtant...

Il l'interrogea dans la langue de sa tribu ; le prisonnier lui répondit correctement. Il lui demanda son nom : Yangiwana, répondit le sauvage. Il voulut savoir si cette tribu était bien la sienne ; le jeune guerrier répondit qu'il n'en avait pas d'autre.

Cheveux-Rouges s'apprêtait à ordonner à un Taensa de faire subir le sort commun à ce « drôle de citoyen », lorsqu'il lui vint une idée : il se souvenait de ces mousses que l'on envoyait chez les sauvages pour en faire des interprètes et collecter des renseignements ; certains revenaient au bout d'une ou deux semaines, incapables qu'ils étaient de s'adapter à leur nouvelle existence ; d'autres s'ensauvageaient et on ne les revoyait qu'au bout de quelques années ou jamais.

– Tu es français, n'est-ce pas ? lui demanda Cheveux-Rouges.

– Français, oui... répondit le prisonnier. Samisel...

– J'y suis ! s'écria le Français. Je me souviens de ce mousse de cabine au service de M. d'Iberville, qu'un chef ouma avait adopté. Il s'appelait Saint-Michel.

– Dieu me damne ! s'exclama le Canadien. Nous avons failli trucider un des nôtres...

– Un des nôtres ? ajouta le Français. Voire. Il s'est défendu comme un beau diable quand nous l'avons pris,

et il a blessé l'un de nous en voulant protéger sa femme et ses mioches. Il ne se souvient sans doute plus de ses origines. Depuis le temps...
— Eh bien, dit Cheveux-Rouges, nous lui rafraîchirons la mémoire.

De retour au fort Saint-Louis de Mobile, escorté par des Indiens ivres de leur triomphe, Cheveux-Rouges présenta son prisonnier, pieds et poings liés, au gouverneur.
— Vous devriez interroger cet homme, dit-il. Ce serait bien le diable si vous n'en tiriez pas quelques mots de français. Tout porte à croire qu'il s'agit du mousse Saint-Michel.
— Si c'est lui, dit M. de Bienville, il a bien grandi et il s'est pour tout de bon transformé en sauvage. Libérez-le de ses liens : il ne semble pas bien dangereux.

Lorsque Cheveux-Rouges s'agenouilla pour trancher les entraves de ses chevilles, l'Indien le frappa du genou au visage et le cribla de coups avec une telle violence que le gouverneur dut dégainer son épée pour le maîtriser.
— C'est un fauve que vous avez capturé ! s'écria-t-il. Rattachez-le et jetez-le au cachot. Lorsqu'il aura fait carême durant quelques jours il se montrera plus docile.

Il prit le sauvage par les cheveux, le souffleta, lui jeta au visage quelques mots dans sa langue pour l'inciter à se tenir tranquille. Puis il le confia aux soldats.

L'interrogatoire de Yangiwana, quelques jours plus tard, fut long et laborieux.
— Ton nom, dit le gouverneur, n'est pas Yangiwana, mais Saint-Michel. Pierre Saint-Michel. Répète...
— Samisel...
— Tu n'es pas un Indien mais un visage pâle, un *Français*. Es-tu d'accord ?
— *Oné*.
— Bien.

On lui servit une sagamité qu'il avala goulûment en se servant de ses doigts. Au bout de deux semaines son larynx s'était réaccoutumé au doux parler de France ; il formait convenablement les mots sans bien comprendre leur signification hormis ceux de première nécessité, comme manger et dormir. Il était étroitement surveillé, quoiqu'il semblât accablé et sans la moindre velléité d'évasion.

Il révéla à M. de Bienville qu'il avait une femme, des enfants et souhaitait les revoir. Le gouverneur, qui connaissait la capacité innée des Indiens et des Indiennes à ne pas se laisser envahir par les sentiments, lui répondit que Hooki et ses enfants étaient partis sur le traversier de Saint-Dominique pour être vendus à des planteurs et qu'il ne les reverrait sans doute jamais. Il perçut une envie de meurtre dans le regard du prisonnier. Ses « amis anglais », lui dit-il ne traitaient pas mieux leurs captifs.

– Je comprends ta peine, ajouta-t-il, mais tu oublieras vite. Nous ferons de toi un homme civilisé, un véritable Français et tu pourras choisir une autre femme dans la colonie. Dieu merci, nous n'en manquons pas...

Comme il était résistant et courageux, on lui mit un uniforme sur le dos, on lui apprit l'usage du fusil et les méthodes de combat des Blancs. Plus rien ne le distinguait de ses congénères, bien que, de temps à autre, il allât se perdre dans la forêt comme s'il cherchait son chemin ou quelque fil d'Ariane.

M. JOURDAIN EN LOUISIANE

La situation de Mobile par rapport à la baie était plus vulnérable que M. de Bienville ne l'avait prévu. Exhaussée de quelques toises par rapport au niveau de l'eau, elle semblait mettre le village et le fort à l'abri des inondations, mais c'était mal connaître les caprices de cette nature imprévisible.

Après un mois de juin torride vinrent les pluies.

Elles s'abattirent sur la contrée avec une violence telle que la petite colonie et les alentours furent transformés en marécages qui dégorgeaient leur boue, leur crapaudaille et toutes espèces de reptiles jusqu'au seuil des cabanes.

Les colons enfilaient par précaution leurs mitasses car même leur jardin était devenu un espace dangereux : on trouvait des serpents jusque sous les lits ; grenouilles et crapauds géants venaient beugler leur chanson sous les fenêtres ; des alligators se promenaient nonchalamment dans les carrés de blé d'Inde...

Après quelque temps de ce régime, l'eau de la baie monta à son tour et atteignit les premières cabanes qu'il fallut évacuer. Comme aux époques tragiques de la féodalité, les habitants vinrent chercher refuge dans le fort que la crue semblait devoir épargner : ils arrivaient par familles entières, transportant leurs affaires sur des travois indiens, la bricole autour du front.

Que faire ? Rien.

Les hommes contemplaient, la pipe au bec, l'immensité d'eau boueuse balayée par les rafales, où naviguaient de grands arbres déracinés peuplés de grues et de hérons transis, de petites îles arrachées aux berges par les deux rivières qui vomissaient les eaux tumultueuses du déluge.

La chaleur estivale alliée à une humidité persistante fit renaître les fièvres. L'hôpital étant au complet, on alignait les malades sur la place d'armes, à l'abri d'auvents de peau ou de couvertures. Les remèdes indigènes manquaient, la réserve de quinquina que M. de Rémonville avait rapportée de son séjour aux Iles s'était épuisée rapidement. Il mourut une dizaine de malades, des enfants surtout.

M. de La Vente s'écriait du haut de sa chaire :
– Dieu ne veut pas que nous restions dans ce lieu maudit, dans cette géhenne ! Il nous en chasse ! Voilà le prix de vos péchés et de votre imprévoyance !

Dieu, semblait-il, avait abandonné la Louisiane. De sa petite fenêtre percée au milieu d'un nuage il contemplait, impassible, la désolation de ce monde. Ce n'est pas lui que les fidèles accusaient de ce marasme, mais l'évêque de la Nouvelle-France, Mgr de Saint-Vallier, et tous les beaux parleurs de la métropole qui leur avaient promis le paradis sur terre.

M. de Rémonville, lui, n'était pas le bon Dieu, mais l'un de ses apôtres peut-être.

La situation de la petite colonie ne le laissait pas indifférent. Dès son retour, il avait mis sa fortune à contribution pour venir en aide aux habitants les plus éprouvés ; il avait employé des artisans à construire une église à la place de la masure du fort qui ne méritait pas le nom de chapelle.

Faisait-il son apprentissage de gouverneur, de directeur de compagnie ou de saint ? L'isolement dans lequel il s'était cantonné lors de son premier séjour était rompu ; il ouvrait volontiers sa bourse, sa réserve de vivres, son cœur même, pour secourir et réconforter les malheureux. Contrairement au bon Dieu, le marquis était descendu de son nuage et faisait pour la colonie mieux que le gouverneur et le commissaire réunis.

M. d'Artaguette fut l'un des premiers à subir les assauts du mal de Siam.

M. Barrot diagnostiqua une fièvre quarte, de nature plus virulente que les précédentes. On crut le commissaire perdu, comme avant lui Nicolas de La Salle. Lui qui avait une propension à l'embonpoint coula comme une outre qui se vide ; son visage tout en rondeurs joviales montra le squelette sous une peau parcheminée comme celle d'un bison exposée trop longtemps au soleil. Il ne surnageait de ses sommes proches de la mort que pour délirer : il parlait d'une manière décousue et absconse de la « coterie royale », des « petites maisons à courtisanes », des « soupers du roi » ; il semait ici et là dans ce flux verbal des noms de femmes qui fleurissaient ses lèvres le temps d'un soupir.

M. de Bienville, quant à lui, paraissait devoir triompher de toute forme d'épidémie, peut-être en raison de sa solide nature canadienne. Dédaignant les protestations des médecins, il rendait chaque jour visite au commissaire.

En l'absence de son ami et collaborateur il se sentait dans l'état où Henry de Tonty devait s'être trouvé le jour où sa main s'était détachée de son bras : amputé, infirme, estropié, désemparé. Les préventions qu'il avait nourries contre ce grand commis dissipées jour après jour, il s'était peu à peu senti lié à lui par une amitié sans ombre.

M. d'Artaguette avait failli faire verser des larmes à son compère le jour où, traversé d'un éclair de lucidité, il lui avait dit en lui tenant la main :

– Mon bon ami, je vous prie de prendre d'ores et déjà des dispositions pour me faire rapatrier. C'est en France, dans ma famille, dans mon village, que je veux mourir.

M. de Bienville s'était insurgé :

– Qui vous dit que vous allez mourir ? Barrot et Carré sont formels. Vous serez sur pied d'ici peu. Vous avez encore de la ressource et votre condition s'améliore de jour en jour.

Le déluge dura une quinzaine.

Un matin, alors que le soleil inondait l'immensité de la baie, on sut que c'était la fin des épreuves mais que l'on allait peut-être en subir d'autre nature.

La famine était aux portes de la colonie. Les nourritures sauvages ne manquaient pas : poissons, coquillages, écrevisses, sans compter la faune des marécages et des bayous, mais on n'eût pas trouvé, même en fouillant dans les magasins, la moindre once de la nourriture à laquelle les immigrants étaient habitués en France.

Aller mendier sa subsistance à Pensacola ? La situation était pire qu'à Mobile. Envoyer le traversier aux Iles ? Il ne pouvait prendre la mer en raison du gros temps qui sévissait au large.

On n'attendait plus de secours que d'un navire de France. Il n'en était pas arrivé depuis quatre ans, si bien que l'on en venait à supposer que la métropole avait oublié sa lointaine province.

Sur la fin de l'été, alors que les colons s'étaient réinstallés dans leurs pénates et contemplaient d'un œil morne leurs champs dévastés et leurs récoltes détruites, le *Baron de La Fosse* mit à l'ancre à quelques encablures de l'île Dauphine.

Chargé d'émigrants et de vivres, le navire apportait des nouvelles d'Europe.

Après des années de combats épuisants qui avaient ruiné l'économie des belligérants, la guerre de Succession d'Espagne avait pris fin. Les diplomates examinaient à Londres les préliminaires de la paix. Le Roi-Soleil n'était plus pour ainsi dire qu'une étoile morte, un fantôme égrotant dont on n'écoutait les avis que par respect.

Bonnes nouvelles... Mauvaises nouvelles...

Accompagné d'Artaguette tout juste remis de sa maladie, appuyé sur des cannes, Bienville vint au-devant des chaloupes qui, remontant la baie, transportaient un petit monde de marquis de cour et de commis en habits noirs.

Le premier de ces personnages à prendre pied sur la berge était bien connu de M. de Bienville, lequel se demanda en fronçant les sourcils ce qu'il pouvait bien faire là. A plusieurs reprises, jadis, en Nouvelle-France, il avait eu affaire à Antoine de La Mothe Cadillac et n'avait eu que rarement l'occasion de s'en féliciter. C'était un trublion de la pire espèce dont on se demandait ce qui lui valait les faveurs de la Cour.

Fils d'un conseiller au Parlement de Toulouse, ce bellâtre s'était formé au métier des armes avec un certain succès, ce qui l'avait conduit à commander une compagnie de marine au Canada avant de prendre la direction des postes de Mikilimakinac, sur les Grands Lacs, puis de Détroit, un établissement qu'il avait fondé treize ans auparavant. Couronnement de sa carrière, il avait accédé au poste de gouverneur général de la Nouvelle-France.

Lorsque Bienville le vit se hisser sur le ponton, avec la lenteur majestueuse d'un poussah, suant, soufflant, s'aidant de sa canne à pommeau d'argent ornée de rubans, il se dit que c'était un mauvais tour du destin qui amenait ce personnage dans ses eaux.

Emperruqué, coiffé d'un chapeau à plumes, vêtu de soie de Damas et de dentelles d'Angleterre, M. de Cadillac écarta vigoureusement son secrétaire qui lui tendait la main pour lui éviter de s'entraver dans les planches mal jointes.

Il s'exclama en promenant un regard sévère sur le fort et le village :

– Mobile ! C'est donc cela, Mobile ?

M. de Bienville ôta son tricorne et inclina la tête.

– C'est un établissement bien modeste, monsieur de Cadillac, mais vous y êtes le bienvenu.

– Qui êtes-vous ?

– Monsieur de Bienville, gouverneur, pour vous servir.

– Où est ma voiture ?

– Nous n'avons pas de voiture, monsieur, mais je puis vous faire amener un chaval.

– Un cheval ? Vous vous moquez ! Pourquoi pas un palanquin ?

Il ajouta en pointant sa canne vers le commissaire :

– Vous êtes, je suppose, monsieur Diron d'Artaguette ?

– C'est exact, et nous sommes heureux de vous souhaiter...

– Assez de balivernes, je vous prie ! Faites préparer un bon logement pour moi, ma femme, mes enfants et mon personnel.

– Nous allons nous en occuper, dit le gouverneur, mais... comprenez que vous n'étiez pas attendu. Votre arrivée nous a été annoncée par un courrier il y a une heure à peine. Puis-je vous demander quelle unité vous a amené parmi nous ?

– Le *Baron de La Fosse*. Soyez satisfaits : nous n'arrivons pas les mains vides. La France ne vous a pas oubliés. Il semble que vous ayez le plus urgent besoin de ravitaillement.

– A vrai dire, répondit d'Artaguette, nous étions au bord de la famine. Nous avons subi de graves inondations et nous manquons de blé d'Inde depuis...

M. de Cadillac frappa le ponton avec sa canne.

— Je ne suis pas venu ici pour entendre des jérémiades. Le ministre et moi en sommes saturés. Il semble que vos dons d'administrateur n'aient pas été à la hauteur des circonstances. Vous aurez des comptes à me rendre, vous, d'Artaguette et vous aussi, Bienville.

Le gouverneur prit la mouche :

— Et à quel titre je vous prie ?

— Vous allez le savoir sur-le-champ. Olivier ! mes lettres de créance...

Bienville sentit les planches se dérober sous lui. D'Artaguette s'accrocha à son bras et demanda ce que cela signifiait.

— Cela signifie, mon brave, dit le butor, que vous allez devoir retourner en France, et que vous, Bienville, n'êtes plus gouverneur. Telles sont les décisions prises par le ministre. A dater de ce jour j'exerce les fonctions de gouverneur et M. Duclos, que voici, celles de commissaire ordonnateur. Quant à vous, Bienville, on vous a confié le titre de lieutenant général.

— Cette décision est scandaleuse ! s'écria Bienville. En quoi ai-je démérité ?

— Il ne m'appartient pas d'en juger. Que cela vous plaise ou non, c'est ainsi. Il suffit, d'ailleurs, d'ouvrir les yeux pour constater votre échec. Seul ce fort a quelque allure, mais je ne vois pas la troupe. Elle devrait être là pour m'accueillir.

— Il n'y a plus de troupe ! rétorqua Bienville, d'un ton acerbe. Consignée pour cause d'épidémie. Je vous présenterai l'état des effectifs. Nous devrions aligner une centaine de soldats et nous n'en avons pas quarante. Ceux de nos hommes qui n'ont pas déserté sont malades de fièvre ou de privations. Ils n'ont touché ni solde ni ration ni tenue depuis des années. Moi-même et M. d'Artaguette...

M. de Cadillac l'interrompit d'un ton sarcastique :

— Ce que vous savez faire de mieux, c'est vous plaindre ! Vous allez devoir, Bienville, apprendre à ne rien espérer que de vous-même. A quelle fin croyez-vous que Sa Majesté m'envoie dans ce pays ?

Tandis que ces messieurs rompaient des lances sur un ton acrimonieux, les matelots continuaient à débarquer les passagers montés dans des chaloupes.

Mme de La Mothe Cadillac, jeune femme au teint

cireux, venait à grand-peine de prendre pied sur le débarcadère, avec l'aide des hommes d'équipage qui la poussaient sans façon par le fondement. Elle fut bientôt entourée d'un svelte lieutenant, Joseph, qu'elle appelait « mon fils », et d'une marmaille muette et consternée par la médiocrité de l'accueil. Elle réclama à son tour une voiture ; son époux lui répondit avec humeur :

– Ma bonne, il n'y a pas de voiture ni même de chaise à porteurs. Il faudra vous y faire : nous sommes chez les sauvages...

Il fallut l'aide des matelots pour les soutenir jusqu'au fort, lui et son épouse, par un chemin qui n'avait rien de commun avec les allées de Versailles. Mme de Cadillac, appuyée sur deux colosses, frappait le sol de sa canne en protestant qu'elle ne resterait pas une semaine dans cette sentine oubliée de Dieu et qu'elle repartirait pour la France par le *Baron de La Fosse*.

Le nouveau gouverneur se retourna pour lui crier :

– Taisez-vous, ma bonne ! Gardez votre souffle et souvenez-vous que vous avez le cœur fragile.

D'Artaguette ne décolérait pas.

– Je déteste ce personnage ! s'écriait-il. C'est un goujat, un prétentieux, un...

– J'ai eu avant vous l'occasion de le détester, surenchérissait Bienville. Vous avez une chance : celle de repartir d'ici peu. En revanche vous devriez me plaindre. La seule satisfaction que me procure l'arrivée du *Baron de La Fosse* est qu'il nous apporte des vivres, des colons et des soldats. Pour ce qui est de Cadillac, il ne m'impressionne pas. Je redoute plutôt ce Duclos qui vous succède. Je ne le connais pas mais sa mine ne me dit rien qui vaille. Il ressemble comme un jumeau à ce pisse-froid de La Salle, que le diable l'emporte !

Les lettres de créance signées du ministre, devenu depuis peu chancelier du roi, étaient accompagnées d'un pli qui laissa perplexe M. de Bienville : Sa Majesté abandonnait à un certain Antoine Crozat, marquis de Châtel, la concession de la Louisiane, avec le monopole du commerce. Ce personnage important était directeur de la Compagnie de Saint-Domingue et de la Guinée pour le commerce négrier, et de l'*asiento*. De même que le nouveau gouverneur, c'était un Toulousain, fils de capitoul. Il occupait de plus les hautes fonctions de receveur général des Finances de la généralité de Bordeaux et de secrétaire du roi. On disait de lui qu'il était « l'un des créanciers les plus influents de l'État ».

– Qu'avons-nous à attendre de tous ces changements ? demandait Bienville. A mon avis : rien de bon...

– Cela dépend... répliquait d'Artaguette. Si ce Crozat, qui en a les moyens, en a aussi la volonté, la colonie peut prendre son essor. L'intérêt de ce financier est de la mettre en valeur, non de la regarder dépérir. Mais peut-être va-t-il la pressurer comme une orange pour la jeter ensuite. Ces gens ne sont pas des philanthropes...

– Les choses ne peuvent être pires. Nous avons touché le creux de la vague. Nous ne pouvons que remonter.

– ... Ou disparaître ! J'en aurai le cœur net. Je prendrai rendez-vous avec Crozat, je sonderai le personnage et ses intentions et je saurai si nous pouvons compter sur lui...

Bienville répondait avec un sourire :
– Vous avez bien dit « nous » ? Comptez-vous accorder encore quelque intérêt à cette colonie ?

– En douteriez-vous, mon cher ? Non seulement je défendrai notre cause à Paris et à Versailles mais, avec l'assentiment du ministre, je reviendrai...

L'installation du nouveau gouverneur ne se fit pas sans grincements de dents. Dès son premier contact avec la colonie, il s'était hérissé comme un porc-épic et son épouse avait sombré dans les vapeurs.

Il s'agitait comme un beau diable, convoquait les uns et les autres à son *Parlement* imaginaire, vitupérait ce *cloaque* qu'était Mobile, brassait du vent avec des accès de colère que son accent toulousain rendait redoutables.

Madame restait allongée plusieurs heures par jour, incapable qu'elle était de s'intéresser à l'installation et laissant à ses domestiques le soin de jouer les mères poules avec ses enfants qui, eux, après un moment de confusion, loin de prendre la situation au tragique, s'en divertissaient.

Bienville avait tenu à accompagner son ami d'Artaguette jusqu'à Port-Dauphin, d'où il devait embarquer sur le *Baron de La Fosse*. Il le chargea d'une grosse enveloppe de courrier à l'intention de ses relations et de ses bons sentiments pour le nouveau ministre.

La quasi-totalité des habitants avaient demandé à

être rapatriés. Il avait fallu user de dissuasion puis de contrainte pour éviter que la colonie ne redevînt un désert.

– Ces manants ! s'exclamait le gouverneur. Ils vont apprendre de quel bois je me chauffe. Non seulement, je refuse qu'ils quittent leur terre mais je vais les remettre au travail. Je leur apporte ce qui leur manquait : des instruments aratoires, du bétail, de la semence... On ne les a pas envoyés sur ce coin de terre pour qu'ils s'amusent avec les sauvagesses et leur fassent des enfants !

D'Artaguette embrassa son ami et lui dit, après avoir essuyé ses larmes :

– Mon pauvre Jean-Baptiste, je suis de tout cœur avec vous. Cette baudruche, ce M. Jourdain ignare et prétentieux va vous en faire voir de toutes les couleurs.

– Ne vous tracassez pas pour moi ! répondit Bienville. Après tout, je ne suis désormais que le lieutenant général et mes attributions sont limitées. Si le gouverneur daigne me demander conseil je lui donnerai satisfaction, mais s'il s'en passe je le regarderai sans déplaisir s'enliser. Je redoute Duclos davantage que lui. Cadillac est une couleuvre et Duclos une vipère. Me voilà bien entouré !

Lorsque le *Baron de La Fosse* eut disparu à l'horizon, le lieutenant général se sentit plus seul qu'il ne l'avait jamais été dans sa vie. La tête basse, le cœur meurtri, il remonta dans la chaloupe qui le ramenait au fort.

En quelques jours Mobile était devenu une sorte de carrefour où, à certaines heures, on trouvait rassemblé autant de monde que sur la place Royale aux moments de grande presse, sauf qu'on n'y voyait pas circuler de voitures et qu'on n'y entendait pas les discours des charlatans.

A la suite de M. de Cadillac et de M. Duclos avaient débarqué des hommes de la Compagnie, commis de M. Crozat; ils se donnaient des titres qu'ils n'avaient peut-être pas, se montraient jaloux de leurs prérogatives, qu'ils fussent conseiller, contrôleur, directeur, procureur, simple secrétaire ou gratte-papier. Ils bourdonnaient autour de l'habit noir de M. Duclos comme des abeilles autour de leur reine ou mieux comme des mouches autour d'un étron; ils s'égratignaient au passage, se disputaient pour un logement ou du mobilier. Il y eut des chamailleries, des criailleries de chats en colère et, si l'on en vint rarement aux mains, c'est qu'entre gens de condition on se devait de faire honneur au nouveau souverain de la Louisiane : M. le marquis de Châtel de Crozat, dont les consignes étaient aussi draconiennes que les admonestations de Dieu le Père, et à son vice-roi, M. de La Mothe Cadillac, marquis de Carabas.

Il se mêlait à ce tohu-bohu de caravansérail quelques Canadiens de retour de la forêt ou de la prairie et des Indiens intrigués par ce remue-ménage inhabituel où il devait y avoir à glaner. Les uns comme les autres avaient de la peine à reconnaître Mobile. Où étaient les soldats dépenaillés, les colons affamés ? Ils jetaient un regard perplexe sur cette nouvelle agitation. Les Canadiens portaient leurs pelleteries aux magasins et protestaient contre les nouveaux tarifs imposés par la Compagnie ; le garde-magasin leur répondait qu'il n'était pas responsable de ces abus et que c'était à prendre ou à laisser ; la plupart allaient porter le produit de leur traite chez les Anglais des Carolines.

Les sauvages se hasardaient timidement parmi ces personnages qui semblaient venus d'un autre monde ; ils avaient du mal à reconnaître ceux à qui, d'ordinaire, ils venaient vendre leur blé d'Inde, leur viande boucanée ou leurs filles. On boudait leurs produits car les magasins regorgeaient de marchandises importées de France.

Les premiers sauvages qui montrèrent leur nez – un groupe d'Appalaches venus fumer le calumet avec M. de Bienville selon leur habitude – furent accueillis avec des cris de surprise, des rires et des moqueries, comme un pauvre cortège de saltimbanques. On les approchait avec méfiance ou répulsion, on touchait leur peau qui avait une odeur singulière, on les trouvait différents, en moins bien, que ceux que l'on exhibait à Paris comme des animaux de cirque.

Mme de Cadillac disait à ses enfants :

– Ne vous approchez pas de ces sauvages : ils vous donneraient des poux, la gale et même ils pourraient vous mordre. Dieu qu'ils sentent mauvais... Fi donc ! Allons-nous-en...

M. de Cadillac, à qui la Compagnie avait confié quelques gens de métier et du matériel, mit tout le monde au travail, ainsi qu'il l'avait annoncé. En premier lieu charpentiers et menuisiers. Pénicaud, habile dans le choix des essences et la façon de débiter les grumes, fut désigné pour diriger les équipes dans lesquelles on incorpora quelques Bayagoulas alléchés par la promesse d'une distribution d'eau-de-vie : le « lait du roi de France », comme ils disaient.

Du jour au lendemain, Pénicaud fut comme un petit roi. Le gouverneur ne s'adressait à lui qu'avec révérence ; ses sujets suivaient ses ordres au doigt et à l'œil, sauf quelques sauvages auxquels il fallait botter les fesses ou supprimer leur ration d'alcool pour en tirer quelque effort.

Pénicaud embaucha aussi son ami Picard.

– Tu vas, dit-il, laisser ton violon dans son coffre, comme je l'ai fait de ma flûte. Retrousse tes manches et viens nous aider. Pas question de te faire scier des planches. Tu aideras au traçage.

Pénicaud partait dans la forêt avec quelques Canadiens robustes, désignait aux bûcherons les arbres à abattre pour la construction des embarcations sur le chantier naval de M. Leroux ; le chêne vert pour les charpentes ; le pin pour les planches ; le sycomore pour la menuiserie... On ramassait les grumes à la colonie, par flottage, derrière les canots.

Cadillac avait-il opéré un miracle ? En fait, ce miracle pouvait se comparer à celui de la multiplication des pains. Crozat, de plus en plus, prenait dans l'esprit des habitants et des soldats l'apparence d'un Dieu dispensateur de bien-être. Ses commis, en revanche, n'avaient rien de saintes créatures.

Les magasins de l'île Dauphine et de Mobile étaient souvent le théâtre de querelles autour des éventaires.

– Une piastre pour une poule maigre ! Quarante sols pour une douzaine d'œufs ! C'est du vol...

– A prendre ou à laisser ! répliquaient les commis.

Les colons, qui avaient modestement garni leurs bas grâce au peu de contrebande effectuée avec Pensacola, voyaient leur pécule fondre comme neige au soleil. Impuissant à sévir, ces faits ne relevant plus de sa compétence, Bienville se disait qu'à ce train la colonie deviendrait vite un pactole pour les messieurs de la Compagnie. Dix douzaines d'œufs coûtaient aussi cher qu'un bœuf au Canada...

Quelques jours après son débarquement, le nouveau gouverneur avait trouvé sans peine un logement à sa convenance : celui qu'avait habité d'Artaguette avant Châteauguay, lequel était occupé ailleurs ; il le jugeait un peu juste pour sa nombreuse famille mais s'y plaisait. Quant à Duclos, il avait demandé à partager l'habitation de Bienville, lequel ne put s'opposer à cette décision.

Un matin, Cadillac descendit sur la place d'armes, les bras écartés, le visage congestionné, au bord de l'apoplexie, semblait-il. Il tomba comme un chien enragé sur un quarteron de fantassins habillés de défroques indiennes, en train de jouer aux quilles. Il dispersa leur groupe à coups de canne et se rua dans l'appartement du lieutenant général qui était en train de lire ses instructions en fumant la pipe.

– C'est scandaleux ! dit-il. Je n'en crois pas mes yeux ! Au lieu d'être à l'exercice ou à la corvée, vos gens jouent aux quilles. Et dans quelle tenue ! Monsieur, vous manquez à tous vos devoirs !

Bienville se retint de ne pas envoyer son encrier au visage du malotru. Comme le gouverneur était entré sans se faire annoncer ni même frapper, il ne daigna pas se lever, fit mine de poursuivre sa lecture et dit simplement :

– Où sont les uniformes que vous avez ramenés de France, monsieur le gouverneur ? Et les armes, la poudre, les remèdes ?

– A l'île Dauphine. Des chaloupes les apporteront bientôt.

– Eh bien, patientons ! Je vous promets pour les jours qui viennent une montre dans les règles, en fanfare, drapeaux en tête. En attendant, laissez ces malheureux vivre comme ils l'entendent. Usez plutôt de votre autorité contre les déserteurs. Si vous parvenez à les rattraper...

– Votre insolence, lieutenant, passe les bornes. Si je dois sévir ce sera d'abord à vos dépens.

– Essayez donc et vous aurez toute la colonie contre vous.

A l'insu du gouverneur, Bienville fit prévenir les militaires, officiers et soldats, qui étaient partis vivre chez les sauvages pour subsister, d'avoir à regagner leurs quartiers. Ils revinrent un à un, sans hâte, parfois accompagnés d'une épouse indienne et de petits bois-brûlés.

Une quinzaine après la venue du *Baron de La Fosse*, Bienville put offrir au gouverneur une montre dans les règles de l'art. Il fit monter dans le ciel de la Louisiane les couleurs de France, une fanfare battit la caisse et une soixantaine d'hommes et d'officiers se présentèrent à M. de Cadillac qui se déclara satisfait.

Au cours de la cérémonie, le lieutenant général présenta au gouverneur un jeune officier qui paraissait quelque peu embarrassé de son uniforme flambant neuf : le sergent Pierre Saint-Michel, dont il conta l'odyssée.

– Quelle idée ! s'exclama M. de Cadillac. Envoyer chez les sauvages des jeunes gens de cette qualité, alors qu'ils eussent mieux servi sous nos couleurs... En connaissez-vous d'autres ?

— Certes, mais ils sont peu nombreux et d'ailleurs je n'en ai pas de nouvelles. Ils font du bon travail pour la plupart, à ce que je crois. Ils nous seront utiles le jour où nous serons en mesure d'exploiter les mines qui abondent à l'intérieur. Des gisements argentifères, notamment.

Le visage du gouverneur rayonna :

— De l'argent, Bienville ! Des mines d'argent ! Quand je vais communiquer cette nouvelle à M. Crozat, il fondra de joie.

— N'en faites rien, je vous prie. Le mieux est d'attendre d'avoir des certitudes.

— Et de l'or, Bienville ? A-t-on découvert des mines d'or ?

— Nous en découvrirons sans nul doute, mais pas dans ces contrées. Il s'en trouve dans les territoires des missions et les *presidios* du Mexique.

— Eh bien, j'y enverrai le monde. Si nous voulons que notre colonie prenne racine il nous faut quantité de mines à exploiter. A quelle distance sont-elles ?

— Les premières se situent à quelque deux ou trois cents lieues d'ici et vous savez que nous n'avons pas de diligence ni de coche d'eau pour nous y rendre...

Aux agapes qui accompagnaient la montre, Bienville se trouva voisin de table d'une des filles du gouverneur : Joséphine, qu'on appelait Fine dans sa famille. Elle était vêtue avec une certaine recherche : gants à la Dauphine, robe et fichu à rayures, écharpe de tête, avec tout un « esclavage » de rubans.

Fine, elle ne l'était guère, malgré un certain charme et une volubilité non exempte d'esprit : des yeux sombres trop larges, une bouche trop grande, des pommettes d'asiate, mais un corps fait à l'antique et du bon sens dans ses reparties.

Contrairement à sa mère et à son frère aîné, Joseph, Mlle Fine s'intéressait aux affaires de la colonie et voulait tout savoir.

— Monsieur de Bienville, est-il vrai que vous ayez vécu chez les sauvages et que vous connaissiez plusieurs de leurs langues ?

« Monsieur de Bienville, est-il exact que les sauvages arrachent leur chevelure à leurs ennemis ?

« Monsieur de Bienville, on dit qu'on trouve dans la forêt et les marécages des serpents à chaque pas. Avez-vous déjà été mordu ?

Il répondait aimablement à toutes ces questions, souvent un peu naïves, et ne se privait pas de mêler à ses réponses une pointe de galanterie.

— Si cela vous tente, lui dit-il, je me ferai une joie de vous accompagner dans une des tribus alliées.

— J'en parlerai à papa, dit-elle, mais je doute fort qu'il m'en donne l'autorisation...

Depuis que le *Baron de La Fosse* avait repris la mer, M. de Rémonville observait une prudente réserve vis-à-vis du nouveau gouverneur. Il n'était retourné au village qu'à deux ou trois reprises, pour des achats de première nécessité. En constatant que les prix avaient plus que doublé en l'espace de quelques jours, il s'en était offusqué et avait décidé d'en demander raison au commissaire-ordonnateur. Bienville, auquel il confia son projet, le lui déconseilla.

— Cette démarche serait inutile et, de plus, vous risqueriez de vous faire des ennemis du gouverneur et de son entourage. Ces messieurs ont le poil sensible et il faut les caresser dans le bon sens. Il est vrai que tout est hors de prix, mais au moins nos gens ont-ils de quoi ne pas mourir de faim, ce qui leur permet de résister mieux aux maladies.

M. de Rémonville devait en convenir, mais il gardait rancune au gouverneur de certaine démarche qui l'avait offusqué.

— Savez-vous, mon ami, que ce Cadillac a un sacré toupet ? Un de ses secrétaires est venu l'autre jour me prier de céder ma demeure à Sa Majesté le Gouverneur. Je lui ai répondu qu'elle n'était pas à vendre. Il l'a pris de haut et m'a annoncé qu'on pouvait fort bien la réquisitionner. Selon vous, en a-t-il le droit ?

— A un tel énergumène, rien n'est impossible. Je vais me renseigner et vous tiendrai informé.

M. de Rémonville bourra sa pipe de tabac à la rose et soupira, en se renversant dans son fauteuil à bascule :

— Les temps ont changé, mon ami. Toute cette activité un peu désordonnée, toute cette euphorie... Qu'en dites-vous ? Croyez-vous que nous allions vers un âge d'or ?

– J'en doute. Nous allons certainement vers un retour des vaches maigres. Je n'ai qu'une médiocre confiance dans les compagnies. Elles ne donnent rien pour rien. Ce ne sont pas des saint Martin pour déchirer la moitié de leur manteau et la donner aux pauvres. Elles les dépouilleraient, au contraire, pour avoir plus chaud.

Comme il l'avait promis au marquis, Bienville consulta Duclos qui se montra catégorique : tout gouverneur qu'il soit, Cadillac n'avait pas le pouvoir de spolier un habitant de son domicile sans raison valable.
– Nous soulèverons ce problème à la prochaine réunion du Conseil de la colonie, dit-il. Je vous rappelle, *mon ami*, que vous en faites partie.
Ce *mon ami* fit à Bienville l'effet d'une gorgée de miel après une rasade de poison. Il se dit qu'il avait peut-être mal jugé ce personnage dont on prétendait qu'il avait de fréquents sujets de discorde avec le gouverneur. Il se promit d'en apprendre davantage sur lui.
– Asseyez-vous, dit Duclos. J'avais entamé une bouteille de chambertin, mais je n'aime pas boire seul. Tenez-moi compagnie si vous n'avez rien d'urgent à faire.
En plus des services regroupés dans la demeure de Cadillac, Duclos s'était aménagé un modeste retiro dans la partie de la demeure louée à l'ancien gouverneur. Sa chambre avait une apparence austère comme un logis de curé : quelques meubles de bois sombre amenés de France, un grand crucifix de chêne orné d'un rosaire aux grains noirs, un lit spartiate, un meuble de rangement garni de livres, de dossiers, de rouleaux...
– Il y a quelque temps déjà, dit le commissaire en servant à boire, que je souhaite avoir un entretien avec vous. J'aimerais que nous fassions plus ample connaissance. Goûtez ce vin...
– Il ne semble pas avoir souffert de la traversée. Il a gardé tout son fruit.
– En fait, je vous connais assez bien, si vous savez peu de chose de moi et ne semblez pas désireux d'en savoir davantage.
– Monsieur, je...
– Ne protestez pas ! Je vous comprends, allez... Je sais ce que cette colonie vous doit et je considère

comme une injustice le fait que vous ayez été remplacé par cette outre de vanité qu'est notre gouverneur.
– J'aime cette franchise.
– C'est que vous commencez à me connaître. Je vous saurai gré de tenir secrets notre entretien et ces confidences. Peut-être aimeriez-vous savoir ce qui m'a conduit en Louisiane...

Avant d'être nommé par le ministre au poste qu'il occupait présentement, M. Jean-Baptiste Dubois-Duclos avait assumé les fonctions de commissaire à la Marine, à Dunkerque. Il s'était ainsi familiarisé avec les choses de la mer en général et des colonies en particulier, mais, jeune encore, il manquait de cette expérience qui ne faisait pas défaut à son interlocuteur.

– En vérité, dit-il, je me sens plein d'humilité à votre égard. Vous savez à peu près tout de cette contrée et je n'en sais pour ainsi dire rien. J'ose vous avouer mon ignorance, contrairement à Cadillac qui prétend tout savoir sans avoir rien appris, comme M. Jourdain, bien qu'il ait vécu au Canada. Accepteriez-vous de m'aider de vos conseils ? Vous m'obligeriez...

Comme le lieutenant général paraissait perplexe, il ajouta :

– Il est de notoriété publique, et cela n'a pu vous échapper, que Cadillac et moi ne nous entendons guère. Les zizanies ont débuté à Brest, lors de l'appareillage, et se sont aggravées. Aujourd'hui, nous sommes comme chien et chat. Nous ne nous parlons pour ainsi dire plus et communiquons par des billets, souvent fort raides. Cette mésentente n'augure rien de bon pour la colonie.

Il vida son verre avant d'ajouter :

– Quels étaient vos rapports avec d'Artaguette ?
– Au mieux, monsieur le commissaire. Ils étaient dominés par la confiance et l'amitié. C'était un fonctionnaire scrupuleux et un homme de bonne compagnie.
– Vous avez bien de la chance... soupira le commissaire. Finissons cette bouteille et, si vous voulez partager mon modeste repas...

Dans les prémices de développement où elle se trouvait, la colonie avait besoin d'un tabellion. Le gouverneur le découvrit en la personne d'un garde-magasin arrivé en même temps que d'Artaguette et qui n'avait guère fait parler de lui : Raguet. On lui confia le poste de greffier, d'écrivain et de notaire au Conseil de la colonie : il savait lire et écrire...

Ce Raguet, Bienville le connaissait bien : un personnage terne, sans ambition, fidèle à ses fonctions au point de refuser les tentations, comme d'aller chercher chez les sauvages le moyen de survivre ou de déserter. Dans l'affaire qui l'opposait au gouverneur, M. de Rémonville devait trouver en lui un appui efficace.

Lors de la réunion du Conseil, le premier soin de M. de Cadillac fut d'évoquer cette question. Raguet fit mine de fouiller dans ses dossiers et décréta qu'il s'agirait d'un passe-droit inadmissible. Le Conseil acquiesça et l'affaire fut classée, au grand dam du gouverneur.

A quelques semaines de cet incident, au cours de l'été, M. de Rémonville eut de nouveau à subir les exigences du gouverneur.

Il reçut la visite du lieutenant Joseph de Cadillac qui lui proposa sans ambages de lui acheter son cheval : le seul de la colonie. Refus catégorique. Quelques jours plus tard, nouvelle démarche : cette fois-ci, Joseph se présentait escorté par deux soldats de sa compagnie, avec un ordre de réquisition signé du gouverneur. M. de Rémonville y jeta un œil et secoua la tête. C'était toujours non.

– J'ai reçu l'ordre, dit le lieutenant d'un air menaçant, de revenir au fort avec votre cheval. Toute résistance de votre part serait inutile.

Il repartit avec Nigitaï. On le vit galoper à travers les pinières, les forêts de chênes blancs et de sycomores, fier comme Artaban, volontiers narquois lorsqu'il passait dans les parages de l'habitation du marquis spolié. Informé de cette exaction, Raguet refusa d'intervenir de nouveau auprès du gouverneur dont il redoutait la réaction.

Lorsque Bienville pénétra dans le cabinet de M. Duclos, qui avait sollicité sa visite, le commissaire était rouge d'indignation. Il brandissait un document qu'il s'était procuré grâce à la bienveillance du tabellion : la copie d'une correspondance du gouverneur.

– Ce butor ! Cet imbécile ! s'écriait-il. Savez-vous ce qu'il écrit à l'un de ses amis de Versailles au sujet de la Louisiane ? Je vous le donne en mille ! Lisez donc...

La missive était destinée à un certain M. de La Jonquière, ami du gouverneur. Elle disait : « *Je puis attester que toute la fortune de la colonie tient dans une douzaine le figuiers, trois poiriers sauvageons, un prunier rabougri de trois pieds de haut qui porte sept prunes de mauvaise apparence, trente-six plants de vigne avec neuf grappes mi-pourries... Voilà le paradis de M. d'Artaguette, la Pomone de M. de Rémonville... Quant à la population : vingt-huit familles plus misérables les unes que les autres...* »

– Voilà qui nous éclaire, dit Bienville. Notre gouverneur déteste son gouvernement. Si cette lettre tombait aux mains du ministre, son séjour en Louisiane en serait abrégé.

– Le ministre et Sa Majesté seront informés. Tout se sait à Versailles.

– Pourquoi nous a-t-on envoyé ce fantoche ?

– Pour s'en débarrasser ! Plus personne ne pouvait supporter ses rodomontades. Il a dû intriguer auprès de Crozat pour obtenir ce poste. En matière d'intrigues il n'a pas son pareil.

En quelques semaines M. de Cadillac s'était mis à dos tous les commis et quelques autres personnages de moindre importance qui grouillaient et grenouillaient autour du seigneur de Mobile.

– Cette animosité qui nous divise, ajouta M. Duclos, vient de ce que nos fonctions réciproques ont été mal définies et taillées de travers. Le gouverneur est le représentant du roi et moi celui de la Compagnie. Cela n'est simple qu'en apparence ; en réalité, tout ne fait que se compliquer au fil des jours. Un nid d'embrouilles...

Duclos raconta au lieutenant général la dernière lubie de M. de Cadillac.

Il avait décidé d'envoyer à la découverte quelques-uns des meilleurs officiers de la colonie. La présence hypothétique de gisements argentifères au nord de Mobile lui était montée à la tête. Assisté d'Olivier, son secrétaire, il alignait des comptes d'apothicaire pour se faire une idée du gain qu'il pourrait tirer de ces mines. Il lui avait suffi que le sergent Saint-Michel en parlât pour qu'il y crût.

Juchereau de Saint-Denis, fils du tanneur, cousin de Bienville, irait en reconnaissance dans les territoires situés à l'ouest du Mississippi, aux alentours de la Rivière Rouge. Claude-Charles de Tisné remonterait le

Grand Fleuve jusqu'aux anciennes tanneries de Charles Juchereau afin de prospecter les environs de la rivière Wabash. Étienne Venyard de Bourgmont parcourrait les contrées du fleuve Missouri, « le plus beau pays du monde », au dire de ceux qui l'avaient visité. Il se réservait quant à lui d'aller faire une opération de prospection au nord de Mobile.

– Notre gouverneur, ajouta M. Duclos, est pris d'une sorte de fièvre. Il n'en dort pour ainsi dire plus et ne parle que de *ses mines*. Monsieur de Bienville, franchement, croyez-vous qu'elles existent ?

– J'en ai la conviction. Les pays entre les Grands Lacs et le golfe du Mexique recèlent des richesses fabuleuses en minerais de toutes sortes, mais les distances sont considérables pour y accéder et les Indiens ne se montrent pas toujours favorables à notre curiosité. Pour eux, creuser la terre, c'est comme éventrer leur mère. Aux premiers coups de pioche, ils risquent de prendre les armes. Des milliers de soldats seraient nécessaires pour conquérir cet empire, autant d'hommes pour extraire le minerai. Nous sommes loin du compte.

Bienville voyait parfois sa frimousse de la fenêtre de son cabinet de travail. Elle agitait la main et s'envolait avec une grâce d'oiseau. Il bondissait sur le pas de sa porte, s'écriait :

– Mademoiselle Fine ! Ne partez pas si vite !

Certaines fois elle poursuivait sa route sans se retourner. D'autres, elle revenait sur ses pas et constatait avec un sourire narquois qu'il n'avait rien à lui dire d'important. Il la conviait à s'asseoir, à prendre un rafraîchissement, à lui raconter les menus faits de sa nouvelle existence. Fine avait un don d'observation très développé qui pouvait rendre ses piques redoutables.

Elle attirait le lieutenant général mais il s'en méfiait, craignant qu'elle ne rapportât à son père des propos un peu libres qui auraient pu lui échapper. Avec beaucoup de délicatesse il lui fit comprendre ses réserves. Elle lui prit la main, la porta contre sa poitrine. Il sentit son regard se diluer dans le sien.

– Ne vous méprenez pas sur moi, lui dit-elle. Je ne suis pas dupe et moins encore complice des excentricités de mon père et des vapeurs imaginaires de ma mère. Vous, je vous ai jugé au premier abord : la franchise et la discrétion mêmes. J'ai le sentiment que je puis me confier à vous comme à mon journal.

— Ainsi, vous tenez votre journal... J'aurais aimé faire de même, tant j'ai d'histoires à raconter.

— Qu'est-ce qui vous en empêche ?

— Les Le Moyne sont des aventuriers plus familiarisés avec le fusil qu'avec la plume. Si vous lisiez une lettre écrite de ma main vous me prendriez pour un ignorant. Je ne sais point l'orthographe et j'emploie certains mots pour d'autres.

— Est-ce qu'il vous plairait... ?

Elle rougit, sourit de ses grandes lèvres que l'air vif colorait d'un rose tirant sur le violet.

— Est-ce qu'il vous plairait que je vous écrive une lettre ?

Comme il paraissait perplexe, elle ajouta, le visage soudain figé :

— Si cela vous indispose, n'en parlons plus.

— Parlons-en, au contraire, mademoiselle Fine. Je serais ravi de vous lire, mais imaginez que ce manège soit découvert. Je ne crains rien pour moi. Je ne voudrais pourtant pas que vos parents en prennent ombrage.

— Que pourraient-ils me reprocher ? Où est le mal ? J'ai été élevée chez les ursulines. Elles nous laissaient une certaine liberté dont j'ai profité. Ma mère voulait m'envoyer au couvent. J'ai regimbé. Il faut maintenant que je trouve un bon parti, sinon je risque de l'entendre de nouveau me dire : « Au couvent, Fine ! Au couvent ! »

Bienville ne put réprimer un sourire qui ressemblait à une grimace : en fait d'appel du pied, l'allusion était claire et embarrassante.

A la première visite qu'elle lui fit, et qui, apparemment, n'avait rien de fortuit, Fine lui demanda s'il vivait seul. Il partageait son modeste logis avec une servante indienne à laquelle il avait donné, comme à la précédente, le nom de Princesse. Fille d'un chef des Taensas, elle avait échappé au grand massacre perpétré par les Alibamons pour le compte des Anglais. Joséphine demanda à voir cette Princesse : elle la considéra de la tête aux pieds, d'un air un peu méprisant.

— Elle n'est pas laide, dit-elle, mais elle a l'air sot.

— Elle l'est moins que vous le pensez, et je n'ai pas à m'en plaindre.

— On dit que les Indiennes sentent mauvais.

249

– Pas plus que les Blanches. C'est une légende.
– Je vous crois. Vous en savez plus long que moi sur ce sujet...

Elle était restée une semaine sans se montrer. Puis de nouveau ce signe de la main, cette fuite d'oiseau...

Fine dit un jour à Bienville :
– J'aimerais me rendre en canot à l'île Dauphine. Pourriez-vous m'y conduire ?

Elle voulait savoir ce que l'on allait faire des vingt-cinq filles de Bretagne amenées par le *Baron de La Fosse* et qu'on avait parquées là dans l'intention de les marier à des habitants ou à des militaires. Elles étaient si laides, disait-on, qu'elles trouveraient difficilement à se caser.

– J'accepte volontiers, mais vos parents ?
– Je leur ai parlé de ce projet. Ils sont d'accord.
– Le trajet est long et peu attrayant. Vous risquez de vous ennuyer.
– Vous me raconterez des histoires de sauvages et de coureurs des bois.
– Nous devrons coucher à Port-Dauphin.
– Le garde-magasin nous hébergera.

Elle lui prit la main, la secoua.
– Eh bien, qu'en dites-vous ? Pourquoi cette mine ? Ma proposition vous dérange ?
– Pas le moins du monde. Elle me réjouit, au contraire.

Il ne pouvait se dérober sans risquer de faire un esclandre et de devoir renoncer aux visites de la demoiselle.

Ils embarquèrent dans une aube brumeuse. Le canot était conduit par deux Indiens Taensas emmitouflés dans leur couverte attachée au cou. Le voyage fut confortable malgré les attaques des maringouins, mais monotone. La rive se déroulait interminablement, bordée de cannes au-dessus desquelles passaient des vols de hérons bleus, de flamants roses, d'ibis blancs et une nuée de volatiles dont Fine exigeait qu'on lui indiquât les noms. Bienville, lorsqu'il les ignorait, leur inventait un nom indien.

Parfois, il lui désignait, allongé dans un nid de racines, le dos d'un alligator.

– Est-il vrai, dit-elle, que ces monstres se nourrissent de sauvages ?

Il éclata de rire.

— Il leur arrive d'en croquer quelques-uns, mais ce n'est pas leur nourriture principale. Ils aiment bien la chair des Blancs aussi, et même je crois qu'ils la préfèrent.

A la mi-journée ils firent halte dans une crique, dînèrent sur un carré d'herbe, burent un vin de bordeaux prélevé dans la cave du gouverneur.

— Cela me rappelle, dit-elle, mes pique-niques au bois de Boulogne avec ma famille.

L'air était doux, avec des saveurs d'automne aux franges du vent qui, montant de la baie, faisait bruire les cannes.

Quand ils réembarquèrent, Fine se sentait un peu ivre et portée au lyrisme. Allongée aux pieds du lieutenant, la tête posée sur ses genoux, elle rêvait tout haut. Ce pays lui plaisait, plus qu'à son père et à sa mère qui le détestaient. Elle aurait aimé y passer sa vie, « dans un petit monde d'Indiens et de Nègres », dit-elle, au cœur d'une plantation des bords du Mississippi. Elle imaginait une vaste maison blanche au milieu des chênes centenaires, comparable à celles qu'elle avait vues à Saint-Domingue.

— Il se passera des dizaines d'années, dit-il, avant que ce rêve ne se réalise. D'ici là vous aurez regagné la France et l'on vous aura mariée à un joli marquis de cour.

Elle étouffa un rire.

— J'ai connu un garçon à Paris, dit-elle. C'était le fils d'un libraire ami de Joseph. Mes parents avaient l'idée de me marier à lui. Il était d'accord. Pour me séduire il me montrait son jardin, persuadé qu'éprise de la nature comme je le suis, lectrice fervente de Ronsard et de Du Bellay, j'allais tomber amoureuse de son pré carré et de lui par la même occasion. C'était un béjaune boutonneux et son haleine puait le hareng en caque.

Elle revint à ce qui semblait être une de ses obsessions : savoir si son lieutenant vivait *vraiment seul*.

— Oui, mademoiselle Fine. Seul, au sens où vous l'entendez.

— Qu'est vraiment pour vous cette... Princesse ?

Pour ne pas l'effaroucher, il lui tourna un gros mensonge, se garda de lui avouer que cette Indienne était pour lui autre chose qu'une servante ordinaire, qu'elle venait souvent le rejoindre dans son lit et qu'elle lui

251

donnait du plaisir. Il ne faisait en cela qu'imiter les officiers, les soldats, les habitants célibataires que l'éloignement de la France contraignait à ces rapports. Il n'en éprouvait ni honte ni remords. Princesse donnait un équilibre à sa vie, en dépit des anathèmes des robes noires.

– Princesse, dit-il, est pour moi une servante. Rien qu'une servante.

Il sentit la main de Fine se crisper sur son genou.

On avait parqué les Bretonnes, filles d'orphelinats ou d'hôpitaux, sous un auvent, à peu de distance du magasin tenu par un nommé Graveline, commis au service de Crozat. Deux soldats et un caporal veillaient sur elles.

– Mon Dieu! s'écria Fine. Les malheureuses!... Que va-t-on en faire? Elles sont ici depuis plus d'un mois!

– Ces filles ne sont pas mariables, dit M. de Bienville. Regardez-les! Qui en voudrait?

Elles étaient jeunes mais si laides, si mal bâties, si étrangement fagotées qu'elles faisaient pitié. Il semblait que l'on eût puisé, pour peupler la Louisiane, au plus profond du vivier des établissements publics de charité pour en extraire la laideur et la bêtise. Certaines, yeux égarés, membres tordus, bouche baveuse, semblaient sortir d'une cour des Miracles. De plus, elles ne parlaient que la langue de leur pays.

– Au moins, demanda Fine, sont-elles bien traitées?

Graveline la rassura : elles ne manquaient de rien, se tenaient tranquilles, sans la moindre velléité de révolte, à croire que, traitées dans leur province comme du bétail, elles se contentaient de leur condition présente.

– Le mieux que l'on pourrait faire pour ces pauvresses, ajouta le commis, serait de les réembarquer au plus vite. La Compagnie y trouverait son compte car, outre qu'elles sont inemployées, elles coûtent cher en entretien et en nourriture. S'il survient une crise de subsistances, qu'en ferons-nous?

Le temps libre qui leur restait, les deux visiteurs l'employèrent à se promener sur le chemin qui circulait parmi les quelques cabanes de Port-Dauphin et aux alentours. Les habitants vivaient un peu de la pêche, surtout de la contrebande avec les Espagnols, les flibustiers et même les Anglais.

Ils se rendirent au petit domaine de Trudeau, un

Canadien venu faire fortune dans ces parages et qui semblait y être parvenu. Il habitait une maison de rondins et de planches à un étage, entourée d'un jardin potager. Le bonhomme les reçut sans chaleur et se montra peu loquace. Il avait été la première victime de l'attaque des flibustiers qui, quelques années auparavant, avaient pillé l'île, mais il avait rapidement rétabli sa situation. Il faisait le trafic de pelleteries avec les tribus indiennes de la côte, sur une grosse chaloupe achetée à Veracruz. Il vivait comme un sauvage, entouré d'un harem d'Indiennes guère plus fraîches que les Bretonnes, sur lesquelles veillait un vieux nègre aux cheveux blancs acheté à Saint-Domingue et qui faisait office d'eunuque.

L'île, avec ses immensités de sable blanc, ses eaux bleutées, ses espaces forestiers de pins et de chênes blancs où chantait le vent marin, avait une apparence agréable.

– Pourquoi, demanda Fine, avoir choisi Mobile plutôt que cette île ?

– Pour deux raisons, dit-il. Ici, le sol est trop stérile pour permettre la culture. De plus cette île est exposée aux assauts des Anglais et des flibustiers. Voyez ce qui se passe à Pensacola où les Espagnols vivent dans un état d'alerte permanent.

Ils poussèrent jusqu'au fort où végétait un quarteron de soldats sous le commandement d'un sous-officier indolent et résigné. Les deux pauvres canons paraissaient contempler d'un air morne l'horizon vide du golfe. Le lieutenant s'informa de leurs conditions d'existence : ils n'étaient pas trop à plaindre, la nourriture était suffisante et ils ne manquaient pas d'Indiennes...

Sur le trajet du retour, Fine dit au lieutenant :

– Peut-être vais-je trahir un secret, mais à vous je ne puis rien cacher. J'ai entendu mon père répéter qu'il aimerait quitter Mobile pour transporter ses pénates dans cette île. Il est las des intrigues, des palabres, des discussions, de l'animosité qui l'entoure et qui lui gâte la vie, souvent par sa faute. Mon père, Jean-Baptiste, n'est pas un saint...

Bienville sentit ses jambes se dérober sous lui : elle l'avait appelé par son prénom.

A la crainte de ne pas voir arriver avant longtemps un navire de France, avait succédé l'angoisse, puis la panique.

Les vivres s'épuisant dans les magasins, on voyait venir le jour où il faudrait de nouveau avoir recours aux sauvages. Les émigrants arrivés sur le *Baron de La Fosse* n'étaient pas préparés à ces épreuves et les anciens sentaient se rapprocher le spectre de la disette.

– M. Crozat ne nous oubliera pas, disait M. Duclos. Je le connais : c'est un homme de parole.

La Compagnie de Louisiane comptait trois associés : Crozat, Cadillac et Le Bar, contrôleur. Les lettres patentes signées du roi lui avaient concédé pour quinze ans le monopole du commerce avec la colonie et la propriété à perpétuité des mines hypothétiques et des terres qui, le cas échéant, seraient mises en culture. Cela faisait beaucoup de *possible* pour peu de certitudes.

Elle avait obligation d'approvisionner la colonie en vivres, à raison de deux navires par an, qui transporteraient chacun, en outre, dix garçons ou filles et vingt-cinq tonneaux d'effets et de munitions. Ces denrées, ces marchandises seraient exemptées de droit de sortie.

Le roi était enfin débarrassé de cette colonie décevante et encombrante. On respirait à Versailles. Restait à savoir si Crozat tiendrait ses promesses et n'abandonnerait pas sa mission.

Le roi n'était qu'à demi rassuré. Des ministres faisaient la moue, d'autres la grimace ; certains s'insurgeaient, conscients que Sa Majesté avait placé sa confiance dans un financier véreux, soucieux avant tout de tirer profit du marché.

Nul n'ignorait que M. de Pontchartrain, tout en le proclamant « excellent sujet », n'avait fait nommer M. de La Motte Cadillac au poste de gouverneur de la Louisiane que pour se débarrasser d'un importun.

Il avait pris une décision plus judicieuse en nommant au poste de commissaire-ordonnateur Dubois-Duclos. Ce jeune homme austère, honnête, consciencieux, saurait, pensait-il, mettre bon ordre dans l'administration de la colonie, tempérer les ambitions et la cupidité du gouverneur.

Crozat n'était pas le premier venu. Il possédait, en matière de commerce avec les colonies, une expérience appréciable. Il avait acquis sa fortune, une des plus considérables du royaume, dans les offices de finances puis dans l'armement des navires à destination des Indes Orientales. Il laissait à ses capitaines toute latitude de jouer à la flibuste, si bien que ses coffres s'étaient garnis rapidement de piastres et de livres, le commerce négrier lui fournissant d'autres subsides.

Peut-être, pour avoir ainsi cédé à l'attrait de la Louisiane, avait-il fait confiance à ce fabulateur qu'était le père Hennepin, de la Compagnie de Jésus, et à ce faux prophète qu'était Mgr de Saint-Vallier. Il devait dans ses rêves voir la Louisiane traverser ses nuits comme une bayadère parée de bijoux d'or, d'argent et de joyaux, au milieu du jardin d'Eden.

Les quelques entretiens qu'il eut avec des officiers retour d'Amérique lui avaient démontré qu'il y avait loin de la coupe aux lèvres. Il avait mis ces opinions opposées sur les deux plateaux d'une balance et avait décidé que la vérité devait se situer entre les deux : la Louisiane n'était ni un enfer ni un paradis. Elle serait ce qu'il en ferait.

M. de Pontchartrain lui avait dit :

– Monsieur Crozat, vous êtes l'homme qu'il nous faut. Cette colonie somnole. Vous allez la réveiller. La situation n'est pas des plus favorables, la guerre ayant laissé des blessures dans notre flotte, dans nos installations portuaires et le commerce avec nos colonies est au point mort. Tout est à faire, mais je vous sais homme d'action.

Le financier, après mûre réflexion, avait accepté et signé le protocole d'accord.

— Je dois vous mettre en garde, avait ajouté le ministre en le congédiant : je vous conjure de ne pas pratiquer une politique de parcimonie pour la colonie et de profit pour vous. Vous avez un monde à bâtir. Ne tuez pas la poule dans l'œuf.

Un monde à bâtir...

Cette phrase faisait dans l'esprit du financier l'effet d'un alcool qu'on l'aurait contraint à absorber. Il se dit que les centaines de milliers de livres qu'il allait jeter dans cette loterie risquaient de fondre comme neige au soleil. Le vieux souverain devait se frotter les mains lorsque son ministre lui glissait à l'oreille : « Nous sommes débarrassés de la Louisiane, sire. J'ai trouvé notre pigeon... »

Il avait relu le protocole, l'avait fait lire à son entourage, en avait transmis des copies à ses correspondants sans soulever le moindre enthousiasme. Faire marche arrière ? Impossible. Il ne tenait pas à finir ses jours à la Bastille ou au Châtelet.

M. de Pontchartrain avait beau jeu de lui recommander de ménager les habitants. Allez donc récolter de la laine sans tondre les moutons ! Quant à envoyer outre-mer de la graine de colons, c'était facile à dire. Les guerres du Roi-Soleil avaient moissonné les forces vives de la nation. Les paysans qui en avaient réchappé n'aspiraient qu'à retrouver leur lopin, les gens de métier leur atelier, les soldats leur carrière. Les ménages se repliaient douillettement sur eux-mêmes et ronronnaient en regardant se lever le soleil de la paix qui n'était que le crépuscule du Roi-Soleil.

Lettre comminatoire de Crozat à ses agents des villes portuaires : recruter à tout prix des garçons et des filles aptes à partir pour l'Amérique. Lettre au ministre des Armées : prière de lui fournir un contingent de soldats. On ne lui proposa qu'un troupeau de Bretonnes et des « vieilles moustaches » qui n'avaient rien à perdre en s'exilant dans une garnison lointaine.

C'est ainsi que, par une douce matinée de mars, le *Baron de La Fosse*, commandant M. de Jonquières, avait quitté la rade de Brest avec à son bord M. de La Motte Cadillac et M. Dubois-Duclos.

A peine ce premier convoi avait-il disparu à l'horizon, Crozat entreprit d'en préparer un second. Il trouva une douzaine de militaires sur le retour, la plupart invalides mais susceptibles de faire des colons. Ces pauvres hères arrivèrent à Nantes au début d'un hiver qui s'annonçait rigoureux, à pied, sans chaussures, vêtus de hardes et grelottant sous une pluie mêlée de neige, avec pour tout bien dix livres d'indemnité au lieu des vingt-cinq que l'on accordait habituellement aux hommes à destination des territoires d'outre-mer.

Colère du financier : dans cette affaire, qui donc se montrait *parcimonieux* ?

Ni Dieu ni la chance n'était de son bord. La *Justice*, le deuxième navire qu'il envoyait à la colonie, sombra corps et biens dans une tempête, au large de Saint-Domingue.

La nouvelle le frappa de plein fouet, alors qu'il préparait un troisième convoi avec une frégate réputée : la *Dauphine*.

Cette fois, les choses devenaient sérieuses : on embarquerait deux compagnies recrutées à Paris, que l'on dut, suite à des désertions en cours de route, compléter à Nantes en faisant battre la caisse.

On parvint à aligner cent trente-deux hommes plus ou moins valides auxquels s'étaient joints une douzaine de gens de métier. Quel métier ? Crozat se frotta les yeux en lisant la note que lui avait envoyée M. de Lucençay, ordonnateur de la Marine à Nantes : un plumassier, un rubanier, un perruquier... Si l'on comptait sur ces gens habitués à travailler dans la dentelle pour donner son essor à la colonie... Heureusement, on trouvait dans ce contingent quelques maçons, charpentiers et... tailleurs de pierre, alors que la pierre n'existait pas à Mobile. De laboureurs, point !

De rage Crozat arracha sa perruque, mais finit par se rasséréner en se disant qu'à défaut de colons propres à tenir la charrue la colonie, au moins, serait bien défendue.

Lettre de M. Duclos quelques mois plus tard :

« *Vous nous envoyez des soldats et, certes, ils nous seront utiles, mais ils ne se sont pas enrôlés pour faire de la terre et de la culture. Si telle était leur intention ils fussent restés en France. Ce qu'il nous faut ce sont de solides laboureurs...* »

Crozat prépara un quatrième convoi.

Le temps venu d'appareiller, le navire n'était pas prêt à prendre le large : des avaries à réparer, alors que les chantiers manquaient de personnel.

Que faire des malheureux que l'on avait recrutés,

dont certains avec femmes et enfants ? M. de Lucençay les enferma dans le château de Nantes. Ils y restèrent six mois, sous haute surveillance. Il y eut des récriminations, des éclats de colère, une insurrection suivie de désertions.

Crozat écrivit à l'ordonnateur d'annuler le convoi. « Impossible ! lui répondit M. de Lucençay. Je devrais répondre de cette décision devant la justice du roi. »

Cahin-caha, en dépit des intempéries, le navire appareilla. Non sans appréhension de la part du financier : la plupart des recrues étaient malades. Néanmoins, il poussa un soupir de soulagement, comme si l'on venait de lui extraire une épine du pied, mais, façon de dire, il boitait encore en se demandant comment cette tourbe de mécontents allait se comporter une fois à terre.

Le 22 août de l'an 1715, le quatrième navire de la Compagnie de la Louisiane jetait l'ancre en vue de l'île Dauphine.

Quelques jours auparavant, au-delà de l'océan, Sa Majesté donnait sa dernière audience avant de prendre congé du monde. Elle était revenue de Marly avec des douleurs dans une jambe. Un médecin décréta qu'il s'agissait d'une simple sciatique. Un autre que les taches noirâtres qu'il avait observées indiquaient une « gangrène sénile ».

Le 25 août, jour de la Saint-Louis, Sa Majesté prit plaisir à écouter les gardes-françaises venus le saluer au son des tambours et des fifres. Un orchestre de violons et de hautbois agrémenta son dîner public : potage et panade.

A deux reprises déjà, le roi avait fait ses adieux à la Cour. Il disait à ses intimes et à ses serviteurs :

– Je m'en vais, mais l'État demeurera toujours. Ne pleurez pas. M'aviez-vous cru immortel ?

Sa Majesté mangea de bon appétit deux biscuits mais avala avec moins de plaisir la mixture baptisée *élixir* et qui puait fort, proposée par un charlatan de Provence.

L'un de ses médecins soupira :

– On ne doit regarder l'effet de cette potion que comme un peu d'huile que l'on met dans une lampe sur le point de s'éteindre.

La lampe s'éteignit quelques jours plus tard. La jambe du souverain était pourrie jusqu'à mi-cuisse, « comme si le malade était mort depuis six mois ».

Le 1er septembre, sa prière dite, le Roi-Soleil jetait son dernier feu.

En raison de sa corpulence et de la goutte dont il souffrait, M. de Cadillac s'était fait confectionner une chaise à porteurs à laquelle il attelait deux robustes Taensas. Il dirigeait avec sa canne l'homme de tête et le fouettait quand il n'allait pas assez vite.

Pour ses déplacements il revêtait sa tenue de cour : jupe de soie puce à parements brodés, dentelle d'Angleterre au col et aux poignets, le ventre maintenu par une large ceinture de soie ponceau.

– Place ! place ! criaient les gens de l'escorte en traçant un sillon dans la foule des badauds.

Ce jour-là le débarquement des chaloupes avait commencé sans lui et il en montra de l'humeur. Une soixantaine d'hommes qui paraissaient être des soldats s'étaient rassemblés sur le ponton, leur baluchon à leurs pieds, encadrés par deux officiers en tenue qui s'évertuaient à les faire tenir en place à défaut de les obliger à observer le garde-à-vous réglementaire.

– Par le diable ! s'écria le gouverneur, voilà qu'on nous envoie des galériens !

Il fallait convenir que cette troupe n'avait rien, par sa tenue et sa discipline, des gardes-françaises qu'il avait vu évoluer à Versailles. Ce n'était qu'une gueusaille mal fagotée, mal rasée, mal chaussée, montrant même quelques pieds nus noirs de crasse. Les soldats de Sa Majesté !

Les deux officiers saluèrent militairement et se présentèrent : Clérac et Latour.

– Combien d'hommes avez-vous là ? demanda le gouverneur.

– Au départ de Paris, répondit Clérac, nous étions cent trente-deux. Après six mois d'attente à Nantes il n'en restait qu'une centaine. A Cap-Français, à Saint-Domingue, à la suite de nombreuses désertions, nous n'en avions plus qu'une soixantaine. Une dizaine sont morts durant la traversée du golfe. Nous avons l'honneur de vous présenter ce qui nous reste...

Accompagné de M. Duclos, le gouverneur se mêla au groupe des immigrants, s'informant du métier de chacun et constatant qu'une fois de plus on ne lui avait pas envoyé de laboureurs. Il laissa échapper un gros juron à la mode du pays :

– *Macarel de Diou!* on se fout de nous! Duclos, votre Crozat mériterait qu'on lui taille les oreilles en pointe. Qu'allons-nous faire de la plupart de ces gens ? Un plumassier... Un rubantier... Pourquoi pas un perruquier pour dames ?

– Mais, monsieur, dit un colon, j'en suis un et j'aurai plaisir à coiffer madame votre épouse.

– Taisez-vous, imbécile! lui lança le gouverneur.

Il se tourna vers le commissaire.

– Mon pauvre Duclos, dit-il dans un soupir, je crois que nous sommes embarqués sur la nef des fous...

« ... et vous feriez un excellent capitaine ! » faillit répondre Duclos. Il se contenta de murmurer :

– Il est vrai, Excellence, que ces gens, les militaires comme les émigrants ordinaires, ont piètre apparence. Nous pourrions les marier à ces Bretonnes qui nous restent sur les bras...

Sur fond de disette menaçante se tramaient dans la colonie, comme dans les coulisses du Théâtre-Français, de petites intrigues dont les témoins faisaient des gorges chaudes.

Mlle de Boisrenaud n'avait pas renoncé à séduire le seul homme qui lui parût digne de ses faveurs : le major Dugué de Boisbriant. Il est vrai qu'elle n'eût pu faire un meilleur choix. Outre qu'il alliait le charme et la distinction au courage, ce Canadien était cousin des Le Moyne. Iberville, qui l'avait amené à la colonie seize ans auparavant, le tenait en haute estime car ce bel officier connaissait mieux que quiconque l'Amérique du Nord.

L'ancienne élève des ursulines, que Bienville avait

renoncé à presser de se marier, avait déployé autour du major un réseau de connivences plus ou moins directes. Elle confiait volontiers ses ambitions de séductrice timide et maladroite à ses connaissances qui se hâtaient d'en faire part à l'intéressé.

Bienville n'avait pas échappé à la confidence. Il l'avait répétée à son cousin qui lui avait répondu froidement :

– Qu'on me laisse en paix avec cette péronnelle ! Elle a beaucoup de mérite. Je ne lui trouve cependant aucune des qualités requises pour en faire mon épouse et encore moins ma maîtresse. Je préfère mes Indiennes ! Avec elles, pas de complications sentimentales. Et puis, vous savez bien que j'ai la bougeotte ! alors, une femme, des enfants, une maison à moi ? Merci bien...

Dans son dévouement pour la colonie, Mlle de Boisrenaud avait bien du mérite. La « Demoiselle », comme on l'appelait, proclamait que la Louisiane deviendrait une véritable province le jour où colons et Indiens se sentiraient assez solidaires pour fonder un empire d'un commun accord. Dans ses rêves les plus idylliques elle les voyait, main dans la main, danser la ronde autour d'un feu de joie. Elle avait des réalités dramatiques ou sordides de cette colonie une vision édulcorée et radieuse.

Un jour, excédé de la voir se complaire dans de fausses espérances, Bienville lui avait dit :

– Mademoiselle Françoise, réveillez-vous et renoncez aux espoirs que vous avez portés sur mon cousin. Il ne vous méprise pas, il a même de l'admiration pour votre œuvre, mais il se hérisse quand on lui parle de mariage.

Elle avait fondu en larmes, de honte et de chagrin.

– Las... las... Séchez vos larmes et oubliez ce faux pas. Jeune, jolie, courageuse et de bonne naissance comme vous l'êtes vous trouverez bientôt l'âme sœur.

– Détrompez-vous ! avait-elle répondu d'un ton sévère. Jamais je n'accepterai d'épouser un autre homme.

Après les attentes qu'avait fait naître l'arrivée de nouveaux administrateurs et d'une importante cargaison de vivres, la colonie était comme une chaudière en ébullition. Ce mélange de gens de conditions diverses, mal préparés à leur nouvelle existence, inaptes au travail que l'on attendait d'eux, enfermés dans leur prétendue compétence et refusant d'en sortir, s'ajoutait à la promiscuité constante avec les Canadiens, les militaires et les Indiens. Cela suscitait des conflits, des querelles, des rixes qui atteignaient leur paroxysme dans les cabarets de Mobile et de Port-Dauphin.

Les rapports difficiles entre le gouverneur et le commissaire mettaient de l'huile sur le feu : ils n'étaient d'accord sur rien, ne se passaient aucune faiblesse, aucune faute.

Quant à l'ambiance de la garnison, surtout depuis le débarquement d'un contingent militaire, elle était devenue exécrable. Les hommes s'enivraient, se battaient comme des chiens pour un mot de travers, pour un geste déplacé, pour les faveurs d'une sauvagesse. Lorsque l'on menaçait de rationner les boissons fortes ils brandissaient l'étendard de la mutinerie et allaient crier leur colère devant le logement des officiers et la demeure du gouverneur. Les exhortations de Cadillac les laissaient indifférents : on en riait, on le brocardait, on l'injuriait.

Un jour qu'il buvait la dernière bouteille de bordeaux avec son ami Duclos, Bienville lui dit :

– Une idée m'obsède et m'importune. Pour mettre de l'ordre dans cette pétaudière une bonne guerre indienne serait le seul remède.

Mlle Joséphine de La Mothe-Cadillac, dans le jeu de séduction sans subtilité qu'elle menait autour de Bienville, avançait patiemment son pion. Autant elle y mettait d'ardeur et de constance, autant elle le trouvait frileux.

Au retour de leur promenade à l'île Dauphine, en le quittant devant la maison de ses parents, elle l'avait embrassé : un rapide baiser sur la joue. Quelques jours plus tard, au cours d'une autre promenade en marge de la forêt, alors qu'ils s'étaient assis sur un coin d'herbe, à l'abri des cannes, elle lui dit :

– Jean-Baptiste, embrassez-moi.

Il lui avait donné un baiser pudique sur la joue. Elle avait protesté :

– Mieux que ça ! On dirait que vous embrassez votre sœur ou votre mère. Eh bien, qu'attendez-vous ?

Comme la réponse se faisait attendre, elle appliqua

ses grosses lèvres sur celles de Jean-Baptiste qui faillit en tomber à la renverse. Il en éprouva un vague plaisir, mais pas l'élan viril qu'elle espérait.

— Vous ne m'aimez pas... soupira-t-elle.

Il la détrompa, mais sans chaleur ni conviction.

— Où tout cela nous mène-t-il, Fine ? Peut-être un jour prochain serai-je appelé à aller me battre contre les Indiens, à plusieurs centaines de lieues d'ici.

— Je vous suivrai ! répondit-elle avec feu. Partout où vous irez je serai à côté de vous. Je vous aime, Jean-Baptiste ! Si vous saviez comme je vous aime !... Et vous...

— Qui vous dit que je ne partage pas vos sentiments ? Mais vos parents, y avez-vous pensé ?

— J'en fais mon affaire. Ils n'ont rien à me refuser. D'ailleurs, s'ils s'opposaient à notre union je me passerais de leur consentement.

Ils observèrent un long silence, regardant des canots d'Indiens longer la berge, des vols d'oiseaux traverser le ciel au-dessus de la baie. Le monde baignait dans une sérénité à laquelle le cœur de Jean-Baptiste était loin de faire écho.

Ils se retrouvèrent au même endroit à trois jours de là, par un temps gris et brumeux.

Le visage rayonnant d'une joie énigmatique, Fine s'assit près de Jean-Baptiste et, dégrafant le haut de sa robe qui libéra une bouffée de giroflée, elle lui prit les mains et lui dit :

— C'est fait. J'ai parlé à mes parents. Ils sont d'accord. Nous pouvons nous marier quand nous l'aurons décidé.

La terre se fût ouverte sous lui qu'il n'eût pas éprouvé plus d'émotion. Une terreur panique lui tordait le ventre et le laissait bouche bée. Elle le secoua :

— Eh bien ! réveillez-vous ! Cette nouvelle semble vous contrarier...

Il bredouilla :

— C'est tellement imprévu ! L'émotion...

— Remettez-vous. Mon père a accepté de vous recevoir, demain à trois heures de relevée, dans son cabinet.

— Et madame votre mère, qu'est-ce qu'elle pense de ce projet ?

— Elle m'a prise dans ses bras, a pleuré une fontaine de larmes en me souhaitant tout le bonheur du monde.

263

« Me voilà, songea le lieutenant général, embarqué sur un radeau de naufragé, en pleine tempête. » Il partageait de plus en plus les sentiments de son cousin Boisbriant au sujet du conjungo : ses amours, au Canada, en France comme en Louisiane, ne l'avaient jamais incité à accepter cette conclusion fatale.

Le soir même, il se confia à Boisbriant qui prit l'affaire au pire.

– Vous avez été d'une maladresse insigne, mon cousin. Cette délurée vous a possédé jusqu'au trognon. Acceptez et je vous souhaite bien du bonheur. Refusez et Cadillac vous créera les pires traverses. Il vous reste une solution : vous faire sauter la caisse...

– Diantre ! comme vous y allez. Que feriez-vous à ma place ?

– Je renoncerais plutôt que de me mettre la corde au cou, quoi qu'il doive m'en coûter. C'est ce que j'ai fait avec cette folle de Boisrenaud.

M. de Cadillac attendait le « prétendant » dans son cabinet : une pièce d'assez vastes dimensions qui sentait à la fois la paperasse et l'apothicairerie, avec une vue agréable sur une pinière et la baie qui scintillait de tous ses feux. Le gouverneur était assis dans le fauteuil en velours damassé qu'il avait amené de France ainsi que le reste du mobilier, si bien qu'on aurait pu se croire dans le cabinet de travail d'un ministre. Sa jambe droite reposait sur un coussin de fabrication indienne posé sur un tabouret pour soulager ses crises de goutte, mais – noblesse oblige – il portait toujours sa canne à la main.

« Notre gouverneur, se dit le visiteur en l'abordant, ressemble de plus en plus à M. Jourdain... »

Cadillac lui indiqua un siège.

– Pardonnez-moi de ne pas me lever, mon cher ami, mais la position debout, si brève soit-elle, me fatigue.

Il lança à son épouse qui se tenait derrière lui avec la raideur d'une sentinelle :

– Veuillez nous laisser, ma bonne. Nous avons à parler entre hommes.

Le préambule dans lequel se lança le gouverneur parut inepte, déplacé et un peu longuet à son visiteur qui était de toute évidence dans ses petits souliers, les nerfs à vif, la gorge nouée. Il évoqua en termes généraux la vie de la colonie, énuméra les griefs qu'il nourrissait contre Versailles, les ministres plus préoccupés de la santé de Sa Majesté que de celle de la colonie, la Compagnie qui ne lui envoyait que de la « bouillie pour les chats »...

Il s'interrompit, toussa, cracha sur le parquet et s'écria :

— Cerise !

Une petite Indienne coiffée d'un madras comme les femmes des îles se présenta un moment plus tard, portant le plateau que Mme de Cadillac avait préparé à l'office. Il la rabroua :

— Que faisais-tu encore ? Tu sais que je n'aime pas attendre, surtout quand je reçois.

Il ajouta quelques mots en iroquois, la servante étant originaire d'une tribu de l'est du lac Ontario, puis éclata d'un rire gras. Elle s'approcha du fauteuil, souleva sa jupe, montrant un derrière bien moulé, couleur d'ambre, que le gouverneur, à trois reprises, frappa de sa canne, sans violence. Elle se tortilla, gémit, pleura. « Tout cela sent la comédie », se dit Bienville.

— Ces Indiennes, murmura M. de Cadillac, il faut constamment les avoir à l'œil et les mener à la baguette. Celle-ci est un petit démon mais elle a d'autres qualités. Vous me comprenez, mon cher ami, *d'autres qualités*...

Il éclata d'un nouveau rire en cascade, expectora énergiquement et s'administra une prise.

Le visiteur se demandait ce qu'il était venu faire là et si le mieux ne serait pas de se retirer en prétextant une affaire urgente, mais la bouteille de cognac placée sur le plateau au milieu de quelques friandises l'incitait à la patience. Il n'avait pas goûté de cet élixir depuis des années.

M. de Cadillac l'invita à se servir « à la bonne franquette », puis il parut se retirer en lui-même, s'abîmer dans une méditation dont les motifs ne faisaient guère de doute.

— Monsieur de Bienville, dit-il d'un air pénétré, ma fille Joséphine m'a fait part de votre intention de l'épouser. Je vous rassure sans plus attendre : ni moi ni mon épouse ne sommes opposés à cette union si elle doit faire le bonheur de cette chère petite et le vôtre.

— Je suis très flatté, bredouilla le « prétendant ». L'honneur que vous me faites...

— Je ne vous cacherai pas, mon cher ami, que j'eusse

préféré que ma fille attendît notre retour en France pour convoler. Lorsque nous avons quitté Paris notre chère enfant était sur le point de se fiancer au fils d'un ministre, après avoir écarté les prétentions d'un capitaine de vaisseau de la Compagnie des Indes Orientales et d'un lieutenant des gardes-françaises.

Bienville jugea indécent cet étalage de potentialités avortées. Dans l'esprit du père noble elles rehaussaient la valeur marchande de sa fille; dans l'esprit du « prétendant », à supposer qu'il crût à cette manigance digne de Marivaux ou de Molière, elle la ravalait. Joséphine ne lui avait parlé dans ses confidences que d'un fils de libraire... Il répondit avec un sourire ironique :

— Je n'en apprécie que davantage l'honneur qui m'est fait. Cependant...

— Que dites-vous de ce cognac ? demanda le gouverneur, comme s'il voulait éviter cette réserve.

— Il est digne de la table d'un roi, répondit le « prétendant » qui le pensait vraiment. Pour le problème qui nous concerne...

— Goûtez donc une de ces petites pâtisseries. C'est Joséphine qui les a confectionnées à votre intention. Cette enfant a tous les dons et tous les talents.

Il gloussa, fit virevolter sa canne avant d'ajouter d'un air sévère :

— Pour ne rien vous cacher, ma fille s'est offusquée que vous ayez à votre service une Indienne jeune et assez jolie à ce qu'elle m'a confié. Elle souhaite que vous la renvoyiez au plus tôt et se réserve d'en adopter une autre, moins séduisante. Entre nous, mon cher ami, cette... cette Princesse ne s'occupe pas seulement de votre cuisine ?

— Certes, monsieur le gouverneur. Je le confesse : Princesse est ma concubine, et cela depuis des mois, avant que je rencontre votre fille.

Il prit une inspiration, ses mains crispées sur l'accoudoir, avant d'ajouter :

— ... et je n'ai pas l'intention de m'en séparer.

M. de Cadillac détacha son dos du fauteuil, avança le buste, cligna des yeux et se livra à quelques grimaces trahissant une intense perplexité qui se muait insensiblement en colère. Il bredouilla :

— Pardonnez-moi, Bienville, je suis un peu dur d'oreille et ne suis pas certain d'avoir bien entendu. Vous me disiez ?

— Je vous disais, monsieur le gouverneur, que j'étais satisfait de ma servante et que je ne songeais pas à la renvoyer.

— Vous moquez-vous, jeune homme ? Ou est-ce ce vieux marc qui vous monte à la perruque ?

— Vous m'avez fort bien entendu, monsieur.

— Vous renonceriez à ma fille pour garder cette... cette *drôlesse* ? Vous vous êtes engagé auprès de Joséphine et voilà que vous tournez casaque pour une raison stupide !

— Puis-je vous faire observer que je ne me suis jamais engagé auprès de Joséphine ? Est-ce ma faute si elle s'est éprise de moi au point de me mettre au pied du mur et dans un grand embarras ? Je ne l'y ai jamais encouragée et si j'ai accepté de répondre à votre *convocation* (il pesa sur le mot), c'est pour m'expliquer avec vous, d'homme à homme, sur cette regrettable affaire.

— Mais enfin, Bienville...

— J'ignore ce que votre fille a pu vous dire de nos rapports, mais le mot mariage, je l'affirme, ne m'est jamais venu sur les lèvres, pour une excellente raison : je répugne, pour le moment du moins, à m'attacher.

Tandis qu'il parlait d'une voix de plus en plus raffermie, le visage du bonhomme passait du rouge de la colère au jaune cireux du malaise pour tourner au violet de l'apoplexie. Ses lèvres bougeaient sur des mots qui se nouaient au fond de sa gorge, ses bajoues se gonflaient et se dégonflaient comme le goitre des grenouilles géantes. A chaque effort qu'il faisait pour exprimer ses sentiments, Bienville haussait le ton. Quand il eut achevé sa tirade il recoiffa son tricorne, se leva, réajusta son épée d'un geste très militaire et s'inclina sèchement.

— C'est cela ! glapit le gouverneur. Fichez le camp et tâchez de vous faire oublier. Malotru ! Paltoquet !

— C'est ce que je m'apprêtais à faire sans votre permission. Merci pour le cognac : il était excellent.

Il ressortit, accompagné d'une cascade d'injures, de menaces, de malédictions.

Passé ce petit tumulte de nerfs il se sentait détendu et se reprit même à siffloter et à chantonner en regagnant son logis. Il imaginait sans peine l'orage qui avait dû éclater dans la famille. Pauvre Joséphine ! Il allait certainement la regretter, et pourtant ce qui arrivait à cette péronnelle, elle l'avait bien cherché. Cette *délurée*, disait le cousin Boisbriant...

267

Revenu dans ses pénates il se cala dans son fauteuil de vannerie, allongea ses jambes sur sa table de travail, moins encombrée que celle de M. Duclos : quelques plis cachetés dans l'attente du prochain navire. La colère froide qui l'avait animé lui laissait le goût amer du chicotin, mais le cognac y mêlait celui du bonheur.

Il appela Princesse qui vaquait à l'office, lui annonça dans la langue de sa tribu qu'ils venaient tous deux d'échapper à une séparation. Elle ne lui demanda pas d'explication car elle était discrète et il négligea de lui en fournir. Ces plages de mutisme entre eux, loin de les séparer, les rassemblaient. Il la contemplait comme Pygmalion devait envelopper de regards amoureux la statue d'Aphrodite. Elle était svelte, longue, souple, sans les formes souvent accusées et outrées des femmes blanches ; deux nattes brunes et lisses pendaient devant elle jusqu'à la ceinture ; il aimait l'immobilité de ses traits, fermés sur des sentiments que seul son comportement pouvait trahir. Elle était présente, assidue, attentive. Lorsqu'il lui prenait la main pour l'entraîner vers le lit, elle le suivait comme son ombre.

Il lui fit signe d'approcher, caressa le ventre qui commençait à se gonfler sous la ceinture de daim, et lui dit dans la langue des Taensas :

– Ma petite Princesse, ton maître espère que sa femme va lui faire un joli bois-brûlé...

Duclos paraissait guilleret en abordant le lieutenant général. Il lui lança :

– Eh bien, j'en apprends de belles ! Le bruit court que Cadillac vous a refusé la main de sa fille...

– C'est le contraire.

– J'en aurais juré. Le bonhomme ne décolère pas. Il voue aux gémonies son idiote de fille et vous-même, le suborneur !

– Pour tout vous dire, je me suis montré maladroit dans cette affaire, en me laissant entraîner jusqu'au bord du piège. Après l'avoir reniflé j'ai choisi de prendre la fuite. On posait à notre union des conditions inacceptables.

Duclos fit écho à la confidence du lieutenant par une révélation qui laissa pantois son interlocuteur. Mlle Joséphine était plus délurée encore qu'on ne l'imaginait. A Paris, il fallait la tenir serrée pour qu'elle ne courût pas après tous les muguets qui passaient à sa portée, au point que ses parents avaient songé à l'enfermer dans un couvent.

— Mon ami, ajouta le commissaire, vous vous êtes tiré au bon moment d'un mauvais pas. Cette fille vous aurait rendu la vie impossible. Vous avez suffisamment de tracas sans en ajouter.

Ils firent un bout de chemin ensemble, au milieu d'une sorte de ruche qui, à l'approche de la moindre embarcation remontant la baie, se mettait à bourdonner.

— Un navire qui vient d'accoster? demanda Bienville.
— Non, répondit Duclos. J'en serais le premier informé. Il doit s'agir des chaloupes de Trudeau ou de Graveline qui nous apportent des subsistances des Iles. Tout à l'heure il y aura foule au magasin.

Des monceaux de pelleterie s'entassaient au bout du ponton. Elles se faisaient rares, pourtant, surtout le castor. Menée depuis des lustres à un train d'enfer, la chasse avait réduit la population de ce gibier de choix au point que l'on songeait à la réglementer. Les Indiens et les coureurs des bois les piégeaient et les tuaient pour leur chair, qui était fort comestible, mais surtout pour leur fourrure, très prisée en Europe.

— Où en sont vos rapports avec Cadillac? demanda le lieutenant.
— Où voulez-vous qu'ils en soient? Ils se dégradent. Entre nous c'est la petite guerre et rien n'indique qu'elle va cesser.

Ils n'avaient de confrontations directes que lorsqu'ils se rencontraient fortuitement ou à l'occasion des séances du Conseil. Elles tournaient vite à la mésentente, puis aux injures. Pour le reste, ils continuaient à s'envoyer des billets fort secs, volontiers comminatoires.

Leur dernière entrevue avait failli dégénérer en pugilat.

Quelques chefs alibamons avaient descendu le fleuve dans l'intention de faire acte d'allégeance, chanter et danser le calumet. L'occasion était inespérée de les amener à des sentiments plus pacifiques par quelques propos lénifiants et des présents dont les magasins étaient bien pourvus. L'attitude arrogante du gouverneur avait tout gâché: il avait traité ses visiteurs avec suffisance et mépris, refusant de fumer le calumet que l'un des chefs lui tendait, exigeant que l'on abrégeât les palabres, repoussant les caresses qu'on lui faisait. Il n'en fallait pas plus pour inciter les sauvages à déterrer la hache de guerre car ils ne badinaient pas avec ce genre de politesse.

A peine la fête avait-elle débuté, les chefs avaient plié bagage et s'étaient retirés dignement.

Duclos n'avait pu contenir sa colère : c'était une attitude insensée ! Même le roi de France aurait consenti à ce qui, pour les sauvages, était un signe d'amitié et un honneur ! Ce geste d'hostilité risquait d'entraîner un nouveau conflit avec cette puissante nation !

Cadillac avait répliqué avec hauteur que le commissaire n'avait qu'à se mêler de ses propres affaires, qu'il avait la pratique des coutumes indiennes, ayant longtemps vécu à leur contact dans la contrée des Grands Lacs, et qu'avec ces sauvages hypocrites et dangereux il fallait tenir ses distances...

– Mon cher ami, dit le commissaire, permettez-moi une confidence : cet hurluberlu ne restera pas longtemps à son poste. J'ai fait le nécessaire pour qu'il soit révoqué. Vous auriez dû être confirmé dans vos fonctions, d'autant que l'on n'avait à vous reprocher que des bagatelles. Et dire que ces messieurs de Versailles ne vous ont même pas décerné la croix de Saint-Louis !

Petit triomphe pour le gouverneur...

Autre séance du Conseil, autre tempête.

– Messieurs, dit un jour le gouverneur en ouvrant les débats, je viens d'apprendre qu'il se trame chez les Biloxis quelque intrigue dirigée contre nous. Ces sauvages ne sont nos alliés qu'en parole. Si nous leur témoignons quelque signe de faiblesse ils en profiteront pour nous chercher querelle. Je ne souffrirai pas qu'une guerre éclatât à nos portes. Nous devons la prévenir. J'ai décidé de prendre les devants et d'envoyer un détachement pour les mettre à la raison. M. le lieutenant général en prendra le commandement.

M. de Bienville sursauta. Bien informé d'ordinaire des mouvements d'humeur des tribus, il n'avait entendu parler de rien du côté des Biloxis. Il déclara que cette expédition était sans fondement et risquait d'entraîner des conséquences redoutables.

Le gouverneur le prit de haut.

– Serait-ce un refus d'obéissance ? S'il en est ainsi je vais décréter contre vous les arrêts de rigueur. J'en ai le droit !

Duclos et Boisbriant protestèrent ; les autres se turent frileusement.

– La cause est entendue ! Monsieur de Bienville, préparez-vous à quitter vos quartiers. Je vous laisse le choix des hommes qui partiront avec vous.

– Cet imbécile, dit Duclos, n'a pas digéré l'affront que vous avez fait à sa fille. Il tient sa vengeance...

Lorsque les Indiens Biloxis virent arriver les soldats, ils se dirent que le maïs devait de nouveau manquer à la colonie. Il n'en était rien ; on en était bien pourvu, de même que d'autres produits. Un brigantin était revenu des Iles avec une forte cargaison. Il n'y avait cependant rien en provenance de la Martinique et de Saint-Domingue dont les habitants commençaient à redouter la concurrence de la Louisiane et n'acceptaient de traiter que pour le rhum, le tabac et la mélasse.

Peu de temps après le départ de Bienville, le Canadien Cheveux-Rouges et quelques compagnons avaient descendu le Mississippi avec un convoi de trois cents barils de maïs : de quoi éviter la disette pour quelque temps.

Le gouverneur avait tenu à être informé au jour le jour du moindre événement qui se produirait au cours de cette expédition. Le commandant lui donna satisfaction au-delà de ses espérances. Chaque jour ou presque il dictait au Québécois qui faisait office de secrétaire des notes au ton ironique :

« *Vendredi 9 novembre, fête de Saint-Jean-de-Latran : Ce matin nous avons eu un peu de pluie et de brouillard, mais par bonheur le temps s'est vite remis au beau et nous avons pu abattre quelques chevreuils. Tout est calme.* »

« *Mercredi 14 novembre, jour de Saint-Josaphat : Il fait très froid et le bord des marécages commence à prendre. Un chef de la tribu voisine de notre campement est venu nous proposer le calumet. Nous lui avons offert quelques babioles et il est reparti satisfait.* »

« *Dimanche 1er décembre, premier de l'Avent : Il pleut sans arrêt depuis trois jours, au point que nous ne pouvons quitter notre campement. Les hommes jouent aux cartes et aux dés qu'ils apprennent aux Indiens. Ils commencent à se demander si leur présence est bien utile. Certains parlent de déserter mais je les ai à l'œil. Tous souhaitent revenir pour les fêtes. »*

A la date assignée à son retour, le commandant ramena la troupe en longeant la côte et fit halte à Biloxi. Il ne subsistait du contingent que quatre misérables soldats à demi ensauvagés qui se terraient dans des casemates sans munitions, sans ravitaillement et sans solde. Des oubliés...

Surprise du lieutenant général lorsqu'il frappa à la porte du gouverneur pour venir présenter son rapport.
– Comment ! s'étonna le secrétaire, M. Olivier, vous n'êtes pas au courant ? M. de Cadillac a quitté Mobile.

Un sourire radieux s'épanouit sur le visage de M. de Bienville.
– Aurait-il réembarqué pour la France ?
– Ne prenez pas vos désirs pour des réalités. M. le gouverneur s'est simplement absenté un temps indéterminé pour se rendre chez les Natchez. Il est vrai qu'il n'a pas donné de publicité à cette expédition...

Bienville ne put retenir un mouvement de surprise :
– A son âge... Dans son état... C'est plus que de l'imprudence : c'est de la démence !
– Sa famille a tenté de le dissuader, mais vous le connaissez...

Alors que Bienville venait tout juste de quitter Mobile pour se rendre chez les Biloxis, Louis Juchereau de Saint-Denis était de retour des territoires proches du Mexique avec, dans un mouchoir, une livre de minerai d'argent prélevé chez les Kaskaskias, à des centaines de lieues en amont du delta, non loin des anciennes tanneries fondées par son père.

De l'argent !... Des mines d'argent !... De quoi rêver. Il prétendait qu'en poussant vers l'ouest, chez les Kansas et les Pawnees, on trouverait sans doute de l'or. Sans doute...

Il n'en avait pas fallu davantage pour décider le gouverneur à tenter l'aventure. Il avait entrepris cette expédition pour justifier ses fonctions d'associé de la Compagnie autant que dans l'espoir d'arrondir son pécule. Il partait avec la quasi-certitude qu'il reviendrait riche des trésors de la nouvelle Golconde, auréolé de gloire, escorté de hordes d'Indiens emplumés.

Il avait annoncé en prenant congé de sa famille qu'il resterait absent un mois ou deux. C'était avoir une connaissance très imparfaite des distances et des difficultés du voyage.

M. de Cadillac ne devait retrouver Mobile que six mois plus tard.

Un retour aussi discret que l'avait été son départ. Tout ce qu'il rapportait, c'étaient quelques barils de blé d'Inde, un chargement de peaux et quelques esclaves ramassés en cours de route et dont personne n'avait besoin. D'argent, pas la moindre trace. Lorsqu'il avait montré aux Indiens la poignée de minerai ramenée par Juchereau, ils s'étaient esclaffés : c'est un voyageur venu du Mexique qui en avait fait cadeau à l'un d'entre eux contre une peau de castor.

Épuisé, malade, désabusé, le gouverneur s'alita et refusa de recevoir des visites.

Il sentait son petit monde et son grand empire s'effondrer. Il s'était rendu insupportable à toute la colonie, au point que l'on attendait avec impatience l'annonce de sa révocation et de son rappel.

Durant tout ce voyage il s'était montré avec les Indiens d'une telle insolence qu'il avait déclenché des mouvements d'hostilité, au risque de provoquer une guerre ouverte. Cheveux-Rouges l'avait accompagné. Il dit à Duclos :

– Il a été constamment odieux, notamment avec les Natchez, qui sont fort susceptibles. Il acceptait comme un dû l'hospitalité de ces braves sauvages mais refusait de fumer le calumet, d'assister aux danses, et frappait à coups de canne ceux qui voulaient lui témoigner de trop près leur amitié.

Il est vrai que certaines coutumes avaient de quoi le surprendre, malgré la connaissance qu'il avait des Indiens du Nord. Certains rites symboliques lui échappaient et l'irritaient. Afin de lui montrer qu'il serait bien traité et nourri à satiété, les chefs prenaient la bouillie de blé d'Inde entre leurs doigts pour la placer dans la bouche de leur hôte. Invité à satisfaire à cette coutume, M. de Cadillac recrachait la becquée avec un air de dégoût.

– Il a suscité tant de confusion, tant de haine, ajouta

Cheveux-Rouges, que nous avons craint le pire. Ces sauvages sont ulcérés de ce mépris et l'oublieront difficilement.

Une semaine avant le départ de son maître pour les Biloxis, Princesse avait donné naissance à une fille. On fêta l'événement en compagnie de Duclos, de Boisbriant et de quelques officiers, après que M. de La Vente eut baptisé la nouvelle-née.
Princesse avait décidé de donner à son enfant le nom d'Asikontaï, Grain-de-raisin. Bienville l'appela Adèle, du nom d'une aïeule. C'est cette dernière identité qui fut portée sur le registre paroissial, mais le religieux refusa de mentionner le nom de la mère : une vulgaire Indienne...

On fêta Noël dans la paix du Seigneur. Ce fut une période où chacun mangea à sa faim, sans qu'on puisse parler de vaches grasses. Il faisait grand froid, puis vinrent des pluies abondantes qui firent redouter de nouvelles inondations. La baie était tourmentée, couleur de boue, le ciel fuligineux.
Un matin du printemps suivant on vit débarquer des Canadiens porteurs de pelleteries, retour de chez les Alibamons.
En revenant de livrer leur cargaison au magasin ils demandèrent audience au gouverneur pour lui témoigner leur inquiétude : en raison sans doute de l'accueil peu courtois qu'ils avaient reçu quelques mois auparavant, ces Indiens avaient déterré la hache de guerre, assiégé Pensacola, en attendant sans doute de se porter sur Mobile.
Le gouverneur décida de convoquer un conseil de guerre. Depuis son expédition malheureuse chez les Natchez il avait perdu de sa superbe et filait doux. Il confia au lieutenant général le soin de renforcer les défenses du fort Saint-Louis et d'installer des avant-postes à un quart de lieue à la ronde, dans la forêt.
On se mit au travail dans la pluie et le froid ; tous les hommes susceptibles d'affronter les intempéries furent mobilisés. C'était une mesure salutaire et urgente : les palissades, rongées par l'humidité, plantées dans une terre trop meuble, partaient de guingois et n'auraient pu contenir la ruée d'une multitude de sauvages.

– Monsieur de Bienville, dit le gouverneur d'un air satisfait, je constate que vous vous y entendez en matière de fortifications. Vous avez fait de cette *bicoque* une redoute bien conçue.

Ce que cachait cette amabilité surprenante, le lieutenant général n'allait pas tarder à l'apprendre.

– Je dois vous faire part, ajouta le gouverneur, d'une idée qui m'est venue au cours de mon expédition chez les Natchez.

La colonie de Mobile désormais, semblait-il, à l'abri de la disette et d'une attaque des sauvages, le gouverneur jugeait le moment favorable pour étudier le projet d'une implantation sur le Mississippi. Il avait fait son deuil des exploitations minières dont il avait rêvé, et, d'ailleurs, les officiers qu'il avait envoyés à la découverte dans l'Ouest ne donnaient pas signe de vie. En revanche, le pays des Natchez lui semblait propice à de solides établissements.

– La terre est plus fertile que dans nos parages, dit-il. On pourrait installer chez les Natchez et les Illinois des colons courageux et entreprenants capables d'assurer à l'ensemble de nos possessions des récoltes de blé d'Inde afin de parer à de nouvelles disettes et de nous assurer une certaine autonomie. Certes, les Indiens ont de curieuses coutumes et des mœurs fort libres, mais nos colons s'y adapteront à la longue et s'en feront des alliés. Qu'en pensez-vous, mon ami ?

Bienville dut convenir que le projet était séduisant, bien que difficile à réaliser.

– Vous partirez vous-même en reconnaissance avec un solide détachement, poursuivit le gouverneur. Vous construirez un fort au bord du Mississippi et vous en assurerez le commandement. Ce projet devrait vous séduire, vous qui aimez l'aventure.

– Mon Dieu... bredouilla M. de Bienville. Je ne sais que vous répondre.

– Je ne vous mets pas le couteau sur la gorge, ajouta le gouverneur. Préparez convenablement ce voyage. Je vous y aiderai puisque je reviens de ces pays. Nous attendrons une époque favorable pour votre départ.

Comble d'amabilité, il poursuivit :

– Comment se porte votre petite Adèle ?

La fondation d'un fort chez les Natchez n'avait rien pour déplaire au lientenant général.

A vrai dire, il était las de l'ambiance confinée de Mobile, du petit théâtre d'intrigues auquel il était mêlé, d'une existence qui somme toute ne lui apportait guère de satisfaction, à lui qui ne rêvait que de vastes espaces, de découverte, d'aventure, de familiarité avec les sauvages.

Il passa le début du printemps à étudier ce projet, envoya en reconnaissance l'officier Clérac et le Canadien Cheveux-Rouges avec une petite escorte ; il étudia les cartes et les plans ramenés par le gouverneur, consulta les relations des voyageurs qui l'avaient précédé.

Il travaillait dans une sorte de fièvre et ne voyait pas passer les jours. Princesse venait de temps à autre lui apporter une tasse de chocolat et des biscuits. Adèle gazouillait dans son berceau indien réalisé par le charpentier-flûtiste Pénicaud.

Il était à ce point obsédé par son travail qu'il ne fut que modérément affecté du départ de M. de Rémonville. M. le marquis avait décidé de quitter ce qu'il appelait avec mépris le « cloaque de Mobile » pour aller prospecter les rives du Mississippi dans l'intention d'y installer la compagnie et la société de portage dont il rêvait et de créer une plantation. Outre ses domestiques il emmenait avec lui Justine et Charlotte, la maîtresse en titre et l'amie de cette dernière refusant de se séparer.

Le sergent Saint-Michel avait mis à profit le départ du lieutenant général chez les Biloxis et l'absence du gouverneur pour déserter.

Cette idée le sollicitait depuis des mois, si bien qu'il se considérait virtuellement comme un déserteur. L'ambiance délétère de Mobile, son incapacité à s'insérer dans la communauté de la garnison l'incitaient à passer à l'acte.

Un jour, il n'y tint plus : il venait de constater qu'une drôlesse pascagoula ayant traîné avec des matelots lui avait communiqué une maladie qui lui mettait du verre pilé dans la vessie, sans qu'il pût se décider à consulter les médecins de la colonie.

Jugeant que la mesure était comble il décida d'en finir et de retourner à son ancienne existence. Quitter le fort lui fut facile : il roula en boule ses habits militaires qu'il plaça sous son cadre, revêtit la tenue indienne qu'il avait conservée et qui sentait encore la fumée, laissa son fusil au râtelier, passa dans sa ceinture son couteau d'origine anglaise et, enveloppé de sa couverture en laine de bison, se retrouva sur la berge.

Il connaissait la direction à suivre. Il savait qu'il mettrait des jours, des semaines peut-être avant de retrouver le village des Alibamons où, naguère, régnait son père, le chef Yahoya.

Yangiwana vola un canot et se dirigea vers l'estuaire de la rivière Alabama. Il savait déjà ce qu'il dirait en arrivant au nouveau chef de la tribu :

— Je reviens de chez les visages pâles. Ils m'avaient capturé pour faire de moi leur esclave. J'aimerais reprendre ma place dans la tribu. Mon nom est Yangiwana...

Le départ du marquis de Rémonville avait laissé François Picard dans l'affliction. Il contracta une sorte de maladie de langueur contre laquelle les deux médecins de la colonie se déclaraient impuissants et dont Pénicaud se moquait.

– Des vapeurs ! s'écriait-il. Comme une demoiselle...

Il n'accablait pas son compagnon de sarcasmes, ayant été le témoin et le confident des amours de François et de Charlotte Lantier. Cela remontait à ce soir de mai d'il y avait deux ans, au cours d'un concert suivi d'un souper chez le marquis. Le crépuscule immense et rose faisait pétiller de mille feux le large de la baie où croisaient les dernières pirogues indiennes. L'air était d'une douceur telle, la brise de mer s'étant levée, que chacun semblait fondre de bonheur.

Il y avait là les quelques intimes du marquis. Le nègre Salomon avait mis pour l'accueil et le service une tenue digne des meilleures maisons de Paris : perruque poudrée à blanc et costume rouge à brandebourgs. Le marquis avait revêtu son habit de soie ponceau, sa cravate de bruges et ses bas blancs mais sans la perruque qu'il se refusait obstinément à porter, d'autant qu'il avait une chevelure abondante et soyeuse que Justine se plaisait à caresser dans l'intimité.

Le programme du petit concert comportait un ricercare et une sonate de Corelli, des transcriptions d'œuvres de Couperin et de Janequin.

Lorsque le trio eut fait retentir la dernière mesure, Pénicaud avait soufflé à l'oreille de son compagnon :

– As-tu remarqué le manège de Charlotte ? Elle te buvait littéralement des yeux durant tout le concert. Elle a versé une larme lors de ton solo de violon du ricercare.

– Vraiment ? dit François d'un air détaché. Je ne m'en suis pas rendu compte. Une larme, dis-tu ?

Il sentit dans son cœur un doux mouvement, comme l'éclosion d'une rose. Ce n'était pas la première fois que la petite Française lui témoignait, par des regards, des propos aimables, des complaisances discrètes, qu'il ne lui était pas indifférent.

– Qu'attends-tu pour te déclarer ? lui disait Pénicaud. Un mot de toi et cette fille te tombe dans les bras. Elle a refusé quelques beaux partis, parmi les officiers notamment, et, récemment, les avances du lieutenant Joseph de Cadillac, ce qui a failli faire un scandale.

– Je ne sais ce qui me retient, bredouillait François. Cette fille me plaît : elle est jolie, point sotte et fort propre à tenir son ménage, mais il me coûte de faire le premier pas, et de parler mariage plus encore.

Il était de ces timides qui se font dans leur for intérieur un théâtre de sentiment, qui déploient toutes les audaces, tressent des guirlandes de mots mais restent le bec dans l'eau au moment de passer à l'acte.

Il avait fallu l'intervention de Justine et de Pénicaud pour briser une glace qui commençait à fondre. Ils les jetèrent pour ainsi dire dans les bras l'un de l'autre après des manœuvres discrètes mais efficaces. Les ayant persuadés que l'un était fou de l'autre et réciproquement, ils les firent se rejoindre, à quelques jours du concert, après avoir arrangé le hasard d'une rencontre, dans la cabane de Pénicaud qui avait pris soin de s'absenter pour la journée et de donner congé à son ami.

Ils avaient feint tous deux la surprise :

– Par exemple, avait dit Charlotte. Vous, ici ?

– Je ne pensais pas vous rencontrer... avait répondu François. J'attendais un chargement de planches à marquer et c'est vous que je trouve !

Ils éclatèrent de rire, s'assirent sur le bord du lit. C'était à cette heure du début d'après-midi où rien ne bougeait dans le village, où la chaleur faisait taire les bruits, où les intérieurs mijotaient dans l'ombre des siestes. Ils auraient pu se croire seuls au monde.

– Tout cela, dit François en prenant audacieusement la main de Charlotte, sent l'intrigue, mais je m'en réjouis.

– Moi de même, dit-elle. Il y a longtemps que...

– Dites !

– C'est à vous de parler. J'en ai assez dit pour vous encourager, il me semble.

Il n'y avait rien à dire de plus. Ces quelques paroles avaient suffi pour dissiper des jours d'expectative. Ils se retrouvaient côte à côte, comme nus. Elle sentait le jasmin emprunté à Justine et lui la sciure de bois. Quiconque aurait pu les voir ainsi aurait songé qu'ils étaient faits pour s'aimer.

Ils s'allongèrent sur le cadre de Pénicaud dont ce dernier avait changé la couverture et restèrent ainsi, la main dans la main, échangeant de temps à autre un baiser. Quelques heures plus tard, lorsque Pénicaud eut posé ses outils sous l'auvent et annoncé son arrivée par un bruit de socques, alors seulement ils décidèrent de se lever. Ils s'étreignirent avant de se séparer. Sans un mot. Ils savaient qu'ils ne tarderaient pas à se revoir.

A quelques jours de là, même manège, mais sans l'expression d'une fausse surprise.

– J'ai bien réfléchi, dit François. Si j'avais à choisir une fille dans cette colonie, ce serait vous.

– Je n'ai pas eu besoin de réfléchir, dit Charlotte. Il y a longtemps que j'ai fait mon choix. Si vous voulez de moi...

– Je suis très sérieux, fidèle dans mes sentiments.

– Et moi je ne suis pas une dévergondée. Si vous me voulez, prenez-moi.

Il s'interrogea sur ce dernier mot. Souhaitait-elle qu'il la prît comme femme ou qu'il lui fît l'amour ? Il opta pour cette dernière perspective et sentit son cœur prêt d'éclater. Elle n'eut pas un mouvement de réserve lorsqu'il délaça son corsage, lui embrassa le haut des seins, but ses gémissements à même ses lèvres. Pour la première fois il se dit qu'il fallait aller très vite, dissiper ce brouillard d'incertitude, ces approches timides, installer leur amour dans des réalités. Il songea qu'il fallait la posséder pour lancer un défi au destin, pour gagner du temps sur le temps. Il la posséda, sans fièvre, avec simplement une douce exaltation à laquelle elle faisait écho. Elle était vierge.

Justine et Pénicaud n'étaient pas peu fiers de leur œuvre. Ils en parlaient en toute circonstance, nourrissant le projet de les marier.

— Je n'ai jamais vu Charlotte dans d'aussi bonnes dispositions, disait Justine. Elle rayonne. Elle plane comme un oiseau de mer. Son bonheur me fait du bien.

— François n'est plus le même, déclarait le charpentier. Je dois parfois le secouer pour lui éviter de faire des bourdes. Il vit dans un autre monde.

— Ils vivent tous deux dans un autre monde, si heureux que je crains pour eux.

— Que crains-tu ?

— Sait-on jamais ? Des événements peuvent les séparer.

— Leur amour est si fort qu'ils triompheront de toutes les traverses.

Charlotte et François s'aimèrent durant deux mois. François licencia la petite Indienne Ouma qui remplaçait Waka, dont il n'avait plus de nouvelles, et installa sa compagne à son foyer. Chaque jour était pour eux comme un miracle. Lorsqu'il partait à son travail elle se suspendait à son cou, lui disait :

— Prends garde à toi. Tu es si étourdi.

— Qu'aurais-je à craindre, selon toi ?

— Que sais-je ? Une morsure de serpent ou d'alligator, une attaque des Indiens, la chute d'un arbre...

Elle n'avait pas tort : son travail sur le chantier n'allait pas sans risques. Absorbé dans ses pensées amoureuses, il pouvait mettre étourdiment le pied sur la queue d'un reptile, négliger de surveiller les sauvages que l'on voyait rôdailler à travers les branches basses, leur arc en bandoulière. Il fallait crier pour qu'il évitât la chute d'un baliveau.

Charlotte crut défaillir lorsque Justine lui annonça le départ de M. de Rémonville pour le Mississippi.

— Évidemment, dit-elle, tu nous suivras. Tu sais bien que je ne peux pas plus me séparer du marquis que de toi.

— C'est impossible.

— Pourquoi François ne nous suivrait-il pas ?

— Parce qu'il est engagé, qu'il a signé un contrat, qu'il se refusera à déserter.

— Parle-lui de ce projet.

Elle lui en parla le soir même. Il se laissa tomber dans

son fauteuil, les mains entre ses genoux, comme si cette attitude marquait la fin de son amour.

— Je ne veux pas me séparer de toi, dit-il avec force. Sans toi je suis un corps sans âme. Sans toi je ne suis rien.

Ce fut M. de Rémonville qui trouva un arrangement. L'endroit où il allait s'installer n'était pas au bout du monde ; il allait créer une ligne de communication entre le fleuve et Mobile, avec des navettes hebdomadaires. Ils pourraient se retrouver deux ou trois fois par mois, peut-être...

Au soir de cet entretien ils eurent leur première querelle. Il lui dit d'un ton acerbe :

— Tu me préfères Justine ! Qu'est-elle au juste pour toi ?

— Une amie, une grande amie. Une sœur.

— Permets-moi d'en douter. Je suis persuadé qu'il y a entre vous quelque affaire de sentiment, pour ne pas dire plus...

Il lui cita des femmes de la colonie qui vivaient en ménage : des tribades, des gouines...

— C'est odieux ! C'est indigne de toi ! s'écria-t-elle.

Il l'intercepta au moment où elle jetait ses frusques dans sa panière, tenta de la retenir. En vain.

— Tu reviendras ! lui cria-t-il de sous l'auvent. Je sais que tu reviendras.

Elle ne se retourna pas.

A quelques jours de là, Pénicaud dit à François :

— Ne te tracasse pas. Je sais de bonne source que Charlotte tient toujours à toi même si elle refuse de se séparer de Justine. La solution proposée par le marquis est la plus favorable. Lorsque ton contrat prendra fin, ce qui ne tardera guère, tu pourras aller la rejoindre.

Il ajouta :

— Une femme à laquelle on tient vraiment, il faut l'épouser, sinon, un jour ou l'autre, pffffuit ! elle s'envole. Je t'avais prévenu. Pourquoi ne l'as-tu pas épousée ?

— C'était mon intention, mais...

— Je sais ce que tu vas me dire : que tu répugnes à te lier pour la vie. Je ne peux te le reprocher : je raisonne comme toi. Maintenant, il va falloir te secouer. Demain, à l'aube, sois sur le chantier. Il n'y a rien de tel que le travail pour échapper aux chagrins d'amour. Et puis, il te reste ton violon...

M. Antoine Crozat n'a pu résister à la fatigue et à ce brouillard de chiffres qui, depuis des jours installé dans sa tête, le prive de sommeil et lui ôte l'appétit. Parfois, son esprit s'évade, se porte vers un souvenir précis ou un objet familier, et il n'entend plus que de très loin la voix de son secrétaire bourdonner la même litanie obsédante :

– Doit monsieur Dirigoin aux sieurs Corvoisier et Richer, rue des Bourdonnais, au *Lion d'Argent*, envoyé à la colonie de Mobile par le carrosse de La Rochelle : vingt-six aunes de demi-taffetas roché sur fond blanc, à dix livres, soit deux cent soixante-quinze francs...

Au bord du sommeil, il laisse échapper un petit rire. Au diable ce baragouin !

– Vous pouvez repartir, dit-il. Je n'ai plus besoin de vous. Il fait vraiment trop chaud pour travailler. Je vais faire une petite sieste.

Fait-il aussi chaud en Louisiane ? Serait-ce possible ? Ici on macère dans un air vicié par les miasmes de la rue, dans une chaleur moite, gluante, que la nuit rafraîchit à peine. On n'a pas l'inconvénient des maringouins, ces terribles bestioles, mais les mouches bourdonnent partout et, à peine a-t-on ouvert les fenêtres sur l'air du soir, voilà que rappliquent les bêtes-à-chandelle, par nuées, de la Seine proche ; elles s'abattent dans le potage, vous entrent dans le nez et la bouche avec les puanteurs de l'extérieur, tandis que les bruits de la nuit : musicailles de coins de rues, hurlements des rabatteurs de théâtre, injures des cochers, rires et chansons des catins, résonnent jusqu'au couvre-feu.

Un petit somme sera le bienvenu.

M. Crozat se dirige pesamment vers son divan turc, récemment ramené de Marseille, un cadeau de son fils, Joseph-Antoine, célèbre collectionneur d'antiquités.

Joseph-Antoine : un homme heureux. Bien dans sa peau, dans ses amours, dans sa vie.

Parfois son père lui dit :

– Mon fils, tu as choisi la bonne voie alors que la mienne est hérissée d'épines et pleine de traquenards.

– Vous oubliez, mon père, répond Joseph-Antoine, que votre fortune est l'une des plus importantes du royaume, que vous êtes le premier créancier de la Cour et que ces épines dont vous parlez portent des fruits qui font bien des jaloux...

Des fruits... Peut-on parler sérieusement de fruits à propos de ces comptes qui sont sa nourriture quotidienne et qui, loin de lui donner une mine avenante et une santé florissante, lui gâtent le teint et le caractère ?

Passé la soixantaine, M. Crozat, marquis de Châtel, sent que sa fin est proche. Bientôt, il ne restera sur le trône de l'empire financier qu'il a créé qu'une sorte de momie mâchonnant recettes et dépenses, élaborant dans sa tête creuse comme un tambour des opérations financières vouées pour la plupart à l'échec.

La seule satisfaction qu'il tire encore de la vie, il la doit à sa famille et à l'abbé Le François, un de ses intimes, son confesseur, qui joignent leurs efforts et leur ferveur pour rédiger sa biographie. Le titre est déjà trouvé : *La Géographie de Crozat.* Ainsi est-il assuré de n'avoir pas vécu pour rien et de laisser un exemple à la postérité.

Il dormichonne une heure à peine et se réveille en sursaut : il lui semble avoir relevé une erreur de compte dans le mémoire de M. Duclos concernant la dernière livraison de lard à Mobile.

Il se lève en maugréant, la gorge sèche comme du bois, sonne son valet pour qu'il lui apporte à boire. Après quelques gorgées d'une eau saumâtre additionnée de vinaigre pour la rendre potable, il s'assied à son bureau avec un geste de découragement. Où son secrétaire a-t-il placé ce fichu document ? Les volets fermés sur la grande chaleur du dehors il y voit à peine. Rallumer les chandelles ? Il ferait plus chaud encore.

Duclos... Cadillac... Bienville... C'est par caisses

qu'arrive leur courrier : comptes, relevés, mémoires... Où trouvent-ils tout ce papier ? Et le temps d'écrire ?

Ah ! le voici. *État de la dépense*... Non. Ce document qui aligne des chiffres sur trois pages n'est pas le bon. M. Crozat ôte ses besicles et se renverse en soupirant dans son fauteuil.

Heureusement...

« Heureusement, songe-t-il, toute cette pagaille va bientôt prendre fin. » Cette Compagnie de la Louisiane a bien failli avoir raison de sa santé. Elle va disparaître. Pourquoi s'est-il laissé entortiller, berner par M. de Pontchartrain qui vient de céder son poste ministériel au comte de Toulouse – un pays ? Pourquoi ?

Sa lettre de renoncement est prête à partir. Son secrétaire la portera demain à Versailles. Il imagine la confusion, le mouvement de panique que cette décision va susciter. Après tout, il ne fait que restituer un cadeau empoisonné.

Il y a quelques semaines, M. Antoine Crozat a dressé le bilan de la Compagnie : la Louisiane lui a coûté un million deux cent cinquante mille livres, sans compter les intérêts ! Un gouffre financier servant de repaire à un monstre qui dévore ses biens sans restituer autre chose que des profits plus ou moins illusoires. Tout cela s'ajoutant aux taxes auxquelles les grandes fortunes ont été soumises pour éponger les dettes laissées par la guerre de Succession d'Espagne. Total de ses pertes : six millions de livres ! Une bagatelle...

A Versailles, on se moque de lui et l'on continue à le mener en bateau. Il réclame deux compagnies pour la défense de sa colonie ? On lui envoie quatre pauvres bougres. Il exige des colons fiables ? On lui adresse des faux saulniers, des vagabonds, des gens de métier en faillite : du gibier de potence ! On pousse le cynisme jusqu'à lui reprocher de tirer de ses marchandises des profits extravagants. Il en est bien conscient, mais c'est cela ou la ruine à brève échéance. Ou encore le renoncement à cette duperie : son monopole. C'est décidé : il va renoncer.

Il aimerait se trouver dans le cabinet du ministre lorsque le comte de Toulouse ouvrira sa lettre. Il connaît bien ce grand personnage : un commis d'une compétence irréprochable mais d'un caractère exécrable.

L'annonce de son désistement, il en a conscience, fera

l'effet d'un coup de tonnerre et d'un trait de foudre, mais il sera suivi pour lui d'une pluie bienfaisante. Il a pris des gants pour annoncer sa décision : l'enfant qu'il restitue au ministre n'a pas très bonne mine et sa survie reste problématique. Il faudra, pour qu'il retrouve quelque santé, lui en donner les moyens.

La démission de M. Crozat s'accompagne du rappel d'une requête formulée quelques mois auparavant : la révocation de M. de Cadillac et de M. Duclos. Outre leur mésentente qui crée dans la colonie une ambiance peu propice à son développement, ces deux bougres, il en est convaincu, se sont ligués au moins sur un point : nuire à ses intérêts, prendre des libertés avec le monopole en trafiquant pour leur propre compte.

Cadillac... Duclos... Deux fourbes, deux incapables. Et le reste de leur personnel ne vaut guère mieux. M. Crozat a déjà obtenu le renvoi de Dirigoin, un commis en lequel il avait pourtant mis sa confiance, et son remplacement par Raujon, avec une charge supplémentaire : celle du contrôleur de la Marine. Quelle Marine ? Il n'existe en Louisiane que des embarcations légères tout justes bonnes à faire du cabotage.

La chaleur se fait de plus en plus intense.

Bien que M. Crozat, après le départ de son secrétaire, ait ôté sa lourde perruque et son gilet, il sent la sueur humecter son visage, glisser dans son cou, amener un goût de sel à ses lèvres.

Ce moment de méditation lui a été salutaire. Cette pieuvre, la Louisiane, décolle une à une ses ventouses et rétracte ses tentacules. Lorsque, les comptes apurés, M. Antoine Crozat pourra regarder sereinement l'avenir, cette colonie ne sera plus que le fantôme d'un monstre flottant entre deux eaux.

Il avale avec une grimace ce qui reste d'eau dans son verre : elle est tiède et a gardé le goût du vinaigre.

# ODYSSÉE AU MEXIQUE

Mexique : août 1714

Les relations entre M. de Bienville et son cousin Juchereau de Saint-Denis n'avaient jamais été des modèles de courtoisie, mais aucun orage n'avait éclaté entre eux, ni au Canada où ils avaient longtemps vécu ensemble ni à Mobile.

Proche de la quarantaine, d'une santé à toute épreuve, ce colosse de Juchereau semblait embarrassé de sa corpulence et cherchait constamment le moyen d'utiliser son énergie. L'inaction lui pesait ; enfermé dans une pièce, il tournait en rond comme un ours en cage et cédait à la manie de cogner les murs et les meubles avec son poing.

Contrairement à ce que son cousin Bienville avait redouté, Juchereau n'avait pas été tenté de venger la mort de son père, massacré par les Indiens dans ses tanneries. Attitude surprenante de la part de ce géant volontiers querelleur et vaniteux pour qui la violence était un exutoire naturel.

Bienville le tenait pour l'un des coureurs des bois les plus familiers des espaces infinis de la Louisiane. Il avait acquis la sympathie de plusieurs nations indiennes et avait appris leurs dialectes. Un homme précieux pour une colonie qui attendait beaucoup des tribus sauvages en matière de sécurité et de développement.

Un matin de juillet, Bienville lui dit :
— Mon cousin, j'ai l'impression que vous vous ennuyez à Mobile. Est-ce que je me trompe ?

Il ne se trompait pas. Juchereau s'ennuyait tellement qu'il s'apprêtait à se rendre chez les Kaskaskias, une nation paisible sous la houlette des pères jésuites qui avaient créé là-bas un modèle de mission : un « petit paradis », disait-on.

– Eh bien, dit le lieutenant général, je crois que notre gouverneur va vous faire une proposition qui vous intéressera sûrement.

Toujours désireux de découvrir des mines qui valoriseraient sa mission, Cadillac avait décidé d'envoyer vers l'ouest de nouvelles missions de reconnaissance : l'une sur le Missouri, l'autre sur la Rivière Rouge. La première était confiée au lieutenant Claude-Charles du Tisné, appelé le « petit Tisné » en raison de sa complexion menue (qui ne l'empêchait cependant pas de faire preuve d'une grande résistance), et dont le courage faisait l'admiration de tous ; l'autre serait dirigée par Juchereau.

Convoqué par le gouverneur, Juchereau accepta d'emblée.

Le départ des deux explorateurs fut l'objet d'une petite fête. La veille de l'embarquement vers l'Eldorado, on dansa sur la grève autour des pots à feu et des torchères, après avoir mis en perce deux tonnelets de tafia offerts par le gouverneur. Tard dans la nuit, on chanta des chansons de France avec accompagnement de violon par le maestro François Picard.

– La Providence soit avec vous ! dit M. de Cadillac en serrant Juchereau et Tisné contre lui. Envoyez-moi de bonnes nouvelles dès que possible.

– La Providence... bougonna Juchereau qui ne passait pas pour un fervent catholique. Je préfère me fier au Grand Manitou des Indiens.

– Peu importe, pourvu que vous me rameniez de bonnes nouvelles tous les deux. Tâchez de garder les yeux grands ouverts, mes amis.

Ni Juchereau ni Tisné ne les avaient dans leur poche.

Lorsque Juchereau revint à Mobile, ce n'est pas le chargement de minerai qu'espérait M. de Cadillac qu'il avait dans son bagage, mais une perle : María, la fille d'un capitaine du Presidio de San Juan Bautista del Morte à la frontière du Mexique. Et le souvenir d'une fabuleuse odyssée...

- Eh bien, racontez ! insistait Bienville. L'amour vous aurait-il rendu muet ? Reprenez depuis le début.

Il n'était pas facile de faire parler Juchereau s'il n'en avait pas envie. Il était plus à son aise dans son canot que dans un fauteuil, même avec une fiasque de rhum à portée de la main.

L'aventurier partit aux premiers jours du mois d'août avec son valet, Médard Jalot, un Rochelais intelligent et habile artisan, Pénicaud, et une escorte d'une douzaine de Canadiens triés sur le volet. Il emportait dans ses canots pour dix mille livres de marchandises, ce qui n'était pas rien. Destination : la nation des Tonicas, à l'est du Mississippi, près de la rivière des Yazous, un pays qui paraissait calme.

En quelques semaines, avec l'aide de Pénicaud et de ses Canadiens, Juchereau avait construit un fort qui aurait fait sourire M. de Vauban, mais qui suffisait pour se mettre à l'abri des caprices des sauvages et entreposer les marchandises.

Malgré l'envie qu'il avait de rester dans cette contrée plaisante où l'on faisait un trafic fructueux de peaux de bison et d'autres gibiers, Juchereau tint à honorer ses engagements vis-à-vis du gouverneur.

Il laissa quelques hommes au fort, avec des vivres et des munitions pour prendre avec une poignée de Canadiens le fil de la Rivière Rouge, un cours d'eau mythique qui, depuis les premiers découvreurs, hantait l'esprit des aventuriers, persuadés qu'il débouchait sur les fabuleux trésors du Mexique.

Les portages, à travers des marécages hantés par les alligators et une multitude de serpents venimeux, se révélèrent pleins de traquenards. Juchereau perdit un de ses compagnons, mordu par un serpent à sonnettes.

Le cours de la rivière s'étirait à l'infini à travers des paysages déserts, d'immenses savanes de bois-piquants qui gênaient la progression lors des portages. L'expédition traversa sans incident le territoire des Comanches qui la regardaient passer du haut de leurs chevaux, la lance au poing, immobiles comme des statues à la crête des collines.

Un mois après avoir quitté Mobile, la colonne atteignait une autre rivière dont Juchereau retrouva le nom sur une carte. Il s'agissait du Río Bravo. L'expédition toucherait au but quelques jours plus tard peut-être. On était loin du compte. Des immensités désertiques repoussaient indéfiniment l'horizon, si bien que les voyageurs mirent près de deux semaines avant de découvrir un lieu habité : un misérable *pueblo* mexicain où vivaient des Indiens loqueteux et affamés qui s'abritaient dans des cabanes d'adobe.

Le siège du Presidio de San Juan Bautista del Norte [1] n'était plus très loin.

— J'ignore, dit Juchereau, comment ces gens vont nous recevoir. Au mieux avec des grimaces, au pire avec des cailloux, voire des balles. Quoi qu'il en soit, nous ne nous servirons de nos armes qu'en cas de stricte nécessité.

Le *capitán* Ramón de Villescas, homme fort courtois et qui parlait correctement le français, traita ses visiteurs comme des ambassadeurs. Les Canadiens trouvèrent refuge dans la caserne qui abritait une centaine de soldats en haillons. Juchereau, son valet Médard et Pénicaud furent installés dans la demeure du capitán, une sévère construction en pierre blanchie à la chaux. Elle dominait la place d'armes de ses deux étages, avec des embrasures de fenêtres peintes en rose et en vert comme du nougat, et jurait avec la misère des masures avoisinantes.

— Cette modeste demeure est la vôtre, mes amis, dit le capitán. Restez-y le temps qui vous plaira. Nous avons si peu d'occasions de rencontrer dans les parages des gens de notre race et de votre qualité...

Il leur présenta sa femme, une matrone à éventail, et sa fille, une ravissante señorita qui répondait au nom pompeux de María Emmanuella de Navarra. « Une perle... », songea Juchereau.

Au souper, servi par des Indiennes lentes, hiératiques, vêtues d'étoffes espagnoles vivement bariolées, il fallut bien exposer au capitán les raisons de cette visite impromptue qui correspondait à une violation de frontière, bien que celle-ci, courant à travers les déserts, fût incertaine.

Juchereau expliqua que M. de Cadillac était désireux d'entretenir avec les colonies espagnoles de la Nouvelle-Espagne des rapports fondés sur le commerce et l'amitié.

1. Le Texas actuel.

– Ma foi, répondit le capitán en lissant sa moustache, cette idée n'est pas pour me déplaire, mais je ne puis y répondre avant d'avoir consulté le gouverneur du Presidio. Il demeure à Caouis, une petite ville située à une soixantaine de lieues. C'est de lui dont nous dépendons. Je suis convaincu que Son Excellence don Gaspardo Anaya prendra votre requête en considération. En attendant, je vous suggère de rester parmi nous.

En tant que fille de la maison, la señorita María Emmanuella servit les liqueurs dans le salon andalou qui jouxtait la salle à manger. Il y flottait des senteurs de tabac et de magnolia. Outre le rhum, la jeune fille présenta une liqueur blanchâtre, le pulque, que les Indiens tiraient de la sève de l'agave et qui, bue fraîche, rappelait la saveur des vins mousseux du Val-de-Loire.

– Excellent... murmura Juchereau. J'en rapporterais volontiers quelques tonnelets en Louisiane.

María présenta aux visiteurs un coffret de bois dans lequel s'alignaient des *tabacos* de La Havane. Juchereau en alluma un avec une bûchette, en savoura l'arôme entre deux rasades de pulque, sans rien perdre des allées et venues de la jeune fille qui paraissait danser, pour lui seul, un ballet de séduction.

Le lendemain, un courrier partait pour Caouis avec la lettre du capitán qui tint à prévenir Juchereau :

– Il faudra faire preuve de patience. Nos administrateurs sont fort tatillons et don Gaspardo est la prudence même. Il tiendra à informer le vice-roi, le duc de Linares, de votre présence, et lui-même tiendra sans doute à confier son problème à la Junte de Madrid. Vous pouvez fort bien attendre trois semaines ou plusieurs années.

– Mon Dieu, dit Juchereau qui faisait contre mauvaise fortune bon cœur, passer le restant de mes jours dans ce petit paradis ne serait pas pour me déplaire.

Ce disant, il suivait du regard la señorita. Il faisait en sorte que leurs trajectoires se croisent dans les appartements ou dans le patio. Une connivence semblait s'être installée d'emblée entre cette fille un peu boulotte mais à la sensualité vaporeuse, et le géant fruste, séduisant de puissance et d'autorité.

Au bout de quelques jours, estimant qu'il avait assez lanterné, Juchereau décida de passer à l'assaut. Il choisit le moment où, comme chaque matin, María portait leur provende aux perroquets, dans le patio, pour l'aborder et lui dire :

– Señorita, je vous dois un aveu : depuis que j'ai croisé votre regard mon cœur ne bat que pour vous.

Lorsqu'il vit un sourire se dessiner sur les lèvres charnues de la demoiselle, il se dit qu'il devait pousser son avantage. Comme elle grattait joliment de la guitare il la pria de venir jouer dans sa chambre pour accompagner sa sieste, mais elle s'y opposa, surveillée qu'elle était par une duègne. En revanche, elle lui prit la main et la baisa furtivement, ce qui valait une déclaration.

Un soir, dans le patio où flottaient des odeurs de tubéreuse, elle joua pour lui avant de tomber discrètement dans ses bras. Une heure plus tard, il pénétra dans sa chambre. Elle l'attendait.

Bienville cacha un bâillement derrière sa main.

– Fort bien, mon cousin, dit-il. Le récit de vos amours avec votre dulcinée me bouleverse, mais j'aimerais connaître la suite de votre odyssée. Soyez bref...

– J'avais eu la fleur, soupira Juchereau, mais je ne me méfiais pas des épines. J'allais très vite payer le prix de mon inconscience...

María Emmanuella révéla à son amant qu'elle était en butte depuis quelques mois aux convoitises de don Gaspardo. Elle avait à plusieurs reprises différé sa réponse car elle ne tenait pas à passer sa vie avec ce vieillard impotent. Elle ajouta :

– Prends garde ! Il est très jaloux. S'il apprend notre aventure, il te cherchera noise.

De temps à autre, Pénicaud tirait Juchereau par les basques pour lui rappeler que l'on n'était pas venu sur ces terres lointaines pour apprécier la saveur des tabacos, du pulque et conter fleurette aux señoritas. Il lui rappelait que les mines d'argent de Boca Leone n'étaient qu'à une soixantaine de lieues : une information qu'il tenait des Indiens d'un pueblo proche. Il fallait s'y rendre sans tarder.

Juchereau décréta que sa présence n'était pas nécessaire pour cette promenade. Il était au comble de la passion et sa maîtresse n'eût pas toléré qu'il la quittât.

Devant l'insistance de Pénicaud et des Canadiens il dut pourtant céder et fit ses préparatifs. Au moment de quitter San Juan Bautista, le capitán s'opposa au départ de la caravane sous le prétexte que le pays était trop dangereux.

Après cinq semaines d'une attente qui ne fut guère éprouvante pour lui, Juchereau apprit qu'il était attendu à Caouis par le gouverneur.

Ce potentat habitait une demeure vaste mais guère plus luxueuse que celle de don Ramón de Villescas. Elle était dotée d'une prison vers laquelle on le dirigea dès son arrivée et dans laquelle on l'enferma en compagnie de quelques Indiens amorphes et de trois déserteurs promis à la corde.

Des quatre mois qu'il resta enfermé dans cette geôle, réduit pour la nourriture à la portion congrue, interdit de promenade, menacé de la potence au moindre écart de conduite, il ne put obtenir une audience du gouverneur. Le señor Gaspardo était absent... Le señor Gaspardo était souffrant...

De temps à autre, accroché aux barreaux de sa cellule, il assistait à l'exécution d'un Indien ou d'un déserteur dont le contingent se renouvelait. C'était sa seule distraction, avec les fêtes sinistres du dimanche où la musique de la garnison jouait des hymnes patriotiques tristes comme des lamentos.

Un matin, un *teniente*[1] lui ouvrit la porte et lui annonça qu'il avait reçu pour mission de le conduire à Mexico.

– Que me veut-on encore ? s'écria Juchereau. Qu'irais-je faire dans cette maudite ville, située aux cinq cents diables ?

– *No sé, señor. La consigna...*

Le matin du départ il demanda à voir le gouverneur et à récupérer ses armes.

– *Es imposible, señor...*

En montant à cheval, les mains liées, il aperçut, au balcon du *palais*, un vieillard à la barbe grise qui paraissait assis dans une chaise roulante et le regardait, visage impassible.

Juchereau lui cria :

– Vous me paierez ça, vieille canaille !

Le cortège mit des jours à traverser des espaces illimités de déserts, de montagnes verdoyantes, à longer des rivières sèches comme des peaux de serpent. Parfois, sur

1. Lieutenant.

la rive opposée, on voyait se dessiner contre le ciel incandescent des colonnes de cavaliers sioux ou pawnees qui passaient avec la lenteur et la majesté de voyageurs des grands espaces et de l'éternité.

A Mexico, dans les ruines de l'ancienne capitale des Incas, ce n'est pas le vice-roi, le señor de Linares, qui reçut le prisonnier, mais un Français vêtu comme un lieutenant des gardes.
– Larnage ! s'écria Juchereau, que fais-tu ici ?
Ancien condisciple de Juchereau au collège de Montréal, le marquis de Larnage avait déserté l'armée à la suite d'une affaire de contrebande qui risquait de l'envoyer aux galères. Il s'était mis au service de l'Espagne et le duc de Linares l'avait choisi comme aide de camp.
– Mon pauvre ami... soupira Larnage. Tu aurais pu moisir dans la geôle de Caouis sans que personne eût l'idée de t'en extraire. Tu as de la chance. Une jeune personne que tu connais bien a écrit à Son Excellence pour demander de tes nouvelles. Tu devines qui ?
Juchereau s'épanouit. María Emmanuella... Il n'avait cessé de penser à elle durant son voyage et sa captivité.
– Elle serait capable, dit Larnage, de remuer ciel et terre pour te retrouver. Qu'est-elle pour toi ? Une amie ?
– Mieux : je songe à l'épouser à mon retour.
Larnage lui prêta des vêtements convenables pour le présenter au vice-roi. Introduit dans le cabinet, le prisonnier répéta le discours qu'il connaissait par cœur : le gouverneur de la Louisiane souhaitait que des relations de bon voisinage s'instaurent entre les deux colonies.
– Monsieur Juchereau, répondit le duc de Linares dans un excellent français, je vous admire. Vous avez dû affronter mille dangers pour arriver jusqu'à nous. Il faut que vous me racontiez votre odyssée...
Le repas qui suivit fut occupé essentiellement par le récit du Canadien. Il se garda de vanter les pays proches du Mississippi pour ne pas donner au vice-roi l'idée d'y envoyer des reconnaissances. Il n'avait traversé, dit-il, que de mauvais pays occupés par des nations innombrables et agressives, où il serait difficile de créer des établissements.
Pour ce qui était des relations « commerciales et amicales » entre le Mexique et la Louisiane, M. de Linares ne pouvait décider de son propre chef. Il devait sou-

mettre la question à son Conseil, en référer à la Junte si ce dernier le jugeait nécessaire.

– Je ne pense pas, dit-il, que nous devions prévenir Madrid. Il vous faudrait patienter des mois. Mon Conseil se réunit d'ici à une semaine. En attendant sa réponse, M. de Larnage vous fera visiter notre capitale et sa région.

Une semaine plus tard la réponse du vice-roi arrivait à Juchereau, raide comme une pierre de fronde :

– Moi et mon Conseil avons jugé que la proposition du gouverneur de la Louisiane était inopportune et dangereuse pour nous. Il est clair que la Compagnie de M. Crozat souhaite exploiter à nos dépens des mines situées sur notre territoire, sans contrepartie, je présume.

– Oubliez-vous, Excellence, répliqua Juchereau, que nous avons un ennemi commun : l'Anglais ? Nous pourrons lui faire obstacle le jour où il décidera de s'attaquer à votre colonie.

– Vous vous moquez ! De combien d'hommes disposez-vous ? D'une centaine tout au plus. Nous sommes bien informés par le gouverneur de Pensacola. Nous pouvons, quant à nous, opposer aux Anglais plus de trois mille hommes bien armés. Dites à votre gouverneur et faites comprendre à M. Crozat que je ne suis pas dupe du marché qu'ils nous proposent.

Le vice-roi ajouta en se levant :

– Que cette réponse ne vous chagrine pas. Vous n'êtes pas responsable de cette affaire. Permettez-moi de faire des vœux pour votre retour, votre santé... et vos amours !

Il adressa un sourire complice à M. de Larnage.

– Donc, soupira Bienville, échec sur toute la ligne. C'était couru d'avance. Le pire qui pourrait nous arriver, c'est un ordre de Versailles nous demandant d'attaquer le Mexique et de mettre la main sur les mines du Presidio de San Juan Bautista del Norte. Je souhaite que nous n'en soyons pas réduits à cette extrémité.

– Nous aurions tout à y perdre. Contentons-nous, comme par le passé, d'opérations de contrebande. Là, du moins, nous pouvons tirer notre épingle du jeu.

– Estimez-vous heureux que Linares ne vous ait pas jeté en prison. Vous y moisiriez encore...

Non seulement le vice-roi n'avait pas fait emprisonner son visiteur mais il lui avait donné pour le retour un cheval tout harnaché, avec une selle de Cordoue un peu râpée et néanmoins fort confortable, un pécule de mille piastres et deux mules chargées de vivres.

– Mon cadeau de mariage... dit-il à Juchereau. Je vous souhaite beaucoup de bonheur.

L'envers de cette générosité, le voyageur ne tarda pas à le connaître : le vice-roi, alerté par la démarche de Juchereau et les intentions qu'elle cachait mal, établit à la frontière des possessions espagnoles et françaises une chaîne de postes fortifiés jusqu'à la côte.

Surprise de Juchereau au retour à San Juan Bautista : la señorita María Emmanuella lui sauta au cou et, incapable de dissimuler sa joie, versa quelques larmes de bonheur.

– J'ai cru que tu ne me reviendrais pas ! dit-elle. On dit que les filles de Mexico sont jolies et faciles.

– Je n'en ai connu aucune qui te vaille.

– Tu as exposé ta vie, connu la prison...

– J'aurais franchi des océans pour te retrouver.

– J'ai parlé à mes parents : ils consentent à notre mariage.

Juchereau ne put cacher un mouvement de surprise. Cette perspective était loin de lui déplaire. Cependant...

– Ma patrie, dit-il, ce n'est pas la Nouvelle-Espagne mais le Canada et la Louisiane. Je ne puis me fixer ici. Quant à te demander de me suivre...

– Je partirai avec toi, où que tu ailles ! Je suis courageuse et résistante. Je saurai même me battre contre les Indiens !

Il dut en passer par sa volonté.

La petite caravane s'ébranla un matin de mai. Tout au long du voyage, de rivière en fleuve, de plaine en montagne, María Emmanuella se comporta avec courage et perdit quelques livres, ce qui la rendait plus séduisante encore.

A la mi-juin ils se retrouvèrent à l'endroit où ils avaient laissé le gros de l'expédition. Juchereau constata qu'il avait changé d'aspect. Dans l'île choisie pour y installer un modeste établissement, ses compagnons avaient édifié un fort de petites dimensions défendu par un solide système de palissades.

Aux alentours, la campagne était dans sa splendeur estivale. Des vergers sauvages de pruniers, de noyers, de mûriers et de pêchers, des champs de blé d'Inde, de melons, de patates et de fèves s'étendaient autour de la bâtisse. La région abondait en gibier de toute espèce. La migration des bisons avait débuté depuis peu : on les voyait venir par centaines se vautrer dans la boue du fleuve pour se protéger des piqûres d'insectes ; la trace de leur puissante migration se lisait dans les larges sillons qu'ils laissaient au milieu des hautes herbes de la prairie.

Juchereau et son épouse restèrent là quelques semaines. Ils y seraient demeurés plus longtemps si deux raisons impératives ne les avaient contraints à retourner à Mobile : M. de Cadillac attendait son retour avec impatience et María Emmanuella était enceinte.

M. de Cadillac reçut Louis Juchereau à bras ouverts.
– Quelle joie de vous retrouver sain et sauf ! s'écria-t-il. J'ai cru qu'il vous était arrivé malheur. Quelles nouvelles me rapportez-vous ?

Fort embarrassé, Juchereau nouait et dénouait ses grandes mains entre ses genoux. Il parla avec chaleur de l'établissement qu'il avait créé.
– Mais encore ?

Il avait noué des relations amicales avec le capitaine qui commandait San Juan Bautista et le vice-roi du Mexique.
– J'en suis ravi, mon ami, mais qu'avez-vous retiré de ces relations qui puisse nous servir ?

Juchereau baissa la tête. Rien de bon, et même il y avait tout à redouter des relations futures.
– Voilà qui est dommage. Mais les mines ? Les avez-vous découvertes ?

Juchereau dut convenir de son échec. Pris qu'il était dans un réseau de surveillance il n'avait pu pousser jusqu'aux gisements de Boca de Leone.
– Alors ? s'écria le gouverneur, le visage empourpré de colère : pas d'argent, pas d'or, pas une once de minerai de plomb ? Des relations négatives avec les autorités espagnoles ? Après environ cinq ans d'absence, tout ce que vous rapportez, ce sont des impressions de voyage. Comment vais-je faire avaler la pilule à Crozat ?

Il frappa le sol avec sa canne et rugit :

– Je sais les raisons pour lesquelles vous revenez bredouille ! Vous avez passé votre temps à filer le parfait amour avec cette... avec cette Indienne !

– Elle est d'origine espagnole et de bonne famille ! protesta Juchereau. Elle se nomme María Emmanuella de Villescas de Navarra. Nous sommes mariés et elle m'a donné un enfant.

Le gouverneur lui mit la pointe de sa canne sous le nez en s'écriant :

– Vos histoires de cœur, je m'en moque ! Vous n'êtes qu'un paltoquet et je vous chasse. Estimez-vous heureux que je ne vous fasse pas jeter en prison ! Votre place n'est plus ici. Retournez au Canada !

Pénicaud entra dans la cabane de François Picard au moment où ce dernier faisait cuire sur son foyer d'argile une potée de blé d'Inde mêlé à des filets d'alligator.

– Ça sent rudement bon ! dit-il.

– Si le cœur t'en dit... Installe-toi et mets le couvert.

Il ajouta en pressant le charpentier contre sa poitrine :

– Content de te revoir, André-Joseph ! Je me languissais de toi. On te regrette sur le chantier. Tu es resté si longtemps absent qu'on a bien cru ne jamais te revoir. Tu ramènes de l'or ?

– De pleins coffres ! s'écria Pénicaud d'un ton ironique.

Il ajouta en disposant les assiettes de terre sur la table :

– Pas une once... Mais nous avons vu du pays, rencontré des gens, bâti un fort... Tout ça, pour notre gouverneur, n'est que du vent ! Cette canaille n'a aucun sens des réalités. Juchereau en a pris pour son grade. J'ai vu le moment où ils allaient en venir aux mains.

– Je ne peux t'offrir qu'un modeste repas, dit François qui, de toute évidence, pensait à autre chose.

– Je n'attendais pas un balthazar. Si tu savais ce que nous avons été obligés d'ingurgiter pour ne pas mourir de faim !... Même nos chiens n'en voulaient pas.

Il s'assit, souffla sur la platée de bouillie pour la faire froidir, reprit :

– Nous avons traversé le Mississippi du côté de Bâton Rouge il y a une quinzaine, puis nous sommes descendus jusqu'aux premières concessions en amont du delta. Il y a du monde à l'ouvrage, déjà, mais c'est encore une misère. J'ai insisté pour pousser jusqu'à Belle-Épine. Ce nom te dit quelque chose ?

— Rien.

— C'est l'endroit où le marquis de Rémonville a installé sa première exploitation. Il la fait travailler par une dizaine de nègres qu'il traite en bon père de famille. Les autres concessions végètent. La sienne prospère.

Il frappa du plat de la main sur la table :

— Tu entends ce que je te dis ?

— Bien sûr ! Je ne suis pas sourd.

— On ne le dirait pas. Rémonville, nom de Dieu ! Justine, Charlotte...

— Oui, et alors ?

Pénicaud sentait la moutarde lui monter au nez. Il prit le temps d'avaler avec des grognements de plaisir son assiette de bouillie et la viande au goût âpre, avant de lancer :

— Tu te fous de moi, François ? Je te parle de Charlotte et tu fais comme si c'était une étrangère ou une Indienne. Je l'ai rencontrée. Nous avons parlé. Elle crève à petit feu de ne pas pouvoir te retrouver.

— Il était convenu que nous nous reverrions deux à trois fois par an et tu viens me dire qu'elle crève d'être séparée de moi !

— Le marquis n'a pu encore mettre au point ses navettes entre Belle-Épine et Mobile. Le trafic de ses marchandises se fait par le delta, mais il ne perd pas de vue ce projet. Tu la reverras prochainement, ta Charlotte. D'ailleurs...

Il fouilla dans sa ceinture.

— ... d'ailleurs elle t'envoie ce petit mot.

François le prit sans empressement, l'ouvrit, le lut : deux feuillets bien garnis d'une écriture fine, timbrés d'une couronne de marquis. Du papier comme on n'en trouvait qu'en France. Au fur et à mesure que sa lecture avançait son visage s'éclairait, il bougeait sur son banc, poussait de petites exclamations avec un bourdonnement à lèvres closes.

— Te voilà convaincu ? dit Pénicaud, rayonnant. Elle t'aime, cette petite.

— Si elle m'aimait, pourquoi m'a-t-elle quitté ?

— Tu le sais bien. Ne reviens pas là-dessus : ça ne peut que te faire du mal.

François faillit lui avouer que, depuis son départ il attendait de ses nouvelles, puis sa visite, qu'il interrogeait tous les *trimballeux* canadiens de passage à Mobile, qu'il n'avait pas pris de servante indienne pour ne pas être tenté de tromper Charlotte, qu'il avait envisagé de quitter son chantier pour aller la rejoindre...

— Elle t'attend, dit Pénicaud. Elle est persuadée que tu viendras la retrouver. C'est sans doute ce qu'elle te dit dans sa lettre.

— C'est ce qu'elle me dit. Mais comment faire ? Mon contrat...

— Dans quelques mois tu seras libre et rien ne t'empêchera de quitter Mobile en toute légalité.

— C'est sûrement ce que je ferai.

— Alors, dit Pénicaud, il est bien possible que je te suive. Un bon compagnon comme toi, quand on le tient on ne s'en sépare pas...

« LA TERRE TREMBLE SOUS TES PAS LORSQUE TU MARCHES... »

Louisiane : début 1717

Un navire de France vint apporter à la colonie à la fois un soulagement et une déception.

La nouvelle de la révocation simultanée du gouverneur et du commissaire-ordonnateur suscita inquiétude, amertume et haine, des sentiments qui faisaient autour de ces deux personnages un beau feu d'artifice. Pour les narguer on dansa et on chanta sous leur fenêtre ; des drôlesses leur montrèrent leur cul.

Dans la cargaison, pas trace d'armes et de munitions, Crozat n'ayant pas réglé à Lacombe, manufacturier à Tulle, ses précédentes livraisons. Les vêtements entassés dans les soutes étaient de si mauvaise qualité et en si piètre état qu'on les jeta à la mer.

Quant aux subsistances...

– Nom de Dieu! jura le garde-magasin Graveline en plongeant la main dans une barrique. Cette farine s'est transformée en sciure de bois. Elle pue...

Il fit sécher cette mixture moisie, la tamisa, la foula sans lui redonner l'apparence et le goût de la bonne farine d'Anjou. Les salaisons étaient gâtées et inconsommables. La cargaison comportait un moulin démonté, mais il manquait les pièces essentielles : les meules.

Bienville courut chez Duclos, le feu aux joues. Il s'écria :

– Crozat et sa Compagnie se moquent de nous !
– Cela n'est pas nouveau, soupira Duclos. Pauvre Crozat... Pauvre Compagnie... Cela sent la fin pour l'un

et pour l'autre. Crozat ne tardera pas à démissionner, si ce n'est déjà fait. Cette colonie lui coûte plus cher qu'elle ne lui rapporte, et ce n'est pas un philanthrope. Quant à M. de Cadillac et à ma modeste personne, nous jouons malgré nous les boucs émissaires. Personne, dans la métropole, n'a la moindre idée des difficultés que nous avons rencontrées.

– Qui va-t-on envoyer pour vous remplacer ? demanda Bienville.

– Je n'en sais foutre rien et cela ne m'intéresse pas ! s'écria Duclos. Pourtant, si vous voulez mon avis, c'est vous que Versailles devrait désigner pour remplacer Cadillac. Qui sait quel fantoche ils vont envoyer ?

Duclos posa une main sur son coffre de cuir et murmura comme pour lui-même :

– Pardonnez-moi d'abréger notre entretien. Il faut que je prépare mon bagage.

Sa main se posa sur l'épaule de Bienville.

– Je laisserai un seul regret sur cette terre : l'amitié que nous avons partagée.

A quelques jours d'intervalle trois autres navires mouillèrent au large, l'entrée de Port-Dauphin étant obturée par des dépôts de sable. Le premier arrivé, un brigantin, apportait une cargaison de vivres de meilleure qualité que le premier envoi. Les deux autres transportaient, outre de nouvelles cargaisons de vivres, des émigrants : de ces faux-saulniers réduits par la misère à la contrebande du sel.

Ce n'est qu'au début du mois de mai suivant que débarqua le nouveau gouverneur de la Louisiane.

M. Jean-Michel de Lépinay arrivait précédé d'une flatteuse réputation et porteur d'espoirs. Depuis le début de la Régence la métropole semblait prendre en considération les affaires d'outre-mer, et celles d'Amérique en particulier.

Entré dans le corps de la Marine une trentaine d'années auparavant, cet officier avait acquis au Canada une expérience de navigation maritime et fluviale qui lui avait valu le grade de capitaine de vaisseau. Versailles l'avait choisi pour gouverner la Louisiane, de préférence à M. de Bienville dont on appréciait les talents militaires, la connaissance du pays et de ses habitants mais qui s'était révélé piètre administrateur.

Dès les premiers contacts les habitants comprirent que ce personnage n'avait rien d'un matamore ni d'un bouffon et qu'il faudrait compter avec son autorité.

A l'arrivée de la chaloupe qui le menait à Mobile, il fut accueilli avec des vivats tempérés par l'apparence du personnage : tenue austère et visage de momie. Le nouveau gouverneur alla loger dans la demeure du précédent et le jeune commissaire-ordonnateur qui l'accompagnait, Marc-Antoine Hubert, ancien commissaire de la Marine, dans celle de Duclos.

A peine avait-il procédé à ses premières installations M. de Lépinay voulut inviter le lieutenant général, M. de Bienville, à s'entretenir avec lui. Bienville était absent. Après des réticences et une longue préparation il avait accepté l'expédition sur les territoires des Natchez, que Cadillac lui avait confiée et qu'il avait jugée à la longue digne d'attention ; il avait donc prévu de partir avec une trentaine de soldats et une quinzaine de matelots. Les motivations de Cadillac étaient, certes, de poser les jalons d'un établissement destiné à devenir le grenier à blé de la Louisiane, de surveiller de près ces peuplades turbulentes, mais aussi et surtout de lui jouer un bon tour, en confiant une mission difficile, voire périlleuse, à cet olibrius qui avait eu le front de dédaigner la main de sa fille et avait du même coup humilié sa famille.

M. de Lépinay s'informa de la date de retour de l'expédition. Personne ne put lui donner de réponses autres qu'évasives : dans six mois, dans six ans. Peut-être jamais...

Bienville s'était lancé dans l'aventure peu avant l'arrivée du nouveau gouverneur. Une nouvelle inattendue était venue hâter ses préparatifs : Cheveux-Rouges, envoyé en reconnaissance, revenait avec une nouvelle terrifiante : les Natchez avaient fait un massacre de coureurs des bois sur la rivière séparant leur territoire de celui des Tonicas.

– Il faut battre le fer tant qu'il est chaud, avait déclaré Cheveux-Rouges. Les Natchez attendent une riposte à leur provocation. Ils nous mépriseront, et toutes les autres nations avec eux, si nous ne ripostons pas. Ils nous attendent.

Outre la petite troupe qu'il amenait avec lui, Bienville s'était entouré de bons compagnons sur lesquels il savait pouvoir compter : Richebourg, Pailloux de Barbazan et le petit Tisné.

– Dès que nous entrerons en contact avec ces sauvages, avait conseillé Cheveux-Rouges, il faudra leur monter une fable. Par exemple dire que nous venons construire un fort pour faire pièce aux Espagnols. Comme les Natchez les détestent nous gagnerons leur confiance et nous pourrons mener notre enquête et punir les coupables.

Lors de l'étape chez les Tonicas, au nord du bayou Manchac, Bienville fit mettre sa troupe en bon ordre et, musique en tête, bannière déployée, la fit défiler jusqu'au premier village. Cette montre parut faire une forte impression sur les sauvages.

Le chef de ce village était une manière de collectionneur. Il invita ses visiteurs à faire chaudière avant de leur montrer ses trésors : images saintes, chapelets, chaufferette, et la pièce essentielle de ce petit musée : une médaille envoyée par le Grand Soleil des Français. Les reliques lui avaient été données par ce saint homme qui venait de mourir à la tâche : le père Davion, membre des Missions étrangères. Il leur avait appris à adorer le Christ, devenu leur dieu de la Guerre ; ils faisaient des fumigations de tabac devant son image et peignaient la croix sur leurs boucliers avant de partir au combat.

Bienville confia à Tisné, qui avait la pratique des langues indiennes, le soin de s'informer des circonstances de la tragédie et de l'identité des coupables. Il fit chou blanc. En revanche...

– Nous l'avons échappé belle, dit-il. Les Natchez ont proposé aux Tonicas de nous massacrer comme eux-mêmes l'ont fait des Canadiens, mais la fanfare a fait son effet à ce qu'il paraît...

– Il n'empêche, dit Bienville. Il va falloir tenir les Tonicas sous surveillance. Ils sont aimables mais ce sont des girouettes.

– Ce n'est pas tout, ajouta Tisné. Les Natchez ont décidé de tendre un piège à un autre groupe de trafiquants canadiens dont ils attendent le passage à bref délai.

– Il est temps d'agir, et vite ! Nous allons inviter les

chefs Natchez à venir fumer le calumet en notre compagnie. Nous nous renseignerons ainsi sur leurs crimes et leurs projets.

Il décida que, par mesure de sécurité, l'entrevue aurait lieu sur une île, près du confluent du Mississippi et de la Rivière Rouge où l'on construirait pour la circonstance une redoute. Certains officiers n'étaient pas d'accord avec cette méthode : qu'avait-on besoin de ménager ces sauvages alors que l'on était certain de leur forfait ? Il fallait en faire un massacre exemplaire.

– Nous sommes cinquante, dit tranquillement Bienville. Ils sont plus de mille et ce sont les meilleurs guerriers de la basse Louisiane. Vous souhaitez un massacre ? C'est nous qui risquerions d'en faire les frais.

Dans la première quinzaine de mai arrivèrent au fort Saint-Joseph-des-Tonicas, dont on avait achevé la construction, quelques chefs natchez, plumes au vent, drapés dans leur manteau de daim, accompagnés d'une escorte en armes. Comme le chef de toutes les tribus, Terre-Blanche, s'étonnait qu'on ne lui eût pas proposé le calumet, Bienville lui fit répondre sévèrement qu'il consentirait à fumer avec lui lorsqu'il lui aurait révélé le nom des coupables « qui avaient pris la vie de cinq visages pâles à la première lune d'avril ».

Émotion, échange de regards perplexes ou offensés entre les chefs. Palabres... Palabres... Tisné parvint à saisir au vol quelques propos : ils laissaient mal augurer des suites de l'entretien.

– Il faut leur faire comprendre, dit Bienville, que, s'ils ne nous donnent pas satisfaction, le Grand Onontio des Français brûlera leurs villages et tuera leurs guerriers avec d'immenses armées. Insiste sur *immense*. Par la même occasion rappelle-leur que nous souhaitons construire un poste important contre les Espagnols.

L'un des chefs proposa de s'en retourner dans son village et d'en ramener quelques coupables. On tint les autres sous bonne garde après avoir confisqué leurs canots. Tisné, qui laissait traîner ses oreilles chaque fois qu'une palabre s'engageait, apporta à Bienville une nouvelle surprenante : cinq des meurtriers des Canadiens se trouvaient parmi les invités. Quelques rasades de « lait du roi de France » permirent de confirmer cette révélation. Pour quelques gorgées de plus, les Natchez auraient livré pères et mères.

Le chef qui était allé faire une collecte de têtes en rapporta quelques-unes, qu'il sortit d'un sac de cuir : elles avaient appartenu à de vieux guerriers sans emploi. Bienville lui dit :
- Ce ne sont pas les vrais coupables. Ceux que nous cherchons sont parmi vous. Il me les faut.

Palabres... palabres... On les lui livra. Bienville les fit saisir par ses hommes et rassembler au centre du fort. Un hercule pris parmi les Tonicas joua le rôle de bourreau : il les fit s'agenouiller et, par-derrière, leur brisa la nuque d'un coup de tomahawk.

Alors que les Tonicas emportaient les cadavres pour les jeter dans le fleuve, de lourdes gouttes de pluie se mirent à tomber d'un ciel brouillé de rouge par l'approche du soir. Il plut à verse toute la nuit puis trois jours durant. Autour de l'éminence où l'on avait bâti la redoute la plaine n'était qu'un immense lac où des troupeaux de bisons cherchaient en vain leur gîte à travers la brume.

Surprise du lieutenant général lorsqu'on vint le prévenir qu'à la faveur de la pluie le Grand Soleil Terre-Blanche avait disparu.

- Il faut le retrouver ! s'écria-t-il. C'est notre pire ennemi et sûrement l'instigateur du massacre.

L'attitude singulière de ce grand personnage ne lui avait pas échappé : taciturne, immobile, indifférent aux palabres, il semblait tombé d'une autre planète.

En attendant de partir à la recherche de Terre-Blanche, restait à régler le sort des autres chefs. Bienville avait son idée. Il confia à quelques Canadiens :
- Vous allez partir avec quatre chefs comme si vous les conduisiez à Mobile. Lorsque vous serez parvenus à une lieue ou deux d'ici, faites-les disparaître comme vous l'entendrez et revenez me rendre compte. Je vous rappelle que ces sauvages sont responsables du meurtre de nos concitoyens.

Il ajouta :
- Ceux qui auraient des scrupules sont dispensés de cette corvée.

Pas un ne se déroba.

Bienville laissa une dizaine d'hommes bien armés dans l'île afin de défendre la redoute et d'achever son édification. Les Tonicas fourniraient les pieux d'acacia destinés à renforcer les palissades, d'autres essences nécessaires aux bâtiments d'habitation, l'écorce de cyprès pour la couverture.

La petite troupe s'enfonça en territoire natchez dans l'intention de mettre la main sur Terre-Blanche. Pailloux de Barbazan partit en éclaireur avec quelques Tonicas afin de sonder l'état d'esprit des sauvages. Les villages ne respiraient pas l'abandon et la misère comme ceux de la côte ; les guerriers y étaient nombreux et bien armés, certains de pétoires, d'origine anglaise. Il aurait suffi d'une maladresse, d'une provocation pour que, sur un signe du chef, le détachement fût mis à rude épreuve et peut-être anéanti.

Bienville formulait sa requête d'un ton courtois mais ferme : il souhaitait qu'on lui livrât Terre-Blanche et restituât les marchandises dérobées aux Canadiens assassinés.

L'aide-major Barbazan se mit en quête d'un emplacement favorable à la construction d'un fort, avec l'assentiment des chefs qui paraissaient, au fur et à mesure qu'on avançait, revenir à de meilleurs sentiments.

Il découvrit, à peu de distance d'un village, sur une colline dominant une longue plage boueuse entourée de champs de cannes, l'endroit qu'il cherchait. Il dessina le plan de quatre bastions, d'une caserne relativement importante, d'une poudrière, d'une infirmerie, sans oublier la chapelle.

Le chef de l'expédition ne se faisait guère d'illusions : on ne retrouverait pas Terre-Blanche dans cette immensité, malgré les promesses de récompense alléchantes. En revanche, il découvrait avec satisfaction un souci de loyauté chez ces sauvages. Ils n'avaient guère hésité à lui remettre le chargement des voyageurs assassinés, sauf leurs armes, ce qui n'avait rien de surprenant. La même bonne volonté s'exprimait dans le concours qu'ils apportèrent à la construction du fort auquel Cadillac avait souhaité que l'on donnât le nom de Rosalie.

Ouvert au début de juin, le chantier était achevé en août. Pailloux de Barbazan et le commandant avaient-ils fait le bon choix ? A la réflexion, on pouvait en douter, mais il était trop tard pour revenir sur cette décision. La « petite montagne » au sommet de laquelle s'érigeait le fort constituait une défense naturelle appréciable, mais elle était accessible de plain-pied sur deux versants.

Bienville décida que la fin des travaux serait couronnée par une fête de la réconciliation et de la paix. A peine le bruit en avait-il couru on vit affluer à pleins canots des foules d'indigènes. Les festivités se déroulèrent au son des chichikoués, des tambours et des fifres. On fit des festins d'œufs de tortues battus en omelette à la française, d'oursons rôtis à la broche, de sagamité de conchac, de tendres pousses de cannes... On fuma jusqu'à l'ivresse le *feningué*, ce tabac natchez qui a la saveur du vinaigre, et les soldats ne repoussèrent pas les avances des Indiennes.

Une visite imprévue vint ajouter à l'euphorie commune.

Sur la fin du mois d'août une quinzaine de Canadiens qui descendaient le fleuve firent escale au fort Rosalie : c'étaient les trafiquants auxquels, quelques mois plus tôt, les Natchez de Terre-Blanche avaient eu l'intention de tendre un piège. Par chance ils avaient été retardés en amont par de nouvelles livraisons.

A quelques jours du départ, Bienville fut informé par des Indiens qui nomadisaient sur les berges de la Rivière Rouge d'un événement qui méritait réflexion : cinq cents Espagnols du Presidio de San Juan Bautista del Norte se dirigeaient par petites étapes vers le Mississippi dans l'intention de construire un fort sur ses rives. Il décida de leur couper la route. Un détachement partit à leur rencontre afin d'occuper le terrain et de les repousser. Soucieux d'éviter un incident qui aurait risqué de dégénérer, les Espagnols renoncèrent à leur projet et rebroussèrent chemin, malgré leur supériorité numérique.

Il s'agissait, à n'en pas douter, d'une riposte à la démarche de Juchereau.

Bienville mit fin à son séjour en pays natchez par une incursion en aval du fleuve, dans des territoires qu'il avait parcourus avec son frère Pierre d'Iberville, une quinzaine d'années auparavant. Il retrouvait intactes dans sa mémoire les émotions qui naissaient de la contemplation de ces immensités liquides, de ces forêts, de ces marécages peuplés d'une multitude d'oiseaux et de gibier, de ces prairies à perte de vue où des troupeaux de bisons galopaient dans un grondement de tonnerre.

Il regagna la côte par le Détour-de-l'Anglais où quelques canots de Français et de Canadiens avaient contraint la corvette du capitaine Banks, chargée de colons protestants à la recherche de leur terre promise, de faire vent arrière.

Il confia à Pailloux de Barbazan :

– Que faisons-nous dans cette basse-fosse de Mobile ? Pourquoi cette obstination à demeurer sur un espace de terre stérile où nous ne pouvons que végéter ? C'est dans ces parages en amont du delta, que nous devrions envisager de construire une ville qui pourrait devenir la capitale de ce pays.

– Opération longue et incertaine... répondit l'aide-major. Le fleuve est navigable mais le delta quasiment impraticable pour les navires de haut bord. Ce n'est pas sans raison que les Espagnols l'avaient appelé jadis Palizzada. Si la corvette du capitaine Banks, que vous avez interceptée, a pu s'y engager, c'est qu'elle était guidée par la Providence. Il faudrait ouvrir un chenal, mais cela supposerait des travaux considérables, des ingénieurs, des centaines d'ouvriers, du matériel. Nous n'avons rien de tout cela.

– Nous le trouverons. Je comprends vos réserves, mais il en faudrait bien davantage pour me faire renoncer.

Il ajouta en posant ses mains sur les épaules de l'aide-major :

– La force du rêve, mon ami, la force du rêve...

En dépit de conditions difficiles, dues au climat, à un milieu naturel hostile, à l'isolement, une poignée de colons était parvenue à s'implanter de part et d'autre du Grand Fleuve. Des amorces de plantations de blé d'Inde, de riz, de tabac lançaient comme un défi à la sauvagerie des lieux.

L'exploitation la plus viable semblait être celle du marquis de Rémonville. Il est vrai qu'il ne s'était pas embarqué sans biscuit dans cette aventure dans laquelle plus d'un avait déjà sombré. Il ne lui restait qu'une dizaine de nègres sur le contingent qu'il avait emmené avec lui quelque deux années auparavant, mais, conscients de connaître un régime de faveur de la part d'un maître débonnaire, ils travaillaient avec cœur. Les autres avaient été emportés par une épidémie de fièvre jaune qui avait miraculeusement épargné ses proches.

Bienville s'y arrêta quelques jours avec son escorte.

La maison du planteur, située sur une hauteur dominant le fleuve pour échapper aux inondations, était vaste, d'une conception sommaire mais assez confortable. Le maître des lieux avait imposé une discipline souple et efficace. Les tâches étaient judicieusement réparties, les profits, si minces fussent-ils, distribués avec un louable esprit d'équité.

Les éléments les plus actifs de cette petite communauté étaient Justine et Charlotte. La première, concubine du marquis, veillait à la marche de la maison; la seconde l'aidait dans la surveillance de l'exploitation. Justine donnait l'image parfaite de l'autorité sereine et portait avec une certaine ostentation, semblait-il, un trousseau de clés à sa ceinture; Charlotte, quant à elle...

– Cette fille, ma compagne depuis mon arrivée en Louisiane, dit Justine, est malheureuse. Un chagrin d'amour. Voici des mois et des mois qu'elle est séparée de son ami, François Picard, votre violoneux. Elle ne peut l'oublier, malgré le temps et les tâches qu'elle s'impose, en dépit d'une santé fragile. Elle a refusé un parti qui se présentait : le fils d'un colon du voisinage. Tout cela par ma faute. Je l'ai pour ainsi dire obligée à partir. Quand vous verrez le musicien, dites-lui qu'elle ne l'oublie pas...

Bienville, lui, oublia le message. Il avait encore tant à faire...

L'été allait sur sa fin et flottait sur une marée de grandes chaleurs humides lorsque le lieutenant général décida qu'il était temps de retourner à Mobile.

Sa mission avait réussi au-delà de ses espérances : il avait exercé sa justice *à l'indienne*, montré aux sauvages qu'ils devaient compter avec la puissance, le courage et la ruse des Français, coupé la route aux Espagnols du Mexique, acquis la certitude qu'on pouvait fonder des espoirs sur la fertilité de cette terre et posé les jalons d'un Empire plus vaste que l'Europe. Tout cela avec une poignée d'hommes et quelques hardis compagnons. Un échec pourtant : on n'était pas parvenu à remettre la main sur le chef Terre-Blanche.

Il avait laissé Pailloux de Barbazau commander le fort Rosalie avec une dizaine de soldats et quelques Canadiens. En attendant l'arrivée des colons qui mettraient en valeur ces terres fertiles, l'établissement serait, pour les coureurs des bois, les marchands et les trafiquants, une étape sûre.

Alors qu'il s'apprêtait à reprendre le chemin de Mobile, le chef d'un village natchez l'avait pressé contre sa poitrine et lui avait dit d'une voix théâtrale :

– La terre tremble sous tes pas lorsque tu marches...

Le nouveau gouverneur s'avança vers le lieutenant général, la main tendue, son tricorne sous le bras.
– Monsieur de Bienville, dit-il, je conçois votre surprise. M. de Cadillac vous a salué lors de votre départ et c'est moi qui vous accueille à votre retour. Le vent a tourné, voyez-vous. Le Conseil de Marine a révoqué mon prédécesseur et M. Duclos pour cause de mésentente et d'incompétence. Je ne vous cache pas que la tâche que l'on m'a confiée m'effraie un peu. J'ai trouvé en débarquant une situation lamentable, une économie en charpie, une population désemparée. Dans ses courriers au ministre M. de Cadillac parlait d'un monstre au sujet de cette colonie. Je ne suis pas loin de partager cet avis. Il était très monté contre vous : il vous accusait d'être le boutefeu qui excitait la population contre lui. Bref : tout reste à faire. Êtes-vous disposé à m'apporter votre aide ?
– Elle vous est acquise, monsieur le gouverneur.
– J'en suis convaincu. Vous avez fait vos preuves. En me confiant ce poste, le comte de Toulouse m'a dit : « M. Le Moyne de Bienville est aimé des sauvages et sait les gouverner. » Vous revenez de chez eux. Avez-vous éprouvé des pertes ?
– Pas une seule en combat. En revanche, les fièvres... Il faudra vous méfier des maringouins.
– Le diable soit de cette maudite engeance ! Je dois me battre contre elle pour dormir quelques heures. Mais vous-même, n'avez-vous jamais eu à souffrir de la fièvre ?

– Le maringouin qui doit m'inoculer cette maladie n'est pas encore né.

– A la bonne heure ! Nous en reparlerons ce soir à ma table. Nous avons mis la poule au pot en votre honneur, comme en France, et il me reste quelques bouteilles que je garde pour les grandes occasions. Votre retour et notre première entrevue en sont une...

« Raide comme une barre de cabestan... » songea M. de Bienville en quittant le cabinet du nouveau gouverneur.

M. de Lépinay s'exprimait en toute occasion sur un ton très militaire qui semblait passer par l'embouchure d'un clairon. Il y avait de la raideur et un air de supériorité jusque dans ses amabilités. Il devait être du genre à mener les gens à la baguette et à ne pas supporter la moindre contestation. Il conviendrait de manœuvrer au plus fin avec lui, éviter de se laisser emporter par ses sentiments ou ses avis, tenir ferme le gouvernail. Un brave à trois poils. Service-service et consigne-consigne. Son personnage faisait montre d'une sécheresse confirmée par son apparence physique qui le rapprochait plus d'un moine ascétique que d'un joyeux bourlingueur. Son habit semblait être hérité d'un notaire de province.

Hubert, le nouveau commissaire-ordonnateur, avait été convié à ce premier repas, de même que le « petit Tisné » et le capitaine Dugué de Boisbriant, qui avait commandé la garnison en l'absence du lieutenant général.

Ce commis contrastait avec le gouverneur par sa jeunesse, sa mine avenante, ses propos détendus, sa mise sobre mais élégante : un habit couleur puce attaché d'un seul bouton, une cravate négligemment nouée à la Steinkerque, sans jabot, une perruque courte terminée sur la nuque par une bourse ornée d'une rosette.

Au cours de ces agapes il ne fut question que de l'expédition qui venait de s'achever. Elles ne se terminèrent qu'autour de minuit.

Le gouverneur se montra satisfait. Il ponctuait le récit du lieutenant général et de Tisné par de sèches exclamations qui ne révélaient rien d'autre que son ignorance.

– Fort bien, messieurs ! dit-il en se levant pour passer au salon. Nous allons déguster un rhum des Iles dont vous me direz des nouvelles. Cerise, le plateau !

Il n'avait pas hérité seulement les effets de M. de Cadillac; il avait trouvé dans la panière une petite servante indienne à laquelle il semblait fort attaché.

— Tout cela est bel et bon, ajouta-t-il. Vous avez pacifié les territoires de ces nations mais, si je puis me permettre cette simple observation, l'endroit où vous avez installé votre fort Rosalie me paraît mal choisi. Vous auriez dû l'édifier plus à l'est pour faire pièce aux Anglais. Sur la Rivière Rouge, par exemple...

Hubert cacha un sourire derrière sa main et toussa.

— Si je puis me permettre, monsieur le gouverneur, dit-il, c'est à l'ouest du Mississippi que se situe cette rivière.

— C'est exact, mon ami, Où avais-je la tête ? Je me perds dans cet écheveau de fleuves et de rivières.

La critique de Lépinay rejoignait celles que Boisbriant et Tisné avaient opposées au lieutenant général. Le danger venait de l'est, et non du côté des Espagnols...

— Quoi qu'il en soit, ajouta Lépinay, vous avez fait de la belle ouvrage. Cela mérite récompense. J'y veillerai. Lieutenant du roi chez les Natchez, c'est un titre qui vous irait bien, monsieur de Bienville...

— Vous me flattez, mais, à vrai dire, je préférerais que l'on songeât au retard dans mon traitement. Si je ne me livrais pas à quelque trafic, comme tout un chacun, avec les Espagnols et les Indiens, il y a beau temps que l'on m'aurait enterré. En place chez les Natchez, je risquerais de perdre l'avantage de cette tolérance.

— Je ferai part de cette observation au Conseil de Marine, dit le gouverneur d'un ton sec. Il est des injustices qu'il faudra bien réparer...

En débarquant Bienville avait trouvé son logis désert.

Lasse sans doute d'une attente interminable et persuadée à la longue qu'elle ne reverrait jamais son maître, Princesse avait rejoint sa tribu et sa famille en emmenant son petit bois-brûlé, Adèle.

Il avait passé plus d'une heure à errer comme une âme en peine dans la demeure qui sentait le renfermé et l'odeur discrète de sa compagne. Les meubles, les murs, le plancher sur lequel glissaient silencieusement les pieds nus de Princesse semblaient lui reprocher sa longue absence. Il éprouvait de brèves incertitudes au moment de traverser une pièce, de prendre un objet, de chercher un vêtement ou un linge. Sa vie ressemblait à l'une de ces *prairies tremblantes* du delta qui menacent à chaque pas de s'ouvrir et de vous engloutir. Les jalons de sa vie quotidienne se dérobant, il allait à la dérive.

Le premier jour il songea qu'un long sommeil lui serait bénéfique, mais l'absence de Princesse le poursuivait : ce creux à la place qu'elle occupait, ce parfum qui imprégnait la couverture et le traversin.

Il resta des heures sans trouver le sommeil. Après tout, se disait-il, rien ne le retenait à Mobile puisque la femme et la fille qu'il aimait avaient disparu. Il lui serait difficile, sinon impossible, de les retrouver et, à supposer qu'il les retrouvât, il ne pourrait les ramener à la colonie, fière comme l'était Princesse. Alors, dans ces conditions, les Natchez, pourquoi pas ? Il y serait une sorte de vice-roi, il pourrait entreprendre des projets plus ambitieux que sur le site étriqué de Mobile.

Au lendemain de son retour, Boisbriant lui dit :

– J'ai tenté de retenir Princesse, mais elle refusait de m'entendre, persuadée que vous ne reviendriez jamais, que vous l'oublieriez, elle et votre fille, que peut-être vous étiez mort...

Elle avait quitté le village en empruntant un canot de Canadiens qui remontaient la rivière Tombigbee en direction du territoire des Choctaws.

– Partir à sa recherche, ajouta Boisbriant, serait inutile et humiliant pour vous. D'ailleurs, depuis le temps, elle a dû se trouver un autre compagnon.

Pour échapper à un sujet qui l'obsédait, M. de Bienville lui demanda des nouvelles de ses amours avec Françoise de Boisrenaud.

– Nos amours, répondit Boisbriant d'un ton maussade, c'est beaucoup dire. Cette folle semble avoir renoncé à ses prétentions et j'évite de la rencontrer pour ne pas réveiller le chat qui dort.

Bienville voyait de temps à autre la « demoiselle de condition » mener le groupe de ses orphelins et de ses élèves, en rang par deux et se tenant par la main, en promenade le long de la baie. Il entendait les enfants chanter *Auprès de ma blonde* ou *En passant par la Lorraine*. Le groupe s'asseyait en rond à l'abri du vent et du soleil, sous une frange de cannes, pour une leçon d'histoire naturelle ou pour des jeux.

Parfois Mlle Françoise donnait dans l'église des concerts vocaux ou de petits spectacles en costumes avec accompagnement de violon et de flûte par François Picard et André-Joseph Pénicaud. On avait le cœur remué en entendant les petites voix indiennes entonner : « Avec mes sabots, dondaine », sans savoir ce que « sabot » et « dondaine » signifiaient.

Dugué de Boisbriant ajouta dans un soupir :

– Nul mieux qu'elle, et d'une manière plus désintéressée, ne croit à la paix et à la bonne entente entre nos deux races. Elle mériterait la croix de Saint-Louis et des émoluments, alors qu'elle vit de la charité publique. Celui qui l'épousera aura bien de la chance.

– Alors, pourquoi pas vous ?

– Vous le savez bien, mon cousin ! Elle ne voulait m'épouser que parce que j'étais d'une condition égale à la sienne, ce qui ne suffit pas à faire une union harmonieuse. Je préfère la compagnie d'une Indienne qui ne pose pas de problèmes de sentiments, à celle d'une Française jalouse et exigeante. Ni vous ni moi, mon cousin, ne sommes prêts à faire une fin. Notre véritable compagne, c'est l'aventure.

Les rapports entre l'un des commis de Crozat, Raujon, et la Quinquin, qui se doublait maintenant d'une avorteuse, donnaient raison à Boisbriant.

Ils avaient passé des mois à se détester, à se quereller, à se battre, à se séparer et à se rabibocher. Ils semblaient unis par la haine comme d'autres le sont par l'amour.

L'une des émigrantes bretonnes, que l'on avait fini, non sans difficultés, par extraire du dépôt de l'île Dauphine, tenait l'intérieur de Raujon et ne se faisait pas faute, contre un verre de tafia, de révéler leurs ébats et leurs débats.

Qu'est-ce qui avait bien pu réunir et tenir aussi soudés ces deux personnages qui n'avaient rien de séduisant ? Elle, matrone au visage verruqueux, au menton hérissé de poils ; lui pratiquement infirme du fait de la goutte. Leur liaison faisait scandale ? Ils s'en moquaient.

Personne n'aurait eu le front de les critiquer ou de les brocarder ouvertement. Pas même le curé Lemaire qui, pourtant, n'avait pas sa langue dans sa poche pour fustiger les mœurs. Raujon jouissait d'une autorité redoutable, bien qu'incompétent et brouillon ; la Quinquin, de par son activité clandestine et les secrets qu'elle détenait, avait de quoi faire se battre des montagnes.

Le bruit de leurs discussions, de leurs querelles ou de leurs ébats amoureux ne laissait aucun doute sur la violence de leur passion et de leur haine. Cela devait tenir de batailles d'alligators ou de copulations de lamantins.

– La Quinquin !... bougonnait Boisbriant. Elle ne manque pas de toupet ! Elle prétend être l'épouse de M. Avril de La Varenne, un ancien capitaine du régiment de Champagne, parti faire la traite chez les Illinois et dont on n'a plus de nouvelles. La vérité est que cette créature est une ancienne putain de Lille recrutée de force pour les Amériques. Elle est aussi douée pour le travail de sage-femme que moi pour dire la messe. C'est elle qui a investi Raujon, sous prétexte de prendre des leçons de mathématiques. On sait maintenant à quelle impasse peut mener cette science...

Avec l'arrivée de quelques Sœurs grises venues des couvents de Vanves et d'Hennebont, le corps des religieux s'était trouvé renforcé d'éléments actifs : elles avaient principalement pour mission de prendre soin des malades. Mlle de Boisrenaud s'était rapidement insérée dans leur groupe, au point que l'on soupçonna cette sainte fille de souhaiter prendre le voile.

Des habitants originaires de La Rochelle avaient installé des débits de boissons : l'un à l'île Dauphine, l'autre à Mobile. Ces cabarets ne manquaient ni de marchandises, envoyées par de vieilles connaissances qui ne les avaient pas oubliés, ni de clients. Beuveries quotidiennes et rixes se succédaient entre Français, Canadiens et Indiens qui se tenaient à l'écart, taciturnes, méfiants, la mine sombre. Quand les couteaux sortaient des ceintures, il fallait appeler la troupe.

Boisbriant informa Bienville d'un événement exceptionnel et réjouissant : plusieurs canots d'Appalaches avaient descendu la rivière Alabama pour faire, de leur propre initiative, baptiser leurs enfants. Les voies de l'évangélisation n'étaient pas toujours semées d'épines et de braises.

– Et puis, ajouta Boisbriant, il y a cette fille qui nous est arrivée dans un convoi de drôlesses mais qui ne leur ressemble pas. Elle s'est installée à Port-Dauphin et refuse d'en partir, dans l'espoir de se faire rapatrier par le prochain navire. Elle se plaint d'avoir été séparée de son amant et embarquée de force. Sombre histoire... Elle a refusé de prendre la moindre nourriture durant une semaine, de répondre aux questions, d'occuper les fonctions qu'on lui proposait. Graveline l'a recueillie. On connaît son nom : Manon Frojet [1] et celui de son amant : le chevalier Des Grieux.

Les « petites soirées » de M. de Lépinay étaient très courues.

On y buvait beaucoup, bien que le gouverneur fût d'une sobriété spartiate : il était indulgent pour ses convives. Le jeu de brelan avait ses faveurs ; il n'en connaissait d'ailleurs pas d'autre. On se rendait à ces « soirées-brelan » comme on va au spectacle et l'on y risquait quelques piastres.

Voir cette vieille momie de gouverneur, réputé pour son avarice, que les Indiens traitaient de *vieille femme* et de *chien galeux*, sortir parcimonieusement les pièces de son gousset, était fort divertissant. Lorsqu'il avait dans son jeu le valet de trèfle encadré de cartes de même valeur : deux as, deux rois ou deux dames, c'était plaisir de voir son visage grisâtre s'épanouir et de l'entendre glapir :

– *Mistigri !* Mes amis, vous êtes faits !

Ses mains de fantôme crispées sur le tapis raflaient le magot et des grimaces marquaient sa jubilation, comme s'il venait de prendre un navire à l'ennemi.

Bis repetita placent...

La mésentente qui avait gouverné les rapports entre Cadillac et Duclos se retrouvait dans ceux que Lépinay entretenait avec le commissaire Hubert : ces sempiternels conflits avaient leur source dans l'absence de clarté et de rigueur de leurs attributions respectives.

Le gouverneur, qui l'avait à la bonne, confiait souvent ses humeurs à Bienville, entre des évocations de leurs campagnes au Canada, dont Lépinay avait gardé une tenace nostalgie.

– Cet Hubert... disait-il avec aigreur. Ce fat qui se prétend commissaire-ordonnateur... Ce paltoquet... Alors que vous étiez en mission chez les Natchez il s'est

1. Il s'agit de l'héroïne que l'abbé Prévost appelle Lescaut.

permis de refuser à la garnison la distribution de farine à laquelle elle avait droit. Cela fit du tintouin, au point que nous avons été au bord d'une sédition. Les officiers, M. de Boisbriant en tête, sont venus se plaindre à moi. Je les ai dirigés vers le commissaire, représentant de la Compagnie et responsable des subsistances. Ils ont failli le pendre. Je regrette qu'ils ne l'aient pas fait.

Pour éviter que le fossé qui les séparait ne se creusât davantage, M. de Lépinay recevait toujours M. Hubert à ses « petites soirées » mais il ne cachait pas sa satisfaction quand il le voyait perdre.

Autre son de cloche côté Hubert :

– Cette momie... Pourquoi ne l'a-t-on pas envoyé planter ses choux dans son domaine, comme Cincinnatus ? Il accumule, par sécheresse de cœur, par avarice, les pas de clerc. Le comble : il m'accuse de tout ce qui lui tombe sur la tête en fait de déboires...

M. de Lépinay détestait les sauvages et le leur montrait à la moindre occasion.

Comme Cadillac avant lui, il refusait le calumet, renvoyait les femmes et les filles qui venaient rôder autour des militaires, se montrait pingre dans la distribution de présents qui pourtant ne lui coûtaient rien... Il avait décidé de leur interdire la vente de l'eau-de-vie que les sauvages ne pouvaient trouver qu'au cabaret et repoussait toutes leurs requêtes. Ils repartaient avec l'injure aux lèvres.

La parcimonie du gouverneur ne s'exerçait pas seulement à l'encontre des sauvages, ce qui, somme toute, n'eût été que d'une relative gravité ; elle s'appliquait également à la sécurité militaire, avec des risques autrement redoutables.

Installé chez les Alibamons, dans le fort Toulouse, le capitaine de Latour se plaignait amèrement de ne pas recevoir les présents destinés à se concilier les bonnes grâces des chefs de tribus. Las d'offrir sans recevoir en échange autre chose que des amabilités et des promesses, les sauvages avaient fini par aller fumer leur calumet chez les Anglais qui, eux, n'étaient pas chiches de cadeaux. Leurs négociants avaient été si bien accueillis qu'ils avaient battu le rappel de leurs compatriotes en Virginie et en Caroline, les invitant à profiter de l'hospitalité de cette nation, à venir s'établir chez elle et y créer des postes de traite.

Pour économiser quelques centaines de livres de camelote, M. de Lépinay s'aliénait une nation que le brave Tonty avait eu du mal à pacifier et à rallier aux Français. Les Appalaches eux-mêmes venaient de passer comme un seul homme au service des Anglais.

On en était au point où le mieux qui pût arriver pour la colonie eût été le rappel du gouverneur et du commissaire.

C'est ce qui se produisit moins de deux ans après l'arrivée des nouveaux administrateurs.

Hubert avait écrit au comte de Toulouse : « Il faut à cette colonie un autre gouvernement, qui connaisse parfaitement toutes les nations sauvages et qui en soit estimé parce qu'il est guerrier... Il suffirait de donner à M. de Bienville le gouvernement du Mississippi et des rivières affluentes... »

Le comte de Toulouse avait fait droit à cette suggestion.

Le 20 septembre 1717 un navire de la Marine royale apportait à Mobile la décision du Conseil de Marine : M. de Lépinay était révoqué ; il irait occuper le poste de gouverneur de l'île de la Grenade, située à l'extrémité méridionale des Antilles et des îles du Vent, ce qui, tacitement, était l'inviter à se faire oublier.

Hubert, maintenu provisoirement dans ses fonctions, se sentait désormais les coudées franches et respirait un air de liberté dont il avait oublié la saveur. Il confia au lieutenant général une lettre de créance et un coffret.

– Voici ce qui vous revient de droit, dit-il : le titre de commandant général de la Louisiane avec une solde doublée. Ce n'est pas le Pérou, mais je sais que vous pouvez compter sur d'autres ressources. Son Altesse Sérénissime le Régent s'est souvenu de vos vingt-six ans de service et qu'en fait, depuis quatorze ans, vous êtes le véritable maître de cette colonie. Il faudra attendre pour que vous obteniez le titre de gouverneur, mais il ne saurait vous échapper. Quant à ce coffret...

M. de Bienville l'ouvrit, non sans émotion. Il contenait un joyau, une croix à quatre branches égales : la croix de Saint-Louis, distinction qui récompensait des mérites insignes.

– Mon cher ami, lui dit Hubert en l'embrassant, je suis heureux de vous féliciter. Vous et moi, débarrassés de ce sot de Lépinay, nous allons accomplir de grandes choses...

TEMPÊTE AUTOUR D'UN SYSTÈME

Paris : printemps 1716

Deux heures de relevée viennent de sonner à l'horloge du salon lorsque Son Altesse Sérénissime le duc Philippe d'Orléans, Régent de France, sort de sa torpeur. L'œil brumeux, la bouche amère, l'estomac noué, il s'extirpe péniblement du fauteuil où il s'est assoupi.
– Qu'est-ce qui pue autant ? marmonne-t-il.
La pièce sent l'urine, le vomi et de lourdes odeurs de femmes. Les reliefs du souper, mêlés à des bouteilles et à des verres à moitié pleins, encombrent la desserte proche de la fenêtre donnant sur les jardins du Palais-Royal. Sur la table qui occupe le centre du grand salon s'étalent les cartes à jouer que l'on n'a pas pris soin de ranger.
On a joué jusqu'au petit matin. Sans doute au pharaon, à en juger par l'importance des paquets et la disposition des joueurs. Le Régent a perdu, comme souvent. Combien ? Il serait incapable de s'en souvenir. Les *roués* de son entourage, ces faux amis, ces parasites, l'ont plumé une fois de plus.
Il bâille, étire ses membres ankylosés, avale ce qui reste d'une coupe de champagne marquée d'une trace de rouge à lèvres, se tartine un reliquat de foie gras truffé et murmure :
– Fini d'être dupe ! Ces filous ne m'auront plus, sinon je courrais à la ruine...
C'est ce qu'il se dit après chaque partie où il a perdu.
Sans cesser de croquer sa tartine il se dirige vers un

sofa occupé par un entassement de coussins sous lesquels on distingue une forme allongée dans la pénombre. Mme de Parabère ? Mme de Sabran ? Mme de Phalaris ?

Il écarte le coussin qui voile le visage de la dormeuse, reconnaît sa maîtresse, Mme de Parabère : « la » Parabère, comme on dit. Cette ivrognesse... Capable de disputer la palme aux meilleurs buveurs de Paris, de vider cul sec une bouteille sans respirer. Elle émet en dormant un ronflement discret, sa bouche édentée ouverte comme la cuissarde d'un grenadier à cheval dans un visage boursouflé. Dès que possible il donnera congé à cette poissarde ; elle lui rend de menus services mais les fait payer trop cher.

C'est elle, « la » Parabère, qui, hier soir...

– Mais où sont-elles, mes petites souris ? Où vous cachez-vous, mes mignonnes ?

Le Régent se dirige vers le paravent chinois, l'écarte.

– Ah ! vous voilà...

Elles se tiennent là derrière, nues, membres et corps emmêlés comme dans une toile érotique de Watteau. Elles semblent, au milieu d'une tempête de coussins, immobilisées dans les mouvements de la nage et de la noyade.

Il pourrait, en faisant un effort de mémoire, mettre un nom sur chacun de ces visages : Émilie, Grâce, Phyllis, Clotilde... Toutes filles de l'Opéra, pêchées dans les coulisses par « la » Parabère. Certaines à la limite de la puberté. D'autres vierges à leur entrée dans le salon...

Les joueurs de pharaon ont dû déguerpir à l'aube, les poches pleines de ses écus. Il y avait là... voyons : MM. de Noailles, de Broglie, d'Effiat, le président Maison et quelques autres compères.

Fin de partie. Lassitude. Amertume. Envie de voir le rideau qui vient de tomber sur cette soirée ne jamais se relever sur de telles orgies.

Le Régent navigue à travers des monceaux de vêtements épars, évite une flaque de vomi, tire le cordon.

– Votre Altesse ?

– Mon bain et un verre de lait. Ensuite je tâcherai de me reposer. Cette fête m'a éprouvé.

Il hausse soudain le ton, s'écrie :

– ... et qu'on fasse le ménage, nom de Dieu ! Fais nettoyer cette porcherie, jette ces filles dehors et ouvre les fenêtres. Cette odeur m'indispose.

— Si je puis me permettre... dit le valet, votre secrétaire est aux cent coups. L'antichambre est déjà pleine. Il y a là, notamment, un certain M. Law... John Law... Il semble fort impatient de rencontrer Votre Altesse. Il était là le premier. Il y a quatre heures environ.

— Mets tous ces importuns dehors ! Dis-leur de revenir demain.

— Bien, Votre Altesse.

— A-t-on des nouvelles de Sa Majesté ?

— La fièvre est tombée. Les médecins disent que ce sont les vers. Après quelques purgations Sa Majesté sera rétablie.

De temps à autre, l'espace d'un éclair, le même espoir, travesti en simple hypothèse, traverse l'esprit de Son Altesse Sérénissime : si le jeune souverain, arrière-petit-fils du Roi-Soleil, disparaissait, le Régent pourrait, de droit, accéder au trône. Il ne se cache pas qu'il aurait à affronter les prétentions des bâtards du roi défunt, mais il saura se battre. La Bastille n'est pas faite pour les chiens...

— A la réflexion, dis à ce monsieur... comment s'appelle-t-il ? John Law ? que je consens à le recevoir, mais dans une heure seulement. Fais-lui servir une collation.

Law... Certains le prononcent John « Lass », le « w » de sa signature ayant l'apparence de deux « s ».

Le Régent se rappelle l'avoir rencontré quelques mois auparavant. En quelles circonstances ? Où ? Il ne saurait s'en souvenir. Au cours d'une partie de lansquenet, de trente-et-quarante, de tontine ? Peu importe ! Il jouait gros, gagnait sans ostentation, perdait avec le sourire. Un homme au physique agréable, doté, semble-t-il, d'une belle fortune. John Law... Autant que le Régent s'en souvienne, ce personnage est le fils d'un orfèvre écossais ; il a de l'ambition et des idées.

— John Law... Des idées sur les finances... S'il pouvait redresser les miennes...

— Plaît-il, Votre Altesse ?

— Rien... Rien... Fais ce que je t'ai dit, mais d'abord fais préparer mon bain et pense à mon lait.

Il a fallu débarrasser la baignoire d'une femme nue qui y avait trouvé refuge, emmitouflée dans des couvertures.

Le Régent avale son verre de lait, se glisse avec un

frisson voluptueux dans l'eau très chaude, comme il l'aime.

John Law... Les souvenirs lui reviennent. Il a été à bonne école : la place de Londres, carrefour de la finance internationale. S'il n'avait pas été condamné à mort à la suite d'un duel qui avait tourné au tragique, il serait devenu l'un des grands financiers de la City, un ministre peut-être... Il s'est évadé, a couru les grandes villes d'Europe, exposant ici et là son *système*, étudiant les mécanismes spécifiques des banques. Il a même écrit un livre qui a fait sensation en Écosse : *Considérations sur le numéraire et le commerce*. Le Régent se souvient d'avoir fait traduire ce livre, mais il n'a eu ni le goût ni le temps de le lire. Les affaires financières ne sont pas sa partie ; il préfère la lecture des libertins ou les vers irrespectueux dont on le brocarde.

Son Altesse enfile sa robe de chambre et sonne son valet pour qu'il vienne l'habiller.

Le temps est gris ; il mettra son habit puce sur une chemise rose et sa perruque à bourse. Pas de poudre ni de fard : inutile de se mettre en frais pour recevoir ce personnage : peut-être un marchand d'orviétan...

Le Régent bâille et cligne les yeux en écoutant parler le financier.

Cet homme qui a dû franchir la quarantaine d'un pas léger ne lui inspire guère confiance, mais ses théories, qu'il appelle son *système*, l'amusent. Sa parole est volubile, son débit un peu syncopé, staccato. Par moments, ses traits semblent prendre du flou, son regard se voiler. Il est vêtu avec élégance quoique sans ostentation, parle presque sans accent, sauf, sur la fin des phrases, une tournure précieuse et nasillarde.

– Votre système, monsieur Law, dit le Régent, me semble intéressant et audacieux et cela me plaît parce que je suis très ouvert aux nouveautés. Cependant... pourquoi les financiers anglais et ceux des capitales où vous avez exposé vos principes ont-ils récusé vos théories ?

– Tout simplement, Votre Altesse, parce qu'ils sont figés dans les leurs et qu'ils ne sont pas en butte aux difficultés que connaît votre pays. Parlons clair : la guerre de Succession d'Espagne vous a ruinés au point que l'on parle d'une banqueroute. Le duc de Bouillon serait opposé à cette mesure extrême. Il compte rétablir la situation par des économies, une gestion plus rigoureuse des finances, la répression du gaspillage.

— C'est la seule solution qui convienne, et j'en suis partisan.

— Ces mesures risquent de susciter des troubles, Votre Altesse. Vous aurez à vous battre pour les imposer.

— J'y suis prêt. La banqueroute doit être évitée : c'est un remède de cheval. Quant à votre système...

M. Law l'expose en quelques formules simples et directes : il s'agirait tout bonnement de substituer, dans la circulation monétaire, le papier au métal. Féru d'alchimie, le Régent se dit que si cet homme n'est ni un fou ni un charlatan, c'est peut-être le magicien qui, d'un coup de sa baguette, fera renaître la prospérité.

— Vous pouvez constater, Altesse, que mon système est des plus simples. Sur quoi est fondée la richesse d'une nation ? Sur l'abondance mais aussi sur une circulation monétaire rapide. Créons une Banque d'État. Constituons une encaisse en or qui serait garante des billets que nous émettrons.

— Vous vous moquez, monsieur ! Des billets ? Du papier ?

— Des billets *de banque*, Altesse. Ce procédé nous libérerait des contingences des espèces métalliques. Nous émettrions des billets en proportion des besoins de l'économie...

— Monsieur Law, votre système me semble très astucieux, mais son audace me laisse perplexe. Il pourrait sans doute s'appliquer sans trop de dommages à un gouvernement solide qui aurait les moyens de cette expérience. Le nôtre sort tout juste d'une guerre ruineuse. Le volume de nos dettes est considérable. Nos finances ont trente heures de vie devant elles et M. de Noailles, qui préside le Conseil des Finances, est aux abois.

— Pardonnez-moi de vous avoir importuné, Altesse, dit d'un ton amer M. Law. Adieu donc...

— Pas adieu ! proteste le Régent. Au revoir, monsieur Law. J'aurai toujours plaisir à vous rencontrer car votre compagnie est plaisante. Que diriez-vous d'une partie de cartes, jeudi prochain, par exemple ? Nous taillerons au pharaon. Je crois savoir que vous aimez ce jeu...

Au temps de sa jeunesse, en Écosse et à Londres, John Law avait dissipé dans les plaisirs de la table, du jeu et du lit, la fortune que lui avait laissée son père. Comme il avait une prodigieuse mémoire, des connaissances en matière de calcul et de sciences positives, il avait mis à profit ces dispositions naturelles pour rétablir sa fortune par le jeu.

Au pharaon de salon du Régent, M. Law fit florès et assécha quelques bourses. Le duc de Noailles quitta la partie furibond en se disant qu'il avait été floué par un maître en tricherie : un *roué*.

La partie terminée, cousu d'or, M. Law se leva pour prendre congé.

– Restez encore un peu, mon ami, lui dit Son Altesse, vous ne le regretterez pas. Nous attendons quelques demoiselles qui nous changeront des émotions du jeu.

M. Law s'excusa : son épouse l'attendait et leur fille était malade.

– Dommage... L'abbé Dubois fait moins de manières. N'est-ce pas, l'abbé?

Conseiller d'État après avoir été le précepteur du Régent, l'abbé Guillaume Dubois somnolait entre une flûte de champagne et un plat de petits fours.

Son Altesse se fit un plaisir d'accompagner le financier jusqu'à la galerie.

– J'ai fait part de votre système au duc de Noailles, dit-il. Il a failli s'étrangler de rage.

– Le contraire m'eût étonné, répliqua John Law. En revanche, j'aimerais que l'on me donnât l'autorisation de créer une banque privée au capital de six millions.

– Fichtre! Six millions, dites-vous?

– Les actions seraient payables un quart en espèces et les trois quarts restants en billets d'État.

– Voilà qui me semble intéressant... M. de Noailles va faire la grimace, mais baste! il faut secouer de temps à autre ces vieilles perruques poussiéreuses. Vous avez mon accord. Tâchez de faire une démonstration brillante de votre savoir. Vous avez le champ libre. J'en fais mon affaire.

Avec un tremblement d'émotion dans la voix, John Law répondit :

– Votre Altesse n'aura pas à regretter la confiance qu'elle me témoigne. Elle marquera cette date du 2 mai 1716 sur ses tablettes : ce sera la naissance des premiers *billets de banque*.

La banque de John Law prit un essor fulgurant. Les billets d'État, des titres de rente en quelque sorte, connurent une telle faveur que le duc de Noailles fronça les sourcils et faillit arracher sa perruque. Une telle réussite dans un délai aussi bref, cela lui sembla relever de la magie et de l'insolence : cet Écossais condamné à la corde dans son pays, qui venait donner des leçons aux financiers français, quelle audace !

Law eut ses entrées au Palais-Royal où le Régent, fasciné par un tel succès, le convoquait fréquemment.

– Vous êtes sur la bonne voie, monsieur Law, disait-il. Allez-vous en rester là ?

– Ce serait mal me connaître, Altesse, mais j'ai besoin de votre appui pour faire avancer mon système.

Il souhaitait, pour appuyer son expérience et la développer, créer une compagnie de commerce.

– Une compagnie comme celle de M. Crozat, qui n'a pas fait long feu ? demanda le Régent en fronçant les sourcils.

– La nôtre s'appuierait sur l'encaisse de la banque et prendrait en main le commerce avec les colonies. Crozat avait de bonnes intentions mais il était frileux. Son avarice, son goût du profit immédiat ont fait échouer une entreprise qui aurait pu donner ses fruits à la longue. Il n'a pas eu la patience d'attendre que la Louisiane devienne une véritable colonie.

– La Louisiane ? Je n'y crois guère. Nous ne pouvons pas en retirer grand-chose. L'agriculture donne des résultats décevants et les mines n'existent que dans les rêveries fumeuses de M. de Cadillac ou du père Hennepin.

– Permettez-moi, Altesse, ne n'être pas de cet avis. La Louisiane ne demande qu'un esprit entreprenant, une aide véritable, de bons commis pour sortir de sa léthargie. Si vous n'aviez pas dans ces contrées une présence militaire il y a beau temps que les Anglais s'en seraient emparés. Leur réussite éclatante dans leurs colonies de la côte témoigne de leur volonté d'expansion. Laissez-moi, là encore, le champ libre et je me fais fort de réveiller la belle au bois dormant...

Un an plus tard, John Law était autorisé à racheter le brevet de Crozat et à créer une nouvelle structure avec comme modèle la richissime Compagnie anglaise du Sud.

– J'ai prévu, dit-il, un capital de cent millions. Le mouvement est à la confiance ? Il faut en profiter. Le fonds de cette nouvelle Compagnie sera constitué en majeure partie de billets d'État. Voilà qui soulagera considérablement la dette publique...

– Le Parlement s'y opposera ! rétorqua le Régent.

Le conflit de Philippe avec cette institution s'était envenimé le jour où Son Altesse Sérénissime avait avancé l'idée d'une refonte de la monnaie. Il avait pris la mouche, imposé sa volonté, mis la panique chez les vieilles perruques. Le Parlement avait dû s'incliner de même devant le projet d'une nouvelle Compagnie.

– Monsieur Law, susurrait l'abbé Dubois, votre réussite a quelque chose de magique et même d'indécent, mais j'adhère à votre système. L'audace de nos amis anglais est un exemple dont nous pouvons nous inspirer. Le roi George a accepté de prendre la direction de la Compagnie du Sud. Cette initiative devrait lever nos hésitations, mais nous avons des montagnes à déplacer ! La dette de l'État est catastrophique et vous, en six mois, vous parvenez à distribuer à vos actionnaires des dividendes de plus de sept pour cent ! Les vieilles perruques n'en reviennent pas !

Les vieilles perruques n'avaient pas mis l'arme au pied et leur humeur tournait à l'aigre et de l'aigre au poison.

Haro sur le baudet ! Un arrêté promulgué jadis contre Mazarin faisait interdiction aux étrangers, sous peine de mort, de manier les fonds publics. On l'exhuma en menaçant de pendre le charlatan. Les menaces de mort pleuvaient sur la table de travail du financier. On brisait ses vitres à coups de pierre. Dans la rue on arrêtait son carrosse pour l'accabler d'injures et de menaces.

– Installez-vous au Palais-Royal, lui dit le Régent, le temps de laisser passer l'orage. Je réponds de votre sécurité. Mes gardes vous escorteront dans vos sorties.

La campagne de calomnie contre l'Écossais n'épargnait pas le Régent. On alla jusqu'à l'accuser d'une tentative d'empoisonnement contre le petit roi Louis pour s'approprier le trône ! Paris couvait une révolte. Des cabales s'organisaient autour de quelques affidés du duc de Noailles. Le Régent tapa du poing sur la table et, avec l'assentiment du jeune souverain, les chiens regagnèrent leur niche.

La situation se compliquait de jour en jour.

Le roi d'Espagne, Philippe V, petit-fils de Louis XIV, avait proclamé son intention de postuler au trône de France. Ses agents suscitaient à Paris des intrigues et une ambiance de guerre civile peu propice à une renaissance de l'économie.

John Law gardait la tête froide dans la tourmente, plus que jamais conscient que sa réussite dépendait de son audace. La Compagnie du Mississippi devenait son cheval de bataille. Il avait besoin d'argent ? On lui attribua le bail des tabacs. Riposte des frères Pâris, ses adversaires dans la banque : la création d'un *Antisystème*. Ces financiers se firent attribuer le bail des fermes générales : rude concurrence pour l'Écossais...

Décidé à apporter à John Law le soutien dont il avait besoin, le Régent décréta le remboursement des actionnaires de la banque Law dont l'État devenait propriétaire. Un coup de fouet sur la toupie de la compagnie qui se remit à tourner de plus belle. Devenue royale, la banque émit pour cinquante millions de billets et la Compagnie vit ses actions monter en flèche.

Nouveau coup d'audace pour l'Écossais : la concession des privilèges des Compagnies des Indes, de Guinée, de Saint-Domingue et de la Chine, qui lui fut accordée. Il se sentait comme un petit maître du monde.

– Rue Quincampoix ! s'écria le Régent. Monsieur Law, quelle mouche vous pique ? Vous souhaitez installer votre bourse dans cette rue misérable, dans ce repaire de crocheteurs ?

– Simple logique commerciale, Votre Altesse... J'ai choisi le lieu le mieux adapté à notre clientèle. D'ailleurs ni la rue ni les bâtiments ne sont aussi sordides qu'on vous l'a dit. Cette clientèle n'est pas celle des petits soupers de Versailles... Un palais la rendrait méfiante ; une bicoque la rassurera. En revanche, j'ai choisi d'installer rue Vivienne le siège de la Compagnie. Pour les mêmes motifs, mais inversés.

– Vous avez toujours raison ! bougonna le Régent. Et maintenant, qu'allez-vous faire pour attirer les mouches sur ce morceau de sucre ?

– Chanter les merveilles de la Louisiane. Faire de ce désert un paradis et un Eldorado aux yeux des Français. Nous n'avons que quelques dizaines de colons ? Ils seront bientôt des milliers ! Nous n'avons que quelques compagnies pour défendre cette colonie ? Nous allons y envoyer une armée.

– Comptez-vous gagner la population à vos utopies par l'opération du Saint-Esprit ?

– Par les gazettes ! Elles seront à ma botte quand j'aurai graissé la patte aux meilleurs folliculaires. D'ici peu la France apprendra que cette Louisiane que l'on a tant dénigrée est une réplique de l'Éden.

– Joli tour de passe-passe, monsieur l'Écossais ! Mais dites-moi le fond de votre pensée : croyez-vous que la Louisiane puisse devenir la plus belle et la plus vaste colonie du royaume ?

– Je ne crois qu'à un pouvoir, monseigneur : celui de l'argent, et, pour faire sortir les écus des cassettes, à celui de la parole. Elle est d'or et non d'argent comme le prétend un de vos dictons.

Les Parisiens tendirent une oreille complaisante au chant des sirènes de la Louisiane et du Mississippi et s'arrachèrent les gazettes. A l'issue d'une guerre interminable on voyait soudain, au bout du tunnel, éclater des images éblouissantes de terres nouvelles peuplées de bons sauvages et d'animaux fabuleux, pavées d'or et de diamants, traversées par des fleuves géants, et de plaines fertiles qui n'attendaient que d'être ensemencées par les beaux écus de France...

Par milliers les jobards assaillirent la bourse de John Law. Ils faisaient queue, s'infiltraient par les caves, les greniers, les soupiraux pour échanger leurs écus contre du papier (« ces torche-cul ! » protestaient les incrédules). Et les actions de monter, monter, si bien que la spéculation fit des magnats de gens de modeste condition. La planche à billets tournait à plein régime ; le prix des denrées augmentait en proportion, mais, comme l'argent coulait à flots, on ne lésinait pas.

L'*Antisystème*, ce brûlot lancé par les frères Pâris ? Écrasé ! Le Parlement ? Réduit au silence. Sa banque devenue royale, l'Écossais voguait sur un nuage poussé vers le zénith par des courants ascendants. On déposa dans sa corbeille la ferme générale retirée aux frères Pâris, le monopole des Monnaies, le contrôle de la fiscalité et du commerce. Pour éteindre la dette nationale il émit un emprunt d'un milliard deux cents millions. Il fut couvert en quelques jours.

La rue Quincampoix était devenue le centre du monde.

On y accourait de toutes les provinces et de l'étranger. La spéculation galopait avec la vélocité d'une épidémie et l'économie reprenait des couleurs. On investissait, on dépensait, on ouvrait les chantiers. Alleluia ! Hosannah ! Dieu se réveillait et répandait ses bienfaits sur la France. Et ce Dieu-là avait le visage de l'Écossais...

John Law avait édifié son système sur une pellicule de glace ; elle était en apparence solide mais le moindre revers risquait de la faire céder et d'entraîner le bel édifice aux abysses.

Entre deux soirées de pharaon, entre deux orgies, le Régent sortait de son bain parfumé avec de nouveaux projets inspirés par cette prospérité soudaine : il créait une université, une grande bibliothèque, décrétait l'enseignement gratuit pour tous... Lorsqu'il lui vint l'idée de proposer l'égalité devant le fisc il y eut des grincements de dents. Obliger la noblesse à cracher au bassinet, quel défi !

Rue Quincampoix l'ambiance tournait au délire. On négociait à dix-huit mille livres des actions qui n'en valaient que cinq cents. C'était l'âge d'or pour les agioteurs ; certains, en quelques heures, faisaient fortune, achetaient des châteaux et roulaient carrosse.

Le subtil abbé Dubois glissa à l'oreille de Law :

– Je ne suis pas très versé dans les affaires financières, mais je commence à douter de votre système, et je ne suis pas le seul. Certes, vous avez accompli des miracles, avouez cependant que ce ne sont que des tours de magie. La règle générale est que les actions doivent être garanties sur des profits. Ceux que doit nous procurer la Louisiane, nous n'en avons pas encore vu la couleur. Je crains que cette belle machine ne tarde à grincer et que le manque d'huile ne se fasse sentir. Et alors...

John Law avait pâli. Il ne put que répliquer devant ces évidences :

– Patience, monsieur le ministre. Nous verrons bien...

– Vous avez annoncé des dividendes de douze pour cent, puis de quarante. Il me semble difficile d'honorer de telles promesses, sauf si Dieu ou le diable se mettent de la partie.

– C'est Dieu qui veille sur nous. Il ne nous abandonnera pas.

Dieu ne tarda pas à faire éclater ses foudres, et la perruque de l'Écossais commença à sentir le roussi.

Devenu contrôleur général des Finances, John Law célébra l'union de la Compagnie et de la Banque royale, ce qui provoqua chez les opposants au système des protestations véhémentes, d'autant plus fondées que les promesses de l'Écossais tardaient à se concrétiser et que le montant des dividendes allait en décroissant. Lorsqu'il atteignit deux pour cent, les rats, pressentant le naufrage imminent, commencèrent à quitter le navire.

On avait joué à la hausse ; on jouait à présent à la baisse.

Réplique autoritaire de l'Écossais : interdiction de garder à son domicile plus de cinq cents livres en numéraire et aux orfèvres de vendre des bijoux d'or ; saisie du numéraire déposé chez les notaires ou à la Caisse des consignations... On envoya des argousins fouiller les armoires. Autant de mesures peu susceptibles de faire renaître la confiance.

John Law ne s'en tint pas là : il décréta que le cours des actions serait fixé à neuf mille livres. Quelques jours plus tard, nouveau décret : les monnaies de métal cesseraient d'avoir cours.

C'était faire éclater un pétard dans un nid de rats.

Il fallait au plus tôt peupler la Louisiane.

Les candidats à un voyage au paradis terrestre boudèrent ce qu'on leur présentait comme une aubaine. On allait faire leur bonheur malgré leur volonté.

Les nouveaux recruteurs : les « bandouliers du Mississippi », entrèrent en campagne. Plume au chapeau, ils écumèrent les bas quartiers, en levant manu militari les filles publiques ou assimilées, les mendiants, les enfants perdus, les prisonniers, que l'on embarqua de force sur les navires en partance pour les Amériques.

Pour les Parisiens la mesure était comble. Ils commençaient à se demander si cette Louisiane dont on leur rebattait les oreilles n'était pas un décor de théâtre destiné à un tour de passe-passe. Pour convaincre la population que ce pays n'était pas un mythe, on organisa des parades avec d'authentiques Indiens empanachés, imbibés d'alcool, ainsi que des animaux indigènes : bison, alligator, tortue géante et une volière où pépiaient des oiseaux multicolores. Le spectacle divertit la populace sans enrayer la baisse.

Nouveau décret de l'Écossais : le prix des actions fut fixé à huit mille puis à cinq mille livres, les billets perdant ainsi la moitié de leur valeur nominale.

Ce fut la ruée rue Quincampoix.

Les initiés qui avaient investi des fortunes sur le système en repartaient discrètement avec des coffres pleins de métal jaune. On se bousculait, on s'injuriait, on se battait pour accéder aux guichets. Des femmes, piétinées, étouffées, perdirent la vie dans ce tohu-bohu. Rompant les cordons de police, la masse hurlante déferlait contre la bâtisse, arrachait les grilles des fenêtres et se ruait vers les guichets comme des naufragés sur les canots de sauvetage. On jeta des pierres contre le carrosse du duc de Bourbon qui, sortant par une porte dérobée, avait fait le plein d'espèces sonnantes.

Au risque de se faire écharper par la meute, le commis vint annoncer que la banque ne délivrerait plus que dix livres par personne. Il se retira sous des jets de pierres.

Cette fois-ci c'était l'émeute. La foule envahit la cour du banquier, investit le Palais-Royal et l'hôtel de Nevers.

– Nous allons calmer cette fronde, dit le financier. La population se plaint du prix exorbitant de la viande ? Taxons les bouchers !

Il était trop tard. Le Régent venait de lui signifier sa disgrâce et de lui ôter ses titres. Pour lui éviter de se faire pendre à la lanterne ou lui interdire de déserter, Son Altesse le consigna sous bonne garde au Palais-Royal. Des experts furent mandatés pour inspecter les comptes de la Compagnie. John Law les reçut et leur répondit sans se démonter :

– Vous voulez ma comptabilité ? La voici. Vous pourrez constater que tout est en ordre. Nous possédons trois cents navires qui ont transporté outre-mer des milliers d'émigrants. Nous avons pour des millions de marchandises en magasin et la Louisiane regorge de richesses...

Les experts repartirent penauds.

Les actions poursuivaient leur courbe descendante ; pourtant la réputation du financier connut un regain de faveur. La trêve, cependant, fut brève. Reprenant leurs menées, les émeutiers assiégeaient jour et nuit les immeubles de la Compagnie, face aux gardes armés. Il y eut des échauffourées ; un matin on découvrit sur le pavé une quinzaine de cadavres. Exaspérée, la foule se porta aux jardins du Palais-Royal, mit en pièces le carrosse du financier, alluma des incendies. Le Régent fit camper la troupe aux portes de la capitale.

La populace défilait en hurlant :

— A bas le tyran ! Vive le roi !

Des factieux s'étant mis en tête d'enlever le petit souverain, le Régent décida de le prendre sous son aile ; il le fit enfermer sous bonne garde aux Tuileries. Cette précaution suffirait-elle à protéger Sa Majesté d'un autre fléau, la peste qui, venant de Marseille, s'abattit sur Paris ? Elle s'y jeta comme les bêtes fauves sur les martyrs du cirque, faisant plus de deux cents victimes chaque jour. Paris, perdant la tête, oublia quelque peu le magicien et son système. Un couvercle de plomb tomba sur la ville.

Alitée, malade, mais non de la peste, Son Altesse prit les mains de John Law et lui dit d'une voix tremblante :

— Si je meurs, mon ami, ce sera l'esprit et l'âme en paix. J'ai acquis la certitude que vous n'êtes pas le charlatan que l'on dit. Votre système, s'il n'avait pas eu autant de détracteurs, ceux du Parlement au premier chef, si nous n'avions pas cédé au gaspillage, aurait sauvé notre pays de la banqueroute. Il faudrait pouvoir en convaincre le bon peuple, mais comprendrait-il ?

Il ajouta d'une voix navrée :

— Écoutez-le, notre bon peuple de Paris...

Derrière les grilles on entendait une chorale improvisée qui chantait :

> *Que la peste soit en Provence*
> *Ce n'est pas notre plus grand mal*
> *Ce serait un bien pour la France*
> *Qu'elle fût au Palais-Royal...*

John Law s'était mis au vert dans son château de Guermantes, près de Lagny, avec sa femme et sa fille. Il y apprit deux fâcheuses nouvelles : les billets allaient cesser d'être reçus en paiement et le cours des actions de la Compagnie avait de nouveau chuté. M. Le Pelletier de La Houssaye, nommé à sa place contrôleur général des Finances, avait mission de liquider le système.

Un matin de décembre de l'année 1720, M. John Law, la mort dans l'âme, pliait bagage et, discrètement, partait pour Bruxelles. Il ne devait plus jamais revoir la France. Ses biens placés sous séquestre, il erra à travers l'Europe, rédigeant des mémoires destinés à justifier son système, et mourut dix ans plus tard à Venise, oublié de tous et à la limite de la misère.

Au moment de comparaître devant le tribunal suprême il dut se dire que son système avait eu quelque avantage qui resterait attaché à sa mémoire : il avait allégé la dette de l'État français, évité la banqueroute, donné une impulsion à l'économie, sorti de l'ombre où elle végétait une Louisiane qui, sans lui, serait restée le symbole des espérances fallacieuses.

Il avait surtout donné du pouvoir à l'imagination.

L'AMOUR... LA GUERRE...

Louisiane : 1718-1719

– Ces messieurs de la Compagnie, dit Bienville, ont perdu le nord ! Qu'allons-nous faire de tous ces gens ?

A Port-Dauphin il en débarquait par centaines, et pas seulement des « demoiselles à la cassette » dotées par le roi d'un trousseau, d'un pécule et qu'il serait facile de marier. Certains navires arrivaient chargés de forçats, de faux saulniers, de filles de joie, de toute la lie de la métropole. Il semblait que les égouts de Paris soient venus déverser leurs sanies sur ces terres vierges.

A La Rochelle, à Rochefort, à Brest, à Nantes on avait entassé les malades des hôpitaux, les prisonniers des maisons de force dans des locaux voisins du port en attendant leur départ, qui tardait souvent des mois. Cent cinquante femmes avaient brandi l'étendard de la révolte au moment de quitter le continent ; les archers avaient tiré dans la foule, en tuant six et en blessant quelques autres.

Durant la traversée, les gardes de la Marine avaient assez à faire à surveiller cette chiourme prompte à la rébellion, et les religieux des deux sexes à éviter que les émigrants mâles ne prennent d'assaut les cales où l'on avait parqué les femmes.

A l'arrivée en Louisiane, la surveillance se relâchant, la situation tournait au tragique. Où installer ces immigrants ? Comment les surveiller, leur tenir tête et surtout les héberger en évitant une trop grande promiscuité ?

Mobile était devenue un caravansérail, l'ultime étape sur une route qui menait plus sûrement aux portes de l'enfer qu'à celles du paradis.

L'idée première de la Compagnie de Law était de faire conduire ces nouveaux émigrants dans l'intérieur et de les installer le long des rivières Tombigbee et Alabama, sur des concessions où ils pourraient se stabiliser, fonder une famille et « faire de la terre ».

– Ces messieurs de la Compagnie en ont de bonnes ! gémissait Hubert. Comment transporter tous ces gens aussi loin ? Et comment vont-ils subsister ?

L'ensablement du chenal conduisant à Port-Dauphin compliquait encore la situation et condamnait ce havre à brève échéance. Il devenait urgent de chercher un autre port capable de recevoir des navires de haut-bord. Hubert proposa l'île aux Vaisseaux située à quelques lieues à l'ouest de l'île Dauphine, au débouché de la baie de Pascagoula, ou encore la baie de Saint-Joseph, à une cinquantaine de lieues à l'est de Mobile, non loin de l'embouchure de la rivière des Appalaches, mais elle se trouvait en territoire espagnol.

On envoya des groupes de reconnaissance à la découverte mais ils ne ramenaient que des images de hauts-fonds sableux, de terres stériles impropres à des établissements.

– Nous ne devons pas nous décourager, disait Bienville. Nous finirons bien par trouver. J'ai mon idée...

Il revenait inlassablement à son vieux rêve : installer le cœur de la colonie sur la grosse artère fluviale du Mississippi, non loin du delta, là où l'espace était infini et la terre fertile.

– Abandonner Mobile ! protestait Hubert. Vous n'y pensez pas ! Non seulement ce poste fait obstacle aux avancées des colons anglais, mais il nous est fort utile pour le commerce avec les sauvages et les Iles.

– Qui vous parle de nous retirer de Mobile ? répliquait le commandant en chef. Cette position nous est nécessaire quoique insuffisante. Tandis qu'au nord du delta...

– Le nord du delta... un pays de marécages, de bayous... Comment y installer un port d'une certaine importance ? Souvenez-vous : nous avons sondé le fleuve et nous avons trouvé deux barres de quinze à seize pieds d'eau sur un fond dur et onze pieds sur vase molle.

L'accès en serait trop dangereux, et nous ne pouvons risquer de perdre encore des navires.

L'été de l'année 1718 amena la *Victoire*, la *Duchesse-de-Noailles* et la *Marie*. Elle avaient embarqué plus de trois cents émigrants que l'on abandonna à leur sort sur les sables arides et brûlants de l'île, dans l'incapacité où l'on se trouvait de les transporter en bloc à Mobile et de les héberger, alors que l'on manquait d'outillage et de clous pour construire des cabanes.

Nouveau débarquement sept mois plus tard : cent cinquante passagers, colons et soldats. En avril suivant deux navires débarquaient une cohorte de gens sans la moindre utilité pour la colonie, et une quantité dérisoire de matériel et de vivres. Deux autres arrivages se succédèrent jusqu'à l'automne.

– Il y a des moments, soupirait Bienville, où je souhaiterais que la terre s'ouvrît sous moi, qu'un raz de marée submergeât nos terres, que cette colonie ne fût plus qu'un souvenir. Elle est devenue la hantise de mes jours et le cauchemar de mes nuits. Parfois je songe à faire mon baluchon, à partir dans la forêt ou à retourner dans mon petit domaine du Canada.

– Allons donc ! protestait Hubert. Vous, déserter ? Vous vous feriez plutôt sauter la caisse...

– Je me demande quelle idée la Compagnie de ce John Law se fait de notre situation. Je crois que ses responsables s'en moquent et font leurs choux gras sur notre dos. Il suffit de lire attentivement les gazettes qui nous viennent de Paris. Si les actionnaires qui se pressent rue Quincampoix et rue Vivienne avaient quelque lumière sur ce qui se passe ici, ils garderaient leurs écus. Plus les actions montent et plus nous nous enfonçons...

Dieu merci, quelques familles de colons commençaient à prendre racine, sur les trois cents hommes, cent quarante femmes et une centaine d'enfants qui peuplaient la colonie autour de Mobile. Certains avaient des esclaves indiens mais ce sont des nègres qu'ils voulaient.

Quelques navires négriers venus de Guinée avaient débarqué sur les côtes de Louisiane quelque cinq cents têtes de ce bétail humain que les colons préféraient aux

Indiens jugés paresseux, indisciplinés et instables, on pouvait, il est vrai, les acquérir pour un prix modique car les réserves étaient proches et l'on pouvait y puiser largement. Les nègres, mâles et femelles, se montraient, quant à eux, dociles, frugaux, résistants, mais ils coûtaient le prix de deux Indiens.

La plupart de ces colons s'installaient sur des concessions proches de Mobile. Ils produisaient du blé d'Inde surtout et, avec des fortunes diverses, tentaient d'acclimater des légumes de France. D'autres s'aventuraient à l'intérieur, parfois très loin de la côte.

Des émigrés de Picardie, les frères Souvion de La Houssaye, accompagnés de quatre-vingts, engagés de leur province, avaient élu domicile au nord des Natchez, sur les terres des Indiens Yazous, dans l'intention d'y faire du froment. Le charpentier-flûtiste André-Joseph Pénicaud s'était installé chez les Natchez avec une quinzaine d'immigrants téméraires. Les frères Delaire s'étaient établis avec une centaine d'hommes chez les Taensas...

John Law avait recruté en Alsace, en Lorraine et en Suisse mille six cents Allemands destinés à la colonisation de l'Arkansas qu'il avait érigé en duché.

Des sociétés de moyenne importance, cédant au courant migratoire que le système de Law avait déclenché, avaient envoyé des navires d'émigrants vers ces terres vierges; ils débarquaient sans bagage après avoir séjourné des mois dans les ports d'embarquement, dans l'attente de l'unité qui leur ferait traverser l'océan. La moitié étaient morts de faim, de maladie ou de misère avant d'avoir pu rejoindre le lieu qui leur était assigné.

M. Graveline ne perdait plus son temps à chercher Manon Frojet quand elle disparaissait sans la moindre explication. Elle avait pris l'habitude, depuis son arrivée à l'île Dauphine, de se rendre à la pointe Guillorie, entre la baie de Mobile et l'île aux Espagnols, en empruntant le cheval que son maître lui abandonnait volontiers.

Sur le revers d'un talus, à quelques pas de la grève, sous un gros tamaris, au milieu des herbes sauvages qui poussaient là fin et serré, peignées par le vent du large, elle avait creusé de ses mains dans le sable une niche recouverte de branchages et d'un tapis d'algues qui la protégeaient du vent, de la pluie et du soleil quand l'ombre des pinières et des tamaris tempéraient mal son ardeur.

Elle restait là, confondue avec le sable, durant deux ou trois heures, lorsque son service lui en laissait le temps. Elle se calait confortablement dans ce fauteuil rudimentaire fait à sa mesure, allumait une petite pipe indienne empruntée à Graveline et fumait de ce tabac de feningué à saveur vinaigrée qui lui embrumait la tête mais faisait tourner agréablement la ronde des souvenirs.

– Ton petit chevalier, lui disait Graveline, tu peux en faire ton deuil. Tu ne le reverras que si le Bon Dieu le fait descendre d'un nuage. Il a dû t'oublier depuis longtemps. Peut-être même est-il retourné au séminaire d'où il n'aurait jamais dû sortir. Cela t'aurait évité bien des malheurs...

Des « malheurs » ? Jamais Manon n'avait admis comme une évidence que ses amours avec le chevalier Des Grieux n'eussent engendré que des malheurs. De la malchance, certes. Elle l'avait ressenti, et lui de même, le jour où le coche l'avait laissée sur une grand-place de Paris. Il semblait être planté là pour l'attendre. Un regard avait suffi pour que leur destinée s'embrasât du même feu, qu'une complicité qui n'allait pas tarder à se colorer de sentiment les unît, en apparence pour l'éternité. Elle avait seize ans ; lui dix-sept. Elle allait se laisser enfermer au couvent ; il était au séminaire. Avant même qu'après leurs regards leurs mains se fussent unies, ce qui semblait devoir les séparer à jamais les avait soudés l'un à l'autre.

Pour elle, il avait renoncé au séminaire ; elle entra au couvent pour n'y rester que peu de temps : il l'enleva avec beaucoup de panache.

Durant deux ans, les deux adolescents avaient vécu une existence difficile, dans un taudis illuminé par leur amour qui avait pris très vite les dimensions et l'intensité d'une passion. De condition modeste, Manon rêvait d'un petit univers dont elle serait reine, d'un cadre digne de sa beauté ; Des Grieux rêvait de partager sa vie avec elle, de se nourrir de sa présence et de ses étreintes.

On ne vit d'amour et d'eau fraîche que dans les romans. Leur modeste pécule épuisé, il fallut en venir aux expédients. Cette obligation, qu'ils considéraient comme une injustice du destin, un abandon de la Providence qui les avait réunis, ils durent s'y soumettre pour ne pas mourir de faim dans les bras l'un de l'autre.

Manon n'avait jamais rien fait d'utile de ses mains, si ce n'est le quotidien des besognes ménagères ; habile aux armes qu'il avait pratiquées dans les meilleures académies de Paris, Des Grieux n'avait ni le désir ni la volonté de se séparer de sa maîtresse pour rejoindre l'armée.

Manon avait mis le nez dehors, imprudemment, et le reste n'avait pas tardé à suivre. Elle avait fait des rencontres : pas au coin des rues mais dans des salons bien fréquentés ; elle s'était laissé courtiser, entraîner dans un monde qui n'était pas le sien et où, à défaut d'esprit, ce dont elle était dépourvue, elle brillait par sa jeunesse et sa beauté à laquelle on lui permit d'ajouter l'élégance. Des messieurs de bonne condition déposèrent à ses pieds des cadeaux qu'elle n'était pas en situation de repousser. Lorsque Des Grieux s'inquiétait de l'origine de l'argent qu'elle ramenait de ses sorties, elle faisait la mystérieuse, et le mystère lui allait si bien qu'il renonçait à pousser plus avant sa curiosité.

Lorsqu'il apprit la source de leur nouvelle prospérité, qu'il avait déjà soupçonnée, il décida de retourner au séminaire. Il n'y resta que quelques semaines. Incapable d'accepter une solitude qui n'était peuplée que des images de sa maîtresse, il revint vers elle.

Devant ses reproches elle fronça les sourcils et lui dit :

– Ces hommes que je rencontre et qui se montrent généreux ne sont rien pour moi. Toi tu es tout.

Il lui demanda de renoncer à tirer profit de ses charmes.

– Impossible ! lui dit-elle. De quoi vivrions-nous ?

L'idée de vivre en proxénète horripilait le chevalier, presque autant que la pensée qu'en se livrant à une activité lucrative sa maîtresse s'éloignerait de lui, le pire qui pût lui arriver étant qu'elle lui échappât, car elle était de ces créatures qu'il faut en permanence tenir au collier.

Il chercha de son côté une manière de gagner de quoi subsister sans cet expédient honteux. Retourner chez son père pour lui soutirer quelques subsides lui parut le moyen le plus facile et le plus honnête. Le système marcha cahin-caha, son père n'étant pas un modèle de générosité. Poussant la hardiesse trop loin il s'engagea au détriment de sa famille dans des tractations dont il escomptait une petite fortune, mais qui le conduisirent tout droit au Châtelet.

Son temps achevé, le chevalier Des Grieux retrouva la liberté mais pas sa belle maîtresse. Il apprit qu'au cours d'une partie mondaine les archers avaient fait irruption et embarqué les demoiselles de petite vertu qui se trouvaient là, sans inquiéter les messieurs. Assimilées à des prostituées, elles furent incarcérées.

C'est ainsi que, sans avoir revu son Des Grieux, Manon, en compagnie d'une quinzaine de gueuses, prit dans une charrette escortée d'archers à cheval la route du Havre d'où un navire frété par la Compagnie de Law devait la conduire en Louisiane.

Manon était partie dépourvue de tout, excepté de la

robe qu'elle portait lors de la fatale soirée. Elle n'en put changer durant les semaines qui précédèrent l'appareillage et pas davantage pendant la traversée. Des matelots égrillards lorgnaient les filles du haut des vergues lorsqu'elles faisaient leur toilette ou se rendaient aux poulaines. En dépit des consignes, ils les harcelaient jusque dans la sainte-barbe où elles vivaient entassées sur de mauvaises paillasses fréquentées par les rats et la vermine. La plupart cédaient aux matelots pour un verre d'eau-de-vie ou une tranche de lard, car l'ordinaire était frugal.

Manon prit de haut les avances d'un enseigne de première classe qui l'avait distinguée au milieu des catins de bas étage et la tenait pour une demoiselle de qualité. Elle fit la fière ; il essuya patiemment des rebuffades dans l'attente du vent favorable qui pousserait la donzelle vers lui. Manon l'aborda toutes voiles déployées, consentante mais décidée à tirer de cette liaison provisoire des avantages en nature.

C'est ainsi qu'elle jouit d'un régime de faveur mais sans rien donner d'elle-même que ce qui lui convenait : son corps était à l'enseigne ; son cœur était ailleurs, elle savait avec qui mais ignorait où.

On jeta ce troupeau de gourgandines sur une plage de l'île Dauphine avec un baril de farine moisie et un autre de salaisons avariées : de quoi subsister trois jours.

Elles durent patienter une semaine, se protégeant de la chaleur du jour et de la fraîcheur de la nuit dans des abris de fortune creusés dans le sable, assaillies par les moustiques, cherchant le long des grèves les coquillages destinés à compléter leur ordinaire.

– On a dû nous oublier, soupirait Manon. Si nous restons là une semaine de plus il ne restera de nous que des cadavres ou des ossements. Il doit bien y avoir à proximité des gens qui pourraient nous venir en aide. A nous d'aller à leur rencontre.

Un jour, sur les quatre heures de relevée, alors qu'il émergeait de sa sieste, Graveline vit venir à lui un troupeau de femmes dépenaillées qui hurlaient son nom. Il se demanda s'il ne continuait pas de rêver.

Elles lui chantèrent leur complainte à leur manière qui n'était pas empreinte de courtoisie. Il eut bien du mal à interrompre leurs vociférations.

– Je déplore votre situation, leur dit-il, mais je n'en

suis pas responsable. Tout ce que je puis faire c'est alerter les autorités qui enverront des chaloupes pour vous amener à Mobile.

— Que va-t-on faire de nous ? demanda une fille.
— Vous marier.
— A qui ?
— Ça, je l'ignore. Des hommes vous choisiront et vous leur montrerez si vous êtes d'accord ou pas.
— Moi, dit une autre catin, pas question que je me marie. Je tiens trop à ma liberté.
— Vous le pourrez, mais à condition de vivre honnêtement.

Un concert de protestations monta du groupe des immigrantes. Une vieille maquerelle édentée réclama de la nourriture.

— Je n'ai que du blé d'Inde, du maïs si vous préférez. Vous devrez vous en accommoder.
— Du maïs, comme pour les oies ? Merci bien !

Graveline tira Manon à l'écart.

— Vous qui paraissez avoir quelque autorité sur ces garces, dit-il, tâchez de leur faire comprendre que je ne pourrai tolérer le moindre désordre. Vous n'êtes pas les premières que je vois débarquer, et sûrement pas les dernières.
— Je vais tâcher de les amadouer, dit Manon, mais il faut comprendre notre situation.
— Vous n'êtes pas de leur monde, je l'ai compris dès que je vous ai vue. Auriez-vous été victime d'une erreur ?
— On m'a prise dans un coup de filet et, en dépit de mes protestations on m'a emprisonnée. Les sergents recruteurs, les « bandouliers de Mississippi », n'y regardent pas de si près.
— Je suis inquiet pour ce qui vous concerne. Ces filles se débrouilleront toujours, mais vous ?

Il réfléchit quelques instants avant d'ajouter :

— A Mobile, on va de nouveau vous parquer comme du bétail. Vous serez présentées à des colons et à des soldats qui ne feront pas une vie agréable à des filles perdues. Voulez-vous rester ici, chez moi ?
— J'accepte, répondit Manon, mais en tout bien tout honneur.
— C'est ainsi que je l'entendais...

Une semaine plus tard, une caravane de chaloupes

chargeait les émigrantes pour les conduire à Mobile. Graveline s'était réservé quatre de ces filles pour lui et les hommes de la petite garnison qui occupait le fort voisin ; il les avait choisies parmi celles qui lui paraissaient les plus sociables et les moins malades.

— Tu prendras soin de mon intérieur, dit-il à Manon. Certes, il est modeste mais je suis exigeant pour ce qui est de l'ordre et de la propreté, ce que les Indiennes ne comprennent pas toujours. Si tu ne réponds pas à ce que j'attends de toi, tu sais ce qui t'arrivera.

— Je ne compte pas m'attarder ici, répondit Manon. Au premier bateau qui se présentera je demanderai mon rapatriement. Ma vie est là-bas, à Paris. Pas dans ce désert.

— Ta vie, ma belle, tu peux m'en parler si ça te soulage le cœur.

Elle lui raconta son arrestation en omettant certains détails qui eussent risqué de mettre la puce à l'oreille de son maître. Elle aurait pu de même éviter d'évoquer son amour passionné pour le chevalier Des Grieux, mais la confidence lui brûlait les lèvres.

— Mieux vaut oublier cette aventure, dit Graveline, et perdre tout de suite tes illusions. Tu ne repartiras jamais.

— Lorsque Des Grieux apprendra ce qui m'est arrivé et où je me trouve, il traversera l'océan pour venir me chercher. Nous sommes liés pour toujours. L'amour que nous partageons est plus fort que tout.

— Décidément, soupira Graveline, il y a des affaires de cœur que je ne comprendrai jamais.

Manon tint parole. Elle s'occupa avec soin du ménage, de la cuisine, du cheval, du poulailler et parfois remplaçait son maître au magasin.

Lorsque d'autres navires débarquaient à Port-Dauphin avec leur cargaison d'émigrants ou de soldats, elle prenait soin d'eux et ne leur ménageait pas les paroles de réconfort et d'apaisement qui lui avaient manqué.

Un jour de mai un navire de Guinée jeta sur la plage une cargaison de bois d'ébène que les négriers parquèrent à coups de fouet dans la pinière, mâles, femelles et leurs petits.

— Seigneur ! s'écria Manon, comment peut-on traiter ainsi des innocents ?

— Ce ne sont pas des êtres humains, dit le Canadien,

mais des bêtes. Regarde-les ! ils sont noirs comme le cul du diable, ne parlent aucune langue chrétienne et ignorent Dieu. Ils sont tout juste bons à faire des esclaves, et c'est pourquoi ils sont là. Les religieux prétendent qu'ils n'ont pas d'âme et ils ont raison. Dire que ce bétail est vendu aux colons jusqu'à quinze cents livres pièce ! J'aimerais m'en offrir une tête ou deux mais on ne sait jamais sur qui l'on tombe.

– Je vais leur porter du maïs et de l'eau. Ils font pitié.

– Je te l'interdis ! Garde ta générosité pour des chrétiens. D'ailleurs, le troupeau est bien gardé.

Elle approcha néanmoins du groupe d'esclaves d'où montaient des odeurs aigres. La plupart de ces nègres étaient dans une condition lamentable : incapables de tenir sur leurs jambes, le teint cendreux, les yeux rouges, tous d'une maigreur hallucinante. Ceux qui s'aventuraient à réclamer de l'eau et de la nourriture étaient impitoyablement refoulés par les gardes.

L'un des nègres, un géant aux côtes saillantes, qui paraissait être un chef de tribu et se tenait debout, adossé à un tronc, prit Manon à partie en lui montrant de loin une négresse qui tenait dans ses bras son enfant mort, dont le corps avait pris une teinte verdâtre.

– Enlevez-lui cet enfant ! cria-t-elle. Vous voyez bien qu'il est mort !

– Vous, ma petite dame, lui jeta un gardien, occupez-vous de vos oignons. Il nous faut un ordre de lieutenant pour intervenir.

Comme le colosse protestait avec violence, il fit signe à deux gardes de s'en saisir et de l'attacher à un arbre. Puis il fit prévenir son supérieur qui s'informa des motifs de l'incident et décréta :

– Trente coups de fouet pour ce grand singe ! Ça va lui clouer le bec. Avis aux amateurs !

– Vous êtes des brutes ! s'écria Manon. Je vais en référer aux autorités !

– Écrivez à son Altesse le Régent si ça vous chante, ma belle, répondit le lieutenant. Si vous trouvez un moyen plus délicat pour faire entendre raison à ces chiens, je suis prêt à vous écouter.

Le grand nègre subit son supplice sans gémir. Lorsqu'on le délia il s'écroula sur lui-même comme une brassée d'algues sanglantes, sous l'œil indifférent de ses congénères.

— Je vous l'ai dit ! triompha le lieutenant. Ces brutes sont insensibles. Du bétail...

Graveline était un bel homme, doté d'une distinction naturelle et, fait remarquable pour un Canadien, parlant un langage châtié.

Sans jamais risquer de compromettre le train-train de son négoce, il menait une existence de sybarite, pour autant que le cadre où il vivait et les moyens dont il disposait le lui permettaient. Trois Indiennes Taensas étaient à son service : deux jeunes femmes et une enfant. Le jour, elles se livraient à des occupations qu'il leur avait fixées avec rigueur et la nuit à une cohabitation circonscrite à la chambre du maître, dotée d'un mobilier sommaire venu du faubourg Saint-Antoine.

Les deux servantes avaient vu d'un œil critique l'intrusion de la femme blanche. Elles se rebellèrent secrètement puis ouvertement contre une autorité qu'elle exerçait sans rigueur mais sans complaisance. Renonçant à s'en faire des compagnes et moins encore des amies, Manon avait pris la résolution de s'en tenir éloignée.

Elle avait trouvé un soir un serpent venimeux sous sa couverture ; le maître était venu l'en débarrasser. Un autre soir, elle avait découvert sous son oreiller une hideuse amulette qu'elle jeta au feu. Ce qu'elle redoutait surtout, c'était le poison, ce qui l'incita à ne laisser à aucune des Indiennes le soin de préparer les repas.

— Tu as raison de te méfier, lui dit Graveline. Ces garces n'éprouveraient aucun scrupule à te supprimer. J'envisage de les revendre à des colons, mais j'hésite. Encore jeune et bien constitué comme je le suis elles me sont utiles et ne m'importunent pas avec des affaires de sentiments.

Il ajouta en posant ses grandes mains sur les épaules de Manon :

— Voilà des mois que nous sommes, toi et moi, à pot et à rôt, comme on dit en France. Des mois que je te regarde, que je t'écoute, que je te respire. J'espère qu'un jour tu ne resteras pas insensible à cette attention que je te porte. Mais peut-être que le souvenir de ton petit chevalier...

Elle le coupa d'une voix nette :

— Des Grieux est mon premier et sera mon seul amour. Je me sens toujours liée à lui par le cœur mais mon corps est libre.

– Cela signifie que... ?
– Cela signifie que je puis être à vous par le corps si vous le souhaitez mais qu'il ne faudra pas espérer davantage.

Le lendemain, le maître alla proposer ses deux Indiennes à son compatriote Trudeau qui les lui paya un bon prix. Il gardait, pour aider Manon aux travaux les plus rudes, la gamine qui venait tout juste de franchir le stade de la puberté.

« Il me reviendra, songe Manon. Je sais qu'il me reviendra. »

A chaque navire qui jette l'ancre au large, son cœur s'emballe. Elle quitte sa niche d'un bond, enfourche son cheval, galope vers la langue de sable proche de l'entrée du goulet où, depuis l'ensablement, plus aucun navire ne se risque.

Des navires, depuis que John Law dirige la Compagnie du Mississippi, il en vient souvent.

A la première chaloupe qui touche terre, elle pose une question toujours la même

– Avez-vous à bord un officier qui réponde au nom de Des Grieux ?

Chaque fois la réponse est identique, et c'est soudain comme si le soleil se voilait.

Graveline a pris l'habitude de ces absences et n'en tient pas rigueur à sa servante-maîtresse. Entre eux, ils n'en parlent jamais ; le maître est persuadé qu'elle nourrit des espérances illusoires et elle se refuse, par pudeur, à lui ouvrir ses pensées. Leur entente est trop parfaite pour risquer de la compromettre par des affaires de sentiment.

Pour Manon, le temps est comme suspendu, pareil à un rideau de théâtre qui, à un moment ou à un autre, se lèvera de nouveau afin que la pièce se poursuive, car elle ne peut finir ainsi, sur cette séparation brutale. Le temps ne fait rien à l'affaire. S'il faut attendre des années, jusqu'à la fin de ses jours, elle attendra.

Depuis que le coche d'Arras s'est arrêté à Paris depuis, surtout, que Des Grieux l'a enlevée de son couvent, elle sait qu'il n'y aura pas place dans sa vie pour un autre homme ni pour une passion d'une telle intensité.

Bienville brandit une liasse de gazettes. Le visage écarlate, frémissant d'indignation, il s'écria :

— Lisez, Hubert ! Lisez donc ce qu'écrivent les gazetiers du *Mercure* et de la *Gazette de France* ! Le père Hennepin n'a pas fait mieux...

Il se laissa tomber sur sa chaise, écarta d'un geste nerveux la main de cuivre de Tonty, étala les feuillets sur sa table de travail.

— Écoutez, Hubert ! La Louisiane est « *un pays enchanté, un nouvel Eldorado* ». Vous apprendrez qu' « *on y trouve une quantité innombrable de mines de cuivre, d'or et d'argent* » ! De l'or en Louisiane, Seigneur ! En avez-vous seulement vu une pépite ? J'apprends que l'on peut admirer « *des roches de pierres précieuses qui ressemblent à de l'émeraude* », que chez les Natchez « *un atelier de tissage de la soie emploie dix mille femmes* », que « *les graines que l'on sème rapportent au centuple* » !

Il se leva de nouveau, en proie à une grande agitation, jeta sous le nez du commissaire une gravure montrant une image idyllique de la colonie : des sauvages fumant le calumet devant une baie radieuse, sous des arbres alourdis de fruits, des sauvagesses leur faisant les yeux doux, des religieux baptisant des sauvageons...

Il ricana :

— Hubert, nous demeurons au paradis terrestre et nous l'ignorions ! Il faut que ces folliculaires nous le rappellent. Mensonge ! Imposture ! Si j'étais à Paris je mènerais campagne contre ces falsificateurs patentés, je me battrais...

– ... contre des moulins à vent ! Vous vous retrouveriez sur-le-champ à la Bastille, comme Cadillac que je n'aime guère mais qui a eu au moins le mérite de dénoncer cette supercherie. En attendant, nous avons le devoir de recueillir les fruits empoisonnés de cette campagne.

Bienville se rassit en s'épongeant le front.

– A propos, où en sommes-nous des arrivages ?

Hubert s'installa en face de lui, se versa un verre d'eau de la cruche que la petite Indienne venait de déposer sur la table.

– Je n'en sais fichtre rien ! J'ai perdu le fil. Depuis le début de l'année, ce sont des milliers de pauvres bougres et bougresses qui nous tombent du ciel, si je puis dire. Et rien n'indique qu'il ne va pas en arriver des centaines, voire des milliers d'autres.

Il vida son verre et défit son col.

La chaleur de juillet stagnait comme un magma de lave sur la bicoque. A quatre heures de relevée, passé le temps de la sieste, des imprudents traversaient la place d'armes au risque de tomber foudroyés. Les cas d'insolation, de « coups de chaleur », ne se comptaient plus. Deux enfants qui jouaient sans chapeau sur la grève étaient morts la semaine passée. Des gens se laissaient tomber du débarcadère pour ne trouver qu'un soulagement illusoire car l'eau de la baie était tiède.

Hubert ajouta dans un soupir :

– Je partage la crainte de nos médecins pour la santé de la colonie. Ces drôlesses qu'on nous a envoyées généreusement il y a deux mois ont déjà contaminé une partie de la garnison et quelques habitants célibataires. Elles étaient destinées à la Guyane, nom de Dieu ! Alors pourquoi nous ont-elles été envoyées ? Sommes-nous un dépotoir ? Le grand cloaque de Rome ?

Ces questions, comme bien d'autres, on ne cessait de se les poser, mais elles ne recevaient jamais de réponses.

Pourqui cette fille, parente de Baron, l'élève du grand Molière, avait-elle débarqué à Mobile, médusée, se demandant ce qu'elle faisait là ? Pourquoi ce célèbre cuisinier parisien, Quonyam, que rien ne désignait à la vindicte de sa clientèle, se trouvait-il embarqué dans un contingent de faux saulniers ? Pourquoi ce libraire, ce cabaretier se trouvaient-ils en Louisiane contre leur gré ?

Pourquoi ? Pourquoi ?

– Je crois avoir compris, dit Hubert d'un air sombre. Si j'habitais Paris, que je veuille me débarrasser de ma femme, de ma maîtresse, d'un créancier trop pressant ou de quelque individu encombrant, j'alerterais le lieutenant de police, je formulerais une fausse accusation, et cela ferait un nouveau pensionnaire pour la Bastille, le Châtelet ou une maison de force, autant d'antichambres de la Louisiane...

Tous les immigrants n'étaient pas des prisonniers ou des catins. Certains avaient de la branche, avec même, parfois, des épaulettes et des galons cousus sur leur habit. Ils sortaient tout emplumés des officines de ducs et de marquis lancés dans les affaires coloniales, acquéreurs de concessions dont ils attendaient des lettres de noblesse. Law lui-même avait acquis trois domaines en Arkansas, dans les parages de Biloxi et au Détour-de-l'Anglais. John Law, duc d'Arkansas, comte de Biloxi, baron du Détour...

– Ce serait à mourir de rire si ce n'était triste à pleurer, ajouta Bienville. Nous sommes embarqués dans un gigantesque carnaval des fous à notre corps défendant. Nous n'allons pas tarder à subir une meute de commis, de secrétaires, de fonctionnaires de tout poil et de tout grade. Ils vont s'efforcer, au nom de la Compagnie ou de leurs sociétés respectives, de recréer ici l'esprit des ministères et les hiérarchies de là-bas. A tout prendre, je préfère le temps où nous nous battions pour conserver de modestes coins de terre indienne et simplement pour survivre.

– Et si encore il ne venait que des Français ! surenchérit Hubert.

Des étrangers amateurs de terres nouvelles s'abattaient sur la colonie comme une nuée de sauterelles.

Il en venait de presque toute l'Europe. Karl Frederick d'Arensberg, originaire d'une province balte, étalait ses fausses médailles et son plumage multicolore. Une dame Charlotte, vieille cocotte qui jouait du croupion, se disait de Wolfenbüttel et belle-fille du tsar Pierre le Grand. Un Juif, Elias Stultheus, avait fait fabriquer une chaise roulante pour ses déplacements et exigeait qu'on lui construisît un palais...

Tous ces gens et quelques autres assaillaient le cabinet du commandant en chef et celui du commissaire-ordonnateur. Ils réclamaient des concessions, menaçaient d'informer leur ambassade du retard apporté à satisfaire leurs requêtes. Hubert s'en débarrassait en leur assignant des domaines où installer leur famille, leur petite cour caquetante, leur domesticité pléthorique et les quelques nègres qu'ils avaient achetés aux comptoirs de Graveline et de Trudeau.

Les colons demandaient des nègres ? On leur en envoya des cargaisons. Entassés comme harengs en caque, enchaînés à fond de cale, beaucoup mouraient avant d'avoir touché terre. Le marché aux esclaves, dont les habitants de l'île Dauphine avaient fait l'essentiel de leurs ressources, battait son plein. On débarqua des centaines, des milliers de têtes que l'on vendait aux enchères, mâles et femelles, exposés nus, à la convoitise des acheteurs. Sous la menace du fouet, ils suivaient docilement leurs nouveaux maîtres jusqu'au cœur de la Louisiane.

L'ancienne position de Biloxi, qui ouvrait directement sur le golfe, avait été pratiquement abandonnée. Le Nouveau-Biloxi se situait sur l'île aux Chevreuils, à quelques encablures de l'ancien poste. On avait trouvé là, près de l'estuaire de la rivière Pascagoula encombré d'îlots de sable, un terrain sec, une atmosphère salubre et une eau d'assez bonne qualité. Plus vaste que l'île Dauphine, cette langue de terre était propice à l'arrivage des immigrants.

A peine débarqués, les colons du Nouveau-Biloxi s'étaient courageusement mis à l'ouvrage, défrichant les forêts alentour, installant des forges, des briqueteries, des magasins et même une infirmerie et une chapelle. En quelques mois un village était sorti de terre. Ce qui n'avait été qu'un havre de disgrâce devenait une agglomération dotée d'artères en ligne droite, de routes et de ponts. Seul faisait défaut l'essentiel : la subsistance. Les Indiens, heureusement, se montraient généreux.

En moins d'un an, six cents nègres de Guinée, les plus prisés, avaient été débarqués sur l'île aux Chevreuils. Les nouveaux colons en firent leur profit. Envoyés en Louisiane pour le compte de compagnies ou de sociétés, parmi lesquelles celle qu'avait créée Diron d'Artaguette, ancien commissaire à Mobile, ils occupaient des concessions perdues sur des terres lointaines : sur le territoire des Natchez, des Yazous, des Illinois, le long de la Rivière Noire, de la Rivière Rouge, ou dans le delta... Ils venaient au Nouveau-Biloxi s'approvisionner en bétail noir et, le fusil à l'épaule, le fouet à la main, repartaient avec leur troupeau.

— Cet éparpillement, constatait Hubert, est favorable à la colonie. Les nouveaux habitants sont tous ou presque des militaires en puissance. Ils ont la volonté de s'accrocher à leur nouveau domaine et les armes comme les munitions ne leur font pas défaut. Ils feront œuvre de pacification envers les sauvages et s'opposeront à l'infiltration des Anglais.

Bienville partageait cette opinion, mais avec quelque réserve :

— Certes, disait-il, notre défense est assurée, mais ce qui manque encore à cette colonie, c'est une véritable capitale. Ce ne peut être Mobile, pas plus que le Nouveau-Biloxi. Nous devrons chercher ailleurs.

Il se rappelait ses anciennes explorations en amont du delta, vers les immensités redoutables de l'intérieur, entre le fort Saint-Joseph-des-Tonicas, qu'il avait créé trois ans auparavant, et l'estuaire du Grand Fleuve, en amont du Détour-de-l'Anglais. Dans ces parages la terre était fertile et l'espace propre à la construction d'une métropole qui mériterait le nom de capitale.

Déjà quelques colons téméraires, parmi lesquels M. de Rémonville, y avaient créé des domaines, construit des habitations, et ne semblaient pas se plaindre de leur choix, malgré la relative insalubrité de la contrée et les risques de débordement du Mississippi.

Alors qu'il s'entretenait de ce problème obsédant avec M. de Bienville, Hubert déploya une carte de la Louisiane.

— Je suis bien de votre avis, dit-il, mais où la voyez-vous, cette ville ?

Le commandant pointa l'index sur un point de la carte et dit :

— Ici, au sud-ouest du lac Ponchartrain, sur la rive droite du Mississippi. Ni plus haut ni plus bas.

Quelques ingénieurs venaient d'arriver de France. On allait les envoyer sur le Mississippi et les mettre à l'ouvrage.

La lettre de Charlotte, il l'avait lue et relue au point qu'il la connaissait par cœur et s'en récitait des passages entiers en quelque lieu ou en quelque circonstance que ce fût. C'étaient de pauvres mots, écrits sur un beau papier mais qui sentait la boue comme s'il eût trempé dans le Mississippi.

D'autres lettres avaient suivi. Charlotte profitait du passage du moindre trimballeux qui s'arrêtait dans les parages de Blanche-Épine pour lui confier un message en lui glissant une pièce dans la ceinture. Autant livrer une bouteille à la mer.

C'était toujours la même litanie qui glissait ici et là dans le lamento. Elle ne disait rien de sa vie quotidienne, de la marche de la plantation, des menus événements de la communauté, comme par une volonté d'exclure tout ce qui n'était pas leur amour, un mot qui se répétait à chaque ligne, qu'elle semait à poignées en souhaitant une éclosion.

Elle se garda de lui avouer qu'elle avait par deux fois tenté de revenir à Mobile. Son bagage était prêt et elle avait loué les services d'un jeune Indien; chaque fois, elle avait trouvé Justine en travers de son chemin au moment de disparaître. Sans violence, et même avec une certaine tendresse, elle lui enlevait son bagage, la reconduisait au logis, renvoyait l'Indien, puis elle la prenait avec elle dans son lit et la berçait d'espoirs : François ne l'avait pas oublié; il lui reviendrait bientôt; un matin, en se levant, elle le verrait monter du fleuve, son violon en bandoulière, sa canne à la main ; il la saluerait d'une voix joyeuse.

– Pourquoi ne m'écrit-il pas ? disait Charlotte. Je lui ai adressé plusieurs messages. Lui, rien.

– Peut-être ne sait-il pas où te trouver.

– Il le sait. M. de Bienville a dû le lui dire, et moi je le lui écris dans toutes mes lettres.

– Il attend que son contrat se termine. Il n'en a plus pour longtemps.

François partait pour le chantier avec un bourdonnement de mots dans la tête comme une chanson de vent. Il lui arrivait de composer de petites musiques sur une ou deux phrases de ces lettres et de se les chanter toute la journée. Il écrivait au charbon le nom de Charlotte sur les planches et les madriers tant il en avait la tête pleine.

Le soir, de retour dans sa cabane, il cochait sur un bâton le nombre de jours qui lui restaient pour finir d'honorer son contrat. Il avait parfois envie, pour hâter le terme, de jeter le bâton au feu.

Paris : janvier 1719

La France et l'Espagne ont enterré la hache de guerre, mais voilà que les acrimonies reprennent le dessus. Le roi Philippe a si bien adhéré aux intérêts de son nouveau royaume que la France est devenue son ennemie. Il a décidé de se rendre maître de la côte du golfe du Mexique, entre la Floride et Veracruz : une ambition qui rejoint celle de la Junte de Madrid, jalouse de son autorité sur cette région du monde.

A Versailles comme aux Tuileries on a conscience que le conflit ne pourra s'éterniser. Philippe a joué les matamores ; il en sera pour ses frais...

Jacques Stuart, duc de Berwick, franchit la Bidassoa le 21 avril et entra en Espagne comme dans une motte de beurre. On ne voyait de l'ennemi que des culs de lapin. On en trucida quelques-uns et, pour faire bonne mesure, on brûla des villages. Le 18 juin, M. de Berwick s'emparait de Fontarabie, détruisait les arsenaux, incendiait les magasins. Il arrivait le 19 août à Antonia, ville proche de Bilbao, pour faire un feu de joie des navires ancrés dans le port.

Agréable promenade militaire pour les troupes françaises : elles nettoyèrent la Navarre, s'emparèrent d'Urgel, en Catalogne, poussèrent jusqu'à Rosas où quelque résistance venant de la citadelle leur fit rebrousser chemin. Repos. Quartiers d'hiver en Roussillon.

M. de Bienville se demanda s'il rêvait. Se trouvait-il en Louisiane ou en France, dans un village de province ? Il venait de surprendre un spectacle singulier : une barge avait débarqué une couple de bœufs maigres à faire pitié, chancelants mais bien vivants. Des bœufs ! Des bœufs en Louisiane ! Ils s'avançaient lentement derrière un jeune colon fier comme Artaban, son aiguillon en travers des épaules et, semblait-il, un air du pays sur les lèvres.

Il n'en croyait pas ses yeux. Bientôt sans doute verrait-on des veaux gambader dans les prairies près de leur mère ; l'air, autour des habitations, sentirait le lait et la bouse ; on entendrait le soir beugler ces grands animaux placides ; les fermières viendraient en canot vendre leurs fromages au marché de Mobile et du Nouveau-Biloxi ; à l'automne prochain, entre deux masses de forêts, deux espaces de marécages, se dessineraient les longs sillons des labours...

Ces bœufs encore mal remis de leur traversée, il aurait fallu leur orner le front de pampres, leur passer autour de l'encolure des colliers de fleurs, leur dresser des arcs de triomphe comme pour les antiques fêtes de Cérès. En faire des demi-dieux. Ils allaient, avec leur puissance tranquille, tirer la colonie de l'ornière où elle s'enlisait.

Bienville venait à peine de se dégager de sa rêverie quand surgit dans son cabinet un personnage qu'il reconnut au premier regard bien qu'il ne l'eût pas revu depuis des années : son cadet, Joseph de Sérigny, en tenue de lieutenant de vaisseau, l'épée au côté et l'air faraud.

Joseph était plus jeune que lui de quelques années mais ses campagnes et la vie dissolue qu'il menait depuis son adolescence l'avaient prématurément mûri. Il portait barbiche et moustache comme au temps du Cardinal et des mousquetaires, ce qui lui donnait de l'autorité et de la prestance.

De tous ses frères, ce n'était pas celui que préférait Bienville : son absence de scrupules l'avait compromis dans des malversations, notamment pour la livraison de vivres à la colonie. Dans l'affaire de l'île de Nieves où il s'était battu au côté de son frère Iberville, il avait fait ses choux gras et avait eu à en répondre devant la justice. Réhabilité non sans peine il avait retrouvé son grade, ses fonctions... et ses petites combinaisons.

– Veux-tu me faire servir à boire ? dit Sérigny en s'asseyant. Cette chaleur de printemps est insupportable.

Il apportait des nouvelles importantes concernant le conflit que le roi Philippe d'Espagne avait déclenché contre la France dont il ambitionnait le trône. Bienville avait eu connaissance de cet événement, mais il avait trop de soucis pour s'y intéresser. L'Espagne, c'était loin...

– L'Espagne est en guerre contre nous ? dit-il, je le regrette. Mais ce conflit se déroule à des milliers de lieues.

– Il va se rapprocher de la Louisiane. Nous avons reçu l'ordre de nous emparer de Pensacola. Tu en avais toi-même manifesté l'intention, autant qu'il m'en souvienne. Tu m'avais même confié le soin de relever les côtes en vue d'une opération militaire.

– Pensacola... murmura Bienville. J'avais oublié ce projet.

– Le roi Philippe veut nous chasser du golfe ? C'est nous qui allons l'expulser, la baïonnette au cul !

Sérigny était arrivé avec un convoi de trois navires ancrés au large de l'île Dauphine : le *Maréchal-de-Villars*, le *Philippe* et le *Comte-de-Toulouse*.

– C'est plus qu'il n'en faut, dit-il, pour réduire à merci cette bicoque et écraser ses batteries. Nous aurons besoin de quelques centaines d'Indiens pour tenir les arrières. Pouvons-nous compter sur eux ?

– J'en fais mon affaire. Les Appalaches, les Taensas, les Thomès détestent les Espagnols qui les volent et les brutalisent. Ils feront cause commune avec nous.

– Fort bien ! dit Sérigny.

Il tourna son verre entre ses doigts en faisant la moue :

– Pas fameux, ton sirop de grenouille. J'aurais aimé, pour fêter nos retrouvailles et notre prochaine campagne, quelque chose de corsé.

Bienville appela sa servante indienne et lui demanda d'apporter une bouteille de rhum.

– Il vient de la plantation de notre frère Iberville, dit-il. Je n'en connais pas de meilleur. Je te conseille cependant de ne pas en abuser. Avec cette chaleur...

Ils passèrent l'après-midi à compulser les cartes et les relevés de la région côtière et à dresser des plans de bataille.

Bienville connaissait parfaitement Pensacola et ses abords ; le nouveau gouverneur était un brave homme de militaire blanchi sous le harnois, qui trompait son ennui entre les fiasques de rhum de Cuba et les petites Indiennes ; il lui rendait parfois des visites de bon voisinage sans qu'aucune ombre vînt ternir leurs relations... Son nom était peu en rapport avec sa nature : Matamoros...

Le convoi de Sérigny prit le large dans la nuit du 12 au 13 mai avec, à bord des trois navires auxquels s'ajoutait un brigantin, cent soixante officiers et soldats, ainsi que quarante-cinq volontaires. Bienville et quatre-vingts hommes suivaient dans des chaloupes. On avait confié à Châteaugay, un autre de ses frères, une soixantaine de soldats destinés à encadrer quatre cents sauvages, dans l'intention de les faire intervenir par la terre.

Arrivé en vue de Pensacola, Sérigny braqua sa lunette sur la position et s'écria :

— Tudieu ! ces messieurs du Conseil de Marine déraisonnent. C'est cette bicoque, le plus puissant poste espagnol en Amérique ? Nous allons la réduire en miettes à la première bordée.

Bienville se rendit maître presque sans coup férir d'une batterie située à la pointe de l'île Santa Rosa, interminable langue de terre protégeant le poste. Le lendemain le gouverneur baissait pavillon après les premières sommations.

Victoire sans gloire et sans honneur. Déception pour Sérigny. Il avait gardé le souvenir ardent de l'attaque contre l'île de Nieves et comptait, en réitérant le même exploit, en tirer à la fois réputation et bénéfice. Et voilà qu'il avait suffi d'un avertissement pour que cette sorte de *coral* tombât entre ses mains.

— Enfermons nos prisonniers dans le fort sous bonne garde, dit Bienville, sinon les sauvages de Châteauguay en feraient un massacre.

Sérigny était d'accord, mais que son frère commençât par surveiller ses propres hommes ! La plupart, coquins mal repentis envoyés contre leur gré dans cette colonie, décidèrent, jugeant leur mission accomplie, de déserter ; ils prirent le brigantin d'assaut dans l'intention de cingler vers les Iles et de vivre de la flibuste. Il fallut les menacer du canon pour qu'ils fassent vent arrière. On en pendit quelques-uns pour l'exemple.

Bienville n'était pas très fier de lui lorsqu'il vint rendre visite au gouverneur.

— Veuillez nous pardonner cette attaque, señor Matamoros, mais nous avons reçu des ordres. C'est la guerre entre nos deux nations...

Le vieil homme répondit en épongeant la chassie qui suintait de ses yeux malades :

— Je ne puis rien vous reprocher puisque ce sont les ordres. Je suis même votre obligé : vous avez épargné à mes hommes d'être maltraités par les sauvages. Aussi je me dois de vous prévenir : vous ne resterez pas longtemps maîtres de votre conquête. Le commandement militaire de La Havane va envoyer une expédition pour vous déloger.

Un problème urgent se posa pour Bienville : comment allait-on nourrir les prisonniers et qu'allait-on en faire ?

— Le mieux, dit le lieutenant de vaisseau, serait de les embarquer sur deux de nos navires à destination de Cuba. Le gouverneur en fera ce que bon lui semblera et il se montrera, je l'espère, sensible à notre humanité.

— C'est une opération risquée, dit Bienville. Il conviendra que vos officiers restent constamment sur la défensive. Je connais ces gens : ils vous rendent en traîtrise ce que vous leur donnez par générosité. L'honneur n'a pas la même signification pour eux que pour nous.

Manon Frojet bondit hors de sa niche. Ce n'était pas un navire qui se dessinait à l'horizon mais un convoi et pas composé de modestes navires traversiers.

Elle sauta sur sa monture et, à travers la pinière balayée par les souffles humides d'une première ondée de printemps, se dirigea vers Port-Dauphin pour attendre les premières chaloupes, mais, soit qu'on redoutât un gros temps, soit que l'heure parût trop avancée, le débarquement fut remis au lendemain.

Au milieu de la matinée, ayant terminé son ménage, Manon gagna à pied le débarcadère où déjà quelques Blancs mêlés à des Indiens attendaient les premières embarcations. L'une d'elles avait déjà accosté sous la conduite d'un maître de chaloupe qui gueulait ses ordres avec un fort accent de Normandie. Manon s'avança pour l'interpeller tandis que des soldats prenaient terre.

Le marin se gratta la barbe.

– Vous dites ? Le chevalier Des Grieux ? Ma foi, j' connais point d'officier de c' nom-là à bord du *Philippe*, mais j' cré ben qu'il est officier à bord du *Comte-de-Toulouse*.

Une chaleur soudaine inonda le corps et le visage de Manon.

– Savez-vous, lança-t-elle, s'il doit débarquer, et quand ?

– Ça, j' saurais point vous l' dire. Faut compter la journée pour que nous passions tous à terre. Y a du monde à bord, ma p'tite dame, et des marchandises...

Elle chercha un canot, sauta dans l'un de ceux qui composaient la flottille de Graveline. Heureusement l'océan était étale comme un miroir.

Le convoi était à un bon quart de lieue de la côte. En chemin elle croisa la noria des chaloupes, indifférente aux apostrophes qu'on lui jetait, et se dirigea droit vers le *Comte-de-Toulouse*.

Debout dans le canot d'écorce, au risque de chavirer, elle interpella un officier accoudé à la lisse du garde-corps de bâbord, et demanda à parler à M. Des Grieux. Il était occupé à surveiller le déchargement de la marchandise. Elle ajouta :

– Dites-lui que Manon veut lui parler.

Il arriva à la coupée quelques instants plus tard et s'écria :

– Manon ! Toi, ici ! Je descends...

Il jeta quelques ordres autour de lui, lança une échelle de corde au milieu de celles qui permettaient de faire descendre dans les chaloupes hommes et barils.

– Toi... murmura-t-il en la serrant contre lui. Toi, enfin !... Que s'est-il passé ?

– Je t'ai attendu, dit-elle. Durant des mois. J'aurais attendu plus longtemps encore, parce que j'étais certaine que tu me reviendrais.

– Comment pouvais-tu le savoir ? C'est un peu le hasard qui m'a conduit en Louisiane.

– Je ne crois pas au hasard. Je *savais*. C'est tout.

Il leva les yeux vers le plat-bord et mit ses mains en porte-voix pour crier :

– Faites le nécessaire sans moi, et pressez l'allure, je vous prie !

Ils firent ensemble le tour des habitations, des jardinets où travaillaient des nègres et des Indiennes.

– Ce Graveline, dit-il d'un ton boudeur, ne semble guère apprécier ma présence. C'est à peine s'il a daigné répondre à mon salut.

– Il a de bonnes raisons pour ça : nous partageons le même lit. C'était ça ou vivre de la prostitution, ou encore accepter d'épouser un militaire ou un bouseux. Je crois que j'ai fait le meilleur choix. Fais-moi la grâce d'oublier cette situation. Tu es là et je t'aime. Nous n'allons plus nous quitter, n'est-ce pas ?

Il lui tourna le dos, balaya une touffe d'herbe avec la pointe de sa botte.

— J'aimerais rester le plus longtemps possible, mais je ne puis rien te promettre. Je suis lié à mon navire et ne puis déserter ni donner ma démission. J'attendais ce poste depuis si longtemps !
— Quand dois-tu repartir ?
— Je l'ignore.
— Tu reviendras ?
— Si Dieu le veut...

Des bouffées de printemps venaient de la terre. De lents orages mûrissaient sur les lointains de l'océan, pelotonnés à fleur d'horizon, avec des grondements de chat en colère.

Des Grieux ne retourna pas à bord le temps que dura l'escale. Dans une masure abandonnée depuis peu par un immigrant parti chez les Taensas, Manon aménagea un logis rudimentaire mais propret : un foyer creusé dans la sable, une paillasse d'herbe... Il ne leur en fallait pas davantage pour retrouver le goût du bonheur.

Ils restèrent là trois semaines qui leur parurent brèves bien qu'ils n'eussent rien d'autre à faire qu'à s'aimer, à parler, à se promener à cheval le long de la côte qui sentait l'algue et la résine. Le temps qu'ils avaient passé loin l'un de l'autre — une éternité leur semblait-il — s'était effacé comme une trace dans le sable.

Chaque matin Manon se rendait au magasin de Graveline pour y faire ses emplettes. Un jour, le maître lui prit le bras et lui dit :

— Ton petit manège va-t-il bientôt cesser ? Lorsque ton capitaine aura levé l'ancre tu pourras toi-même faire ton baluchon. J'en ai tout mon saoul de jouer les niais et de me faire moquer. Je le regrette, mais ça ne peut pas durer.

— Dès qu'il aura pris Pensacola, dit Manon, *mon capitaine*, comme vous dites, me ramènera en France et nous nous marierons. Il me l'a promis...

Certaine de le voir revenir bientôt et de retourner en France sur son navire, Manon n'en versa pas moins quelques larmes lorsque les bâtiments quittèrent les abords de l'île Dauphine en direction de Pensacola.

Elle repoussait la chanson de *Malbrough* qui tournait comme un moulin dans sa tête : « Ne sais quand reviendra... » en regardant les trois navires s'éloigner en direction de l'est.

Le señor Matamoros, gouverneur de Pensacola, signa une convention en vertu de laquelle les Espagnols que les Français avaient faits prisonniers, au nombre d'environ quatre cents, seraient conduits sur deux navires à La Havane pour y être remis au gouverneur.

Au moment où les bâtiments s'apprêtaient à appareiller il lâcha avec un sourire ironique :

– Dieu soit avec vous, *señors* ! Je souhaite que mon collègue de Cuba vous accueille courtoisement et se montre sensible à votre démarche. Mes bons vœux vous accompagnent.

Lorsque les navires français eurent accosté au port de La Havane après avoir fait tonner la poudre de salut et rangé le débarcadère, ils furent assaillis par une meute de rats à visage humain, qui, après avoir fait descendre à coups de fouet et de bâton les prisonniers qui n'en menaient pas large, pillèrent les deux unités de fond en comble, s'emparèrent des officiers, des soldats et des membres d'équipage pour les jeter dans des geôles infestées de rongeurs et de vermine.

On les laissa trois jours sans nourriture, puis le gouverneur vint leur annoncer ce qui les attendait :

– Messieurs, vous n'avez pas oublié que nous sommes en guerre puisque vous avez attaqué et pris Pensacola. Le traité de capitulation signé par ce pauvre Matamoros est honteux. Je m'en suis servi pour allumer un cigare. Quant à vous, messieurs...

Il les laissa devant une alternative : moisir en prison en attendant le retour de la paix ou s'engager dans la flotte espagnole. Ils choisirent cette dernière proposition. Quitte à déserter à la première occasion...

373

Graveline fit tinter quelques pièces sur la table.
– Tes gages... dit-il à Manon. J'ai compté large. Ça te permettra de vivre quelque temps sans trop d'embarras en attendant de trouver un autre béjaune. Tu auras le choix, mais, si je puis te donner un conseil, ne cherche pas à te caser parmi les officiers de la garnison : ce sont tous des coureurs d'Indiennes et la plupart sont en Louisiane comme l'oiseau sur la branche. Un immigrant récemment débarqué ferait mieux ton affaire, mais il faudra te résoudre à abandonner Mobile pour l'intérieur.
– Je n'aurai pas à faire ce choix, répliqua Manon avec hauteur. Des Grieux reviendra, la campagne terminée. Il me l'a promis.
– Promesse de marin, promesse de chien...
Graveline lui fit cadeau d'un canot, de pagaies et de deux couvertures en laine de bison.
Manon Frojet quitta Port-Dauphin par une aube froide et brumeuse. Elle longea les champs de cannes qui faisaient à la côte de la baie une ceinture d'un vert acide, animée par une intense vie animale. Ici et là les museaux d'énormes poissons crevaient la surface autour d'elle, des truites se livraient à des galipettes, des alligators dérangés dans leur somnolence plongeaient sous des arbres morts échoués, des chapelets de tortues dormaient au soleil sur des branches suspendues au-dessus de l'eau.
Arrivée dans la soirée à Mobile elle dormit dans le canot. Une patrouille l'éveilla au petit jour.

— Holà, l'Indienne ! lui cria un sergent. Qu'est-ce que tu fiches ici ?

Elle répondit qu'elle n'était pas une Indienne et souhaitait parler au gouverneur.

— Il n'y a pas de gouverneur pour le moment mais un commandant : M. de Boisbriant.

Elle se fit conduire au fort Saint-Louis par la patrouille et trouva le commandant en train de déjeuner en petite tenue. Il paraissait d'une humeur de dogue.

— Je ne reçois qu'à partir de dix heures ! cria-t-il. Revenez dans un moment.

— Mon nom est Manon Frojet, dit la demoiselle. M. Des Grieux est mon fiancé. Il va bientôt me rejoindre. En l'attendant, je dois trouver où me loger.

Boisbriant reposa la tartine qu'il portait à sa bouche, se leva lentement, fit asseoir sa visiteuse, demanda à sa servante d'apporter des galettes de maïs, de la marmelade et du café.

— Des Grieux... dit-il. Il est officier à bord du *Comte-de-Toulouse*. J'ai entendu parler de votre aventure par Graveline. Elle est fort émouvante et, à vrai dire, j'avais envie d'en savoir plus.

— Notre aventure... soupira Manon. Elle n'a rien de réjouissant et elle est assez banale : une petite catin, un fils de famille... Pas de quoi en faire un roman...

— J'aimerais pourtant vous entendre.

Il fallut plus d'une heure à Manon pour raconter ses déboires et son odyssée. Le commandant hochait la tête, évitait de l'interrompre, pénétré peu à peu par l'émotion que suscitaient en lui cette constance dans la passion et cette obstination à vouloir faire pièce au destin.

— Ma demeure n'est pas un palais, dit-il, mais je vous offre l'hospitalité de bon cœur, en attendant que votre ami vous revienne, ce qui ne saurait tarder. La campagne contre Pensacola sera vite bouclée...

Manon s'installa dans un réduit où s'entassaient des caisses et des barils et qui sentait le camphre, la vanille et le café. Elle se dit que, décidément, ses misères prenaient un tour agréable. Ce commandant était assez bel homme malgré sa courte taille, ses traits un peu lourds, sa chevelure grisonnante, et ne manquait pas de distinction. Pas du genre à s'enticher d'une Indienne ou d'une catin.

Dans les odeurs des Iles, la rumeur du village et du fort, elle vécut des heures insouciantes. Des Grieux lui manquait. Néanmoins, elle avait fait une telle provision d'amour et elle mettait tant d'espoir dans son retour que son absence lui parut légère.

Libre d'aller et de venir elle passait le plus clair de son temps en promenades quand elle n'aidait pas la servante aux soins du ménage ou de la cuisine. Le cheval de Graveline lui manquait mais pas le moins du monde ses étreintes sans tendresse.

Le caravansérail grouillait d'émigrants en transit, d'Indiens qui venaient décharger leurs canots de pelu aux magasins, de coureurs des bois venus se ravitailler en eau-de-vie, de commis et de marchands s'activant derrière leur comptoir, de familles de colons chargeant de denrées l'échine de leurs esclaves ou leurs canots.

Elle ne tarda pas à lier connaissance avec Françoise de Boisrenaud, qui lui confia du travail dans son ouvroir. Manon prenait plaisir à voir les petites Indiennes et négrillonnes manier avec dextérité aiguilles et ciseaux en chantant d'une voix aigrelette des chansons de France :

> *Zu le bo de la Zeine*
> *Me zuis lavé les piais*
> *D'une veuille de zène*
> *Me les zuis ezuyés...*

Un matin, à l'heure du déjeuner, qu'ils prenaient en commun, sur la fin de l'été, Boisbriant lui dit d'un air contrit :

– Ma petite, j'ai de mauvaises nouvelles à vous apprendre. Les Espagnols ont repris Pensacola. Notre troupe s'est rendue honteusement, sans même se défendre. Des Grieux était parmi les Français qui ont été faits prisonniers.

Elle se leva, blême d'angoisse, et s'écria :

– Il lui est arrivé malheur ! Il est mort ! Je veux savoir la vérité.

– Il est vivant mais je crains que cette fois votre séparation ne soit définitive. Il vient d'être rapatrié. A l'heure qu'il est il vogue vers la France.

Comme folle, elle s'écria :

– Il aurait dû s'évader, refuser de partir, revenir vers moi comme il me l'avait promis ! C'est ce qu'il aurait fait s'il m'aimait vraiment !

— Manon, réfléchissez : Des Grieux est un soldat et il se doit avant tout à son corps.

Elle s'enferma dans son réduit et n'en sortit pas de deux jours.

— Il faut vous faire une raison, lui disait Boisbriant, tâchez de l'oublier.

— Comment le pourrais-je ? Nous sommes liés jusqu'à la mort.

— Fadaises ! Allons, reprenez-vous ! Il se peut que les hasards de ses voyages le ramènent un jour parmi nous.

Il lui dit quelques jours plus tard :

— Mon enfant, nous devons, vous et moi, nous séparer. Vous ne pouvez indéfiniment rester ici sans que cette cohabitation éveille des soupçons malveillants.

Elle en convenait. Il avait tout prévu : le mieux serait qu'elle se choisît un époux parmi les émigrants qui continuaient à débarquer. Il guiderait son choix. Avec un peu de patience elle trouverait un parti conforme à sa condition et, si possible, à ses goûts.

— Jamais je n'aimerai un autre homme que Des Grieux ! s'écria-t-elle.

— Qui vous parle d'amour ? Vous avez simplement besoin de vous ancrer, comme un navire qui vient de traverser une tempête et qui doit réparer ses avaries. Mariez-vous, fondez une famille, ayez des enfants ! C'est le meilleur remède contre la maladie d'amour quand elle est sans espoir de guérison.

— L'espoir... Il restera toujours dans mon cœur.

Il haussa les épaules en se disant qu'elle avait peut-être lu trop de romans dans sa jeunesse. Il lui arrivait de parler comme une héroïne de Madeleine de Scudéry, en confondant la carte de la Louisiane avec celle du Tendre.

— Vous devez prendre une décision, conclut-il d'un ton froid. Ou retrouver votre condition de courtisane ou vous marier.

— Je remets ce choix entre vos mains... soupira-t-elle.

LA ROUTE DU MISSOURI

Tous ces soldats, tous ces officiers prisonniers des Espagnols, ces navires perdus, ces marchandises pillées... Toute cette honte...

— Vous rendez-vous compte ? s'écriait Hubert. Baisser pavillon devant des gens que l'on nous présentait comme une horde de gueux ! J'imagine la réception que vont faire aux rapatriés Sa Majesté et le Régent ! Ils risquent la dégradation, voire la Cour martiale...

— Comme vous y allez ! protestait Sérigny. Ils ne risquent rien de tel. Dans cette affaire qu'ont-ils à se reprocher ? ils ont agi avec honneur et ont été trahis. Qu'en pensez-vous, mon frère ?

Bienville était occupé à surveiller de sa fenêtre le débarquement de fûts de salaisons et de tonnelets de rhum. Au milieu de cette agitation, la tache rouge du châle dont Boisbriant avait fait cadeau à Manon.

— Mon frère est absent, dit Sérigny d'un air narquois. Monsieur mon frère ne nous entend même pas...

— Je vous entends fort bien, mais j'étais plongé dans mes réflexions, répondit Bienville. Pourquoi nous acharner sur cette bicoque qu'est Pensacola, alors que nous avons un empire à occuper et à administrer.

— Cette bicoque, comme vous dites, est d'une importance stratégique capitale, un rempart contre les Anglais.

— Alors laissons aux Espagnols le soin de l'occuper ! Ils ont déjà su la défendre contre nos ennemis communs et ils continueront. Nous ne devrons envisager de faire cette conquête que si les Espagnols l'abandonnent, et

381

les autorités de Cuba n'y semblent pas décidées. Laissons nos fusils au râtelier.

Il jeta un dernier regard par la fenêtre. Manon était en discussion avec Françoise de Boisrenaud et devait lui faire ses adieux car elles s'embrassèrent.

Il se dirigea vers sa table de travail, déplaça la main de cuivre de Tonty posée sur une liasse liée d'un cordon de fibres.

– Ce mémoire de Bourgmont, dit-il, vous en avez eu connaissance. Il parle du Missouri. Le Missouri... Il y a là plus de richesses en terre et en mines que n'en possède la France. Envoyons-y des colons, des soldats, des missionnaires et cet immense territoire sera nôtre.

Le « mystérieux Missouri »...

Étienne Venyard de Bourgmont nourrissait une double ambition : découvrir la source de ce fleuve, plus long, disait-on, que le Mississippi, qui irriguait un vaste bassin et qu'une multitude de cours d'eau secondaires alimentaient ; il rêvait d'atteindre, en poussant toujours plus loin vers l'occident, cette mer Vermeille qui baignait les îles du Japon.

– Nous savons, ajouta M. de Bienville, que Bourgmont a échoué. Il n'a découvert ni la source du Missouri ni la mer Vermeille. Nous savons aussi quelle somme de réussites compense cet échec.

Fils de médecin normand, enseigne des troupes du Canada en garnison à Détroit sous le commandement de M. de Cadillac, Bourgmont avait, cinq ans auparavant, effectué une opération de reconnaissance dans ces contrées mystérieuses. Sa passion pour une Indienne, fille d'un chef kaskaskia, s'était alliée à son attachement pour ces contrées vierges. Il avait épousé la princesse sauvage à la mode indienne et, durant des années, elle l'avait suivi dans ses pérégrinations. Elle était son viatique lorsqu'il abordait des nations inconnues de lui. Pourquoi s'étaient-ils séparés, quelques années plus tard ? Il n'en avait jamais parlé et l'on respectait sa réserve.

Les sauvages dont il s'entourait dans ses incursions aimaient dire que le souvenir de la belle Indienne veillait sur ses nuits comme la lune de printemps qui donne aux hommes courage et volonté.

Lorsque Hubert lui avait proposé de revenir au Missouri il y était parti comme un exilé qui revient vers ses origines ou vers un amour perdu dont on attend le retour.

Bourgmont avait débarqué un été à Mobile entouré d'Indiens de diverses nations, collectés dans ses courses entre les Grands Lacs et le golfe, sa ceinture cousue de piastres, le visage sec et brun comme une peau de bison racornie au soleil. Il paraissait épuisé. Il avait dormi deux jours d'affilée et, le troisième, s'était présenté, vêtu comme un milord de Savannah, rasé de frais, son chapeau rond à l'anglaise au ras des sourcils, au commissaire Hubert, en l'absence de Bienville.

– Il me tardait de bavarder avec vous, dit-il. Voilà deux ans que je ne parle que le *sauvageois* et un an que je n'ai pas vu de visage pâle. Le dernier était un Anglais. Je lui ai fait cadeau d'une balle qui lui est restée dans le ventre, lui de ce chapeau. Il s'était mis en tête de monter les Choctaws contre nous et s'était promis de me regarder griller à petit feu. Je déteste qu'on décide à ma place la façon dont je dois mourir...

Hubert le fit asseoir, lui proposa un verre de rhum ; il dit préférer un verre d'eau car il ne buvait jamais de boissons fortes.

Ils bavardèrent durant des heures. Bourgmont lui parla de ce qu'il appelait ses *promenades*, depuis qu'il avait déserté le poste de Detroit.

Hubert sursauta.

– Déserté, dites-vous ?

– Et je n'ai pas été le seul ! On désertait de ce fort comme on change de chemise, sans que ça tire à conséquence. Le bonhomme Cadillac avait perdu la boussole. Lorsque j'ai appris qu'on l'avait nommé gouverneur de la Louisiane je me suis dit que ces messieurs de Paris avaient eux aussi perdu le nord. Il semble qu'ils soient convenus de leur erreur, mais un peu tard. Ce polichinelle a fait beaucoup de mal à la colonie.

– Je pourrais vous faire emprisonner.

– ... mais vous n'en ferez rien. J'ai dix Indiens avec moi, venus de diverses nations. S'ils allaient raconter chez eux qu'on me fait des misères vous auriez en moins de quinze jours un millier de guerriers sur le dos. Quand on a été au service de ce gros dindon de Cadillac on comprend que la désertion soit un comportement logique.

– Ça ne me dit toujours pas ce que vous attendez de moi.

— Rien. Je désire simplement bavarder. Vous, en revanche, vous gagneriez beaucoup à me connaître, monsieur le commissaire.

— Par exemple !

— C'est comme je vous le dis, et sans forfanterie.

Hubert songea que ce curieux personnage ne manquait pas de toupet ni de faconde.

— La *montagne de rubis*, ajouta Bourgmont, ça vous dit quelque chose ?

Hubert haussa les épaules. Ça ne lui disait rien. Sans doute une de ces légendes dont les sauvages abreuvent les coureurs des bois contre quelques rasades de « lait du roi de France ».

— Elle existe bel et bien, monsieur le commissaire, et je connais le chemin qui y mène. Je peux même vous dire qu'il conduit chez des peuplades dont les habitants sont de petite taille, ont des yeux écartés et ressemblent fort à des Japonais. Ils sont habillés à l'européenne et chaussent des bottes avec des éperons en or massif.

— ... et ils portent, je suppose, un gros rubis à chaque doigt et des diamants piqués dans les narines !

L'aventurier éclata de rire et fit claquer sa grande main sur sa cuisse.

— C'est bien ! dit-il. Je vois que vous n'êtes pas tombé de la dernière pluie et qu'il est inutile de vous raconter des fariboles.

— J'en ai tellement entendu... Les montagnes d'émeraude, les palais aux toits d'or... Ça ne prend plus !

Bourgmont avala son verre d'eau, en réclama un autre.

— Brisons là, dit-il et parlons sérieusement. Le jour où vous déciderez de faire explorer le fleuve Missouri, dites-vous que je suis votre homme. Il n'y a pas là-bas des montagnes d'illusion mais de la bonne terre et sûrement des mines. Ça fait des années que les Indiens m'en rebattent les oreilles et leurs propos se recoupent. Conclusion : il faut y aller voir.

— Le Missouri... C'est bien loin.

— Certes. A des centaines de lieues et il faut des semaines pour y arriver, mais ce n'est tout de même pas le bout du monde.

— Que souhaitez-vous ?

— Une commission, des moyens et une promesse.

— Dites.

— J'aimerais bien qu'on dise de moi : Étienne Venyard de Bourgmont, commandant en chef du Missouri... Ça sonne agréablement à l'oreille. Peu de chose en regard du cadeau que je vous fais : un pays plus vaste que la France et les Flandres réunies. Il est temps de conclure le marché : les Espagnols ont commencé à installer des missions et des magasins de traite.

— Votre projet ne manque pas d'intérêt mais je dois en référer au commandant en chef, M. de Bienville.

— Je lui en ai touché deux mots. Il est d'accord. Nous sommes taillés dans le même bois et avons sucé le même lait : celui de l'aventure. Du lait d'Indienne. Je ne suis venu vous trouver que pour des problèmes d'intendance.

— Fort bien ! mais c'est à Versailles qu'il faudra plaider votre cause. Vous êtes si persuasif qu'on vous donnera carte blanche, avec les moyens que vous souhaitez.

Il ajouta avec un sourire :

— J'ai bien failli croire à cette histoire de montagne de rubis...

Bourgmont partit pour la France avec le premier navire qui se présenta ; il en revint huit mois plus tard avec un ordre de mission en bonne et due forme signé du comte de Toulouse et une lettre accréditive du directeur de la Compagnie portant la signature de John Law.

Muni de ces deux documents il était comme abrité d'une double cuirasse.

— Il était temps que vous fussiez à pied d'œuvre, lui dit Bienville. Nous venons d'apprendre qu'une bande de plus de deux cents Espagnols avec des armes et des pioches se sont installés sur le Missouri. Vous voyez de quoi il retourne ? Des fusils pour se défendre contre les Indiens Octotatas qui n'aiment pas qu'on fouille le ventre de leur mère, la terre natale. Des pioches parce qu'ils ont reniflé l'odeur de l'or et de l'argent.

— Je connais la manière de leur faire rebrousser chemin, dit Bourgmont.

— Les sauvages ont commencé à leur tendre des embuscades. Un Kaskaskia voisin du poste occupé par Boisbriant nous a apporté un document qui en dit long sur leurs intentions : une carte trouvée dans la poche d'un officier espagnol. La voici. Elle n'est pas en très bon état mais encore lisible.

Bourgmont l'examina rapidement.

– Voilà, dit-il, qui me trace la route à suivre. Mieux qu'une boussole...

Bourgmont abandonna son costume de milord pour sa tenue de coureur des bois, avec des franges qui lui pendaient de partout comme de la mousse espagnole aux branches des cyprès. Ainsi il se sentait moins gêné aux entournures.

De temps à autre il envoyait à Mobile un Indien porteur de nouvelles.

Il avait atteint la rivière qui traversait le territoire des Osages à partir des Natchez et s'était dirigé vers celui des Cadodaquios. Les tribus qu'il rencontrait, Missouris et Kansas notamment, affirmaient détester les Espagnols et garder leur amitié aux Français. C'étaient de belles races; les hommes chassaient à l'arc, montés sur des chevaux rapides et infatigables.

L'expédition avait remonté la rivière Sabina et atteint la Rivière Rouge déjà prospectée par Juchereau du temps où il s'était amouraché de la fille du capitán Ramón de Villescas.

Sur la rivière de La Plata, Bourgmont s'était fait des alliés des cavaliers pawnees avant de se rendre chez les Panimahas, des indigènes « beaux et bien faits », qui vouaient un culte au Soleil.

Le Missouri, enfin...

Bourgmont fit une entrée un peu théâtrale chez les Padoucas qui portaient des colliers de piastres. Il avait fait un bon chargement de peaux de bisons chez les Iowas avant de toucher les rives d'un étrange cours d'eau : la Niobrara, où, écrivit-il, « *le sable vole comme de la fumée, ce qui rend l'eau toute blanche et boueuse* ». Non moins étranges étaient les sauvages qui habitaient ces rives : les Mahas. Ils étaient blancs de peau, blonds avec des yeux bleus !

Ces particularités ethniques ne retinrent pas longtemps l'attention du chef de l'expédition. Il avait mieux à faire. Parlant de son séjour chez les Aricaras et les Caricaras il écrivait : « *Dans ce quartier les Espagnols font leur richesse en mines.* »

Les mines... Le mot magique était lâché.

Toujours plus à l'ouest, en longeant une rivière qu'il dénomma le Petit Missouri, Bourgmont parvint au territoire de chasse des Cheyennes. On lui fit comprendre qu'il était encore loin, à une lune pour le moins, des sources du grand Missouri et que les Sioux, dont il aurait à traverser les terres, n'appréciaient guère les incursions des étrangers.

Fatigué, désespéré, Bourgmont, alors qu'il venait de parcourir plus de six cents lieues depuis le Mississippi, prit une décision qui lui coûtait : il décida de rebrousser chemin.

Alors qu'il attendait un accueil hostile, celui qu'on lui fit à Mobile ne manqua pas de chaleur.

M. de Bienville, venu l'accueillir à l'arrivée des chaloupes, lui dit en le serrant contre sa poitrine :

— Mon ami, vous êtes un héros ! Personne jamais n'est allé si loin. Votre exploit est digne de passer à la légende. Vous méritez la croix de Saint-Louis et le ministre se fera sans doute un devoir de vous attribuer le commandement en chef du Missouri que vous souhaitez.

Le chef de l'expédition ramenait dans ses canots des échantillons de terre fertile et de minerai. Il s'était fait accompagner de chefs indiens de diverses nations. Mobile les fêta dignement. On fit péter des gargousses et éclater des feux d'artifice en l'honneur de celui que l'on nommait dans les discours l' « Ulysse des terres nouvelles » et le « conquérant pacifique ».

Au cours du festin qui réunit les commis et les officiers, Bienville demanda à Bourgmont de parler de ce « mystérieux Missouri » dont toute la colonie rêvait et sur lequel la Compagnie commençait à dresser des plans.

Bourgmont parla pendant plus d'une heure des « aimables campagnes » qui se déroulaient à l'infini, coupées de rivières, de fleuves, avec ici et là d'immenses forêts et des bouquets d'arbres qui rappelaient la Normandie d'où sa famille était originaire.

— Ces plaines et ces collines, dit-il, sont couvertes d'une herbe d'une telle hauteur qu'on peut à peine y apercevoir un cavalier. Les bisons les traversent par troupeaux de milliers de têtes. On trouve de l'or au Río Blanco où les Espagnols viennent charger leurs mules de ce que les Indiens appellent le *fer jaune*...

— S'il y a dans votre récit plus de réalité que de légende, dit Hubert, je suis disposé à lancer une importante expédition vers ces territoires.

— La légende, dit Bourgmont, il ne faut pas la dédaigner. Il n'y a pas de fumée sans feu, monsieur le commissaire.

Hubert demanda au ministre l'autorisation d'envoyer à la découverte une nouvelle expédition composée d'une trentaine de soldats triés sur le volet : douze Canadiens et des immigrants assez robustes pour creuser des puits de mines.

Il ajouta une requête qui parut abusive à Bourgmont : la direction pour son propre compte de cet établissement. Hubert se prévalait d'un prétexte oiseux : il avait « quelque lumière sur l'exploitation minière dans cette région ».

On attendit la réponse du Conseil de Marine. En vain. La guerre venait d'éclater entre la France et l'Espagne. L'objectif majeur, en la circonstance, ce n'était pas le Missouri mais Pensacola...

Il était dit que les espoirs qu'avait suscités le Missouri retourneraient dans les limbes.

Bienville n'eut pas à chercher longtemps le parti qui pourrait convenir à la protégée du commandant Boisbriant : cette Manon Frojet qui avait connu un destin si romanesque et si pitoyable. Boisbriant parti en mission il lui revenait de s'occuper d'elle.

Un soir, alors qu'il revenait de l'île Dauphine où il était allé réceptionner des marchandises à bord d'un des nombreux navires qu'envoyait la Compagnie, il dit à Manon :

— Je crois avoir découvert un excellent parti. Il sera ici demain et je vous le présenterai. Je l'inviterai à dîner sous un prétexte quelconque, sans lui toucher mot de notre projet. S'il est à votre convenance il vous suffira de me faire un signe convenu.

Damien Tabuteau était originaire des régions de vignobles de l'Angoumois. Il avait à ce qu'il paraissait dépassé de peu la trentaine et se disait veuf. A le voir bouger avec lenteur sa corpulence massive, à l'entendre parler avec componction et rigueur des choses de l'agriculture, on devinait que la terre avait mis des siècles à façonner ce symbole de la volonté, de l'obstination et de la tranquille puissance.

Au cours du repas, Manon eut tout loisir de le jauger. Tabuteau n'était pas l'Adonis qui lui ferait oublier Des Grieux mais son regard respirait la bonté et son élocution dénotait un souci de faire bonne figure devant ce parleur subtil qu'était le commandant en chef. Il conta par le menu les circonstances qui l'avaient conduit de son plein gré dans cette partie du monde où la terre était à prendre et où il comptait faire pousser de la vigne.

— J'ai un peu d'argent, dit-il. De quoi me permettre de m'installer et peut-être d'acheter une paire de bœufs de labour.

Il ajouta :

— Je ne demande pas le Pérou, monsieur, mais je m'estimerais comblé si, de plus, je trouvais une bonne épouse pour tenir ma maison et me donner les enfants que je n'ai pas eus de la première.

Bienville dirigea son regard vers Manon et l'entendit avec plaisir déclarer :

— Vous le méritez, monsieur Tabuteau. Je forme des vœux pour votre réussite et pour votre bonheur.

— Si vous permettez, dit Bienville, je vais me mettre en quête d'une épouse qui corresponde à vos goûts et à vos besoins. Revenez demain. Je pense pouvoir vous donner satisfaction.

Le lendemain, à l'heure dite, Damien Tabuteau était présent au rendez-vous, tournant son bonnet entre ses grandes mains. Il parut déçu en constatant que la personne qu'on lui avait annoncée était absente. Lorsque Bienville lui eut parlé de Manon, eut inventé une histoire édifiante faisant d'elle presque une martyre, il vit le visage du bonhomme se figer.

— Je crains, dit-il, que cette demoiselle ne soit un peu trop au-dessus de ma condition. C'est que, vous le savez, je suis un paysan. Et elle...

— Rassurez-vous. Je lui ai laissé entendre que vous étiez pour elle le meilleur parti souhaitable, et elle en est convenue. Après les épreuves qu'elle a traversées elle n'attend ni la fortune ni la fleurette des sentiments. Elle vous donnera ce qu'elle est capable de vous donner : de l'affection et de la fidélité, et ce sera de bon cœur. Si vous ne lui en demandez pas davantage vous ferez un ménage fort convenable, comme j'en souhaite beaucoup à notre colonie...

Damien Tabuteau ne put obtenir la paire de bœufs qu'il désirait. Il se rendit néanmoins acquéreur d'un cheval assez robuste pour mener la charrue et d'un ménage de nègres dont la femelle était grosse, ce qu'il apprit par la suite et qui lui mit du baume au cœur : trois têtes pour le prix de deux. Un chanceux, Tabuteau...

Il avait la maison, la femme, des esclaves, un cheval et il lui restait quelques écus. Hubert lui avait affecté une concession sur le territoire des Taensas, en bordure de la rivière Pascagoula, à une vingtaine de lieues du Nouveau-Biloxi. Il avait quitté Mobile en canot avec un convoi de quatre autres immigrants. On l'avait rassuré : il n'avait rien à craindre du voisinage de ces sauvages, très éprouvés par l'attaque des Alibamons quelques années auparavant, dont ils avaient du mal à se relever.

Les cinq colons occupaient un espace de brousse et de cyprières. Chacun était propriétaire d'un terrain en forme de rectangle d'une trentaine d'arpents, face à la rivière. Un village était en train de se constituer; on avait même dessiné les plans d'une église, d'une infirmerie et d'un magasin.

Les premiers temps, ce fut la galère.

Manon jouait franc-jeu avec l'homme qu'elle avait épousé. Elle n'éprouvait pas envers lui la même espèce de sentiment qui la liait à Des Grieux, mais elle l'assistait du mieux qu'elle pouvait, refusant toutefois de lui donner une progéniture, ce qui l'eût engagée au-delà de ce qu'elle avait accepté. Des Grieux de retour elle reviendrait tout naturellement vers lui, malgré la peine qu'à regret elle infligerait à ce brave homme de Damien.

M. de Bienville se dit que le destin suit souvent d'étranges détours et réserve bien des surprises. Il avait devant lui un officier dans la force de l'âge, qu'il n'espérait plus revoir en Louisiane ni nulle part ailleurs.

— Mon cher Des Grieux, lui dit-il. Je ne saurais exprimer le plaisir que me cause votre retour. Je connais une personne qui, plus que moi sans doute, sera heureuse de vous retrouver.

— Manon ? Manon Frojet ?
— Elle-même.
— Où est-elle ? Que fait-elle ?
— Elle est loin d'ici.
— J'irai la chercher au bout du monde.
— Elle est mariée à un habitant.
— Elle divorcera.
— Eh bien, partez la rejoindre. Deux à trois jours de canot vous mèneront à elle, sur le territoire des Taensas.
— J'aimerais savoir... S'est-elle mariée par amour ou parce qu'elle y était contrainte ?

- Elle a choisi un pis-aller. Pour éviter de vivre d'expédients – vous voyez à quoi je pense – elle a accepté d'épouser un brave homme de Charentais. Ce mariage est en quelque sorte un arrangement. Que ferez-vous une fois que vous l'aurez retrouvée ?
- Je l'enlèverai. Ce ne sera pas la première fois. Mariée ou pas, mon intention est de la ramener en France.
- Je devrais vous l'interdire.
- Vous ne le ferez pas, je le sais. Rien ne saurait nous séparer, même pas Dieu. Alors, les hommes...
- Ne mêlez pas Dieu à cette affaire. Procédez le plus discrètement possible et filez à la première occasion, sinon vous aurez la curaille et la justice à vos trousses. Votre lune de miel pourrait se terminer dans ma prison, ce qui me peinerait.

Des Grieux loua un canot et le service de quatre Indiens pour remonter la rivière Pascagoula en direction de l'établissement des colons. Il aurait aimé s'endormir durant tout le voyage et ne se réveiller qu'au moment de débarquer. Manon serait à l'extrémité du ponton, debout dans le soleil, et elle lui tendrait les bras. Cette image le berçait et lui donnait envie de s'envoler par-dessus la forêt pour arriver plus vite.

Personne ne l'attendait au bout du ponton. Quelques Indiens accablés de chaleur, assis le dos au mur du magasin, fumaient leur pipe en regardant voler les mouches. Il leur demanda s'ils savaient où se trouvait l'habitation de Damien Tabuteau. L'un des sauvages accepta de le conduire contre une poignée de tabac, après qu'il eut demandé à ses hommes de l'attendre.

Située sur une levée de terre qui la protégeait des caprices de la rivière, la demeure du Charentais avait assez belle allure : bâtie en bois de cyprès, couverte de bardeau coupé net comme au ciseau, elle se dressait au milieu d'un potager au-delà duquel s'étendait un bel espace de blé d'Inde et de vigne. On arrivait à l'entrée par une allée plantée de sycomores et de camélias ; il la suivit comme si le paradis était au bout.

Il frappa. Une vieille servante indienne vint lui ouvrir. Il lui demanda où se trouvait Mme Tabuteau. La vieille fit un geste vers la pièce voisine qui était une chambre. Il poussa la porte et suffoqua : l'air sentait l'herbe brûlée et la médecine. Une forme immobile gisait sur le lit bas.

– C'est elle ? demanda Des Grieux. C'est Mme Tabuteau ?

La servante hocha la tête, fit signe qu'il ne fallait pas la réveiller car elle avait la fièvre. Il se pencha vers elle en retenant son souffle. Elle avait changé : ses traits s'étaient épaissis et la fièvre les humectait d'une mauvaise sueur.

– Tabuteau ? demanda Des Grieux. Où est-il ?

La vieille Indienne secoua la tête et expliqua en quelques mots que la fièvre l'avait emporté une quinzaine de jours auparavant. Sa tombe était derrière la maison.

Des Grieux décida d'attendre que Manon sortît de sa somnolence. Il s'assit au chevet de la malade, fumant la petite pipe indienne achetée au magasin de Mobile. De temps à autre la servante entrait comme une ombre dans la pièce pour préparer une nouvelle fumigation et murmurer à l'oreille de la malade, si doucement qu'elle ne pouvait l'entendre, une mélopée propitiatoire.

– Vous êtes seule au service de cette famille ? demanda le chevalier. Y a-t-il des enfants ?

Il n'y avait pas d'enfant blanc – l'Indienne fit un geste pour montrer que Mme Tabuteau devait être stérile. En revanche, le couple de nègres qui s'occupait du domaine en avait eu trois depuis son arrivée.

Des Grieux apprit que la fièvre avait fait irruption dans la colonie une vingtaine de jours auparavant et que Tabuteau avait été parmi les premières victimes. Aucun médecin n'avait pu intervenir, le plus proche étant à des jours de canot, à Mobile. On soignait les malades avec la pharmacopée indigène : herbes, talismans, invocations aux Esprits... Autant dire qu'aucun ne survivait.

– Je vais la conduire à Mobile, dit Des Grieux.

La vieille servante secoua la tête pour signifier que ce long voyage lui serait fatal à brève échéance. Elle le pria de sortir de la chambre pour qu'elle puisse changer la chemise de la patiente.

– Le mal, dit-elle, lui sort par le ventre et par la bouche. Vous pas approcher. Dangereux...

A la nuit tombante, Manon ouvrit les yeux, articula quelques sons intraduisibles, se débattit sans violence. Il se pencha vers elle, approcha la bouche de son oreille.

– C'est moi, dit-il. Moi. Est-ce que tu me reconnais ?

Elle cessa de se débattre, vomit une glaire verte et fétide, se tendit comme pour s'approcher de lui, retomba sur son oreiller où la nuque avait laissé des traces humides, les yeux révulsés.

— Manon, insista-t-il, regarde-moi, écoute-moi ! Tu ne rêves pas. C'est moi.

La vieille Indienne lui toucha l'épaule par-derrière.

— Inutile, dit-elle. Elle ne vous reconnaît pas. Elle est déjà partie.

— Taisez-vous ! Elle finira bien par me reconnaître.

Il songeait : « Un miracle a voulu que nous nous retrouvions. Un autre miracle la sauvera. » Il eût fallu pour cela qu'elle reprît conscience, ne serait-ce qu'un instant, qu'il lui imposât son image ; cette simple vision l'eût peut-être sauvée, mais il convenait d'abord de la soustraire à cette ambiance de chambre funéraire où l'air était irrespirable, la délivrer de cette pénombre de mastaba.

Comme propulsé par un ressort il se leva, ouvrit la fenêtre, poussa les contrevents sur la dernière clarté du jour. L'air du dehors lui fit l'effet d'un bain tiède. Il souffla la chandelle et découvrit le corps.

— Aidez-moi ! dit-il.

La vieille Indienne protesta avec véhémence : voulait-il hâter sa fin ?

— C'est vous qui la faites mourir avant l'heure ! s'écria-t-il. Aidez-moi à la déshabiller.

Il découvrit le lit dont les draps gluants puaient la sueur et l'urine, ôta sa chemise déjà humide. Le corps était moite, couleur de cire, maigre à faire pitié avec sa poitrine plate, son ventre creux, les petits rochers des hanches saillant de part et d'autre du bassin.

Des Grieux prit dans son bagage une fiasque d'eau-de-vie, frotta énergiquement le corps, réclama des draps et du linge propres. Tandis que la servante refaisait le lit en marmonnant, il s'assit dans le fauteuil à bascule de Tabuteau, Manon dans ses bras, légère comme un oiseau, fraîche comme une source.

— Elle vivra, dit-il. Je sais qu'elle vivra.

Manon avait retrouvé une respiration paisible mais ses yeux restaient obstinément clos et elle semblait n'avoir plus la moindre force dans les membres. Des Grieux l'allongea sur le lit, la recouvrit du drap frais. L'air de la chambre s'étant renouvelé, il referma les contrevents sur la première fraîcheur de la nuit où des myriades d'insectes commençaient à chanter l'amour.

Il ralluma la chandelle et dit à la servante qu'elle pouvait aller se coucher, qu'il resterait au chevet de la malade.

Elle proposa une tisane ; il jugea que c'était inutile ; la fièvre était tombée et Manon dormait d'un sommeil paisible.

Des Grieux s'installa près de la malade, luttant contre le sommeil et ne la quittant que pour aller durant quelques minutes respirer dans la véranda la fraîcheur qui montait du fleuve. Des bruits familiers venaient de la case voisine où, le repas terminé, le ménage de nègres de Tabuteau bavardait avec des éclats de voix et des rires. Des oiseaux de nuit se répondaient de part et d'autre de l'allée de sycomores.

Vaincu par la fatigue et l'émotion, il s'endormit au petit matin. Manon sommeillait, la tête inclinée sur l'épaule, dans une aigre odeur de vomi. Il ouvrit la fenêtre, souffla la chandelle et se pencha vers la malade pour lui baiser le front. Elle bougea, ouvrit les yeux, dit simplement :

– Toi...
– Oui, Manon, c'est moi : Des Grieux. Tu vas mieux. Dans quelques jours tu seras guérie. Nous quitterons la Louisiane et nous partirons pour la France. Est-ce que tu m'entends ?

Elle fit signe qu'elle l'entendait, murmura de nouveau : « Toi... » Un sourire s'esquissa sur ses lèvres et ses yeux se fermèrent comme si ses paupières étaient de plomb. Puis elle sombra de nouveau dans l'inconscience.

Lorsque la servante reparut, Des Grieux lui dit avec un air de triomphe :

– Elle va mieux ! Je vous l'avais bien dit. Elle est sauvée !

Au-dehors, la vie reprenait son cours quotidien. Le nègre de Tabuteau repartait en chantant sarcler le champ de blé d'Inde et la vigne, son hoyau sur l'épaule, d'une allure paisible et un peu dansante. Le maître était mort, la maîtresse se mourait ? Étaient-ce des raisons suffisantes pour abandonner la plantation, laisser la savane et la forêt regagner le terrain qu'on leur avait arraché ? L'atavisme universel de l'homme lié à la terre l'incitait à poursuivre cette mission et cette lutte ; il lui interdisait de baisser les bras. La terre commandait ; il obéissait ; il n'était plus l'esclave que de cette urgence et de cette nécessité.

De toute la matinée, Manon resta immobile, les yeux clos. De temps à autre Des Grieux se penchait sur elle, respirait son souffle, mumurait :
— Il faut vivre, ma chérie. Pour toi, pour nous.
Au moment de la grande chaleur de midi, après un repas frugal que lui servit la vieille Indienne, il se prit à somnoler au bord de la table, la tête dans ses bras. Une main lui secoua l'épaule puis montra le lit.
— Vous, venir... dit la servante.
Il s'approcha du lit, se pencha vers la malade.
— Eh bien, quoi ? dit-il. Elle dort.
— Non, dit la vieille Indienne. Elle est sur le chemin de la mort.

LA NORIA DES AVENTURIERS

Depuis le départ de Cadillac puis de son successeur, Lépinay, la noria des découvreurs avait repris de plus belle.

Les Juchereau de Saint-Denis, Claude-Charles de Tisné, Étienne Venyard de Bourgmont, Jean-Baptiste Bénard de La Harpe, Pierre Lesueur, le Canadien Germain Chapdeuil, dit Cheveux-Rouges paraissaient être en proie à une frénésie contagieuse.

La Louisiane semblait revenue au temps des Jacques Cartier, des Samuel de Champlain, des Cavelier de La Salle, de Henri de Tonty, ces fous, ces héros qui avaient porté leurs regards, leurs espoirs et leurs rêves vers les terres nouvelles.

Ils se jetaient comme des affamés à travers ces immensités, dévoraient des empires de savanes et de forêts, s'abreuvaient aux grands fleuves et aux rivières qui charriaient les terres les plus riches du monde.

Insoucieux des fatigues et des dangers de leurs interminables pérégrinations, méprisant les admonestations des Espagnols, les menaces des Anglais, les pièges des sauvages, ils allaient de l'avant, toujours plus loin, comme entraînés par une force mystérieuse. La gloire ? La plupart s'en moquaient. L'argent ? Ils n'en avaient guère l'usage, le troc réglant l'essentiel des échanges entre eux et les sauvages. La possession de la terre ? Elle ne leur était pas indifférente mais toutes les richesses qu'elle pouvait engendrer ne valaient pas l'ivresse des longues courses dans l'inconnu, le viol permanent des virginités offertes.

Ils n'enviaient pas les Espagnols ni les Anglais. Les premiers campaient sur d'immenses ressources qu'ils négligeaient et où ils déversaient ce que leur empire comptait de soudards massacreurs d'Indiens, de métis jouisseurs et cupides, de religieux bornés; les seconds réduisaient les Indiens en esclavage, leur volaient leurs terres, les abrutissaient d'alcool frelaté.

Entre ces deux blocs, l'un figé, l'autre actif, les découvreurs français et canadiens se nourrissaient d'aventure, la tête dans les nuages, soucieux de pratiquer une colonisation douce et d'instaurer avec les Indiens une cohabitation pacifique, tenant davantage de l'amitié que d'un désir d'asservissement.

Après avoir reconnu au Mexique, en territoire espagnol, à peu de distance de la côte, de belles terres noires assez surélevées pour éviter les crues dévastatrices des rivières et des fleuves, Bénard de La Harpe était parti pour les territoires des Arkansas, accompagné d'une petite escorte de soldats; il avait remonté la rivière de ce nom jusqu'à l'énorme barrière des Montagnes Rocheuses qu'il avait tenté vainement de franchir, d'autant que ses compagnons, à bout de forces et de ressources, menaçaient de l'abandonner. Il avait découvert en cours de route des campagnes heureuses couvertes de vignes et d'arbres fruitiers, des carrières d'ardoise et de pierres bonnes pour la construction.

On avait vu avec surprise revenir au Nouveau-Biloxi puis à Mobile le « petit Tisné » dont la trace avait été perdue.

Il était de taille si modeste qu'il n'avait pas été jugé apte à servir dans l'armée du roi, alors que son énergie, sa résistance physique, son intelligence déliée l'eussent mené aux plus hautes responsabilités.

L'année précédant son retour il avait décidé sur un coup de tête d'aller respirer l'air du Saint-Laurent sur le bord duquel il avait laissé sa famille. Il était parti avec quelques compagnons qui partageaient sa folie et la seule boussole de la colonie. Plus de cinq cents lieues le séparaient de Québec. Bagatelle...

Il était de retour depuis quelques jours à Mobile quand Bienville lui proposa une autre randonnée.

– Notre ami La Harpe doit retourner en France en raison de son état de santé. Il a dû interrompre sa mission avant de s'attaquer aux Montagnes Rocheuses. Voulez-vous achever ce qu'il a commencé ?

Question superflue : un ordre eût suffi.

Ce nouveau voyage débuta par un échec : alors qu'il pénétrait dans les territoires des Indiens Missouris, ces sauvages lui laissèrent entendre qu'ils en avaient assez de toutes ces incursions et ne lui présentèrent pas le calumet, ce qui était un signe de mépris.

Retourner à Mobile ? Il n'en était pas question.

– Puisque le cours de la rivière Missouri nous est interdit, dit-il, nous poursuivrons à pied. Le pays est suffisamment désert. Nous trouverons bien d'autres pistes pour le traverser.

Il décida de passer par le territoire des Osages, au sud du Missouri. C'était une peuplade aux origines mystérieuses : on la disait née du mariage d'un escargot et d'une femelle de castor. L'expédition toucha aux premiers villages après cent cinquante lieues d'une marche éprouvante à travers une contrée riche en mines de plomb argentifère. On ne leur refusa pas le calumet ; au contraire, ils furent fêtés avec toutes les marques d'une affection qui devint possessive, au point que, lorsque Tisné annonça son intention de tirer sa révérence pour se diriger vers les terres des Pawnees, on refusa tout bonnement de le laisser repartir.

C'était mal connaître le « petit Tisné » que de croire qu'il accepterait de se laisser dorloter contre sa volonté : il aurait passé par un trou de souris pour s'échapper.

C'est à peu près ce qu'il fit. Laissant le gros de ses hommes entre les bras des femmes osages, il disparut avec seulement trois d'entre eux et un interprète indien.

Il traversa les cent cinquante lieues des terres des Arkansas... quatre jours seulement, au milieu d'une nature aussi aimable et fertile qu'une campagne de Picardie, et arriva chez les Pawnees alors qu'ils célébraient le rite de l'Étoile du matin par le sacrifice d'une vierge.

On lui fit grise mine, moins parce qu'il détourna la tête lors de l'égorgement de la victime que parce que sa présence n'était pas souhaitée, alors que ce peuple avait la réputation d'accueillir avec bienveillance les Blancs, notamment les Espagnols qui venaient chez lui faire provision de turquoises.

Tisné demanda à son interprète de s'enquérir des motifs de cet accueil hostile.

Afin de se venger de l'infidélité de leurs visiteurs, les Osages avaient fait courir le bruit que les Français avaient l'intention de se rendre maîtres de leurs terres et de les traiter en esclaves. Les Pawnees furent à ce point sensibles à cet avertissement qu'ils traînèrent leurs visiteurs sur la place de leur village avec l'intention de leur briser le crâne et de les scalper. Tisné dut jurer sur la mémoire de ses ancêtres qu'ils venaient en amis, ajoutant que leurs hôtes avaient tout intérêt à entretenir avec eux des relations courtoises, ce qui les dissuada de mettre leur projet à exécution.

Il n'en fallut pas davantage pour transformer ces fauves en moutons.

En leur honneur on dansa et on chanta le calumet. Ils furent caressés, gavés de nourriture. On leur permit même d'ériger au centre du village un mât pour y faire flotter la bannière blanche de leur roi.

Lorsque le voyageur annonça son intention de se rendre chez les Comanches, les Pawnees se voilèrent la face et poussèrent les hauts cris : ces Blancs étaient fous ! Tisné s'enquit des raisons de cette attitude : les deux nations vivaient en état de guérilla quasi permanente. Les Comanches étaient dotés d'une cavalerie qui les rendait redoutables : trois cents chevaux espagnols sellés et harnachés de cuir et de métal ; ils dévoraient leurs captifs, ce dont les Pawnees eux-mêmes ne se privaient pas à l'occasion.

– Intéressant... dit Tisné. Si nous parvenions à réconcilier ces deux nations et à nous en faire des alliées, les Espagnols n'auraient qu'à bien se tenir.

Il prit congé des Pawnees, fit mine de revenir à son point de départ puis bifurqua en direction du territoire des Comanches. Méfiants, les Pawnees s'interposèrent et lui interdirent à la fois l'accès au territoire des Comanches et aux Montagnes Rocheuses dont l'aventurier rêvait de contempler les cimes enneigées, au pied desquelles La Harpe avait abandonné sa course.

Déçu, furieux de cet échec, Tisné dut retourner chez les Osages. Il retrouva ses compagnons là où il les avait laissés, indemnes mais amollis par la bonne chère et les effusions amoureuses.

Il demanda que lui fût fourni un guide afin de retourner sans trop d'incertitude chez les Illinois ; on le lui refusa. Qu'il se débrouille par ses propres moyens ! Fort heureusement, il avait toujours sur lui sa chère boussole et, de plus, il ramenait des chevaux achetés aux Pawnees.

L'expédition ne rapportait ni or ni diamant : seulement quelques turquoises. En revanche elle avait collecté des informations précieuses sur les contrées qu'elle avait traversées.

La récompense pour Tisné : le grade de capitaine et l'affectation au fort Rosalie, sous le commandement de son ami, Pailloux de Barbazan.

François Picard n'avait pas seulement les lettres de Charlotte pour le faire se souvenir d'elle.

Cheveux-Rouges, qui avait accompagné une tournée d'inspection sur le Mississippi, vint un matin frapper à sa porte alors qu'il s'apprêtait à regagner son chantier.

– Picard, dit le Canadien, c'est toi ?

Il lui tendit une enveloppe de cuir, disant :

– C'est de la part d'une certaine Charlotte Lantier. Salut !

François voulut le retenir ; il le questionna après lui avoir servi un verre de rhum.

– Tu l'as vue ? Tu lui as parlé ?

– Comme je te vois, comme je te parle. Jolie fille, ma foi.

François voulait savoir ce qu'elle lui avait dit exactement, comment elle était habillée, ce qu'elle faisait au moment où elle lui avait remis cet objet. Cette insistance parut amuser Cheveux-Rouges : il avait rencontré des amoureux mais jamais avec cette étincelle de folie dans l'œil.

– Que veux-tu que je te dise ? Elle était habillée comme... comme la femme d'un habitant et elle était en train de crier après un foutu nègre qui traînait la patte. Elle m'a dit de te remettre ce paquet puisque je devais retourner à Mobile, et elle m'a donné une piastre pour la commission. C'est bien payé...

Il ajouta en se grattant la barbe :

– Qu'est-ce que tu fous ici au lieu de la rejoindre ?

– Ça, ce sont mes affaires.

– Te fâche pas. Moi, ce que j'en dis... Allez, adieu, et merci pour le rhum.

François avait attendu qu'il se fût éloigné pour ouvrir l'enveloppe : elle contenait une lettre, une miniature grande comme la moitié de la main, représentant un portrait de femme, à laquelle était accrochée par une épingle une mèche de cheveux.

La lettre précisait que la miniature était due à M. le marquis. Il n'aurait pas reconnu Charlotte dans ce visage à l'ovale trop prononcé, aux pommettes trop roses, au sourire un peu niais. Et quel était ce décor en arrière-plan : ce village, ce clocher, ce buisson de roses ? Sûrement pas une image de Belle-Épine. M. le marquis avait du talent et de l'imagination.

Elle avait enfin reçu une lettre de François et lui en accusait réception avec une sorte de ferveur naïve. Il lui annonçait que son contrat d'engagé allait prendre fin et qu'il viendrait aussitôt la rejoindre « si M. le marquis daignait accepter ses services ».

Il accrocha la mèche de cheveux sur sa poitrine avec un lien de cuir, chercha où placer la miniature pour qu'il l'ait le plus souvent et le plus longtemps possible sous les yeux. Il fit fabriquer par Pénicaud un petit cadre ; il ne lui suffisait pas : il en voulait un plus grand, ovale, avec du verre à vitre pour la protéger. Il aurait construit un meuble, une pièce, une maison pour l'abriter s'il l'avait cru menacée, comme ces fidèles des religions orientales qui bâtissent des palais pour enfermer une dent ou un cheveu de leur idole.

Un matin, sur le chantier, François dit à Pénicaud :

— Je n'en puis plus. Le temps passe trop lentement et me pèse. Les heures, les jours sont comme du plomb. J'ai l'impression qu'ils n'avancent pas comme ils devraient. Encore une semaine, et ça me paraît une année. J'aimerais m'endormir et ne me réveiller que le jour où Bienville me dira : « Vous êtes libre ! »

— Estime-toi heureux, lui répondit Pénicaud. Tu as plus de chance que ce pauvre chevalier Des Grieux qui a trouvé sa fiancée morte alors qu'il venait pour la ramener en France. Je t'envie ! Lorsque tu partiras je te ferai un brin de conduite, au moins jusqu'au lac Borgne. Tu es si étourdi, mon pauvre François.

— Tu peux faire mieux. Puisque tu es libre, pourquoi ne partirais-tu pas avec moi ?

— Pourquoi pas, en effet ? fit Pénicaud en se grattant la barbe. Toi et moi on est un peu comme Charlotte et Justine. Si je me retrouvais sans toi je me sentirais infirme, comme le chevalier de Tonty.

— Alors, tope là ! s'écria François. Et cochon qui s'en dédit...

LIVRE TROISIÈME

LA NOUVELLE-ORLÉANS

NAISSANCE D'UNE VILLE
(1722-1725)

Il ne faisait pas bon résister à M. Adrien de Pauger : à la moindre contrariété, à la plus timide critique il changeait de visage et son regard se voilait d'une brume inquiétante. Il tournait comme un ours en cage, jetait sa perruque à ses pieds, l'envoyait au diable de la pointe de sa botte et laissait son courroux s'épancher violemment, quel que fût son interlocuteur. Il apportait tant de force et de conviction à ses colères qu'il en avait fait une sorte de spectacle ; elles étaient célèbres autant que redoutées.

Membre éminent du corps d'élite des ingénieurs de la Marine, M. Pauger avait débarqué à Mobile avec la croix de Saint-Louis épinglée sur sa poitrine, le regard glacé, la bouche mince, un soupçon d'embonpoint et la canne autoritaire, en compagnie du lieutenant général Franquet de Chaville, des ingénieurs Leblond de Latour et de Boispinal.

Sa mauvaise humeur s'était manifestée quelques jours après le débarquement, au cours d'un entretien avec Bienville. Pauger, ancien capitaine du prestigieux régiment de Navarre, était soumis en fait à l'autorité de Leblond de Latour, mais il le dominait de son énergie naturelle et de sa compétence.

Il ne cacha pas longtemps à Bienville la déception que lui causait son premier contact avec la colonie.

— En France et lors de la traversée, dit-il, je me suis informé par des cartes et des mémoires de la situation des accès à la Louisiane. J'avoue que j'ai du mal à comprendre cette obstination à occuper quelques misérables postes côtiers. A moins que...

– Parlez franc, monsieur l'ingénieur.
– Si vous persistez sur ces positions c'est qu'elles favorisent le commerce et donc des trafics plus ou moins honnêtes. Autrement dit, ces postes ne servent guère qu'à la contrebande !
– Par exemple ! A peine arrivé vous me reprochez de m'être enrichi dans les trafics illicites ! Êtes-vous venu dans le dessein d'instruire un procès contre moi et mes subordonnés ? Je vous saurai gré de vous en tenir à vos fonctions et de mesurer vos propos.
– Ma mission, commandant, est d'apporter la prospérité à cette colonie et je ne surveillerai mes paroles qu'autant que je le jugerai prudent ou utile. Figurez-vous qu'avant de prendre la mer j'ai louvoyé dans les ministères. Votre colonie, on la considère comme la cour du roi Pétaud. Oui, commandant, c'est ce qui m'a été dit, et par des gens haut placés : une *pétaudière* !
– Je ne vous permets pas...
– Répondez-moi, commandant : pourquoi les navires, au lieu de pénétrer directement dans le Mississippi, au cœur même de la Louisiane, doivent-ils faire escale devant l'île Dauphine et le Nouveau-Biloxi ?
– C'est que...
– C'est que cette colonie a toujours été administrée par des jean-foutre, par des gens qui ne voient que leur intérêt et se moquent de l'avenir de la colonie ! Au lieu de vous accrocher à ces terres stériles, de laisser des populations végéter dans ces cloaques, ces administrateurs auraient dû chercher des lieux plus favorables, à l'intérieur du continent, découvrir un port où l'on puisse décharger les marchandises bord à bord !
– Monsieur l'ingénieur, vous passez les bornes !
Pauger arracha sa perruque, la foula rageusement aux pieds : un geste qui paraissait étudié pour faire impression.
– Ce n'est qu'un début ! s'écria-t-il. Vous n'avez pas fini de m'entendre !
– Ramassez votre perruque, monsieur l'ingénieur, et filez. Je ne consentirai à vous recevoir que lorsque vous manifesterez de meilleures dispositions à mon égard.
Les ingénieurs ne restèrent à Mobile que le temps d'une inspection et de quelques relevés, puis ils s'embarquèrent à bord d'un navire traversier pour le Nouveau-Biloxi.

La veille du départ, Leblond de Latour dit au commandant en chef :

– J'ai appris que Pauger vous a fait part de ses premières impressions, et dans des termes que je n'ai aucun mal à imaginer.

– Certes. J'ai congédié ce butor et je souhaite que nos rapports en restent là.

– Je ne suis pas convaincu que vous ayez raison. Il reviendra à la charge. Si cela peut vous inciter à l'indulgence il regrette la sortie qu'il vous a faite. Il est tout feu, tout flamme, soupe au lait, de caractère irascible, mais j'ai appris à le connaître et à l'estimer : c'est un honnête homme et un ingénieur d'une compétence exemplaire. Sans doute vais-je vous surprendre : vous avez une qualité en commun, l'obstination. Réconciliez-vous et nous ferons de grandes choses.

Il ajouta en recoiffant son tricorne :

– Sachez, commandant, que ni nous ni nos commis ne sommes venus en Louisiane pour admirer le paysage mais pour y faire œuvre utile. Et Dieu sait que nous avons beaucoup à faire...

Pauger avait fait des siennes au Nouveau-Biloxi. Bienville fut informé quelques jours plus tard de cette affaire qui avait failli déclencher une fronde.

Un habitant nommé Dorville, originaire de Normandie, avait construit sa cabane sans respecter l'alignement. Cette anomalie n'avait pas échappé à l'ingénieur ; il avait convoqué le propriétaire, lui avait donné l'ordre de détruire son habitation et de la reconstruire en retrait.

Dorville ne l'entendait pas de cette oreille.

– Allez vous faire foutre ! Si ma maison vous gêne, venez vous-même la démolir, mais je vous préviens : ce sera à vos risques et périls : j'ai un fusil et je vise bien.

Ce Normand était de ces gens avec lesquels toute discussion est inutile. Pauger décida de maîtriser ses impulsions et d'abandonner la partie, ce qui dut lui coûter. En revanche, il envoya une dizaine de nègres, sous la protection d'un peloton de soldats, pour montrer qu'il n'avait pas renoncé et qu'il se devait de répondre à la provocation de cet habitant aussi irascible que lui. Il fallut faire un siège en règle de la bicoque, répliquer aux coups de feu par une salve nourrie avant de ramener ce forcené à la raison.

L'affaire avait causé une vive émotion au Nouveau-Biloxi. Parlotes, protestations, attroupements devant la prison où l'on avait enfermé le colon. Peu à peu cette affaire retomba comme un soufflet, n'en laissant pas moins dans la petite colonie amertume et méfiance.

La banqueroute et la fuite de John Law après son expérience malheureuse avaient signifié la fin des activités de la Compagnie.
En France, les recrutements forcés avaient été abandonnés et ces fauves à visage humain, les trop célèbres « bandouliers du Mississippi », avaient cessé de sévir.
Le petit roi Louis XV avait été sacré solennellement à Reims après avoir fait sa première communion à Versailles. Dix mois plus tard, le cardinal Dubois mourait d'un abcès à la vessie ; il était suivi, quatre mois plus tard, par son vieux complice, le Régent, qui avait succombé dans les bras d'une de ses maîtresses.
Un souffle nouveau semblait devoir balayer les miasmes de la Régence et tourner les pages de l'histoire, mais le royaume macérait encore dans ses illusions perdues et la population recommençait à compter ses écus, qui étaient devenus rares.
Ces nouvelles arrivèrent en Louisiane avec des compatriotes du chevalier d'Arensberg, ce Balte qui avait amené avec lui, quelques années auparavant, un contingent de colons impatients de mettre le soc en terre.
Un grand apaisement tomba sur la colonie.
Finis les débarquements massifs de galériens, de soudards, de filles de joie, de chevaliers d'aventure ! Finis les encombrements d'immigrants en attente d'une concession, les sarcasmes et les colères de la foule assemblée à la porte du commandant ou du commissaire ! Mobile et le Nouveau-Biloxi connaissaient enfin une ère de calme.
Envers de la médaille : les navires de France se faisaient de plus en plus rares ; les magasins, qui avaient regorgé de marchandises au temps de la grande euphorie, avaient peine à satisfaire les besoins les plus élémentaires des habitants.
Hubert s'était penché sur les comptes de l'immigration. Il en confia les résultats à Bienville. Du temps de John Law la colonie avait reçu sept mille cinq cents colons. Ils étaient quatre cents, en comptant les soldats, lorsque le financier avait pris les rênes de la Compagnie.

Des chiffres illusoires... De cette masse d'immigrants, un tiers environ étaient morts de misère, de faim, de maladie ou avaient repris le chemin de la métropole.

Ceux qui restaient, si l'on exceptait les commis qui surabondaient, avaient trouvé des concessions. Ils donnaient des nouvelles de temps à autre lorsqu'ils venaient faire leurs provisions aux magasins.

La plupart avaient pris racine et ne se plaignaient pas trop. Ils vivaient en famille sur les quelques arpents de terre qu'on leur avait accordés, généralement en bordure des cours d'eau, souvent loin de la côte. Ils avaient acquis des nègres et des Indiens, fabriquaient eux-mêmes l'outillage nécessaire que les magasins ne pouvaient leur fournir, chassaient pour améliorer l'ordinaire, réclamaient des religieux pour lesquels ils bâtissaient des chapelles. Il semblait que Dieu se fût arrêté en Louisiane et qu'il veillât sur ces gens courageux et fidèles.

Hubert tenait scrupuleusement le registre des habitations, il recevait les doléances des colons, dressait le compte rigoureux des cargaisons de blé d'Inde qui commençaient à descendre vers la côte. L'intérieur avait cessé d'être un désert immense balayé par des hordes d'Indiens avides de sang.

Un matin d'automne M. de Bienville accueillit sur le débarcadère le chevalier des Grieux, retour du territoire des Taensas. Il se serait attendu à le voir au bras de sa fiancée ; il était seul. Deux Indiens l'aidèrent à extraire du fond du canot un objet de grandes dimensions.

– Vous revenez seul ? s'étonna le commandant. Où est donc votre amie ?

– Elle est là, dit le chevalier d'un ton sinistre en montrant le paquet déposé sur le ponton. Elle est morte de fièvre deux jours après mon arrivée. J'aurais pu l'épouser car elle était veuve depuis peu. J'ai fait coudre son corps dans une peau de bison pour le ramener en France.

– Mon pauvre ami... murmura M. de Bienville.

– Je suis moins à plaindre que vous ne le supposez. Ce que j'ai connu avec cette femme, cet amour hors du commun, sans cesse contrarié mais toujours fidèle, je souhaite à beaucoup d'hommes de le connaître.

– Vous me surprenez. On pourrait croire que cette perte vous ait soulagé.

– Lorsque Manon a cessé de vivre, j'ai cru que j'allais la suivre. J'avais pris la décision de me passer mon épée à travers le corps, mais il m'a semblé entendre une petite voix, celle de ma bien-aimée, qui me disait : « Il faut vivre. Si tu meurs là, maintenant, qui se souviendra de nous ? Tant que tu vivras je vivrai en toi... »
– C'est émouvant, dit M. de Bienville, et beau comme un roman.

Dans l'attente du prochaine navire qui le ramènerait en France, le chevalier des Grieux choisit de s'installer dans l'ancienne demeure de Graveline qui était allé s'établir sur le Mississippi, non loin de Bâton Rouge. Il retrouvait là un peu du souvenir de Manon, presque son odeur et le son de sa voix. Il baignait son regard dans le paysage qu'elle découvrait de sa fenêtre : cet océan sans limite, cet espace de pinières et d'herbe soyeuse où ils avaient tant de fois fait l'amour dans le ramage des oiseaux de mer et le murmure du vent.

Il dut attendre plusieurs semaines, dormant près de sa bien-aimée, ne quittant sa chambre que pour se mettre en quête de nourriture ou fumer sa pipe sous l'auvent.

Las d'attendre, il prit une décision qui lui broyait le cœur mais qui lui parut inspirée par la sagesse : il creusa une fosse près d'un grand pin au pied duquel ils s'étaient aimés le lendemain de son arrivée. Il y enfouit le corps de Manon et planta sur le tertre une croix de branches.

Qu'avait-il besoin de ramener cette dépouille en France, dans ce pays qui les avait rejetés ? Manon vivait en lui intensément et elle y vivrait jusqu'à la fin de ses jours.

Sa présence était à certains moments si obsédante qu'il se surprenait à lui parler.

La Nouvelle-Orléans : printemps 1722

M. Leblond de Latour déplie sa lunette, la pointe vers l'aval du fleuve où éclate un brasillement de soleil. Non, il ne voit rien. Si, peut-être... Un point minuscule qu'on pourrait prendre pour un arbre échoué en plein courant ou une de ces îles errantes qui descendent vers le delta.

– Ce sont eux, insiste M. Franquet de Chaville. Ça ne peut être qu'eux.

Arrivé la veille au matin, venant du petit fort de La Balise, à l'extrémité de l'ultime langue de terre que le delta enfonce dans l'océan, un détachement militaire est venu annoncer que deux navires français ont jeté l'ancre en vue du fort en demandant s'ils pourraient remonter le fleuve jusqu'à La Nouvelle-Orléans.

A l'annonce de cette information Bienville est allé sur-le-champ demander son avis à Pauger qui se repose de sa fatigue des derniers mois et d'une dysenterie tenace dans sa demeure proche de l'église.

– Ces deux navires : la *Loire* et les *Deux-frères*, dit-il, êtes-vous certains qu'ils pourront remonter jusqu'ici ?

– Dieu en décidera, a répondu l'ingénieur. Qui ne risque rien n'a rien. Nous avons éliminé la barre et prouvé que des navires ne tirant pas plus de treize pieds peuvent remonter jusqu'à nous en prenant soin de sonder sans relâche. Les premiers navires français à La Nouvelle-Orléans, quel événement !

Bienville s'est bien gardé de rafraîchir un tel enthousiasme de la part d'un homme réputé pour son caractère

atrabilaire. Il n'a cependant pu s'empêcher de murmurer :
— Pourtant, souvenez-vous : le navire l'*Aventurier*...
— Ce jour-là Dieu n'était pas avec nous. Je n'aime guère qu'on me rappelle ce mauvais souvenir. Si cette frégate a échoué, vous en connaissez les raisons. Je les connais mieux que vous : j'étais à son bord... Cet incident est survenu par suite de la maladresse d'un capitaine, il est vrai peu familiarisé avec la navigation fluviale. Cette affaire ne fait que nous rendre plus vigilants. Toute entreprise humaine se nourrit d'expérience autant que de compétence.
— J'ai fait le nécessaire, dit Bienville, pour que la même aventure n'arrive pas aux deux navires qui nous sont annoncés. J'ai envoyé à leur rencontre deux chaloupes, avec nos deux meilleurs pilotes : Kerliassou et Fiou. Ils sonderont à l'avant des navires. Serez-vous présent à leur arrivée ? Presque toute la Louisiane sera là pour saluer cet événement.
— Il faudrait que je sois bien malade pour y renoncer, commandant. Gardez vos impertinences pour vous !

Les quatre cents habitants de la ville sont là ; des colons sont venus de partout, par familles entières, à pied, en canot, à cheval, emportant avec eux des provisions pour plusieurs jours et le nécessaire de couchage.
— Qui m'aurait dit, murmure Pauger, lorsque je suis arrivé, il y a un an, que cette ville sortirait de terre si rapidement dans ce méandre du fleuve ?
Lorsque les ingénieurs ont débarqué, au début du mois de mai, qu'y avait-il sur cet emplacement ? Rien ou peu de chose : en marge de la forêt, quelques misérables cabanes où l'on vivait dans la hantise des crues, une dizaine d'habitants en proie pour la plupart à la fièvre des marais, traînant la jambe, incapables de faire prospérer leur lopin.
— C'est là, avait décrété Pauger, que nous bâtirons la capitale de la Louisiane.
Bienville avait proposé qu'on lui donnât le nom de La Nouvelle-Orléans, en hommage à Son Altesse Sérénissime, le Régent. Pauger ne s'y était pas opposé [1].
A peine annoncée, la nouvelle de cette implantation avait soulevé un tollé : choisir cet emplacement, c'était

---

1. On devrait dire : *Le* Nouvel-Orléans.

ruiner Mobile, Biloxi et compromettre le commerce maritime de la colonie. Le Conseil lui-même, en dépit des avis de Bienville, s'était insurgé. Les commis, les trafiquants, les habitants avaient protesté et envoyé des courriers à Paris pour se plaindre de l'autoritarisme du sieur Pauger.

Il n'était pas jusqu'à Leblond de Latour qui, jaloux de l'importance que se donnait son adjoint, ne lui suscitât des traverses : il avait gardé par-devers lui durant des semaines les plans que Pauger lui avait confiés afin qu'il les fît parvenir au Conseil de Marine. Il fallut que Bienville, les ayant découverts, les confiât de sa propre autorité au premier navire en partance.

Soucieux du bien du plus grand nombre, l'ingénieur Pauger se mettait presque tout le monde à dos. Seuls Bienville, ainsi que Hubert qui avait acquis des concessions aux Natchez, M. de Rémonville, qui avait créé une plantation modèle au Vieux-Chêne, sur le bayou de la Fourche, Pailloux de Barbazan, lieutenant-major des Natchez, esprits éclairés et entreprenants, avaient encouragé cette initiative.

L'ampleur de son projet, son réalisme, sa hardiesse suscitaient des haines et aussi des calomnies, comme on voit des serpents sortir de la pierraille lorsque paraît le soleil. Non seulement ce Pauger était un vendeur d'orviétan, un illuminé, mais il détroussait la Compagnie et faisait acte de favoritisme dans l'attribution des parcelles, dont il s'était attribué la prérogative.

– Les chiens aboient mais la caravane passe... répétait l'ingénieur.

Vilipendé par la meute des chiens suspendus à ses basques, attaqué par les directeurs de la Compagnie, assailli de récriminations plus ou moins spontanées, sommé par le ministre de se justifier, Pauger refusait de baisser pavillon.

Et la caravane poursuivait son chemin...

Premier souci des ingénieurs en débarquant en Louisiane : l'inspection des côtes en vue d'y découvrir une anse, une baie propice à la création d'un port. Comme ils n'avaient rien trouvé de satisfaisant, Leblond de Latour avait décidé de développer les installations du Nouveau-Biloxi, et de créer une ville alentour.

Colère de Pauger : c'était une absurdité, la terre étant

stérile, le climat meurtrier et l'accostage difficile ! On ne pouvait lui donner tort : les hommes qui furent appelés pour travailler sur ce chantier tombaient comme des mouches ; il en mourut plusieurs centaines en quelques mois et ceux qui restaient ne valaient guère mieux. Pour comble de malchance, les directeurs de la Compagnie manifestaient des exigences inacceptables, comme de construire des bâtiments en brique, de préférence au bois qui était le matériau ordinaire.

Pauger demanda l'autorisation de prospecter les rives méridionales du Mississippi.

– Dieu vous accompagne ! lui dit l'ingénieur en chef. Revenez-nous le plus tôt possible avec de bonnes nouvelles. J'aimerais savoir si les chansons que l'on chante à Paris sur les merveilles de cette contrée sont conformes à la réalité.

Il se chantait à Paris de jolies chansons sur le Mississippi, ses quais immenses et ombragés, ses édifices en pierre de taille, ses jardins, ses plantations, ses troupeaux de nègres. Surprise de Pauger lorsqu'il débarqua !

Le site où l'on avait commencé à installer des concessions était constitué d'espace piquetés que personne n'avait encore commencé à bâtir, où s'édifiaient de simples cabanes de bois. Des nègres travaillaient à édifier des levées. Les quelques concessions déjà actives se trouvaient en amont, à des lieues de cet endroit, comme le Vieux-Chêne de M. de Rémonville.

Pauger se dit que tout était à faire, et cela, en fin de compte, lui plaisait assez. Il n'eût pas aimé découvrir une agglomération bâtie à la va-vite, sans plan, faite de bric et de broc, avec des parcelles mal distribuées et des masures qu'il aurait fallu raser. Il aimait assez ce vaste méandre, ces espaces planes favorables à la construction d'une cité.

Première urgence : défricher à tour de bras, libérer la terre de cette végétation sauvage où grouillait une faune dangereuse. Les quais, les allées, les édifices publics et les hôtels particuliers dont parlaient les chansonniers, on verrait plus tard. Chaque chose en son temps...

Pauger alla secouer le maître des lieux, une sorte de commissaire se disant « principal » : Fréboul. Le bonhomme faisait la sieste, une fiasque de rhum à portée de la main pour dissiper les brumes du réveil, une Indienne veillant sur son sommeil et chargée d'éloigner les maringouins avec un éventail de fibres.

Malgré les protestations de l'Indienne, Pauger lui secoua l'épaule. Fréboul se réveilla en grommelant :
- C'est pas l'heure... repassez !

Il se retourna pour reprendre le fil de son sommeil, mais Pauger ne lui en laissa pas le loisir. Il lui fouailla les côtes du bout de sa canne en criant :
- Vous dormirez plus tard, commissaire ! J'ai à vous parler et ça n'attendra pas ! Voici la lettre qui m'accrédite pour vous secouer les puces, maraud !

Le commissaire se leva de mauvaise grâce en envoyant au diable les « importants » qui venaient troubler sa sieste.
- Vous voulez qu'on parle de quoi ? dit-il. Soyez bref. J'ai du travail.

Il se frotta les yeux, parcourut rapidement la lettre que lui tendait l'ingénieur, la lui rendit avec un soupir.
- Vous avez bien lu ? ajouta Pauger. Je suis ici pour créer une ville, et vous allez m'y aider, que cela vous plaise ou non. Où peut-on trouver de la main-d'œuvre ?
- Il suffira de frapper le sol du talon, répondit le commissaire d'un ton narquois : il en sortira des légions de travailleurs. Souvenez-vous de César...
- Je connais César mieux que vous, mais ce n'est pas un miracle que je demande. Dans un premier temps il me faut une centaine d'ouvriers. j'en ai vu quelques-uns tout à l'heure, sur les levées...
- C'est de la mauvaise graine. Vous n'en tirerez pas grand-chose. Il faut les mener au fouet.
- J'ai appris à le manier. Vous allez sonner le rassemblement. Je veux une centaine d'hommes demain, là, devant votre porte.
- Impossible ! Ils sont dispersés dans la nature. Pour en réunir cent il faudra bien deux ou trois jours.
- Eh bien, j'attendrai, soupira Pauger.

Durant sa carrière sur terre et sur mer, M. de Pauger avait eu à affronter toutes sortes de personnages patibulaires : hommes d'équipages de toutes races, soldats de fortune, aventuriers, forçats... Pourtant, il eut un haut-le-cœur en passant la revue des quelques dizaines de pauvres bougres loqueteux et abrutis que le commis lui présenta. La plupart étaient torse nu ou vêtus de défroques indiennes, tous mal rasés ou barbus, coiffés de bonnets troués ou de chapeaux de jonc.

En faisant de sa canne des moulinets gracieux, l'ingénieur prononça une petite harangue bien troussée et qui ne s'embarrassait pas de fioritures de style.

— Mes amis ! s'écria-t-il, vous devrez renoncer à vous la couler douce, à courir les Indiennes, à vous saouler. Vous allez cracher dans vos mains et vous mettre au travail ! Je veillerai personnellement à ce que chacun soit à son poste à l'heure dite. Souvenez-vous que vous avez affaire à un capitaine du régiment de Navarre qui ne badine pas avec la discipline. Les fortes têtes ne me font pas peur et je sais les mater.

Il dessina devant lui un huit en faisant siffler sa canne, d'un geste vif.

Le lendemain, à l'heure prévue, les équipes étaient en place au bord du fleuve et les travaux de défrichage débutaient sous l'œil vigilant de l'ingénieur et celui, narquois et désabusé, du commissaire.

Chaque soir, les feux de cannes épanouissaient leurs fumées au-dessus du fleuve et des terres nues. Ça sentait bon le chantier et la sueur d'homme.

Un matin Fréboul apporta un pli à l'ingénieur.

— Une lettre de M. Delorme, dit-il. Il paraît que c'est urgent.

Pauger la lut et blêmit. Le représentant de la Compagnie, en poste à Mobile, lui reprochait sèchement d'employer sans autorisation de la graine de potence, en lui précisant qu'aucune dépense n'avait été prévue pour l'œuvre qu'il avait entreprise. La lettre se terminait par une menace : pour avoir *déserté* le Nouveau-Biloxi, M. de Pauger risquait la révocation.

Le lendemain, alors que l'ingénieur se rendait comme chaque matin sur les divers chantiers, il constata qu'ils étaient déserts. Alertés sans doute par Fréboul, les forçats avaient décidé de faire grève.

Loin de se décourager, l'ingénieur se fit transporter en canot au fort Rosalie, chez les Natchez. Le major Pailloux de Barbazan vivait là dans la paix du Seigneur, en compagnie d'une jeune Indienne à laquelle il avait fait un enfant.

Pauger lui fit part de la situation et de ce qu'il attendait de lui : des soldats pour remplacer les terrassiers défaillants.

— Des soldats ! s'exclama Pailloux. Vous en avez de bonnes... En principe je n'en ai pas le droit, mais, pour

420

vous être agréable, je puis vous en fournir un petit contingent. Une dizaine, est-ce que ça vous irait ?

— Je m'en contenterai, soupira Pauger.

Ils parlèrent longuement, à la chandelle, de cette ville qui allait naître. Comme ils avaient l'un et l'autre le goût des entreprises audacieuses qui confinaient à l'impossible, ils tombèrent d'accord : il fallait bâtir cette ville et en faire la capitale de la Louisiane.

Les travaux de défrichage se poursuivirent, en dépit de la hargne et de la mauvaise volonté de Fréboul, qui redoutait la réaction de la Compagnie à son égard : on risquait de le tenir pour complice de cette entreprise et de le révoquer.

Lorsqu'il se plaignait à Pauger de cette situation inconfortable, l'ingénieur lui répondait :

— Vous ne craignez rien : je vous couvre.

— Je risque d'être exilé aux cinq cents diables !

— Vous y êtes déjà, mon ami...

En moins d'un mois, le paysage du grand méandre avait été bouleversé, au point qu'il était méconnaissable. Les soldats de Pailloux avaient fait de la bonne ouvrage : les éclaircies se multipliaient à travers la savane, la forêt, les champs de canne. Chaque soir, le vent répandait sur les terres défrichées l'odeur délectable des feux de bois. Les soldats ne se plaignaient pas, l'ingénieur veillant à ce qu'ils soient convenablement cabanés et ne manquent de rien.

Pauger ne perdait plus son temps en inspections et en surveillance car tout marchait comme sur des roulettes, chaque équipe étant sous la direction d'un sous-officier qui mettait la main à la pâte.

Il avait dressé un nouveau plan de la cité, l'avait découpée en parcelles réparties de part et d'autre de larges avenues. Les bâtiments publics : maison du gouverneur, caserne, hôpital, magasin général, église, étaient en place. Cette ville était chaque jour plus vivante dans sa tête. L'imagination aidant, il pouvait voir la foule des habitants parcourir les artères principales, les voitures à cheval passer en cliquetant, les fidèles se rendre à l'église qui deviendrait une cathédrale, des femmes se promener sous leurs ombrelles le long des levées. Les cloches sonnaient au-dessus de la place principale, les clairons retentissaient dans la cour de la caserne, des enfants chantaient dans l'école... Il ressentait un bonheur d'enfant construisant des maisons de bois dans un jardin imaginaire.

Le chantier allait bon train, malgré le nombre restreint des soldats, auxquels s'étaient joints quelques colons avec leurs nègres, quand éclata une affaire qui remit tout en question.

Un matin, Pauger vit arriver dans la cabane qui lui servait de cabinet de travail l'un des sous-officiers responsables des hommes de Pailloux.

— Nous allons devoir vous quitter, monsieur l'ingénieur, dit-il d'un air contrit. Je viens de recevoir un ordre de rappel. Nous devons regagner au plus tôt nos quartiers, au fort Rosalie.

— Vraiment ? Et quelles raisons vous a-t-on données ?

— Aucune, monsieur, mais je dois obéir. Croyez bien que je regrette cette décision.

— Et moi donc, mon ami ! soupira Pauger.

Il s'enferma dans sa cabane et n'en sortit pas de la journée, rongeant son frein, persuadé qu'il fallait voir dans cette décision une manœuvre suscitée par la Compagnie et inspirée par Fréboul. Peut-être avait-il fait passer la charrue avant les bœufs en commençant les travaux de ce gigantesque chantier alors que les plans qu'il avait confiés à Leblond n'avaient pas reçu l'accord du ministre. Ce mépris des décisions officielles, cet empressement étaient bien dans sa manière. Persuadé de défendre une juste cause, emporté par sa foi, il se fût battu contre des montagnes.

Il était à pied d'œuvre depuis des mois et la réponse du ministre tardait à lui parvenir, quand il reçut la visite du commissaire Fréboul qui lui annonça d'un air arrogant et narquois :

— Monsieur l'ingénieur, je suis chargé de vous informer que vous n'avez plus aucune autorité en ces lieux.

— Qui donc vous a avisé de cette décision ?

— M. Delorme.

— Et qui, désormais, a *l'autorité* ?

— Moi, monsieur. Vous ne devrez rien entreprendre sans mon accord. C'en est assez de vos projets pharamineux et de vos fantaisies ! N'oubliez pas qu'à titre de commis principal je suis seul maître à bord. Si vous n'en tenez aucun compte vous vous retrouverez devant un tribunal.

La lettre de Delorme que le commis lui tendait résumait avec plus de concision cet état de fait.

– Vous et Delorme, s'écria l'ingénieur, vous êtes de fieffés coquins ! Déguerpissez et ne revenez plus m'importuner. C'est vous, Fréboul, qui êtes à l'origine de cette machination. Vous ne l'emporterez pas en paradis !

Pauger n'était pas au bout de ses déboires. Il songea à retourner au Nouveau-Biloxi pour y attendre l'avis du ministre, dont le retard le surprenait, mais il appréhendait de se retrouver dans ce panier de crabes. Il décida de rester, en compagnie de deux domestiques noirs et d'une Indienne qui lui tenait sa maison.

Montée contre lui, de toute évidence par Fréboul, la petite colonie s'en prit à sa personne. Non pour lui reprocher l'arrêt des travaux mais pour contester la distribution des parcelles : certaines étaient jugées trop proches du fleuve, d'autres trop éloignées. Un groupe s'assembla devant sa porte et menaça de l'écharper. Lorsqu'il se montra sur son seuil une femme lui cracha à la figure, un homme l'injuria, une brute le prit au collet et il dut user de sa canne pour lui faire lâcher prise.

Un homme braqua son fusil sur lui en criant :

– Pauger ! si tu fous pas le camp d'ici, je te tuerai !

Il ne chercha ni à discuter ni à se justifier. Rentré dans sa cabane il s'y enferma, refusa de recevoir la moindre visite, confiant à son Indienne le soin de pourvoir à sa subsistance et à celle de ses domestiques mais le magasinier refusa bientôt de le fournir en vivres. Il dut se contenter de blé d'Inde et de poisson et faillit périr d'inanition.

Fréboul, Delorme, le Conseil de la colonie attendaient son retour et son renoncement. C'était mal le connaître. Il eût fallu qu'on vînt le chercher les armes à la main, et encore sans doute se serait-il défendu : il avait un fusil, des pistolets, et des munitions qui lui auraient permis de soutenir un siège.

Fréboul avait reçu une note comminatoire du Conseil : interdiction d'apporter quelque aide que ce fût au *dilapidateur* des deniers de la colonie, à ce personnage prétentieux qui se comportait comme s'il eût été le gouverneur de la Louisiane, qui procédait à des levées de tâcherons sans autorisation, qui faisait preuve de favoritisme dans l'attribution des parcelles...

La Compagnie y ajouta une rasade de vinaigre : elle lui infligea un blâme.

Il se rendit au Nouveau-Biloxi, bien décidé à défendre ardemment sa cause et à réduire à néant toutes ces calomnies.

Delorme l'accueillit comme un chien galeux.

– Vous ici, Pauger ? Qui vous a permis de quitter votre poste ? Cela ressemble fort à une désertion. Vous mériteriez que je vous mette aux arrêts de rigueur !

Pauger ne se laissa pas démonter. Contenant mal la colère qui lui nouait la gorge, il expliqua qu'il avait reçu mission de M. Leblond de Latour d'entreprendre les premiers travaux de réalisation de La Nouvelle-Orléans, mais que, sans nouvelles depuis des mois, il venait pour s'informer de ce retard. Il était prêt à regagner son poste dès qu'il aurait obtenu satisfaction.

Son supérieur, M. Leblond de Latour, se montra conciliant. Pauger ne serait pas poursuivi pour ses initiatives malheureuses mais la suite des travaux serait confiée à... Pailloux de Barbazan.

– Je conviens, dit l'ingénieur en chef, que la querelle qui vous est faite est injustifiée. Vous êtes libre. Que comptez-vous faire ? Où souhaitez-vous aller ?

– Je vais retourner à La Nouvelle-Orléans, dit Pauger. Si je puis être utile au nouvel ingénieur...

Toujours sans nouvelles de son projet, Pauger écrivit au comte de Toulouse pour faire le point sur la mission qu'on lui avait confiée.

Il accusait dans cette philippique la Compagnie qui avait lésiné sur les moyens d'aider la Louisiane à prendre son essor et en avait confié le gouvernement et l'administration à des gens incapables, aveugles ou malveillants. Il était, écrivait-il, « *absurde de faire aller à Bixoli, sur cet espace insalubre, des vaisseaux capables de remonter le Mississippi jusqu'à La Nouvelle-Orléans où ils pourraient décharger leur cargaison bord à bord...* ».

Avant de l'expédier il montra sa lettre au major Pailloux de Barbazan qui lui dit :

– Voilà qui va faire un certain effet au Conseil de Marine. Vous n'y allez pas de main morte, et vous avez raison. Ce rapport est sévère. Il y a cependant l'avantage d'être catégorique et précis.

Il ajouta :
— Quoi que disent, quoi que fassent vos adversaires, soyez assuré que votre nom restera lié à la fondation de La Nouvelle-Orléans. Cette ville, monsieur de Pauger, est votre enfant.

La lettre de Pauger produisit l'effet désiré : celui d'une décharge électrique sur un grabataire. Elle circula entre le cabinet du ministre, le Conseil de Marine, la Compagnie, et ceux qui avaient manifesté leur réprobation, voire leur hostilité ouverte à l'ingénieur, commencèrent à réviser leur jugement.

Chaque matin, malgré la dysenterie qui lui tenaillait les entrailles, Pauger rendait visite au major. Conscient de ses insuffisances en matière de génie civil, Pailloux de Barbazan sollicitait fréquemment les avis et les conseils de l'ingénieur. Ils passaient des heures en tête à tête dans la baraque surchauffée où le major avait établi son cabinet, face à l'immensité du fleuve.

Les nouvelles équipes avaient œuvré avec diligence aux travaux de première nécessité : la construction des levées destinées à protéger la ville future des terribles inondations dont les Indiens parlaient comme d'une colère du Grand Manitou et les religieux comme d'un châtiment céleste. Le piquetage des parcelles, des artères tracées à angle droit, comme dans les bastides du Moyen Age, ainsi que des bâtiments publics donnait une idée précise de la ville en gestation.

Le temps vint où le Conseil supérieur de la colonie dut prendre la décision d'émigrer en direction de l'ouest.

Un matin de décembre, le major Pailloux de Barbazan accueillit l'ingénieur avec un sourire radieux et lui dit :
— Mon ami, un grand jour se prépare. Je suis heureux de vous annoncer la visite des gens de la Compagnie. Ils sont en train de préparer leur déménagement. Peut-être souhaitent-ils fêter Noël et le nouvel an en notre présence...

Au début de novembre l'hiver s'était abattu brusquement sur la région. On était passé presque sans transition des grandes chaleurs aux froids rigoureux. Les rafales de vent du nord semblaient s'être frottées aux neiges du Canada. Les rives prises par les glaces rendaient périlleux l'accostage des canots de sauvage qui se faisaient de plus en plus rares. Des îles arrachées aux rivages du territoire des Natchez par la crue dérivaient, chargées de cadavres d'animaux. Des pluies diluviennes succédèrent au froid.

– Fort heureusement, dit le major, nous avons de l'avance. Nos hommes peuvent se reposer au coin du feu, la conscience tranquille, en fumant leur pipe.

Les Indiens ne souffraient pas trop du froid et de la pluie, habitués qu'ils étaient aux caprices du climat. En revanche, les nègres de Guinée, dont on avait amené une cargaison l'été précédent, grelottaient sous leurs couvertures et tombaient malades ; on en perdit beaucoup, des mâles et des femelles, du mal de poitrine qui les emportait en quelques jours. On jetait leurs corps au fleuve en se disant que le Mississippi leur ferait traverser le delta sans encombre et que, peut-être, des courants marins favorables les ramèneraient aux côtes d'Afrique...

Jusqu'aux derniers jours de décembre, malgré une période de gros temps et de noires bourrasques, des flottilles d'embarcations légères à fond plat, les *voitures*, franchirent la barre et parvinrent à toucher terre à La Nouvelle-Orléans. Elles transportaient, outre des colons avec leurs familles, leurs nègres et leur bétail, quelques soldats et des commis.

L'immense chantier désert, sorte de damier où se dessinaient les parcelles, prit des allures de caravansérail. Les nouveaux colons campaient du mieux qu'il pouvaient sur la future place d'armes avant d'être acheminés vers le lieu de leur concession. Les caprices du climat firent que, de toute cette période tourmentée, le fleuve resta sage, drainant ses boues, ses bois flottés, ses îlots, sous un ciel bas qui déversait une profusion d'averses glaciales sur l'épure de la cité.

Sombre Noël... Triste premier de l'an...

Durant une quinzaine le vent ne cessa de souffler en rudes foucades, gênant la circulation fluviale. On fêta la naissance du Seigneur par une messe dite sous une grande tente faite de peaux de bœufs cousues ensembles, supportée par de gros piquets. De temps à autre des souffles de vent éteignaient les cierges, soulevaient les linges sacrés, emportaient les paroles de l'Évangile et les chants religieux.

Petit à petit, comme des champignons après l'orage, les maisons sortaient de terre au milieu des parcelles. Elles étaient groupées en carrés délimités par des fossés d'assainissement. Le grand magasin de la Compagnie fut le premier bâtiment achevé; il était de bonne pierre, couvert de bardeau; il ouvrit ses portes pour Pâques, bien fourni en marchandises diverses. Dans le même temps la construction de l'église s'achevait dans le voisinage de la place d'armes et la charpente de la demeure destinée au gouverneur était dressée.

M. de Bienville ne fut pas des derniers à visiter La Nouvelle-Orléans.

Il se rendait régulièrement auprès de Pauger et le trouvait la plupart du temps assis dans son fauteuil de vannerie, sous son auvent dominant le fleuve lorsque le temps était clément, dans son cabinet lorsque soufflait le vent de noroît ou que les pluies de printemps noyaient le paysage.

L'ingénieur avait obtenu de la Compagnie des ouvrages techniques concernant le dragage, les barrages, la navigation fluviale et autres matières. Il s'y plongeait au lever et n'en sortait que le soir. La présence de sa servante indienne et des deux nègres employés aux soins de son jardin lui suffisait; il veillait avec une attention soutenue sur ses plantations expérimentales, bien qu'il fût peu porté à l'horticulture. Le soir, lorsque le crépuscule jaune écartelait le ciel il se rendait sur la place d'armes pour y retrouver quelques connaissances et apprécier le progrès des constructions. Des habitudes de provincial... Bienville n'eût pas été autrement surpris de le voir attablé devant un verre de rhum, fumant un cigare des Iles, regardant passer les femmes et les filles des colons ou les officiers à cheval.

En le voyant occupé à compulser ses grimoires, souvent de simples communications savantes, le commandant en chef l'interrogeait :

– Il semble, monsieur de Pauger, que vous ne soyez pas décidé de sitôt à prendre votre retraite. Dieu a travaillé six jours et s'est reposé le septième. Vous paraissez quant à vous dédaigner cette règle. Quel est le petit démon qui vous pousse ?

– Il s'agit plutôt d'un bon génie. Il y a tant à faire encore pour que cette ville sorte des limbes, tant de techniques nouvelles qui nous permettront de mener notre œuvre à son terme dans les meilleures conditions... Je ne me sentirai pas le droit de me reposer tant que je serai vivant et en bonne santé.

Chaque jour Pauger s'entretenait avec ses collègues qui, eux non plus, ne se ménageaient guère. Ils faisaient le point, recherchaient infatigablement des carrières, des gisements d'argile pour la brique, des mines entre le territoire des Natchez et le delta. Ils notaient les variations de niveau du fleuve, étudiaient des projets de canalisation et de suppression des barres qui gênaient la navigation.

Bienville fit un jour à l'ingénieur l'aveu d'un remords qui pesait sur sa conscience :

— Monsieur de Pauger, je vais être franc avec vous. Je ne vous ai pas toujours soutenu comme j'aurais dû le faire. Vos projets me semblaient utopiques et je craignais qu'un échec ne compromît l'avenir de la colonie. Je me repens aujourd'hui sincèrement et je vous rends hommage.

Pauger haussa les épaules.

— Peuh... fit-il. Je ne l'ignorais pas, tout le monde était contre moi.

— Je redoutais l'abandon de nos positions de Mobile et de Biloxi qui font obstacle aux convoitises de nos ennemis.

— Vous avez été franc avec moi, monsieur de Bienville, je le serai avec vous. Si vous teniez tant à ces postes c'est qu'ils étaient nécessaires à votre trafic de contrebande. Je n'ai jamais été dupe, allez...

— ... et vous aviez raison. Mais c'était une obligation pour moi comme pour beaucoup d'autres, et mes frères en particulier. C'était cela ou vivre de mendicité.

— Vous exagérez ?

— A peine. Je ne possède pas, comme mon frère Iberville, des plantations avec des centaines de nègres à la Martinique et à Saint-Domingue. J'ai attendu des années ma solde, et il me fallait bien vivre.

— Je vous crois. Vous êtes un honnête homme et votre amitié me réchauffe le cœur.

— Je crois être un honnête homme, en effet, mais tout le monde n'est pas près d'en convenir. Je vais devoir faire face à Paris au Conseil de Marine qui compte instruire un procès contre moi.

Il venait de recevoir un message lui demandant de

retourner en France dans les plus brefs délais pour comparaître devant un grand jury. Ses appréhensions le portaient au pire : il allait être destitué, peut-être emprisonné à la Bastille comme Cadillac.
— Depuis plusieurs nuits, dit-il, je ne dors plus...

Ce sont bien les deux navires annoncés : la *Loire* et les *Deux Frères*.

On distingue nettement leur voilure majestueuse derrière les chaloupes des pilotes, les équipages massés le long des lisses et dans les vergues, les pavillons qui papillonnent dans le vent du fleuve. En arrivant en vue de La Nouvelle-Orléans ils ont tiré chacun seize coups de canon ; on voit encore les flocons de fumée blanche se dissiper lentement.

M. de Rémonville a été l'un des premiers colons à vouloir assister à l'événement. Il est venu à cheval, accompagné de deux superbes créatures que Bienville n'a pas eu de mal à reconnaître : Justine, dont le planteur a fait sa femme, et Charlotte qui a la haute main sur la nombreuse domesticité du domaine. Il respire l'opulence : la culture du tabac et de l'indigo, qu'il écoule par le lac Pontchartrain, les cinquante nègres qui travaillent pour lui en ont fait le plus riche colon des environs.

Graveline lui aussi fait figure de planteur qui a réussi.

Il est arrivé la veille de Bâton Rouge, entouré d'une cour d'Indiennes et de nègres de Guinée, torse nu, en pantalon de toile écrue. « Se souvient-il encore, songe Bienville, de cette fille, Manon Frojet, qu'il recueillit et dont il fit sa servante-maîtresse avant l'arrivée de Des Grieux ? » Il est descendu, avec la majesté d'un potentat, d'une élégante voiture à cheval, une des premières sans doute de la colonie. Il ne lui manque qu'un trône et une escorte de gardes.

On n'a pas répondu à la poudre de salut, et pour cause : les canons sont restés à Mobile et à Biloxi d'où ils seront déménagés plus tard. Les deux navires progressent lentement, dans un concert d'ordres lancés au porte-voix et que la distance dilue au point qu'ils demeurent inintelligibles.

Il manque un peu de musique à cette fête ? Voici que surgissent, comme pour accompagner une noce campagnarde, deux musiciens portant des colliers de magnolias autour du cou et un chapeau empanaché de riz sauvage. Escortés d'Indiens jouant de leurs chichikoués, ils fendent la foule en direction des autorités.

— Monsieur de Bienville, dit le violoneux, sans doute ne nous remettez-vous pas ? Nous avons bien changé, il est vrai. Bien des années ont passé depuis que nous avons quitté Mobile.

— François Picard... André-Joseph Pénicaud... Comment aurais-je pu vous oublier ? Les petits concerts chez M. de Rémonville... Le boucan de tortue sur la plage, en compagnie de M. d'Artaguette... Qu'étiez-vous devenus, mes amis ?

— Nous avons obtenu une petite concession proche de celle du marquis. Nous faisons pousser du blé d'Inde et élevons des porcs. Charlotte Lantier et moi nous sommes mariés peu après la fin de mon contrat. Elle m'a donné deux beaux enfants. Pénicaud, quant à lui, a épousé une Indienne. Il vous entend mais ne peut vous voir car il est devenu aveugle et souffre de ne pouvoir tenir lui-même son journal. Il le dicte à ma femme. Quand il sera au point il l'enverra en France pour le faire publier.

Cheveux-Rouges lui non plus n'a pu manquer cette fête.

Bienville le reconnaîtrait entre mille à cause de la chevelure hirsute et flamboyante débordant du bonnet de cuir.

Celui-là, si l'on pouvait le voir nu, c'est un peu de l'histoire de la Louisiane que l'on lirait sur sa peau sous forme de tatouages mais aussi de blessures. Il doit s'estimer heureux d'avoir sauvé sa chevelure de la convoitise des Indiens. Il est resté plusieurs années absent, le temps de faire trois nouveaux enfants à son épouse, la grosse Huronne qui l'accompagne, et d'aller collecter du castor sur les lointaines rivières de l'ouest canadien.

Germain Chapdeuil... S'il pouvait, lui aussi, raconter ses campagnes !...Il n'a pas été facile de convaincre Mlle de Boisrenaud de renoncer à ses petites élèves. M. de Bienville a dû lui promettre qu'elle retrouverait sans peine, dans la ville nouvelle, à exercer son charisme ; elle a cédé à contrecœur et les adieux ont été déchirants. La colonie mobilienne y est allée de sa petite larme lorsque les orphelines indiennes ont chanté pour la dernière fois *En passant par la Lorraine.*

Elle est là aussi, mais comme abandonnée sur cette rive, le cœur et les mains vides, entre un religieux noir et une sœur grise.

– Hubert ! s'écrie M. de Bienville. Vous, ici ?

– Je n'habite pas très loin, répond l'ancien commissaire. Une demi-journée de canot à peine depuis le territoire des Ouachas, aux environs du Détour-de-l'Anglais. J'ai installé là une belle plantation travaillée par des faux saulniers doux comme des agneaux qui m'aident à faire du bois de charpente. J'ai eu le nez creux ! Nous avons du mal à satisfaire à la demande. Quand je vous disais qu'un jour c'est ici que se situerait notre capitale !

On a apporté un fauteuil pour M. de Pauger.

Sa lunette braquée sur le navire, il ne perd rien des manœuvres d'accostage, du déchargement des marchandises, du va-et-vient des officiers sur le pont de ces deux belles unités. Sa servante indienne, coiffée du madras des Iles, vêtue de cotonnades bariolées, hiératique, l'air sévère, ne le quitte pas du regard. Il est entouré du corps d'élite des ingénieurs qui l'ont aidé à accomplir son œuvre.

Le commis principal Fréboul n'a pas perdu le nord. Il a fait en sorte que l'on oublie ses préventions et son animosité envers Pauger. Il joue la mouche du coche, dirigeant du geste et de la voix les agapes qui se préparent. Devenu pour la circonstance maître de cérémonie il fait en sorte de se faire remarquer de tous.

Le « petit Tisné » survient au milieu d'un groupe de ses amis d'aventure.

– Je ne me serais pas pardonné, dit-il en serrant M. de Bienville sur sa poitrine, de manquer cet événement. J'étais de retour d'une petite expédition chez les Opelousas, sur la rivière Sabina, lorsque j'ai appris que les premiers navires allaient accoster à La Nouvelle-

Orléans. Excusez ma tenue : je débarque à l'instant et n'ai pas eu le temps de me changer et de passer chez le barbier.

M. de Bienville accepte le verre qu'on lui tend : du vin de France. Des bouffées de chaleur lourdes comme des vagues roulent au long de la jetée et le soleil, sous le gris des nuages, pèse sur le fleuve. A peine a-t-il savouré les premières gorgées que des rires et des apostrophes joyeuses éclatent dans son dos :

– Tisné ! bois un coup et tu deviendras grand...

– Alors, Trois-Pommes, toujours amoureux des Missouriennes ?

– On dit que tu as découvert une mine d'or chez les Pawnees. Tu en feras profiter les amis...

Ils sont là eux aussi, un peu éméchés. Bienville serre des mains rudes et chaleureuses, presse contre la sienne des poitrines robustes, qui sentent le vin et la sueur. Des odeurs, dit-on, qui font succomber les Indiennes les plus farouches. Ces gentilshommes d'aventure ont déjà beaucoup bu, semble-t-il.

– Juchereau ! s'écrie Bienville. Boisbriant ! Lesueur ! Bourgmont ! et vous aussi, mon vieux La Harpe... Toute la fine équipe ou presque. Mes amis, quelle joie vous me faites...

– Puis-je vous dire un mot en aparté, mon cousin ? dit Boisbriant.

Il entraîne Bienville à l'écart, derrière la cabane de Pailloux, à l'abri du tumulte des salves saluant l'arrivée des deux capitaines des navires, entourés du corps des officiers, venus se présenter aux autorités de la colonie.

– Delorme m'a appris récemment, dit le lieutenant, que le Conseil de Marine vous a convoqué à Paris et qu'il est question de me désigner à votre place. Sachez que cette décision n'est pas pour me plaire. Si je consens à vous remplacer, c'est par esprit de discipline. Je regretterais que cette mesure jette une ombre entre nous.

– Il n'y aura pas d'ombre. Vous n'avez pas intrigué pour obtenir ce poste et je vous garde toute ma confiance.

– Je souhaite que vous soyez disculpé et que vous nous reveniez rapidement. Il reste encore beaucoup à faire pour vous et pour nous. La Louisiane est fragile. Il faudra veiller sur elle, la défendre contre ses ennemis et contre les bévues de la Compagnie.

— J'ignore si je reviendrai, dit Bienville. Tout ce que je sais et qui me navre, c'est que l'un de ces navires doit me ramener en France. Je ne vous oublierai pas...

Il le serre sur sa poitrine en retenant ses larmes.

— Pardonnez-moi, dit-il. Je me dois à nos visiteurs.

Le capitaine de la *Loire*, revêtu de son bel uniforme, coiffé d'un tricorne à plumes d'où dépasse sur la nuque une perruque courte à la mode de Paris, s'approche de M. de Bienville.

— Je suis heureux de vous rencontrer, dit-il. J'en avais depuis longtemps le désir, sachant tout ce que cette colonie vous doit, et persuadé que vous n'avez pas renoncé à poursuivre votre œuvre. J'aurai l'honneur de vous accueillir à mon bord et de vous avoir à ma table, si cela vous agrée.

— Tout l'honneur sera pour moi, capitaine.

Le vent a molli et la chaleur commence à tomber. Sur la rive opposée du Mississippi des vols de hérons bleus, de flamants roses et de pélicans rament dans l'air brumeux avec des cris aigres, cherchant à nicher pour la nuit. Derrière cette danse gracieuse, contre le ciel qui jaunit comme une vieille peau de bison, s'étendent des espaces infinis de forêts, de bayous, de marécages à conquérir et à fertiliser.

— Merci de votre courtoisie et de votre amitié, capitaine, dit Bienville. Soyez le bienvenu à La Nouvelle-Orléans.

— Vous allez quitter cette colonie, dit le capitaine, mais j'ai la conviction que vous y reviendrez bientôt avec les honneurs.

— A la grâce de Dieu, capitaine...

LES ANNÉES COLÈRE

LIVRE PREMIER

(1721-1727)

LE PRISONNIER DE KINSALE

Récit de Dieudonné de Beauchamp

Prison de Kinsale (Irlande)

Castel mourut ce matin-là. Ou peut-être dans la nuit. Comment le savoir ? Il n'avait même plus la force de se plaindre et n'aurait pu demander du secours. C'est ainsi, d'ailleurs, qu'un à un étaient morts ou mourraient tous les prisonniers de cette cellule : le plus discrètement du monde. Depuis des jours Castel et ceux qui l'avaient précédé n'étaient que des morts vivants. Peut-on dire qu'ils mouraient ? Je dirais plutôt qu'ils s'*effaçaient*, sans prière, *de profundis* ni *miserere*.

Depuis plus d'un mois que nous étions enfermés dans cette forteresse de Kinsale, au sud de l'Irlande, cinq de mes compagnons étaient partis de cette façon sur les douze que nous étions en débarquant du *Jersey* qui convoyait un contingent de prisonniers français depuis l'île de la Jamaïque, pour la plupart des gens de la flibuste. Une engeance dont, sans en tirer fierté ni sans en avoir honte, je faisais partie, jusqu'au jour où le *Jersey* nous prit en chasse et nous captura...

Chaque matin je gravais d'un trait sur le mur glaireux le jour qui venait de s'achever, en priant Dieu qu'il mît au plus tôt un terme à mes épreuves et que je pusse rejoindre ceux de mes compagnons qui avaient disparu et dont j'inscrivais de même le nom avec un éclat de pierre. Cet hommage posthume est tout ce qui restera de leur destin de gueux des mers. S'ils n'étaient pas morts de faim, de froid et des mauvais traitements que nous infligeaient nos bourreaux, c'est la potence qui aurait sûrement mis fin à leur existence misérable.

La potence, pour peu que je survive, était sans doute aussi ce qui m'attendait. Ma condition de cadet à l'aiguillette [1] d'une honorable famille canadienne, venu par accident plus que par vocation à la flibuste, n'aurait pu m'exclure du sort commun réservé à notre confrérie.

Castel... Nous savions peu de chose de ce personnage discret et taciturne. Il s'était embarqué dans le sillage d'un nobliau béarnais, devenu planteur d'indigo à Petit-Goâve, dans l'île de Saint-Domingue. Peut-être pris d'une soif d'aventure, peut-être désireux de mettre de la distance entre lui et l'administration de l'île à la suite de malversations, il était monté à bord du premier navire de la flibuste qui se présentait au large et où je me trouvais déjà embarqué. Comme il avait plus de cervelle que de muscle, on l'appelait « le Savant ».

Alors que nous taillions la lame de concert sur le *Jersey*, il se confia à moi et me dit :

– Pourquoi diable me suis-je laissé entraîner dans cette aventure ! Je n'ai pas fréquenté les salles d'armes et ne connais de la poudre à canon que certaines propriétés à la suite d'expériences que j'ai réalisées sur le ressort de l'air qui entre dans sa composition. Voyez-vous, monsieur de Beauchamp, le savant, le philosophe malebranchiste méditatif que je suis n'aurait jamais dû abandonner ses alambics et ses grimoires pour courir les mers en quête d'une fortune qui se dérobe sans cesse.

On trouvait décidément de tout dans le domaine de la flibuste, et pas forcément du pire monde. Le transfuge des coulisses de Versailles y côtoyait l'homme d'affaires décavé et le forçat en rupture de galères. Qu'on y découvrît un malebranchiste méditatif était moins commun mais je m'en réjouissais car ce chétif bonhomme que le moindre coup de pistolet mettait dans les transes m'apprit beaucoup sur la philosophie.

Comme je devinais chez Castel une oreille attentive, je n'hésitai pas à me confier à lui, si bien que nous dévînmes très vite bons amis. mon goût congénital pour l'aventure, le mépris du danger et de la mort, une curiosité sans cesse en éveil constituaient autant de dispositions à prendre les chemins de la mer. Aux quatre cents

---

1. Cadets gentilshommes volontaires sans solde, portant l'enseigne de la compagnie et libres de renoncer au service.

coups d'une jeunesse passionnée et violente vécue sur les rives du Saint-Laurent, j'en ai ajouté une quatre cent unième : la rupture avec ma famille.

La marine royale me proposait un cadre trop strict et une atteinte au sentiment de liberté qui m'a toujours possédé. Je préférai la flibuste et jamais je ne regrettai ce choix. Mon destin m'y avait guidé et l'on ne lutte pas contre son destin.

Sans une larme mais avec le cœur en berne j'avais gravé le nom de Castel sur notre martyrologe en me demandant lequel de mes compagnons ajouterait mon nom à cette liste et quel souvenir laisserait dans la mémoire des survivants, s'il en restait, le nom du chevalier de Beauchamp.

Afin d'augmenter notre ration quotidienne – une demi-once de pain trempé d'eau – nous décidâmes de ne signaler cette nouvelle disparition que le lendemain à notre geôlier, Peppart, qui se faisait appeler *maître*.

Il commençait à neiger lorsque l'on nous lâcha dans la cour de la forteresse pour notre promenade quotidienne. Même au cœur de la forêt canadienne, au temps où je partageais la vie des Iroquois ou des Hurons, je n'ai jamais ressenti cette perméabilité de mon corps au froid, nos hardes ne nous en protégeant guère.

Son gourdin à la main, maître Peppart fit sortir du rang ceux qu'il appelait les « rebelles », des prisonniers qui avaient eu le front d'émettre des protestations contre les traitements inhumains auxquels nous étions soumis. Il les fit attacher nus à des cadres de bois où il les laisserait crever, avec interdiction à qui que ce fût de leur porter aide et réconfort. On les détacherait lorsque la décomposition serait avancée au point de rendre l'atmosphère de la cour irrespirable aux geôliers.

Promenade est un euphémisme, la plupart des prisonniers ayant à peine la force de se tenir debout, ce qui contraignait les plus favorisés à les soutenir. Emmitouflés dans leur mauvaise couverture, ils se tassaient dans un angle de la cour et certains ne se relevaient pas. Pour les prisonniers valides la ronde de fantômes se déroulait sous la menace du gourdin et les aboiements des gardiens.

– *At a trot! Gallop along! Quickly!*[1]

1. Au trot! Au galop! Vite!

Pour ceux dont les genoux fléchissaient, la bastonnade ! Pour les misérables qui s'insurgeaient, le cadre !

Depuis mon incarcération j'avais eu tout loisir de m'étonner des facultés du corps humain à résister aux épreuves physiques et des relations qu'il entretient avec l'esprit – un des thèmes de mes conversations avec Castel. Nous en venions à conclure que ceux qui résistent le mieux ne sont pas les plus robustes en apparence mais ceux qui ont la volonté de survivre. J'ignore ce qui pourrait m'inciter à croire que mon sort pût s'améliorer ou que je réussirais à prendre la clé des champs. Néanmoins l'espoir me possédait et je priais Dieu qu'il hâtât ma délivrance.

Depuis quelques semaines j'avais renoncé à l'idée de tenter une évasion, de toute évidence vouée à l'échec, mais j'inclinais à penser que je devais survivre en m'efforçant d'améliorer ma condition en obtenant un traitement de faveur.

Unique solution : devenir le Coq de la forteresse – *the Chicken* – comme disaient nos bourreaux.

Pour l'heure, le Coq, c'était Yan. En raison de ses origines, on l'appelait le Breton. C'est une brute de six pieds de haut, aux muscles d'acier, à laquelle personne n'eût osé s'attaquer. J'y songeai pourtant.

Depuis que cette idée saugrenue s'était manifestée en moi, je ne cessais de surveiller le colosse durant nos promenades, afin de déceler ses points faibles, les défauts de sa cuirasse. En apparence, ni maître Peppart ni aucun des gardiens, pas même un soldat n'eût été capable de lui faire toucher les épaules. J'étais sur le point d'abandonner ce projet lorsque je constatai que Yan manifestait par des grimaces une faiblesse des reins. Je concentrai mon attention sur ce désavantage et ne songeai plus qu'à la manière de l'exploiter en ma faveur lorsque le moment – encore improbable – serait venu pour moi de lui lancer un défi.

Devenir le Coq de la forteresse – le champion –, à la suite d'un combat à mains nues, était la promesse d'un régime amélioré : des marques de respect de la part des gardiens et des prisonniers, mais aussi le droit de distribuer les rations en s'attribuant à soi-même les meilleures parts. Un brevet de survie en quelque sorte.

Lorsque je confiai mon projet à Bastien, l'un de mes compagnons de cellule, le plus apte à admettre cette folie, il me répondit :

- Renonce. Tu n'as aucune chance. Yan te tordra le cou comme à un poulet.

Il m'expliqua que tous les mâles de Bretagne, depuis leur plus jeune âge, sont initiés aux exercices du corps les plus violents, notamment à la lutte à mains nues. Il jugea que mon projet était plus qu'une folie : une sottise. Je répliquai :

- J'ai bien observé Yan. Il n'est pas invincible. Ce n'est un colosse qu'en apparence. A l'intérieur, c'est du son et de la paille. Il me fera son petit théâtre, il jouera les hercules de foire, mais j'attendrai le bon moment pour lui briser les reins. Si je vise bien, il ira mesurer la terre pour le compte.

Bastien haussa les épaules.

- Tu as à peine la force d'écraser une mouche ! dit-il. Mais si tu as choisi cette forme de suicice, à ton aise.

- Il faut que nos compagnons de cellule s'engagent à m'aider. Moi vainqueur nous y gagnerons tous...

- ... et si tu mords la poussière nous en pâtirons tous.

Le soir même, conciliabule avec nos codétenus, par chance, presque tous des natures de joueurs ; ils résistent mal à la tentation lorsque l'on fait briller une illusion à leurs yeux. Mon projet ne fit que les mettre en joie et se moquer, mais je sus si bien les circonvenir qu'ils m'accordèrent le crédit de quelque chance, d'autant qu'ils n'avaient pas grand-chose à perdre.

Afin de me permettre d'affronter mon adversaire dans les conditions les plus favorables, ils acceptèrent de se défaire d'une part de leur ration à mon profit, me préparèrent comme un athlète pour un combat de cirque et, jour après jour, se réjouirent de voir leur champion reprendre des forces. Après une quinzaine de ce régime, Bastien tâta mes muscles et hocha la tête d'un air satisfait.

- Si tu pesais quelques livres de plus, je n'hésiterais pas à parier une fortune sur toi. Si tu t'y prends bien, le Breton est bon comme la romaine. Tu sais ce qui te reste à faire ?

Il me restait à attendre.

Mes compagnons avaient fait courir discrètement le bruit que ce « fou de Beauchamp », sans doute piqué par la tarentule, rêvait d'en découdre avec le Coq. Cette rumeur ne tarda pas à parvenir aux oreilles de mon futur adversaire.

Maître Peppart, premier informé, jubilait : il y avait des semaines que ses prisonniers n'avaient pas régalé les gardiens et les soldats d'un de ces combats qui étaient pour eux un spectacle de choix. Au cours de la promenade du lendemain il me souffla à l'oreille :

– Tu as mes faveurs, dit-il. Je parierai sur toi. Ce *chicken*, le Breton, se prend pour le roi des petits oiseaux. Flanque-lui la pâtée et nous serons amis toi et moi. Évite de tomber entre les pattes de cet ours, il te broierait. Joue les couleuvres. Au moment favorable cogne au creux des reins. C'est le point sensible.

Il me fit porter le lendemain une double ration de pain, une pinte de bière, une tranche de viande et me dit peu après :

– Tu auras le même régime durant une semaine, jusqu'au moment choisi pour le combat, mais ne va pas le chanter sur les toits. Prépare-toi pour dimanche. Il y aura du monde au spectacle, *my boy* !

Le jour venu, on nous prépara, le Breton et moi, comme des gladiateurs, par des massages et une solide nourriture. Je refusai le verre de whiskey ; le Breton, quant à lui, en consomma une demi-pinte. Parti aux nouvelles, maître Peppart revint avec un air radieux :

– Il est ivre comme une caille, dit-il. Tu vas écraser cette merde, *my friend* !

La cour de la forteresse n'avait jamais connu une telle affluence. On avait parqué les prisonniers le long d'un mur, avec interdiction de bouger, garde-chiourme et soldats en face, autour du commandant de la place, un général à la retraite, en uniforme rouge. Il ne manquait qu'un air de cornemuse pour préluder, mais les vivats, les encouragements et les invectives pleuvaient sur nous. Maître Peppart me révéla que la majorité des paris s'étaient portés sur mon adversaire qui faisait des effets de muscles pour la galerie.

Dans l'attente du signal de maître Peppart siégeant sur un escabeau, je me remémorai les jeux violents de ma jeunesse, chez les Iroquois, celui de la balle-bâton notamment, qui m'avait laissé des souvenirs dont je porte encore les traces.

Malgré la confiance qui m'habitait, je ne pus réprimer un frisson en voyant s'avancer dans le cercle, d'une allure lente mais assurée, cette vivante statue d'athlète à la peau luisante de gras de baleine sous les poils qui couvraient le torse et l'abdomen. Il fit son petit théâtre de saltimbanque sous un déluge de vivats. Peu à peu je sentais se dégrader ma confiance, mes jambes mollir, mon regard se voiler. Si je n'avais été soutenu par un sentiment de fierté, j'aurais déclaré forfait, mais je n'ignorais pas que cette réaction m'aurait condamné et que j'aurais été traité comme un paria indigne de vivre.

De toute évidence, le Coq voulait faire durer le plaisir. Il évoluait dans le cercle avec une lenteur de cauchemar, tendait les bras vers moi comme pour m'inviter à une embrassade. Je l'approchai, mais avec la ferme décision d'y échapper. Afin de le déconcerter et de l'étourdir, je me mis à danser autour de lui, malgré les quolibets qui m'accablaient de toutes parts. Il parvint à me saisir par un bras et à le tordre avec une telle vigueur que je hurlai et me retrouvai à terre. Il se disposait, après avoir salué la foule, à se laisser choir sur moi, quand, d'un mouvement rapide, je me retournai et roulai sur moi-même, si bien qu'il mordit la poussière.

Plus vif que lui, je me redressai et, de mes poings réunis comme une masse, le frappai au creux des reins. Le monstre poussa un hurlement. Tandis qu'il se redressait péniblement, je lui décochai en plein visage un coup de pied qui le fit se retourner sur le dos.

Je mesurai avec satisfaction l'abîme de consternation qui accueillit cet exploit. Du côté de mes compagnons, explosion de délire... Ils me voyaient déjà paré des plumes du coq, mûr pour une promotion qui ferait de moi un petit roi.

J'eus la conviction que la victoire n'était pas acquise lorsque je vis le champion me faire face de nouveau avec une lueur de meurtre dans le regard. Fini le petit théâtre, me dis-je. Meurtri dans son orgueil plus que dans sa chair, il allait devenir dangereux comme une bête blessée.

Soufflant sa rage par les naseaux, le Breton passa quelques instants à faire rouler sur eux-mêmes ses muscles comme pour s'assurer que sa force était intacte. Il paraissait soudain plus agile, plus mobile, décidé à ne pas entrer une nouvelle fois dans mon jeu.

Je ne saurais dire combien de temps dura l'engagement. L'horloge du temps avait cessé de tourner et le monde extérieur paraissait figé dans la glace. Je n'avais conscience que des évolutions de cette pieuvre humaine qui tendait ses tentacules vers moi. Yan parvint à me crocheter les épaules. Je sentis ses poignes de fer remonter vers ma gorge et je me dis que j'en tenais pour mon compte. Je décochai dans ses parties un violent coup de pied qui le fit hoqueter et lâcher prise. Un coup de genou lui fit éclater le nez et lui mit le visage en sang.

Profitant de ce qu'il restait figé, je contournai cette masse de chair et, de mes deux poings fermés, lui assenai au creux des reins un nouveau coup qui lui fit ployer les genoux.

Yan était à ma merci. Sans me départir de mon calme, sûr de mon fait, je parachevai ma victoire dans le concert de hurlements qui bourdonnaient autour de moi comme un orage. A coups de poing, à coups de pied je lui martelai le corps. Il rampait sur les mains et les genoux, beuglant, crachant une salive sanglante, cherchant désespérément à se lever. L'épuisement me gagnait peu à peu, ma poitrine soufflait comme une forge, mes poings étaient devenus insensibles, mais je continuai mon œuvre de destruction de cette brute immonde qui rejetait des odeurs de sueur et de whiskey. Je voulais la mort de mon adversaire. Je la voulais ardemment, quitte à laisser mes dernières forces dans cette folie. Cette victoire, je la ressentais surtout comme une revanche sur les sévices que nous infligeaient nos bourreaux.

A grand-peine, je parvins à mettre mon adversaire sur le dos. Il tenta en vain de m'écarter. A cheval sur son ventre, je criblai son visage de coups de poing jusqu'à ce qu'il eût perdu connaissance. Imparfaitement satisfait, j'empoignai ses oreilles, lui soulevai la tête et, à plusieurs reprises, lui fis heurter le sol avec une telle violence qu'il en eut la nuque fracassée. Armé d'une pierre je lui eusse écrasé le visage.

Je ne cessai de donner libre cours à ma violence que lorsque le gourdin de maître Peppart me toucha les épaules. Yan avait cessé de vivre ; le coq, désormais, c'était moi.

Bastien vint m'aider à me relever et à me conduire vers le groupe des prisonniers qui exultaient. Ce jour-là, on nous gava de nourriture et de bière. Dans les jours qui suivirent notre régime connut quelque amélioration.

Puis, peu à peu, vexations et privations reprirent leur cours infernal.

Je ne pouvais supporter la vue du cadavre de ce pauvre Castel. Écartelé dans le cadre de bois, verdâtre, il commençait à puer, si bien qu'on le jeta dans une fosse commune en l'arrosant de chaux vive. Je pris une résolution que je confiai à Bastien.

— J'ai décidé de m'évader. Je ne veux pas finir comme ce pauvre Castel. Que diable, sommes-nous des moutons ?

— Nous serions des lions que ça ne changerait rien. Nous ne sortirons d'ici que pour aller nous baigner dans le bac à chaux vive. Tu attends un miracle ou tu as un plan ?

Je dus convenir que je n'attendais rien de la Providence et que je n'avais encore aucun plan précis.

— Même une souris, dis-je, ne pourrait s'échapper de cette prison, mais les souris sont incapables de concevoir un plan d'évasion. Moi, si...

C'est en regardant les soldats étendre leur linge sur de longues perches, dans la cour, qu'une idée fulgura dans mon esprit. Ce dispositif ne constituait pas à proprement parler une échelle mais il était agencé de telle sorte que ses éléments, appliqués contre l'enceinte, pouvaient me permettre de parvenir à la crête du mur, qui n'était pas d'une hauteur décourageante. Au-delà, je le savais, la forteresse se prolongeait par des bastions donnant sur la rivière Bandon.

— J'effectuerai une tentative cette nuit même, dis-je. Veux-tu me suivre ? A deux, ce sera plus facile.

Bastien me répondit d'un air sombre :

— A supposer que tu parviennes à franchir cette enceinte, tu te feras cueillir par une ronde ou une sentinelle. Et si par miracle tu arrivais à t'évader, ils remueraient ciel et terre pour te retrouver. Tu sais pourquoi...

Je ne le savais que trop. Cette forteresse échappait aux règles de la plus simple humanité. Si Sa Majesté était informée des conditions de détention, les responsables iraient eux-mêmes finir leurs jours aux galères. Cet endroit était coupé du monde ; il échappait aux lois des hommes et aux enseignements de la religion. Nos bourreaux, à tous les niveaux, étaient liés par une complicité : ils trichaient sur nos rations pour arrondir leur pécule.

Je passai le reste de la journée à examiner de loin le système de perches sur lesquelles séchaient dans l'aigre soleil d'hiver des chemises raides de froid et me livrai à un examen, à savoir comment transformer ces lignes droites en point d'appui permettant d'escalader la muraille et de passer de l'autre côté.

Il me fallait des liens. Je déchirai la chemise que Castel m'avait laissée en héritage, la réduisis à l'état de lanières qui, tordues en cordes, me permettraient de réaliser une échelle sommaire de trois ou quatre barreaux liés aux perches.

Bastien demeurait sceptique.

– En admettant, dit-il, que tu réussisses à te hisser en haut de ce mur, tu te retrouveras sur le toit de la galerie qui relie entre eux les bastions. Admettons encore que, par miracle, tu parviennes à maîtriser une sentinelle et à gagner le Bandon, le commandant remuera ciel et terre pour te retrouver. Dans la misérable campagne qui nous entoure, tu ne peux espérer vivre longtemps en fuyard. Tu ne tarderais pas à crever de faim.

C'était l'avis de nos autres compagnons. Nous en avons longuement discuté sans que je puisse les convaincre que j'avais quelque chance de réussite, mais il en eût fallu bien davantage pour me faire renoncer. J'échangeai ma couverture en poil de chien contre quelques quignons de pain dur qui me permettraient de subsister deux ou trois jours. Notre cellule, par chance, donnait sur la cour et n'était pas fermée de l'extérieur. Par malheur, à la première heure de la nuit une grosse lune froide et lumineuse se montra.

Je décidai d'attendre la nuit profonde pour mettre mon projet à exécution.

Sans éveiller mes compagnons, je quittai ma paillasse, ouvris sans bruit la porte de la cellule, puis, en longeant les murs, parvins aux abords des perches à linge. Il me fallut une bonne demi-heure, en me cachant des rondes, pour en faire une échelle rudimentaire et accéder à la crête du mur.

Allongé sur le sommet large d'une aune et couvert de givre je repris mon souffle et observai la pente extérieure. Rien ne bougeait, semblait-il, sous la galerie et dans les bastions. Décidé à tenter le tout pour le tout, je me laissai glisser de manière à tomber à plat sur le toit de chaume recouvrant la galerie. Bien qu'assourdi par l'épaisseur de la bruyère, le bruit de ma chute me fit l'effet d'un coup de tonnerre. Je hasardai un regard sur la terrasse aménagée entre une casemate et un poste de batterie. Le souffle coupé, je vis un soldat enveloppé d'une couverture sortir de l'ombre et lancer sa sommation. Sans lui laisser le temps de la renouveler je me laissai choir sur lui comme une pierre et tentai d'étouffer sa voix de la main. Par bonheur, j'avais affaire à un gringalet qui, lorsque je lui eus serré brutalement la gorge, cessa de geindre et de respirer.

Après avoir traîné le corps dans la casemate, je cherchai à travers la pénombre ce qu'il avait pu laisser en fait de nourriture. Je glissai dans ma chemise le pain et le lard que je découvris, jetai la couverture sur mes épaules et pris le large en direction du Bandon.

Un étroit escalier de pierre me conduisit à de vieux magasins abandonnés, à une poudrière bardée de ferrures comme la porte d'une église, avant de plonger vers la berge du Bandon qui brillait sous la lune comme une coulée de métal.

Je n'avais heureusement pas à me demander quelle direction prendre : c'est avec le nord que j'avais décidé de me diriger. Je contournerais la cité de Kinsale, petite bourgade de pêcheurs, pour prendre à travers champs le chemin de Cork, l'un des ports les plus importants d'Irlande d'où, avec un supplément de chance, il me serait possible de m'embarquer sur un navire.

Ma connaissance de la langue anglaise, que je parlais couramment, m'aiderait dans cette tentative.

J'ignore combien de temps j'errai à travers landes et marais avec ce seul souci : trouver la bonne route.

Je me reposais le jour et marchais la nuit. Ma réserve de nourriture épuisée, je me sustentai de cœurs de choux que je volais aux abords des fermes, ce qui n'est pas une provende de chrétien. Je dormais dans des champs de bruyère, enveloppé dans la couverture du soldat. Une bénédiction : sans elle on m'aurait retrouvé mort de froid.

Je restai deux jours et deux nuits sans découvrir le moindre carré de choux, si bien que j'étais à bout de résistance. Un matin, à la pique du jour, le cinquième après mon évasion, j'abordai une prairie gelée dont l'herbe m'attira au point que je ne pus résister à la tentation et me mis à brouter voracement. Je vomis cette nourriture de bovin et m'apprêtai à mourir d'inanition, persuadé, que les miracles ne se produisent pas deux fois. Quand la première clarté du soleil me toucha, j'avais perdu connaissance.

Lorsque je m'éveillai je me crus arrivé au paradis. Trois angelots au visage rose se tenaient autour de moi et me contemplaient sans mot dire, les mains dans le dos.

J'essayai d'articuler une parole mais ma gorge ne parvint à émettre qu'un lugubre chuintement et un cri de chat qui n'eut d'autre résultat que de dissiper cette angélique assemblée.

J'aurais fini mes jours dans une asthénie fatale si la Providence, une fois de plus, n'était venue à mon aide. A demi inconscient je me laissai soulever de terre et emporter comme sur un souffle de vent. Un moment plus tard je reposais sur une botte de paille, dans un lieu clos. On tentait de me déluter les lèvres pour me faire absorber un liquide amer qui acheva de me libérer l'estomac mais me laissa pour ainsi dire raide mort. « Si c'est ainsi, me disais-je, que l'on accueille les mortels au paradis, autant continuer à vivre son calvaire dans cette vallée de larmes... »

Je ne tardai pas à me rendre compte que je n'étais pas au paradis, mais dans une grange, et que je baignais dans une flaque de soleil, tiède comme une bénédiction avec autour de moi des gestes et des éclats de voix comme sur un champ de foire. Un faciès de mauvaise apparence, embroussaillé de barbe jusqu'aux yeux, me dit en se penchant sur moi :

– Hé, l'homme... Qui es-tu ? Quelle est ta religion ?

La question me parut incongrue en la circonstance, mais, me souvenant que j'étais en Irlande, je me déclarai bon catholique. Le bonhomme exprima sa satisfaction par un grognement et ajouta :

– Prépare-toi à paraître devant Dieu et à lui demander pardon pour tes péchés.

Je n'eus garde de protester, d'autant que je n'étais pas en mesure de le faire, mais je jugeai que le barbu semblait manifester quelque hâte importune à vouloir se débarrasser du mangeur d'herbe qu'il devait prendre pour un vulgaire vagabond arrivé au bout de ses forces. Je parvins à articuler :

— Le moment n'est pas encore venu, sauf si vous êtes le Bon Dieu en personne.
— Ce fichu vagabond! s'exclama le barbu. Il a de la jactance, pour un moribond...

Une main féminine me fit boire quelques gorgées de lait chaud qui me firent l'effet d'un dictame. Une voix murmura :
— Il est sauvé. Laissons-le se reposer.

Lorsque je me réveillai il faisait presque nuit. Je me trouvais dans une chambre simple et nue, dont le dépouillement eût suffi pour me réconcilier avec mes pires ennemis. Elle composait autour de moi un cocon chaleureux et rassurant. Un murmure de voix venait de la pièce voisine par la porte entrebâillée.

Je bougeai un bras, puis l'autre, une jambe et l'autre, parvins à m'asseoir en faisant basculer mon corps au bord du lit. En m'aidant du dossier de la chaise posée à mon chevet je me propulsai avec effort jusqu'à la porte que j'ouvris en grand.

La stupeur des gens rassemblés dans cette pièce, je ne saurais l'exprimer. Ils auraient assisté à la résurrection de Lazare qu'ils n'auraient pas été autrement fascinés.

Ils étaient là une bonne dizaine, des adultes, des enfants, des vieillards avec, au milieu d'eux, le personnage à la barbe en broussaille qui m'avait proposé avec tant de complaisance de prendre le chemin de l'ultime contrition : un religieux, à en juger par ses vêtements noirs et la grosse croix de buis qu'il portait glissée dans sa ceinture comme un poignard. Ils avaient tous la bouche ouverte si grand que l'on aurait pu y enfourner un quarteron de pain.

— Béni soit le Seigneur! s'écria le religieux.

Il ne parla pas de miracle mais chacun, apparemment, y songeait. On m'entoura, on me toucha, on me prit par la main pour me conduire à la table et me faire asseoir sur un banc, face à une opulente marmite qui exhalait un fumet à défaillir de bonheur. Je parvins à articuler :
— Merci, bonnes gens. Sans vous, je serais mort.
— Béni soit le Seigneur! répéta le religieux.

En me signant avec conviction je répétai cette phrase.

On remplit mon écuelle d'une soupe de paysan lourde de lard et de gros pain, qui me brûla délicieusement la gorge. Des questions fusaient de toutes parts, mais je n'en avais cure. Je repris de la soupe, et encore, et encore, sans arriver à combler l'abîme de fringale qui s'était creusé en moi depuis des années, me semblait-il. Soudain, alors que j'en touchais le fond, je me répandis en larmes, ce qui eut pour conséquence de faire cesser le déluge de questions et de donner une consistance mystérieuse à mon personnage : un vagabond ne pleure pas dans sa soupe.

La présence du prêtre m'incitait à conter la réalité de mon aventure, mais je me repris à temps et inventai une histoire dont ils durent mettre la confusion sur le compte de mon état : j'étais un négociant que des brigands avaient agressé, détroussé et abandonné ; je souhaitais me rendre à Cork où mes agents m'attendaient pour prendre la mer en direction de l'Amérique du Nord.

Ce salmigondis déclencha des hochements de tête apitoyés, des regards et des murmures attendris.

— Vous avez de la chance, dit le prêtre, d'être tombé chez de braves gens qui honorent Dieu et ses apôtres. Maître Donnaghan et son épouse veilleront sur vous le temps que vous soyez de nouveau sur pied. Ils vous remettront sur la route de Cork qui n'est distante que d'une dizaine de lieues. Quant à moi, venu pour vous administrer l'extrême-onction, j'assiste à une résurrection. Béni soit le Seigneur !

Je restai trois jours dans la demeure de ce brave homme de paysan sans lui occasionner la moindre gêne car il possédait une ferme relativement prospère. J'en eus une autre preuve au moment de repartir. Maître Donnaghan me fit cadeau d'un habit à ma taille, de deux chemises, d'une besace pleine de victuailles. Il glissa dix shillings dans ma main qu'il referma dans les siennes comme pour sceller un pacte d'amitié. Je protestai ; il secoua la tête.

— Vous en aurez besoin, dit-il. Sans argent sur vous, si vous tombez sur une patrouille de connétables, ils vous conduiraient en prison à Kinsale.

Il n'en fallait pas davantage pour me persuader d'accepter ce don.

— Vous êtes un bon chrétien, dis-je, une boule d'émotion dans la gorge. Je ferai mon possible pour vous rendre vos bienfaits au centuple.

— Dieu y pourvoira, dit-il.

Il me demanda de participer à une ultime prière, au milieu de sa famille et de ses domestiques. Je n'ai jamais, moi qui suis un chrétien peu enclin à assister aux offices, mêlé ma voix à une prière collective avec tant de cœur et de conviction.

— Mon garçon, me dit le religieux en me tirant à part, qu'allez-vous faire en arrivant à Cork si vous ne trouvez pas vos agents ? C'est une belle et grande ville mais aussi un repaire de brigands.

— Je ne souhaite que m'embarquer, dis-je, comme je vous l'ai annoncé. Cela ne doit pas me poser de problème.

— ... sauf si vous tombez sur des recruteurs tatillons qui n'ont guère de sympathie pour les Français.

Je sursautai.

— Qu'est-ce qui vous fait dire que je suis français ?

— Cet accent que vous prenez tant de peine à dissimuler. Il semble que vous ayez avalé un rat dont la queue vous sort par la bouche !

Il éclata de rire, me frappa l'épaule avec sympathie, ajoutant :

— Je vous ai préparé deux documents qui vous seront utiles. Celui-ci est destiné aux connétables qui pourraient vous interpeller. Il explique votre situation et porte une signature que tout le monde ici connaît et respecte : la mienne. Vous remettrez cet autre à une veuve de ma connaissance dont le mari a disparu en mer il y a quelques années. Elle vous hébergera le temps de vous retourner, à condition que vous lui donniez un petit coup de main pour son potager et son jardin, car elle souffre de rhumatismes. Elle s'appelle Malone, Jemina Malone.

LES NAUFRAGÉS DE LA *GALATÉE*
(1722-1723)

Au large, à bord de la *Galatée*

Des voix railleuses le tiraient de son sommeil ou de sa béatitude :

– Hé, ho ! La Farinière... Aucun bâtiment en vue ?

Sa tête émergeait de la chaloupe suspendue à ses palans. Il clignait les yeux dans le soleil et le vent et lançait par-dessus la rambarde :

– Pas La Farinière, les amis : Gilles Chauvin de La *Frénière*.

Il réagissait sans humeur à ces innocentes facéties, qu'elles vinssent des hommes d'équipage, des soldats, des officiers et parfois des enfants de son maître, M. de La Chaise. Ils ne se privaient pas de brocarder ce fils de meunier dont ils se demandaient ce qu'il faisait sur cette frégate qui faisait voile vers la Louisiane.

Lors du passage de la ligne il s'était laissé saupoudrer de farine et coiffer du bonnet à rayures des mouliniers. Assez susceptible et vif de nature, il acceptait placidement ces taquineries comme un chien tourmenté par les enfants. Il n'avait eu de réaction violente qu'une fois au cours de la traversée, lorsque Jacques, le fils aîné de son maître, l'avait provoqué ; ils s'étaient battus sur le gaillard d'avant ; le capitaine les avait consignés une semaine dans la soute et mis à la ration congrue.

Ancien directeur général de la Compagnie des Indes, patron et protecteur de Gilles, M. de La Chaise lui avait dit d'un ton sévère :

– Le capitaine a eu raison de vous punir. Dis-toi une

fois pour toutes que je ne tolère pas le moindre désordre dans mon entourage. Si une telle scène se renouvelle, vous serez fouettés devant tout l'équipage. Si vous avez un différend, c'est à moi qu'il faudra l'exposer.

Il avait ajouté benoîtement, en essuyant ses besicles, embuées par les embruns :

— Qu'as-tu à dire pour expliquer ton attitude ?

— Je suis sans excuses, dit Gilles. J'ai cédé à un mouvement d'humeur.

— Eh bien, dorénavant, tâche de mieux te contrôler.

Les raisons de cette dispute bouillaient encore dans la tête du garçon. Jacques l'avait provoqué avec vivacité :

— Cesse de tourner autour de ma sœur ! Alexandrine n'est pas pour ton bec, moulinier farinier !

— Tu fais erreur. Je...

— Ne me tutoie pas, je te prie. Souviens-toi d'où tu sors. Si mon père a accepté de te prendre à son service pour vider son pot, c'est par charité. Tu étais incapable de faire tourner la meule et de tenir les comptes. Tu n'es bon à rien, même pas à cirer mes bottes, ou à laver le pont. D'ailleurs on va bien le voir.

Il lui avait montré le seau, le faubert.

— Exécution ! Au travail, bon à rien !

Gilles avait pris le seau à pleines mains, et en avait jeté le contenu au visage de son interlocuteur qui avait gémi :

— Mon costume ! Ma perruque ! Tu vas me le payer...

Ils s'étaient jetés l'un contre l'autre et battus comme des chiens.

Gilles avait-il « tourné autour » de Mlle Alexandrine ? Certes non, à Dieu ne plaise ! Il la regardait, l'observait au cours de ses promenades sur le pont, ni plus ni moins que les matelots et les soldats. Gilles n'ignorait pas les raisons véritables de l'hostilité que Jacques lui vouait depuis leur départ. « M. Jacques », comme on l'appelait, jalousait le fils du meunier pour son charme, son visage de Narcisse, sa belle stature, son esprit délié : tout ce dont la nature ne l'avait pas pourvu, et qu'il compensait par la prétention, l'arrogance et le soin apporté à sa toilette.

— Lorsque nous serons arrivés à La Nouvelle-Orléans, lui avait lancé M. Jacques après qu'on les eut séparés, je te ferai jeter en prison pour le restant de tes jours !

– Tu auras du mal à trouver un motif.
– J'en inventerai.

La semaine que Gilles passa à fond de cale, sans pourtant qu'on lui mît les fers aux pieds, lui parut longue comme un carême, malgré les espaces de lumière et de chaleur qui s'ouvraient dans cette ombre méphitique : les moments où Mlle Alexandrine venait lui porter sa pitance. Cette ombre blanche s'agenouillait près de lui, déposait entre ses jambes, sur l'escabeau, la platée de soupe au pois et le morceau de pain ; elle y ajoutait de sa propre initiative une tranche de lard ou de viande salée. Il lui disait :

– Vous me comblez, mademoiselle, mais ce n'est pas sans risque pour vous. On pourrait fort bien vous enfermer, vous aussi.

La petite futée répondait :

– Si c'est en votre compagnie, je ne m'en plaindrai pas...

Il se demandait parfois s'il n'était pas le jouet d'un mirage comme en éprouvent, dit-on, les prisonniers, si l'ombre blanche n'allait pas se dissiper dans un coup de vent. Consciente du danger qu'elle courait, Mlle Alexandrine ne s'attardait pas mais donnait une apparence de perversité à chacune de ses visites : elle remontait la couverture sur les épaules du prisonnier, boutonnait sa chemise jusqu'au col car il avait la gorge fragile, versait de l'eau dans son gobelet...

Un jour même elle l'embrassa sur le coin des lèvres. Il tendit les bras ; elle lui échappa avec un éclat de rire dont les échos persistèrent dans la cellule comme les fragments d'un miroir brisé.

Dans la chaloupe accrochée au gouvernail, où il se réfugiait volontiers, son service achevé, Gilles était comme un coq en pâte, la nuit surtout, lorsque la *Galatée* faisait voile dans la mer des Antilles.

Il ne se souvenait pas d'avoir connu en France des nuits aussi extraordinaires. Les étoiles brasillaient d'un feu plus vif, se multipliaient dans des profondeurs d'encre bleue, suscitaient des vertiges d'infini. La frégate naviguait sur une mer phosphorescente qui semblait brasser de pâles incendies, des rouleaux parcourus de longs éclairs bleuâtres pareils à de l'alcool enflammé. On voyait émerger des nuages de méduses et de rotifères déployant des voiles de bayadères. A diverses reprises une neige lumineuse tournoya en spirales autour du navire.

Gilles s'endormait dans ce décor d'un théâtre d'illusion, bercé par le grondement des vagues contre les bordages et le chant des matelots.

Parfois une voix jaillissait du gaillard d'avant:
– Terre à tribord!

On voyait se dessiner à travers la nuit de cristal des masses sombres qui ondulaient sur l'horizon luminescent: de lourdes collines, des montagnes, des pics semblant émerger pour saluer le navire.

La voix de M. Jacques, parfois, l'arrachait à sa somnolence:
– Debout, La Farinière! On t'attend à l'office.

Une fois terminé son service, qui n'avait rien d'astreignant, Gilles s'installait dans cet autre refuge de prédilection: l'extrémité de la poupe, derrière les chaînes du gouvernail et du taille-mer. Il y restait des heures à observer le jeu des vagues, le vortex furieux qui les animait et laissait deviner la danse gracieuse des méduses, les majestueuses évolutions des requins ou des dauphins autour de la quille.

Lorsque la chaleur pesait sur le navire encalminé, il cherchait refuge sous les voiles ou à l'abri d'un mât et s'abandonnait à la lecture d'un ouvrage appartenant à son maître. Il se délectait de Lucrèce et de Catulle en songeant aux formes délicates de Mlle Alexandrine, aux forêts d'orangers de la Lousiane, aux immensités du Grand Fleuve.

Lorsqu'il passait à proximité, M. Jacques lui lançait:
– Alors, La Farinière, on apprend son alphabet?

Il ne s'était risqué qu'une fois, poussé par une sorte de défi qu'il s'était imposé, jusqu'à la hune du grand mât. Il s'y était hissé non sans efforts, à travers les barres, salué d'apostrophes narquoises par les matelots qui escaladaient les haubans et se laissaient glisser le long des cordages avec une aisance de grands singes. Une fois parvenu au terme de son ascension, l'océan lui avait paru plus immense, plus menaçant, et le navire réduit aux dimensions d'un jouet. Un vertige lui avait mis l'estomac dans la gorge. Ayant repris pied sur le pont, il s'était précipité sur le plat-bord pour vomir.

M. de La Chaise lui avait ouvert le coffre contenant

ses livres; il avait guidé ses premières lectures et constaté que le petit valet avait les qualités requises pour faire son chemin dans la vie.

Il lui avait dit un jour en lui confiant un de ces livres :
— Mon garçon, ton éducation reste à faire. Tu n'es point sot, tu sais lire et écrire convenablement pour un fils de meunier et tu sembles apprécier les Anciens. Cela ne te suffira pas si tu ambitionnes de te faire une place dans la société où nous sommes appelés à vivre, mais j'ai promis à ton père de veiller sur toi et j'honorerai ma parole.

Trois jours après que l'on eut laissé à tribord les dernières côtes de Saint-Domingue, la *Galatée* fut prise dans une tempête qui s'annonça par une frange de nuages à fleur d'horizon, qui passèrent du violet au grisâtre, avec des écharpes d'arc-en-ciel d'une fascinante beauté.

Avant même que le vent se fût levé, des paquets de vagues hargneuses clapotaient contre les bordages. Il tomba aussitôt sur la frégate avec une brutalité sauvage. Il n'était que temps de carguer les voiles : la *Galatée* dansait comme une folle, donnant de la gîte sur bâbord et tribord, embarquant des lames d'une telle impétuosité que le capitaine fit attacher le pilote à la barre.

Gilles s'apprêtait à se réfugier dans l'entrepont avec les soldats lorsqu'il vit surgir du château d'arrière la silhouette de Mlle Alexandrine.
— Où allez-vous ? lui cria-t-il. Vous ne pouvez rester sur le pont. Un matelot vient d'être emporté.

Ils s'abritèrent derrière un mât d'un paquet de mer qui balaya le pont. Elle lui cria dans l'oreille :
— Je n'ai pas pu rester dans notre cabine ! Tout le monde est malade et vomit. Je préfère affronter la tempête !
— Si nous restons ici, dit-il, il faut nous attacher.

Il rampa jusqu'à un rouleau de cordage, s'entortilla avec elle autour du mât, luttant contre les paquets de mer inondant le pont.
— Serrez-vous contre moi ! cria-t-il. N'ayez pas peur.
— Je n'ai pas peur avec vous ! dit-elle en riant. Je voudrais même...
— Parlez plus fort : je vous entends mal.
— ... je voudrais que cette tempête ne s'arrête jamais.

- Vous serez déçue. Regardez !

Il lui montra un coin du ciel qui venait de se creuser d'un grand lac bleu. La tempête eut encore quelques soubresauts, puis un rayon de soleil balaya le pont qui se mit à fumer, tandis que l'équipage sortait de ses abris pour reprendre la manœuvre. Sur la dunette, le capitaine avait embouché son porte-voix. Une cloche sonnait à tribord.

Gilles raccompagna Mlle Alexandrine à sa cabine. Ils étaient trempés et tremblaient de froid. M. Jacques se tenait devant la porte, les mains dans le dos, l'œil noir de colère.

- Entre ! dit-il à sa sœur. Notre père veut te parler. Quant à toi, La Farinière, un jour je te tuerai.

Un matin, en se penchant sur le plat-bord, Gilles constata que la couleur de l'océan avait changé : il s'y mêlait une légère brume de sable jaunâre. Il fit part de cette observation au quartier-maître qui lui répondit :

- Nous approchons du delta du Mississippi. C'est ici que se célèbre son mariage avec la mer. Encore quelques heures et nous serons en vue de La Balise, un poste situé à l'embouchure.

Alors que la cloche venait de piquer un quart, l'horizon révéla une terre, mince comme un coup de crayon. L'ambiance à bord changea brusquement au cri de la vigie : l'équipage allait et venait joyeusement, riait, chantait, esquissait des pas de danse. Même M. de La Chaise, maussade à son ordinaire, semblait d'humeur joyeuse : appuyé au plat-bord il tenait son épouse par la taille, lui montrait l'horizon en brandissant ses besicles. Les quelques émigrants, futurs colons de la Louisiane, qui logeaient dans l'entrepont, les soldats de marine, quelques dizaines de nègres achetés à Saint-Domingue par M. de La Chaise s'étaient massés le long des rambardes, le visage grave. Des femmes d'émigrants pleuraient ; les enfants dévoraient l'horizon des yeux.

Les voyageurs n'étaient pas au bout de leurs peines. Alors que, depuis quelques jours, le vent portait favorablement, il ralentit sa course puis s'arrêta tout à fait. Parti aux nouvelles sur la dunette, M. de La Chaise en revint la mine sombre.

- Mes enfants, soupira-t-il, notre joie aura été de courte durée. Nous sommes immobilisés et, si le vent ne se lève pas, nous risquons de le rester longtemps.

— Rester dans cette gadoue ! s'écria Mme Marguerite. Mais enfin, Jacques, faites quelque chose !

M. de La Chaise portait le même prénom que son fils. Il répondit en haussant les épaules :

— La coque de la *Galatée* a donné dans un bain de vase. Il se pourrait bien que notre voyage sur ce navire se termine ici, à quatre mille milles de la France. Nous devrons nous armer de patience. Le capitaine va envoyer une chaloupe pour demander le renfort d'un pilote.

Durant la nuit qui suivit la *Galatée* oscilla bord sur bord dans cette fondrière de boue liquide qui, selon le capitaine, pouvait avoir jusqu'à deux cents mètres d'épaisseur en certains endroits. Ce matelas de terre gluante, c'était déjà un peu de l'Amérique. Arrachée particule par particule lors des crues à des contrées lointaines : celles des Natchez, des Yazous, des Kaskaskias, des Illinois, cette terre se mêlait à celle que brassaient les rivières aux noms étranges qui descendaient des Montagnes Rocheuses à l'ouest, des Alleghanys et des Appalaches à l'est. Tout un continent vomissait au-delà du delta, jusqu'à des milles en mer, cette grosse soupe d'alluvions. De cette genèse naissaient des terres vierges, émergeait lentement des profondeurs troubles un monde solide qu'envahissait peu à peu une végétation sauvage.

La chaloupe quitta la *Galatée* au petit matin, dans un brouillard dense. Gilles la suivit des yeux jusqu'à ce qu'elle eût disparu. Un moment plus tard il se crut l'objet d'une hallucination : l'embarcation flottait au loin au-dessus d'un lac de brume, dans un air transparent.

— Ce phénomène est fréquent, lui expliqua le quartier-maître. Il résulte de la différence de température entre l'eau douce et l'eau salée.

La chaloupe revint le lendemain, précédant un navire de modeste tonnage qui parvint non sans mal en profitant de la marée à tirer la frégate de sa situation. La *Galatée* s'engagea lentement dans la principale embouchure du Mississippi, celle du sud-ouest où se tenait le poste de La Balise. Il fallait sans relâche jeter du plomb dans les eaux blanchâtres des passes balisées car les fonds changeaient avec les caprices du fleuve.

L'horizon s'étendait à l'infini, d'une platitude sinistre.

Il se composait d'une succession de lignes horizontales superposées, tantôt brunâtres, tantôt vertes ou blanches, sans que surgisse, après des heures de navigation incertaine, rien qui ressemblât à une vraie terre. On avait l'impression singulière que le fleuve coulait au milieu de l'océan. La *Galatée* avançait avec la lenteur hallucinante d'un navire fantôme au milieu de tourbillons boueux auxquels se mêlait l'eau limpide et bleue du contre-courant sous-marin. Le pilote, par des manœuvres délicates, évitait les battures et les redoutables bancs d'un mille de long qui encombraient l'estuaire.

La frégate semblait planer au-dessus d'une immensité de mangrove sur laquelle pesait une chaleur d'étuve. Après La Balise elle avait rangé les forts de La Boulaye et du Détour-de-l'Anglais, au milieu du même spectacle de désolation. A part les quelques soldats qui occupaient les trois postes et qui avaient tiré des salves pour saluer le navire, on n'apercevait aucune trace de vie. Comme Gilles s'en étonnait, le quartier-maître lui répondit :

– La présence humaine est pratiquement inexistante à des dizaines de lieues à la ronde, à part quelques Indiens de passage, des déserteurs, et des coureurs des bois qui traquent les échassiers pour leurs plumes, mais ces marécages grouillent de vie.

De misérables tribus indiennes végétaient jadis dans cet enfer liquide mais elles avaient été décimées par les fièvres et ce qui restait était remonté au cours des âges vers le nord, pour trouver un vrai fleuve et des hommes blancs.

– Étaient-ils dangereux ? demanda Gilles.

– Certes ! Beaucoup pratiquaient le cannibalisme. Aujourd'hui, au contact de ce que nous appelons la civilisation, leurs mœurs se sont adoucies, mais ils demeurent un mystère pour nous. J'ai vécu deux mois à Mobile, au temps où M. de Cadillac gouvernait la colonie, et je sais de quoi je parle.

Il ouvrit sa manche sur une blessure faite par une lance au cours d'une expédition.

Mme de La Chaise présentait l'image du désespoir. On lui avait délégué les services d'une jeune négresse extraite de la cale et qui passait l'essentiel de son temps à suivre sa nouvelle maîtresse, à l'abriter de son ombrelle et à l'éventer. Assise sur le pont, à l'abri des voiles, Mme Marguerite gémissait :

– Ce voyage ne finira donc jamais ?... Peut-on me dire ce que nous sommes venus faire dans ce pays de sauvages ?

Elle avait accueilli sans plaisir la nouvelle de leur départ. Proche de la cinquantaine, elle considérait cette aventure comme un exil, persuadée qu'elle ne reverrait jamais sa demeure parisienne, ses vieilles amies avec lesquelles elle disputait le bézigue du jeudi en compagnie du père François, ancien confesseur du roi Louis XIV. Elle avait supplié son mari de refuser ce que le ministre considérait comme une faveur insigne, mais Jacques n'en faisait qu'à sa tête. Leurs six enfants, en revanche, avaient sauté de joie en apprenant la nouvelle.

– J'ai un mauvais pressentiment, ajoutait-elle : nous ne reverrons jamais Paris. Comme disait un personnage de Molière, que venons-nous faire dans cette galère ?

M. de La Chaise répliquait avec son flegme habituel :

– Nettoyer les écuries d'Augias, ma bonne... Remettre de l'ordre dans cette colonie. M. de Bienville est peut-être un héros, mais il n'est pas à la hauteur de sa tâche. A quarante ans passés il n'est plus que l'ombre de lui-même. Versailles l'a fait rappeler l'année passée, mais il est revenu en Louisiane au bout de quelques mois. Il aurait dû rester en France et se faire oublier...

Après deux jours de navigation périlleuse, malgré la vigilance et l'habileté du pilote, la *Galatée* alla donner de la proue dans une batture et s'y encastra si profond qu'il paraissait impossible avant des jours de la tirer de ce mauvais pas.

Pour le coup, M. de La Chaise sortit de sa réserve et manifesta son mécontentement au capitaine. On avait pris une semaine de retard depuis les Açores, bien que la *Galatée* eût la réputation d'une bonne voilière. On était à la mi-mars et la famille ne pourrait faire ses Pâques à La Nouvelle-Orléans comme elle l'avait souhaité.

– Monsieur, dit-il, cette nouvelle erreur de navigation est intolérable. Je m'en plaindrai à qui de droit.

– Le Mississippi, monsieur, répliqua le capitaine, n'est pas la Seine. Ce fleuve est une véritable boîte à malice. Tous les pilotes vous le diront.

— Combien de temps allons-nous rester là ?
— Je l'ignore. Si vous êtes attendu d'urgence à La Nouvelle-Orléans, le mieux que vous ayez à faire est de prendre une embarcation légère, mais je me garderai de vous le conseiller : comparé au delta le labyrinthe de Minotaure est un jeu d'enfant. Partir avec votre famille serait une folie.
— Ma famille restera à bord et nous rejoindra lorsque ce navire sera de nouveau en mesure de mettre à la voile. Procurez-moi simplement une embarcation stable, une carte et un guide.
Le capitaine fournit la carte. On trouva au Détour-de-l'Anglais un canot et un guide.

Le nègre Jupiter, qui faisait au magasin du Détour office de factotum pour le commis, était un Ibo de belle carrure. Il connaissait la région comme s'il y était né.
On embarqua dans le canot qui avait amené des vivres pour une semaine et le nécessaire pour cabaner. M. de La Chaise désigna pour l'accompagner M. Jacques, Gilles et Sauvoy, son secrétaire.
Le capitaine de la *Galatée* n'avait rien exagéré en comparant le dédale du delta au labyrinthe des rois de Minos. Après une demi-journée de navigation paisible sur le fleuve boueux que M. de La Chaise appelait un « collecteur », Jupiter engagea la pirogue dans un réseau de canaux, de chenaux, de bayous qui paraissait ne mener nulle part mais à travers lequel il naviguait à la perche avec aisance.
Aux immenses espaces de marécages succédaient des étendues uniformes couvertes d'une végétation dense de palétuviers, de palmiers, de cyprès, de mangliers qui, racines dans l'eau et cimes dans le soleil, composaient un décor somptueux où la chaleur d'étuve faisait se lever des odeurs puissantes de boue et de pourriture végétale.
Le voyage était pénible, le cabanage se révélait éprouvant.
A peine le crépuscule immense et jaune était-il tombé comme un rideau de brume, des nuées de maringouins surgissaient de toutes parts. On étendait les toiles sur des branchages, on allumait un feu pour réchauffer les aliments en prenant soin d'entretenir une fumée dense pour éloigner ces bestioles.

– Faut do'mi' le nez dans la cend'e, leur disait Jupiter, si vous voulez pas avoi' le visage comme une cit'ouille...

On avait ainsi le choix entre suffoquer ou subir l'assaut des moustiques.

– Il n'y a donc aucun moyen, gémissait M. de La Chaise, pour se protéger de cette engeance ?

– Aucun, missié. La g'aisse d'ou's, peut-êt'e...

Lorsque l'on avait cabané au bord d'une lagune, véritable jardin d'Éden, on s'éveillait dans des aubes de paradis, avec, au-dessus des eaux mortes, des ramages d'aigrettes, de flamants et de grues qui menaient un ballet multicolore.

La chaleur était supportable jusqu'à la mi-journée ; au-delà, c'était la fournaise. Les voyageurs laissaient au nègre le soin de gouverner le canot. Le visage inondé de sueur sous le chapeau de feuilles de palmier, les lèvres enflées, la gorge engluée, ils passaient leur temps à somnoler. Seuls M. Jacques et Gilles semblaient s'intéresser à la vie intense du milieu : nage sinueuse des serpents, échouages immobiles des alligators sommeillant au milieu des bois morts avec lesquels ils se confondaient, profusion végétale... Une telle sérénité émanait du décor, un silence si profond enveloppait cette étendue qu'ils en oubliaient la faim, la soif, la fatigue. Le soir, lorsqu'ils se baignaient dans une anse de la lagune sous l'œil vigilant de Jupiter, ils souhaitaient que le voyage durât encore des jours, mais ils perdaient leur bel optimisme aux premiers assauts des maringouins.

– Ce soi', annonça joyeusement Jupiter, on fait la g'ande fête...

Il venait de capturer et de tuer un jeune alligator dont il ne garda que la queue. Cette provende était la bienvenue : le biscuit épuisé depuis la veille il ne restait de farine qu'un fond de sac et trois onces de viande salée. Le nègre assaisonna la chair fade avec des herbes cueillies alentour. Tous se régalèrent. Ces « mets sauvages », disait Sauvoy, auraient du succès dans les grands restaurants de Paris...

M. de La Chaise distribua une dernière ration de rhum pour parachever l'euphorie. Jupiter annonça gravement que l'on atteindrait sans doute La Nouvelle-Orléans le lendemain. On n'allait pas tarder à retrouver le cours central du Mississippi, à quelques lieues de la ville. Il désigna un énorme cyprès enrobé de mousse espagnole, dressé sur une éminence; le fleuve se trouvait à deux ou trois heures de navigation.

— Béni soit cet arbre magnifique! dit Sauvoy que le rhum rendait lyrique. Il nous montre la voie du salut.

— J'en connais, dit M. de La Chaise, qui seront surpris de me voir débarquer. Ils perdront vite leur sourire lorsque j'aurai déballé le contenu de mon portefeuille.

De toute la durée du voyage il ne s'était pas débarrassé de cet objet qu'il portait en bandoulière. Soudain il paraissait animé d'une joie féroce, riait sous cape en esquissant un pas de danse. Il murmurait:

— Bienville, Delorme, Boisbriant... Je leur réserve quelques surprises dont je pense qu'ils ne se relèveront pas. J'attendais ce jour depuis longtemps...

Il ajouta avec un petit rire grinçant:

— J'espère qu'on mettra à notre disposition un logis convenable, à l'abri des maringouins!

Gilles demanda à Sauvoy ce qui pouvait bien motiver cette alacrité malsaine.

— Notre maître, dit le secrétaire, a reçu pour mission de Versailles de mettre de l'ordre dans la colonie. Il se présente avec un dossier accablant pour le gouverneur Bienville, le commissaire Delorme et le lieutenant Boisbriant. Il souhaite prendre les rênes en attendant un nouveau gouverneur.

Contrairement à M. Jacques qui, tout au long du voyage, s'était gardé d'adresser la parole au « garçon meunier » dont il feignait superbement d'ignorer la présence, Sauvoy avait avec Gilles de longues conversations. Agé d'une vingtaine d'années, mince mais vigoureux, le secrétaire faisait preuve en toutes circonstances d'un calme imperturbable dans lequel se diluaient les colères froides de son maître, homme de sagesse et de mesure mais que la moindre contrariété faisait bouillir comme une soupe au lait.

Du Sauvoy, que l'on appelait Sauvoy pour la commodité, ajouta:

— De toute manière nous allons assister à des joutes du plus bel effet. Si elles ne se transforment pas en pugilat, c'est que nous sommes entre gentilshommes...

On n'avait rien préparé pour accueillir les arrivants, et pour cause, personne ne s'attendait à ce que M. de La Chaise arrivât à La Nouvelle-Orléans par le chemin des écoliers.

Le canot conduit par Jupiter toucha l'appontement entre deux levées, alors qu'une voiture, sorte de coche d'eau à fond plat, élégant comme un tombereau, qui faisait la navette entre le territoire des Natchez et La Nouvelle-Orléans, débarquait des marchandises et quelques passagers. Un peu en amont un brigantin espagnol hissait ses voiles dans les souffles tièdes qui montaient des eaux limoneuses.

Passé la grande chaleur de midi, la ville semblait s'éveiller d'une longue méridienne. Une rumeur confuse venait du centre vers lequel plongeait une avenue débouchant sur une perspective de demeures basses et grisâtres où dominaient la brique et le bois. Peu d'immeubles d'ampleur notable dans ce damier de quartiers tirés au cordeau, dont le front épousait la ligne courbe du fleuve envahie par des magasins et des entrepôts gardés par des sentinelles somnolentes. Il se mêlait à cette rumeur le roulement sourd d'une batterie de tambours et de clairons qui semblait venir d'une cour de caserne.

M. de La Chaise, à peine débarqué, fit la grimace.
– C'est donc cela La Nouvelle-Orléans ? dit-il. Ce brouillon de ville ?

Il demanda à Gilles d'aider Jupiter à décharger le canot et à M. Jacques de l'accompagner, laissant à son secrétaire le soin de trouver de quoi se loger.

- Où comptez-vous vous rendre, père ? demanda M. Jacques.

- A l'hôtel du gouverneur pour remettre mes lettres de créance à M. de Bienville.

- Cette démarche ne peut-elle être remise à demain ? Nous avons besoin de repos, à commencer par vous, et nous ne sommes pas présentables.

M. de La Chaise haussa les épaules.

- Cela ne saurait attendre.

Il s'enquit auprès d'une sentinelle de la direction qu'il fallait prendre pour se rendre à l'hôtel du gouverneur. Le soldat eut un sourire. L' « hôtel »... Lorsqu'il y parvint, un secrétaire lui annonça que M. de Bienville se trouvait pour une semaine dans sa plantation de Bel-Air, à quelques lieues en amont de la ville.

- Repassez en fin de semaine, *mon brave*, mais prenez rendez-vous.

- Je vous prie de surveiller votre vocabulaire, jeune homme ! répondit avec hauteur M. de La Chaise. Je suis votre nouvel intendant et j'exige que l'on prévienne le gouverneur de mon arrivée. En attendant, où pourrais-je rencontrer M. Delorme ?

Le secrétaire lui indiqua son domicile. Un laquais emperruqué répondit que monsieur le directeur assistait à une montre à la caserne et ne serait pas de retour avant la nuit.

- J'exige... commença M. de La Chaise.

M. Jacques le tira par la manche.

- N'insistez pas, père. Nous n'étions pas attendus de sitôt et notre tenue ne plaide pas en notre faveur.

- Vous avez raison, mon fils. Allons nous reposer. J'espère que Sauvoy aura trouvé à nous héberger.

Le secrétaire n'avait pas perdu son temps. Un nommé Ceyrat, garde-magasin pour le compte du chevalier Jean-Charles de Pradelle, avait compati à la triste situation des voyageurs et leur avait découvert, près de la demeure de son maître, absent pour affaires, un abri misérable mais susceptible de faire oublier l'inconfort des cabanes.

- Cela nous suffira pour cette nuit, soupira M. de La Chaise. Lorsque votre maître sera de retour, dites-lui que je souhaite le rencontrer.

- Il ne tardera guère, précisa Ceyrat.

M. de La Chaise connaissait de réputation ce chevalier de Pradelle, descendant d'une famille noble du

Limousin. Venu chercher fortune en Louisiane, il paraissait avoir réussi. Arrivé à la colonie pour faire la traite chez les Natchez et les Illinois, il avait fait son chemin : un hôtel en ville, une retirance en amont du Mississippi, en un lieu appelé Montplaisir, un magasin et un cabaret exploités en sous-main. Militaire assez médiocre, il était plus à l'aise dans les affaires que dans l'armée ; la Louisiane lui ouvrait une voie royale...

Grâce à la mousseline qui tenait lieu de vitrage, les quatre hommes passèrent une nuit tranquille à l'abri des maringouins, en dépit de l'orage qui éclata en fin de soirée. Au réveil, la masure baignait dans un lac de boue et de détritus.

Gilles avait veillé tard, à la chandelle, pour donner un aspect présentable à l'habit de son maître qui, en enfilant sa culotte brossée et rapetassée, soupira :

– Il faut faire contre mauvaise fortune bon cœur, mais cela ne durera pas. D'ici à quelques jours nous aurons toute la ville à nos pieds, la plus belle demeure et des domestiques pour nous servir.

Il monta dans la vieille calèche que Sauvoy venait de louer, fit le tour de la ville, pestant contre les ornières boueuses et les passants qui ne s'écartaient pas assez vite de son chemin. La ville s'éveillait dans une brume qui puait la vase et la pourriture végétale. Le long des banquettes de bois [1] des boutiques, des magasins, des lieux publics ouvraient leurs portes.

Quand il en eut assez de cette promenade, M. de La Chaise demanda à Jupiter de le conduire sur le port pour une inspection rapide de la zone des magasins qui s'étendait le long des levées de terre bordant le fleuve. Il resta un moment à regarder des Indiens débarquer des marchandises de leurs canots peints de couleurs vives. C'étaient les premiers qu'il voyait en Louisiane ; ils lui semblèrent très différents de ceux que l'on exhibait à Versailles et dans les rues de Paris comme des bêtes curieuses.

En parcourant la file des magasins et des entrepôts, il s'exclamait en brandissant sa canne :

– Regardez, Jacques ! Regardez ! Quelle gabegie ! Est-ce ainsi que l'on prend soin des effets du roi et des marchandises de la Compagnie ? Cette ville aurait-elle

1. Les trottoirs.

été ravagée par un cataclysme pour que tout soit sens dessus dessous ?

Des ballots de tabac, de pelleteries, de denrées diverses, que l'on avait négligé de mettre à l'abri de l'orage de la veille, s'éparpillaient dans la boue. Des coupons d'étoffe s'amoncelaient dans un appentis au toit crevé, ouvert à tous les vents. Des fusils réunis en faisceaux le long d'un mur achevaient de se détériorer.

Négligeant les flaques de boue, il sauta à terre, se dirigea vers un magasin et, sans ménagement, aborda un vieil homme hirsute et débraillé en train de fumer sa pipe, assis sur une caisse.

– Où pourrais-je trouver, dit-il d'un ton acerbe, le commis qui a la garde de ce magasin ?

Le bonhomme dirigea le tuyau de sa pipe vers l'intérieur de la bâtisse, sans prononcer un mot.

– Je m'appelle Perry, dit le commis en levant le nez de son livre de comptes. Que me voulez-vous ?

C'était un grand diable tout en os, vêtu d'une chemise de cuir à franges et de mitasses indiennes qui portaient des traces de boue... Il fit sortir d'une voix rude un métis et sa compagne, une minuscule Indienne qui portait son enfant dans son dos, entre ses nattes luisantes, en leur disant qu'ils continueraient à régler leurs comptes plus tard.

M. de La Chaise déclina avec hauteur son identité et ses fonctions.

– Très honoré, monsieur l'intendant, dit Perry d'un ton faussement révérencieux, que vous daigniez commencer votre inspection par un si modeste établissement.

– Pour le moment je me contenterai de vous poser une simple question, monsieur Perry. Pourquoi toutes ces marchandises achèvent-elles de se gâter au-dehors alors qu'il y a de la place dans votre magasin ?

– Il y en a moins que vous ne pensez et l'orage de cette nuit nous a surpris. Mais rassurez-vous, elles trouveront rapidement preneurs, les armes surtout. Les Indiens qui me les achètent ne sont guère exigeants.

– Je le suis quant à moi ! Vous aurez des comptes à me rendre. J'aimerais consulter vos livres.

Perry se leva, se retourna, montra des étagères qui ployaient sous des piles de documents.

– Tous mes livres sont à votre disposition, dit-il, mais

je vous préviens : je n'ai rien d'un commis aux écritures. Une chatte n'y retrouverait pas ses petits.

— Eh bien, vous allez y mettre de l'ordre. Je veux que, d'ici à une semaine, tout cela soit sur ma table.

— Je vais informer M. Delorme de votre requête, dit Perry en s'inclinant. Il est mon chef hiérarchique.

— Ne prenez pas cette peine. Je le ferai moi-même.

Ceyrat n'avait pu tenir sa langue. Lorsque M. de La Chaise arriva aux abords de son domicile, il constata qu'une voiture, qui n'avait rien de la guimbarde qu'il avait louée, semblait attendre son retour.

— M. Delorme, dit Sauvoy, est prévenu de votre présence. Il a fait envoyer sa voiture pour qu'elle vous conduise à son domicile.

Le bourdonnement des voix monta d'un ton, ponctué de joyeuses acclamations lorsque le laquais emperruqué de Delorme annonça la visite de l'intendant. Le directeur général de la colonie s'avança vers lui dans le vestibule, bras tendus, le visage illuminé d'un sourire radieux sous la poudre. Il était gras et jovial comme un commis d'intendance.

— Monsieur de La Chaise, s'écria-t-il, bienvenue en Louisiane ! Me pardonnerez-vous de n'avoir pas été présent pour vous accueillir ? Croyez bien que, si j'avais été prévenu... Au moins, avez-vous fait un bon voyage ?

— Fort mauvais, monsieur le directeur. Je dirai même exécrable, surtout sur la fin. La *Galatée* est immobilisée avec ma famille en amont du Détour-de-l'Anglais.

— Vous m'en voyez navré.

— Moins que moi, monsieur.

M. de La Chaise ajouta en montrant du bout de sa canne le grand salon grouillant d'invités :

— Y aurait-il une fête chez vous ? Je ne voudrais pas jouer les importuns. Mon fils Jacques et moi allons nous retirer.

— N'en faites rien ! s'écria Delorme. Cette fête est en votre honneur. Nous vous attendions...

Il fit les présentations. Tout ce que La Nouvelle-Orléans comptait de notabilités se pressait autour d'une longue table encombrée de bouteilles et de victuailles : les ingénieurs de Pauger et Vergès, le médecin Prat, le père Charlevoix, de la Compagnie de Jésus, M. de Boisbriant, lieutenant général de la colonie, des membres du

Conseil supérieur de la Louisiane, des officiers et des marchands...

— Nous n'aurons pas, hélas, le plaisir de vous présenter notre gouverneur, M. de Bienville, dit Delorme, mais cela ne saurait tarder. Je l'ai fait prévenir...

Il se frotta les mains, dansa d'un pied sur l'autre, ajoutant :

— J'ai fait préparer un dîner en votre honneur. Il nous attend. Si vous voulez me suivre.

— Vous vous êtes donné tout ce mal pour rien, dit sèchement M. de La Chaise. Je ne suis pas venu ici pour festoyer, mais pour m'informer de la situation de cette colonie. Si nous en avons le temps, j'aimerais avoir avec vous un entretien en tête à tête, dans votre cabinet par exemple.

— Soit ! dit Delorme d'un ton maussade. Je vais prévenir nos invités d'avoir à patienter.

Le cabinet de travail du directeur fit bonne impression à l'intendant : meublé sobrement mais avec goût, chaque élément du mobilier à sa place. De part et d'autre du sous-main de maroquin un bouquet de plumes et un gros crucifix de bronze doré. Dans les liasses de documents pas une feuille qui dépassât les autres. Ordre et austérité.

M. de La Chaise refusa poliment de s'asseoir. Il prit des mains de M. Jacques son portefeuille et le tendit à Delorme.

— Nous devons faire les choses en règle, dit-il. Avant tout, je dois vous présenter les lettres signées de Sa Majesté et du ministre qui m'accréditent dans mes nouvelles fonctions.

Il donna une liasse à Delorme qui la feuilleta avec une apparence de détachement courtois, disant :

— Fort bien... Fort bien...

— Prenez connaissance du dernier feuillet, dit avec un sourire crispé M. de La Chaise. Il vous intéresse particulièrement. C'est une lettre de notre ministre à votre intention. Elle vous exprime son mécontentement de ce que, dans cette colonie, tout aille à vau-l'eau. J'ai là une lettre identique destinée à M. de Bienville. Je dois dire...

— Eh bien, dites !

— Les quelques heures que j'ai passées dans cette ville ont suffi à me faire tomber d'accord avec ce courrier. Cette colonie, monsieur, est une pétaudière.

— On ne peut pas dire que vous ayez peur des mots !

— Je n'ai peur de rien, pas même de la mort, et pourtant, à mon âge, ce serait une crainte légitime.

Sans se soucier de l'étiquette ou de la plus banale politesse, Delorme s'assit à son bureau, laissant debout, en face de lui, raides comme des stèles, l'intendant et son fils. Il saisit ses besicles et se mit à lire la lettre du ministre avec, de temps à autre, des mouvements lourds et des gestes vifs comme pour balayer cette philippique. Les titres donnés par M. de Maurepas à son envoyé semblaient surtout le troubler. Il murmurait en levant les yeux sur son interlocuteur :

— « Commissaire extraordinaire... intendant avec pouvoir de justice... » Diantre !

Delorme rassembla les feuillets avec précaution, lentement. Il se renversa dans son fauteuil, versa une pincée de tabac à priser sur le dos de sa main, aspira avec bruit, éternua en coup de tonnerre.

— A vos souhaits ! dit l'intendant.

— Merci, répondit le directeur. Si j'ai bien saisi le sens de cette lettre, je dois préparer mes bagages ?

— C'est très clair. Vous pourrez repartir sur la *Galatée* lorsqu'elle aura remis à la voile et réparé ses avaries. Il y faudra une bonne quinzaine, je présume. Souffrez que je me retire.

— Mais, monsieur, ce repas ? Que vais-je dire à nos invités ?

— Dites-leur la vérité : que je suis las, que je n'ai pas d'habit convenable et qu'il me reste encore quelques petites inspections à faire. J'ai le sentiment de n'être pas au bout de mes surprises...

En se levant pour raccompagner ses visiteurs, Delorme dit à l'intendant :

— Quel sort sera réservé à M. de Bienville ? Devra-t-il comme moi reprendre la mer ?

— M. de Bienville sera le premier informé des mesures prises à son encontre. J'ignore s'il sera destitué de son poste. Il exerce les fonctions de gouverneur sans en avoir le titre. Serviteur, monsieur.

— Serviteur.

Ostensiblement, M. de La Chaise renonça à repartir dans la voiture que Delorme avait mise à sa disposition.

— Nous allons rentrer à pied, dit-il à M. Jacques. Par les banquettes. Je ne veux rien devoir à cet agent véreux...

Ceyrat, en l'absence de l'intendant, avait trouvé et mis à la disposition des nouveaux arrivants une masure appartenant à son maître et que l'on appelait la « cabane à Pradelle ». Il la débarrassa des marchandises des Iles qu'elle contenait et y installa un mobilier sommaire, en attendant mieux.

Lorsqu'elle débarqua une semaine plus tard à bord de la *Galatée*, Mme de La Chaise faillit réclamer les sels. Elle s'en prit à son époux :

– Mon ami, vous n'y pensez pas ! Comment loger dans ce taudis une famille de six enfants ? Comment nous organiser pour la nuit ? Comment préparer la cuisine ? Où sont les nécessités ?

Les nouveaux occupants avaient mis en fuite une famille de rats, un serpent et un énorme crapaud. Les enfants s'amusaient à faire la chasse aux araignées et aux blattes.

– Prenez patience, ma bonne, répondit M. de La Chaise. C'est l'affaire de quelques jours. La demeure de M. Delorme a belle allure et, comme il doit repartir bientôt...

– Où vont loger Gilles, Sauvoy et Jupiter ? demanda Mlle Alexandrine.

– Ceyrat s'en occupera. Ils ne sont pas exigeants...

M. de La Chaise avait décidé d'entreprendre les démarches nécessaires pour garder le nègre dont il appréciait le dévouement, la discrétion et la connaissance du pays.

Les seuls à trouver quelque agrément à cette situation précaire étaient Mlle Alexandrine et les enfants. Ils avaient attendu avec impatience de voir des Indiens, des vrais, pas de ces pauvres personnages de carnaval qu'on leur avait montrés à Paris. Il en débarquait chaque jour sur le port où Jupiter les amenait en promenade, et ils restaient des heures en contemplation devant les canots d'écorce aux signes mystérieux, peints de couleurs criardes, et ces êtres qui semblaient tomber des Empires de la Lune. Il les leur désignait, commentait le spectacle dans son langage pittoresque. Ce colosse armé d'une lance, protégé de son bouclier, qui avait si fière allure, était un guerrier natchez accompagné d'une de ses épouses... Cette femme qui portait un enfant dans son dos était une Bayagoula... Ce groupe en train de discuter avec Perry était composé de Tonicas, reconnaissables aux tatouages et aux peintures dont était orné leur torse. Ils les trouvaient « moins laids que les nègres », voulaient leur parler, les toucher, tenir leurs armes entre leurs mains.

– Moi, dit Paul, le benjamin de la famille, dès que j'aurai l'âge, j'apprendrai leur langue et j'irai vivre avec eux.

– Ne dites pas ça, monsieur Paul, protestait Jupiter en faisant rouler ses yeux jaunes. Ils vous mange'aient !

Alerté par son secrétaire et par Delorme, M. de Bienville revint au bout de trois jours de sa retirance de Bel-Air.

A peine arrivé, il fit prévenir M. de La Chaise qu'il aurait plaisir à le recevoir. Il occupait sur la place Royale, à quelques pas de l'église en construction, une confortable demeure à deux étages. L'intérieur était agréable, et pourtant cela sentait le sauvage : une débauche d'armes, de vêtements, de parures, témoignait de la passion que le gouverneur vouait à la Louisiane et à ses populations indigènes.

Il reçut M. de La Chaise en toute simplicité. Il était seul avec son secrétaire et une Indienne hiératique, Princesse, qui évoluait d'une pièce à l'autre comme une ombre, visage de marbre et gestes lents.

L'intendant parut surpris lorsqu'il vit Bienville lui tendre la main. Il avait imaginé un colosse tanné par l'air et le soleil de la colonie, rude dans son comportement, et il avait devant lui un bonhomme de taille moyenne, râblé, au visage rond comme un personnage de Watteau, au cheveu rare et grisonnant, sans perruque, souriant.

Bienville ne manifesta aucune surprise lorsqu'il eut pris connaissance du courrier qui lui était destiné.

— Ainsi donc, soupira-t-il, ces messieurs de Versailles me signifient mon rappel. Ce n'est pas une surprise. J'avoue même qu'un nouveau séjour en France n'est pas pour me déplaire. Cela fait trop longtemps que je végète dans ces lieux. J'y suis arrivé en compagnie de mon frère Iberville à la fin du siècle passé et n'ai pour ainsi dire jamais quitté cette colonie. J'y suis fort attaché, comme vous devez vous en douter, mais il n'est pas de passion qui n'ait une fin. Vingt-sept ans de service en Amérique, monsieur, c'est beaucoup. J'eusse aimé que Sa Majesté et ses ministres me fussent reconnaissants autrement que par un rappel après tant d'années de bons et loyaux services...

— Ils en sont conscients, croyez-le bien. M. de Maurepas me disait...

— ... mais, pardonnez-moi, leur attitude ne me surprend nullement. J'ai l'habitude de recevoir de la fausse monnaie en paiement de mes services. Les calomnies, les menaces, les rapports fallacieux, les mémoires envenimés, sont mon lot depuis longtemps. Ils ne me touchent guère.

M. de La Chaise crut devoir protester.

— Mais, monsieur, s'écria-t-il, l'évidence est flagrante :

cette colonie est une pétaudière, un tripot, un repaire de malfaiteurs, un... bordel ! Depuis mon arrivée je vais de surprise en surprise, et elles sont rarement agréables !

– Et selon vous, monsieur l'intendant, la faute à qui ? Parlez-moi franchement. J'ai l'habitude des critiques.

Bienville s'était levé dans un mouvement de colère mal maîtrisée. Il s'écria :

– Je vous le répète : la faute à qui ? Avec le respect que je leur dois, le roi et ses ministres se soucient de nous comme d'une guigne. Ils nous ont confié à des Compagnies ? La belle affaire !... Elles n'ont qu'une préoccupation : faire du profit sur notre dos. Protestons-nous ? Nos courriers demeurent lettre morte. Il nous faut des familles d'honnêtes paysans ? On nous envoie des forçats et des filles publiques. Nous demandons des soldats de métier ? On se débarrasse sur nous de la lie des armées. Nous avons besoin de bons administrateurs ? On nous envoie le rebut de la Bastille. Et vous voudriez que cette pauvre Louisiane prenne son essor, devienne aussi prospère que Saint-Domingue ?

– Certes... certes... monsieur le gouverneur. Cependant...

Bienville ne parut pas entendre. Il poursuivit, animé par une colère froide :

– Je sais ce que l'on me reproche, allez ! De trafiquer avec les Espagnols, de prélever quelques pincées des effets du roi... Mais dites-moi : comment aurais-je fait pour subsister et tenir mon rang alors que mon traitement est en retard de plusieurs années ? Il y a pire, monsieur ! On nous mesure même les présents que nous devons faire aux sauvages pour qu'ils n'aillent pas se donner aux Anglais qui, eux, sont plus généreux !

Il s'adossa à sa table de travail et dit d'une voix radoucie :

– Pardonnez cette sortie. C'est un effet de ma nature qui m'entraîne parfois à tenir des propos que je regrette ensuite. Delorme m'a prévenu que vous veniez avec l'intention de tout réformer et de ne pas faire de quartier. Sachez que je ne me laisse pas facilement intimider quand j'ai le sentiment de défendre une bonne cause. Je vais donc quitter la Louisiane avec l'impression d'être victime d'une injustice, mais aussi avec un certain soulagement.

– Nous vous regretterons, et...

— Pas de flagornerie entre nous, je vous prie. J'irai m'expliquer à Versailles car je tiens à dissiper quelques malentendus issus de ragots et de calomnies. Ensuite... eh bien, ensuite j'irai me reposer chez mon cousin d'Avranches. Le repos... J'ignore si je pourrai m'y faire.

Il ajouta avec un sourire, main tendue :

— Je ne sais si je reverrai la Louisiane. Je la quitterai comme une vieille maîtresse avec qui la vie était devenue difficile mais que l'on ne peut oublier. Quant à vous, je vous souhaite bien du plaisir...

M. de Bienville mit une bonne quinzaine à faire ses adieux à la Louisiane, au cours d'un ultime périple.

A chaque étape, dans chaque poste, dans le moindre village indien, il ressentait la même impression de déchirement. Il avait beau se dire que ce retour en France marquait seulement une coupure dans son existence, qu'il reviendrait peut-être, qu'il entreprendrait une nouvelle idylle avec sa « vieille maîtresse », un sentiment de fatalité l'écrasait. Partout on le suppliait de revenir ; il répondait qu'il souhaitait laisser sa dépouille dans cette terre qu'il avait tant aimée.

Le jour du départ de la *Galatée*, La Nouvelle-Orléans vécut dans la fièvre.

Des délégations de toutes les nations indiennes amies et alliées de la France se mêlaient à des colons venus de lointaines concessions. Comme quelques années auparavant, lors de son premier rappel, Bienville se sentait retenu par cette digue de sympathie, par ces milliers de bras qui se tendaient vers lui pour le retenir, par ces voix qui le pressaient de rester. Rester...

Il quitta La Nouvelle-Orléans accompagné par le concert de lamentations des Indiens en larmes qui s'accrochaient à ses basques. Le jour du départ, alors que le navire faisait parler la poudre de salut, une voie d'eau s'ouvrit mystérieusement dans la cale de la *Galatée*. Lentement, le navire se mit à couler. Toutes les embarcations furent mises à l'eau pour sauver les passagers, si bien qu'il n'y eut pas de victime.

Il fallut attendre des semaines pour qu'un autre

navire vînt à la rescousse et embarquât à destination du vieux pays Bienville et Delorme.

Incontestable sinon incontesté, M. de La Chaise était devenu en peu de temps le maître de la colonie. Sa façon de gouverner tenait à la fois de la tyrannie et de l'inquisition. Il traquait les concussionnaires, les prévaricateurs et les malandrins de toute espèce avec une obstination farouche. Cette traque ne lui laissait pas un moment de repos et de sérénité. Son cabinet de travail était un tribunal ; le verdict était la confiscation des biens ou la menace d'un retour en France, avec la Bastille au bout du chemin.

Il eut maille à partir avec le Conseil supérieur. Déboulant un jour en pleine réunion, brandissant une ordonnance royale qui faisait de lui le détenteur de tous les pouvoirs, il subit un déluge de protestations :
— Vous l'avez obtenue par la tromperie ! Elle n'a aucune valeur ! A bas le tyranneau !

Il révoqua en bloc le Conseil, en institua un nouveau à sa dévotion. Les administrateurs vivaient dans la hantise d'un livre de comptes falsifié ou mal tenu, d'un comportement maladroit, d'une parole déplacée. La Chaise jouait les gardes-chiourme et régnait en potentat sur un cercle de courtisans.

Il avait élu domicile dans la demeure de Delorme, de préférence à celle de Bienville qui, disait-il, « sentait l'Indien ». Mme Marguerite s'était installée dans son rôle d'épouse et de reine, avec un souverain mépris de l'opinion publique qui brocardait cette dondon, ce bas-bleu. On répondait à ses invitations par devoir plus que par plaisir, tout en convenant qu'elle ne lésinait ni sur la table ni sur l'apparat. Son époux et maître y faisait piètre figure : il manquait d'esprit de repartie et la conversation avec lui ne s'évadait que rarement loin des problèmes administratifs.

En dépit des menaces et des réprimandes de M. Jacques, Alexandrine s'accordait certaines libertés avec un milieu familial sinistre, conformiste et contraignant. Elle avait élu Gilles Chauvin de La Frénière son chaperon. En sa compagnie elle jouait les élégantes sur les levées, s'amusait des propos fort libres des matelots et des soldats qui la hélaient au passage, répondait d'un sourire au salut des officiers, papotait sous l'ombrelle avec des dames de rencontre.

La famille avait hérité, entre autres domestiques, de la gouvernante indienne de Bienville, Princesse. Cette femme qui, dans son jeune temps, avait été belle comme Vénus et robuste comme Junon, avait donné à son ancien maître trois enfants qui vivaient dans sa tribu et qu'elle rejoignait une fois l'an. Elle parlait un français correct ; Alexandrine obtint qu'elle lui donnât quelques notions de la langue de sa tribu. Gilles assistait fréquemment à ces leçons et en tirait profit.

Lors d'un souper, alors qu'elle échangeait avec Gilles quelques propos en sauvageois, M. Jacques sortit de ses gonds.

– Père, dit-il d'une voix courroucée, permettez que je me retire. Voilà que l'on parle à votre table la langue des sauvages. C'est de la dernière indécence !

– Alexandrine, dit M. de La Chaise, je dois convenir que votre frère a raison. Je vous interdis désormais de prononcer un mot de leur dialecte à cette table. L'avertissement vaut pour toi, Gilles.

M. Jacques profita de l'algarade pour réclamer le renvoi de Princesse ; Mme Marguerite s'y opposa : elle n'avait qu'à se louer de ses services. Mis en échec sur cette question, il demanda que le « garçon meunier » prît ses repas en dehors de la table familiale. En dépit des protestations d'Alexandrine, il obtint gain de cause.

Au lendemain de cette querelle, après une effusion de larmes, Alexandrine retrouva Gilles dans le jardin et lui donna un baiser de consolation. Il protesta mollement :

– Mademoiselle Alexandrine, nous devons renoncer à nous voir. Je vais demander mon congé à votre père. Je sens que ma présence n'est plus souhaitée dans cette maison. Je vous aime trop pour accepter de vous compromettre. Si M. Jacques apprenait...

Elle s'arracha du banc où ils étaient assis, sous un buisson de magnolias qui embaumait dans le soir tiède. Les larmes qui n'avaient pas séché, les yeux où brasillait un feu de colère, les traits tirés lui composaient un masque de Melpomène. Elle s'écria :

– Ainsi, mon frère te fait peur ! Pleutre ! Mauviette ! Comment oses-tu me dire que tu m'aimes ? Tu as dû trop lire les romans de Richardson que tu empruntes à ma mère...

Il bredouilla :

— Vous vous trompez ! Si M. Jacques me provoque, je me battrai, comme sur le pont de la *Galatée*. J'accepterai même de mourir si votre sécurité est à ce prix.

Elle haussa les épaules. Décidément, il parlait comme un personnage de roman. Son amour n'était que littérature.

— Ce n'est pas à Jacques, dit-elle, que je dois des comptes mais à mes parents. Je parlerai à mon père. Il a beaucoup d'estime pour toi et te croit appelé à un bel avenir. Si je sais le prendre, il nous donnera sa bénédiction.

— C'est vous qui faites du roman ! s'écria-t-il. Vos parents ont d'autres projets pour vous. Vous savez de qui je veux parler ?

Elle se rassit près de lui en soupirant.

— Je sais, dit-elle. M. de Pradelle... J'ai surpris une conversation, l'autre soir, entre ma mère et lui.

— C'est un parti convenable : lieutenant du roi, des centaines d'arpents de terre en amont, des dizaines de nègres, des maisons et des commerces à La Nouvelle-Orléans...

Elle protesta :

— C'est un vieux ! Il a plus de trente ans et j'en ai dix-huit. Qu'il aille au diable ! Je déteste sa prétention, ses ambitions. Ce n'est pas lui qui fera mon bonheur.

Elle prit ses mains dans les siennes, lui donna un nouveau baiser qu'il reçut avec froideur, comme si quelque orage allait crever sur eux. Soudain, malgré les senteurs de la nuit, les souffles tièdes qui montaient du fleuve, la nuit lui parut hostile comme une prison. Il ne pouvait chasser de son esprit l'idée que la passion qu'il éprouvait pour Alexandrine semblait faire partie d'un complot destiné à le perdre et dont il ne parvenait pourtant pas à déceler la signification.

Il crut rêver lorsqu'il entendit Alexandrine lui murmurer à l'oreille :

— Tu souhaites partir ? Alors partons ensemble. Nous irons vivre ailleurs, si loin qu'on ne nous retrouvera jamais.

Il répliqua avec un rire grinçant :

— Ma parole ! Vous avez perdu l'esprit ! Votre père et M. Jacques remueraient ciel et terre pour nous retrouver. Les enlèvements sont punis de mort...

Pour la première fois il doutait de la sincérité de ses

sentiments. Cette bluette qu'il cultivait dans son cœur se révélait n'être qu'une poignée d'orties. Il semblait qu'Alexandrine lût dans ses pensées ; elle répondit d'un ton glacé :

— Tu ne m'aimes pas assez. Alors, restons-en là. Puisque c'est ton idée, pars. Je finirai bien par me consoler.

Par un de ces caprices que suscitent les passions menacées, il sentit soudain une bouffée d'amour l'inonder, balayer ses incertitudes, ses craintes, cette amertume qui l'avait envahi. Il dit d'un ton pathétique :

— Vous savez bien que je ne pourrai partir sachant que vous m'aimez ni ne vous oublierai jamais. Puisque c'est votre idée, nous lutterons ensemble. A la vie, à la mort...

Elle se souvint tout à coup d'avoir lu cette réplique dans un roman anglais ou, peut-être, dans un poème d'Antoine Deshoulières...

Récit de Dieudonné de Beauchamp

Ville de Cork

Cork est une belle et grande ville, identique à ce que m'en avait dit O'Brien, ce prêtre qui, dans la famille Donnaghan, avait béni ma résurrection. Il semblait pourtant qu'il n'y eût ni plus ni moins de gueux et de brigands que dans les autres ports dans lesquels je fis escale au cours de ma chienne de vie.

Ma bonne mine, les vêtements décents dont mon sauveur m'avait pourvu me permirent, sinon de passer inaperçu, ce qui est impossible dans un port, du moins de ne pas attirer certaines curiosités.

Le soir de mon arrivée je couchai dans une auberge ; le lendemain, j'allai flâner sur les quais. Il tombait une bruine dont le chapeau à large bord de maître Donnaghan m'abritait suffisamment.

Situé au fond d'une baie large et profonde, Cork est le port le plus important de l'Irlande : il pourrait, dit-on, abriter toute la flotte anglaise, navires de guerre et de commerce confondus. La rivière Lee qui débouche dans cet estuaire en traversant la cité me fit penser à ce qu'on dit de Venise, avec ses ponts et ponceaux, ses parapets sur lesquels des gamins en loques, jambes pendantes, jetaient leurs lignes. Cette ville est bâtie sur une île, ce qui lui donne un agrément supplémentaire. Deux îlots fortifiés : Halbowline et Spike, en défendent l'accès. Dans les guerres contre la France, qui n'ont pas cessé depuis ma venue au monde, comme si ces deux nations étaient entraînées l'une contre l'autre par une fatalité inéluctable, ce port a été le rendez-vous de la marine de guerre qui vient y panser ses blessures.

Je ne m'attardai pas dans la vieille ville qui ne proposait rien d'autre à ma curiosité, sur la pente où elle se dresse, que des alignements de tristes habitations aux toits de chaume ou de bruyère, aux murs badigeonnés de chaux grisâtre. Du haut d'une butte envahie de genêts je ne donnai qu'un regard distrait au paysage environnant : un cirque de collines brunâtres avec, dans la plaine, de petits lacs et des prairies à moutons.

Groupée autour du palais épiscopal, siège de trois diocèses, la ville nouvelle propose davantage d'animation et d'attraits ; on y croise une foule élégante et ces voitures légères dont raffolent Anglais et Irlandais. Les tavernes y sont légion et fort honorablement fréquentées. Je ne pus résister à la tentation, entrai dans l'une d'elles et demandai un verre de whiskey, en évitant de prononcer *whisky* comme les Anglais.

Je me renseignai sur l'endroit où se situait le domicile de la veuve Malone. Le patron me mit sur le chemin : la première rue passé le couvent des Dominicains, une jolie maison aux volets peints en vert.

Je tirai la clochette ; on m'ouvrit aussitôt. Lorsque j'eus prononcé le nom du père O'Brien, le sésame opéra : une servante plantureuse qui semblait coiffée d'une javelle mûre me précéda jusqu'au jardin où la veuve était occupée à tailler ses rosiers.

Le nom du prêtre m'avait ouvert la porte de la vieille dame, le document qu'il m'avait confié me donna la clé de son cœur. Jamina Malone était un amour de petite vieille à peine ridée, rose de visage avec, planté droit et fin, un nez dont la coloration semblait marquer un penchant pour le whiskey.

Après avoir pris connaissance du document, son visage s'épanouit. Elle s'excusa de sa tenue, qui était celle d'un jardinier, me fit entrer dans son salon en me prenant la main à chaque pas comme pour retrouver sur moi quelque fluide qui émanât du prêtre. Sa conversation était joviale, le whiskey qu'elle me servit généreux. Elle le préférait au thé que l'heure de ma visite eût imposé.

Elle m'entretint longuement et avec émotion de « ce cher Patrick », originaire comme elle de Strabane, dans le nord de l'île. Je commençais à perdre patience en me demandant si je pourrais enfin avancer ma requête, quand, après un troisième verre, elle lâcha :

— Je suppose que ce cher Patrick ne vous a pas envoyé vers moi dans le seul but de me donner de ses nouvelles, ce qui n'est pas dans ses habitudes. Que puis-je faire pour vous ?

J'allais lui révéler les motifs de ma présence quand elle me fixa, le buste en avant, sourcils froncés, et me dit :

— A en juger par votre accent vous n'êtes pas anglais et moins encore irlandais.

— Pour ne rien vous cacher, dis-je, je suis d'origine canadienne. Chevalier Dieudonné de Beauchamp, trois ans de service dans la marine puis dans la flibuste. Je fus fait prisonnier lors d'un engagement avec un navire anglais et incarcéré à la forteresse de Kinsale, dont je me suis évadé il y a quelques jours.

Jemina Malone s'enfonça dans son fauteuil qui parut l'absorber. Je me dis que j'avais été bien imprudent et que je risquais au mieux d'être renvoyé, au pire qu'elle me dénonçât à la police qui devait être sur les dents.

Elle murmura d'un ton sec :

— Je devrais vous jeter dehors, mais votre franchise plaide en votre faveur.

— Faites-le mais ne me dénoncez pas, je vous en conjure.

Son regard me foudroya :

— Vous dénoncer ? Quelle impertinence ! Vous ne m'avez toujours pas dit ce que vous attendez de moi.

— Je souhaite que vous m'hébergiez, le temps pour moi de trouver un navire en partance.

— Pour la France ou le Canada ?

— Pour l'Amérique. Cela doit pouvoir se faire aisément.

— Cela peut se faire si je le veux. Je vous donne mon accord. En attendant, vous resterez sous mon toit. Êtes-vous pressé ?

— Nullement.

— A la bonne heure, comme on dit en France. Je crois que nous allons faire bon ménage...

Après des dizaines d'années aventureuses dans les colonies anglaises d'Amérique et en Louisiane, je garde encore en mémoire le souvenir de Jemina Malone, femme au grand cœur. Une vraie *lady*.

Tandis qu'elle se mettait avec beaucoup de conviction en quête d'un navire marchand en partance pour la Virginie ou les Carolines, j'entretenais son jardin et aidais aux soins du ménage Kate, la servante. Grosse paysanne d'âge mûr, elle s'était prise pour moi d'une affection un peu embarrassante, à laquelle je me gardai de répondre. Cette bonne femme avait des défauts dont je ne lui tenais pas rigueur : d'un bout à l'autre de la journée elle chantait des complaintes irlandaises de la région de Limerick dont elle était originaire, avec la voix d'une chatte en rut ; elle fumait à ses moments de détente un tabac noir dans une pipe de Cuba, héritage de son mari, disparu en mer, comme l'époux de Jemina, au large de la Guinée, à bord d'un bateau négrier.

En moins d'une semaine, aidé de Kate, j'avais mis de l'ordre et de la propreté dans le jardin, le potager et la serre où languissaient quelques orangers. Jemina s'extasiait. Elle paraissait de moins en moins pressée de se séparer de moi. Elle me dit un matin :

— Mon petit Dieudonné, êtes-vous certain de vouloir reprendre la mer ? Qu'iriez-vous faire en Amérique ? Êtes-vous à ce point tenté par l'aventure ? Les colons de la Nouvelle-Angleterre sont harcelés par les Indiens et par les Louisianais qui leur rendent la vie difficile. Pourquoi ne pas envisager de rester à Cork ? Je pourrais vous présenter à mon fils qui vous trouverait une place dans sa distillerie...

Sa manœuvre m'apparut au grand jour, en un clin d'œil : elle n'avait accompli aucune des démarches en vue de favoriser mon embarquement. Elle songeait qu'en me traitant comme un coq en pâte je resterais dans ses jupes. C'était mal me connaître et par trop dangereux : les connétables de toute la région devaient être sur le qui-vive.

— Vous vous êtes montrée généreuse et compréhensive avec moi, dis-je, et je ne vous oublierai pas. Mais je me sens peu de disposition pour une vie sédentaire, le jardinage, la distillerie... Si je reste une semaine encore sans nouvelles j'irai m'informer moi-même sur le port. Il ne doit pas manquer de recruteurs pour me faire signer sur le rôle. Vous ne pouvez savoir comme la mer me manque !

J'ajoutai, la gorge contractée, cette supplique :

— Je vous en conjure, ne me retenez pas !

Comment aurais-je pu imaginer que la perspective de mon départ pût émouvoir à ce point ces deux femmes : elles se détournaient pour cacher leurs larmes.

Le lendemain Jemina me dit d'une voix sèche et ardente comme un souffle de sirocco :

– J'attends la visite de mon fils Frank. Il accepte de vous faire traverser l'océan et vous informera des conditions de votre engagement. Êtes-vous satisfait, méchant garçon ?

Je m'avançai pour lui baiser les mains ; elle se déroba. J'en conçus un tel remords que le plaisir que m'avait apporté cette nouvelle en fut gâté.

Frank Malone possédait une part importante de la distillerie de whiskey et de genièvre de Cork et des navires de commerce qui transportaient ces produits. Notre entretien fut sans chaleur, bref mais précis. J'embarquerais sur le *White Eagle*, en direction de la Caroline, avec une cargaison de whiskey. Son agent sur place s'occuperait de me trouver un emploi.

Une chape de plomb avait recouvert brusquement la demeure de Jemina Malone. Ma bonne hôtesse semblait avoir évacué en une seule effusion le chagrin que lui avait occasionné l'annonce de mon prochain départ. Kate avait cessé de chanter ; elle délaissait le potager et le jardin. Je les surprenais parfois en tête à tête devant une bouteille de whiskey Frank Malone and C°, muettes, l'œil vague, la bouche amère.

Par précaution je m'étais laissé pousser barbe et moustache. Le régime que j'avais adopté depuis mon arrivée dans cette maison m'avait donné une corpulence flatteuse, si bien que nul n'aurait pu reconnaître en moi l'évadé squelettique de Kinsale.

Flânant sur le port, je repérai le *White Eagle* : un brigantin de belle allure, jaugeant cent cinquante tonneaux, armé d'une trentaine de canons. Sa vue me causa une telle ivresse que j'eus l'impression d'avoir avalé une pinte de whiskey en face d'une jolie fille. Appuyé des deux mains sur ma canne, clignant les yeux dans le soleil, je titubais de bonheur : j'avais échappé à ces fripons de recruteurs, véritables marchands d'esclaves, dont j'avais tout à redouter.

Quelques jours avant le départ, Frank Malone vint me faire signer mon engagement de commis, avec des appointements qui me convenaient. J'aurais préféré un poste de commandement mais je n'eus pas le front de manifester quelque exigence que ce soit. Frank m'avait confié la surveillance de l'embarquement des marchandises et des vivres : outre la cargaison de whiskey et de genièvre les cales du *White Eagle* reçurent des barils de viande salée, des armes, de la ferblanterie, des étoffes et l'habituelle marchandise de traite.

Je retrouvais chaque jour avec délices, comme dans un rêve éveillé, les odeurs du port, malgré le mauvais temps et la boue épaisse où je pataugeais. La marchandise arrivait par pleins chariots tractés par des poneys trapus crottés jusqu'au garrot. Insensiblement je sentais monter en moi cette fièvre de partance qui poursuit le navigateur à terre de jour et de nuit. J'avais l'impression que ces préparatifs ne finiraient jamais.

Le matin du jour fixé pour le départ, Jemina me jaugea de haut en bas et secoua la tête.

– Vous ne comptez pas vous embarquer dans cette tenue ? me dit-elle. Vous seriez la risée de l'équipage.

Ma tenue était celle du paysan aisé, que maître Donnaghan m'avait si généreusement offerte. Jemina se passa à plusieurs reprises la main sur la joue, ce qui était chez elle le signe d'une intense réflexion.

– Attendez ! s'exclama-t-elle. Je crois avoir ce qui vous conviendra. A un ou deux pouces près vous avez la taille de mon défunt...

Elle fouilla dans un coffre, en retira des effets soigneusement conservés, qui sentaient la lavande : une chemise de lin, une cravate, une paire de culottes blanches, tout le reste à l'avenant et comme neuf. Ces vêtements semblaient avoir été taillés pour moi. Je me regardai dans la psyché du salon : j'avais l'allure d'un prince.

Jemina m'inspecta sur toutes les coutures en hochant la tête, jugeant qu'ainsi vêtu je lui rappelais le disparu.

– J'allais oublier ! dit-elle.

Elle prit dans un tiroir une bourse de velours violet qu'elle me tendit. Elle contenait une centaine de livres – une petite fortune pour le proscrit que j'étais. Je protestai :

– Je n'ai pas besoin de tout cet argent. Envoyez-le à maître Donnaghan de ma part, pour le remercier de m'avoir sauvé la vie.

— C'est déjà fait, répliqua-t-elle, comme si c'eût été un geste tout naturel.
— Ce sont vos gages, dit-elle. Rien d'autre. Vous avez été un serviteur irréprochable. Je vous regretterai et Kate... Kate sera inconsolable.

Je demandai où elle se trouvait afin de lui faire mes adieux : elle était allée faire ses emplettes. Elle s'y rendait généralement beaucoup plus tard.

— *Goodbye, my little friend !* me dit Jemina. Que Dieu vous garde. Si les hasards de la mer vous ramènent à Cork, sachez que cette maison vous restera ouverte. Mais ne tardez pas trop sinon vous la trouveriez vide.

Elle étouffa ses sanglots dans ma cravate.

— Jemina, dis-je, la gorge nouée, vous avez été ma bonne fée. Je ne vous oublierai pas. Je vous écrirai.

— Ne faites pas de promesses que vous ne pourrez tenir. Vous aurez d'autres soucis en tête que d'écrire à cette vieille femme un peu originale, un peu *eccentric*...

Elle me connaissait bien, même si nous n'avions vécu ensemble qu'une brève période. Je ne lui ai jamais écrit mais elle restera vivante dans ma mémoire jusqu'à la fin de mes jours.

DES BAISERS SOUS LES MAGNOLIAS

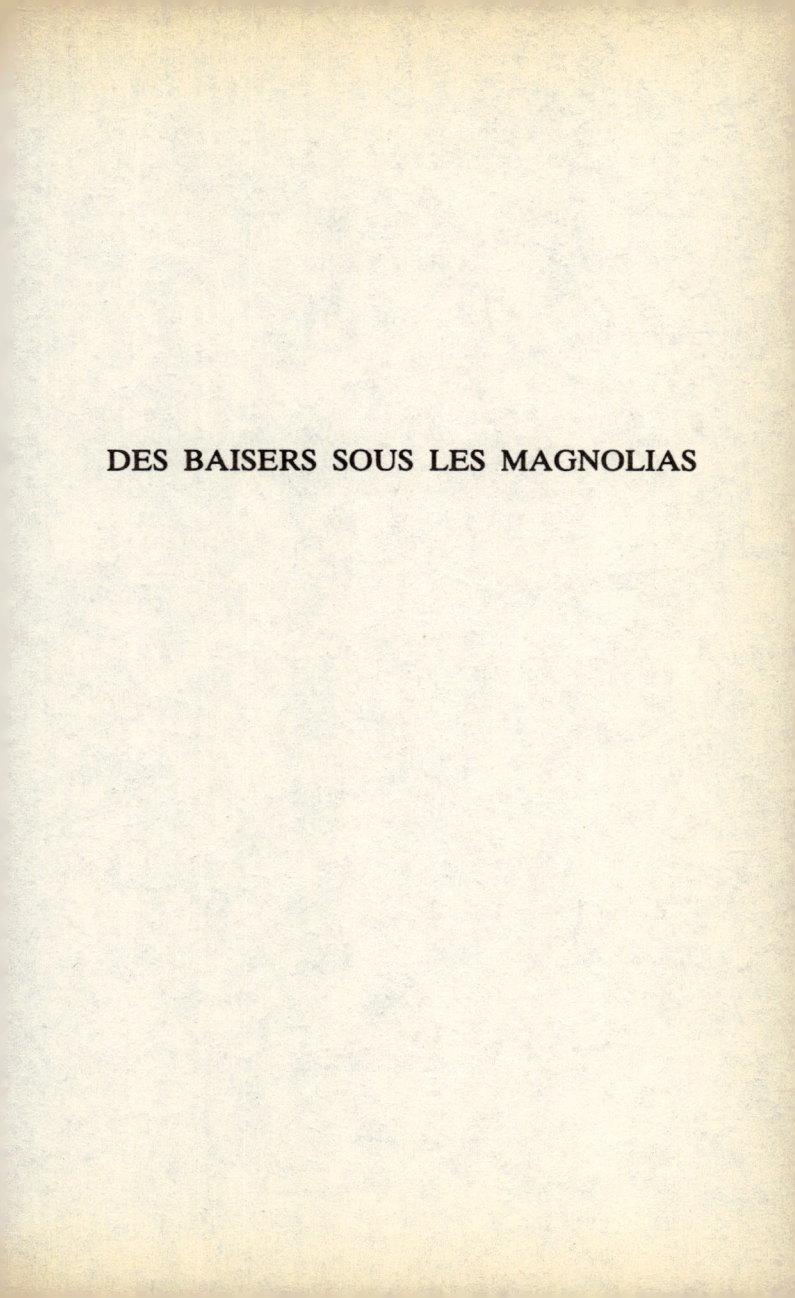

La Nouvelle-Orléans

Depuis qu'avec sa famille elle avait débarqué en Louisiane, Mme de La Chaise nourrissait une hantise tenace : celle de voir les nègres se révolter et massacrer la population blanche. A commencer par elle, bien entendu...

M. de Pradelle, que l'on appelait dans la famille « le chevalier », ou, plus familièrement, Jean-Charles, avait révélé des faits et des chiffres inquiétants : au recensement de l'année passée on comptait pour l'ensemble de la colonie trois mille trois cents Noirs pour mille sept cents Blancs.

Il avait ajouté avec l'air important qu'il se donnait parfois :

– Je regrette que la population noire ne soit pas plus nombreuse. Nous en avons de plus en plus besoin dans nos plantations et c'est le moment que la Compagnie choisit pour en réduire l'importation. J'ai une centaine de pièces d'Inde [1] à mon service alors qu'il m'en faudrait le double.

– Et moi, avait protesté Mme Marguerite, je ne regrette pas ces restrictions. Viendrez-vous défendre nos vies et nos biens le jour de la grande révolte ? Il y a des précédents, mon cher Jean-Charles...

Elle faisait allusion aux soulèvements sporadiques dont les Iles avaient été le théâtre, aux bandes de nègres

1. Esclaves noirs.

marrons qui hantaient les montagnes de Saint-Domingue et des Antilles.

Le chevalier de Pradelle avait haussé les épaules avec un sourire embarrassé. Il ignorait comment naissaient et se propageaient ces rumeurs menaçantes et qui avait intérêt à les répandre. Les esclaves eux-mêmes ? Peut-être. Il avait interrogé les commandeurs noirs de son domaine de Montplaisir et de celui de Bel-Air, racheté à Bienville, et n'avait obtenu que des réponses évasives. Comment savoir ce qui se cachait dans la tête de ces diables à peau noire ?

Alexandrine avait interrompu le silence gêné qui avait succédé à cet échange et lancé d'une voix moqueuse :

— Eh bien, Jean-Charles, qu'avez-vous à répondre à ma mère ? Vous porterez-vous à notre secours si nous sommes attaqués ?

Il avait tourné vers elle un regard tendre et amusé pour répondre :

— Voyons, mademoiselle Alexandrine, vous savez bien que je mourrais les armes à la main plutôt que de supporter que l'on touchât un cheveu de votre tête.

Cette déclaration avait suscité un murmure flatteur dans l'assistance. Ce M. de Pradelle savait parler aux femmes. Sa réponse était du dernier galant. Pour un Limousin, il savait mettre du panache dans sa conversation. On lui connaissait quelques aventures et on lui en prêtait beaucoup d'autres, sans qu'il s'attachât jamais. La trentaine passée il portait beau, s'habillait avec un raffinement qui tendait à faire oublier ses origines et son enfance dans les parages d'Uzerche, en Bas-Limousin, ainsi que ses débuts laborieux dans la colonie où il avait débarqué riche de projets et d'illusions plus que de biens. Pour donner une expression de virilité à son personnage malingre il s'était laissé pousser une moustache de mousquetaire et, refusant de porter la perruque, laissait sa chevelure libre, sans poudre, et il l'avait fort belle.

Loin de couper les ponts avec sa province, M. de Pradelle s'était attaché à s'entourer de pays, artisans sabotiers pour la plupart. Son commis principal, Ceyrat, avait la même origine. On le disait son « homme de paille » pour certaines affaires à la limite de la légalité.

— Chère madame, avait-il répondu, votre inquiétude me surprend. Le Code noir nous met à l'abri de ce genre d'incident.

Ce texte édicté par Versailles en 1685 était entré depuis peu en vigueur en Louisiane, à la suite de faits graves enregistrés à Saint-Domingue et dans les Antilles.

Les nègres nés esclaves devaient recevoir le sacrement à leur venue au monde et sur leur lit de mort, aux frais des propriétaires. Il leur était interdit de pratiquer une autre religion que celle de Rome. Le maître devait leur faire observer le repos dominical. Les unions mixtes proscrites, les mariages entre nègres devaient se faire avec le consentement du propriétaire. Au chapitre des châtiments l'esclave ne pouvait recevoir plus de trente coups de fouet à la fois ; il lui était interdit, sauf à suivre son maître à la chasse, de porter une arme à feu ou un bâton ; il ne pouvait franchir les limites du domaine sans autorisation écrite ; pris accompagné d'un chien il était condamné à porter un collier de fer ; il ne pouvait rien vendre sans l'assentiment du maître ; par crainte de complots, les réunions étaient interdites. L'enfant d'un esclave et d'une femme libre naissait libre ; celui qui naissait d'un mari libre et d'une femme esclave naissait esclave. Le maître était tenu d'assurer à son cheptel le vivre, le couvert, la garde-robe et les soins médicaux...

Cette ordonnance ne rassurait qu'à moitié Mme de La Chaise : ses nuits étaient animées de cauchemars, ses jours de constatations inquiétantes. Elle avait toléré la présence de Jupiter mais avait regimbé lorsque son époux s'était mis en tête d'acquérir quelques négrites afin de soulager Princesse, le train de maison ayant pris de l'ampleur et de la qualité. Elle dissimulait ses angoisses sous des motifs philantropiques :

– Ces malheureux, disait-elle, sont des êtres humains. On sait qu'ils ont une âme. Ils ne méritent pas d'être traités avec tant de rigueur. Ne pouvait-on pas les laisser à leur savane et à leurs forêts ?

– Et comment ferions-nous pour exploiter nos domaines ? répliquait son époux. Les Indiens constituent une main-d'œuvre précaire, qui répugne à nos méthodes. D'ailleurs, ils valent moitié moins cher que les nègres. Sans nos Ibos, nos Mandingues, nos Congos, nous serions privés de sucre, d'indigo, de tabac, de rhum... Est-ce ce que vous souhaitez, ma bonne ?

– Il ne fallait pas les arracher à leur pays. C'est inhumain ! C'est là-bas, en Afrique, qu'il fallait installer des plantations. Ici, ils n'ont que leur peine et leurs souffrances. Vous avez les bénéfices. Cela vous semble équitable ?

— Dans leur pays, madame, l'esclavage est une pratique normale et largement appliquée, sans que personne s'en offusque. De quoi nos nègres se plaindraient-ils ? Ils sont mieux traités que chez eux par leurs propres congénères.

— C'est un argument destiné à vous donner bonne conscience !

Parfois le père Charlevoix se mêlait à ces joutes. Patelin, il déclarait :

— Une certaine rigueur envers nos nègres est nécessaire, madame. Elle doit cependant, il est vrai, s'appliquer sans excès. Ce sont de grands enfants. Ils ont de vilaines manières : sournois, capricieux, voleurs et, pardonnez-moi, d'une effrayante lubricité. Nous nous efforçons d'en faire de bons chrétiens mais ceux qui nous font honneur sont rares.

— Si vous prétendez en faire de bons chrétiens, ripostait avec feu Mme Marguerite, c'est donc que vous considérez que ce sont des créatures de Dieu, des êtres humains. Alors, pourquoi les traite-t-on comme des animaux ?

Ces saillies provocatrices, qui ne tenaient aucun compte de la logique de l'économie, soulevaient de discrets tollés. Satisfaite, semblait-il, de la tempête qu'elle soulevait, Mme de La Chaise avait un jour, avec jubilation, décoché la flèche du Parthe : l'histoire, qui avait fait grand bruit dans le Landerneau colonial : celle d'une négresse révoltée.

Une esclave travaillant dans une briqueterie avait reçu l'ordre d'un soldat de garde d'aller glaner du bois noir pour cuire son fricot. Sur son refus d'obtempérer, le soldat l'avait rouée de coups. Elle lui avait jeté au visage : « Les Français ne battront pas longtemps les Noirs ! La vengeance est proche... » Le militaire était allé se plaindre au gouverneur qui l'avait mise aux fers. Tenue de s'expliquer devant un tribunal sur la véritable nature de ses propos, elle avait gardé un silence obstiné. Il n'en avait pas fallu davantage pour que le bruit courût qu'il se préparait une mauvaise affaire.

Selon le chevalier de Pradelle, s'il y avait péril en la demeure il venait des Indiens plus que des nègres.

Au retour d'une expédition sur le Missouri en compagnie de Venyard de Bourgmont, il avait fait un séjour au fort Rosalie, en territoire natchez, à une centaine de lieues de La Nouvelle-Orléans. En apparence, tout était calme. En apparence seulement... Les Indiens dans leur village, les colons et leurs nègres dans leur domaine, les traitants dans leur magasin, les religieux dans leur église et les soldats dans le fort...

A y regarder de près, l'ambiance de ce poste était moins rassurante que celle qui régnait à une centaine de lieues de là, dans la nation des Kaskaskias où les pères jésuites avaient créé une communauté évangélique rappelant celle du Paraguay du XVIIe siècle. Une mission exemplaire.

– Je ne saurais préciser, disait M. de Pradelle, ce qui me faisait deviner, sous la banalité du quotidien, la menace de graves événements. Mon impression était en tout cas qu'il allait se passer des choses, comme on dit. De quelle nature ? Je n'aurais su le préciser.

Il était de retour à La Nouvelle-Orléans depuis une semaine quand une nouvelle avait éclaté, apportée par le chevalier de Tisné, retour des Grands Lacs. Suite à une dispute, un Indien avait tué un sergent, sa femme et leur fils avant de les scalper. Le chef des Natchez, Serpent-Tatoué, était venu présenter des excuses au gouverneur et lui faire fumer le calumet.

Ce n'était pas la première fois qu'une querelle entre Blancs et Indiens dégénérait en tueries sans que l'équilibre d'une communauté et celui de la colonie fussent menacés.

A quelque temps de là une autre nouvelle apporta un début de panique dans la ville : un détachement de Natchez avait attaqué les concessions de Terre-Blanche, de Sainte-Catherine et incendié l'habitation d'un colon, M. Le Page du Pratz. Dans la même contrée, quelques jours plus tard, un autre colon, M. de Guenotte, avait été blessé d'une balle par le chef Vieux-Poil et avait succombé à la gangrène.

Bienville s'était refusé à laisser ces agressions impunies. Il avait réuni une troupe de sept cents hommes, soldats, miliciens, volontaires canadiens, fait détruire quelques villages et réclamé la tête de Vieux-Poil. On la lui apporta comme sur un plateau, avec des pots de graisse d'ours et la promesse de respecter la paix.

– Fort heureusement, avait soupiré Mme de La Chaise, nous avons la troupe pour nous défendre, au cas où les nègres...

Sa hantise ne la quittait pas; tout en elle y ramenait. M. de Pradelle et l'intendant avaient échangé un sourire de pitié. La troupe... Sa situation ne cessait de se dégrader. On ne comptait que trois compagnies squelettiques, soit un contingent total de moins de cent hommes valides. En revanche, on disposait d'une fanfare de quatre tambours, de deux trompettes et d'un fifre, dirigée par l'ancien violoneux François Picard, qui revenait de temps à autre de son petit domaine du Mississippi pour tenir la baguette lors des cérémonies. Il restait une frange de soldats, considérés pour la plupart comme des déserteurs, qui vivaient chez l'Indien et sur lesquels on ne pouvait guère faire fond.

Dépourvus du strict nécessaire quant à l'équipement, réduits à la portion congrue pour la nourriture, sans solde durant des mois, couchant dans la paille, les pauvres hères restés attachés à leur casernement regimbaient devant la discipline que leurs supérieurs, guère mieux lotis qu'eux, n'avaient pas renoncé à leur imposer. Dans les postes éloignés où ils souffraient de maladies indigènes, ils ne survivaient que grâce aux Indiens.

Lorsque l'intendant manifestait son mécontentement, on lui riait au nez et on lui tendait la main comme pour lui demander l'aumône.

Le destin de Mlle Alexandrine semblait tracé par une logique implacable : elle épouserait le chevalier de Pradelle.

Des vents contraires avaient soufflé sur ce couple en formation. Alexandrine n'était pas disposée à se laisser enfermer dans quelque logique que ce soit. Elle penchait pour une union avec Gilles Chauvin de La Frénière ; la famille pesait sur l'autre plateau de la balance en avançant la candidature de Pradelle. Le conflit qui couvait se traduisait par quelques éclats entre la demoiselle et M. Jacques. Jugeant qu'il eût été maladroit de présenter Gilles comme un prétendant potentiel, elle protestait : il n'était pour elle qu'un *ami*, ce qui mettait M. Jacques dans toutes ses humeurs :

– Vous vous moquez ! Un ami qui vous tient tendrement la main, vous parle à l'oreille, vous accompagne dans vos promenades en tenant votre ombrelle, vous susurre des confidences dans le jardin, la nuit ? A d'autres...

Il s'était ouvert à son père de ces soupçons qu'il avait transformés en évidence : M. de La Chaise en parut fort surpris ; il n'avait rien remarqué d'anormal dans ces rapports. Deux adolescents du même âge, avec beaucoup de goûts communs...

– Et moi je vous dis, père, qu'il y a de l'idylle dans l'air. Ce « garçon meunier » est le pire des intrigants sous ses mines de bon apôtre.

– Eh bien, j'en aurai le cœur net !

M. de La Chaise convoqua Gilles dans son cabinet.

Mal à l'aise, peu habile à naviguer sur les fleuves du Tendre, il ne savait comment se glisser dans cette affaire sans occasionner de dégâts irréparables. Il ne tenait pas, par un de ces coups de colère imprévisibles qui l'animaient parfois, à se séparer de ce garçon dont on lui avait confié le destin et dont il se sentait un peu le père. Il égrena un chapelet de louanges destiné à faire passer l'amertume de la pilule : Gilles était le modèle des factotums, il ne rechignait jamais à la tâche et sa bonne humeur en toutes circonstances faisait plaisir à voir. Cependant...

– Il m'est venu à l'oreille, mon garçon, des bruits fâcheux sur tes rapports avec ma fille. Cette enfant est l'innocence même. Je ne souffrirai pas qu'elle s'engage dans une idylle sans issue. Qu'as-tu à répondre ? Parle-moi franchement, comme... comme à un père.

Abasourdi, Gilles ne sut que répondre. Il ne pouvait trahir la confiance que son protecteur avait mise en lui en niant la nature de ces rapports ; avouer, c'était renoncer à cette aventure sentimentale qui répandait des roses sur sa vie.

– Eh bien ! lui lança M. de La Chaise, réponds-moi ! Si tu ne dis rien j'en conclurai que ces bruits n'étaient pas sans fondement.

Gilles baissa la tête. Il sentait dans une sorte de vertige que sa vie était en train de basculer.

Il aurait dû protester, se défendre, mais il ne trouvait pas les mots qui eussent convenu. De toute manière, son silence était un aveu.

Le coup de poing qui ébranla la table le fit sursauter. Il entendit comme dans une brume éclater l'orage :

– C'était donc ça ! Je t'accueille dans ma famille, je te traite comme mon fils, je veille sur ton avenir et voilà ma récompense ! Tu joues les séducteurs, les suborneurs. Faut-il que tu aies la conviction de ta faute pour n'avoir même pas tenté de te défendre ! J'attendais mieux de toi, plus de courage. Jacques avait raison : tu n'es pas digne de rester dans notre famille. En conséquence...

Il parut hésiter avant d'ajouter d'une voix moins âpre :

– ... en conséquence nous allons devoir nous séparer de toi.

Il lui donna congé d'un revers de main. Lorsque, les jambes flageolantes, Gilles ouvrit la porte, il trouva la force d'articuler d'une voix ferme :

– Monsieur, il est vrai que je nourris quelque sentiment à l'égard de votre fille, mais, sur mon honneur, sachez que je l'ai respectée...

Alexandrine dut subir le même procès, mais avec sa mère comme juge. Elle aimait Gilles et l'avoua d'emblée. Mme Marguerite eut quelques attitudes de théâtre fort pathétiques qu'elle assortit d'une effusion de larmes. Elle ressortit l'arsenal des mères en butte aux caprices sentimentaux de leurs filles : Alexandrine avait trompé sa confiance, elle était le déshonneur de la famille, on aurait dû la mettre au couvent – quel couvent ?

– S'enticher d'un garçon meunier, d'un godelureau, toi, une de La Chaise, descendante d'une des plus grandes familles d'Auvergne, toi qui as pour oncle le confesseur du roi !...

Elle virevoltait dans le salon comme une toupie folle, lâchait pêle-mêle des gémissements, des invectives, des menaces.

– Il faut renoncer à ces relations coupables, entends-tu ? Renoncer ! Je parlerai à ton père. Il sera d'accord avec Jacques pour renvoyer ce garçon hors de notre famille !

Jacques... M. Jacques... Toujours lui. Il s'érigeait en directeur de conscience, en donneur de conseils, en inquisiteur.

Soudain, Mme Marguerite cessa ses évolutions, se laissa tomber sur la bergère, son mouchoir de dentelle sous le nez, détendue comme si elle venait de sortir de son bain.

– Que penses-tu, dit-elle, du chevalier de Pradelle ?

Alexandrine avoua qu'elle n'en pensait rien. Ni bien ni mal. Elle se doutait que quelque brume d'intrigue enveloppait ses visites fréquentes à l'hôtel de l'intendant, mais elle ne faisait qu'en sourire. Il était riche, beau parleur, élégant, mais il n'avait rien d'un Eliacin : il avait la trentaine... Son cœur chavirait à l'idée qu'elle devrait renoncer à Gilles, à leurs promenades, à leurs confidences, à leurs chastes baisers sous les magnolias.

Elle lança tout à trac :

– Il faut que je le voie, que je lui parle !

– A la bonne heure ! Il vient justement souper ce soir.

– C'est de Gilles que je veux parler.

Mme Marguerite sursauta, se dressa sur ses ergots.

— Es-tu folle ? Il n'en est pas question. A dater de cette heure ce vaurien ne fait plus partie de notre famille. Dis-toi bien que tout est fini entre vous.

Ce fut au tour d'Alexandrine d'éclater en sanglots.

Sauvoy fut chargé d'héberger provisoirement Gilles, le temps de lui trouver une autre affectation, avec interdiction pour lui de reparaître au domicile de l'intendant, de flâner dans les parages et, bien entendu, l'obligation de renoncer à renouer ses relations avec sa bien-aimée.

— Quelle imprudence de ta part ! lui dit Sauvoy. Qu'espérais-tu ? Qu'on allait consentir à votre union ? Mon cher, ce serait considéré comme une mésalliance. Et si tu connaissais les La Chaise aussi bien que moi...

Il lui révéla quelques jours plus tard que le chevalier de Pradelle avait avancé son pion et avait été agréé sans réserve.

— Et Alexandrine, dit Gilles, qu'en pense-t-elle ?

— Il semble qu'elle manque de ferveur, que ce parti lui soit indifférent sinon hostile. Déçue d'avoir dû renoncer à toi, elle doit se dire : après tout, lui ou un autre... C'est ce qu'on appelle un mariage arrangé.

— Que va-t-on faire de moi ? Me renvoyer en France ?

— Il n'en est pas question. La Louisiane est suffisamment vaste pour qu'on t'exile dans un fort ou dans une concession loin de La Nouvelle-Orléans. Assez loin en tout cas pour t'éviter la tentation de revenir traîner par ici.

Sauvoy ajouta :

— Notre maître regrette de se séparer de toi. Il t'aimait bien. Tu le sais. J'ai cru deviner que son intention était de te confier une fonction dans son domaine de la Mobilière où il y a beaucoup à faire à ce qu'on dit. Le commis qu'il y a installé ne lui donne guère satisfaction et il souhaite s'en séparer. Ce n'est pas La Nouvelle-Orléans. Les distractions y sont rares, mais tu jouiras d'autres avantages, et tu seras ton maître, ce qui n'est pas à négliger.

— J'aimais cette ville, soupira Gilles. Je comptais y faire carrière.

— Tu pourras y revenir. Plus tard. Quelque chose me dit que tu deviendras un notable et que tu feras fortune... si les Indiens ne te mangent pas !

La Mobilière : une esquisse de plantation.

Alors que celles qui l'entouraient avaient pris un essor prometteur, elle ne parvenait pas à prendre forme et à donner un semblant de profit. M. de La Chaise avait fait le mauvais choix pour assurer la production, en convenait et s'en repentait. Le régisseur, Jules Lachaume, ex-sergent à Mobile puis à La Nouvelle-Orléans, licencié sur sa demande à la suite d'une blessure, vivait là en sybarite, adonné à l'ivrognerie et à la luxure. Les visites de M. de La Chaise dégénéraient en querelles violentes. Renvoyer ce brigand ? Il y avait songé, mais le remplacer par qui ?

Gilles se rendit compte dès son arrivée que tout allait à vau-l'eau : la petite fabrique d'indigo ne donnait pas le dixième de la production que l'on en attendait ; les dix nègres qu'elle employait se prélassaient ; quant à celui qui se donnait le titre pompeux de régisseur, il passait plus de temps en compagnie de ses négresses et du tafia qu'à la surveillance du troupeau.

Les hostilités éclatèrent dès la première rencontre entre Gilles et Lachaume. Tiré de son sommeil, le régisseur faisait grise mine.

– Qui es-tu ? Que veux-tu ? J'aime pas qu'on me dérange quand je fais ma sieste.

Gilles déclina son identité, montra la lettre qui l'accréditait. Le bonhomme ne se donna pas la peine de la regarder ; il la jeta sur la table, la repoussa en maugréant :

– Sais pas lire ! Alors, comme ça, tu viendrais pour me remplacer ?

— Non, monsieur, pour vous seconder.

Ce *monsieur* le fit rire. Il maugréa :

— Pas besoin d'aide, morveux ! Souviens-toi que tu parles au sergent Lachaume Jules, de l'infanterie de marine. Matricule... Foutre ! je l'ai oublié, mais baste !

Il but au goulot quelques gorgées de tafia, tendit le flacon à Gilles qui l'écarta de la main, fit signe à la négrite qui partageait sa sieste de déguerpir, puis il enfila une chemise militaire, copieusement rapiécée.

— Tu regardes ma blessure ? dit-il en montrant sa poitrine. Pas belle à voir. C'est le cadeau d'un Indien, un foutu Yatachès de la Rivière Rouge. Je l'ai descendu, le bougre. Celui qui aura ma peau n'est pas encore né.

C'était un magnifique colosse au torse barbouillé de poils, d'une laideur superbe. Un géant de Patagonie à côté de Gilles qui, pourtant, n'était pas d'une taille médiocre.

— Tu es depuis combien de temps dans cette foutue colonie ? demanda-t-il.

— Je suis arrivé depuis peu à La Nouvelle-Orléans avec M. de La Chaise et sa famille.

— Autant dire que tu connais rien à cette merde d'indigo. Sais-tu au moins comment fonctionne un moulin ?

— Je l'ignore, mais j'apprendrai.

— J'apprendrai... dit Lachaume en contrefaisant la voix de son interlocuteur. Et tu comptes sans doute faire mieux que moi ?

— Je vais essayer.

— Mon gars, tu te fourres le doigt dans l'œil ! Cette terre ne vaut rien pour l'indigo, quoi qu'en dise cette ganache de La Chaise. Trop sèche, pas assez grasse, tu comprends ? Quant à ces foutus nègres qu'on m'a affectés, ce sont des fainéants de la pire espèce. Pensent qu'à voler mon tafia et à baiser leurs femelles.

— J'ai là quelques chiffres révélateurs. Votre production est insignifiante. Les concessions voisines, installées sur la même terre que la nôtre, sont florissantes. Comment expliquez-vous ce phénomène ?

— Holà, morveux ! s'écria le colosse. Si tu viens pour me donner des leçons, autant filer dare-dare avant que je te balance dehors à coups de pied dans le cul. Me donner des leçons, à moi ! Six campagnes à travers le monde, quatre blessures. Et tu voudrais... ?

— On peut être un excellent soldat et un mauvais commis. Moi, j'ai reçu des ordres. Que ça vous plaise ou non, je reste. Vous ne m'impressionnez pas avec vos campagnes et vos blessures, sergent Lachaume. Le fait est que votre administration est déplorable et que je compte y mettre bon ordre.

La bâtisse que M. de La Chaise avait fait construire au milieu de sa concession aurait eu belle allure si les travaux avaient été menés à bonne fin. Elle se dressait sur une éminence qui la mettait à l'abri des crues dévastatrices du Mississippi. Il coulait majestueusement, pareil à un grand lac, derrière une ligne de saules et de cannes, à travers cet aimable pays de collines, en aval de Bâton Rouge. La famille de M. de La Chaise s'y trouverait peut-être à l'aise si elle décidait de s'y installer; Gilles s'y sentait perdu.

Tandis que Lachaume Jules, son fouet à courte lanière à la ceinture, faisait sa quotidienne tournée d'inspection, il chercha à s'installer le plus confortablement possible. Comme cette demeure n'avait jamais été habitée, le régisseur ayant d'autres préoccupations que de l'entretenir, ses vastes pièces vides sentaient le renfermé, l'abandon et suscitaient en lui un malaise. Il se dit que si Alexandrine y avait passé quelques jours il serait resté des traces de sa présence.

Il expulsa un serpent qui avait élu domicile sous un monceau de sacs vides, demanda à la négrite du sergent de faire un peu de nettoyage.

Les esclaves de retour des champs d'indigo et du moulin, il demanda au commandeur, le nègre Jason, de venir parler avec lui. Il se présenta alors que Gilles était en train de faire cuire sa soupe aux pois dans la cheminée. C'était un Congo dans la force de l'âge, au visage massif, très noir de peau, avec des traces de petite vérole. Il fit bonne impression au nouveau maître par sa tenue : culottes courtes, chemise blanche marquée de sueur aux aisselles. Il parlait un français correct, d'une voix lente et grave.

— Lachaume, dit Gilles, t'a mis au courant de ma venue. Tu vas avoir beaucoup à m'apprendre, plus que lui sans doute. En attendant, dis-moi comment je peux me procurer de quoi m'installer convenablement dans cette baraque. Je n'ai pas des goûts de luxe, mais je ne peux me satisfaire d'un logement aussi rudimentaire.

Jason sourit et hocha la tête.

A une lieue environ de la Mobilière un riche colon, M. du Breuil, avait installé un moulin à planches qui fournissait La Nouvelle-Orléans et les îles en bois de charpente et de mobilier. Il serait facile de se procurer dans sa fabrique de quoi confectionner quelques meubles. Jason promit de s'en charger.

Une semaine plus tard tout était en place : le lit, constitué d'un simple cadre de bois surélevé à cause de la vermine et autres hôtes indésirables, la garde-robe, un vaste coffre, une table qui faisait office de bureau, deux sièges... Jason s'était même procuré de la mousseline pour obturer les fenêtres; il avait dégagé le sentier menant à la masure de Lachaume et aux champs d'indigotiers.

Pour son premier vrai repas de chrétien, le lendemain, Gilles invita le commandeur. Peu habitué à ce genre d'égards, Jason faillit refuser; il finit par accepter et arriva à l'heure dite avec sa femme et trois négrillons.

– Parle-moi de toi, dit Gilles. J'ignore beaucoup de choses de la traite des esclaves. Je suppose que tu n'es pas venu de ton plein gré en Louisiane...

Jason avait été vendu par un trafiquant congolais, un *mongo*, à un agent de l'*asiento*, cette compagnie espagnole qui fournissait les planteurs en pièces d'Inde. Le navire négrier qui l'amenait à Cuba ayant été arraisonné par une frégate française, la cargaison, ou ce qui en restait, avait été vendue à deux colons, Graveline et Rémonville. Il avait échoué chez ce dernier avec comme tâche essentielle de conduire une voiture entre le domaine du Vieux-Chêne et le delta. Les affaires de son vieux maître ayant traversé une mauvaise passe il avait été cédé à M. de La Chaise qui l'avait envoyé avec le titre envié de commandeur, à Lachaume.

– Parle-moi franchement. Cela restera entre nous : es-tu satisfait de ton maître ?

Jason hésita avant de répondre :

– Missié Lachaume, t'ès mauvais maît'e. Toujou's iv'e... Toujou's le fouet à la main...

Jason, qui ne le cédait en rien à Lachaume pour la vigueur, avait appris à se faire respecter. Le jour où, afin d'affirmer son autorité, le régisseur s'était mis en tête de le fouetter, le Congo l'avait pris à la gorge et lui avait arraché le fouet des mains. Depuis, sans devenir courtois, leurs rapports s'étaient normalisés.

Jason avait eu la chance d'arriver en Louisiane accompagné de sa femme que M. de Rémonville avait baptisée Élisa : une Congo au visage agréable sous le tignon mais un peu lourde de corps et flottant dans sa robe d'indienne. Ils avaient été séparés deux ans. Tandis que Jason travaillait à la Mobilière, Élisa était revendue à M. Alexandre.

– Le fabricant de chandelles ?
– Lui-même, missié.

Gilles avait entendu parler de ce personnage, devenu célèbre dans la colonie et au-delà, depuis qu'il avait découvert le moyen de fabriquer sur place de la cire à bon compte.

Chirurgien de la Compagnie, installé dans la concession du Manoir, Alexandre s'était livré à sa passion : la botanique. Il avait découvert sur la côte du golfe un arbrisseau odoriférant : l'anémiche des Indes ou *myrtifica cyrea*, qui avait l'apparence du laurier-sauce et portait des grappes de baies bleuâtres.

L'intuition propre à certains savants lui avait laissé espérer qu'il avait fait une découverte capitale. Après quelques expériences décevantes il avait réussi à extraire de ces fruits une cire qui, mêlée à du suif, pouvait servir à l'éclairage. Les chandelles de myrte étaient nées et M. Alexandre était sur le chemin de la fortune.

Les chandelles importées de France étaient rares et coûteuses ; celles qu'il produisait revenaient à moitié prix et, de plus, répandaient une odeur agréable. Il commercialisa sa production dans la colonie puis les exporta dans la métropole. On disait à Versailles que les belles dames n'en voulaient pas d'autres ; elles les appelaient des *chandelles balsamiques*.

M. Alexandre était un savant féru de philosophie et de philanthropie. Élisa l'ayant supplié de la laisser rejoindre son époux à la Mobilière, son maître l'échangea à M. de La Chaise contre une négrite de Guinée.

Peu à peu Gilles prit de l'autorité. Il dirigeait seul la plantation, sans que Lachaume, à sa grande surprise, parût s'en formaliser. Ils n'avaient que des rapports épisodiques, brefs et sans chaleur.

La Mobilière était ravitaillée une fois par mois par la voiture de La Nouvelle-Orléans. Quinze jours après son passage les vivres et la boisson étaient épuisés,

Lachaume cédant une partie de la cargaison aux Oumas et autres Indiens avec lesquels il trafiquait ; il dilapidait le reste en repas plantureux et bien arrosés, quitte, en attendant une nouvelle voiture, à se serrer la ceinture. Quant aux nègres, qu'ils se débrouillent ! Ils subsistaient tant bien que mal grâce à Jason mais le rendement du moulin à indigo en pâtissait. Par chance la culture était saisonnière, ce qui laissait la main-d'œuvre disponible pour d'autres tâches, le défrichage notamment, mais, mal nourrie et maltraitée, elle ne mettait guère de cœur à l'ouvrage.

– C'est bien dommage, missié Gilles, disait Jason. Y a enco'e quelques a'pents de bonne te'e en ti'ant vers l'o'ient, mais voilà, mes nèg'es y veulent pas t'availler en plus de l'indigo et menacent de passer chez les Indiens...

Grâce aux bons soins du commandeur, le moulin, les hangars de brique et de bois, les bacs où l'on mettait la plante en *digestion* étaient soigneusement entretenus.

Le travail de l'indigo était pénible. Il fallait semer les graines courbé et à reculons. La saison venue, on coupait les plantes à deux pieds de hauteur avec des faucilles. Les feuilles étaient mises à tremper dans un pourrissoir durant quelques heures, sous des nuées de mouches. Le liquide s'écoulait au sortir du moulin dans une sorte de tonneau, la batterie. Durant des heures, sous un soleil implacable, les nègres battaient le liquide à la perche, tandis que l'un d'eux, pour éviter à l'écume de déborder, aspergeait la surface d'huile de poisson. La précieuse lie était recueillie dans une troisième cuve, le *diablotin*, où elle séchait avant d'être répandue dans des cadres de bois qui la transformaient en *pains de nuit* d'une suave couleur bleue ou gorge-de-pigeon selon la qualité.

M. de La Chaise avait dit à Gilles :

– Nous n'aurons aucune difficulté à écouler notre production. La métropole nous la prendra en totalité. On s'en sert pour teindre toutes sortes d'étoffes. Les marchands prétendent que l'indigo des Indes orientales est de meilleure qualité, mais c'est faux. Il est seulement plus cher en raison de la distance.

Ce qu'il oubliait de dire et qui n'avait pas échappé à Lachaume c'est que la terre de la Mobilière ne convenait qu'imparfaitement à cette culture.

Gilles était arrivé juste avant le temps où l'on procédait à la cueillette. Jason lui montra les tiges noueuses qui éclataient en une multitude de scions, mais en nombre insuffisant en raison de la pauvreté du sol.

– C'est une plante gou'mande. Elle dég'aisse le sol et suppo'te pas la moind'e he'be autou' d'elle.

Gilles retroussa ses manches et se mêla aux nègres pour participer au rude travail du moulin. Au bout de quelques semaines il ne lui restait pour ainsi dire rien à apprendre.

Gilles était installé depuis trois mois à la Mobilière et l'on entrait dans le somptueux automne de la Louisiane lorsqu'il reçut une lettre d'Alexandrine que lui remit le pilote de la voiture. Elle semblait avoir été griffonnée à la hâte par une main nerveuse et inquiète. Devenue depuis peu Mme de Pradelle, Alexandrine l'assurait de la constance de son amour pour lui.

« *Mon cœur est avec toi*, disait cette lettre. *Je pense à toi chaque heure de chaque jour et la nuit plus encore. Rien ne pourra faire que je renonce à toi et que je t'oublie. Tu as été mon premier amour. Tu resteras dans mon cœur jusqu'à la fin de mes jours.* »

On envisageait, disait-elle, de marier M. Jacques avec une de ces « demoiselles à la cassette » dotées par Sa Majesté. C'étaient des filles de bonne famille, souvent à particule, extraites d'un couvent pour aller peupler la Louisiane. Autre nouvelle : son père souffrait d'un dévoiement tenace consécutif en grande partie, au dire du médecin, M. Prat, aux tracasseries dont il était victime. Toute la colonie semblait s'être liguée contre lui. Elle blâmait le système inquisitorial qu'il avait inauguré, mettant les scellés sur tous les services, commettant maladresse sur maladresse et, le pire, traitant les Indiens comme des bêtes, refusant leur calumet et s'abstenant de leur distribuer des présents.

Un nouveau gouverneur, M. Étienne Salvert du Périer, venait d'arriver. Cet ancien officier de marine avait acquis une honorable renommée dans ses campagnes contre les Espagnols lors de la guerre de Succession.

– Je ne l'ai vu qu'une fois, ajouta le pilote. Il m'a fait bonne impression. On a banqueté et tiré des feux d'artifice en son honneur. M. de La Chaise l'héberge en attendant qu'on aménage l'ancienne demeure de Bienville. Sauf votre respect ils sont comme cul et chemise mais je crains que ça ne dure guère. Cela ne marche jamais entre gouverneur, ordonnateur ou intendant.

M. du Périer avait débarqué avec un personnage de mine patibulaire, le capitaine Etchepare. Cet officier avait commencé à faire parler de lui, et pas dans les meilleurs termes : un matamore doublé d'un don Juan de taverne. A peine avait-il débarqué qu'une vilaine affaire de subornation l'avait conduit devant le Conseil. En raison de ses bons rapports avec le gouverneur, les choses en étaient restées là.

— M. du Périer a affecté cet olibrius au fort Rosalie-des-Natchez. Façon élégante de s'en débarrasser... Mais je crains qu'il ne fasse des siennes. Les Indiens de cette contrée ne sont pas à toucher avec des pincettes.

Il ajouta à voix basse :

— Savez-vous comment les Indiens appellent le capitaine Etchepare ? Cœur-de-crocodile...

Gilles prit une décision qui lui coûtait : il écrivit à M. de La Chaise pour obtenir le licenciement de Lachaume ; il était devenu un poids mort et un personnage inquiétant.

Jason lui avait mis la puce à l'oreille.

Lachaume Jules était un trafiquant d'une espèce singulière : sa masure servait de relais aux déserteurs souhaitant filer chez les Anglais qui les accueillaient à bras ouverts. Gilles avait bien constaté des allées et venues mystérieuses de personnages aux mines patibulaires, du genre à ne se déplacer qu'en longeant les murs, mais il n'y avait guère attaché d'importance, persuadé qu'il pouvait s'agir de simples coureurs des bois. Lachaume les hébergeait une journée ou deux et leur faisait un brin de conduite. Que se passait-il ensuite ? Mystère.

Un commis de M. du Breuil, colon voisin de la Mobilière, révéla à Gilles le pot aux roses.

— Ce Lachaume, dit-il, est un drôle de citoyen. Il a découvert un moyen de se faire de l'argent avec un trafic de déserteurs.

— Comment s'y prend-il ?

— Simple comme bonjour : il les conduit jusqu'à un poste de la forêt, entre le territoire des Alibamons et celui des Chocktaws, où les British sont installés, et revient avec un petit bénéfice en poche. Ni vu ni connu. A l'heure qu'il est il doit avoir des picaillons plein sa bourse.

Le commis avait ajouté :
- Le mieux que La Chaise ait à faire, c'est de se débarrasser au plus tôt de cette fripouille qui, de plus, vous est à charge.

La réponse à la lettre de Gilles ne se fit guère attendre. Ordre de M. de La Chaise : confier Lachaume à deux militaires qui viendraient le quérir avec la prochaine voiture. Une semaine plus tard le pilote annonça à Gilles qu'il venait prendre livraison du *colis*.

Restait pour Gilles le plus difficile à faire : signifier au colosse qu'il devait vider les lieux. C'était risquer un éclat aux conséquences imprévisibles.

- Lachaume, dit-il avec des graviers dans la voix, j'ai le regret de vous dire que nous allons devoir nous séparer.
- Eh bien, bon vent, morveux !
- Ce n'est pas moi qui pars, mais vous. Notre maître a deux mots à vous dire.
- Alors, qu'il vienne me les dire.
- Il vous attend à La Nouvelle-Orléans. La voiture est là et ne repartira pas sans vous. Le pilote et deux soldats sont derrière cette porte. A la moindre résistance, ils ont l'ordre de vous abattre.

Lachaume recula en titubant.

- C'est toi qui as mouchardé, morveux ! s'écria-t-il. Me faire ça à moi, Lachaume Jules, six campagnes...
- ... et quatre blessures ! Je sais. Il n'empêche que vous méritez la corde.
- La corde... tu vas tâter de celle de mon fouet en attendant !

Il l'arracha à sa ceinture et le brandit comme une arme. La mèche siffla à un pouce de l'oreille de Gilles qui saisit un escabeau et le balança à toute volée dans la poitrine du grand singe lequel chancela avec un hoquet de douleur et s'écroula au moment où, précédés par le pilote, les deux soldats entraient dans la masure.

- Mon pauvre Lachaume, dit Gilles, vous êtes fait comme un rat. C'en est fini de vos petits trafics !

Lachaume hurla, se débattit, mais, malgré sa puissance il n'était pas en mesure de résister aux quatre hommes qui le maîtrisèrent après une courte lutte. Alors qu'on le traînait, les mains liées, jusqu'à la voiture, il gueulait :

- Mon bagage ! Laissez-moi au moins l'emporter !

– Votre bagage, lui cria Gilles, il vous rejoindra à La Nouvelle-Orléans, mais je doute que vous en ayez besoin !

Il fouilla la masure, trouva le *bagage* : quelques hardes sans valeur que l'on distribuerait aux nègres. En revanche, sur les indications de la négrite, il découvrit, en soulevant une planche du parquet, le véritable bagage que Lachaume eût souhaité emporter : une cassette bien garnie.

Du bel argent anglais...

LIVRE DEUXIÈME

(1728-1736)

BOULEVARD DES ANGLAIS

Récit de Dieudonné de Beauchamp

Il eût été imprudent de voyager sous mon vrai nom. De préférence à celui dont m'avait doté le prêtre O'Brien et qui ne me convenait pas, je choisis celui de Sean O'Casey, du moins pour le voyage qui devait me conduire en Amérique : c'était celui d'un vieux serviteur décédé de Jemina. Après, je ferais selon les circonstances, car je tenais à mon nom véritable, qui me semblait conforme à ma nature. Un homme (ou une femme) qui change de nom ébrèche les contours de sa personnalité, ce qui ne va pas sans inconvénient.

Mis dans la confidence, le fils de Jemina, Frank, se chargea des formalités en m'assurant qu'on ne se hasarderait pas à me chercher des poux dans la tête.

– Rassurez-vous, mon garçon, me dit-il. Le nom de Frank Malone est connu et respecté non seulement en Irlande mais dans tous les ports d'Amérique du Nord.

Par curiosité autant que par précaution j'inspectai le *White Eagle* du pont aux soutes. Il transportait une fameuse cargaison : pour trois cent mille livres de marchandises dont trois mille bouteilles de whiskey. Un joli bénéfice en perspective pour mon protecteur !

Le brigantin avait dû faire office de navire négrier à en juger par les odeurs d'excréments, d'urine, et les traces de cadres avec les anneaux servant à fixer les chaînes. Le capitaine Osborne n'en faisait pas mystère : il me confia sans réticences que le *White Eagle* avait fait plusieurs campagnes de traite dans le golfe de Guinée.

L'équipage se composait, outre les officiers, d'une vingtaine de matelots auxquels s'ajoutaient un écrivain, un médicastre chargé des soins à donner aux malades ou aux blessés, et de deux pilotes. Il transportait une trentaine de passagers libres, négociants et futurs colons, presque tous accompagnés de leur famille, et une sorte de tourbe humaine entassée dans les cales : catins et mauvais garçons, ces derniers appelés à travailler comme *servants* dans les plantations.

– Il faudra tenir cette dernière catégorie sous haute surveillance, me dit Osborne. Le ministre chargé de la police n'a pas trouvé de meilleur moyen de se débarrasser de la lie. On déplace le mal à défaut de pouvoir le résoudre. Les Français ne font pas autrement avec la Louisiane, les Antilles et la Guyane. Nous trouverons facilement à les vendre : les garces dans les bordels, les coquins dans les plantations.

Je savais déjà que les Anglais font argent de tout, sans le moindre scrupule. Leur devise : *Go ahead and make money* signifie « aller de l'avant et faire fortune ». Sensiblement différent de celui des Français, ce comportement m'a toujours choqué. Du moins étais-je prévenu : personne ne me ferait de cadeau.

Osborne se montra d'emblée curieux d'en connaître davantage sur ma modeste personne. Il avait sans doute, comme Jemina, flairé quelque mystère derrière mon accent. Je brodai une fable dont il parut se satisfaire.

– Ainsi, dit-il, vous avez choisi la Caroline. Hum... Vous auriez dû faire un meilleur choix, si je puis me permettre. Mauvaise terre, mauvaises gens... Triste pays, monsieur O'Casey !

Quelques années auparavant il avait convoyé vers Charlestown une trentaine de colons originaires de Plymouth, tous sains et vigoureux, séduits par les promesses d'un prospectus leur décrivant une véritable terre de Canaan. Il y était retourné un an plus tard pour constater qu'il ne restait qu'une poignée de survivants. Les autres avaient succombé aux Indiens, aux maladies, aux privations.

– En une saison, monsieur O'Casey, la moitié de la population de Charlestown avait disparu à la suite d'une épidémie. Quant à la terre... vous ne trouveriez pas une centaine d'acres capables de faire vivre deux ou trois familles de colons.

Il ajouta en me prenant le bras :

– Vous allez en Caroline ? Je vous souhaite bien du plaisir...

Je me dis qu'Osborne forçait un peu le trait. Il dut lire à la fois l'inquiétude et le doute sur mon visage, car il ajouta :

– J'ignore les termes de votre contrat avec Malone and C°, pourtant, s'il vous en laisse la liberté, il serait raisonnable de virer de bord et de choisir la Virginie. Si ce n'est pas le jardin d'Éden, cela y ressemble.

Je le remerciai de sa sollicitude, relus ma lettre d'engagement et soupirai d'aise : elle présentait une lézarde qui permettait le choix d'un lieu de résidence, ma mission étant de convoyer une cargaison de Malone and C°.

Je me sentis pousser des ailes...

Prévu pour le début du mois de juin, le départ du *White Eagle* fut retardé en raison des intempéries.

Je laissai mes effets à bord et me mis en quête d'une chambre, peu soucieux que j'étais de renouveler mes adieux à Jemina. Je la trouvai sans peine ; elle donnait sur le port dont je pouvais observer l'animation sans me faire remarquer. J'obtins d'une jeune prostituée, affectée à l'auberge où j'avais élu domicile, qu'elle vînt distraire les longues heures que je passais là, planté devant la fenêtre en lisant, allongé sur mon lit, un livre de Jonathan Swift, que Jemina m'avait offert pour la traversée.

Au cours de la première semaine de navigation le vent fut si favorable que le capitaine Osborne pensa ne mettre qu'un mois pour toucher Charlestown, ce qui était absurde.

J'avais avec raison redouté que la présence de la racaille n'apportât quelque trouble à bord. De tout le temps que dura la navigation, dans les soutes ou sur le pont, à l'abri des tauds, se déroulèrent des scènes dont je ne saurais décrire la violence et la lubricité. Rien n'y faisait : ni les menaces ni les châtiments.

Un matin de juillet, j'eus la désagréable surprise de constater que la porte de ma cabine avait été forcée et que mon argent avait disparu. Je m'en plaignis au capitaine qui répondit sans manifester le moindre étonnement :

– Eh bien, monsieur O'Casey, nous allons faire notre petite enquête. Vous n'êtes pas le premier à qui cela arrive.

On découvrit le magot enfoui sous les jupes d'une

fille. Elle se prosterna, jurant qu'elle avait été poussée par quelque diablerie. Le verdict du capitaine tomba, raide comme un fer de hache :

– Pas de pitié pour les voleurs ! Tu seras pendue à la grande vergue.

Bouleversé, j'intervins pour atténuer la rigueur de la sentence. Qu'on mette la coupable à la demi-ration, qu'on lui passe les bracelets, à la rigueur qu'on la fasse fouetter.

– J'ai dit pas de pitié ! riposta sèchement Osborne. Cette fille le mérite. On devrait, de plus, en bonne justice, lui couper les poignets.

Malgré ses manifestations de repentance, ses lamentations et ses larmes la sentence fut exécutée. On jeta son cadavre à la mer, dans un sac de toile lesté d'un boulet. De tout le temps que dura le supplice son regard ne me quitta pas. Je le garde encore en moi comme la marque d'un fer rouge.

Dans les jours qui suivirent, le *White Eagle* essuya quelques coups de chien. Malgré la décoction de gingembre que m'administrait le médecin, je crus rendre l'âme avec mes organes. Une nuit l'une des caisses de boulets que l'on avait entreposées dans ma cabine tomba et s'ouvrit. Libérés, les boulets menèrent à travers l'ombre, durant des heures, un ballet infernal qui ajoutait la violence de leurs chocs au tumulte de la tempête : la plus éprouvante canonnade à laquelle il m'ait jamais été donné d'assister.

Quelques semaines après notre départ de Cork, les vivres commencent à s'épuiser, l'ensemble des passagers fut mis à la demi-ration, sur laquelle il fallut encore rogner. Deux barils de bœuf salé ayant été éventrés au cours de la tempête, la viande se corrompit et devint inconsommable. Le régime chuta de nouveau : trois livres de biscuit et deux pintes d'eau douce par semaine. Sur les conseils de Frank Malone j'avais eu la précaution de me pourvoir de vin et de chocolat qui me furent d'un précieux secours mais qui s'épuisèrent vite.

De plus en plus intense à l'approche des côtes d'Amérique, la chaleur ajoutait à nos maux. Dans les premiers jours du mois d'août le capitaine m'annonça que nous ne tarderions guère à voir la terre. Prévenu de son incompétence notoire par Frank Malone, je n'avais qu'une mince confiance dans ses prévisions. Osborne, dont la marine de guerre ne voulait plus, s'était rabattu sur la flotte de commerce où – c'était le moins qu'on pût dire – il ne ferait pas long feu. Il faisait virevolter son compas sur les cartes avec une singulière désinvolture. Il croyait longer les côtes de la Caroline du Sud ; on se trouvait à une centaine de milles de la Floride !

Nous reprîmes notre route contre le noroît.

Un matin, en quittant ma cabine pour aller faire toilette à l'eau de mer sur le pont arrière, je crus défaillir de bonheur : vergues et haubans étaient envahis de chapelets d'oiseaux blancs qui, par leur aigre ramage, semblaient nous souhaiter la bienvenue. Nous aperçûmes la terre aux environs de midi, mais nous n'étions pas au bout de nos peines.

Sans que le vent y fût pour rien, le golfe nous salua d'une telle agitation que la proue du *White Eagle* fut sérieusement endommagée. Il fallut faire vent arrière. Trois jours plus tard, non sans risques étant donné nos avaries, nous touchions terre à Charlestown.

En débarquant sur les quais de Charlestown avec mes effets et mes caisses de whiskey je me demandais si Osborne ne s'était pas moqué de moi en me décrivant la misère de la Caroline.

Il est vrai que je ne voyais de cette province, en quelque sorte, que sa montre : la capitale, le port, la rivière Cooper bordée de quelques belles demeures patriciennes entourées de jardins. Des navires s'alignaient le long du Gadsden's Wharf où nous venions d'accoster. Après quatre mois de navigation, mes vêtements étaient imprégnés d'une odeur de poix, de crasse et de goudron.

Je comptai et recomptai les caisses de whiskey : il en manquait deux qui n'avaient pas, comme on dit, été perdues pour tout le monde. Me plaindre à Osborne eût été inutile : on avait retrouvé mon argent ; on ne retrouverait pas mon whiskey.

En entendant prononcer le nom de Frank Malone, je me retournai. Un homme d'âge mur, de haute stature, coiffé d'un chapeau conique à large bord, vêtu d'un habit de drap léger, une cravate moussant sous le gras du menton, s'avança, la main tendue.

– Je suis Thomas Wolfe, dit-il. Cette cargaison m'est destinée. Avez-vous fait bon voyage, sir ?

– O'Casey, sir. Sean O'Casey. Voici la lettre de Frank Malone qui me recommande à vos bons soins.

Il y jeta tout juste un regard, me demanda si le compte de caisses y était. Je bredouillai :

– Désolé, sir : il en manque deux. Vraiment, j'ignore...

Il sourit, me tapota l'épaule avec sa main libre, l'autre tenant une canne à pommeau de nacre.

– Deux seulement ? Alors, ne soyez pas désolé. D'ordinaire, il en manque davantage. Parfois, ce sont des cargaisons entières qui disparaissent. Des naufrages, la flibuste, des détournements...

Des nègres et des Indiens achevaient de charger les caisses sur un fardier lorsque sir Thomas m'engagea à prendre place dans son cabriolet conduit par un domestique noir en livrée.

Les entrepôts et la demeure de l'agent de la Frank Malone and C° se trouvaient en marge des docks d'East Battery. Ils donnaient sur une placette où chantait une fontaine entourée d'arbres à l'ombre desquels sommeillaient de pauvres hères allongés à même le sol craquelé. La demeure développait une vaste façade crépie en rose pastel, où s'accrochaient des balconnets. Un porche à fronton armorié ouvrait sur une cour intérieure prolongée par des jardins d'où montaient de lourdes odeurs de fleurs et de fruits mûrs dans la chaleur de midi.

Le maître des lieux m'avait fait préparer une chambre spacieuse et confortable donnant d'un côté sur les jardins et de l'autre sur la cour, avec une salle de bains dotée d'une baignoire de cuivre.

– Les agents de Frank sont mes amis, dit Thomas Wolfe en m'abandonnant au seuil de ma chambre. Considérez donc cette maison comme la vôtre. Je vous confie aux bons soins de Daffodil. Elle restera à votre service le temps de votre séjour.

Il ajouta, en posant le pommeau de sa canne sur ma poitrine :

– Vous pourrez disposer d'elle à votre guise...

Le tourbillon qui m'avait emporté depuis que j'avais fait mes premiers pas dans la flibuste avait de quoi me déconcerter. Les événements s'étaient succédé avec une telle rapidité que j'en étais désorienté. Ce phénomène était apparu plus loin encore dans le temps et dans l'espace, comme si Dieu ou le destin avait décidé de me faire subir des épreuves. Mes jeunes années sur le bord du Saint-Laurent et dans la forêt des Iroquois avaient été une période d'initiation à l'aventure et au danger. Depuis, le manège n'avait cessé de tourner, les épreuves de succéder aux épreuves au point que, lorsque ce cycle infernal m'en laissera le loisir, je raconterai tout cela dans un livre. Engagé dans un conflit on connaît l'adversaire, on mûrit des stratégies, on maîtrise dans une certaine mesure les événements. Une position sociale ne laisse guère de place à l'imprévu. Libre de ces contingences, ma vie allait un train du diable, poussée par un vent dont je n'étais pas maître. L'incertitude du lendemain était mon lot; elle faisait alterner sans logique apparente le meilleur et le pire.

Telles étaient les réflexions auxquelles je m'abandonnais tandis que la petite servante noire, avec précision et célérité, procédait à ma toilette. Décolletée jusqu'aux mamelons, troussée jusqu'aux cuisses, elle était fraîche, odorante, avenante et, malgré la gravité de son visage, toute disposée semblait-il à poursuivre son service sur un autre registre, mais mon corps n'était qu'un bloc de fatigue et je n'aspirais qu'au repos.

Je m'endormis dans mon bain. Daffodil m'aida à m'en extraire, m'épongea, me guida vers le lit où je m'abattis d'une pièce, bras et jambes écartés, dans la pénombre embaumée et le ramage des perroquets que des négrillons agaçaient dans le jardin.

Daffodil revint quelques heures plus tard. Elle déposa sur le lit un vaste plateau garni de pain frais, de viandes délicates, de fruits et d'un pichet d'eau accompagné d'une bouteille. Je ne rêvais pas : c'était du bordeaux ! Daffodil perdit son sérieux lorsque, poussé par un sentiment absurde, j'embrassai sa main. Elle éclata de rire et dut prendre ce geste pour une invite car, sans que je l'en eusse priée, elle commença à défaire son corsage.

Thomas Wolfe était l'un des potentats de Charlestown. Sa famille avait quitté l'Irlande au siècle précédent, alors que le dictateur Oliver Cromwell traquait les papistes pour les déporter outre-mer. Les débuts avaient été difficiles et périlleux mais, à force de volonté et de courage, elle avait non seulement réussi à s'implanter mais à survivre aux agressions des sauvages, aux épidémies et à la disette. Elle s'était constitué un domaine le long de la Cooper où les concessions étaient à bon compte. Elle avait acheté des nègres, par petites quantités d'abord, puis par cargaisons entières, utilisant les plus robustes, gardant les femelles gravides et revendant le rebut.

Le père de Thomas Wolfe, William dont le portrait, exécuté par un artiste ambulant, trônait dans le grand salon, en avait possédé jusqu'à deux cents, et de la fine fleur. Il avait triplé sa fortune et ses biens grâce à une forme d'élevage qui n'importunait guère sa conscience : celle des nègres. Lorsque les négrillons et les négrites atteignaient l'âge de la puberté il les faisait se reproduire entre eux et revendait les produits de ces accouplements. Il se montrait avec son cheptel sévère mais juste, ne le punissait du fouet que pour des fautes graves, autant par souci de justice que pour ne pas le détériorer et le soustraire à ses tâches.

Thomas Wolfe avait hérité avec ses frères d'un domaine de trois ou quatre milliers d'acres, on ne savait au juste, qui longeait la Cooper sur dix lieues environ. Il était exploité par une légion de commandeurs blancs et de nègres groupés en villages. Il avait installé sur cette immensité trois moulins à indigo, quatre filatures de soie, planté des champs de riz, de maïs, de tabac et construit une demeure pour sa famille sur le lac Marion, où elle demeurait une partie de l'année, sauf dans la saison chaude dont seuls les nègres pouvaient supporter le climat.

Je partageais mes repas avec la famille. Ils n'avaient rien de gourmé. De vingt ans environs plus jeune que Thomas Wolfe, son épouse, Georgina, régnait en despote débonnaire sur sa progéniture et ses domestiques. Chaque soir ou presque, nous faisions de la musique, chantions, dansions et disputions d'interminables parties de cartes en fumant des cigares de Cuba et en buvant du punch. Je me fis un petit succès en leur apprenant quelques tours de prestidigitation que l'on m'avait enseignés dans la flibuste et des jeux qu'ils ignoraient, comme le pharaon de salon.

J'avais noué des relations de sympathie, sinon d'amitié, avec Jeremy, l'aîné des garçons, mon cadet, fils d'un premier mariage, qui m'avait d'emblée tendu la main. Il me proposa de me faire visiter cette ville singulière, fascinante, grouillante de vie, si différente, disait-il, de Boston, de La Nouvelle-York et des autres cités du Nord, qui tenaient leur population enfermée dans un carcan d'austérité et de puritanisme.

Charlestown avait l'apparence d'un immense caravansérail. On y croisait des gens de toutes les nations d'Europe, négociants, honnêtes immigrants, mais aussi la lie de la société : hommes de mer en rupture de contrat, déserteurs français et espagnols, financiers en cavale, proxénètes et filles de joie.

– Il semble, me disait Jeremy, que toutes les putains d'Irlande et d'Angleterre se soient donné le mot pour s'installer ici. Il y a plus de bordels à Charlestown que dans toutes les villes, du Nouveau-Brunswick à la Floride.

Il avait ses habitudes chez ces demoiselles du *Perroquet vert*, un somptueux lupanar qui recevait sa visite deux ou trois fois par semaine. Comme il menait un train de lord, les beautés vénales n'avaient rien à lui refuser. Il avait sa chambre, ses favorites, du champagne et du whiskey sur le guéridon.

Il m'invita un soir à le suivre ; je déclinai son invitation, n'ayant pas comme lui une fortune à dépenser dans ce genre de réjouissances. Et puis... et puis Daffodil me suffisait. Elle s'offrait à moi en toute simplicité, sans aucune contrainte, et semblait prendre autant de plaisir que moi. Certains soirs où nous avions, elle et moi, abusé du punch, elle se donnait avec une telle ardeur que je la sentais vibrer comme une harpe de chair au-dessus de moi, inondant mon ventre et mes cuisses d'un suc de plaisir, balayant ma peau d'un souffle ardent, faisant glisser dans mon oreille des paroles qui me demeuraient incompréhensibles mais d'une voix si douce et si âpre à la fois que je fondais de bonheur.

J'étais depuis peu à Charlestown, installé dans mes habitudes, quand Thomas Wolfe m'invita à le rejoindre dans son cabinet. C'était une vaste pièce tendue de rideaux de soie brochée à gros cordons, presque toujours plongée dans la pénombre pour garder la fraîcheur de la nuit et du matin.

– Mon ami, me dit-il en me faisant asseoir près de lui sur un sofa, êtes-vous satisfait de votre halte à Charlestown ?

Le mot *halte* me fit froid dans le dos.

– J'aurais mauvaise grâce à me plaindre, sir.

Je faillis suffoquer lorsqu'il ajouta avec un sourire :
– Vous êtes d'origine française, n'est-ce pas ? Parlez-moi franchement. Vous ne risquez rien.

Je lui ouvris tout grand mon tiroir secret : je portais un nom d'emprunt et m'appelais en réalité Dieudonné, chevalier de Beauchamp. J'ajoutai :

— Puis-je savoir quelle maladresse j'ai pu commettre qui vous ait révélé ma supercherie ?

— Aucune, en vérité. Votre accent et certaines tournures de phrases malhabiles ont éveillé ma curiosité. Si vous voulez passer inaperçu – j'ignore pour quelles raisons – vous avez intérêt à perfectionner l'apprentissage de notre langue.

Ma confusion parut le divertir. Il tapota mon genou avant d'ajouter :

— Il est temps, mon cher ami, que nous parlions de choses sérieuses. Votre présence n'est nullement importune mais elle ne saurait se prolonger plus longtemps. Jeune et robuste comme vous l'êtes, il vous faut une occupation. Vous en conviendrez, je pense...

— Votre hospitalité m'est allée droit au cœur, dis-je, mais je savais qu'elle aurait une fin.

— Comptez-vous revenir en Irlande ? Le *White Eagle* va appareiller sous peu.

— C'est impossible, sir. Je suis, en Irlande, et notamment à Cork, *persona non grata*.

Je lui révélai les événements qui m'avaient conduit jusque chez Jemina Malone. Son expression devint grave ; il hocha à plusieurs reprises la tête en grommelant et me dit :

— Votre confiance me va droit au cœur, mon garçon. Une telle volonté de votre part de faire pièce au destin vous rend plus encore digne de ma sympathie. Vous êtes une *âme bien née*, comme on dit en France, monsieur de Beauchamp. Si vous parvenez à mettre vos qualités et vos vertus en pratique vous arriverez à vaincre le mauvais sort. Je serai heureux de vous y aider.

Il se leva, me tendit un cigare, alluma le sien, puis le mien, et se mit à arpenter la pièce de son allure pesante.

— J'en reviens à la question essentielle : que comptez-vous faire ?

J'avouai mon embarras.

— Je sais où je suis, et j'y suis fort bien, mais j'ignore où j'en suis. Je me sens comme un naufragé rejeté sur la grève à la suite d'une tempête : sans fortune et sans ambition.

Il maugréa en tétant son cigare, le buste renversé :

— Sans fortune, cela n'est pas grave. Sans ambition, cela me surprend venant de vous. Voyons... voyons...

Il me fit toutes sortes de propositions.

— Je puis vous obtenir un brevet de lieutenant. Je connais bien le commandant de la garnison. Il n'a rien à me refuser.

— L'armée ne me tente guère, sir.

— Que diriez-vous d'un poste de convoyeur sur un de mes navires ? Vous qui aimez l'aventure à ce que je crois...

— Les aventures de mer, j'en ai eu mon content.

— Bien... bien... Alors, je puis vous confier un poste de commis dans mes entrepôts. Vous toucheriez un salaire honorable pour une tâche aisée.

Mon silence le convainquit d'un nouveau refus. Il me dit d'un ton sévère :

— Vous me mettez dans l'embarras. Avez-vous une idée ? Je suis prêt à l'écouter et à vous aider. Réfléchissez. Je ne vous mets pas à la porte. La nuit porte conseil. Apportez-moi votre réponse demain.

Il me donna congé sans un mot, avec même une certaine sécheresse qui m'affecta bien qu'elle me parût justifiée.

Il me prit par le bras pour me raccompagner jusqu'à la porte.

Le lendemain, la nuit ne m'ayant été d'aucun secours quant à ma décision, je m'abstins d'aller trouver sir Thomas.

A la fin du souper auquel avaient été conviés quelques planteurs de Virginie avec lesquels il était en affaires, il me lança, entre punch et cigare :

— J'attendais votre visite, mon cher, et vous vous êtes dérobé. Avez-vous réfléchi ?

— Certes, mais je vous avoue que je suis en pleine confusion. Sans doute, demain...

— *Mañana*, comme disent les Espagnols. Tâchez de ne pas lasser ma patience.

Il m'attira à part, m'invita à m'asseoir près de lui sur une bergère et me dit à voix basse :

— J'ai réfléchi sérieusement, moi. Nous avons ce soir en notre compagnie un planteur des environs de Bedford, en Virginie, sur le fleuve Potomac, à la limite du Maryland. Un Écossais : Lewis Campbell, ce gros homme un peu vulgaire d'allure et qui sue comme une outre de graisse d'ours au soleil. Il vient de se porter acquéreur d'un bon millier d'acres dans l'intention d'y faire du tabac, et d'une cargaison de nègres d'Angola. Il redoute de ne pas trouver quelqu'un qui soit capable d'administrer cette production. Si vous acceptiez de vous en charger, je vous obtiendrais un traitement convenable.

— Je n'entends rien à la culture du tabac, répondis-je.
— Qui vous demande de planter et de récolter ! J'insiste : votre rôle serait d'administrer. Vous en êtes, je crois, fort capable.
— Ma foi... fis-je en me grattant le menton.
— J'attends votre réponse demain. Dans deux jours, il faut que vous libériez votre chambre. J'attends des visiteurs.
— Eh bien, c'est d'accord. Vous pouvez proposer ma candidature à Mr. Campbell.

C'est ce qu'il fit sur-le-champ. Quelques minutes plus tard, le poussah vint s'asseoir près de moi, son verre de punch à une main, son cigare à l'autre. A travers ses borborygmes et ses renvois, d'une voix d'asthmatique, il me demanda sans préambule :
— Avez-vous déjà travaillé dans une plantation ?
— Jamais, sir.
— Êtes-vous familiarisé avec les nègres ?
— Il m'est arrivé d'en rencontrer, pas de les commander.
— Êtes-vous de ces prétendus humanistes qui nous font une mauvaise réputation ?
— Nullement, sir ! répondis-je hypocritement. L'esclavage est une tradition fort honorable, et, quant à moi...
— Épargnez-moi vos commentaires, jeune homme. Au moins savez-vous manier une arme à feu ?
— Certes. J'ai eu parfois l'occasion de m'en servir, et...
— Bien.. bien... Alors, je crois que nous ferons affaire. J'embarque demain. Soyez à mon bord à quatre heures de relevée. Pour ce qui est des conditions...
— Rien ne presse ! répondis-je sottement.

Le visage de sir Lewis s'épanouit d'un sourire narquois.
— Ah la bonne heure ! dit-il. Vous me plaisez, mon garçon. J'adore votre accent...

533

Je fis des adieux émus à la famille de Thomas Wolfe, surtout à Jeremy qui, me dit-il, perdait un « aimable compagnon ». Daffodil, dont j'appréciais l'ardeur autant que la discrétion, ne trahit pas le moindre émoi lorsque je lui fis mes adieux sur l'oreiller.

J'embarquai à l'heure dite sur le *Dundee*. Cette corvette était une grande blessée de guerre : elle avait beaucoup souffert des combats navals contre la France et l'Espagne, où elle s'était vaillamment comportée. Reconvertie en navire de commerce, elle avait belle apparence malgré ses avaries mal réparées, avec ses trois mâts, sa coque effilée propre à tailler convenablement la mer. Elle était dotée d'une vingtaine de canons sans aucune utilité car on ne lui faisait plus affronter la haute mer et ses risques d'abordage.

Il ne nous fallut que quatre jours, par bon vent, pour pénétrer dans la baie de Chesapeake, mais à peine nous étions-nous engagés dans cet estuaire bordé de côtes déchiquetées, que le *Dundee* dut batailler contre des vents contraires et des courants insidieux.

Entre Maryland et Virginie, le fleuve Potomac débouche dans un estuaire large comme une mer. Bedford, où se situait le domaine de sir Campbell, occupait, sur la rive droite, dans un méandre, une position magnifique.

Lorsque le *Dundee* eut touché l'appontement, je vis surgir Campbell du fond de sa cabine dont venaient de l'extraire deux colosses d'Angola. Il semblait sur le point de rendre l'âme, à supposer qu'il en eût une. De tout le voyage il n'était pas monté une seule fois sur le pont. Il me lança :

– Eh bien, mon garçon, que restez-vous là à me regarder ? Vous aurais-je engagé pour me surveiller ? Il y a de la marchandise à débarquer ? Au travail, et vite !

LE SOLEIL DE LA POMME-BLANCHE

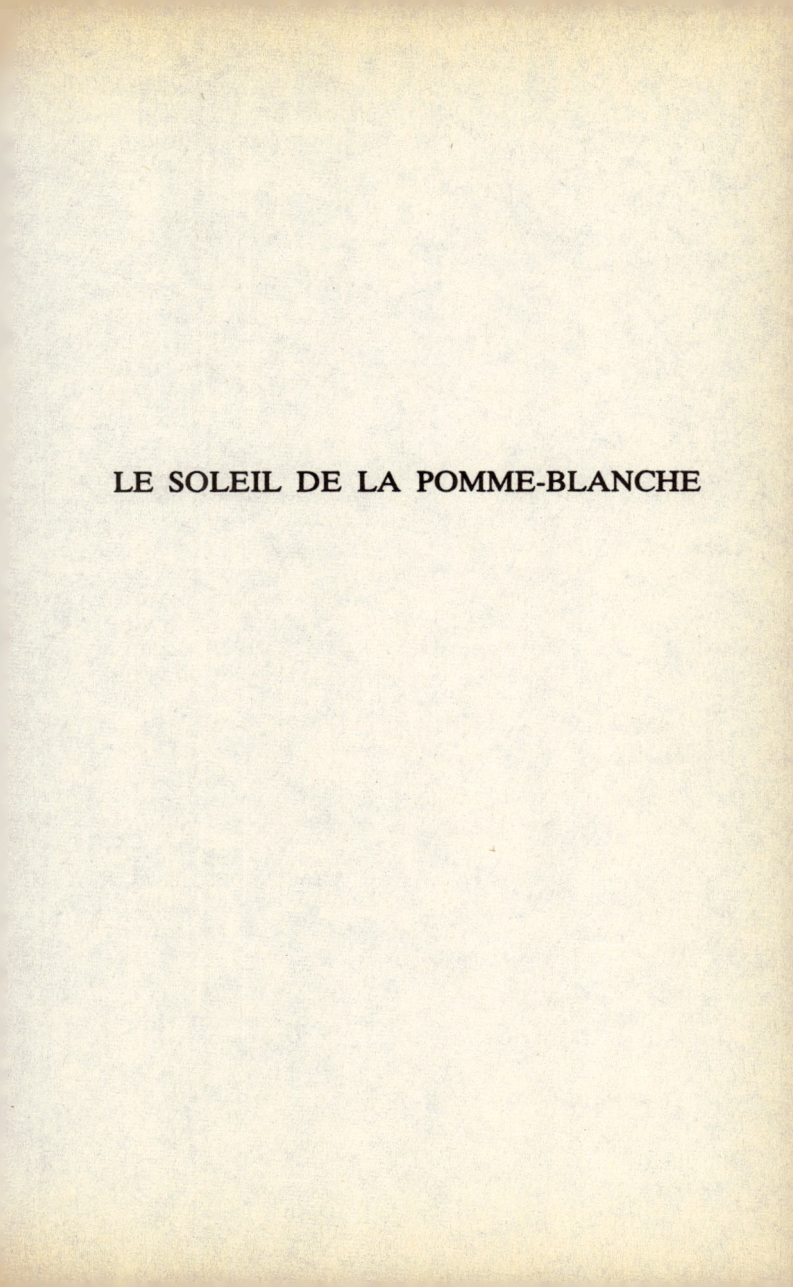

Lorsqu'une lettre de Sauvoy lui apprit que Lachaume n'était pas arrivé à La Nouvelle-Orléans, Gilles comprit que sa vie était en danger. Par un mystérieux tour de passe-passe, il était parvenu à se soustraire à l'attention de ses gardiens, peut-être avec la complicité de l'un d'eux et à prendre la fuite.

Gilles se disait : « Il va revenir, tâcher de récupérer son magot et régler ses comptes avec moi... »

Il évita de se promener hors de la Mobilière, fit surveiller le moulin et les entrepôts, ainsi que sa propre demeure, jour et nuit – la nuit surtout –, par des esclaves armés de sabres d'abattage et de faucilles à indigo. Il plaça un nègre en sentinelle près de la masure de Lachaume, où demeurait encore Zulma, sa négrite, que Gilles n'avait pas eu la cruauté d'expulser, et qui se trouvait à quelques dizaines de toises des premières cases.

Comme il l'avait redouté, Lachaume ne tarda pas à manifester sa présence.

Un matin, au moment de partir pour le moulin, Jason constata que la porte d'entrée de la masure de l'ancien régisseur était entrebâillée. Il s'approcha et constata avec effroi que deux cadavres étaient allongés sur le parquet, dans une mare de sang, la gorge ouverte. Il reconnut Zulma et le nègre qui montait la garde, auquel on avait volé son arme. L'intérieur avait été fouillé de fond en comble. Alerté, Gilles surgit quelques instants plus tard et constata que Lachaume avait écrit sur le mur, avec le sang de ses victimes, ces simples mots : « *Je reviendrai.* »

Il fit doubler les sentinelles et les patrouilles avec ordre de signaler le moindre mouvement suspect, mais il ne pouvait obtenir de ses nègres la vigilance qu'il souhaitait. Lorsque Jason les faisait relever il les trouvait endormis à l'ombre, si bien que Lachaume aurait pu traverser la plantation et le village des esclaves sans provoquer la moindre réaction. Plus inquiet que jamais, il fit surveiller sa demeure par des sentinelles choisies par Jason, auxquelles il distribuait du tabac et du café pour les tenir en éveil.

Un matin, alors qu'il allait surveiller le travail au moulin, il dit à Jason :

— Tu ne trouves pas que ça sent le brûlé ?

Jason renifla l'air, tendit le bras vers la demeure du planteur.

— C'est chez vous que ça b'ûle, maît'e !

Ils coururent avec des seaux et tous les récipients que les nègres purent trouver, mais, lorsqu'ils arrivèrent sur les lieux, l'incendie avait déjà dévoré la moitié de cette vaste maison de bois, avec les effets que Gilles avait laissés à l'intérieur.

— Jason ! cria-t-il, trouve-moi les esclaves que tu avais chargés de la surveillance.

Jason courut à leur recherche, fouilla dans les cases, interrogea les familles : ils avaient disparu, soit pour échapper au châtiment, soit que Lachaume en eût fait ses complices.

« Cette fois-ci, songea Gilles, c'est à moi qu'il a voulu s'en prendre. » Il ne se faisait guère d'illusion : son tour n'allait pas tarder ; il connaissait trop bien Lachaume pour savoir qu'il n'en resterait pas là. Comme il lui était impossible de veiller sur lui-même jour et nuit, de placer un Noir derrière chaque arbre et des cordons autour du moulin et des entrepôts, il prit la décision la plus sage : fermer la fabrique après en avoir informé M. de La Chaise et utiliser les nègres à faire des battues. Cependant le brigand se déroba à toute recherche, et une dizaine de nègres profitèrent de l'occasion pour se perdre dans la forêt.

Le pilote de la voiture, lorsqu'il fit halte à la Mobilière, dit à Gilles :

— Vous avez tort de rester. Vous êtes pour ainsi dire comme une chèvre au bout de sa corde. Lachaume aura votre peau un jour ou l'autre. Ensuite il déguerpira chez les British.

Fuir pour échapper à ce gredin? Gilles considérait ce comportement comme une lâcheté mais rester à la Mobilière, c'était tenter le diable.

— Croyez-moi, ajouta le pilote : mieux vaut être honni comme un lâche que pleuré comme un cadavre...

A une quinzaine de là Gilles reçut à La Mobilière une visite qu'il n'attendait pas et qui lui causa à la fois stupeur et réconfort : celle du capitaine Etchepare. Escorté d'une compagnie de la garnison de La Nouvelle-Orléans relevant du commandement de M. de Pradelle qui alliait ses activités mercantiles et ses devoirs militaires, il se dirigeait vers les Natchez pour tenter de rétablir une situation qui se dégradait dangereusement. La rumeur d'un soulèvement possible des Indiens courait de bouche en bouche sans que l'on pût savoir avec précision si elle était fondée et sur quoi cela déboucherait. Le nouveau gouverneur, M. du Périer, faisait confiance à ce personnage qui s'était distingué sur les champs de bataille d'Europe, notamment à Malplaquet, contre les Anglais, et avait réprimé avec vigueur, à Paris, les « émeutes de la famine ». Il était bien le seul.

Etchepare ne payait pas de mine : guère plus de cinq pieds à la toise, une maigreur d'ascète, l'épiderme tanné des Basques et un accent qui roulait les galets des gaves.

En débarquant à la Mobilière il eut un sursaut devant les décombres, l'air d'abandon et le silence de l'indigoterie. Il refusa la main que Gilles lui tendit et jeta :

— Chauvin, dit-il, c'est bien toi?

— C'est moi, dit Gilles. Qu'y a-t-il à votre service et d'abord, qui êtes-vous?

— Capitaine Etchepare. Tu vas faire ton baluchon et me suivre sur les terres des Natchez. Ordre de M. de La Chaise.

— Chez les Natchez? s'écria Gilles. Qu'est-ce que j'irais faire là-bas?

Etchepare tendit un pli à Gilles en lui demandant de « lire avant de rouspéter ». La lettre était succincte mais précise : Gilles devait faire embarquer par la prochaine voiture tout l'indigo dont il disposait, ainsi que la plupart des nègres à La Nouvelle-Orléans, à l'exception de Jason qui pourrait lui être utile dans son nouveau poste; le moulin et les entrepôts de la Mobilière seraient fermés et laissés en l'état où ils se trouvaient; il réglait à son régisseur son arriéré de salaire et y ajoutait une prime. Quant à ce que Gilles allait devenir...

« Vous allez, lui écrivait M. de La Chaise, renforcer les effectifs du magasin du fort Rosalie, dans lequel j'ai quelques intérêts liés à ceux de mon gendre, M. de Pradelle, et en prendre la défense, en cas qu'un malheur survienne. »

– Tu vas prendre du galon ! s'écria jovialement le capitaine. Tauraille, ça s'arrose ! J'ai une de ces soifs...

Il but à lui seul la moitié d'une bouteille de tafia que Gilles sortit de sa réserve, tandis que ses hommes surveillaient ceux de Jason qui chargeaient leur famille et leurs maigres effets dans les canots qui les mèneraient à La Nouvelle-Orléans. En attendant le retour de la voiture, les balles d'indigo furent entassées dans une cabane et laissées sous la surveillance de deux nègres et d'un sergent de la compagnie.

– Et maintenant, dit Etchepare en se frottant les mains, tu vas me faire préparer un bon repas par ta négresse. Ce voyage m'a creusé.

– Je n'ai pas de négresse, rétorqua Gilles, et je n'ai à vous proposer que de la bouillie de blé d'Inde et du poisson. Toutes nos réserves en vivres ont disparu dans l'incendie.

– Tauraille ! soupira Etchepare. Il faudra bien que je m'en contente. Au fort Rosalie nous serons mieux pourvus, mais c'est pas la porte à côté, nom de Dieu !

Gilles ne tarda pas à comprendre que ces *taurailles* qui ponctuaient les propos du capitaine n'étaient qu'un juron du pays basque. On l'appelait « Cœur de crocodile » ; on aurait pu le surnommer « Tauraille », bien qu'il n'eût pas l'apparence d'un taureau.

Après avoir avalé son maigre repas, il réclama une négresse pour la nuit et, Gilles lui ayant refusé ce service, il se mit en quête lui-même de l'objet de son désir.

Pour se rendre sur les terres des Natchez le convoi de canots suivit la rive gauche du fleuve afin d'éviter le courant qui prenait de la force dans ces parages ; au retour on emprunterait le milieu du Mississippi. Inconvénient de cette navigation vers l'amont : les jets de flèches et parfois les coups de feu qui partaient de la berge où se dissimulaient des Indiens ou des Noirs marrons. Etchepare ripostait par des mousquetades nourries qui semblaient lui donner beaucoup de plaisir. Debout à l'avant du canot de tête, il jouait les matamores et hurlait en brandissant son pistolet :

– Putains de sauvages ! Salauds de cannibales ! Montrez-vous si vous l'osez, touraille !

Bâti une dizaine d'années auparavant, à environ quatre-vingts lieues de La Nouvelle-Orléans, le fort situé sur le territoire des Natchez portait le nom de Rosalie afin d'honorer la mémoire de l'épouse du ministre, M. de Pontchartrain. A l'époque de sa construction, la région semblait pacifiée et les colons n'avaient pas tardé à affluer dans le sillage des marchands.

Il avait fallu se rendre à l'évidence : la nation des Natchez n'était paisible qu'en apparence et accueillante par nécessité car elle avait tout à gagner de la présence des Blancs.

Il était recommandé, lorsqu'on s'éloignait du fort ou du village, de garder le fusil à la bretelle et l'œil vigilant. Les assauts des Indiens étaient fréquents : ils attaquaient par petits groupes et se retiraient comme des ombres dans leurs villages. Colons et militaires se trouvaient peu à peu engagés dans un cycle infernal : agression et répression. Au milieu d'un environnement de tribus comptant plus de mille guerriers, la garnison, composée de quelques dizaines de soldats, malades pour la plupart, faisait grise mine et vivait dans les transes.

La raison de l'hostilité, apparemment inexplicable, des Natchez, Gilles ne tarda pas à la comprendre : les colons leur avaient enlevé leurs meilleures terres.

Au temps où les premiers colons de la Louisiane végétaient et se morfondaient sur les sols stériles de Biloxi puis de Mobile, l'attention de Bienville avait été attirée par l'importance stratégique de ce site situé entre le territoire des Illinois et le delta, sur ce véritable boulevard qu'était le Grand Fleuve. Son rêve était d'entourer le fort d'une ville qui pourrait devenir la capitale de la Louisiane, d'autant que le sol était plus fertile que dans le sud de la colonie.

Contre vents et marées une amorce d'agglomération s'était constituée autour de la redoute dont on avait amélioré les défenses en la dotant de canons. Le fort Rosalie dominait de ses remparts et de ses quatre bastions une berge escarpée et une longue plage où l'on avait installé des débarcadères frustes mais robustes. Outre ses défenses il abritait un vaste hangar à usage de magasin, que M. de La Loire des Ursins exploitait pour le compte de la Compagnie des Indes, avec le concours du commis Ricard ; un appentis était réservé aux presses à tabac ; on avait édifié dans cette enceinte une modeste chapelle et quelques logements pour les officiers et pour la troupe ainsi qu'une infirmerie.

Le milieu naturel avait rapidement changé d'aspect. Les champs de patates, de blé d'Inde, de tabac, les prairies et les vergers avaient grignoté les espaces sauvages et repoussé vers l'ouest les hordes de bisons.

Plus de trois cents colons vivaient à l'abri du fort Rosalie dans une prospérité minée par un sentiment de précarité qui les incitait à éviter de trop se frotter aux sauvages dont les villages se situaient dans les parages.

A peine installé, le capitaine Etchepare avait tenu à affirmer son autorité : il avait d'une manière odieuse chassé de sa demeure son prédécesseur, le capitaine de Merveilleux, en l'accablant de reproches :

– Vous êtes un incapable ! un poltron ! Vous pouvez aller planter vos choux à La Nouvelle-Orléans. Trois agressions des sauvages en un mois, c'est intolérable !

Merveilleux courba l'échine et, pour ne pas envenimer l'entretien, se tut devant ce butor en se disant qu'une ère de méfiance, de suspicion et de tyrannie allait s'ouvrir. Le garde-magasin Ricard tendit la main à Gilles. Cet homme rond, jovial, mouillait sa chemise au moindre mouvement et s'épongeait sans relâche le visage et la poitrine avec son mouchoir.

– Je suis heureux de vous accueillir, monsieur Chauvin, dit-il. C'est un renfort dont j'avais le plus urgent besoin. Il y a du travail, vous verrez !

Il proposa une bouteille de tafia, un reste de poulet froid, des galettes, du miel et s'assit en face du visiteur en se balayant le visage avec un éventail de fibre.

– Quel est cet animal qu'on nous envoie ? dit-il. S'imaginer qu'il va faire mieux que Merveilleux, c'est se bercer d'illusions. Pas faciles à manier, nos Natchez. Susceptibles en diable. Si Etchepare les prend à rebrousse-poil, je ne donne pas cher de sa peau. Si, en plus de leur voler leurs terres, on les traite comme du bétail, gare !

— Les Natchez, dit Gilles entre deux bouchées, j'aimerais les rencontrer.

— Drôle d'idée... bougonna Ricard, mais, si vous y tenez, rien de plus facile. Un conseil : répondez amen à tout ce qu'ils vous diront. Si vous en voyez un froncer les sourcils, sortez de votre ceinture non pas un pistolet, mais un petit cadeau. Moi, je sais les prendre et ils m'apprécient, ce qui remplit mon magasin. Avec Etchepare je crains le pire...

— Faites-moi le plaisir de m'accompagner.

— Je n'y manquerai pas. Je dois, d'ici peu, me rendre au village de la Pomme-Blanche. Vous viendrez avec moi. Reprenez un peu de ce tafia. Moi je reste sobre, et pour cause : plus je bois plus je transpire.

Le village de la Pomme-Blanche occupait la crête et les dernières pentes d'une colline de la rive droite, éloignée du fort Rosalie d'un quart de lieue environ.

C'était la première fois que Gilles, depuis son départ de La Nouvelle-Orléans, pénétrait dans un village indien. A la Mobilière, ceux qu'il voyait passer sur le fleuve semblaient l'ignorer souverainement et ne s'arrêtaient que rarement.

— Nous emmènerons avec nous Papin, avait décrété Ricard. C'est un bon interprète et un homme courtois. Il ne se conduit pas avec les sauvages comme un conquistador.

Papin avait un tel souci de la connaissance du milieu humain qui l'entourait qu'il avait non seulement appris sa langue mais composé un lexique.

Par la piste qui se dirigeait vers le lointain territoire des Yazous, le trio traversa une plaine cernée de mamelons au sommet desquels on devinait des ruines de villages abandonnés, et occupée par des cultures qui semblaient florissantes. Papin expliqua en cours de route que les Natchez n'avaient rien de commun avec les populations misérables qui vivent sur la côte du golfe et que déciment les maladies et les marchands d'esclaves.

— Ils sont, dit-il, raffinés, intelligents, artistes. Cruels aussi, mais en cela ils ne diffèrent guère des Indiens des autres nations. Sur ce plan, avons-nous des leçons à leur donner ?

Situé sur une éminence, le village de la Pomme-Blanche était entouré d'une palissade faite de pieux de cyprès sur lesquels étaient fichés quelques crânes.

— Voilà qui n'est guère rassurant... murmura Gilles. Si l'accueil est à l'avenant, mieux vaudrait peut-être faire marche arrière.

— Vous ne craignez rien tant que vous êtes en ma compagnie, dit Ricard. Imaginez que vous venez visiter un village de Picardie.

Ils pénétrèrent dans l'enceinte sans susciter la moindre attention. Devant les cases circulaires, recouvertes de toitures coniques faites d'écorces, des femmes pilaient le maïs, des enfants s'amusaient avec des chiens et des poupées faites d'épis de blé d'Inde égrenés. Assis sous des auvents de feuilles, des hommes taillaient des flèches ou réparaient des outils aratoires. Devant une cabane plus vaste, qui semblait être celle du chef, le Soleil, un groupe d'hommes nus était occupé à réparer un palanquin.

Au fond du village, sur un tertre artificiel, se dressait un édifice de plus vastes dimensions que les cases qui l'entouraient.

— Le temple, dit Papin. Suivez-moi.

Escortés par des gamins, ils montèrent jusqu'au parvis. La bâtisse était entourée d'effigies grimaçantes d'animaux et d'oiseaux bariolés. Au centre du temple, un feu perpétuel brûlait sur un trépied, éclairant de lueurs sourdes des squelettes dans la position debout, vêtus d'oripeaux : les dépouilles des chefs disparus depuis des générations.

Afin de dissiper toute équivoque sur leur visite, Ricard pénétra dans la case du chaman en vue d'obtenir des herbes et des breuvages médicamenteux.

— Je ne vois pas le chef, dit Gilles.

— Nous ne le verrons pas, dit Ricard. Il a eu récemment une querelle avec Merveilleux, un drôle de citoyen, si vous voulez mon avis. Il avait une peur bleue de laisser son scalp aux Indiens alors qu'il lui restait trois ou quatre cheveux sur la nuque. Il ne faisait jamais plus d'un quart de lieue sans escorte et n'allait pas pisser sans son fusil.

Merveilleux avait piqué une grosse colère quand il avait constaté qu'un sauvage avait coupé la queue de sa jument pour s'en faire une parure. Il était allé protester, accompagné de dix hommes armés de fusils, auprès du chef de la Pomme-Blanche qui l'avait envoyé paître.

— Que d'histoires pour une poignée de crin ! ajouta Ricard. Ce pauvre Merveilleux n'a pu obtenir réparation, mais, depuis, le chef nous bat froid.

– Avec Etchepare, dit Papin, cette affaire aurait pris un mauvais tour. Il aurait exigé les armes à la main la restitution de ce trophée...

De tout l'hiver le capitaine Etchepare ne mit pour ainsi dire pas le nez dehors.

Tandis qu'au magasin Gilles aidait Ricard à collecter et à entreposer les peaux, à faire provision de blé d'Inde et de viande, il passait ses journées en beuveries, en parties de cartes en compagnie de son second, Dumont de Montigny, et du chirurgien, M. de La Sonde, aussi libertin et ivrogne que lui.

Certaines soirées d'hiver, alors que la neige couvrait l'immense paysage ou que se déversaient sur les abords du fleuve des pluies diluviennes, les beuveries tournaient à l'orgie et les parties de cartes à la rixe, Etchepare ayant la réputation d'un tricheur invétéré.

Il avait chargé l'un de ses subordonnés de jouer les proxénètes et d'aller rafler de jeunes Indiennes dans les villages d'alentour. Elles ne se faisaient pas tirer l'oreille, persuadées qu'il y aurait quelque babiole à rapporter à la famille. Elles acceptaient d'autant plus volontiers qu'une croyance des Natchez voulait que seules passeraient le pont ouvrant sur la vie éternelle les filles qui auraient donné du plaisir aux hommes.

Le printemps ranima d'autres ardeurs chez le capitaine Etchepare.

Sans renoncer à boire et à forniquer il joua les tortionnaires. Il éprouvait un plaisir sadique à faire fouetter et à fouetter lui-même, en punition de menus larcins ou d'attitudes irrespectueuses, les nègres ou les Indiens qu'il prenait en flagrant délit. Un jour où il s'acharnait sur une négrite, son second lui avait arraché le fouet des mains et l'en avait menacé. Etchepare en avait eu les sangs retournés.

– Tauraille! avait-il hurlé, tu vas me payer ça, Dumont!

Jeté dans une casemate, mis à la demi-ration, plongé dans l'ombre et accablé par la chaleur, Dumont était sorti de cette géhenne titubant, le visage gonflé comme une courge, les yeux hagards. Le temps de se remettre il avait pris sans permission la route de La Nouvelle-Orléans avec un convoi de Canadiens afin de se plaindre au gouverneur.

M. du Périer jugea que le tyranneau avait passé la mesure. Il le convoqua, le sermonna, menaça de le renvoyer avec les fers aux pieds dans la métropole. Etchepare jura de s'amender et retourna chez les Natchez avec la bénédiction de son vieil ami.

Il se tint coi durant quelques semaines. Plutôt que de s'attirer de nouveau les foudres de son protecteur il renonça à ses excès d'autorité et à ses exactions, et reporta son trop-plein de cruauté sur les animaux. La chasse était son loisir favori. Accompagné d'un quarteron de complices, il passait ses journées à faire des massacres. Tout lui était bon à tuer et il y prenait un plaisir sauvage. Acco, le fils du chef de la Pomme-Blanche, lui avait appris à chasser le bison mais, alors que les Indiens ne prélèvent que quelques têtes pour leur subsistance, il massacrait des troupeaux entiers.

Le premier bison qu'il abattit d'une balle au garrot, Acco l'acheva au coutelas. Etchepare éclata de rire en voyant son compagnon de chasse penché sur la tête agonisante avec des gestes mystérieux.

– Tu lui administres l'extrême-onction ? dit-il.

Le jeune chasseur lui expliqua qu'il lui demandait pardon de lui avoir pris sa vie. Sans cette précaution les Esprits écarteraient les troupeaux des territoires de chasse.

– Des sornettes ! s'écria Etchepare. Contente-toi de lui couper la langue. Je la mangerai ce soir avec des petits oignons. Le reste, tu le laisses aux urubus.

Excédé par ces massacres inutiles, las de ces errances interminables, Gilles, de même que le jeune Indien, avait renoncé à accompagner Etchepare. Il expliqua qu'il détestait tuer pour le plaisir, que ça l'écœurait. Etchepare le traita de poule mouillée. Jason renonça quelques jours plus tard, puis tous les autres compagnons. Etchepare se retrouva seul et mit en bougonnant son fusil au râtelier. Il n'aimait pas ces mouvements d'insubordination, touraille !

Au cours d'un séjour à La Nouvelle-Orléans, Etchepare avait demandé à M. du Périer qu'on lui attribuât une concession proche du fort Rosalie. Il souhaitait y faire du tabac, une culture qui réussissait assez bien dans les parages.

– Sage décision... avait répondu le gouverneur, mais

nous avons déjà pris beaucoup de terre aux Indiens. Le notaire de la colonie, M. Valer, vous donnera des conseils de prudence. Je ne veux pas d'une expropriation abusive, qui risquerait de nous mettre les Natchez à dos.

– J'en fais mon affaire.
– Il vous faudra des nègres.
– Je sais où en trouver.
– Un bon intendant.
– Je l'ai sous la main : Chauvin de La Frénière. Il passera sans peine du magasin à la plantation.
– Eh bien, mon ami, bon vent ! Que Dieu vous garde.

Prier Etchepare de tempérer les excès de sa nature revenait à demander au diable de renoncer à ses diableries.

Il passa une partie de l'été à dresser des plans sur la comète : il créerait la plantation la plus riche de la région ; il aurait à son service une centaine de nègres et autant d'Indiens qu'il voudrait ; il installerait des entrepôts et des presses à tabac, en attendant les silos à grains et le moulin à indigo... Il se voyait déjà parcourant à cheval, le fouet à la ceinture, le cigare au bec, coiffé du large chapeau de paille des colons, les allées de ses plantations, en véritable maître du pays.

Il s'exclamait :
– Tauraille ! on ne trouvera rien de plus beau, rien de plus riche entre les Virgines et le Mississippi.

Il avait prévu de débuter avec un millier d'acres.
– Vous avez perdu le sens de la mesure, protestait Me Valer. Vous n'en trouverez pas une centaine, et pas des meilleures.
– Je les trouverai, foi d'Etchepare ! Ce que les du Breuil, les Pradelle, les Rémonville et quelques autres ont fait, je le ferai ! S'il le faut, je prendrai des terres aux Indiens. Celles de la Pomme-Blanche me conviendront.
– Vous allez au-devant de bien des tracas. Les Indiens se sont laissé spolier naguère. Il n'en sera pas de même aujourd'hui. Ils riposteront à leur manière, et vous savez comment...
– Vous semblez oublier, Valer, que nous sommes les maîtres de ce pays !

Le bel automne de la Louisiane enveloppait le Mississippi et ses abords d'une brume de soie bleue. Les journées se prélassaient comme des chattes amoureuses dans cette torpeur de fin de saison.

Un matin de début novembre, Etchepare réunit ses officiers et les notables de la colonie pour leur annoncer qu'il se préparait à négocier avec le chef de la Pomme-Blanche l'acquisition des terres les plus fertiles de sa tribu. Des regards consternés s'échangèrent dans l'assistance. Cette décision comportait de gros risques : les Natchez n'accepteraient jamais cette spoliation, même assortie de riches présents. M. de La Loire des Ursins protesta au nom de la Compagnie, Me Valer au nom du droit, le vicaire, M. Bailly, au nom de la morale chrétienne. Officiers, sous-officiers et commis préférèrent se taire.

– Mon projet n'a pas votre assentiment ? s'écria Etchepare. Eh bien, je m'en passerai ! Vous ne tarderez pas à convenir de votre erreur !

Dans la première semaine de novembre il convoqua le Soleil de la Pomme-Blanche pour lui annoncer sa décision.

– Vos terres sont mal exploitées et produisent trop peu, dit-il. Je vais vous les racheter. Toi et tes sujets avez tout à y gagner. Il y aura du travail pour tous. Réunis tes anciens et fais-leur part de mon intention.

Le Soleil reprit le calumet qu'il avait fait danser par un guerrier et replia son manteau de plumes sur ses épaules nues.

– Le grand chef blanc plaisante, dit-il. Il a la tête dérangée par l'eau de feu. Ignore-t-il que les Natchez sont les maîtres de cette terre depuis plus de lunes qu'il n'y a de cheveux sur ma tête ? Cette terre est la nôtre et nous y resterons.

Constatant qu'Etchepare n'avait nullement l'intention de plaisanter et que ce n'était pas le tafia qui le faisait déraisonner, il entama une longue palabre ponctuée d'exclamations véhémentes.

Etchepare tourna un regard interrogatif vers Papin qui traduisit :

– Le chef dit que, jusqu'à ce jour il a entretenu de bons rapports avec les Français, qu'il a offert les terres nécessaires pour les premières concessions. Il dit que si les Français veulent d'autres terres il n'en manque pas sur l'autre rive du Grand Fleuve. Il refuse que l'on touche à celles de la Pomme-Blanche où dorment ses ancêtres. Il dit que, depuis qu'ils sont venus du Nord en suivant le Père des Eaux, personne ne s'est hasardé à leur voler de la terre, qu'ils resteront là jusqu'à ce que le Grand Esprit leur donne l'ordre d'en partir et que le feu du ciel consume leurs dépouilles.

Etchepare s'écria :

— Tauraille ! tu refuses ma proposition, cochon d'Indien ! Je te donne dix jours pour réfléchir. Fais en sorte que ta réponse soit favorable, sinon tu pourrais le regretter. Dix jours, tu entends, maudit sauvage ! Pas un de plus !

Le Soleil réunit le conseil des anciens, leur exposa les termes de l'ultimatum qui sema la consternation et fut rejeté. Il ajouta qu'il fallait garder cette affaire secrète. Surtout n'en rien dire aux femmes. Il ajouta :

— Les femmes ne savent pas garder un secret. Il s'échappe de leurs mains comme l'eau du fleuve.

Il délégua dans les autres villages des messages munis d'un petit fagot de branchettes dont chacune équivalait à un guerrier. Le chaman en jetterait une chaque jour sur le feu sacré du temple. Lorsque la dernière serait consumée tous les guerriers devraient rejoindre le village de la Pomme-Blanche.

Le temps que demandait cette mobilisation risquant de dépasser les dix jours fatidiques, le Soleil décida d'aller solliciter un délai supplémentaire auprès de celui qu'on appelait dans sa tribu Cœur-de-crocodile.

— Je t'accorde un délai d'une semaine, dit Etchepare. Que me proposes-tu en échange de cette faveur ?

Le chef sourit avant de répondre :

— Le grand chef blanc n'aura pas à regretter sa décision généreuse. Nous lui offrirons des sacs de maïs, des pots de graisse d'ours, des volailles et, pour se protéger des rigueurs de l'hiver qui s'annonce, des fourrures.

Etchepare se frotta les mains et lança :

— Marché conclu ! Fais-moi parvenir ces présents sans délai, mais souviens-toi ; ta réponse dans une semaine...

A quelques jours de là, alors qu'ils revenaient d'une partie de pêche, Papin et Gilles trouvèrent sur leur chemin une vieille Indienne qui leur fit signe de s'arrêter. Elle s'exprimait avec une animation croissante, en tordant ses mains noueuses et en faisant des gestes d'araignée.

— Fichtre ! dit Papin. L'affaire prend une vilaine tournure. Cette vieille femme se nomme Bras-Tatoué. Elle prétend qu'elle est la mère du Soleil de la Pomme-Blanche. Elle a bien connu M. de Bienville, jadis, et elle est l'amie des Français. Elle m'annonce que les neuf villages s'apprêtent à nous attaquer.

– Difficile à croire, dit Gilles. Tâche de savoir ce qui l'amène à trahir son peuple.

La vieille femme expliqua qu'elle reprochait à son fils de la tenir à l'écart des affaires du village. Il l'accusait d'avoir eu, dans le temps, des amabilités pour Bienville. Elle était persuadée qu'un jour prochain Bienville reviendrait. Elle ne souhaitait rien d'autre que de le revoir. Après, elle pourrait rejoindre ses ancêtres.

Lorsque Papin lui rapporta cet entretien, Etchepare éclata d'un rire grinçant. Cette vieille sorcière devait être une de ces folles qui se plaisaient à faire des fables.

– Elle n'inventait rien, dit Papin. J'en ai la certitude.

Pour couper court à la panique que les propos de la vieille auraient pu susciter dans la petite colonie, Etchepare décida d'aller rendre une visite amicale au Soleil de la Pomme-Blanche. Ils firent chaudière, burent, chantèrent, dansèrent au son des tambours et des chichikoués. Sur le retour, Etchepare était dans un tel état d'ébriété que l'un des soldats qui lui faisaient escorte dut l'aider à monter en selle.

Il avait obtenu une promesse : dès le lendemain, les hommes du Soleil lui apporteraient au fort Rosalie les cadeaux promis par le chef.

Récit de Dieudonné de Beauchamp

Noah Chapman était à peine plus âgé que moi. Ce garçon au parler direct et sans phrases, aux manières rudes, avait la surveillance d'une cinquantaine d'esclaves. Il les traitait sans brutalité, ce que j'aurais mal toléré et qui eût créé des motifs de querelles. Nous faisions bon ménage. Je prenais le temps de vivre et de visiter le pays.

Lorsque je lui demandai à quelle distance se trouvait la ville la plus proche où je pourrais me procurer ce qui me manquait en fait de vêtements, de mobilier, de livres et de distractions, Noah éclata de rire.

– De vraies villes, me dit-il, tu n'en trouveras guère plus de deux sur toute l'étendue de la Virginie : Jamestown et Williamsburg. Elles sont au diable Vauvert, à l'entrée de la baie de Chesapeake. A cheval, il te faudra plusieurs jours pour y arriver, bien que nos bidets soient réputés les plus rapides d'Amérique du Nord. Depuis une semaine que tu es à Belle-Rose tu devrais être au courant.

Je n'eus garde de relever l'impertinence du propos. J'avais tout à gagner à entretenir de bons rapports avec ce *servant* de Lewis Campbell, car il connaissait mieux que personne les petits secrets et les réalités d'une plantation.

Curieux personnage, qui distillait la haine des planteurs en général et de ceux qui l'employaient en particulier car, s'il se trouvait là, c'était contre son gré. Une banale histoire l'y avait conduit : pris au cours d'une rafle dans une taverne de Londres et vendu à Lewis Campbell comme esclave blanc, il était parvenu, à force de servilité et de désir de revanche, à se faire une place au soleil, avec un poste de confiance : commandeur.

– Tu aurais pu tenter de t'évader, dis-je. Avec le nombre de navires qui passent sur le Potomac...

– On n'aurait pas tardé à me rattraper. La meute de Campbell est dressée à la chasse aux esclaves en fuite. Et tu sais quel traitement on réserve à ceux qu'on rattrape, qu'ils soient blancs, noirs ou rouges : cinquante coups de fouet et, parfois, la mort au bout.

La production agricole de l'immense Virginie était placée sous le signe de la mobilité quant à l'exploitation des terres : l'humus noir des plaines, d'une exceptionnelle fertilité, s'appauvrissait vite, si bien qu'il fallait changer souvent de culture ou aller chercher ailleurs des sols à défricher. Ce nomadisme était un obstacle à la création de villes ou même de villages de quelque importance.

Chaque propriétaire avait ses entrepôts, ses navires, son port privé. Les artères fluviales qui divisent les immensités de plaines qui vont du Maryland à la Caroline du Nord, connaissaient une activité permanente, principalement vouée au dieu Tabac. Pressé sur place en boucauts, il était embarqué à destination de l'Angleterre où il faisait prime sur les marchés. Les Français de Louisiane le préféraient au leur.

Un des fils de sir Campbell m'avait confié, à ma demande, une carte du delta. J'en restai fasciné.

Quatre rivières descendent des Alleghanys et des Appalaches : Potomac, York, Rappahannock, James... Elles se divisent en une infinité de ramifications qui font de la côte ouest de la baie de Chesapeake, face à la presqu'île du Delaware, à l'est, une gigantesque imbrication de terre et d'eau où il est facile de se perdre. Des reliquats d'anciennes tribus indiennes vivaient là, paisiblement, baignant dans la nostalgie de leur grandeur et de l'Éden originel. Au cours de mes promenades le long du Potomac je leur rendais visite, les fontes de ma selle pleines de menus présents. Ils ne semblaient pas avoir trop souffert ni souffrir encore de leur exclusion, car ils n'eurent pas à engager de véritable conflit contre le colonisateur ni à subir de spoliations violentes.

Situées sur le front du Potomac, les plantations de Belle-Rose n'étaient pas fort distantes de quelques autres appartenant aux Wormsley, aux Washington, aux

Fitzhugh. Les planteurs entretenaient entre eux des rapports amicaux : pour l'essentiel, des festins, des beuveries, des parties de cartes et des courses de chevaux...

L'hospitalité était chez eux une tradition et un devoir. Lors des parties qui rompaient l'ennui accablant régnant sur ces familles, les demeures coloniales grouillaient d'une assistance joyeuse ; on venait y faire provision de plaisir pour des jours et des semaines. On mangeait gras, on buvait du vin blanc d'Espagne, du clairet du Portugal, des liqueurs de France. Le plus souvent, le *ponche* était à l'honneur. J'en ai gardé la recette en mémoire : on mélange dans de grands bassins de cuivre trois pots de bière, autant d'eau-de-vie, de rhum ou de whisky, du sucre, de la cannelle et des noix muscade. Ils buvaient de cette mixture assassine jusqu'à tomber raides. Je ne l'appréciais guère, quant à moi : un simple verre suffisait à m'enivrer.

Ces rencontres tournaient très vite à la tabagie car tous fumaient pipes et cigares, les femmes comme les hommes. On faisait parfois un peu de musique, histoire de faire valoir le talent d'une fille de la maison, mais c'était autour d'une table de jeu où l'on jouait de grosses sommes que se terminaient ces soirées. On s'endormait où l'on se trouvait : dans un fauteuil, sur un sofa, à même le tapis, hommes et femmes confondus dans un pittoresque désordre.

Je passai mon premier Noël en Virginie dans une des demeures de William Fitzhugh ; elle donnait sur le Potomac, face aux côtes du Maryland que l'on devinait au loin comme une simple ligne au crayon bleu.

William Fitzhugh avait loué les services d'une troupe de baladins : musiciens, chanteurs, danseurs de corde, acrobates, qui, durant des heures, divertirent les convives par leurs tours. On avait déversé dans la cheminée la valeur d'une charretée de bois car le froid et la neige avaient fait leur apparition depuis une semaine.

La soirée fut une des plus joyeuses et des plus animées que j'aie connues durant mon séjour dans cette contrée. Nous avions porté tant de santés à chacun des convives, au gouverneur, à Sa Majesté le roi George qu'à la fin du repas nous roulâmes sous la table.

Je garde un souvenir amer de mon réveil nauséeux dans l'aube blafarde. J'avais dormi sur le tapis, entre une douairière qui sentait la sueur et le tabac et le précepteur qui baignait dans son vomi. Toute la maisonnée, domestiques compris, dormait encore dans le silence de la neige. J'avalai un verre d'eau, me dirigeai en titubant vers l'écurie et sellai mon cheval. L'air vif me soulagea un peu et dissipa mon malaise. Je restai un long moment à regarder des oiseaux tourner en criant sur un ciel de plomb et des Indiens glisser en pirogue à travers les nappes de brouillard.

De retour au domicile de William Fitzhugh, je constatai qu'il était peuplé de fantômes au visage grisâtre, qui évoluaient sans but à travers le salon, somnolaient dans les fauteuils ou se chauffaient devant la cheminée. Un sauveur était né au monde, mais qui, dans cette assemblée de fêtards, en avait cure ?

Un matin, alors que je présentais les comptes d'exploitation à Campbell, immobilisé par une attaque de goutte, je vis se présenter un personnage à mine patibulaire, accompagné d'un nègre d'aussi piètre apparence que lui. Ils étaient vêtus à l'indienne et semblaient fourbus.

— Je vous présente un de vos compatriotes, me dit mon maître. Sergent Jules Lachaume, un *honorable déserteur*. Il vient d'arriver et de se restaurer.

L'entretien qui suivit me révéla que ce personnage avait été victime d'une injustice. Alors qu'il dirigeait une indigoterie, en aval du territoire des Natchez, pour le compte de M. de La Chaise, intendant de la Louisiane, il avait failli être emprisonné pour des fautes vénielles et avait pris la fuite. Il s'était réfugié avec son nègre chez les Choctaws, sur la Pearl River, puis chez les Chickasaws, dans les parages de la rivière Tennessee, avant de franchir les Alleghanys et d'aller proposer ses services aux Anglais.

— Ces chiens de Louisianais ! bougonna Campbell. Vous n'êtes pas le premier qui échappe à leurs griffes. Sergent Lachaume, j'oublierai que vous avez combattu nos armées. Nous vous ferons une place dans notre communauté. A titre de conseiller de la Cour générale de cette province je trouverai à vous faire employer, puisque vous connaissez le fonctionnement d'une indigoterie et que vous savez comment faire travailler les nègres. Peut-être même pourrai-je vous garder à mon service.

Campbell m'invita à partager son dîner en compagnie de Lachaume qui s'était rendu présentable. Durant tout le repas il ne fut question que de ces « chiens de Louisianais » et de leur fâcheuse propension à se croire les seuls maîtres de l'Amérique septentrionale, alors qu'ils n'avaient que des forces dérisoires.

— Je ne vous cache pas, dit Campbell, que la guerre semble inévitable entre eux et nous. Quand éclatera-t-elle et sous quelle forme ? Je l'ignore. Ce dont je suis convaincu, c'est que nous ferons tout pour chasser ces colonisateurs incapables d'administrer ce qu'ils considèrent comme leurs biens. En attendant, nous infiltrons le plus discrètement possible les territoires à l'ouest des Alleghanys et gagnons à notre cause les nations indiennes par des opérations de traite. Nous avons les Chickasaws à notre botte. Les Choctaws ne tarderont pas à les rejoindre si nous y mettons le prix.

Pour avoir erré longtemps à travers ces tribus, Lachaume avait son idée sur la question.

— Voyez aussi du côté des Natchez, dit-il. Le commandant du fort Rosalie accumule les maladresses au point que les Indiens songent à se soulever et à exterminer les occupants. Ils appellent le commandant Etchepare, Cœur-de-crocodile. C'est tout dire...

Il avait vécu quelques semaines dans un de leurs villages, aux alentours de la rivière des Yazous. C'était là qu'il avait eu vent des événements qui se préparaient. C'était là aussi qu'il avait découvert le nègre Samson, un marron dont il avait fait son compagnon de route.

— *God-damn* ! murmura Campbell, en voilà une nouvelle ! Les Louisianais chassés de chez les Natchez, c'est pour nous la porte ouverte sur le Mississippi, les Grands Lacs à notre discrétion...

Il s'enquit de la situation de la troupe chez les Français.

— Déplorable ! s'écria Lachaume. La Nouvelle-Orléans est gardée par moins de cent hommes mal logés, mal payés ou pas du tout. Pas de milice organisée. Seuls les Suisses sont aptes à se battre, mais ils sont rares. Leur dernier convoi, en partance pour La Nouvelle-Orléans, s'est retrouvé en Caroline.

— Les Louisianais, dis-je, comptent quelques garnisons dans leurs postes, entre la côte et les Grands Lacs.

— Parlons-en ! s'esclaffa Lachaume. La misère y est

pire qu'en ville. Même la goutte leur fait défaut et, sans la goutte, plus de soldats.

Campbell se renversa dans son fauteuil, son visage huileux illuminé d'un sourire.

— Voilà qui me réjouit le cœur! dit-il. D'ici peu, *my boys*, nous serons maîtres de toute l'Amérique.

Ce duo d'exaltation, ce chant de triomphe, je l'écoutai sans le partager. Dieu sait que j'avais tiré un trait sur mon existence passée, que j'étais devenu un apatride, mais je ne pouvais me réjouir de cette perspective. La volonté hégémonique des colons anglais, leur cupidité, la façon inhumaine dont ils traitaient les sauvages qui tombaient à leur merci me révoltaient. Ils affirmaient avec arrogance leur droit à la possession du monde et refusaient le partage, comme jadis les Espagnols et les Portugais.

Campbell cessa de s'empiffrer et de boire pour allumer un cigare. Il le fit tourner entre ses doigts gras, lourdement bagués et se mit à ruminer une idée dont il nous fit part entre deux râles d'asthmatique :

— Mes amis, dit-il, je veux en avoir le cœur net. Cette affaire des Natchez me met la puce à l'oreille, comme on dit en France. Dieudonné, préparez-vous à partir en mission chez les Natchez en passant par les terres des Choctaws. Vous formerez un petit convoi avec des chevaux, des mulets, des armes, des présents et des gallons d'eau-de-vie. Soyez prêt à partir d'ici à une semaine.

Il ajouta :

— Bien entendu, le sergent Lachaume vous accompagnera. Il vous sera de bon conseil...

Natchez; été 1729

La journée avait débuté comme une fête sauvage. On entendait au loin, à la Pomme-Blanche et au-delà des premières collines, monter le grondement des tambours, des chants, des cris, des détonations, ce qui n'annonçait rien de bon. Averti que le Soleil s'apprêtait à venir en grande cérémonie rendre visite aux Français, Gilles s'inquiétait de ce tumulte.

Il envoya Jason à la Pomme-Blanche avec mission de s'informer discrètement de ce qui se tramait. Le jeune Noir revint deux heures plus tard, le teint cendreux, claquant des dents.

– Pas bon, mon maît'e, dit-il. Pas bon tout à fait !

Dissimulé derrière une haie, Jason avait aperçu des Indiens des villages avoisinants surgir de toutes parts, chantant, dansant, hurlant, brandissant des armes, tous ivres, semblait-il, d'eau-de-vie et de fureur. Jamais il ne les avait vus dans un tel état de surexcitation.

Gilles enfourcha son cheval et partit au galop en direction du fort. Tout semblait calme. On ne pouvait pourtant pas, se dit-il, être demeuré sourd au tumulte, mais aucun des officiers qu'il trouva sur son chemin ne paraissait manifester la moindre inquiétude.

Il dit au sergent de garde devant la demeure d'Etchepare :

– Annonce au capitaine qu'il faut que je lui parle. C'est urgent.

– Impossible ! répondit le sergent. On ne doit pas le

réveiller. C'est la consigne. Il est rentré tard de la Pomme-Blanche après s'en être mis plein le lampion.

Dédaignant la consigne, Gilles bouscula le sergent et s'engouffra dans le logis. Il écarta les servantes, ouvrit la porte de la chambre et secoua l'épaule du capitaine.

– Qu'est-ce qu'on me veut encore ? grogna Etchepare.

– Il va y avoir du vilain. Les Natchez sont sur le pied de guerre. Ils seront là dans moins d'une heure.

– Imbécile ! grogna Etchepare. Ils viennent me porter des cadeaux.

Il retomba sur son oreiller, remonta sa couverture jusqu'aux yeux. Gilles la lui arracha, secoua l'ivrogne qui se mit à hurler :

– Voilà qui va te coûter cher ! Je vais t'apprendre à respecter mon repos. Aux fers ! Sergent !

Le sergent déboula dans la chambre, prit Gilles au collet et l'expulsa à coups de pied.

– Qu'est-ce qui t'a pris ? Tu as bu un coup de trop ou tu en as pris sur la cafetière ?

– Si quelqu'un a bu plus que de raison, ce n'est pas moi, mais le capitaine. Nous allons subir une attaque des sauvages et il refuse qu'on le réveille !

– Tu es sûr de ce que tu avances ?

– Nom de Dieu ! ouvre tes oreilles ! Tu ne les entends pas ? File ! Je vais prévenir le lieutenant.

Par le chemin abrupt qui conduisait au port Gilles croisa des groupes animés. Deux convois venaient d'arriver : l'un d'eux amenait M. de Couder, commandant du fort Saint-Claude, des Yazous, accompagné de soldats et de quelques Indiens, désireux d'échanger des nouvelles sur la situation avec son confrère Etchepare ; l'autre, le père Poisson, de la Compagnie de Jésus, qui allait porter le viatique à un malade, dans la plantation du marquis de Mézières, un colon du voisinage, et qui partit à pied accompagné de son vicaire, Bailly.

Ces derniers venaient à peine de disparaître qu'une embarcation accostait. Il en descendit, aidé par les Noirs, un vieil homme récemment arrivé de France pour venir visiter, « avant de mourir », disait-il, la plantation de tabac de Sainte-Catherine appartenant à son fils, M. de Kolly. Il eut un sourire radieux en brandissant sa canne.

– Il semble, dit-il, que l'on s'apprête à faire la fête pour nous recevoir...

Gilles prit à part le fils du vieillard.

— Si j'étais à votre place, dit-il, je rembarquerais sur-le-champ. C'est une drôle de fête qui se prépare. Nous allons avoir à nous défendre des Indiens. Ils ont pris le sentier de la guerre.

Le gandin le toisa avec morgue et lâcha :

— Quelles sont ces balivernes ? Le pays est calme. Nous n'avons pas vu un seul Indien hostile en cours de route. Laissez-nous passer ! Nous voulons voir le capitaine Etchepare.

— Vous le regretterez, dit Gilles.

Il remonta en courant jusqu'au fort, avertir le lieutenant Macé d'avoir à prendre d'urgence, en l'absence du commandant, les dispositions nécessaires pour faire face à l'attaque qui se préparait. Macé le prit de haut.

— Je ne vois aucun danger et aucune urgence. Mêle-toi de ce qui te regarde !

— Je vous tiens pour responsable de ce qui va arriver ! s'écria Gilles.

Il sauta sur son cheval et partit au galop.

— Je vais rester là, dit-il à Jason. Toi, ta femme et tes enfants, ainsi que tous les esclaves, allez vous mettre à l'abri et n'en bougez pas. Nous nous retrouverons quand l'orage aura passé, si Dieu le veut.

Jason décréta qu'il allait faire évacuer tout le monde mais qu'il reviendrait tenir compagnie à son maître.

— Comme tu voudras, dit Gilles.

Il mit son fusil à l'épaule, laissa son cheval à l'écurie et repartit pour le fort. Il constata avec stupeur que des groupes de sauvages venaient d'envahir la cour, porteurs de présents, poussant des cris de joie et faisant péter les fusils.

« Et si je m'étais trompé ? » se dit-il.

Le capitaine Etchepare n'avait décidément pas de chance. Tout semblait se liguer contre lui pour contrarier son repos. Ces détonations, ces cris, ces chants... Et il était à peine huit heures !

Avec précaution le sergent de garde vint le tirer de son sommeil.

— Le chef est arrivé, dit-il. Il vous attend dans la cour. Il vient chanter et danser le calumet et vous apporter les cadeaux qu'on vous a promis.

— Comme si ça ne pouvait pas attendre ! grogna

Etchepare. Aide-moi à me préparer. J'aurais du mal à tenir debout. Pourvu que ces cochons de sauvages ne me demandent pas de fumer le calumet...

Il dressa l'oreille.

– Quelles sont ces détonations ? On leur fait une salve d'honneur sans ma permission ? Tauraille ! ça va barder.

– Les Natchez ont demandé aux habitants de leur prêter des fusils pour aller à la chasse. Ils ont idée de faire chaudière et s'amusent à tirer sur les nuages.

– Des enfants ! murmura Etchepare. Des vauriens... Aide-moi à passer ma robe de chambre et donne-moi ma perruque. Après, tu pourras faire entrer ces messieurs...

Tandis que, dans la cour, la fête battait son plein, le chef des Natchez, accompagné de celui de la Pomme-Blanche, drapé dans son manteau de plumes, la poitrine constellée de colifichets, coiffé de cornes de bison, fit une entrée solennelle dans la chambre du capitaine au son des tambours et des chichikoués. Des femmes déroulèrent des tapis, y déposèrent quelques-uns des présents annoncés.

– A la bonne heure ! s'écria Etchepare, soudain radieux. Grand Soleil, cette célérité vous honore.

Il envoya chercher Papin. L'interprète dialogua avec le Grand Soleil, blêmit et se gratta la joue.

– Eh bien ! lui lança Etchepare, qu'est-ce qui ne tourne pas rond ?

– Exceptionnellement, dit Papin, il n'y aura pas de palabre ni de calumet. A mon avis, ça ne présage rien de bon. S'il ne tenait qu'à moi, je leur demanderais de patienter et je filerais à l'anglaise.

– Tu as peut-être raison. Annonce-leur que je me retire pour aller faire un brin de toilette afin de mieux les honorer.

D'un geste qui se voulait amical, sous le regard courroucé des deux chefs, il s'apprêtait à se retirer quand une balle lui traversa la poitrine. Papin, qui se disposait à sauter par la fenêtre, eut la nuque brisée d'un coup de tomahawk.

Quelques instants plus tard un colosse surgissait sur la galerie, poussant un cri de guerre et brandissant comme un trophée la tête d'Etchepare.

Dissimulés derrière un buisson, sous un bouquet de

chênes verts, entre la falaise dominant le fleuve et le fort distant d'une vingtaine de toises, Gilles et Jason ne perdaient rien des événements. Gilles ne s'était pas trompé : la fête tournait au massacre.

Les Kolly père et fils, ainsi que leur escorte, gisaient sous les palissades, fusillés à bout portant. Les nègres avaient été épargnés. Les Indiens tiraient comme des lièvres, à l'aide de leurs arcs ou de leurs fusils, les débardeurs qui tentaient de s'enfuir dans la voiture ou les canots.

La fusillade éclatait de toutes parts. Lorsque Jason aperçut un groupe de sauvages s'avancer vers leur cachette, riant et parlant fort, il épaula et visa. Gilles rabattit son arme.

– Ce serait une folie, dit-il. Tenter de résister nous serait fatal. Avec un peu de chance nous survivrons.

En quittant la chambre du capitaine, le Grand Soleil s'était posté sous l'auvent du hangar où étaient installées les presses à tabac. Assis dans le fauteuil d'Etchepare, hiératique, muet, il contemplait en fumant sa pipe les trophées qui s'entassaient à ses pieds : des dizaines de têtes coupées et scalpées, harmonieusement disposées en corolle sanglante autour de celle du commandant que l'on avait posée sur un billot et qui semblait rire.

Personne n'échappait au massacre : ni les femmes ni les enfants. Sauf les esclaves. Les quelques femmes que les sauvages avaient épargnées seraient réservées au bon plaisir des chefs ou feraient des esclaves très appréciées. Les Indiens éventraient celles qui se trouvaient enceintes, arrachaient leurs fœtus et les empalaient ou les faisaient griller pour s'en régaler.

Orgie de meurtre... Orgie de feu...

Le premier incendie éclata dans la demeure du commandant. Sur le plateau dominant le fleuve, à travers la plaine, au-delà des collines, des demeures de colons et de commis flambaient rouges sous le ciel bas de novembre. Gilles, de sa cachette, reconnut la sienne : cette grande fleur pourpre empanachée de fumée roussâtre, qui s'épanouissait au-dessus d'un champ de maïs. L'air sentait la fumée et une odeur moins familière : celle des corps calcinés.

La prairie qui glissait en pente douce jusqu'au bord de la falaise était parsemée de corps décapités, démembrés, mutilés, la plupart dépouillés de leurs vêtements que les Indiens s'étaient partagés.

Une heure s'était écoulée depuis que Gilles et Jason avaient trouvé un refuge sous les chênes verts, et la fête se poursuivait avec une intensité et une sauvagerie accrues, les Indiens ayant découvert dans la demeure d'Etchepare et dans celle des officiers des réserves d'eau-de-vie et de tafia.

– Voilà notre chance ! dit Gilles. Ivres morts, ces sauvages relâcheront leur surveillance. Nous pourrons filer avec moins de risques. Je vais essayer de gagner La Nouvelle-Orléans pour faire mon rapport au gouverneur. Toi, tâche de retrouver ta famille et de me rejoindre dès que possible.

Lorsqu'il eut observé une relâche dans la tourmente, Gilles se hasarda à sortir de son abri. Un Indien ivre, qui portait une ceinture de scalps, un galon d'alcool à sa portée, le regarda passer sans broncher du pied de l'arbre où il était allongé. Des vols de corbeaux et d'oiseaux de proie commençaient à tournoyer au-dessus du carnage et se perchaient sur la cime des arbres.

Pour arriver jusqu'au débarcadère il dut, presque à chaque pas, enjamber des cadavres. Le vent qui s'était levé avec le début de la soirée soufflait âprement sur le fleuve en faisant se lever de courtes vagues rosâtres qui soulevaient des cadavres. Gilles se dit qu'il aurait aimé se confier à ce souffle afin de brûler la distance et de parvenir à La Nouvelle-Orléans avec la nuit...

La nouvelle du grand massacre l'avait précédé, et ce n'était pas le vent qui l'avait apportée jusque-là. Une atmosphère de panique régnait sur La Nouvelle-Orléans, le bruit s'étant répandu que des milliers de sauvages s'apprêtaient à fondre sur la cité comme les hordes d'Attila sur Lutèce. On grimpait à la cime des cyprès et des chênes pour inspecter l'horizon ; au moindre mouvement suspect on donnait l'alerte. La ville semblait alors surgir de sa torpeur : on se pressait devant l'hôtel du gouverneur, la caserne, l'église où des femmes se proposèrent pour sonner le tocsin. On s'en prit à des Indiens qui venaient de débarquer et, sans l'intervention de soldats qui se trouvaient là en train de patrouiller, on les eût rejetés au fleuve. Il fallut tout le flegme du gouverneur pour ramener un semblant de sérénité ; il évita in extremis un exode des habitants vers le delta et Mobile où ils espéraient trouver un navire en partance pour le vieux pays.

Quelques rescapés du massacre avaient devancé Gilles. Rejoignant en toute hâte la ville à force de pagaies, ils avaient déversé un flot d'informations jusque dans le cabinet de M. du Périer. Lorsqu'il eut franchi le seuil de l'hôtel du gouvernement, ce dernier rencontra dans l'antichambre et les couloirs des visages de bois, comme si chaque secrétaire, huissier ou commis portait déjà le deuil d'une victime. Gilles était parmi eux. M. du Périer lui demanda qui il était et comment il avait échappé au massacre.

— Par miracle, dit Gilles.
— Mais encore ?
— Je suis parvenu à me cacher avec mon nègre, Jason, à quelques pas du carnage. J'en suis encore bouleversé.

Il fit au gouverneur et à son secrétaire le récit de la tragédie, sans omettre le comportement odieux d'Etchepare et les avertissements dont il s'était moqué.

— L'imbécile ! lâcha le gouverneur. Comment ai-je pu lui faire confiance ? M. de Pradelle m'avait prévenu qu'Etchepare était un sot et un incapable doublé d'un bandit. Il vient à l'instant de sortir de mon bureau, furieux, et je le comprends : c'est sa compagnie qui a été exterminée au fort Rosalie.

Il feuilleta une liasse et ajouta :
— Les informations que l'on m'a données sont confuses. Selon vous, ce carnage a fait combien de victimes ?

Gilles faillit répondre qu'il n'avait pas eu le temps et la possibilité de dresser un bilan. Tout ce qu'il pouvait dire c'est qu'il y avait eu des centaines de victimes parmi les Blancs, et pratiquement sans qu'ils pussent se défendre. L'effet de surprise avait pleinement joué en faveur des sauvages qui n'avaient eu que quelques victimes à ce qu'il avait pu constater.

— Les Natchez, dit Gilles ont pris soin d'emprunter leurs fusils aux habitants sous le prétexte d'en avoir besoin pour rapporter au fort le gibier destiné à faire chaudière. J'ai remarqué que certains avaient des armes dont l'origine m'est inconnue.

— Sans doute des fusils fournis par les Anglais.
— Peut-être, dit Gilles.

UN COLLIER DE GUERRE

Récit de Dieudonné de Beauchamp

Parfois, je me réveille en sursaut au milieu de la nuit, haletant, en sueur, les cheveux dressés sur la tête. Je garde en mémoire, comme imprimés sur ma rétine et gravés dans ma tête, les souvenirs de notre expédition sur le Mississippi. C'est aux premières heures du matin que ces images se révèlent avec le plus d'intensité : visions de tuerie, d'incendie auxquelles s'ajoutent, vibrants encore à mon oreille, des plaintes déchirantes et des chants de mort. Le souvenir de ce massacre me poursuivra, je le sais, jusqu'à la fin de mes jours. Un remords inextinguible, une tache indélébile, la mauvaise conscience de Macbeth poursuivi par le spectre de Banco. En promenade dans les allées de la plantation, il m'arrive de m'arrêter brusquement, bloqué par un torrent d'images, de chanceler et de gémir comme un chien blessé.

Jules Lachaume, quant à lui, n'éprouvait rien de tel : il dormait en paix, ronflait comme un sonneur, sifflait et chantonnait en guidant les esclaves sur leurs lieux de travail. Sa conscience ne le tourmentait pas : il avait obéi aux ordres et ne se sentait responsable de rien.

Peu après notre retour à Belle Rose, alors que je venais de le surprendre en train de plaisanter au spectacle d'un nègre qu'un servant était occupé à éplucher à coups de fouet, je le pris au collet, le secouai, lui lâchai en plein visage :

– Ça t'excite de voir couler le sang et d'entendre gueuler ce nègre ? Tu es un salaud, un monstre !

Il n'avait pas eu le moindre mal à me faire lâcher prise car il était plus robuste que moi. Il avait riposté :

— Oui, mon gars, j'avoue que ça me plaît. Ce nègre était de la pire race : un voleur. Rien de bon à en tirer. Alors, fous-moi la paix !

Un moment plus tard, lorsque, conscient de l'absurdité de mon attitude, je lui demandai de pardonner ma vivacité, il me dit en passant un bras autour de mon épaule – un geste protecteur dont il usait souvent à mon égard :

— Je sais pourquoi tu as réagi de cette manière. Tu peux pas oublier le massacre, hein, mon gars ? Moi non plus, si tu veux savoir. Nom de Dieu, c'est vrai que c'était pas beau à voir, mais ça m'empêche pas de manger et de dormir. Après tout, nous n'y sommes pour rien. L'armée m'a appris la discipline. D'ailleurs, nous n'avons tué personne, ni toi ni moi !

— Nous avons aidé les Natchez ! Nous leur avons vendu des armes ! Nous n'avons rien fait pour éviter le carnage. Quand nous nous présenterons devant l'Éternel...

Furieux, il riposta :

— L'Éternel ! Les grands mots ! L'Éternel, figure-toi, il en a vu d'autres, et de pires ! Si tous les criminels de la terre étaient jetés dans les flammes de l'enfer, à commencer par les empereurs, les rois, les généraux et ces salauds de planteurs nous n'aurions plus besoin de combustible jusqu'à la fin des temps. Je regrette qu'on ait dû en arriver là. Moi, mon gars, une seule victime m'aurait suffi, mais je l'ai pas trouvée.

J'avais bien remarqué, que, tandis que les Natchez se livraient à leur orgie de meurtre, Lachaume, son fusil sous le bras, cherchait comme un chien sur la piste d'un lièvre, retournait les cadavres de la pointe du pied, questionnait les blessés qui pouvaient encore parler.

Un peu plus tard, alors que je l'interrogeais sur ce singulier comportement, il me parla de ce Gilles Chauvin de La Frénière, une « créature de La Chaise », qu'il accusait d'avoir provoqué son renvoi de la Mobilière où il se livrait à un « négoce discret » dont il se garda de me préciser la nature. Il ajouta qu'il y mettrait le temps qu'il faudrait, qu'il n'était pas pressé, mais qu'il aurait la peau de ce Judas. Je savais que ce n'étaient pas des paroles en l'air : le sergent Lachaume Jules n'oubliait jamais les tours qu'on lui avait joués et ne pratiquait pas le pardon des offenses.

Je passai l'automne et le début de l'hiver dans ces dispositions pénibles, partagé entre les souvenirs de l'hécatombe et la réalité quotidienne. L'automne baignait dans une suavité lumineuse, flottait comme une draperie de soie sur l'immensité du Potomac. Peu à peu l'équilibre et la sérénité succédaient en moi au tumulte et aux affres de la culpabilité. Les visites que j'effectuais chez les planteurs des environs, dont la plupart m'honoraient de leur sympathie et de leur confiance, m'aidaient à supporter le poids des remords.

C'est dans la famille d'Augustin Washington, au cœur du domaine de Bridge's Creek, sur la rive du Potomac faisant face à celle qui servait de frontière à la Virginie et au Maryland dont on apercevait par temps clair, le soir, les lumières et les feux, que je trouvais l'accueil le plus courtois.

Le colonel John Washington, en s'installant dans le pays en l'an 1657, avait dû disputer la terre aux Indiens. Il avait eu de sa femme, Anne Pope, une fille et deux fils; l'un d'eux était Augustin. D'un premier mariage, ce dernier avait eu trois fils et une fille. Son épouse étant morte à la fleur de l'âge, il aspirait à une nouvelle union avec une fille de planteur de la région, Mary Ball.

Il vivait sans luxe outrancier dans une de ces fermes primitives de Virginie qui ne brillaient ni par les dimensions ni par l'élégance : le toit pointu formait des saillants qui s'inclinaient curieusement vers le sol en manière de galerie; les pièces du rez-de-chaussée étaient chauffées par une énorme cheminée qui donnait une impression de confort sinon de luxe; l'extérieur était abandonné aux figuiers et à la vigne. De la galerie on découvrait l'immense panorama de Bridge's Creek et du fleuve Potomac, indolent et majestueux.

Lorsque le temps de loisir dont je disposais me le permettait je passais de longues heures à bavarder avec Augustin Washington, à fumer son tabac, à boire son cidre ou sa bière, assis sous la galerie, face aux champs de coton, de tabac et de maïs d'où nous parvenait par bouffées le chant des esclaves noirs.

Augustin Washington me gardait souvent à dîner. A la saison il me régalait de la spécialité de sa demeure : l'omelette aux œufs de tortue.

A l'époque dont je parle il se sentait à l'étroit dans la vieille demeure héritée de son père et songeait à s'en faire construire une plus importante et moins fruste. Il se disait que, si son projet de mariage avec Mary Ball était mené à bonne fin, elle aurait du mal à s'adapter à un cadre et à des conditions de vie auxquels elle n'était pas accoutumée. D'autant, poursuivit-il, qu'il souhaitait qu'elle lui donnât beaucoup d'enfants, qui s'ajouteraient à ceux que sa première épouse lui avait laissés, et qui étaient, disait-il, « la joie de ses jours ».

Il songeait à implanter sa nouvelle demeure dans une de ses propriétés du comté de Strafford, dans les parages de Fredericksburg, sur la berge de la Rappahannock. Il me montrait les plans qu'il avait lui-même tracés, en accord avec sa promise, une fière fille dont un portrait figurait dans sa chambre. Il avait décidé de céder à deux de ses fils, dont l'un s'appelait Augustin, comme lui, et l'autre Lawrence, deux de ses domaines de Virginie, ce qui leur permettrait d'aborder dans de bonnes conditions leur vie d'adultes.

A trente ans révolus, Augustin Washington souffrait déjà de cette maladie propre aux planteurs amateurs de bonne chère, de vin et de boissons fortes : la goutte. Il maîtrisait mal son embonpoint naissant mais s'y attachait avec des fortunes diverses, pour se présenter à sa future épouse dans des conditions physiques et une apparence convenables.

Un jour où j'étais en veine de confidences, où le vin et le tabac me déliaient la langue, je lui avais raconté mon odyssée chez les Natchez et le massacre auquel j'avais assisté, sans omettre ma responsabilité indirecte mais patente. Il avait paru choqué quoique guère surpris : il n'avait que fort peu de sympathie pour sir Campbell, dont il repoussait souvent les invitations : c'était, disait-il, un être froid, cruel, peu accessible à la pitié.

Il me dit en mâchonnant sa pipe indienne qu'il fumait à l'excès :

– Je n'ignore pas que les colons de Caroline et de Virginie auront un jour à pâtir du manque de terre fertile. La métropole, contrairement à la France, ne lésine pas sur l'envoi de colons, pas toujours d'honnêtes gens, hélas ! et il faut bien leur donner de la terre à travailler. Mais, de là à en venir à ces extrémités... Il doit y avoir des manières plus humaines et tout aussi efficaces de prendre les Louisianais de vitesse et de les contraindre à abandonner ce pays. Je n'aime guère votre maître, vous le savez, et je lui dirai son fait à la première occasion.

Les remords qui m'avaient longtemps poursuivi n'avaient même pas effleuré Campbell. Fier du succès de son initiative concoctée avec l'accord des autorités virginiennes, il pavoisait et souhaitait pousser son avantage. Il pouvait se le permettre, car il avait avec lui la grosse majorité des planteurs et la confiance du gouverneur.
— Mes amis, nous dit-il, vous avez rempli votre mission au-delà de mes espérances, mais j'attends de vous d'autres résultats. Vous pensez bien que les gens de La Nouvelle-Orléans chercheront à se venger. Vous allez repartir en campagne, vous efforcer de détacher de leur alliance les tribus qui leur sont demeurées fidèles : je pense aux Tonicas et surtout aux Choctaws. Notre politique d'expansion au-delà des Alleghanys et des Appalaches est à ce prix.

Il ajouta avec un mince sourire :
— Rassurez-vous, mon cher Dieudonné, votre conscience restera en repos. Il ne s'agit pas de mener une guerre ou d'organiser un massacre. Quant à vous, sergent Lachaume, je sais que vous n'avez pas ce genre de scrupules...

Il avait compris, le bougre, que l'efficacité du duo que nous composions, Lachaume et moi, résidait dans l'opposition de nos natures : il était, dans ce genre d'entreprise, l'élément moteur et moi le frein.

Campbell nous annonça que nous ne serions pas seuls engagés dans cette opération.
— Un représentant de l'autorité militaire de la Virginie, un nommé Welsh, a été envoyé chez les Chickasaws à la tête d'un convoi d'une cinquantaine de chevaux et de mulets chargés d'armes et de marchandises, afin de nous rallier certaines tribus encore hésitantes de cette puissante nation. Il distribuera cette marchandise et ces armes à vil prix, gratis au besoin. D'ici peu, le colonel Glover partira à son tour afin d'édifier des postes militaires chez les Talapoussas et les Caouitas, avec une escorte de cent soixante soldats.

En soufflant comme un phoque enrhumé il déploya sur sa table de travail une carte qu'il nous invita à consulter. Un doigt épais s'écrasa sur les Alleghanys comme pour annuler ces montagnes, un autre se posa lourdement sur le plateau des Appalaches, traversa la rivière Tennessee et s'abattit comme l'index de Dieu sur le territoire des Choctaws.

– Voilà où vous devrez opérer en priorité, dit-il. Vous aurez pour y parvenir à accomplir un voyage long et périlleux. Ne vous attardez pas en chemin. Deux ou trois fois la semaine, détachez-moi un messager, indien de préférence, qui m'apportera de vos nouvelles. Vous ne manquerez de rien en fait d'armes et de présents à distribuer aux sauvages. Ne vous montrez pas pingres. Vous, sergent Lachaume, évitez les provocations et les affrontements inutiles. Vous, Dieudonné, mettez vos scrupules dans votre poche et votre mouchoir par-dessus.

Il ajouta avec un sourire de gourmandise dans son visage gras :

– Une forte prime vous attendra à votre retour. Si vous réussissez, bien entendu.

Et il croisa ses doigts.

Dès sa première entrevue avec le gouverneur du Périer, Gilles s'était fait une opinion de ce personnage : il le jugeait incolore. Du blanc de poulet. Les hommes le trouvaient accommodant et les femmes gracieux. Son souci essentiel était de ne mécontenter personne. Son physique était à l'avenant. Cet ancien officier de la « Royale » était d'allure indolente et de geste court ; il mesurait ses pas comme s'il marchait sur des œufs. Dans sa demeure, pompeusement appelée hôtel du gouvernement, il régnait une ambiance feutrée qui n'était que méfiance du monde extérieur ; il observait de sa fenêtre les mouvements de la place et des rues adjacentes et, façon de parler, demandait à ses visiteurs de s'essuyer les pieds avant d'entrer, comme s'ils étaient porteurs des miasmes et des fièvres qui traînaient dans la colonie.

L'affaire des Natchez l'avait bouleversé au point qu'il avait gardé la chambre deux jours durant. Il était bien le dernier à qui cette catastrophe aurait dû arriver. Il ne parvenait pas à comprendre comment cela avait pu se produire. Lui faire ça, à lui ! Cet Etchepare en qui, sottement, il avait mis toute sa confiance, l'avait trahi. Les bras lui en tombaient.

Première impression de Gilles : cet homme, qui avait affronté l'ennemi au cours de la guerre de Succession d'Espagne, qui avait connu l'aventure des mers au service de la Compagnie des Indes, était devenu une sorte d'ectoplasme qui évoluait comme pour éviter de crotter ses chausses.

Trop éprouvé par les révélations de Gilles sur le grand massacre pour en déduire des commentaires judicieux, il lui avait donné un nouveau rendez-vous. Il lui dit d'un ton geignard :

– Quelle affaire, mon Dieu, quelle affaire ! J'en suis malade. Chaque jour qui passe m'apporte quelques détails nouveaux sur ce tragique événement.

Il venait d'apprendre par un rescapé que La Loire des Ursins, responsable de la Compagnie, avait courageusement défendu son existence ; au retour d'une partie de chasse, il avait été attaqué par un groupe de sauvages, en avait abattu quatre avant de périr et d'être dépecé. M. de Kolly, son fils, leurs commis avaient été tués sans avoir pu faire usage de leurs armes. M. du Couder, commandant du fort Saint-Claude, chez les Yazous, M. de La Sonde, le médecin du fort, Me Valer, le notaire, avaient eu le crâne fracassé. Et la liste s'allongeait chaque jour.

La garnison ? Pas trace d'un seul survivant. Officiers et soldats s'étaient-ils défendus ? Les concessions ? A part quelques femmes emmenées comme esclaves, personne, apparemment, n'avait survécu ; des bâtiments, il ne restait que des tas de cendres.

– Que comptez-vous faire ? demanda Gilles.

– Et que feriez-vous à ma place ? Il est une évidence : nous ne pouvons laisser ces crimes impunis. Dans un premier temps, j'ai pris la décision d'organiser une milice pour défendre la ville et d'envoyer un fort détachement chez les Natchez pour une opération de représailles. J'attends des renforts de Paris sous la conduite de M. Salvert du Perier, mon frère. Ils seront les bienvenus, mais quand arriveront-ils ?

Il soupira, se frotta vigoureusement les yeux comme pour effacer une vision, et ajouta :

– M. de La Chaise souhaite vous rencontrer.

– C'est fait, dit Gilles. Je lui ai présenté mon rapport.

L'intendant n'était plus que l'ombre de lui-même. Pour le faire profiter du dernier soleil de la saison, son épouse avait fait transporter son fauteuil dans le jardin, au milieu d'un bosquet de sycomores. De cet endroit, à demi allongé, une couverture sur les genoux, il pouvait apercevoir un petit triangle du Mississippi et suivre l'animation du port. En le voyant dans cet état, Gilles ne put réprimer un sursaut : en quelques semaines son maître était devenu un vieillard.

— Assieds-toi, mon garçon, dit-il d'une voix enrouée. Tu ne peux savoir le plaisir que j'ai de te revoir vivant et en bonne santé. Dis-moi ce qui s'est passé. Je veux tout savoir.

Lorsque Gilles eut achevé son récit, M. de La Chaise soupira :

— Je considère notre gouverneur comme un homme courtois. Je l'ai accueilli dans ma maison à son arrivée, traité comme un membre de ma famille, et je ne le regrette pas. Il m'a aidé à mettre un peu d'ordre dans ce panier de crabes que Bienville a laissé en se retirant. Pourtant, je dois à la vérité de dire que c'est un incapable. Pour les affaires indiennes notamment. Il méprise les sauvages, les traite comme des animaux domestiques, contrairement à Bienville qui, lui, savait les prendre.

— Bienville... dit Gilles. En a-t-on des nouvelles ?

Versailles avait instruit son procès, mais il s'en était tiré avec les honneurs. Après l'avoir disculpé de toutes les calomnies dont on l'avait accablé, le Conseil de Marine lui avait fait attribuer une pension de trois mille livres. Quant à les renvoyer en Louisiane, lui et sa parentèle, il n'en était apparemment pas question. Il se reposait de ses émotions et de ses fatigues chez son cousin d'Avranches.

— Que va-t-on faire de toi ? dit l'intendant.

— Ma foi, je n'en ai aucune idée.

— As-tu trouvé où te loger ?

— Sauvoy m'a proposé un logement provisoire dans un de ses magasins. Je vais me mettre en quête d'un logis plus confortable. Je couche sur des balles de tabac, en attendant.

— Ça ne sera pas facile à trouver, mon garçon. La ville est envahie par les habitants des concessions qui craignent une attaque des sauvages. Ils occupent la moindre place libre et couchent pour la plupart sous des abris de fortune, avec leur famille et leurs animaux. Tu as dû en voir sur la place Royale et sur le port. Les malheureux...

Il parut s'abîmer dans ses pensées avant de poursuivre d'une voix hésitante :

— Je ne peux décemment laisser mon meilleur commis dormir sur des balles de tabac. Ta chambre est toujours libre. Tu pourras y amener tes effets quand tu voudras.

– Mais, monsieur...

– Ne me remercie pas. C'est un devoir pour moi. Je te dois bien ça, mon garçon. Tu auras ta place à notre table. J'en ai parlé à mon épouse : elle est d'accord.

Un vent de panique continuait à flotter par foucades sur la cité. La population accréditait sans les vérifier les rumeurs les plus alarmistes. On attendait les Indiens ; ils allaient surgir d'un jour à l'autre...

Composée de bourgeois, d'artisans, de commis, de nègres, la milice, commandée par M. de Bénac, était sur le pied de guerre. Chaque voyageur descendu par le fleuve ou arrivant par l'intérieur était assailli de questions comme s'il venait du pays du Grand Moghol. On avait dû prendre des mesures draconiennes pour éviter un exode massif de la population ; certains partaient à pied pour rejoindre Biloxi, Mobile ou l'île Dauphine, d'autres en canot en direction du delta. La plupart revenaient, penauds, ayant laissé toutes leurs illusions, de retour vers la métropole, au milieu des marais et des bayous.

Un jour qu'il se reposait, allongé dans l'herbe, au soleil, en regardant les allées et venues des petits crabes qui escaladaient la levée, Gilles vit s'avancer vers lui, dans la lumière soyeuse de décembre, abritée sous une ombrelle, une silhouette familière. Il entendit une voix lancer :

– Gilles ! C'est bien vous ? Que faites-vous à La Nouvelle-Orléans ?

Alexandrine... Elle replia son ombrelle, s'assit sans façon près de lui sous le regard courroucé de la négresse et du négrillon qui la chaperonnaient.

– Zulma, dit-elle, tu peux nous laisser un moment. Je te rejoindrai.

Elle reprit sans façon le tutoiement auquel Gilles était habitué, depuis l'idylle sous les magnolias, pour lui dire :

– J'étais très inquiète à ton sujet. En vérité, je pensais que tu étais parmi les victimes du massacre. Mon Dieu, quelle monstruosité ! Tu me raconteras comment tu t'en es tiré.

– Votre famille ne vous avait pas prévenue de mon retour ?

Elle eut un geste désinvolte. Sa famille... son père...
- Je ne les vois que de temps à autre depuis mon mariage avec Pradelle. J'ai beaucoup à faire, un train de maison à tenir. Tu sais ce que c'est...
Elle arracha un brin d'herbe, le suçota, le recracha, se tourna vivement vers lui.
- Ça ne semble pas te faire plaisir de me revoir ! Tu ne me pardonnes pas ce mariage, n'est-ce pas ? Tu as l'impression d'avoir été trahi ? Tu sais bien pourtant que j'ai dû céder malgré moi. C'est toi que j'aimais et que j'aurais voulu épouser. Tout à l'heure, quand je t'ai reconnu, j'ai cru que le cœur me manquait. Sous le coup de l'émotion j'ai failli faire semblant de ne pas te reconnaître et passer sans m'arrêter.
Il sourit. Cette vivacité, cette franchise l'amusaient et l'émouvaient à la fois. Il la retrouvait telle qu'il l'avait laissée au moment de partir pour la Mobilière : jolie malgré ses traits un peu secs, cette lourdeur au bas du visage, cette bouche sensuelle, un peu trop grande, qui semblait destinée à n'exprimer que des propos passionnés, mais aussi cette lumière qui semblait émaner de chaque pore de son visage, cette nervosité dans les moindres de ses gestes.
- Combien de temps, dit-elle, vas-tu rester à La Nouvelle-Orléans ?
- Je l'ignore. Peut-être quelques jours, quelques semaines, quelques mois. Les événements que j'ai connus à la Mobilière et chez les Natchez m'ont vidé de mon énergie et de ma volonté. Je suis comme une épave.
- Je n'aime pas t'entendre tenir ces propos. Ce n'est pas de toi. Il faut te reprendre. Où habites-tu ?
- Votre père m'a installé dans la chambre que j'occupais naguère. Sans votre présence la maison me paraît déserte.
Elle lui prit la main, la pressa contre sa poitrine.
- Oh ! Gilles !... Gilles !... Il faudra que tu viennes me voir chez moi. J'ai une grande et belle maison.
- Tu n'y penses pas ! Que dirait ton mari ?
- Il n'est là que rarement. Toujours en affaires, ici ou là, sans compter la présence qu'il doit à la garnison, surtout par les temps qui courent. Il a failli crever de rage en apprenant que sa compagnie avait été anéantie par les Natchez. Tout ça est la faute de cette ganache de du Périer. S'il avait envoyé mon mari à la place d'Etche-

pare au fort Rosalie, ces événements ne se seraient pas produits.

Elle ajouta du ton le plus naturel :

– Viens donc souper chez moi ce soir. Nous ferons une dînette d'amoureux.

– Et Pradelle ?

– Il est au fort de La Balise avec l'ingénieur pour examiner les moyens de renforcer cette position. Il ne sera pas de retour avant une semaine.

Elle lui jeta dans le creux de l'oreille :

– Accepte mon invitation. Personne ne le saura...

La demeure du chevalier de Pradelle se situait non loin de celle de l'intendant, dans un quartier occupé par des familles d'officiers, de fonctionnaires et de marchands. Rien ne la distinguait de ses voisines, du moins de l'extérieur : des murs de brique à colombages, une galerie en façade, un étage avec des mansardes destinées aux enfants à venir et où logeait provisoirement la domesticité. Les fenêtres étaient vitrées, ce qui constituait un luxe bourgeois. Elle se dressait assez loin des fossés entourant les carrés, ce qui la tenait à l'abri des odeurs pestilentielles, et de la visite des rats et des serpents qui grouillaient dans ces cloaques que l'on franchissait sur des ponceaux de brique.

Le jardin avait revêtu sa robe aux couleurs neutres du temps d'hiver. On y respirait de vieilles odeurs de wistarias, de jasmins, de roses, ranimées par les souffles tièdes de la soirée.

A la réflexion, pour éviter de prêter le flanc aux ragots, Alexandrine avait invité avec Gilles un curieux personnage qu'elle appelait Baby. « En fait de dînette d'amoureux... » se dit Gilles en prenant place à la table à pied-de-biche recouverte d'une nappe de Cholet, d'un service de Limoges et de couverts d'argent.

Le cuisinier des Pradelle avait exercé ses talents dans les restaurants les plus renommés des grandes villes de France. Il avait appris à utiliser les ressources du pays et accommodait avec un art consommé la tortue, l'alligator, la grenouille, l'écrevisse, déclinait trente-six façons de préparer le maïs et la patate, jonglait en maestro avec les saveurs et les parfums. Se pencher sur les mets qui sortaient de son cabinet de magicien, c'était respirer et goûter la Louisiane.

— Reynaud, disait-on, c'est une perle !

Certains avaient tenté de le débaucher, mais en vain. Outre que Pradelle veillait au grain et déjouait les manœuvres, Reynaud se sentait lié à son maître moins par un contrat formel que par leurs origines communes : ils venaient tous deux du Bas-Limousin.

Ce soir-là, il servit une soupe de tortue aux coquillages, accompagnée d'un vieux médoc. Suivaient de grandes platées d'écrevisses en buisson, un salmis de ramiers, une salade au vinaigre de mûres rouges, des fromages qu'il faisait venir de la Côte-des-Allemands et, pour finir, une tarte aux bluets.

Pour éloigner les maringouins, les frappe-d'abord et la légion envahissante des bêtes-à-chandelles, Alexandrine avait fait fermer les fenêtres et allumer les bougies de myrte qui répandaient une légère senteur végétale.

Baby voulut tout savoir du massacre. Gilles comprit très vite que c'était chez lui une curiosité de pure courtoisie. Il le sentit absent et abrégea son récit. La seule passion de Baby était la danse. Arrivé trois ans auparavant, nouvelle victime des mirages suscités par la Compagnie et certains thuriféraires patentés maniant la plume ou le goupillon, il avait failli s'en retourner à Paris à peine avait-il débarqué. Il s'y serait résolu s'il n'avait été détourné de ce projet par une autre passion : celle qu'il vouait à un joli quartier-maître qui ne le quittait pour ainsi dire plus et avait obtenu son affection à La Nouvelle-Orléans.

Le salon de danse que Baby avait ouvert depuis peu était fréquenté par la meilleure société. On venait y apprendre le maintien, les bonnes manières, la gavotte et le menuet. On y donnait la comédie sur la scène d'un petit théâtre de jardin encadré de colonnes torses sur lesquelles s'entortillaient des rosiers grimpants.

Gilles apprit que Baby avait eu l'honneur insigne de danser à Versailles devant le roi et la Cour, et qu'il avait dirigé des corps de ballet dans les meilleurs théâtres du Royaume.

— Que n'êtes-vous resté à Paris ? lui dit Gilles. Ici les chemins de la réussite ne débouchent sur rien. Pas de Cour, pas de tournées en province. Si vous produisez vos talents devant les Indiens ils songeront moins à admirer vos évolutions qu'à la manière de vous accommoder.

— Vilain ! s'écria Alexandrine. Vous allez me fâcher.

– Ma chère, dit Baby, je dois reconnaître que notre ami Chauvin a en partie raison, mais si cette colonie n'offre guère de quoi s'épanouir elle a d'autres avantages. Ceux de me faire rencontrer des personnes aussi charmantes que vous.

Cet échange semblait être devenu un jeu : elle lui tendit la main, riant et étouffant un rire un peu niais ; il la porta à ses lèvres et y laissa la trace d'un peu de rouge.

Après le café et la liqueur de framboise, Gilles, se sentant exclu de la conversation, un peu ivre de vin de France dont on avait bu cinq bouteilles, laissa le sofa à Alexandrine et à son invité, et choisit de se retirer dans l'exil d'un fauteuil où il somnola.

Des bribes d'entretien lui parvenaient avec, de temps à autre, un rire d'Alexandrine, pareil à un collier qui se dénoue et se répand sur le plancher.

Les propos échangés roulaient sur des futilités : Mme Prat, la grosse épouse du médecin, avait fouetté son négrillon qui la lorgnait à sa toilette par le trou de la serrure... La concubine de l'ingénieur Broutin se donnait du bon temps avec un lieutenant récemment débarqué... M. Milhet, le plus riche négociant de la colonie, avait fait venir de Bordeaux deux mille bouteilles d'un grand cru... On avait vu se pavaner à travers la ville et sur la levée Mme de Sainte-Hermine dans son carrosse...

Gilles sursauta.

– Un carrosse ? dit-il. Un carrosse à La Nouvelle-Orléans ?

– Oui, mon cher ! dit Baby. M. de Sainte-Hermine l'a fait venir de La Havane ainsi que l'attelage. Comme ce véhicule est une antiquaille et qu'il a beaucoup servi, il l'a fait réparer, repeindre, redorer, avec son blason sur les deux portières. Bientôt, toutes les dames de la colonie voudront le leur. N'est-ce pas, ma chère ?

Gilles apprit avec ébahissement le mystère du Turc.

– Par exemple ! dit-il. Un Turc à La Nouvelle-Orléans ? Est-il tombé de son tapis volant ?

– Tiens... tiens... s'étonna Baby, vous n'étiez pas au courant ?

– Gilles avait d'autres chats à fouetter, dit Alexandrine. Il est resté longtemps absent, vous le savez...

Celui qu'on appelait le Turc avait débarqué accompagné d'un seul domestique avec lequel il s'était enfermé dans sa demeure de la rue Dauphine. On devrait dire cloîtré car, fenêtres et portes closes, la demeure semblait privée de vie. Le bruit courait que ce personnage mystérieux était le parent d'un sultan, d'un pacha ou d'un mamamouchi quelconque, on ne savait au juste, fait prisonnier au cours d'une bataille sur des mers lointaines et exilé au bout du monde par la volonté des hommes ou des dieux.

— Le Turc, ajouta Baby, est mort il y a quelques mois sans rien dévoiler de l'énigme et sans même que l'on apprenne son nom.

Il avait été enseveli avec une grande discrétion. Afin d'obtenir quelque lumière sur le personnage on avait fait traduire, par un officier qui avait fait campagne dans les mers du Levant, l'inscription portée sur la stèle.

— Cette traduction, dit Baby, je l'ai apprise par cœur bien qu'elle m'ait un peu déçu car elle ne révèle pour ainsi dire rien si ce n'est une vague lumière sur ses origines : « *La justice du Ciel est satisfaite. Le dattier poussera sur la tombe du traître. Le sublime Empereur des Croyants, suppôt de la foi, le maître omnipotent et sultan du monde, a tenu son serment. Allah est grand et Mahomet est son Prophète.* »

Il parut respirer, les yeux clos, un encens subtil avant de poursuivre :

— Ce qui m'afflige c'est que le rideau soit tombé sans espoir d'en savoir davantage. Si au moins nous l'avions vu une fois, une fois seulement et si nous connaissions son nom... Au moins avons-nous appris que c'était un personnage important. *Sic transit gloria mundi...*

Il s'ébroua soudain et lança :

— Alexandrine, ma chère, mettez-vous au clavecin, je vous prie. Je tiens à vous montrer le pas de danse que j'ai imaginé pour l'ouverture du deuxième acte de l'*Amadis* de M. de Lully. Moderato pour débuter. Votre vin m'a fait des jambes de coton. Monsieur Chauvin, vous me donnerez votre avis.

Alexandrine jouait sans véritable talent mais avec justesse et application. Elle entama la partition sans trop l'ébrécher, avec un soupçon de nervosité qui eut le don de faire trépigner Baby.

— Je dis moderato et vous jouez furioso ! Reprenons. Na na nanana na na... Monsieur Chauvin, je vais danser pour vous. Veuillez souffler les chandelles, sauf ces deux-là, sur le clavecin, et cette autre, là-bas, sur la console. Trop aimable...

Il fit voler sa perruque, ses souliers, ôta son habit, ne gardant que sa chemise ouverte sur la poitrine où scintillait une turquoise, sa culotte et ses bas. Il s'immobilisa quelques instants, puis la musique aigrelette parut le soulever comme un oiseau de mer ou un arbre dans le vent. Dressé sur la pointe des pieds, haletant de plaisir et d'émotion, il semblait, avec ses bras tendus qui battaient faiblement, ses mains déliées en mouvements d'algues, ses doigts mobiles où brillaient des feux de perles, caresser quelque divinité assoupie sur un nuage. Il tournoyait avec grâce sur lui-même, se repliait comme pour cueillir une fleur sur le tapis, implorait d'un regard ou d'un geste la pitié d'une invisible Oriane, puis faisait mine de la dédaigner.

Baby s'agenouilla près de Gilles, une main posée sur son genou. Il sentait la sueur et l'iris.

– Eh bien, monsieur Chauvin, dit-il, qu'en pensez-vous ? Cela vous a plu ?

– C'était... bredouilla Gilles, c'était divin ! Vous m'avez guidé sur les chemins de la Grèce. Il y avait de la magie dans l'air. Si j'avais osé, j'aurais applaudi, mais c'eût été rompre le charme.

Baby parut satisfait du jugement. Il se leva pour aller s'entretenir avec Alexandrine. Gilles les entendit commenter le spectacle et l'accompagnement avec une science qui l'impressionna mais qui lui échappait. Il s'endormit. Un moment plus tard il s'éveillait en sursaut. Des lèvres venaient d'effleurer les siennes. Il faillit crier.

– Nous sommes seuls, dit Alexandrine. Baby vient de se retirer, un peu fâché que tu te sois endormi. As-tu vraiment apprécié son talent ? C'est un grand artiste, tu sais, mais exigeant en diable. Une note de travers et c'est la grande colère.

Gilles la rassura d'une voix molle : il avait été aux anges.

– Vraiment ?
– Vraiment.
Elle ajouta :
– Ne faisons pas de bruit, nous pourrions réveiller mon petit Charles. Il a le sommeil si léger...

Elle lui prit la main et le mena jusqu'à la pièce attenante au salon et qui était sa chambre.

TEMPÊTES ET PASSIONS

La mort de M. de La Chaise ne suscita ni émotion ni regrets dans la colonie. Jusqu'à son dernier souffle il avait tenu à exercer sa justice, à appliquer ses décrets avec une rigueur exempte de la moindre faiblesse, souvent en dépit des avis du gouverneur qui, disait-on, ne voulant déplaire à personne, mécontentait tout le monde.

Avant de prendre son essor vers un univers débarrassé des escrocs, des commis concussionnaires, des négociants véreux, des militaires imbéciles, il avait voulu laisser une ultime trace de sa rigueur d'Alceste.

Un quarteron de militaires s'étaient découvert un procédé habile pour pallier l'insuffisance ou l'absence de solde. Chargés de convoyer la marchandise et les passagers débarquant à La Balise pour remonter en voiture ou en canot vers La Nouvelle-Orléans, ils exigeaient de leur propre initiative un droit de péage d'une piastre par personne et une redevance pour les bagages ou la marchandise.

Un prospecteur de mine s'insurgea et refusa de se laisser rançonner. Pour ne pas faire de vagues qui eussent attiré l'attention sur leur trafic illicite, ils se mirent à la cape, le conduisirent jusqu'à la ville et le guidèrent en étouffant des rires... jusqu'au cimetière.

Un sous-officier le planta là en lui disant : « Voilà ce que vous cherchiez : une mine... de cadavres ! »

De l'incident et de la repartie on fit des gorges chaudes. M. de La Chaise, quant à lui, ne rit pas. Il mena une enquête serrée, découvrit les malandrins, les fit mettre aux fers. Tout ce qui restait d'énergie à ce moribond, il le consacrait à sa croisade contre la corruption.

La chasse aux Natchez était ouverte.

Cinq compagnies de renfort, placées sous le commandement du frère du gouverneur, Antoine Salvert du Périer, avaient débarqué avec quelque retard. Salvert était accompagné d'un jeune officier breton, M. de Kerlerec, qui allait marquer la colonie de son empreinte.

Le navire avait débarqué sous les bourrasques glaciales de janvier. Lieu de rassemblement : le confluent de la Rivière Rouge et du Mississippi. Les compagnies de Salvert retrouvèrent en ces lieux la milice de M. de Bénac ainsi que des guerriers de tribus alliées ou amies des Français. L'événement était de trop d'importance pour que le gouverneur se dispensât d'y prendre part.

Les intempéries ne se prêtaient guère à ce genre de campagne. Il tombait des trombes d'eau mêlée de neige qui rendaient l'orientation et la progression aléatoires. Plus d'un an après le grand massacre nul ne pouvait dire ce que les centaines de guerriers du Grand Soleil des Natchez étaient devenus. Dans la crainte justifiée de représailles ils avaient abandonné leurs villages, s'étaient dispersés et fondus dans diverses nations.

Un matin, après une nuit passée sous la tente d'un canot, Salvert reçut la visite d'un jeune Indien d'une tribu amie de Choctaws. Il fit comprendre qu'il savait où l'on pourrait trouver les Natchez. Il avait perdu sa famille dans le massacre et cherchait à se venger. L'occasion était belle.

Salvert lui fit demander par un interprète s'il consentirait à guider l'expédition, en précisant qu'au cas où il s'agirait d'un coup fourré il le paierait de sa vie. En revanche, s'il se révélait loyal, on se montrerait généreux.

Guidée par le jeune Indien, la troupe reprit sa progression à travers les marécages gelés et la savane boueuse, sous une pluie diluvienne, avec la crainte constante de tomber dans une embuscade.

On marchait depuis une semaine sans avoir fait beaucoup de chemin quand le jeune Choctaw montra une forêt et annonça que les Natchez en fuite s'y cachaient.

Conduite par Kerlerec, une reconnaissance rapporta

une nouvelle réjouissante : elle avait découvert la cachette des fugitifs, une redoute rudimentaire, dans une clairière, à un quart de lieue environ.

A proximité de la redoute, Salvert dit à ses hommes :
– Nous allons faire à ces brigands un joli feu d'artifice. Ne ménagez pas la poudre !

Il donna le signal de l'attaque le lendemain, par une aube glaciale mais claire, le ciel s'étant dégagé. L'avalanche de grenades dont on inonda la place eut l'effet escompté. Lorsque le capitaine ordonna de cesser le feu, la porte de la palissade s'ouvrit. On vit déboucher un cortège de guerriers conduits par le Grand Soleil en personne, drapé dans son manteau de plumes, son visage glabre poudré à blanc, comme celui d'un danseur de ballet, ce qui déclencha l'hilarité et le fit surnommer La Farine.

Après avoir vérifié qu'il n'était pas armé, on le conduisit au gouverneur. Il fit tout un théâtre de repentance, se prosterna devant le grand chef blanc, gémit, pleura. M. du Périer se fit traduire ses propos qui étaient d'une bonne éloquence indienne :
– Cela fait des lunes que le Grand Soleil ne connaît ni repos ni sommeil. Il est assailli par la honte et le remords. Il interroge les Esprits pour savoir quel mauvais génie l'a poussé à s'en prendre aux visages pâles. Aujourd'hui, il s'en remet à la justice du grand chef blanc et n'ose demander qu'on épargne sa vie.

– Ta vie... ta vie... bougonna M. du Périer. Que veux-tu que j'en fasse ?

– Le grand chef blanc épargnera-t-il aussi celle de mes sujets ? Ils avaient bu trop d'eau de feu des Anglais. Ils étaient possédés par de mauvais Esprits.

– S'ils viennent implorer leur pardon, s'ils se soumettent sincèrement, peut-être me montrerai-je clément. Dis-leur que leur Père connaît les vertus de la générosité. Qu'ils viennent se présenter à moi. Ceux qui refuseront de faire amende honorable seront livrés au feu.

– La générosité du grand chef blanc, répondit le Grand Soleil, met du lait et du miel dans mon cœur. Nos guerriers chanteront son nom et ses vertus jusqu'à la fin des temps.

A peine avait-il franchi le seuil de la tente que Salvert laissait éclater sa colère.

— Mon frère, dit-il, avez-vous perdu la tête ? Vous venez de commettre la plus grande sottise qui soit. Ces misérables ne méritaient rien d'autre que la mort, sans faire de quartier, à commencer par cet épouvantail emplumé ! C'est comme si vous leur aviez remis d'autres armes entre les mains. Un jour ou l'autre ils les retourneront contre nous !

— Croyez-vous ? dit le procureur, contrit et penaud. Les Indiens n'ont qu'une parole. C'est ce qu'on m'a souvent dit.

— On vous a berné ! Vous ne tarderez pas à le comprendre.

Le lendemain, le Grand Soleil avait disparu. On fouilla le fort. Introuvable ! On prospecta les parages. Vainement. Salvert fulminait :

— Ne vous l'ai-je pas dit ? L'honneur des Indiens, la parole donnée, sornettes ! Vous avez commis plus qu'une sottise : une erreur monumentale...

En plus d'une centaine de guerriers il ne restait dans la redoute que des femmes et des enfants qui grelottaient de froid et de peur dans l'attente du verdict. Les Indiens vinrent en délégation implorer le gouverneur de leur laisser un délai d'une journée afin de procéder à quelque cérémonie et de préparer leur exode.

— Refusez ! dit Salvert. C'est encore un de leurs tours.

— Comment le pourrais-je ? gémit Salvert. J'ai donné au chef ma parole que ses guerriers auraient la vie sauve. Faites garder les issues si vous n'avez pas confiance. Ainsi, ils ne nous échapperont pas.

Les Natchez s'échappèrent tous à la faveur de la nuit.

— Je vous avais prévenu ! s'écria Salvert. Vous ne voulez rien entendre et voilà le résultat. Nous allons leur donner la chasse et je veux que vous soyez là pour l'hallali. Si nous ne les retrouvons pas, eux nous retrouveront et cela fera un nouveau massacre.

— Toujours votre manie, dit M. du Périer, de mettre les choses au pire. Je suis persuadé que ces sauvages ne nous inquiéteront plus. Nous leur avons donné une leçon dont ils se souviendront.

A quelques mois de l'expédition manquée contre les Natchez une nouvelle s'abattit sur la colonie comme une tornade : la Compagnie renonçait à son monopole et le restituait au roi. Catastrophe !

C'est le second commis, Edmé-Gratien de Salmon, ancien avocat au Parlement de Paris, venu remplacer M. de La Chaise, qui informa le gouverneur de cette décision.

— Qu'est-ce que cela changera pour nous ? dit M. du Périer. Pas grand-chose. Cette décision pourrait même avoir des conséquences bénéfiques. Notre souverain n'est-il pas soucieux du bien-être et de la sécurité de sa colonie ?

Salmon haussa les épaules et leva les yeux au ciel. Ce pauvre homme de gouverneur... Il semblait flotter à la surface des événements qu'il avait depuis belle lurette renoncé à maîtriser. Il se claquemurait dans un optimisme imperturbable, fermait portes et fenêtres, ronronnait comme un gros chat coupé. Son comportement lors de l'expédition contre les Natchez avait soulevé un vent de colère dans la colonie ; il n'avait entendu que des murmures. Cela passerait...

— Je ne parviens pas à comprendre les motifs de cette décision, dit-il. Tout n'allait pas si mal en Louisiane en dépit de certains incidents... regrettables.

Salmon répliqua avec aigreur :

— Il faut croire, Excellence, que ce n'était pas l'avis de ces messieurs.

Depuis quelques années, les directeurs de la Compagnie avaient acquis la certitude que cette lointaine colonie engloutissait des capitaux importants en investissements aléatoires et ne rapportait que des fifrelins. Le massacre des Natchez, la pression des colons anglais de Virginie et des Carolines, la pénurie totale de mines à exploiter les avaient ulcérés. L'échec de l'expédition menée par Salvert avait fait déborder le vase : ils avaient envoyé cinq compagnies, à grands frais, pour une simple démonstration de force ! C'en était assez ! On ne tond les moutons que s'ils portent de la laine.

A peine le crieur de ville avait-il répandu la nouvelle que la population se partageait en deux clans : ceux qui croyaient que cette décision levait les doutes sur l'avenir ; ceux qui songeaient à mettre la clé sous le paillasson pour aller voir ailleurs. Cette fronde rappela celle qui avait divisé la population quelques années auparavant, en grande et en petite bande : jésuites contre capucins. Sauf que cette mesure était d'une autre importance. La vie même de la colonie était en jeu.

Ce que l'on ignorait encore et qui aurait occasionné d'autres turbulences, c'était l'entretien qui avait eu lieu à Versailles, au cours d'un souper du roi, entre le secrétaire d'État Maurepas et Bienville. On venait de tirer un feu d'artifice au-dessus du grand bassin et l'on en était aux cigares et aux liqueurs, quand M. de Maurepas prit à part l'ancien gouverneur de la Louisiane.

– Nous avons goûté, dit-il, trois variétés de cigares. Où vont vos préférences ?

Bienville, qui avait l'habitude de la pipe – celle que lui avait léguée M. de Tonty ne quittait pas sa poche –, resta perplexe.

– Ma foi, dit-il, je ne ferai guère de publicité pour le premier : trop âpre, trop fort. Le deuxième est supérieur, avec sa fragrance à la fois puissante et légère. A mon avis, le troisième remporte la palme : quelle suavité... Mais je peux me tromper.

– Vous ne vous trompez nullement, monsieur de Bienville, repartit joyeusement le ministre. Le troisième cigare venait de la Virginie, le second de La Havane. Quant au premier...

– ... il vient de Louisiane. Je l'aurais parié.

– Précisément. De Louisiane. Il ne vaut pas tripette ! C'est dire que je comprends la déception des directeurs et des actionnaires de la Compagnie. Ils avaient misé gros sur cette production, envoyé en Louisiane des planteurs de Clérac en Charente, et voilà le résultat : du tabac tout juste bon à vendre à des tenanciers de tavernes de bas étage... Du foin, moins cher ! Tout bonnement du foin !

Bienville se dit que le ministre portait la chose au plus noir. Ce produit était apprécié sous forme de tabac à priser ou de pâte mâchicatoire. Matelots, soldats, gens du peuple le préféraient même au tabac de Virginie, moins raide mais plus cher.

— Une erreur de plus imputable à la Compagnie, soupira M. de Maurepas : ne pas savoir adapter les cultures au sol et au climat. Les erreurs... Elle les accumule et vous êtes bien placé pour le savoir. La pire : ne pas avoir su choisir les hommes capables de diriger la colonie, de préférer le brillant à l'efficace, d'avoir placé des gens à sa botte avec l'espoir qu'ils ne créeront pas trop de remous. Vous voyez de qui je veux parler présentement ?

Il se fit servir un autre café et parut s'abîmer dans la contemplation des feux de bengale qui donnaient aux marbres un aspect irréel.

— Cette affaire des Natchez, ce grand massacre d'innocents, quel désastre, quelle humiliation ! Je suis persuadé qu'avec vous à la place de Périer cela ne se serait pas produit. Vous connaissez bien les Indiens, vous. Les rapports que je reçois avec chaque navire font état de son incompétence, de sa mollesse. De toute évidence ce pauvre homme n'est pas à sa place, malgré des états de service flatteurs.

Il savoura son café avec un grommelo de chat puis s'enfonça dans son fauteuil, les mains croisées sous le menton.

— Je veux que vous soyez le premier informé, dit-il. Sa Majesté a décidé de le faire rappeler. Il n'est que temps. S'il se maintenait, la colonie courrait à sa perte et, malgré les ragots, nous y tenons, le roi en premier. Monsieur de Bienville, acceptez-vous de prendre sa succession ?

Bienville sursauta, s'avança sur le bord de son fauteuil.

— Vous me surprenez, monseigneur ! dit-il. Ne m'a-t-on pas signifié que je ne retournerais pas en Louisiane, que cette porte m'était fermée ?

Sourire en coin du ministre.

– Une porte se ferme et s'ouvre quand les circonstances le commandent. D'ailleurs, une telle décision ne vous a pas été signifiée formellement. Vous avez été lavé des accusations qui pesaient sur vous et vos frères. Cela devrait suffire à motiver la décision de Sa Majesté.

– Je vais avoir cinquante ans !

– Et alors ? Vous avez l'allure d'un jeune homme, ce léger embonpoint en plus. Pour ce qui est de l'énergie, vous en avez à revendre. Un bon sang canadien coule dans vos veines. Acceptez, je vous en conjure. Sa Majesté prendrait ombrage de votre refus.

Bienville se dit que l'on avait mis du temps à reconnaître ses mérites et que, pour l'heure, il faisait office de roue de rechange pour une voiture qui aurait versé. La perspective de retourner en Louisiane ne lui disait rien qui vaille. Il avait pris des habitudes dans la métropole. Sa modeste fortune, sa pension de trois mille livres lui permettaient, sans mener grand train, de vivre sur un bond pied. A Avranches le logis destiné à sa retraite l'attendait. Et voilà que le vent le poussait de nouveau sur les chemins de l'aventure...

Il dit d'une voix morne :

– J'accepte, monseigneur...

– Vous m'en voyez ravi ! dit Maurepas en se levant. J'irai dès demain annoncer la bonne nouvelle à Sa Majesté. Vous aurez, cela va sans dire, le titre de gouverneur ainsi que le traitement attaché à cette fonction.

– Cela va sans dire... fit en écho Bienville.

M. de Maurepas se mit à arpenter le salon, son cigare de Virginie à la main.

– Je ne vous cache pas, dit-il, et vous en avez sûrement conscience vous-même, que cette mission est délicate et même périlleuse, mais je vous sais capable de la mener à bien. Vous aurez à satisfaire à un double objectif : rallier toutes les nations indiennes qui nous sont favorables et dont ce pauvre du Périer a compromis l'alliance, contrecarrer les visées expansionnistes des colons anglais. Nous vous donnerons les moyens nécessaires. Tout cela vous sera confirmé par un ordre de mission que je vous ferai parvenir. Bonne chance, monsieur de Bienville...

Récit de Dieudonné de Beauchamp

Je n'avais pas tardé à comprendre de quelle nature était le ragoût qui, en secret, se mijotait dans les cabinets des gouverneurs des colonies anglaises.

Les Caroliniens étaient les plus âpres à défendre les ambitions hégémoniques de ces provinces. Les Thomas Nairne, Stephen Bull, Theophilus Hastings, Thomas Welch avaient constitué sur leur territoire une sorte d'état-major destiné à préparer une offensive contre les Louisianais. Depuis des années ils répandaient à l'intérieur du continent, jusqu'au Mississippi, des rumeurs selon lesquelles la France, battue par les Anglais, ne tarderait pas à renoncer à sa colonie.

De planteur qu'il était à l'origine, Thomas Nairne était devenu traitant en terre indienne et agent efficace de l'ensemble des colonies. Il avait acquis, lors de ses incursions vers l'ouest, au-delà des Alleghanys, une connaissance approfondie des hommes rouges. Il connaissait le prix de leur alliance et le poids de leur colère s'ils étaient trahis. Personne n'avait oublié la terrible guerre des Yamasses et les massacres par ces Indiens des colons voleurs de terre. Une sombre affaire qui rappelait celle des Natchez. Depuis, les Anglais ne se hasardaient en territoire indien que par petites étapes et à pas comptés.

Les « raids à esclaves » étaient une méthode dangereuse mais infaillible. Mettant à profit les conflits entre nations, les Caroliniens soulevaient les tribus qui leur étaient favorables, les jetaient contre leurs ennemis, alliés des Français principalement, et payaient rubis sur l'ongle les centaines d'esclaves indiens, mâles et femelles, qu'on leur livrait. Ils faisaient mieux : chaque scalp de Français était payé douze livres.

Pour mener à bien leurs projets ils avaient tout ce dont les Français étaient privés : des chefs décidés, combatifs, animés d'une volonté de fer, ainsi que l'argent, des armes et de l'eau-de-vie. Si le cœur des Indiens penchait en faveur des Français, leurs intérêts les inclinaient vers les Anglais.

Thomas Nairne est mort depuis longtemps mais d'autres lui ont succédé, avec le même esprit de croisade, de nouveaux projets et des moyens accrus. Campbell ne nous cachait pas que le rêve de Sa Majesté le roi Georges était de pousser un jour jusqu'aux frontières du Mexique, avec pour but suprême la possession de toute l'Amérique du Nord. Il ne pouvait se satisfaire d'une bande côtière trop exiguë et vulnérable ; il lui fallait un continent.

Derrière les agressions des Indiens contre les Louisianais se profilait la présence des agents de la Virginie et des Carolines. J'étais devenu l'un d'eux. Je n'étais certes pas seul dans ce cas.

Munis du symbolique collier de guerre, nous partîmes, Lachaume et moi, pour une seconde mission chez les Choctaws avec l'ordre de soulever ce peuple contre ses alliés traditionnels : les Français.

Nous dûmes avant d'être à pied d'œuvre traverser d'immenses territoires, affronter des privations, des souffrances, des dangers avant de nous trouver aux abords des premiers villages choctaws, entre le « Père des Eaux », comme disent les Indiens, et la rivière Tombigbee.

Outre quelques sauvages dont nous étions à peu près sûrs, notre escorte se composait de trois personnes dont nous l'étions moins : des traitants sans foi ni loi, grands buveurs et forniqueurs invétérés, qui nous avaient été imposés par Campbell. Une dizaine de chevaux et de mulets transportaient les hommes et les marchandises de traite : gallons d'eau-de-vie, étoffes, armes et babioles.

Le massacre des Blancs par les Natchez avait laissé des séquelles. Le gouverneur de la Louisiane, M. du Périer, s'était montré décidé à passer l'éponge sur ce crime.

J'avais présumé que notre mission ne serait pas de tout repos. Le nom de Choctaw signifie « voix charmante ». Cette voix avait deux intonations particulières, selon que les Choctwars avaient affaire aux Anglais ou aux Français. Cette puissante nation, qui occupe le territoire situé entre le lac Pontchartrain et la rivière des Yazous, comptait alors des milliers de guerriers. Si nous parvenions à nous en faire des alliés, les Louisianais pourraient, comme on dit, compter leurs abattis...

C'était marcher sur le fil du rasoir. Au moindre faux pas, à la moindre maladresse nous risquions notre vie, et nous priions le Seigneur qu'elle ne s'achevât pas dans les tortures raffinées dont les Indiens ont le secret.

De leur côté, dans le même temps, les Louisianais faisaient la chasse aux Natchez, sinon pour les exterminer, du moins pour les convaincre d'enterrer la hache de guerre. Au hasard de nos haltes nous apprenions de leurs nouvelles. Lesueur avait surpris un campement de Natchez et en avait exterminé une cinquantaine qui refusaient de composer. Un autre officier, Loubois, avait fait une nouvelle hécatombe, capturé des dizaines de femmes et d'enfants qui avaient été déportés à Saint-Domingue. Durant une semaine, Saint-Denis avait fait le siège d'une redoute qui abritait un important parti de sauvages et en avait tué une cinquantaine ; les autres étaient allés trouver refuge chez les Chickasaws, lesquels venaient de partir en guerre contre les Choctaws...

C'est au milieu de cet imbroglio sanglant qu'il nous fallait nager, comme dans un bayou où l'on a le choix entre les mâchoires d'un alligator et les crochets d'un serpent venimeux.

Nous avions quitté la Virginie en juin ; en juillet nous étions à pied d'œuvre. Grâce à nos éclaireurs cherokees et chaouanons, notre expédition se déroula dans des conditions relativement favorables, si l'on excepte quelques incidents dont l'un faillit m'être fatal.

Un soir de juin nous installâmes notre camp sur la rivière Tennessee. Je n'étais pas rassuré, un de nos éclaireurs ayant aperçu des mouvements à travers les buissons et nos chevaux se montrant nerveux. Nous nous trouvions à la limite des territoires de chasse des Chickasaws, ce qui aurait dû me rassurer, mais il faut toujours se méfier de ces guerriers chasseurs vivant en solitaires, qui ne font pas la différence entre Anglais et Français.

Alors que j'aidais l'un de nos sauvages à puiser de l'eau, j'entendis une détonation toute proche et ressentis dans le gras de mon bras droit un choc accompagné d'une impression de brûlure intense.

– Nom de Dieu ! s'exclama Lachaume, il t'a pas raté, le bougre ! Pas de chance si tu décides un jour d'apprendre le clavecin...

Nous avions eu la précaution de nous pourvoir d'une trousse de médecine. Il n'y avait pas de plaie de l'autre côté du bras, preuve que la balle était restée logée dans le muscle.

– Va falloir que je t'enlève cette saloperie, dit Lachaume, sinon tu coupes pas à la gangrène. Tu vas déguster, mon gars, mais rassure-toi : j'ai l'habitude de ce genre de blessures. D'abord, tu vas t'envoyer quelques rasades d'eau-de-vie dans le gosier.

Il nettoya la plaie avec de l'eau bouillante, du savon noir, et grogna :

– Je la vois, la salope ! Elle est là, tout contre l'os. Pas de fracture. T'as de la chance. Tu vas compter jusqu'à dix et réciter un *Pater noster*. « *Notre père...* »

J'étais bien incapable d'enchaîner, n'ayant plus tous mes esprits, ce dont il parut satisfait. Il m'ouvrit de force la bouche, y glissa le manche de son couteau, puis il fouilla dans sa trousse en chantonnant une chanson de marin.

– La sonde ? La voilà ! La pince ? Où es-tu, ma mignonne ?

J'ignore comment il s'y prit pour extraire la balle. Il me révéla plus tard que j'avais saigné abondamment et que, malgré l'entrave qui me barrait la mâchoire, j'avais « gueulé comme un goret qu'on égorge ». Il fit rouler dans le creux de sa main la balle de plomb. Il m'avait fait un pansement volumineux.

– Ça s'est pas trop mal passé, dit-il. Le chirurgien de Campbell n'aurait pas fait mieux. D'ici une semaine tu pourras te servir de ton bras. En attendant, si tu rêves d'une belle fille, tu pourras toujours utiliser la main gauche.

Il ajouta :

– Autre bonne nouvelle : on a attrapé le tireur. Un gosse. Il ne fera plus de mal à personne.

Il jeta sur ma couverture un écheveau de laine noire et rouge.

– Un cadeau... dit-il. C'est son scalp...

Je ne me souviens plus à quel endroit nous rencontrâmes un des grands chefs choctaws : Mingo, sans que nous pussions au début savoir de quel parti il était tant il nous entortilla dans ses paraboles et ses allégories. Il devint des nôtres dès que nous eûmes fait briller à ses yeux un joli fusil de Manchester.

De tout le temps qu'il nous hébergea nous n'eûmes pas à nous plaindre de son hospitalité, sans pourtant obtenir une promesse formelle qu'il se rangerait à nos côtés en cas de conflit avec les *longs couteaux* : les porteurs de baïonnettes de La Nouvelle-Orléans. Comme la plupart des Indiens, il tenait un double langage : celui du cœur et celui de ses intérêts.

Les trois lascars que nous traînions avec nous seraient bien restés plus longtemps dans la tribu du chef Mingo. Nous faisions chaudière chaque jour ; au coucher du soleil, sur la prairie où la tribu avait coutume de se réunir, les femmes nous tendaient une pomme pour nous signifier que nous étions à leur goût et, comme elles n'étaient ni laides ni sales ni malades, nous nous faisions à la fois un plaisir et un devoir de répondre à leur désir.

Mingo ne fit pas de difficulté pour nous indiquer les itinéraires qui menaient aux autres tribus choctaws. Toutes nous faisaient bon accueil après que nous leur avions montré nos présents et le collier de guerre qu'ils égrenaient comme une grappe de raisin pour en connaître la signification.

Toutes sauf la dernière.

Le chef, Soulier-Rouge, nous avait tendu un traquenard dans l'intention de nous livrer aux Français du fort de l'Assomption. Nous ne dûmes qu'à l'oreille fine et à la perspicacité de notre interprète d'avoir la vie sauve : nous nous évadâmes au milieu de la nuit pour rejoindre le convoi que nous avions laissé à quelque distance du village. Les hommes de Soulier-Rouge se lancèrent à notre poursuite ; nous en tuâmes une dizaine mais un des Blancs qui nous accompagnaient resta sur le carreau.

Sur le chemin du retour nous apprîmes par les Chickasaws, qui s'étaient discrètement informés de notre itinéraire et de nos haltes, que notre mission semblait avoir réussi. J'écris *semblait* par prudence, car les sentiments des Indiens, à quelque nation qu'ils appartinssent, ne sont pas plus stables que les prairies tremblantes du delta. L'abondance et la qualité de nos présents, les promesses qu'ils avaient reçues que nous leur en apporterions d'autres, avaient accompli des prodiges.

Campbell nous manifesta sa satisfaction en attribuant une prime d'une centaine de livres à chacun d'entre nous.

Aujourd'hui, avec le recul du temps, je n'ignore plus que nous ayons été les jouets d'une illusion.

CIELS NOIRS, AUBES BLANCHES

Lorsque le chevalier de Pradelle, à la tête de sa nouvelle compagnie, arriva au fort Rosalie des Natchez, il ne put réprimer un haut-le-cœur.

Du fort, des entrepôts, des habitations il ne restait que des décombres noircis que la végétation sauvage commençait à envahir. Les champs de tabac, d'indigo, de maïs, les potagers et les vergers qu'il avait connus florissants étaient retournés à la friche.

Le pire, dans cette désolation, était le spectacle des cadavres réduits par les urubus et autres rapaces à l'état de squelettes. Sous l'auvent de ce qui avait été le hangar à tabac, les sauvages, par un de ces raffinements de perversité dont ils sont coutumiers, avaient placé les corps, main dans la main, tête tranchée, en forme d'étoile avec, au centre, ce qui devait être le crâne d'Etchepare.

— Mes amis, dit-il à ses subalternes, nous n'allons pas nous laisser affecter plus longtemps par ces horreurs. Notre devoir est de donner une sépulture à ces corps et de reconstruire le fort. Tel qu'il était, j'y tiens. Cette image d'humiliation, nous allons l'effacer. Nous montrerons ainsi aux sauvages que rien ne peut nous abattre et que, comme Phénix, nous renaissons de nos cendres.

Il fallut un mois environ pour reconstruire le fort Rosalie.

Les équipes partaient, l'arme à la bretelle, avec des haches et des scies, à travers les bayous ou la forêt pour abattre et débiter les arbres destinés aux palissades et aux charpentes. Une veine d'argile permit d'installer une briqueterie rudimentaire. Le jour où la dernière écorce de cyprès fut posée sur le toit du bâtiment central, on fit chaudière haute.

M. de Pradelle y alla, la larme à l'œil, de son phébus :
– Mes amis, je suis fier de vous. Ce fort est plus beau et plus imposant que le précédent. Lorsque nous y aurons installé nos canons il sera imprenable.

Et patia, patia...

Les colons, timidement, commençaient à affluer, certains pour reprendre leur concession, d'autres pour s'installer sur de nouvelles terres. Ils retroussèrent leurs manches, crachèrent dans leurs mains et se mirent au travail. Au mois d'octobre, lorsque le chevalier de Pradelle reprit en canot le chemin de La Nouvelle-Orléans, les traces du massacre et des destructions avaient disparu. On avait ouvert un espace pour le cimetière avec une inscription rappelant le grand carnage.

De la puissante nation des Natchez il ne restait que quelques groupes frileux, recueillis et hébergés par d'autres nations.

En dix ans de présence en Louisiane, M. de Pradelle avait amassé une fortune et des biens qui faisaient des envieux.

Il achetait et revendait tout ce qui pouvait se négocier dans la colonie. Il ne laissait guère de repos à son agent de La Rochelle, le harcelait de réclamations, de remontrances, d'exigences. En sous-main il exploitait des boutiques, des cabarets, des tripots, établissements bien achalandés, car il les pourvoyait généreusement en marchandises. Ce diable d'homme avait le négoce dans la peau. De temps à autre il lui revenait à la mémoire qu'il avait une épouse à La Nouvelle-Orléans, mais, comme elle ne paraissait pas se formaliser du relatif abandon dans lequel il la tenait, et qu'elle semblait appelée à une fécondité généreuse, il ne s'en souciait guère.

Il donnait beaucoup de temps et de soins à son domaine de Montplaisir où il avait fait édifier une vaste et confortable retirance richement meublée, au cœur d'une concession florissante, travaillée par une centaine de nègres. Sa belle demeure de la rue Dauphine lui servait principalement de quartier général pour ses affaires, mais on l'y voyait peu, occupé qu'il était à courir les concessions pour collecter des céréales, de la volaille, du bétail, des chevaux. Il faisait, disait-on, « argent de tout ».

Lorsque Alexandrine annonça à Gilles Chauvin qu'elle était enceinte de nouveau et pour la troisième fois, il songea que cet enfant pourrait bien être de lui.

Ils se retrouvaient deux à trois fois par semaine et prenaient suffisamment de précautions pour que personne, pas même Zulma, que Gilles appelait la *duègne*, ou le commis Ceyrat, qui n'avait pourtant pas les yeux dans sa poche, ne pût trouver suspectes ces visites répétées.

Ses doutes s'envolèrent le soir où elle lui dit :

– Je ne suis sûre de rien, mais j'aimerais que cet enfant soit de toi. Et je voudrais qu'il te ressemble.

C'était une nuit de mai, à la suite d'un de ces orages du soir qui éclatent fréquemment en cette saison, avec de jolis ballets d'éclairs et des ondées bienfaisantes. L'odeur des magnolias et des wistarias baignait la chambre plongée dans la pénombre, éclairée seulement par deux chandelles de myrte. Une chaleur moite humectait leur corps quoiqu'ils eussent fait l'amour sans empressement, sans fièvre, comme un vieux couple.

« Combien de temps cette liaison va-t-elle durer ? » se demandait-il. A cette question ni lui ni elle n'auraient pu répondre. Le présent leur suffisait ; l'avenir, c'est d'autres que cela regardait. Ces petits bonheurs arrachés au quotidien, ces moments d'absence au monde, épicés d'un sentiment d'interdit, étaient leur dictame.

Pour ne pas se séparer de lui elle avait refusé de suivre son époux en France où il allait stimuler l'ardeur défaillante de son agent de La Rochelle. Une absence de plusieurs mois ! Du pain bénit...

Le jour où Gilles prit ombrage des assiduités de Baby, elle lui avait lancé, avec un rire ironique :

– Baby... Ce pauvre et cher Baby... Grand benêt, c'est de toi plus que de moi qu'il risque de s'éprendre !

Sa suspicion se portait sur les officiers ou les commis de haut rang qui rendaient de fréquentes visites à Mme de Pradelle et s'attardaient souvent à dîner ou à souper. Il lui en fit grief. Elle protesta :

– Quelle idée stupide ! Quand comprendras-tu que je me dois d'avoir des relations dans tous les milieux aisés ? Voudrais-tu que je vive comme une recluse ? C'est pour le coup que Jean-Charles prendrait la mouche ! Ses intérêts dictent ma conduite. Il tient à ce que je me montre, à ce que je reçoive et sois reçue. Que peux-tu me reprocher ?

Ce qu'il avait à lui reprocher ? Il n'osait encore le lui confier au risque de la perdre, mais cela bouillonnait dans sa tête. Une liaison banale et provisoire n'eût pas suscité en lui de tels tourments, mais voilà : il aimait Alexandrine. Il l'aimait tant que la moindre apparence d'infidélité le blessait.

Lorsque Alexandrine recevait, en présence de son époux ou durant son absence, les soirées se terminaient fort tard. On faisait péter le champagne, on dansait, on chantait, on faisait de la musique, on disputait jusqu'à l'aurore un pharaon de salon.

Exclu de ces parties fines pour ne pas donner prise aux ragots, Gilles se morfondait dans sa chambre. Il lui arrivait de se lever au milieu de la nuit, de se rendre chez sa maîtresse, de tourner en rond dans le jardin, au risque de se faire surprendre par un domestique ou par la redoutable Zulma. Il guettait les ombres qui bougeaient derrière les fenêtres, écoutait la rumeur du repas, le bruit de la fête et revenait chez lui le cœur ulcéré.

Il crut que le ciel lui tombait sur la tête, une nuit, impuissant à trouver le sommeil, il avait décidé d'aller observer le mouvement des convives. Dissimulé derrière un bouquet de sycomores il avait assisté à la retraite des derniers invités. L'un d'eux, un officier, ne paraissait guère pressé de suivre le mouvement ; il s'attardait sur le perron, répondait aux salutations comme s'il eût été le maître des lieux. Mme de Pradelle, un chandelier à la main, se tenait près de lui. Tout près. Quand le dernier convive eut disparu, l'officier baisa longuement la main de son hôtesse et l'attira contre lui.

Le lendemain, désireux de montrer qu'il prenait l'affaire à la légère mais qu'il n'était pas dupe, il dit, mi-figue, mi raisin :

— As-tu passé une soirée agréable ?

— Je me suis beaucoup amusée. La garnison compte d'excellents danseurs.

— Le capitaine Blondel de Latour notamment, à ce qu'on dit.

— C'est vrai : il a de la grâce et du charme.
— On dit aussi qu'il pratique le baisemain avec beaucoup d'élégance. Tu ne dois pas être insensible à cette attention ?

Elle quitta brusquement le divan où ils étaient assis et lui fit face. Qu'est-ce qui avait bien pu lui mettre cette jalousie stupide dans la tête ? Il avoua qu'il avait surpris la scène des adieux.

— Par exemple ! s'écria-t-elle, rouge d'indignation. Voilà que tu me surveilles, que tu m'espionnes ! Ainsi donc, qu'as-tu remarqué qui ait pu te mettre dans cet état ?

— Il t'a embrassée.

— J'en conviens. Et alors ? Ce n'était rien d'autre qu'un chaste baiser de fin de soirée.

Il ajouta tout de go :

— Parle-moi franchement : Blondel est-il ton amant ?

Elle chancela, s'écria d'une voix aigre qu'il ne lui connaissait pas :

— Imbécile ! Lui, mon amant ! Il ne l'est pas et ne le sera jamais.

Sa voix se radoucit.

— J'avoue... oui, j'avoue avoir eu un moment de faiblesse, parce que j'étais ivre. Là ! es-tu satisfait ?

Il ne l'était pas et le lui dit. Elle le prit de haut, le traita de Sganarelle et le pria fermement de cesser ces gamineries.

— Aurais-tu des droits sur moi ? Je suis à la fois une femme mariée et une femme libre. Libre, tu entends ? Si j'ai un jour des comptes à rendre, ce sera à ce pauvre Jean-Charles, pas à toi ! Dis-toi bien que la jalousie est un sentiment que j'exècre. Quitte cette maison et n'y reviens jamais !

Il enfouit son visage dans ses mains pour cacher ses larmes. Il égrena des « pardon », des « je t'aime », des « garde-moi » qui parurent émouvoir Alexandrine.

Elle le prit par la main, soupira et lui dit :

— Viens donc. Nous allons tâcher d'oublier cette scène grotesque...

Deux événements favorables à la colonie avaient marqué ces dernières années.

Un marinier du Mississippi vint prévenir un matin M. du Périer et le père Nicolas de Beaubois, supérieur des jésuites, que des religieuses arrivées à La Balise s'apprêtaient à remonter le fleuve. Il s'agissait d'un groupe de huit ursulines, « filles de la doctrine chrétienne », de deux postulantes et d'une sœur converse, conduites par la mère Marie Tranchepain de Saint-Augustin, leur supérieure. Leur navire, la *Gironde*, s'était échoué et les pauvres filles étaient dans un tel état moral et physique qu'il convenait d'aller d'urgence au-devant d'elles.

Il leur fallut une semaine avant d'apercevoir les premières demeures de La Nouvelle-Orléans.

La traversée avait été une aventure. Elles eurent du mal à s'en remettre après qu'on les eut installées dans la demeure d'un ingénieur, M. Vergès, absent pour quelques semaines.

Elles avaient essuyé de terribles tempêtes, liées à des cordes sur leur couchette. Pour délester le navire on avait dû jeter à la mer presque toutes les provisions, y compris les moutons vivants et la volaille, ce qui ne tarda pas à occasionner disette et scorbut.

Leur navire avait échoué à trois reprises : au départ de Lorient, à l'entrée du golfe du Mexique et enfin en vue de La Balise. Comble d'infortune : par deux fois les corsaires avaient tenté de prendre la *Gironde* à l'abordage. La mère Tranchepain avait fait revêtir à ses filles des tenues de matelots pour défendre le navire les armes à la main. Quant à la traversée du delta dans des canots inconfortables, ce calvaire avait duré sept jours à batailler contre les maringouins, à se nourrir des choses infâmes que la mère supérieure remerciait Dieu de leur envoyer.

Malgré l'état lamentable où elles se trouvaient : robes boueuses et déchirées, visages blêmes, yeux hagards, elles se formèrent en cortège pour faire leur entrée dans la ville, la mère Tranchepain en tête, raide comme un sergent-major et chantant le *Vexilla Regis*.

Ces saintes filles débarquaient avec une mission précise : prendre soin des malades, instruire les filles des colons et les petites Indiennes. Pour ce qui était des garçons, on aviserait. Deux jours après leur arrivée et leur installation dans la maison de Vergès elles étaient à la tâche. On s'arrêtait pour les écouter chanter les offices, accompagnées à l'harmonium par une ancienne de la colonie, Mlle Françoise de Boisrenaud.

Les « demoiselles à la cassette », dotées par Sa Majesté d'un trousseau et de vivres pour plusieurs mois, suivaient de peu. Elles ne cessèrent de chanter des cantiques tout au long du chemin qui menait à la demeure d'un négociant parti pour l'Arkansas, qu'on leur avait affectée. On les y enferma à double tour, avec une sentinelle devant la porte. Elles étouffaient des rires et des exclamations joyeuses derrière leurs mains en regardant par la fenêtre des hommes leur faire des amabilités en passant sur la banquette. Elle avaient des minois agréables sous la fontange à ruban jonquille.

Leur maison demeurait ouverte toute la journée mais n'y entrait pas qui voulait. Des célibataires venaient faire leur choix ; ils visitaient l'exposition, s'asseyaient pour assister à la présentation des donzelles, échangeaient leurs impressions. Peu de prétendants repartaient bredouilles. La dernière, un lot de médiocre qualité, fut tirée au sort...

Le roi et la Compagnie avaient semblait-il renoncé à envoyer en Louisiane des filles de joie ou des Bretonnes impropres à un mariage. La morale prenait le pas sur les expédients.

La voix claironnante de Mme du Périer lança à tous vents :

— Ces nègres... Je vous avais bien prévenus qu'ils étaient dangereux, qu'il serait prudent de les renvoyer en Afrique. Si le complot n'avait pas été découvert à temps...

Il l'avait été in extremis et la colonie respirait. Les colons avaient eu le tort de se jeter inconsidérément sur la moindre cargaison d'esclaves arrivant des Antilles ou de Saint-Domingue, de rafler à la barbe de leurs concurrents les plus belles pièces d'Inde dont certains étaient des nègres marrons dont on avait jugé préférable, au lieu de les pendre, de tirer bénéfice.

Depuis un certain temps le feu couvait sous la cendre, mais, comme aucun événement dramatique ou alarmant n'était venu perturber l'existence des colons, des planteurs et des habitants de La Nouvelle-Orléans, on laissait vaticiner les prophètes de malheur.

Les nègres se montraient de plus en plus paresseux et arrogants ? Sans doute en raison du climat, encore qu'en Afrique... Ils s'absentaient de plus en plus fréquemment, la nuit parfois, sans permission ? Sans doute pour aller célébrer quelque fête ou quelque cérémonie mystérieuse dans les bayous. Ils tardaient, le matin, à prendre leur travail malgré les coups de sifflet du commandeur ? C'était sans doute qu'ils avaient passé la nuit à forniquer ou à danser la *juba*, la *calenda* ou la *caliba*...

Le massacre perpétré par les Natchez avait dû les stimuler car ils ne parlaient dans leurs conciliabules clandestins que d'exterminer les Blancs et de prendre en main les destinées de la colonie.

Alerté par un félon, le gouverneur avait réagi avec une vigueur et une vivacité qui n'étaient pas ses qualités majeures et que certains n'hésitèrent pas à attribuer à l'intervention de son épouse dont les nuits et les jours étaient peuplés d'images de massacre.

Un détachement de la garnison avait fait irruption dans une des assemblées secrètes qui réunissaient les esclaves au cœur de la nuit. Les soldats avaient capturé et jeté en prison quatre des meneurs.

M. du Périer était dans l'embarras. Que faire de ces prisonniers ? Les châtier d'une manière exemplaire ? Soit. Les fusiller ? Ils n'en étaient pas dignes : on ne fusille que des soldats. Les pendre ? Pas assez spectaculaire et trop expéditif. M. du Périer voulait un spectacle. Il décida qu'ils seraient roués vifs.

Apprenant que, parmi les captifs, se trouvait un nègre du nom de Jason, Gilles songea qu'il devait s'agir de ce brave esclave congo dont il avait fait son domestique puis son compagnon et presque son ami, jusqu'à leur séparation, au fort Rosalie, après la tuerie. Il alla lui rendre visite à la prison; c'était bien lui.

– Il doit s'agir d'une erreur, dit-il. Jure-moi que tu es innocent et je te ferai libérer.

Jason sourit, secoua la tête : il était bien des meneurs ; il était même leur chef à La Nouvelle-Orléans et ne demandait aucune complaisance à son égard. Il partagerait le sort commun.

– Si ton complot avait réussi, dit Gilles, si vous aviez décidé, toi et tes compagnons, de faire un massacre de Blancs, est-ce que tu m'aurais épargné ?

Jason secoua la tête. Il n'aurait pas pu tuer celui qui avait été son *bon maît'e*. Il se serait contenté d'en faire son esclave.

Le moment venu de monter sur l'échafaud, Jason et ses complices montrèrent une dignité romaine. Des cris d'horreur montaient de la foule tout le temps du supplice. Quand il eut fini de briser leurs os avec une barre de fer, le bourreau trancha les têtes que l'on exposa aux quatre coins de la ville.

Alors que la foule, le spectacle terminé, se retirait dans un morne silence, on entendit, venant de toutes parts, du fond des maisons et des jardins, les complaintes des femmes qui accompagnaient l'âme des victimes vers les rivages de l'Afrique.

Debout contre la fenêtre, Gilles tendait l'oreille.

En apparence tout était calme ; pas le moindre souffle de vent ne venait troubler la surface du fleuve sous le lourd soleil d'août ; des enfants des trois races faisaient trempette dans la « baignoire à madriers », à l'abri des serpents d'eau et des alligators qui, parfois, se hasardaient dans les parages.

M. du Sauvoy vint le rejoindre près de la fenêtre et demanda à Gilles ce qui semblait retenir son attention.

– J'ai moi-même remarqué ce phénomène depuis quelques jours, dit-il. Curieux... On dirait un roulement de tambour, très lointain, mais, ce qui est étrange, c'est qu'on ne voit pas trace de nuages annonciateurs d'un orage.

- Peut-être des Indiens en train de battre la caisse...
- Certainement pas. Cela ne produit pas le même bruit. Cela n'est pas scandé.

Plus curieux encore : la rumeur sourde semblait provenir le matin du delta et descendre le fleuve dans la soirée. On attendait un de ces orages fréquents en cette saison, un beau feu d'artifice, une canonnade impressionnante suivie d'une bénédiction qui rafraîchirait l'atmosphère étouffante, ferait reverdir les jardins et transformerait la prairie et la brousse en champs de perles.

L'air, d'heure en heure, devenait lourd, poisseux, presque sensible au toucher ; au moindre souffle de vent, la peau était comme caressée par des filaments huileux.

Le phénomène dura plusieurs jours, répétitif, hallucinant, sans que personne, pas même les vétérans de la Louisiane, pût en déterminer l'origine. Les Indiens, eux, annonçaient un ouragan : la colère grondait entre les Esprits de la terre et du ciel ; le dénouement était proche.

La grande cavalcade commença par une fantastique course de nuages. Ils graissaient le ciel du ponant au levant, se chevauchaient, se débordaient par vagues pressées éclaboussées de lueurs phosphorescentes.

Le crieur de ville passa de quartier en quartier afin de recommander à la population de se mettre à l'abri, ainsi que les animaux, et d'observer les précautions d'usage.

Soudain, dans un souffle de vent qui semblait venir du bout du monde, l'ouragan se déclencha avec une fureur aveugle sur un quart de lieue de large.

Dans la demeure de Mme de La Chaise où Gilles s'était enfermé en compagnie des commis et des domestiques, on ferma portes et fenêtres, on rabattit les volets et, chandelles allumées, on écouta avec inquiétude les craquements sinistres de la charpente, comme si la bâtisse, arrachée à sa base, allait s'engouffrer dans le couloir du vent.

Le cataclysme dura trois jours pleins, avec des répits au cours desquels on s'empressait de courir au magasin faire des emplettes et constater la situation. Le fleuve avait monté de quinze pieds au troisième jour et l'on redoutait une inondation qui porterait le désastre à son comble.

L'ouragan partit comme il était venu, mais sans tambour ni trompette. Un grand crépuscule de soufre jaune précéda une nuit craquante d'étoiles, sans un souffle.

— Je n'ai pas le courage de mettre le nez dehors, soupira Mme de La Chaise. Je préfère rester ici avec mes enfants, de crainte que l'ouragan ne se déchaîne de nouveau. Vous me tiendrez au courant des dégâts. Je crains que cette catastrophe n'ait fait des victimes...

Dans la lumière des torches et des lanternes, par petits groupes, les habitants sortaient de leurs maisons en titubant, erraient dans les rues et sur les banquettes pour recueillir les débris arrachés par les bourrasques. Les jardins, les fossés étaient jonchés de cheminées, de volets, de bardeaux éparpillés. Des masures de bois s'étaient affaissées sur elles-mêmes comme des châteaux de cartes; on voyait surgir des décombres des familles de spectres.

Le gouverneur avait pris les secours en main. Il avait mobilisé la troupe pour chercher, à travers ce capharnaüm, quelque victime à sauver, quelque animal gémissant, prisonnier de monceaux da planches, distribuer réconfort et secours aux rescapés que les ursulines se tenaient prêtes à accueillir dans le couvent dont on achevait la construction et que ses murs de brique avaient préservé de la fureur des éléments.

M. Jacques se dépensait en ordres et en consignes.

— Gilles, file vers le port et tiens-moi au courant des dégâts! Du Sauvoy, rendez-vous place Royale pour y ramener les blessés que vous trouverez! Je veux être tenu au courant de la situation heure par heure.

Gilles commençait l'inspection des demeures avoisinant le port, réconfortant les familles qui se lamentaient sur la ruine de leur foyer, quand il perçut un appel ou une plainte venant d'un monceau de planches et de madriers. Il s'approcha, balaya les décombres avec la lumière de sa lanterne, criant:

— Où êtes-vous? Parlez-moi! Êtes-vous blessé?

Venue de très loin semblait-il, une voix de femme lui répondit:

— Écartez ces planches. Je suis bloquée dessous.

Il posa sa lanterne à terre et entreprit de déblayer le tas.

— Vous y êtes presque! lança la voix. J'aperçois votre lumière.

Il remarqua la blancheur d'un mollet, le bas d'une robe de couleur sombre. Il enleva avec précaution quelques autres planches, un filet de pêcheur, quelques ferblanteries puis entreprit d'arracher la victime à sa prison.

– Doucement, geignit la femme. J'ai quelque chose de cassé, mais je ne sais quoi au juste. L'épaule, peut-être...

Il parvint à la dégager entièrement. C'était une petite ursuline au visage graissé de boue, dont la coiffe pendait sur l'épaule. Il la soutint jusqu'à la banquette. Elle lui dit :

– En plus de l'épaule je souffre de la jambe droite. Brisée, peut-être. Laissez-moi m'asseoir. Je suis incapable de tenir debout.

Il la fit asseoir sur le bord de la banquette, lui demanda s'il y avait quelqu'un d'autre sous les décombres, et comment elle se trouvait là.

– Il n'y a plus personne, dit-elle. Je suis entrée dans cette cabane en me disant que peut-être des gens s'y trouvaient, auxquels je pourrais porter secours. Elle était déserte. Au moment de sortir j'ai été écrasée par une avalanche.

Elle gémit doucement en touchant sa jambe, ajouta :

– Vous m'avez sauvé la vie, monsieur, et je vous en remercie. Vive Dieu !

– Vive Dieu ! Maintenant il faut que je vous ramène à votre couvent.

Il la prit dans ses bras, la souleva sans peine, lui demanda de s'accrocher à son cou. Il apprit en cours de route qu'elle s'appelait sœur Camille du Saint-Esprit. Elle était arrivée à La Nouvelle-Orléans dans le convoi de la mère Tranchepain. Originaire d'un village de Picardie, à quelques lieues d'Amiens, elle avait choisi le couvent de préférence au mariage concocté par ses parents avec un juge de paix veuf, âgé et podagre. Après deux ans passés dans le couvent d'Amiens, elle avait senti s'épanouir en elle l'attrait pour les missions étrangères.

Une histoire banale.

Ce qui l'était moins, c'est ce qu'elle lui raconta de sa traversée et qu'il ignorait. Elle n'avait pas résisté au mal de mer mais avait tenu tête aux corsaires.

– Je crois bien, dit-elle, que j'ai tué à coups de pistolet deux de ces misérables qui voulaient nous violer. Dieu me pardonne, je crois que j'y ai pris un certain plaisir. Je ne m'en repentirai jamais assez.

– Vous auriez tort. L'existence de cette vermine est une offense au Bon Dieu.

Exténué par son fardeau il dut faire halte à plusieurs reprises.

– Laissez, disait-elle. On viendra au matin me chercher avec une voiture.

Il poursuivit son chemin. Aidé par une religieuse, il la fit allonger sur un grabat où le bon docteur Prat vint lui faire une visite et examiner ses blessures. Sœur Camille souffrait d'une déchirure à l'épaule et d'une fracture du fémur droit. Il lui donna les premiers soins.

– Immobilité totale, dit-il. Tâchez de dormir.

Il prit Gilles par le bras.

– Compliments, Chauvin. Si vous ne l'aviez pas retrouvée elle y serait restée. Cette pauvre enfant a perdu beaucoup de sang. Revenez la voir de temps à autre. Surtout, insistez pour qu'elle se tienne tranquille. Je les connais, ces filles! Il faudrait qu'elles soient mortes pour renoncer à se dévouer à leurs prochains.

Gilles revint voir sa blessée dans la journée et les jours suivants. Il lui apportait des friandises et des ouvrages empruntés à la bibliothèque de feu M. de La Chaise : des œuvres de Fénelon notamment, de ceux qui ne risquaient pas de lui troubler l'esprit. Elle l'accueillait avec un sourire éclatant, lançait à la cantonade :

– Voilà mon sauveur. Vive Dieu !

En dépit des contraintes de sa convalescence et notamment de cette immobilité qui lui pesait, elle était gaie comme un pinson, avec toujours un mot aimable pour son « sauveur » qui en rougissait de plaisir. On ne pouvait dire qu'elle fût belle ni même jolie avec son visage rond de paysanne, ses lèvres un peu épaisses, son nez menu comme un bec, mais il émanait d'elle une joie de vivre, une alacrité constante. Une grâce.

Un matin, il la trouva debout, marchant avec des béquilles. Elle lui dit :

– Votre présence chaque jour a été pour moi le meilleur des remèdes. Vous avez hâté ma guérison. Voyez : je suis presque ingambe ! D'ici deux ou trois jours je pourrai reprendre ma tâche. Il paraît que mes petites élèves me réclament...

Elle ajouta avec un sourire amer :
- Il faudra renoncer à vos visites, à m'apporter des cadeaux. Je le regretterai. Savez-vous que je mêle votre nom à toutes mes prières ?

- Vous ne me l'aviez jamais dit. Pensez-vous ainsi assurer mon salut ?

Elle prit un air sévère avant de répondre :
- Vous en avez le plus urgent besoin. Je sais plus de choses sur vous que vous ne pensez. On papote beaucoup dans ce couvent.

- Et que disent ces papotages ?
- Que vous menez une vie dissolue. Que vous entretenez des rapports coupables avec une femme mariée.

Il se laissa tomber sur le bord du lit, les jambes sciées.

- Par exemple ! D'où tenez-vous cela ?
- C'est sans importance. Au moins, l'aimez-vous ? Vous pouvez vous confier à moi.

Il bredouilla :
- Je ne sais pas. Je ne sais plus.
- C'est donc que vous ne l'aimez pas. Alors, renoncez à elle. C'est une mauvaise femme. Elle ne vous aime pas. Elle n'aime pas son mari. Elle n'aime pas le Seigneur. Elle n'aime personne. Cette femme, monsieur Chauvin, est une *catin*.

La Nouvelle-Orléans en était presque au point où l'ingénieur Pauger l'avait laissée quelques années auparavant : un chantier de fourmis balayé régulièrement par les gros orages d'août qui la lavaient jusqu'à l'os. L'ouragan l'avait ravagée et n'avait rien épargné. Des centaines d'oiseaux jonchaient le sol, au milieu des débris que l'on récupérait avec soin pour les réutiliser. Des torrents d'eau et de boue avaient arraché les banquettes, raviné la chaussée. Dans les environs, les champs de maïs et de riz étaient dévastés, les arbres fruitiers, arrachés, avaient été emportés comme fétus.

Le port présentait un spectacle de désolation. Deux navires de douze canons : le *Saint-Christophe* et le *Neptune* ainsi que deux navires traversiers et diverses autres embarcations avaient subi des avaries ou avaient sombré.

La disette révélant son visage, les prix commençaient

à monter dans des proportions inquiétantes. Les magasins ne libéraient leurs produits qu'au compte-gouttes. Des foules affamées commençaient à se masser devant les bureaux du nouveau commissaire, M. de Salmon, et du gouverneur, impuissants l'un et l'autre à soulager dans l'immédiat cette misère. On avait réclamé des secours à Mobile, à Biloxi, aux forts Rosalie et Saint-Louis. Il leur faudrait des semaines avant d'arriver à La Nouvelle-Orléans.

Et d'ici là...

Les rapports entre Mme de Pradelle et Gilles Chauvin de La Frénière avaient pris un tour nouveau. Ils avaient instauré entre eux un consensus précaire, que le moindre dissentiment, le moindre propos maladroit, risquait de compromettre.

Ce qu'ils avaient perdu en tendresse et en confiance, ils l'avaient retrouvé dans la jouissance. Délivrés des blandices des débuts, de cette illusion de vengeance sur le destin qui les avait séparés, de quelques faux-semblants de passion, ils se donnaient au plaisir des sens avec une ardeur nouvelle née de cette précarité qui les menaçait.

Gilles avait ses jours ou, pour mieux dire, ses nuits ; Blondel de Latour avait les siens. Cette petite communauté hédoniste, loin de susciter des jalousies, les avait rapprochés par des fils ténus. Les deux amants de Mme de Pradelle se rencontraient souvent à l'occasion de diverses cérémonies et des réunions du Conseil supérieur, dont ils faisaient tous deux partie, M. du Périer ayant reconnu en Gilles Chauvin de La Frénière des qualités qui lui valaient sa considération et cet honneur : il l'avait proposé au poste d'adjoint au procureur et cette demande avait été agréée.

Il fallait mener une lutte constante et sans merci contre le laisser-aller, la corruption, les mauvaises mœurs, l'égoïsme. Les louables déclarations d'intention du Conseil sombraient pour la plupart dans un gouffre d'indifférence. Gilles n'avait pas tardé à se faire une opinion sur cette assemblée : un panier de crabes qui se prenaient aux pinces les uns les autres. Où il eût fallu un Marc Aurèle on n'avait qu'un Olybrius. Las, désabusé, sans ressort, le gouverneur se désintéressait de ses propres affaires : celles du domaine qu'il exploitait en amont de la ville, où tout allait à vau-l'eau.

Peu de temps après les ravages de l'ouragan, la colonie poussa un unanime soupir de soulagement.

On venait d'apprendre la révocation de M. du Périer et l'arrivée prochaine de son remplaçant : M. de Bienville.

Récit de Dieudonné de Beauchamp

Virginie : début 1732

Pourrai-je jamais oublier la fête qui a marqué, à Bridge's Creek, la naissance, au foyer d'Augustin et de Mary Washington, d'un petit George ?

Ce fut le dernier bonheur d'Augustin Washington. Il souffrait atrocement de la goutte et des maux d'estomac qui devaient l'emporter quelques années plus tard.

George était l'arrière-petit-fils de ce John Washington qui avait émigré en Amérique au siècle dernier et – son père se plaisait à le rappeler – le sixième descendant du premier personnage de la famille à être entré dans l'histoire de l'Angleterre, dans la première moitié du XVIe siècle : Sulgrave.

Pour célébrer cet événement, Augustin Washington souhaita réunir tout ce que la Virginie comptait de planteurs et de notables. Comme il ne se connaissait que des amis nous fûmes légion à porter des santés au petit George.

Cela se passait, si j'ai bonne mémoire, dans le mois de février, en l'an 1732. La température était douce sur la Virginie, si bien qu'on avait installé les tables sur un coin de prairie, au bord du fleuve. Aux Indiens qui étaient venus assister à l'événement sans quitter leurs pirogues, Mary Washington fit distribuer des gâteries.

Autour d'Augustin Washington et de son épouse bourdonnait la plus brillante société de la colonie : les Fitzhugh, Pierpont, Parker, Culpeper, Campbell, ainsi que des militaires dont j'ai oublié les noms, sauf un.

Contraint de vider mon verre à maintes reprises à la santé du nouveau-né, de ses parents, du gouverneur et de quelques autres grands personnages, à commencer par le roi George, j'étais ivre avant la fin du repas. Je bondis lorsque, dans le courant de la conversation qui portait sur les Louisianais, j'entendis un petit lieutenant à moustache, Pierpont, fort arrogant et d'une sottise prétentieuse, lancer :

– Ah! mes amis... Lorsque j'appris l'affaire des Natchez mon cœur sauta de joie. Nous venions de remporter là une belle victoire!

Piqué au vif par ce dernier mot, abasourdi par ce cynisme, j'écoutai, à travers les brumes de l'ivresse, cet hurluberlu faire état du massacre comme s'il y avait été présent. Il déclara, en lissant sa moustache, que mes compatriotes s'étaient conduits dans cette bataille comme des lâches, s'étaient laissé massacrer sans se défendre, avaient fui de toutes parts comme une horde de chiens de prairie.

Bataille... Victoire... Ces deux mots fulguraient dans ma tête. Je ruminai une riposte. Elle fusa :

– Il n'y a pas eu de victoire, lieutenant, parce qu'il n'y a pas eu de bataille mais un guet-apens.

– Plaît-il? s'écria le bellâtre. De quel droit vous mêlez-vous à notre conversation? Étiez-vous de cette affaire?

– J'y étais, en effet, et vous non.

Le lieutenant roula des yeux furibonds. Le silence figea l'assistance comme dans une banquise. Les messieurs tiraient sur leur cigare, les yeux dans les volutes de la fumée; les dames s'abritaient derrière leur éventail.

Ce petit bougre de lieutenant avait blêmi. Pour se donner une contenance ou le temps de préparer une réplique, il alluma un cigare. Sa main tremblait. J'entendis, comme dans un nuage, la voix d'asthmatique de Campbell me soutenir.

– Navré, lieutenant, dit-il. Je ne puis donner tort à ce garçon et mettre en doute sa sincérité. Je puis témoigner qu'il était bien chez les Natchez au moment du drame, et sur mon ordre.

Pierpont tira quelques bouffées de son cigare et dit en regardant dans la direction opposée à celle de Campbell :

– Comment peut-on faire confiance à un servant ?
– Le chevalier de Beauchamp, lieutenant, n'est pas un domestique. C'est un de mes commis les plus compétents et les plus fidèles.

Comme s'il n'avait rien entendu, Pierpont poursuivit :
– Un servant et, de plus un Canadien ! Un déserteur, sans doute. Peut-être même un espion...

Il en avait trop dit. Même sans cette ivresse qui floconnait dans ma tête j'aurais réagi avec la même vivacité et cette violence qui me surprend parfois moi-même. Je m'approchai de Pierpont en titubant et, saisissant une coupe de champagne, lui en jetai le contenu au visage. Il se leva d'un bond, laissa tomber son cigare sur le tapis, s'essuya avec son mouchoir.

– Mes amis ! s'écria Augustin Washington, je vous en prie : au nom de cet enfant qui vient de naître, faites-moi la grâce de vous réconcilier ou d'aller vider cette querelle ailleurs que dans cette maison.

Nous accueillîmes avec faveur, Pierpont et moi, cette dernière suggestion. Nous nous mîmes en quête de témoins pour organiser un duel qui ne pouvait attendre car nous étions impatients l'un et l'autre d'en découdre.

Nous quittâmes l'assemblée sur l'air de violon qui, dégelant la banquise, donnait le signal de la danserie. Nous étions convenus, par témoins interposés, de nous retrouver sur la berge du fleuve à un quart de lieue de la maison, dans une solitude austère propre à ce genre de règlements de compte.

J'avais emprunté une épée au fils de Fitzhugh, qui avait paru soutenir ma réaction.

– J'espère, dit-il, que vous me la rapporterez vous-même après avoir puni cet insolent. Mais gare, Pierpont passe pour être une fine lame et un vicieux.

Je n'étais pas moi-même un débutant en la matière, ayant fréquenté une salle d'armes à Montréal et ferraillé dans la flibuste où j'avais appris des tours. Ma seule faiblesse était l'état d'ébriété dans lequel je me trouvais, alors que mon adversaire semblait frais comme un gardon.

J'avais demandé à Lachaume de me servir de témoin, ainsi qu'à un autre commis de Belle-Rose : August.

– Dans l'état où tu es, me dit Lachaume, tu es fait comme un rat. Demande un délai pour aller te rafraîchir dans le fleuve.

619

Ce que je fis. Je m'en trouvai fort bien. L'eau fraîche me remit dans mon assiette et dissipa le brouillard. Pierpont, de son côté, semblait préférer le whisky à l'eau : il s'en versa un grand gobelet, ce qui le mit de belle humeur. Il chantonnait en caressant la lame de son épée et lançait avec des regards en biais :

– Je vais lui régler son compte à ce misérable, à cet espion. Il apprendra qu'on n'humilie pas impunément un officier de Sa Majesté !

Dès le début de l'engagement, je constatai que j'avais un peu présumé de la confiance que le bain froid m'avait donnée et de mes capacités. Pierpont était décidément un bretteur de qualité. Je me bornai, non sans risques, à me défendre de ses assauts, les uns empreints d'une ironique désinvolture, les autres soudain animés par une sorte de fureur qui lui arrachait des cris.

Après avoir paru se jouer de moi en attendant de porter l'estocade, il me fit une jolie parade de prime sur un coup de seconde qui aurait fait voler mon arme si je n'avais eu la poigne solide. Vexé, je lui donnai la réplique avec une telle fougue qu'il recula en affectant des airs affolés. Il s'entrava dans une souche vers laquelle je le guidais insidieusement, et culbuta, les quatre fers en l'air.

– Relevez-vous, Pierpont ! lui lançai-je d'un ton méprisant. Vous allez salir votre bel habit. Déjà que vous avez mouillé le fond de votre culotte...

Piqué par cette plaisanterie de mauvais goût il reprit sa garde, me titilla par des attaques à l'avant-bras puis au flanc, en remontant vers le visage comme s'il tenait à effacer le sourire insolent que j'affichais. Ses attaques, subtiles mais guère dangereuses, ne visaient, semblait-il, qu'à m'éprouver et à me provoquer.

Soudain, alors que j'attendais d'autres amusettes, il me désarma par un coup de quarte sur les armes. Ce succès ne lui parut pas digne de laver son honneur : il me traversa l'épaule avec son épée. Je tombai à genoux dans l'attente du coup de grâce. Il se contenta, d'un revers de talon, de me faire rouler dans l'herbe.

Je l'entendis proférer en bon français, presque sans accent :

– Je devrais t'achever comme on fait des espions, sacré mangeur de grenouilles, mais je ne veux pas endeuiller cette fête, par égard pour notre hôte. File et fais en sorte de ne jamais te retrouver sur mon chemin !

Lachaume versa sur ma plaie un peu de cet alcool qu'il portait toujours sur lui et qu'il appelait son « eau bénite », puis il me fit un bandage en déchirant ma chemise.

— Pourras-tu remonter à cheval ? me dit-il.
— Je vais essayer, dis-je, mais je me sens pas crâne.

Je perdis connaissance et tombai à deux reprises en cours de route. En m'aidant à m'allonger sur un grabat, Lachaume me dit :

— Ton épaule gauche était jalouse de la droite. Ça te fera deux petites coquetteries et les femmes aimeront ça. Tu pourras toujours leur dire que ce sont des blessures de guerre...

Il me rappelait ainsi que, quelques mois auparavant, il avait soulagé mon épaule droite d'une balle indienne.

— Je n'ai pas été à la hauteur, avouai-je d'un ton pitoyable. Il faut que je me refasse la main. Depuis un combat mémorable contre les marins du roi George je ne m'étais pas battu à l'épée.

— C'était pas mal, mais tes attaques étaient trop molles, pas assez étudiées, sans imagination. Dis-toi que tu avais affaire à un champion. Ce bougre a pris un plaisir fou à t'embrocher, mais l'honneur te revient. Tu l'avais à ta merci et tu lui as fait grâce. Il ne t'a pas rendu la politesse...

Peut-être continua-t-il un moment à commenter le duel. Je ne sais. Je sombrai dans une sorte de nuit traversée de lueurs d'épée. Quand je revins à moi il faisait nuit. Un joli profil d'Indienne Delaware se dessinait dans la lumière d'une chandelle.

Elle me proposait un bol de vin chaud et une drogue.

— Vous pas mourir, me dit-elle. Vous, boire...

AMOURS INTERDITES

Des rumeurs alarmantes couraient dans La Nouvelle-Orléans.

On avait appris par le capitaine d'un brigantin de Saint-Domingue, porteur d'une cargaison d'agrumes et de nègres de Guinée, que M. de Bienville, venu pour remplacer M. du Périer, avait quitté Rochefort en décembre de l'année précédente et que l'on n'avait pas de nouvelles de son navire.

Le gouverneur aurait pu se réjouir à l'idée que son remplaçant avait disparu en mer, mais il affichait au contraire un sentiment d'inquiétude et de morosité. Il lui tardait d'être libéré de ses fonctions. Nanti par Versailles du titre de lieutenant général qui lui allait comme une paire de bottes à un cul-de-jatte, il ne rêvait plus que d'aller planter ses choux dans son domaine du Mississippi, avec sa famille, ses domestiques et ses nègres.

Lorsque, enfin, M. de Bienville débarqua par un maussade mois de mai tout barbouillé de pluie, ceux qui, une dizaine d'années auparavant, avaient assisté à son départ pour le vieux pays, ne purent cacher leur surprise : le « Père de la Louisiane », comme on l'appelait en France, avait l'allure d'un vieillard ; il bedonnait, marchait à pas comptés en s'aidant d'une canne, semblait avoir perdu quelques pouces de sa taille qui était médiocre, et son visage attestait éloquemment les épreuves qu'il avait subies en trente ans de colonie et en un demi-siècle de vie.

La petite vérole avait décimé la population de Mobile et de Biloxi où, du fait du manque de main-d'œuvre à la suite de l'épidémie, la production de brai et de goudron était devenue insignifiante.

La maladie poussait inexorablement des pointes en direction de La Nouvelle-Orléans, ravageant au passage des tribus indiennes de la côte. Pour comble de misère, à la suite de l'ouragan qui avait causé des pertes inestimables, la disette menaçait de se transformer en famine.

Conséquence fatale de cette situation : les habitants s'étaient scindés en deux groupes : les nantis et les miséreux. Seuls les commis affectés aux magasins et quelques notables ne perdaient rien de leur bonne mine et de leur belle humeur.

Confronté à cette situation conflictuelle, Bienville tapa du poing sur la table et décida de mettre un terme à cette anarchie et à ces injustices. Après en avoir conféré avec l'ancien gouverneur, il prit des mesures draconiennes : recensement des vivres disponibles, distribution de secours aux habitants, punition des affameurs...

– Vous allez vous mettre à dos tous les commis des magasins ! soupira du Périer.

– C'est le dernier de mes soucis !

Il avait assisté, le matin même, à l'inhumation d'enfants morts de faim.

Le chevalier de Pradelle devint la bête noire du gouverneur : il reprochait à ce notable de s'être enrichi d'une manière indécente au détriment de la population, de se livrer à des trafics à la limite de la légalité, de gratter les cendres pour y récupérer un peu de bois.

Ils s'étaient rencontrés par hasard à Paris ; l'entretien avait failli mal tourner. Vindicatif, Bienville ne pouvait oublier que Pradelle avait épousé la fille de ce La Chaise envoyé en Louisiane par ceux-là mêmes à qui il devait son rappel en France à la suite d'accusations calomnieuses dont il avait été lavé.

– Monsieur du Périer, dit-il, ce chevalier de Pradelle est-il toujours en poste au fort Rosalie ?

– Certes, et je lui fais entière confiance. Avec lui au commandement de ce poste l'affaire des Natchez n'aurait pas eu lieu.

– J'en conviens... j'en conviens... mais n'importe qui aurait fait mieux que votre protégé, ce sinistre Etchepare. Quelque chose me dit que notre chevalier est en train de faire ses choux gras. Je le connais bien... Nous allons le convoquer.

Une quinzaine plus tard, tout pimpant, entouré d'une belle escorte, le chevalier se présentait à l'hôtel du gouverneur. L'entretien tourna court.

— Monsieur de Pradelle, dit Bienville, j'ai pris la décision de vous relever de votre poste au fort Rosalie.

— Et pourquoi cela, je vous prie ?

— Il n'est pas sain de laisser trop longtemps un officier dans le même poste. Il prend de mauvaises habitudes et profite de ses pouvoirs pour arrondir son pécule.

— Dois-je voir dans vos propos une allusion personnelle ?

Bienville ne parut pas entendre la question. Il poursuivit :

— J'ai décidé de vous envoyer au poste de Saint-Louis, sur les terres des Illinois, avec mission de garder un œil sur les Anglais qui sont trop nombreux dans les parages.

— Les terres des Illinois ? Mais c'est au bout du monde !

— Allons donc ! Un voyage d'une quinzaine de jours tout au plus. Cela devrait vous plaire : le pays est fertile. La fortune vous tend la bras.

Le ton sarcastique du gouverneur fit bondir Pradelle.

— Je refuse cette mutation et vous ne pouvez m'y contraindre ! Ma santé, mon âge...

— Que dites-vous là ? Vous avez l'allure d'un jeune homme !

— ... mais je n'en ai plus l'âge, et je suis plus malade qu'il n'y paraît. Faites appel à quelqu'un d'autre. D'ailleurs, je dois rester quelque temps à La Nouvelle-Orléans. Mes affaires...

— Vos affaires ! Toujours vos affaires ! s'emporta Bienville. Décidément vous n'avez que cela en tête !

Pradelle se rengorgea dignement.

— Monsieur le gouverneur, je suis fier de ma réussite après des débuts difficiles. Beaucoup la jalousent, qui n'ont pas mon esprit d'entreprise, mon obstination, ma rigueur dans l'administration de mes biens. Je n'ai jamais trempé dans des affaires de concussion, de prévarication et tutti quanti...

Cela, Bienville le savait. A sa connaissance, à part quelques affaires louches, des évolutions subtiles entre deux eaux, il ne méritait ni la Bastille ni la corde.

— Et puis, ajouta le chevalier, je dois m'occuper de ma famille. Je la laisse trop souvent à l'abandon.

Bienville cacha un sourire derrière sa main. Il était de notoriété publique, malgré la relative discrétion dont elle s'entourait, que la belle Alexandrine avait du tempérament. Si Pradelle comptait rester quelque temps à La Nouvelle-Orléans c'était moins, se dit-il, pour faire un nouvel enfant à son épouse et veiller sur son foyer que pour examiner ses livres.

Bienville décida de baisser pavillon pour éviter de faire un drame de ce qui n'était qu'un banal règlement de comptes.

— Soit, dit-il. J'enverrai donc M. d'Artaguette au fort Saint-Louis et, pour vous remplacer au fort Rosalie, Delfau de Pontalba. C'est un gentilhomme du Quercy en qui j'ai pleine confiance. Allons, quittons-nous bons amis!

Plus orageux fut l'entretien de Bienville avec le « bon M. Prat » comme on disait : le meilleur praticien de la Louisiane, mais dont l'esprit d'initiative et l'énergie laissaient à désirer.

— Cette épidémie de petite vérole, dit le gouverneur, qu'avez-vous fait pour l'enrayer?

M. Prat avoua qu'il n'avait rien fait « parce qu'il n'y avait rien à faire ». D'autant qu'avec les moyens du bord...

— Monsieur Prat, s'écria Bienville, vous n'êtes qu'un incapable! Puis-je vous rappeler qu'en cas d'épidémie les malades doivent être isolés? Cela s'apprend dans toutes les facultés du monde.

Le médecin baissa la tête et parut se replier comme un escargot dans sa coquille. Il bredouilla :

— J'ai bien tenté de regrouper les malades, dans des lits séparés, au couvent des Ursulines. Ils sont trop nombreux et refusent pour la plupart de quitter leur famille. Ce qu'il nous faudrait, c'est un hôpital. Les ursulines sont très dévouées mais elles sont débordées.

— Je devrais vous renvoyer en France! s'écria Bienville, si nous n'avions encore besoin de vous. Dix enfants sont morts en une semaine, et je ne parle pas des nègres, qui sont les premiers à succomber à cette épidémie. Il faut la juguler au plus tôt et vous m'y aiderez!

La petite vérole n'avait pas épargné la demeure des Pradelle, pas plus que quelques autres de la rue Dauphine.

Un matin, la petite Jeanne-Henriette s'était réveillée avec la fièvre. Dans la journée, elle ne cessa de se plaindre de douleurs à la tête et aux membres. Un peu plus tard elle eut des convulsions accompagnées de vomissements.

Alexandrine fit appeler M. Prat. La fillette présentait tous les symptômes de la maladie. Le praticien fit état des consignes du gouverneur : il fallait la faire conduire chez les ursulines, sinon elle risquait de contaminer les autres enfants.

– Quoi que fasse et quoi que dise M. de Bienville, s'écria Alexandrine, jamais je n'accepterai de me séparer d'elle ! Je l'isolerai mais elle ne sortira pas d'ici. Qu'on m'envoie la garde et nous verrons bien.

Elle demanda quels soins il fallait lui administrer.

– Des vésicatoires, des saignées, une potion émétisée et purgative... Il n'y a rien d'autre à faire.

Le troisième jour, le visage et le corps de la fillette se couvrirent de petits points rougeâtres qui se transformaient rapidement en papules puis en vésicules. A chacune de ses visites, M. Prat hochait la tête : la maladie suivait son cours. Il fallait attendre.

Le corps de Jeanne-Henriette bourgeonna de cloques grosses comme des grains de maïs, qui dégorgeaient un liquide à l'apparence de pus. De jour en jour elles séchaient pour former des croûtes malodorantes.

Trois semaines avaient passé depuis le début de la maladie, quand le praticien proclama avec un air de triomphe que la fillette avait passé à travers les mailles du filet. Les croûtes s'étaient détachées, mais non sans laisser de traces.

– Je puis vous annoncer que votre fille est guérie, dit M. Prat. Cependant...

– Dites !

– Cependant je crains que son corps et son visage ne restent marqués. Consolez-vous en vous disant que notre petite malade a survécu, grâce à mes médicaments et à vos soins. Pour que les traces disparaissent il faudrait un vrai miracle.

– Mon Dieu ! soupira Alexandrine. Je crains qu'elle ne trouve jamais à se marier...

Gilles attendit près d'une heure dans le parloir improvisé des Ursulines, triturant son bonnet entre ses mains.

Il avait longtemps hésité avant d'entreprendre cette démarche, mais il ne pouvait refréner son désir de revoir celle qu'il avait arrachée à une mort probable. A diverses reprises déjà, il avait tenté de lui rendre visite, mais chaque fois sœur Camille faisait répondre qu'elle était occupée. Le sentiment d'humiliation que lui causaient ces dérobades luttait en lui contre une volonté irrépressible de revoir ce petit visage rond dont un sourire suffisait à estomper la sévérité. Une certitude faisait obstacle à son désir : le sentiment qu'il lui vouait était sans espoir. Il se demandait ce qu'il pourrait bien attendre d'une nouvelle entrevue avec sœur Camille. La confusion qui l'agitait ne pouvait déboucher sur aucune perspective raisonnable.

Il n'avait pas donné suite à la requête qu'elle avait exprimée qu'il renonçât à sa liaison illégitime avec la *catin*. Comme si cela lui importait au premier chef ! Comme si ces rapports pouvaient susciter en elle un trouble faisant écho à celui qui l'agitait.

Et si cela était ?

Deux nuits par semaine, aux temps où Pradelle s'occupait encore à arrondir son pécule sous couvert de commander la petite garnison du fort Rosalie, Gilles allait retrouver sa maîtresse. Elle se donnait à lui avec d'autant plus d'ardeur que sa rupture d'avec Blondel de Latour était consommée.

– Mon cher, avait dit l'officier lors d'une rencontre avec Gilles, on ne se méfie jamais assez de ce genre de créatures. Alexandrine est une maîtresse fort experte mais exigeante en diable. Elle m'épuise. Je vous l'abandonne volontiers. Je tiens pourtant à vous prévenir : vous ne lui suffirez pas, ou alors vous mourrez au déduit !

Alexandrine n'avait pas tardé à trouver un remplaçant à Blondel de Latour. Son nouvel élu était le commissaire en second, l'adjoint de Salmon : Lenormand de Mézy : un garçon de belle tournure, long et pâle, visage d'Eliacin et chevelure d'Absalon. Gilles n'avait pas tardé à comprendre qu'il ne s'était engagé dans cette liaison que pour se pousser dans les affaires du mari et en recueillir quelques miettes.

Et le manège luxurieux, réglé comme une horloge, de reprendre son train...

Lorsque Mme de Pradelle lui annonça que leurs rapports cesseraient le temps que durerait la maladie de sa fille, Gilles se dit que leur liaison tirait à sa fin. Il apprit avec soulagement que l'épidémie avait épargné la petite Jeanne-Henriette. Il l'avait longuement observée et avait conclu qu'elle pouvait fort bien être sa fille. Il s'en ouvrit à sa mère qui haussa les épaules.

– Innocent ! tu sais bien qu'avec toi je prends mes précautions.

Ces précautions, Gilles les connaissait : elle glissait une boule de cire dans son intimité au moment de leurs rapports. Il n'ignorait pas non plus que ce procédé était fort aléatoire.

– Et pourtant, ajoutait-il, ces cheveux, ces yeux, cette carnation ne sont pas de ton mari !

– Cesse de te conter des fables. Cela ne mène à rien.

Il était revenu de temps à autre prendre des nouvelles de la malade auprès de Zulma qui l'accueillait avec l'aigreur d'une vieille sorcière noire. En apprenant sa guérison, il avait demandé à voir Jeanne-Henriette. Zulma lui avait fait comprendre par la porte entrebâillée que sa visite n'était pas souhaitée. Il en prit son parti, renonça à s'obstiner, d'autant qu'il n'éprouvait plus de véritable désir et que sa maîtresse manifestait depuis quelque temps déjà des dispositions identiques.

Sœur Camille du Saint-Esprit ne semblait pas avoir trop pâti de ses épreuves. Sa démarche n'était guère affectée par sa fracture.

– Suivez-moi dans le jardin, dit-elle, nous y serons mieux pour parler. M. Vergès a eu la gentillesse de nous en laisser la jouissance, en attendant que notre couvent soit en état de nous recevoir, ce qui ne tardera guère.

Il restait des orages de la nuit une traîne de fraîcheur humide qui semblait à la fois monter de la terre et tomber des buissons de myrtes et de magnolias. Une wistaria grimpant à l'assaut de la galerie du premier étage embaumait, les perles de l'ondée scintillaient dans le soleil. Des enfants jouaient autour de la fontaine, dans un cercle d'orangers et de citronniers que l'ingénieur avait ramenés de la Martinique.

– Je n'ai que peu de temps à vous consacrer, dit-elle. Dieu merci, nous sommes parvenus à juguler l'épidémie mais nous avons encore des malades à surveiller. Il faut que cette colonie soit une véritable Babylone pour que le Ciel s'acharne ainsi sur elle. Il ne manque qu'une pluie de grenouilles, une invasion de sauterelles et de serpents...

Elle s'excusa d'avoir été contrainte de repousser ses tentatives de la rencontrer. Elle était sensible à cette attention, à ses menus présents, mais cela n'était pas nécessaire. Elle jugeait même cette insistance inquiétante.

– Inquiétante ? Pourquoi ?

Elle répliqua d'une voix contractée :

– Monsieur de La Frénière, vous m'avez tirée d'un mauvais pas, sauvée peut-être, et je vous en serai reconnaissante jusqu'à la fin de mes jours. Mais, de grâce, restons-en là.

Ils marchèrent en silence dans les allées. Elle gronda au passage une fillette natchez qui faisait rejaillir l'eau d'une fontaine sur une petite Française pleurant sous le regard amusé des négrillons et des négrites.

– Ces petits diables, dit-elle, il faut avoir sans cesse les yeux sur eux. Vous ne pouvez savoir de quoi ils sont capables. Il est difficile de leur apprendre à vivre ensemble, à se supporter, à s'aimer. Je suis persuadée pourtant que nous y parviendrons, avec l'espoir qu'une fois adultes ils se souviendront du respect mutuel que nous leur avons enseigné.

Sœur Camille paraissait soudain de meilleure humeur. Elle raconta en riant l'histoire de l'alligator.

Un dimanche, alors que l'on célébrait l'office du matin auquel elle assistait dans l'église paroissiale, des cris avaient interrompu la lecture des Évangiles. Un alligator venait de faire irruption dans l'allée centrale et se dirigeait à pas lents vers l'autel. Le Suisse l'avait cloué au sol avec sa hallebarde, comme saint Michel avait fait du dragon. On l'avait pris par la queue et traîné dehors pour l'achever. Il avait servi à la cuisinière des Ursulines pour préparer un ragoût délectable.

Elle ajouta *ex abrupto*, d'un air sévère :

– Monsieur de La Frénière, il ne faut plus revenir. La mère supérieure a pris ombrage de vos assiduités. Elle craint... elle craint que vous ne cherchiez à me détourner de ma foi.

Comme il restait pantelant, muet, elle lui fit face.

– M'entendez-vous ? Dites quelque chose. Personne ne surprendra vos propos. Je vous écoute.

Il bredouilla :
- Je crois... je crois que je vous aime.
Elle devait attendre cette révélation car elle ne manifesta ni surprise ni colère. Elle dit simplement :
- Vous n'en avez pas le droit.
- Il n'est pas question de droit. Comment pourriez-vous m'empêcher de vous aimer ? Vous-même...
Elle sursauta, plaqua ses mains sur son visage, interrompit sa marche.
- C'est insensé ! Comment pouvez-vous supposer que moi... ? Monsieur de La Frénière, il est indigne de vous de m'attribuer des sentiments qu'il m'est interdit d'éprouver. Qu'est-ce qui a pu vous laisser supposer... ? Quelle attitude de ma part ? Quelle maladresse ? Quel propos ?
Elle s'assit sur un banc et détourna son visage.
- Camille, dit-il, vous pleurez...

Le couvent des Ursulines, dont Mme du Périer avait naguère posé la première pierre, fut terminé au mois de juillet. C'était une vaste bâtisse de brique précédée d'un jardinet, en plein cœur de la ville, à l'angle des rues de Chartres et du Maine.

M. de Bienville avait eu à cœur de donner un certain ton officiel à l'inauguration. La mission hospitalière et pacificatrice des sœurs de la mère Tranchepain lui était sensible ; elles semaient le bon grain dans cette colonie où poussait trop d'ivraie.

Aux averses matinales avait succédé un beau temps clair et frais, balayé par le vent qui montait du fleuve. En l'absence de tapis rouge, la foule piétinait dans la gadoue, chaussée de bottes, de houseaux, de mitasses et de socques dont les sabotiers introduits par M. de Pradelle avaient abondamment pourvu la colonie.

On avait mobilisé pour la cérémonie les meilleurs musiciens de la garnison et de la ville. En tête de la fanfare on voyait un vénérable vieillard au visage ridé comme une vieille pomme, qui tenait son violon sous le bras et son archet à la main. Toute la ville connaissait et respectait François Picard, l'un des vétérans de la colonie, qui avait rejoint jadis pour l'épouser, Charlotte Lantier, sur la concession proche de La Nouvelle-Orléans, exploitée par M. de Rémonville et sa femme, Justine. Il s'en était allé en compagnie de son ami André-Joseph Pénicaud, le charpentier-flûtiste.

Partie de la place Royale, la procession progressait lentement derrière le gouverneur et les notables. M. du Périer avait quitté sa concession pour la circonstance, en compagnie de son épouse. Un chœur d'anges précédait le populaire : les enfants de l'orphelinat et de l'école, conduits par la mère supérieure qui marchait raide comme un cure-pipe. Ils chantaient des hymnes et tenaient à la main des cierges de myrte. Suivait, entourée par une vingtaine de sœurs, la statue de sainte Ursule, amenée de France : elle portait entre ses mains de plâtre un cœur percé d'une flèche, son visage de poupée émergeant d'un nuage de gaze rouge et or. Le père Beaubois fermait le cortège officiel, portant à bout de bras le Saint Sacrement.

Gilles Chauvin de La Frénière figurait parmi les membres des corps constitués, au milieu de ses collègues du Conseil. Il était habillé de sombre et paraissait soucieux. Son regard allait de la foule des notables à la procession des ursulines. Il avait reconnu sœur Camille ; elle tenait un cierge à la main comme les petits élèves qu'elle précédait et marchait tête basse, comme si elle souhaitait éviter son regard.

Depuis des mois il n'était pas revenu chez Alexandrine. Les amours, les passions, les amourettes de la dame alimentaient les offices à ragots. Dans le cabaret tenu par Ceyrat pour le compte de Pradelle, où il allait de temps à autre vider un pot de bière, on en faisait des sujets de plaisanteries, et pas à mots couverts. Il n'avait pas à se déplacer pour avoir des nouvelles de son ancienne maîtresse : il lui suffisait de prêter l'oreille. Exit Blondel, Lenormand de Mézy était toujours sur la brèche, mais on attribuait d'autres aventures à la Messaline, avec sans doute quelque exagération, si tant est que l'on ne prête qu'aux riches.

Alexandrine était présente dans la cour du couvent, entourée de ses enfants que Zulma tenait par la main. Elle paraissait très en beauté malgré l'absence de fard sur son visage et la discrétion de sa tenue. Au souvenir de leurs ébats, Gilles éprouva un vertige qui lui était familier.

Quant à sœur Camille... Elle figurait, dans sa robe sombre, l'image vivante de l'absence. Depuis leur brève promenade dans le jardin de M. Vergès, quelques semaines auparavant, il avait renoncé à l'importuner sans cesser de songer à elle et de l'aimer.

Il l'avait retrouvée un jour où il fumait sa pipe sur la levée en observant des Canadiens en train de décharger une cargaison de langues de bisons boucanées. C'était par un de ces après-midi chargés d'une moiteur oppressante. Le fleuve semblait couler du plomb fondu entre ses rives basses animées par des nuées de flamants, d'aigrettes et des flottilles de canards.

Son attention avait été attirée par des cris d'enfants. Ils barbotaient à quelques pas de là, dans la baignoire à madriers, nus comme au paradis, en toute innocence. Une ursuline les surveillait de la berge, un livre sur les genoux. Sœur Camille... Il s'approcha. Elle se leva d'un mouvement vif, comme si elle venait d'apercevoir un crotale.

— Vous! dit-elle avec un air de reproche.

Il s'excusa avec un sourire.

— Croyez bien que, seul, le hasard... Mais si ma présence vous importune...

— Nullement, dit-elle en se rasseyant et en rouvrant son livre.

Elle avait rougi et ses mains tremblaient. Il joua la désinvolture et lui dit :

— Chaude journée, n'est-ce pas? On dirait qu'un fameux orage se prépare. Je souhaite que ce ne soit pas un ouragan comme celui qui m'a fait vous rencontrer. Vous souvenez-vous?

— Comment pourrais-je avoir oublié? répliqua-t-elle d'une voix courte.

— Bien... bien... fit-il. Je vous souhaite le bonjour.

Il toucha le bord de son chapeau et tourna les talons en espérant qu'elle allait le rappeler.

— Attendez! cria-t-elle. Ce livre...

— Oui? Ce livre?

— Eh bien, il vous appartient.

— Vraiment? Je ne me souvenais pas de vous l'avoir prêté ou donné. De quoi s'agit-il?

— Des trois *Dialogues sur l'éloquence*, de M. de Fénelon. Je suis confuse de l'avoir gardé si longtemps. Lui et quelques autres que vous avez eu la gentillesse de m'apporter. Je les ai dévorés durant ma convalescence, et je les relis. Celui que je préfère est le *Télémaque*. Quand je regarde les enfants dans leur bain je songe à la nymphe Calypso.

— Ces livres ne m'appartiennent pas. Je les avais

empruntés à la bibliothèque de feu M. de La Chaise. Vous pouvez donc les garder et les apprendre par cœur si vous en avez la patience. Je vais vous laisser à vos élèves. J'ai l'impression d'abuser de votre temps.

— Restez encore un peu ! lança-t-elle avec sa vivacité coutumière. Le temps ne me presse guère.

Elle se leva pour ramener la paix chez les petits démons qui en prenaient trop à leur aise. Ils s'assirent sur l'herbe où couraient des crabes apeurés. Il abaissa le bord de son chapeau de paille au ras des sourcils pour échapper au miroitement intense du fleuve.

— Continuez-vous, dit-il, à prier pour le salut de mon âme ?

— Je continuerai, dit-elle, jusqu'à ce que vous ayez renoncé à cette vilaine femme, cette...

— Ne vous donnez plus cette peine. Tout est terminé entre nous et pour toujours.

— Vraiment ?

— Vraiment.

Intrigué par l'intérêt que sœur Camille montrait pour sa vie sentimentale, il se demandait s'il n'entrait pas quelque peu de jalousie dans cette insistance. Jalousie... Le mot germait dans sa tête, mais il lui semblait trahir une certaine présomption. A ce jour, les sentiments qu'il vouait à sœur Camille n'avaient pas suscité en elle d'écho probant.

Elle dit d'un ton faussement détaché :

— Pourquoi ne pas songer à vous marier ? A votre âge il n'est pas sain de rester célibataire. Il existe à la colonie quelques jeunes et jolies veuves avec du bien, ou des filles de colons fortunés. Vous devriez songer à faire une fin.

Faire une fin... Il trouva l'expression sinistre : l'image d'un tombeau. Sciemment ou non elle avait entrebâillé une porte. Il s'y engouffra.

— Qui vous dit que je n'y ai pas songé ? Pour être franc je confesse que, si vous ne portiez pas cet habit, si vous étiez libre et si vous vouliez de moi, il y a longtemps que j'aurais demandé votre main.

Il s'attendait à ce qu'elle relevât vertement cette impertinence. Elle répondit d'une voix tranquille :

— Mon ami, vous rêvez... Vous avez pourtant la réputation d'un homme sérieux, posé, d'un fonctionnaire exemplaire, promis à un bel avenir, et voilà que vous me contez des fariboles. Je croyais avoir découvert en vous un homme de raison et voilà que je découvre un béjaune amoureux et désespéré ! Gilles, vous me surprenez.

Il jubila intérieurement : elle l'avait appelé par son prénom !

– Un béjaune, dit-il, merci du compliment ! C'est vrai que je suis amoureux, et vous savez mieux que personne de qui. Désespéré, certes non ! D'ailleurs, même si c'était le cas, je continuerais à vous aimer, quoi que vous en pensiez. Savez-vous ce qui me mettrait au comble du bonheur ? Ce serait de deviner en vous une petite graine de sentiment qui ne soit pas motivé par la simple reconnaissance ou par une vague amitié. Par... autre chose. J'aimerais apprendre que vous luttez contre vous-même, qu'il se déroule des conflits dans cette petite tête. Si vous résistez c'est que vous vous sentez vulnérable et si vous êtes vulnérable j'aurai la patience d'attendre l'aveu que j'espère de tout mon cœur.

Il fut traversé d'un éclair de bonheur lorsque, au terme de cet exorde, elle lui jeta en riant un baiser sur la joue.

– Êtes-vous satisfait, vilain garçon ? Et maintenant, allez-vous-en !

Au sortir d'une semaine de convalescence consécutive à une attaque de fièvre, M. de Bienville, la tête et le corps vides, considérait d'un regard morne les dossiers qui s'entassaient sur sa table de travail sans qu'il eût la volonté ni le courage de s'y attaquer. Bah ! son secrétaire s'en chargerait ou alors on laisserait aux affaires le temps de se dissoudre dans la lassitude ou l'indifférence.

Il était installé dans le fauteuil de vannerie que Princesse traînait jusqu'à la fenêtre. De cet observatoire il avait vue sur un coin de fleuve et, au-delà, sur les immenses étendues sauvages de la brousse et des bayous.

Que faisait-il là, dans cette maison, cette contrée, ce pays ? Quelles nécessités l'y maintenaient que d'autres n'auraient pu assumer ? Comme s'il ne savait pas que, la cinquantaine passée, il risquait de laisser sa santé et peut-être sa vie dans cette mission ? M. de Maurepas lui avait dit : « Il n'y a que vous qui puissiez redresser la barre et sauver la Louisiane. » Que vous... que vous... Le secrétaire d'État en avait de bonnes, qui gardait la chambre au moindre rhume ! Pourquoi avait-il accepté de partir ? Un réflexe d'orgueil ? Un sentiment de revanche ? Les deux sans doute. On ne se refait pas. Renvoyé par la petite porte, il revenait par la grande et avec un titre qui avait longtemps tourné autour de lui comme un papillon et qu'il était parvenu à prendre au filet : gouverneur.

Il lançait chaque jour, au même moment :

– Princesse, mon café, je te prie !

Elle lui servait bouillant un de ces breuvages revigorants comme on en boit dans les Iles, puis elle fermait les contrevents sur la chaleur du dehors : sans cette précaution l'atmosphère du cabinet de travail serait devenue insoutenable.

La présence de Princesse n'avait pas été le moindre plaisir de son retour. A quelques jours de son débarquement elle était revenue tout naturellement vers lui et avait repris son service sans qu'il eût à l'y convier, comme si cela allait de soi. Elle savait qu'il reviendrait. Dire pourquoi lui était impossible. Elle savait. Dans cette certitude elle avait renoncé à se réfugier avec ses petits bois-brûlés dans sa tribu. Elle voulait être là quand il serait de retour.

Il ne reverrait pas les enfants qu'elle lui avait donnés ; elle les avait conduits dans sa tribu où elle les rejoindrait plus tard, lorsque son maître... Elle n'osait penser : lorsqu'il repartira ou lorsqu'il sera mort. Il ne manifestait pas l'intention de se rapprocher d'eux : dans tous les sens du terme la distance était trop importante. On était dans un pays difficile qui ne sent pas l'eau de rose et les bons sentiments.

Parfois, mais de moins en moins souvent, il la prenait par la taille, qu'elle avait encore à la fois souple et ferme, et la pressait contre lui. C'était en général au moment de la sieste ou après le souper. Ce signe ne trompait pas : il avait envie d'elle. Se refuser à lui ? elle n'y avait jamais pensé. Elle vivait confondue à lui comme son ombre.

De tout le temps qu'avait duré la mauvaise fièvre tierce qui l'avait terrassé, elle ne l'avait pas quitté d'une heure, assistant M. Prat lorsqu'il le saignait, lui faisait avaler de la thériaque, lui frictionnait le corps avec de l'eau de la reine de Hongrie.

Il soupirait d'aise en se plongeant dans son fauteuil, avec l'ombre du gros chêne flottant sur ses genoux. Il aurait pu passer des heures à observer les mouvements de la rue et de la place, la lente procession, sur le fleuve pétillant de lumière, des canots, des pirogues et des voitures. C'était, à peu de détails près, la vue qu'il avait de sa fenêtre d'Avranches, sur l'estuaire de la Sée. Avranches... Un bel endroit pour finir ses jours. Il avait sa place à table, son fauteuil dans le jardin, un chemin pour la promenade à travers les vergers de pommiers et les prairies qui ondulaient jusqu'à la rivière. Chaque semaine il rangeait dans sa bibliothèque les livres que lui avait apportés la diligence de Paris.

C'était une sorte de bonheur, le rayon vert qui annonce la fin du jour.

– Un coup de chaud, avait conclu M. Prat. Rien de grave, monsieur le gouverneur, mais prenez garde : vous n'avez plus vingt ans et vous donnez trop de vos dernières forces. Cette expédition chez les Chickasaws, quelle imprudence ! Allons... allons... Prenez donc le temps de vivre.

Le temps de vivre ?

A peine avait-il repris pied en Louisiane que les problèmes poussaient autour de lui comme des champignons après l'orage. M. du Périer avait laissé les affaires s'accumuler et péricliter alors qu'il aurait fallu les aborder de front. Si ce pauvre homme était resté en fonction un an de plus, les Anglais seraient installés sur le Mississippi, sans que l'on pût espérer les en déloger.

Le nouveau gouverneur avait estimé que les affaires indiennes devaient être traitées en priorité.

Lorsqu'il avait appris, à Avranches, le grand massacre du fort Rosalie, il avait été frappé comme par un trait de foudre et avait pleuré de dépit et de colère. A peine débarqué, il avait recensé toutes les informations susceptibles de lui donner une idée précise de cette affaire. Opération difficile. On eût dit que les témoins se dérobaient, voulaient oublier. La Frénière avait été le seul dont il pût tirer un témoignage satisfaisant.

Il fallait en finir, balayer les miasmes que ce crime traînait derrière lui, purifier l'atmosphère entre les nations indiennes et le gouvernement de la Louisiane, fumer le calumet, faire que les colliers de guerre ne circulent plus, que l'on enterre les haches. Définitivement ? Il eût été dangereux de se bercer d'illusions.

Bienville s'en rendit compte le jour où il vit s'engouffrer dans son bureau, les vêtements en loques, un mauvais pansement au bras droit, son vieil ami du Couder, ancien commandant du fort Saint-Claude des Yazous. Avant de s'écrouler, il eut le temps de murmurer :

– Les Chickasaws... Ils nous ont surpris sur le fleuve... Un massacre... J'en ai réchappé par miracle.

Bienville apprit, lorsque du Couder eut retrouvé ses esprits, que son escorte avait été anéantie : huit hommes et quelques Indiens qui les accompagnaient. Il avait été capturé, maltraité mais avait réussi à s'évader. Il avait pu regagner La Nouvelle-Orléans à la suite d'un interminable calvaire : blessé, fiévreux, affamé. Une loque humaine.

– Nous vengerons ce nouveau crime, avait promis le gouverneur.

– Il ne faudra pas partir en chantant, avait conseillé du Couder. Nous avons affaire à des sauvages bien organisés, bien armés, par les Anglais, évidemment. Leurs villages sont fortifiés. Pour bien faire il faudrait de l'artillerie.

– Les Anglais ? Étaient-ils présents ?

Du Couder haussa les épaules. Ils n'étaient pas venus en force. Il se souvenait seulement de deux hommes qui parlaient français entre eux. Deux coureurs des bois ? Plutôt des aventuriers. Des Français ? Curieux...

Au fur et à mesure que du Couder avançait dans son récit Bienville sentit monter en lui, comme une pâte qui fermente, les vieilles ivresses des expéditions d'antan, alors qu'il ignorait la fatigue et les maladies.

– Nous allons attaquer ces bandits de Chickasaws, dit-il. Je dirigerai moi-même l'opération.

– Vous, Bienville ?

– Eh quoi ? M'en croyez-vous incapable ?

Il déploya une carte, résuma sa stratégie : on attaquerait les villages par le nord et par le sud. D'Artaguette et Tisné seraient de la partie. Ils connaissaient bien cette contrée dangereuse. Il faudrait quitter La Nouvelle-Orléans le plus tôt possible.

– A la mi-février, dit le gouverneur. Dès que nous aurons reçu de France les renforts que je demande depuis un an et qui ne sauraient tarder.

Le convoi ne toucha terre qu'à la fin du mois de février 1736. Bienville envoya un message à d'Artaguette pour lui demander de différer la date du rassemblement en vue de l'attaque. Lorsque le messager arriva, l'officier était déjà parti, accompagné d'une centaine de soldats encadrant un groupe de fidèles Indiens Illinois. D'Artaguette ne trouva personne sur le lieu du rassemblement, aux Écores de Prudhomme ; il attendit quelques jours et s'apprêtait à retourner au fort Saint-Louis pour attendre de nouvelles consignes, quand il vit arriver les Canadiens de M. de Vincennes, accompagnés d'une troupe d'Iroquois et de Miamis, et M. de Grand-pré, un autre Canadien, avec ses Arkansas.

Attendre au risque de voir les auxiliaires indiens se lasser et retourner chez eux? Attaquer et ainsi contrarier le plan d'ensemble de Bienville? On en discuta des jours et des jours. On était entré dans le printemps. Le pays s'enfonçait dans une mélasse de pluie et de brume. D'Artaguette décida de passer à l'attaque. Au premier village ennemi qu'il rencontra, sa colonne fut décimée par des tireurs dissimulés dans la forêt et il dut se retirer en pataugeant dans les fondrières.

D'Artaguette et Vincennes laissèrent leur vie dans cette attaque prématurée. Il ne restait qu'un petit groupe commandé par Tisné. Résister eût été une folie; il préféra mettre bas les armes. Alors qu'il s'entretenait avec le chef des Chickasaws il vit venir à lui un soldat blanc, de taille imposante, barbu jusqu'aux yeux, l'arme à la bretelle, qui lui dit en bon français, d'un ton gouailleur:

— Vous avez de la chance, lieutenant. Sans mon intervention vous auriez été massacrés, vous et vos hommes. Vous nous avez fait un beau numéro d'héroïsme, mais les sauvages y sont insensibles.

— Qui êtes-vous? demanda Tisné, ébahi.

— Mission secrète! dit le colosse. Mon nom ne vous dirait rien.

Il lança à un autre Blanc qui arrivait:

— Dieudonné, nous avons du beau linge. Le lieutenant...

— Tisné, commandant du fort Saint-Louis.

— Eh bien, lieutenant, dit le deuxième Blanc, vous vous êtes mis dans un mauvais pas. On dirait que tout n'a pas marché comme vous le souhaitiez. Vous êtes notre prisonnier.

— Qu'allez-vous faire des officiers et des hommes?

— Ils seront convenablement traités. Nous allons devoir quant à nous prendre congé. Nous sommes attendus en Virginie.

— Dois-je vous remercier pour cet acte de générosité auquel nous ne sommes pas habitués?

— Ne vous donnez pas cette peine. Vous n'auriez pas agi autrement à notre place, je suppose?

– Sans doute mais, auparavant, nous aurions fait en sorte d'éviter que les Indiens ne massacrent nos compatriotes... qui sont les vôtres, si je ne me trompe. Car l'Angleterre n'est pas votre patrie, n'est-ce pas ?

– Compatriotes... Patrie... Ce sont des mots que la vie nous a appris à ignorer ou à oublier. D'ailleurs, si nous avions tenté de nous interposer nous aurions nous-mêmes été massacrés, et vous ne seriez pas vivant à l'heure qu'il est. Je vous salue bien, lieutenant Tisné. *Good luck!* comme disent les Anglais.

Conduits au prochain village sous les quolibets et les coups, Tisné et ses compagnons furent jetés dans une case devant laquelle on posta un gardien armé d'un fusil. Des femmes leur apportèrent une platée de bouillie et des couvertures.

Le lendemain, un spectacle hallucinant les attendait. Les sauvages avaient accroché à des branches mortes, au milieu du camp, des dizaines de chevelures sanglantes. Des Indiens ivres morts dormaient dans la boue. Près de l'arbre aux scalps des femmes entassaient des branchages pour faire un feu.

A la fin de la matinée un groupe de sauvages se rua en hurlant dans la cabane. Ils arrachèrent leurs vêtements aux captifs et les entraînèrent vers le centre du village.

– Courage, mes amis ! lança Tisné. J'ai l'impression que ces brutes vont se distraire à nos dépens, malgré la consigne. Priez pour nous, mon père...

On attacha le « petit Tisné » à un poteau, sous l'œil horrifié de ses compagnons. Nu, il paraissait délicat et frêle comme un adolescent. Son visage tanné contrastait avec le corps d'un blanc laiteux, marqué de quelques cicatrices.

Tisné se contracta lorsque le bourreau armé d'un couteau entreprit de détacher des lambeaux de peau de sa poitrine, mais pas une plainte ne s'échappa de ses lèvres.

A La Nouvelle-Orléans, dans l'ignorance de la bataille livrée aux Chickasaws, les préparatifs de l'expédition se poursuivaient. M. de Bienville commandait, avec du Couder comme second, une troupe de cinq cents soldats, dont un important contingent de Suisses et de miliciens.

Il n'arriva aux Écores de Prudhomme qu'à la mi-mai. Quelques jours plus tard, surpris de ne pas avoir rencontré les troupes venues du nord-ouest, Bienville décida de patienter quelques jours avant de passer à l'attaque.

L'expédition fit halte à une lieue environ du premier village des Chickasaws. Estimant qu'il avait des forces suffisantes pour lancer l'offensive sans attendre les renforts, Bienville renouvela l'erreur commise précédemment par d'Artaguette ; il envoya à l'assaut une colonne qui fut décimée par le feu nourri venant des fortins et dut se replier avec des clameurs de détresse : les sauvages tiraient par des meurtrières et à partir de tranchées creusées autour du village. Cette attaque, de toute évidence, ils s'y étaient préparés.

Deuxième assaut, deuxième échec sanglant.

– Il nous faudrait de l'artillerie, dit du Couder. Avec quelques bons mortiers...

On avait dû renoncer à traîner les canons, ce qui aurait retardé encore la progression des colonnes.

Lorsque Bienville annonça qu'il allait lancer une nouvelle offensive il y eut des réticences. Des groupes d'Indiens prirent la clé des champs au milieu de la nuit. Les officiers et les hommes murmuraient.

– Je croyais avoir affaire à des soldats ! s'écria Bienville. Vous n'êtes que des polissons, des nains !

– Soyez indulgent ! protesta le lieutenant Noyan. Nous avons déjà plus de cent cadavres sur le terrain. Un troisième assaut nous serait fatal.

Le lendemain, humilié, la mort dans l'âme, Bienville ordonna le repli. Ce n'est qu'en arrivant à La Nouvelle-Orléans qu'il apprit le désastre enregistré par la première colonne et qu'il pleura ses amis disparus : d'Artaguette, Vincennes, Tisné... Cette Louisiane était décidément une dévoreuse d'hommes, un nouveau Moloch...

LIVRE TROISIÈME

(1736-1753)

LE GRAND MARQUIS

Princesse attendra un peu pour fermer la fenêtre et tirer les contrevents. La chaleur, ce matin, ne monte que lentement, pénètre par légères bouffées chargées d'odeurs végétales. Du côté de l'église s'élève une rumeur joyeuse ponctuée de coups de feu, d'éclats de voix, de tintements de cloche. Un mariage sans doute. Ils sont nombreux, ces temps-ci. Les veuves des gens de la milice tués dans la terrible guerre contre les Chickasaws ne tardent guère à trouver chaussure à leur pied : sentiments incertains, mémoire courte... La Louisiane est pareille aux forêts : des feuilles mortes pourrissent sur les racines et les ramures chantent dans le vent.

Côté port, le marché bat son plein. Sous des auvents de cannes s'alignent les éventaires proposant des fruits, des poissons, de la volaille, les légumes et les fromages de la Côte-des-Allemands, ainsi que de pleins couffins de ces écrevisses géantes dont les yeux servent à composer des médecines. Une corne annonce l'arrivée d'un navire. Peut-être une simple embarcation transportant des colons et des planteurs venus des concessions du bayou Dupont, du Détour-de-l'Anglais ou du lac Cataouache.

– Qu'est-ce encore ? bougonne le gouverneur.

Un bruit de voix devant son portail annonce des visites. Déjà...

Il se penche à la fenêtre de son cabinet, reconnaît Chauvin de La Frénière accompagné du maître de danse, Baby, qui semble revenir de sa promenade quotidienne sur la levée où on le voit passer à cheval, sa cape rouge flottant au vent. Chauvin de La Frénière... Il aime bien ce garçon : franc du collier, généreux, plein d'idées. « Il faudrait beaucoup de garçons comme lui en Louisiane... »

Gilles passe devant le portail, s'y arrête, ôte son chapeau et lance :

— Mes respects, monsieur le gouverneur. Nous aurons une belle journée.

Le quotidien. La banalité du quotidien. Tout est identique aux matins précédents et pourtant rien n'est semblable. Cette jeune Allemande qui passe d'une allure majestueuse avec un panier de giraumonts sur la tête, il ne l'aurait pas, hier, suivie de l'œil jusqu'à ce qu'elle se fonde dans la foule. Il n'aurait pas remarqué, derrière le gros chêne du jardin, ces pétales de clarté mauve que l'aube a laissés dans le ciel. Il n'aurait pas respiré cet effluve d'iris, dense comme un parfum de femme...

Son secrétaire, Régis, n'est pas encore arrivé, lui si ponctuel d'ordinaire. Lorsqu'il entre enfin dans le cabinet, le gouverneur soupire :

— Votre retard commençait à m'inquiéter. Que vous est-il arrivé ?

Régis bredouille une excuse. Y aurait-il une affaire urgente à traiter ?

— Une affaire importante, en effet : je vais vous dicter ma lettre de démission pour le roi.

Sursaut de Régis. Il tapote ses besicles sur l'ongle de son pouce, se penche vers son maître. Bienville respire sur son habit une odeur musquée : celle de son Indienne sans doute.

— Je vous demande pardon ? dit Régis.

— Vous m'avez bien entendu. Veuillez fermer cette fenêtre, je vous prie. Il commence à faire chaud. Et puis, ce bruit...

Régis obtempère puis conduit le gouverneur jusqu'à sa table de travail. M. de Bienville s'assied avec un soupir, les yeux mi-clos. Tout est en place apparemment car Princesse a reçu la consigne de ne pas déplacer les objets et les documents : la main-fétiche de Tonty, sa pipe illinoise, le gros coquillage rapporté de la Martinique, des documents et encore des documents : de quoi occuper plusieurs années de son existence.

— Cette lettre, Régis, vous allez m'aider à la rédiger. Je n'ai pas l'habitude de ce genre de missive et je crains

d'employer des termes impropres, des tournures maladroites. Et comment débuter ?
- Le plus naturellement du monde : « Majesté... »
- Non ! plutôt « Votre Grandeur ». Le roi est sensible à la flatterie. Comment, vous, Régis, présenteriez-vous votre lettre de démission ?
Une heure. Il a fallu une heure pour que la lettre, après des hésitations, des querelles, des corrections, trouve sa forme définitive.
- Je crois, dit Bienville, que cette lettre fera son effet. Relisez-la, je vous prie.
« *Votre Grandeur, si le succès avait toujours répondu à mon application aux affaires de ce Gouvernement et à mon zèle pour le service du Roi, je lui aurais volontiers consacré le reste de mes jours, mais une espèce de fatalité, attachée depuis quelque temps à traverser mes projets les mieux concertés, m'a souvent fait perdre le fruit de mes travaux et peut-être une partie de la confiance de Votre Grandeur. Je n'ai donc pas cru devoir me raidir plus longtemps contre ma mauvaise fortune* », etc.
Régis s'interrompt, ôte ses besicles, ajoute d'une voix tremblante :
- Excellence, est-ce bien décidé ? Je puis recopier cette lettre et la joindre à celle que nous envoyons demain en France par le *Neptune* ?
- Faites-le. Ma décision est irrévocable.
- Cette lettre, pardonnez-moi, Excellence, je souhaite qu'elle n'arrive jamais.

Cette décision, il se dit qu'il aurait dû la prendre plus tôt, alors qu'il avait encore quelque crédit dans la colonie et à la Cour. Il avait débarqué à La Nouvelle-Orléans, dix ans auparavant, avec des alleluia ; il en repartait avec des miserere.
Ces longues années n'avaient été qu'une suite d'échecs. Échec des guerres indiennes qui avaient sombré, campagne après campagne, dans un marécage de forfaitures et de trahisons. La dernière, menée avec les sept cents soldats que M. de Noailles avait amenés de France, avait fini dans la plus grande confusion : fausses victoires, fausses promesses, faux-semblants... On n'en aurait jamais fini avec les Indiens. Jamais fini avec les Anglais. Les Indiens défendaient leur territoire et leur vie ; les Anglais leurs intérêts. Et lui, Bienville, il défen-

dait quoi ? Il se le demandait souvent. Il avait l'impression de se battre pour la France comme on se bat pour le roi de Prusse. Et rien dans sa propre condition ne s'était amélioré : il était arrivé pauvre ; il repartait misérable.

Il avait la larme facile des vieillards, et leur manie de rabâcher. Il disait à Princesse :

– Que vas-tu devenir ? J'aimerais t'amener avec moi en France. Qu'en dis-tu ?

– Je m'y ennuierais. Et puis j'ai mes enfants. Il est temps que je revienne vers eux. Ils m'attendent.

Il lui répétait qu'elle pourrait s'installer dans sa résidence de Bel-Air, avec ses enfants (leurs enfants...) si elle le souhaitait. Elle aurait ainsi l'impression d'être toujours à son service. Ils ne seraient pas séparés tout à fait.

Il a fallu attendre des mois la réponse de Sa Majesté. Elle se répand en regrets et en louanges tombées de la plume d'un quelconque commis aux écritures : « *Père de la Louisiane...* », « *Grand serviteur de l'État...* », « *Bayard de l'Amérique...* », et tutti quanti ! Tout cela le laisse froid. De belles formules aussi légères et inutiles que des feuilles dans le vent. Des mots qui grisent comme un verre de rhum mais qu'on oublie vite.

Princesse a fait le vide dans le bureau. Bienville contemple cette coquille. Les tempêtes qui s'y sont succédé auraient pu y laisser un peu d'écume. Rien. Les tableaux et les cartes enlevés ont laissé une trace comparable aux yeux blancs des aveugles, les tapis une frange de poussière pareille à une frontière dérisoire comme celle qui sépare le monde des Français de celui des Indiens. Rien ? si... Il se baisse, ramasse dans une rainure, entre les lattes du plancher, un de ces petits coquillages qui servent à confectionner des *wampums*, des colliers de guerre ou de simples parures. Un chef indien a dû le laisser tomber là, jadis, et il a échappé à la vigilance de Princesse.

La ville rayonne dans le beau matin de mai qui a répandu au zénith un semis de petits nuages en strates régulières comme le clavier d'un piano. Jour de marché. Des Allemandes aux lourdes tresses blondes vont de maison en maison pour vendre leurs laitages et leurs fromages. Les élèves des ursulines passent en cortège, sœur Camille à leur tête. Des blancs, des noirs, des rouges. Une petite symphonie de couleurs et de races et qui chante :

> *Malbrough s'en va-t-en guerre*
> *Ne sais quand reviendra...*

« Ne sait quand reviendra... » Bienville sent une larme lui piquer les paupières. Lentement, comme on laisse tomber le rideau d'un théâtre, il referme les lourdes persiennes.

Il est temps de partir. La *Charente* l'attend. La *Charente* et M. de Vaudreuil, le nouveau gouverneur.

Comme M. de Malbrough, Bienville sait qu'il ne reviendra jamais.

Récit de Dieudonné de Beauchamp

Cette image, je ne l'oublierai jamais : un profil de femme indienne dans la lumière de la chandelle. Elle me tendait un bol de vin chaud dont la vapeur m'enveloppait d'une fumée d'encens.

Comme elle portait un nom delaware qui signifiait, autant qu'il m'en souvienne, Lune de Printemps sur la Prairie, et que ce nom était trop long et imprononçable, on l'appelait Iris.

Campbell l'avait achetée par l'intermédiaire de l'un de ses agents à une misérable tribu de pêcheurs de la côte de la Chesapeake Bay. Achetée est un euphémisme : en fait Iris avait été victime d'un de ces « raids à esclaves » qui se menaient couramment dans ces contrées, et aujourd'hui encore sans doute.

Au retour de notre expédition, Campbell m'avait dit :
— Mon ami, je regrette ce duel qui a failli vous être fatal. Car vous l'avez échappé belle. Ce Pierpont n'est qu'un prétentieux doublé d'un criminel. Il n'en est pas à sa première affaire d'honneur et vous êtes sa dixième victime. On le redoute comme la peste. J'aurais dû arrêter cette querelle tant qu'il en était temps.

Il s'assit à mon chevet, se versa, dans mon verre, du vin du Portugal dont il m'avait fait porter une bouteille.
— J'ai décidé de vous confier aux soins d'Iris. Quand vous serez guéri, vous pourrez la garder si elle vous convient. C'est mon cadeau. Elle prendra soin de votre ménage et de vos habits. J'ai choisi la plus belle et la moins sotte du lot. Je la crois docile. Si elle vous manque de respect ou néglige son service, n'hésitez pas

à la fouetter. Elles aiment ça, ces garces. Mais n'abusez pas de ce châtiment : ce serait gâter de la belle marchandise.

En fait de « belle marchandise », Campbell était un connaisseur. En dépit de son âge – la cinquantaine – et de sa santé – un podagre asthmatique –, il n'avait pas renoncé à la bagatelle. Je l'avais surpris dans son cabinet, assis à sa table de travail, avec une négrite à ses genoux.

Je savourais la peau d'Iris comme une belle étoffe que l'on prend plaisir à caresser. Elle me révélait un contact soyeux et des fragrances délicates, des moiteurs animales et des fraîcheurs liquides. Je prenais autant de plaisir à la cajoler qu'à la pénétrer ; elle éclatait de rire et se moquait de cette manie de Blanc, habituée qu'elle était aux viols qu'elle avait subis de la part des mâles de sa tribu et des maîtres blancs.

Iris n'apportait que peu de soins au ménage et à la cuisine, comme à sa toilette. J'eus du mal à la décider à ôter de ses narines et de ses oreilles arêtes de poissons et osselets et la consolai de la perte de ces joyaux en lui offrant un collier de perles et des boucles d'oreilles en argent. Elle ne perdait pas au change.

Elle décida un jour de changer de coiffure et d'adopter celle des filles de la famille Campbell, mais je l'en dissuadai, soucieux qu'elle évitât de ressembler à une coquette du Palais-Royal ou à une putain de Soho. Je la préférais avec ses cheveux plats, lisses, coupés au niveau des oreilles et de la nuque, qui dégageaient une odeur indéfinissable et troublante.

Nos échanges étaient rares et tournaient court. Après quelques mois de cohabitation elle s'exprimait dans un anglais approximatif, mêlé de termes de sa tribu dont le sens m'échappait. Comme nous n'étions pas destinés à finir nos jours ensemble je renonçai très vite à enrichir son vocabulaire. J'aurais aimé qu'elle m'instruisît des mœurs, des coutumes, des traditions de son peuple, mais c'était le moindre de ses soucis.

A l'issue d'une convalescence qui dura une bonne semaine, Iris me proposa une partie de pêche en canot.

Elle me réveilla alors que le jour venait tout juste de se lever. Je grognai et la repoussai : je m'étais couché tard, Campbell m'ayant apporté l'après-midi du jour précédent des comptes à apurer et à mettre en ordre, en me demandant de hâter ce travail. Elle insista. Je cédai : c'était, disait-elle, un bon jour pour la pêche.

Nous déjeunâmes de café et de tartines de graisse d'ours qui tenaient au corps, puis je la pris en croupe et, dans la fraîcheur de l'aube, nous gagnâmes la berge de la rivière. Au passage nous saluâmes Lachaume qui, coiffé d'un chapeau de fibres, travaillait son jardinet.

Iris avait confectionné des épuisettes avec une branche et une sorte de panier fait de lianes. Avant de monter dans la pirogue elle s'agenouilla sur la grève pour faire ses dévotions à Sirakitemak, le dieu des poissons chez les Indiens Delaware.

Nous passâmes toute la journée à pêcher à la manière des sauvages. Tandis que je tenais la pagaie elle plongeait son panier de lianes dans l'eau dès qu'elle apercevait une proie à sa portée. Sa joie, à chacune de ses prises, faisait plaisir à voir et à entendre. En jetant les poissons au fond de l'embarcation elle me les nommait. C'étaient surtout de gros silures indolents et des carpes.

Cette vie me plaisait. J'en venais à souhaiter qu'elle durât des années et que nous n'eussions pas à nous lancer, Lachaume et moi, dans de nouvelles aventures. C'était se bercer d'espérances fallacieuses.

Un jour Campbell nous convoqua dans son cabinet. Je reconnus dans l'assistance, assise autour d'un guéridon chargé de bouteilles et de boîtes de cigares, quelques planteurs des environs. Une inquiétude se fit jour en moi : Campbell allait nous remettre en piste. Je regimbais à l'avance.

Après quelques échanges sur la sécheresse qui menaçait, la vente du tabac et les nouvelles que les uns et les autres avaient reçues de Londres, Fitzhugh me lança :

— Alors, monsieur de Beauchamp, il semble que vous soyez remis de votre blessure !

— Je vais fort bien, sir, répondis-je. Je vous remercie.

— A la bonne heure ! Vous êtes donc prêts à nous aider comme vous l'avez fait dans le passé, et fort bien, vous et *monsieur* Lachaume.

Nous ne fûmes pas surpris d'entendre Wormsley ajouter :

— Nous avons décidé de vous confier une nouvelle mission. La Virginie, dans la lutte qui nous oppose aux

Louisianais, ne peut laisser les Caroliniens agir seuls. Ils nous reprochent notre indolence, notre tiédeur et, il faut bien le dire, nous méprisent un peu.

Campbell nous informa des nouvelles qu'un ancien déserteur français, recueilli par les Wormsley dans leur plantation de Portobago, avait rapportées de Mobile où on l'avait envoyé en mission.

— Les Louisianais, dit-il de sa voix grasseyante, vont lancer prochainement une opération d'envergure pour se débarrasser une nouvelle fois des Natchez. Ils ne peuvent oublier le grand massacre, et doivent en faire des cauchemars. Ils veulent de même régler leur compte à nos amis, les Chickasaws. Là, ils touchent un point sensible. Nous devons intervenir.

J'appris que des navires venus de France avaient débarqué des forces importantes. La guerre terminée en Europe, le roi Louis s'était souvenu qu'il possédait une colonie en Amérique et qu'il ne fallait pas laisser les Anglais l'envahir. Un certain comte de Noailles avait pris la mer avec une petite armée : sept cents hommes, précisa un officier.

— Avec M. de Noailles, ajouta Campbell, le vent risque de tourner et pas en notre faveur. La Caroline envoie des troupes aux Chickasaws. Nous n'allons pas être en reste. Il va falloir forcer sur les présents. Nous y veillerons.

Je participai à une discussion concernant les étoffes que l'on distribuait aux sauvages. On les gâtait ; ils devenaient exigeants. Ils boudaient la dourgue, une étoffe de mauvaise qualité ; il leur fallait du limbourg, et pas de n'importe quelle couleur : du bleu et du rouge.

— Il est bien entendu, ajouta Fitzhugh, que vous n'aurez pas à combattre mais à conseiller les sauvages, à les encadrer au besoin, et surtout à observer. Nous prierons le Seigneur pour le succès de votre mission.

Notre colonne comportait une poignée de domestiques dont Lachaume et moi n'avions accepté la présence qu'avec des réticences, persuadés qu'ils seraient plus nuisibles qu'utiles. Nous n'avions aucune confiance dans ce gibier de potence ou de galères. Dix nègres et trois Indiens Chaouanons, remarquables pisteurs, nous accompagnaient.

La neige nous surprit peu avant la traversée de

l'Ohio, la « Belle Rivière » des Louisianais, et tomba en abondance durant des jours. Nous avancions péniblement, de la boue jusqu'aux genoux, à travers des pays sinistres balayés par un vent âpre et glacé.

Un matin nous trouvâmes un servant mort de froid sous sa tente ; un autre nous faussa compagnie entre les rivières Cumberland et Tennessee, mais il ne dut pas aller très loin car des loups nous suivaient à la trace.

Les premiers Chickasaws nous firent bon accueil. Nous leur présentâmes les colliers de guerre et leur distribuâmes des présents ; ils nous remercièrent en nous faisant participer à une chaudière : ils avaient tué un ours gros et gras qui s'apprêtait à entrer en hibernation.

Nous passâmes de village en village par des pistes improbables où s'enlisait notre convoi. Dans la crainte de voir surgir d'autres colonnes de Louisianais, les sauvages avaient fortifié leurs villages. Ils ne manquaient ni d'armes ni de munitions dont nous les avions pourvus lors de notre précédente expédition.

Pas trace des Caroliniens, pas de nouvelles des Français... Nous tournions en rond, incertains de la décision à prendre : retourner en Virginie ou hiberner chez nos amis sauvages dans l'attente des événements.

Nous résolûmes d'attendre. Cela risquait de durer ; cela dura tout l'hiver. Nous passâmes cette saison d'une manière relativement agréable, claquemurés le plus souvent dans notre case, participant à des expéditions de chasse, palabrant avec les Indiens qui nous avaient pris en affection, les femmes surtout, belles, douces autant que les hommes étaient rudes, et qui ne se refusaient jamais à nous.

Je ris encore en songeant à la fureur de Lachaume lorsqu'il constata un matin qu'il « pissait du verre pilé ».

— Manquait plus que ça ! hurlait-il. Me voilà avec une vérole carabinée, la plus raide de ma vie, tonnerre de Dieu ! Quelle est la salope qui m'a refilé ce cadeau ? Je vais la saigner, la couper en morceaux !

Il se soigna avec le *guaiacum* des Antilles qu'il trouva dans la pharmacie. Il guérit rapidement mais dut pour quelque temps nouer son aiguillette.

Je m'étais pris d'affection pour un gamin qui portait le nom de Moscholatuberee mais que nous appelions Moscho pour la facilité. On lui avait enseigné la haine des Français mais pas la manière de les combattre. Je lui appris comment manier un fusil. Un Chaouanon nous servait d'interprète.

— Cette enveloppe de papier, c'est la cartouche. Tu la déchires avec les dents, comme ça... Tu verses la poudre dans le canon, là, doucement. Tu places ensuite la balle de plomb, tu ajoutes le papier de l'enveloppe et tu tasses le tout avec la baguette. Vérifie le silex placé sur la platine. Attention! tu vises et tu tires...

Moscho apprenait vite et se montrait adroit. Bientôt il réclama un fusil; je ne pus le lui refuser. Je le regrette aujourd'hui : en se battant contre les Louisianais il a payé de sa vie sa témérité et mon inconscience.

Ç'avait été une expédition inutile. Pas de Caroliniens, pas de Français. L'observateur envoyé par Wormsley à Mobile n'avait rapporté que du vent. A notre déception s'ajoutait pour moi une lourde amertume. J'avais appris que, dans le village qui avait hérité du lieutenant de Tisné et de ses compagnons, les Chickasaws, trompant ma confiance et passant outre à la consigne que j'avais donnée, avaient torturé et tué tous les captifs.

Nous repartîmes pour la Virginie à la fin de l'hiver. Lachaume dansait la gigue; moi, j'avais le cœur en berne. Je ne pouvais oublier le regard de Tisné lorsque je lui avais annoncé que j'étais garant de sa sécurité et de celle des autres prisonniers. Pour un peu, il m'aurait serré la main. Si je n'avais pas craint d'être repéré — mais par qui, mon Dieu? — et de risquer la corde, j'aurais changé de direction et pris celle de La Nouvelle-Orléans.

Je savais qu'Iris attendait mon retour.

L'arrivée de M. le marquis de Vaudreuil avait suscité dans la colonie une ardeur nouvelle.

Ce grand seigneur semblait apporter avec lui un peu d'air du vieux pays et les manières de Versailles. Il avait occupé l'hôtel laissé vacant par son prédécesseur, mais jeté les pantoufles qu'il avait trouvées sous le bureau.

Tout était en train de changer. Le manège de la vie s'était remis à tourner autour du « Grand Marquis », comme on commençait à l'appeler, et de son épouse. Ils avaient amené avec eux une volière – certains disaient une « basse-cour » – caquetante et bariolée. Elle apportait à la ville une animation qui ne lui était pas coutumière et que tous appréciaient.

Tous, sauf Gilles Chauvin de La Frénière : il restait en marge de cette joyeuse tempête, indifférent à cette ambiance de carnaval vénitien, à la beauté des femmes, aux odeurs de poudre qui flottaient dans leur sillage, aux bruits des fêtes. Plus grave : indifférent à son travail.

– Mon ami, lui disait M. de Salmon, il faut vous secouer et vous reprendre. Cessez de bayer aux corneilles et de rêver à la lune. Vous traversez une mauvaise passe, semble-t-il. Confiez-vous donc à moi. Ne suis-je pas votre ami depuis des années ?

Salmon avait succédé avec le titre d'ordonnateur (ou d'intendant) à La Chaise. Il avait pris les rênes d'un pouvoir basé sur la justice et l'équité sans perdre de vue son agrément personnel et ce cercle d'amis avec lesquels il menait joyeuse vie.

Un soir où, en tête à tête avec Salmon, il vidait un pot

dans une taverne de la rue de Chartres, Gilles décida de franchir le pas et de confier à son ami son histoire qui était à la fois simple et compliquée. Simple et même banale : il aimait une femme ; compliquée : elle n'était pas libre.

— Je vous comprends et je compatis, dit Salmon. Elle est mariée.

— Elle est mariée, oui : avec le Seigneur.

— Vous voulez dire...

— Qu'il s'agit d'une ursuline.

— Diantre... quelle affaire !

Gilles lui raconta tout : l'ouragan, le sauvetage, ses visites chez M. Vergès, son éviction, leurs retrouvailles... Il ne pouvait l'oublier ; elle hantait ses nuits.

— Vos nuits et vos jours ! Il suffit de vous voir. On dirait que vous êtes dans l'attente d'un miracle.

— Vous avez vu juste, sauf que le miracle ne se produira pas. Cependant, elle m'aime et me l'a fait comprendre.

Elle avait résolu de ne plus le voir. Quelqu'un d'autre allait surveiller le bain des enfants. Il allait plusieurs fois par jour rôdailler rue de Chartres dans l'espoir de la voir, de lui faire un signe, un sourire. On aurait dit qu'elle se cachait.

A quelques jours de là, Salmon recevait un paquet de livres : des œuvres de Fénelon, avec une lettre de la mère Tranchepain accompagnée d'un codicille priant qu'on la communiquât à M. de Vaudreuil. Les ouvrages portaient le nom du propriétaire : M. de La Chaise.

— Mon pauvre ami, dit l'ordonnateur, j'ai dû en passer par la volonté de la mère Tranchepain. M. de Vaudreuil ne va pas tarder à vous convoquer pour vous demander raison de votre comportement. Priez le Ciel qu'il soit dans un jour favorable. Le marquis a la réputation d'un homme porté à l'indulgence mais soumis à des humeurs capricieuses.

La convocation parvint à Gilles trois jours plus tard et le ton en était d'une extrême sécheresse. Il allait sans doute essuyer un fameux orage.

Il attendit trois heures au milieu des solliciteurs qui menaient grand bruit dans le salon de patience jouxtant le cabinet du gouverneur, d'où sortaient de temps à autre des personnages portant un portefeuille sous le bras.

Midi approchait et il commençait à s'impatienter quand un huissier en grand uniforme s'écarta pour le laisser entrer.

M. de Vaudreuil était assis à sa table de travail, en train de feuilleter un document. Le cabinet avait fait peau neuve : fauteuils capitonnés, murs tapissés de gravures représentant des vues de Versailles et de tableaux de famille. Une bibliothèque qui sentait le bois de cèdre se dressait derrière la table. Entre les deux fenêtres s'étalait une longue ottomane encombrée de coussins en taffetas d'Italie. Les fenêtres étaient tendues de velours cramoisi.

– Monsieur de La Frénière, dit le gouverneur en allumant une petite pipe d'argent à la chandelle avec un sourire narquois, j'espère que la fumée ne vous gêne pas.

– Nullement, Excellence, d'autant que moi-même...

– Ce tabac est de premier choix. Je le fais venir spécialement de Virginie, car celui que produit notre colonie est tout juste bon à fumer dans les auberges.

« Curieuse introduction, songeait Gilles. Si M. de Vaudreuil m'a convoqué pour me parler du tabac je m'en tire à bon compte. »

Le gouverneur parut s'abîmer dans la contemplation d'un portrait qui devait être celui du roi. Cet homme qui avait passé de peu la quarantaine affichait une élégance désinvolte. Sous la perruque poudrée, le visage discrètement fardé accusait son âge : deux sillons de rides partant des ailes du nez glissaient vers le menton. Le regard glauque et brumeux démentait le caractère énergique des traits. Une apparence composite. « Capricieux... », avait dit Salmon.

– J'ai beaucoup entendu parler de vous, dit M. de Vaudreuil en se retournant vers son interlocuteur, et j'ai plaisir à enfin vous rencontrer. Il me semble pourtant, ou me suis-je trompé ?... Ne vous ai-je pas envoyé récemment une invitation à souper ?

– Si fait, Excellence. Je me suis excusé de ne pouvoir y répondre. J'étais souffrant.

– Vous étiez souffrant ? Tiens... tiens... Du mal d'amour, peut-être, si vous me permettez cette boutade.

Gilles sursauta. Voilà qui était entrer de plain-pied dans le vif du sujet.

– Excellence, j'ignore ce qui...

— Inutile de protester, mon ami. Je suis au courant de vos déboires sentimentaux. Tenez...

Il fouilla dans ses documents, en sortit une lettre qu'il brandit.

— La mère supérieure des ursulines a eu vent de vos manigances. Ainsi, vous tentez de détourner une de ses saintes filles de son devoir ! Sœur Camille du Saint-Esprit... Ce nom, à lui seul, aurait dû vous écarter de cette absurde entreprise. Vous n'êtes plus un innocent ! Quel démon vous a poussé ?

Il lança à son secrétaire :

— Mathieu, laissez-nous ! Allez dîner.

Le secrétaire s'étant retiré, M. de Vaudreuil se leva et pria Gilles de s'asseoir près de lui sur l'ottomane. Un comportement qui laissait favorablement présager de la suite de l'entretien. Le gouverneur tira le cordon et réclama des rafraîchissements à une servante noire.

— Je supporte mal ce climat, dit-il. Cette chaleur torride m'épuise. Pire que les étés du Canada...

La servante revint, portant un plateau garni de deux verres et d'un carafon de jus d'orange.

— Revenons à nos moutons, dit le gouverneur. Cette fille, l'aimez-vous vraiment ?

— Plus que ma vie, Excellence.

— Diantre ! voilà qui est romanesque en diable. Comment l'avez-vous connue ?

Gilles fit un nouveau récit de l'aventure, sans rien omettre.

— Sœur Camille, dit M. de Vaudreuil, êtes-vous certain qu'elle éprouve un penchant pour vous ?

— J'en mettrais ma main au feu.

— Diantre... diantre... Quelle affaire ! Je devrais satisfaire à la requête de la mère supérieure qui semble très montée contre vous, mais j'aime ces intrigues de roman ou de théâtre. Je n'ai qu'un conseil à vous donner, ou plutôt deux : renoncer à cette fille ou l'enlever.

— Pardon, Excellence ?

— Vous avez bien entendu. Êtes-vous prêt à renoncer à elle ?

— Je vous l'ai dit : plutôt mourir.

— Alors, enlevez-la ! Que diable ! quand on est dans un roman autant aller jusqu'au bout. Souvenez-vous de *Manon Lescaut*. C'est un précédent qui devrait vous inspirer. J'ai conscience que cela fera un petit scandale

663

mais il ne franchira pas les murs du couvent. La mère supérieure ne souhaite pas que cette affaire s'ébruite.

Gilles sentait dans sa tête un grand chambardement d'idées, une confusion telle qu'il en resta éberlué.

– Comment procéder ? dit-il. Lui faire avaler une drogue ? L'enfermer dans un sac après l'avoir bâillonnée, voire assommée ?

– Allez ! dit le gouverneur en posant sa main richement baguée sur le genou de son visiteur. Ne vous mettez pas martel en tête. Ayez de l'imagination, de l'audace. Si c'est nécessaire, je vous aiderai. En attendant, reprenez donc du jus d'orange...

Décidément, ce marquis de Vaudreuil était l'esprit le plus porté au romanesque qu'il eût jamais rencontré. S'il avait pris avec tant de cœur cette affaire de sentiment, c'est sans doute qu'elle l'amusait. Cette complicité tacite avec le commis de Salmon, un notable de surcroît, très apprécié au Conseil supérieur, l'enchantait. On ne faisait pas mieux à Versailles.

Au cours d'une réception, à quelques jours de là, il tira Gilles à part et lui glissa dans le creux de l'oreille :

– Alors, monsieur de La Frénière, où en êtes-vous de vos amours ?

Gilles, penaud, avoua qu'il baignait toujours dans le même marasme.

– Eh bien, moi, j'ai décidé de vous aider à faire avancer les choses, à condition que vous soyez prêt à passer à l'acte. Je suis plein de ressources en matière d'intrigue, vous savez. Nous en reparlerons...

On ne tarda pas à en reparler.

Le marquis avait recruté dans la garnison deux hommes de confiance qu'il avait amenés avec lui en Amérique. De ces spadassins qui savent mettre, à condition de leur graisser convenablement la patte, leur conscience sous le boisseau.

– J'ai pleine confiance en eux, dit le marquis. Ils sont audacieux et futés. Des Canadiens. Ils vont élaborer un traquenard pour vous livrer la belle, pour ainsi dire à domicile. Restera à vous faire oublier quelque temps : mettons trois ou quatre mois. J'ai de bons rapports d'amitié avec un autre Canadien qui demeure sur le bayou de la Fourche. Il est convenu qu'il vous hébergera le temps de votre lune de miel. Vous aurez tout loisir de savoir si vous êtes faits l'un pour l'autre, ce dont je ne doute pas.

Il ajouta :
- Il va sans dire que cette affaire doit rester entre nous. Si quelque traverse intervenait, vous en subiriez les conséquences sans que je puisse en aucune manière être impliqué dans cette affaire. Donnez-moi votre parole.
- Je vous la donne de grand cœur, Excellence.

A plusieurs reprises, sous des prétextes divers, plus ou moins fallacieux, Lafleur et Belle-Humeur se rendirent au couvent. Une fois pour s'assurer de l'apparence de sœur Camille. Une autre pour reconnaître les lieux. Une dernière pour étudier les habitudes de leur future victime.

C'est ainsi qu'ils apprirent que la petite ursuline était chargée, chaque soir, après la dernière messe, d'aller enlever les fleurs fanées de la chapelle, renouveler les chandelles sur les râteliers et balayer la nef.

Au jour et à l'heure convenus ils pénétrèrent dans le sanctuaire par la sacristie, bâillonnèrent la religieuse, lui lièrent les mains dans le dos pour empêcher sa résistance, s'en retournèrent vers la voiture qui les attendait derrière le couvent et l'y jetèrent.

L'équipage roula une demi-heure environ en direction des Fourches de Chetimachas. Gilles l'attendait avec son cheval dans le crépuscule, plus mort que vif. Comment Camille allait-elle prendre ce coup de force ? Était-il certain de n'avoir pas préjugé de ses sentiments à elle ? Il ruminait ses doutes. Il s'attendait au pire.

- Voici votre paquet, dit Lafleur.
- Bien emballé et intact, ajouta Belle-Humeur.

Gilles leur donna une somme généreuse avant de les congédier. Lorsque la voiture eut pris le large, il défit les liens, le bâillon, persuadé qu'il allait être accablé d'un flot d'invectives. Elle dit simplement, d'une voix âpre :
- Vous êtes fou ! Complètement fou ! Vous allez me reconduire au couvent avant qu'on se soit aperçu de ma disparition.

Il bredouilla.
- Pardonnez-moi. Je ne pouvais plus vivre sans vous. J'ai même songé à me donner la mort. Je vous aime et vous m'aimez. Nous allons vivre ensemble.
- Moi, vous aimer ? Quelle présomption ! Qu'est-ce

qui a pu vous mettre cette idée en tête. Dites-vous bien que j'appartiens au Seigneur. Allons ! ramenez-moi.

– Trop tard. Il fait déjà nuit. Rassurez-vous, nous ne dormirons pas à la belle étoile. J'ai tout prévu.

Il lui montra la cabane de branches et de cannes qu'il avait édifiée à la mode indienne en attendant son arrivée. Il y jeta les couvertures qu'il avait emportées. Par bonheur, la température de ce mois de mai était douce.

– Nous allons manger, dit-il. Et ensuite dormir. Nous sommes las tous les deux. Demain, nous aurons un long chemin à parcourir. Nous nous installerons au bayou de la Fourche, chez des amis canadiens qui nous hébergeront. Ce serait mal me connaître que de croire à une improvisation de ma part. Tout est prévu pour protéger notre amour.

Elle pouffa :

– Notre amour... C'est risible !

Après qu'ils eurent soupé il joignit sa main à celle de Camille par une corde, sous le prétexte qu'en tentant de lui échapper elle risquerait de s'égarer.

La demeure de maître Colas se dressait sur une éminence surplombant de quelques toises le bayou de la Fourche. Un verger de pommiers et de pruniers bien entretenu entourait la maison ; au-delà s'étendaient une rizière et un champ de tabac. Le Canadien vivait là avec sa femme, Amélie, leurs trois enfants, un petit monde de nègres qu'il traitait en bon père de famille. Le village de la Côte-des-Allemands se situait non loin de là.

Maître Colas était un homme à forte carrure et à grosse moustache, qui sentait la sueur et le tabac. Sa femme était quasi muette : une Algonquine ronde et toujours pressée.

– Je connais bien le marquis de Vaudreuil, dit maître Colas. Il s'appelle en réalité Cavagnal. Dans le temps, nous avons fait le coup de feu ensemble contre les Iroquois. J'étais dans la milice et lui dans la troupe. Nous étions liés d'amitié et nous avons baisé plus d'Indiennes que vous dans toute votre existence. Ça crée des liens, ce qui fait que je n'ai rien à lui refuser. Restez aussi longtemps que vous le souhaitez. Si vous voulez me donner un petit coup de main pour le riz et le tabac, ça ne sera pas de refus.

Il ajouta, en posant sa lourde patte de colon sur l'épaule de Gilles :

— Pour ce qui est de la demoiselle, j'ai des consignes : bien la traiter, veiller à ce qu'elle ne nous file pas entre les pattes et ne jamais parler de celui qui nous en fait cadeau. Motus et bouche cousue.

Camille ne fut pas difficile à apprivoiser. Les premiers jours, elle refusa de sortir de sa chambre, de manger à la table commune, de revêtir une autre tenue que la sienne.
— Pas un caractère facile, votre ursuline... disait maître Colas. Si vous parvenez à l'apprivoiser, je vous offre un merle blanc.
— Question de temps.
— Vous ne craignez pas qu'elle file à l'anglaise ?
— Elle sait qu'elle ne retrouverait pas son chemin.
Un matin, pourtant, Amélie découvrit la chambre vide. Camille avait sauté par la fenêtre que l'on avait oublié de barrer du dehors et, comme elle se situait sous les combles, elle avait atterri sur un tas de fanes de pois qui avait amorti sa chute. Toute la maisonnée, y compris le chien et quelques nègres, fut mobilisée pour la retrouver. Elle n'avait pas dû aller loin car la plantation était entourée de toutes parts d'un dédale de marécages et de bayous à cyprières.
C'est un nègre qui la ramena, plus morte que vive.
— Vous avez de la chance, dit maître Colas, d'en être réchappée. Ça pullule d'alligators, de crotales, et je ne parle pas des Sabines...
Elle se jeta dans les bras de Gilles, fondit en larmes, gémissant entre deux sanglots :
— Je vous déteste !
— Je le sais, mais si vous m'aimez un petit peu, trois fois rien, ça me suffira. Surtout ne recommencez pas...
Dès lors elle mena une vie normale. Elle aidait Amélie aux soins du ménage et de la cuisine, veillant sur les enfants, soucieuse de leur apprendre à lire et à écrire. Gilles aidait le commandeur, un vieux Congolais aux cheveux blancs, somnolent, qui ne se servait de son fouet que pour chasser les mouches; maître Colas n'en ayant ni le temps ni le goût, il lui tenait ses livres.

Gilles... Camille... un couple singulier. Après des débuts difficiles, ils semblaient désireux de rester au bayou de la Fourche jusqu'à la fin de leurs jours. Elle couchait dans le grenier, entre un tas de haricots et des alignements d'oignons et de pommes; il dormait dans la chambre des enfants. Elle allait chaque matin faire sa toilette dans une anse du bayou; Gilles ne s'y rendait que lorsqu'elle était revenue.

Ce comportement ne laissait pas d'intriguer maître Colas.

– Dites, monsieur Gilles, elle va durer longtemps cette petite comédie que vous nous jouez? Notez bien : ça ne me regarde pas mais, entre nous, qu'est-ce que vous comptez en faire de cette fille? Vous ne la touchez pas, vous ne lui adressez pas la parole trois fois par jour. En revanche, vous ne la quittez pas des yeux. C'est pourtant une jolie drôlesse. En fait de lune de miel, ça n'est pas très réussi.

– Je refuse de la brusquer, dit Gilles. Il faut qu'elle vienne d'elle-même à moi. Ce jour-là je serai l'homme le plus heureux du monde. Nous n'en sommes pas là, mais il y a du progrès.

Maître Colas se disait que, lorsque leurs rapports seraient devenus normaux, il faudrait songer à les loger convenablement. En prévision de cet heureux événement ils édifièrent avec le concours des nègres une cabane toute simple, avec le nécessaire cependant, sur un petit bout de prairie, derrière le verger. Elle était faite de rondins recouverts de terre extraite de la berge du bayou et mêlée à des herbes. Son plancher fut surélevé pour la protéger de l'humidité. A défaut de vitres, de la mousseline qui laissait entrer le jour mais pas les insectes. Les nègres fabriquèrent quelques meubles rudimentaires.

Le nid était prêt; restait à y loger les tourtereaux.

Un matin Gilles prit Camille par la main et lui dit :

– Suivez-moi. J'ai une surprise pour vous.

Elle le suivit sans broncher, acceptant qu'il lui prît la main. Quand ils eurent parcouru une centaine de toises...

– Votre maison, dit-il.

– Ma maison... Vous savez bien qu'elle n'est pas là.

Elle entra néanmoins, s'assit sur un banc, s'accouda à la table de chêne, jeta un regard distrait au lit fait d'un cadre de bois, au foyer, simple dalle d'argile surmontée de trois pierres au milieu desquelles Gilles avait déposé quelques branchettes. Le bouquet de balsamines et d'éphémères de Virginie cueillies le matin embaumait.

Il dit maladroitement :
— J'ai prévu un lit pour deux, mais, si vous préférez...
Elle éclata de rire.
— Il ne suffit pas de construire un nid pour prendre l'oiseau. Mon pauvre ami, vous vous êtes donné beaucoup de mal pour rien. Montrez-moi vos mains.

Il les lui tendit : elles étaient craquelées et saignantes, car il n'avait fini qu'au petit matin de poser les dernières marches de la galerie. Elle les porta à ses lèvres.

— J'ai mis tout mon amour dans cette maison, dit-il. Si vous refusez de m'y rejoindre je ne vous en tiendrai pas rigueur. De toute manière, elle est déjà marquée par votre présence. Mais si vous le voulez vraiment je consentirai à vous ramener au bercail.

— Impossible, dit-elle. C'est trop tard. Jamais la mère supérieure n'acceptera de reprendre une fille « souillée par le siècle », comme elle dit. D'ailleurs, à tout prendre, je ne suis pas malheureuse ici.

— Au moins puis-je espérer que nous formerons un jour un vrai couple ? J'aimerais avoir un enfant de vous. J'ai suffisamment d'argent de côté pour acquérir quelques arpents sur les terres voisines. Nous pourrions y faire du riz, du tabac, élever des volailles et des porcs qui se vendent bien à La Nouvelle-Orléans. Vous, une fille de paysan et moi, un fils de meunier, nous tirerions sûrement notre épingle du jeu...

Il fut au comble du bonheur lorsqu'il l'entendit déclarer :

— Pourquoi pas de l'indigo ? Celui que produisent nos colons fait prime sur le marché français.

— Eh bien, si c'est votre idée, nous ferons de l'indigo. C'est une production qui m'est familière. Je dirigeais jadis le moulin de M. de La Chaise, à la Mobilière. Il nous faudra quelques nègres mais nous les trouverons.

Elle ne lui résista pas lorsque, en se levant, il la prit contre lui et enfouit sa tête dans son épaule. Elle se libéra de quelques larmes ; il les essuya du bout des lèvres.

— Je vous ai détesté, dit-elle, mais il faut me comprendre. Vous avez usé de la manière forte pour vaincre mes réticences et j'ai été longue à vous pardonner. Quoi que vous en pensiez, je vous aime moi aussi, mais j'ai dû lutter pour partager cet amour avec la foi que je voue au Seigneur. Vous avez été patient et j'ai cédé. C'était pour vous la meilleure méthode. Vous auriez tenté de me forcer, je me serais évadée ou me serais donné la mort.

– Ce soir, dit-il, je vous attendrai. Viendrez-vous?
– Je viendrai, dit-elle.

Ils empruntaient un des petits canots indiens très maniables que maître Colas utilisait pour la pêche, et s'enfonçaient dans le dédale du bayou.

Chaque fois, c'était la même sensation de mystère qui leur serrait le cœur. Ils pénétraient lentement dans les allées de cette cathédrale profonde et vivante. Il pagayait sans effort et sans bruit pour ne pas déranger la quiétude des eaux mortes dont seuls le plongeon des grenouilles, la traversée d'un reptile ou d'un ragondin, la chute d'une feuille morte troublaient l'immobilité lustrale.

Camouflés en souches les alligators somnolaient entre les genoux des cyprès. Des têtes de serpents verts, dont le corps disparaissait dans les ramures, pointaient au-dessus des lentilles d'eau.

Durant l'été, alors que les grandes chaleurs transformaient le pays en étuve, que les orages succédaient aux orages, ils se rendaient dans une anse du bayou, exempte de reptiles et d'alligators, à quelques toises d'une colonie de loutres qui les observaient sans crainte et semblaient même se divertir de leur présence.

Ils ôtaient leurs vêtements, les accrochaient aux branches, entre les draperies de mousse espagnole, pour éviter que des serpents ne viennent s'y cacher. Ils se baignaient nus entre le sable de la berge et la lisière des lentilles d'eau, des nénuphars, des sénéçons. L'eau était si transparente, malgré le tanin qui s'y mêlait, qu'ils pouvaient, plongés jusqu'à la poitrine, voir leurs pieds. Encore humides de leur bain ils s'allongeaient dans l'herbe de la rive et faisaient l'amour.

Un matin ils furent interrompus dans leurs ébats par un bruit de voix. Ils se jetèrent derrière un buisson. Un canot passa lentement à quelques brasses d'eux.

– Des Sabines, souffla Gilles. De drôles de phénomènes. Il vaut mieux ne pas avoir affaire à eux.

Les vastes espaces désertiques, au nord-ouest du delta et dans les parages du lac Barataria, semé d'une multitude d'îles, servaient de repaire à de petites communautés qui vivaient en marge de la société et de la légalité. On avait renoncé à les traquer, car une expédition dans le labyrinthe des bayous, des marais et des étangs, eût été vouée à l'échec. Les Sabines étaient insaisissables.

Gilles expliqua à Camille que ces petites colonies clandestines se composaient d'Indiens, de nègres marrons, de déserteurs blancs.

– Des brigands pour la plupart. Pas seulement des voleurs de poules, de véritables criminels. Mieux vaut ne pas chercher à les approcher.

Un jour qu'ils se préparaient pour le bain, elle lui annonça qu'elle attendait un enfant. Il se leva comme si un crotale l'avait mordu au talon.

– En es-tu certaine ?
– Sans aucun doute. Je suis enceinte de trois mois.

Il dansa une calenda endiablée en hurlant de joie comme un nègre ivre, la prit dans ses bras, la souleva de terre, l'entraîna dans un tourbillon.

– Arrête ! lui cria-t-elle à l'oreille. Quelqu'un nous observe. Regarde ! Là-bas, derrière le palmier sabal...
– Un cerf à queue blanche. Peut-être un ours...
– Un ours qui porte un fusil ! Et si c'était un Sabine ?
– Il se délectait. Pas de quoi en faire une histoire. Rhabillons-nous et partons.

Elle en fit toute une histoire. Plus question de venir se donner en spectacle à ces misérables ! Il en convint et décida de chercher un autre endroit pour leurs bains. Il n'en manquait pas. Renoncer à ces baignades quotidiennes lui était difficile.

Ils reprirent leurs lentes errances à travers le bayou, jouant à se perdre, découvrant des édens en miniature grouillant de vie animale et végétale, baignant dans des odeurs sirupeuses. Elle fermait les yeux, murmurait :

– Gilles... Gilles Chauvin, je suis ta femme et je t'aime.

L'automne venu ils cessèrent leurs randonnées et leurs bains. Le nouvel ouragan qui s'était abattu sur le pays avait à moitié arraché le toit de leur cabane, une partie de la galerie et dévasté les champs de tabac. Lorsqu'il se fut retiré ils découvrirent avec consternation autour de leur logis des cadavres d'oiseaux fracassés et une multitude de serpents qui semblaient avoir cherché refuge auprès des humains.

Il fallait reconstruire. Gilles se mit à la tâche le jour même.

Un matin de la mi-octobre, Camille descendit faire sa toilette à la rivière, comme chaque jour, et ne revint pas.

Toute la maisonnée, tous les nègres, partirent à sa recherche. On ne retrouva d'elle que sa coiffe abandonnée sur la berge et des traces dans l'herbe, comme d'une lutte. Durant deux jours on sonda le bayou sans succès ; si elle s'y était noyée on aurait retrouvé son corps, le courant étant infime et ce bras d'eau encombré d'un écheveau de branches mortes où somnolaient des chapelets de tortues.

– Les Sabines ! s'écria Gilles. Ce sont eux qui ont fait le coup. Je vais leur faire une petite visite.

Il partit avec les fils aînés de maître Colas, quelques nègres, des fusils et pour guide un Indien Ouma qui connaissait le pays comme sa poche. Il fallut une pleine journée pour atteindre les limites du territoire interdit et apercevoir le premier village. Un village, c'est beaucoup dire : quelques dizaines de huttes de cannes rassemblées au milieu de la mangrove, des odeurs de poisson gâté et de viande avariée, quelques nègres, des Indiennes, un Blanc qui posait au chef et arborait la barbe jusqu'à la ceinture. Tous pratiquement nus, sauf le Blanc qui portait un pantalon. Et un fusil. Il mit en joue ses visiteurs inattendus en criant :

– Un pas de plus et je tire !

– Tu aurais tort, répliqua Gilles. Nous sommes en mesure de répondre feu pour feu. Aurais-tu vu une jeune femme blanche avec un gros ventre et des cheveux courts ?

– Qu'est-ce qu'elle serait venue fiche ici ?

– Si tu la retrouves, ramène-la chez maître Colas, au bayou de la Fourche. Il y aura une récompense.

Le barbu cracha à terre et, avec son fusil, leur fit signe de prendre le large.

– Ta récompense, tu peux te la foutre au cul. Qu'est-ce que tu veux que j'en fasse, de tes picaillons ?

L'Indien les guida d'un village à l'autre. Partout, même réponse. À croire que Camille s'était envolée. On poussa jusque sur la berge du lac Barataria qui, au-delà d'un chapelet d'îles plates et marécageuses, ouvrait sur le golfe du Mexique. Personne n'avait vu la femme blanche. Dans un campement de pêcheurs, non loin de la côte, un Indien décharné dit à Gilles :

— Il y avait bien une femme blanche dans les parages, mais elle était difficile à trouver. Elle vivait avec des déserteurs espagnols. On l'appelait la Desnuda. On la voit encore de temps en temps. Elle a des ailes comme les chauves-souris et s'accroche aux nuages.

Après une quinzaine de jours de cette quête inlassable, Gilles estima qu'il était inutile de chercher plus longtemps. Il ne pouvait pourtant se résigner à l'inacceptable. Une colère froide se mêlait au sentiment de fatalité qui l'accablait : au cours de cette recherche, il avait failli se colleter avec des misérables qui se moquaient de lui et ricanaient : « Tout ce tintouin pour une femme ! Prends donc une négresse ou une Indienne pour la remplacer ! »

Il dit à maître Colas :

— Je vais rester quelque temps avec vous. Peut-être la promesse d'une récompense fera-t-elle réfléchir les brigands qui l'ont enlevée.

— N'y comptez pas trop. Pour les Sabines une femme blanche vaut tout l'or du monde. Pardonnez ma franchise : vous ne la retrouverez jamais.

Gilles resta une quinzaine de plus à se morfondre dans l'attente d'un message auquel il ne croyait plus. Il était incapable d'accomplir quelque ouvrage que ce soit. Alors qu'il avait l'outil à la main, il le lâchait soudain et se dirigeait d'un pas d'automate vers l'endroit de la berge où Camille avait disparu. On avait craint pour sa santé ; on redouta qu'il ne perdît la raison.

Un matin, alors que le pays sombrait lentement dans les pluies d'automne, il sella son cheval et fit ses adieux à la famille. Amélie y alla de sa larme et maître Colas d'un petit coup d'émotion qui faisait trembler sa moustache.

— Si l'on vous cherche des ennuis à votre retour, vous connaissez le chemin du bayou de la Fourche. Vous serez toujours le bienvenu chez nous.

— Vous êtes de braves gens, dit Gilles. Je ne vous oublierai jamais.

Par précaution, afin qu'on ne le reconnût pas, Gilles s'était laissé pousser la barbe et la moustache en prévision de son retour à La Nouvelle-Orléans. Il portait des défroques indiennes et un chapeau de feutre à large bord qui lui dissimulait le haut du visage.

Il retrouva avec une sorte de griserie l'ambiance de la ville que l'arrivée du « grand marquis » et de sa cour avait ranimée. Il vit avec surprise passer des calèches, des colporteurs crier l'almanach et même un joueur d'orgue de Barbarie en train de moudre des airs du vieux pays. Quelques élégantes abritées sous leurs ombrelles papotaient devant l'hôtel du gouverneur et l'un des magasins de M. de Pradelle.

Première visite pour Gilles : M. de Salmon.

– Vous, enfin ! s'écria l'ordonnateur. J'ai bien cru que nous ne vous reverrions jamais.

Il demanda à son secrétaire de les laisser seuls.

– Où en êtes-vous de vos amours ? dit-il.

Gilles déposa un paquet de vêtements sur un fauteuil.

– Mes amours, dit-il avec un triste sourire. Voilà tout ce qui m'en reste. Ma compagne a été enlevée, par les Sabines je suppose, alors qu'elle faisait sa toilette sur le bayou. Elle aura été enlevée deux fois dans sa brève existence. Le dernier enlèvement s'est mal terminé.

– Vous pouvez vous confier à moi, dit Salmon. Ne suis-je pas votre ami ? D'accord avec M. de Vaudreuil, j'ai raconté aux membres du Conseil qui s'étonnaient de ne plus vous voir assister à nos séances que vous étiez parti d'urgence en mission à Saint-Domingue et que la date de votre retour était incertaine.

Il ajouta, après que Gilles lui eut conté en détail les événements qui avaient motivé son retour :

– Allez donc faire un brin de toilette et vous reposer. Vous pourrez reprendre votre travail quand vous le souhaiterez et le plus tôt sera le mieux car nous avons du pain sur la planche.

Le surlendemain, propre comme un fusil, Gilles se présentait au bureau de l'ordonnateur.

Une pile de mémoires et de comptes l'attendait, avec quelques gazettes de France qu'il feuilleta avant de reprendre son travail. Il apprit que la guerre était sur le point de reprendre entre la France et l'Angleterre, qu'une maladie nouvelle baptisée grippe faisait des ravages dans la capitale, que le roi était tombé malade dans le Nord alors qu'il livrait aux Hollandais une « guerre en dentelles », et que toute la France priait pour la guérison du Bien-Aimé...

– Vous allez trouver du changement dans cette ville, lui dit Salmon. J'ai moi-même du mal à suivre le train. Tout bouge, et trop vite. Vous m'aiderez à faire face.

Il ajouta :

– Vous me manquiez.

La Nouvelle-Orléans semblait prise d'une frénésie de construction. Pas seulement pour réparer les dégâts de l'ouragan qui avait précédé de peu l'arrivée du marquis : le moindre espace vacant devenait un chantier ; il fallait loger dans du neuf les courtisans du gouverneur et de son épouse. Des navires arrivaient de France avec des cargaisons de produits de luxe et toute une faune de femme galantes et de gentilshommes d'aventure dont la fatuité n'avait d'égale que leur parfaite inutilité.

– Monsieur le marquis, s'écriait Salmon, a la folie des grandeurs ! Il veut recréer Versailles à La Nouvelle-Orléans...

Durant son séjour en France, au retour du Canada, il allait de fantaisie en folie et tous ses revenus passaient dans ses caprices. Il faisait des dettes ? Bah ! il n'était pas le seul. Il affichait un luxe insolent qui, ajouté à son entregent, à son esprit et à sa générosité faisait oublier le vide de son coffre ? Cela faisait marcher le commerce...

— Vous pensez bien, disait Salmon, que ce ne sont pas ses qualités qui l'ont fait nommer à ce poste qui exige des compétences dont il est dépourvu. Il importunait tellement Sa Majesté qu'elle a fini, pour s'en débarrasser, par l'envoyer dans cette colonie.
— Comme M. de Cadillac jadis!
— Exactement. Sauf que Cadillac était un matamore doublé d'un sot.

Jusqu'où irait ce train d'enfer? Quand s'arrêterait ce grand chambardement qui mettait tout cul par-dessus tête? Subsistait-il dans l'esprit du marquis une once de raison susceptible de freiner sa démence? Comprendrait-il que l'on ne peut indéfiniment vivre au-dessus de ses moyens?

L'argent était devenu abondant, alors que la colonie, peu de temps avant, manquait de numéraire et vivait au bord de la disette. Comme au temps de John Law et de sa Compagnie, on voyait débarquer des gentilshommes venus engager leur fortune dans des opérations commerciales plus ou moins frauduleuses, acheter les produits de la colonie, une concession, et surtout faire flamber leur argent. Les tentations se multipliaient: tavernes, tripots, bordels s'affichaient en nombre imposant.

— Babylone! tonnait en chaire le père Beaubois.

Il aurait pu ajouter: « Sodome et Gomorrhe », tant la dépravation des mœurs était devenue générale. La colonie vivait sur un grand pied; il n'y avait guère que les esprits vertueux pour s'en offusquer. Et ils ne couraient pas les rues.

— Il est temps, dit l'ordonnateur, d'aller annoncer votre retour au marquis. Il va être surpris de vous revoir.

Surpris? C'était peu dire.

— Monsieur de La Frénière! s'écria Vaudreuil. Je ne m'attendais pas à vous revoir de sitôt. Qu'avez-vous fait de votre belle amie?
— Disparue, Excellence.
— Comment cela? Je ne suis pas trop pressé ce matin. Racontez-moi ce qui vous est arrivé.

Quand Gilles eut terminé le récit de son odyssée, M. de Vaudreuil se renversa dans son fauteuil et soupira:

— Toute cette intrigue pour en arriver là! Au moins pouvez-vous garder un espoir. Elle peut vous revenir...

– Les Sabines ne rendent jamais leurs victimes, Excellence.
– Quoi qu'il en soit, il vous faut songer à présent, pour ainsi dire, à rentrer dans le siècle. Je vous y aiderai. Ne craignez pas que l'on vous cherche querelle pour cette affaire d'enlèvement : j'ai fait le nécessaire. Au moment où cet incident s'est produit, vous veniez de partir pour une mission à Saint-Domingue. Vous voilà donc blanchi.

Il alluma sa petite pipe d'argent à la chandelle.
– Cette malheureuse enfant... dit-il. Au moins, avant de disparaître, aura-t-elle connu l'amour. Qu'a-t-elle pu devenir ?

Avant de donner congé à son visiteur, il l'invita à un souper pour le lendemain : on y fêterait le capitaine et les officiers de la frégate l'*Éléphant*, qui venaient de livrer à Mme de Vaudreuil le premier piano de la colonie et un carrosse.

Gilles brûla dans sa cheminée les défroques de Camille. Il regarda se consumer lentement ce reliquat de sa passion. A la réflexion il conserva le chapelet et la croix de bois qu'elle portait sur elle le jour de son premier enlèvement.

Le hasard le fit à diverses reprises croiser le chemin de Mme de Pradelle.

La belle Alexandrine avait gagné en élégance ce qu'elle avait perdu en beauté. Il l'avait connue rayonnante ; elle ne dispensait plus autour d'elle qu'une séduction qui sentait l'artifice. Il avait apprécié sa vivacité, son esprit de repartie ; il retrouvait une matrone à la démarche majestueuse et à la conversation conventionnelle.

On lui prêtait encore des amants, mais ils ne faisaient pas long feu dans sa couche. Petits officiers ambitieux, notables récemment débarqués, commis de magasin ne lui faisaient leur cour que dans l'intention de se pousser dans le monde ou de bénéficier de son hospitalité. Comme elle n'était pas de ces créatures dont on dit qu'elles ont les mains percées, elle ne tardait pas à les éconduire.

Il eut l'occasion de s'entretenir avec elle quelques semaines après son retour du bayou de La Fourche, lors de la réception donnée par le marquis pour célébrer l'arrivée en Louisiane d'un riche négociant.

On avait placé Gilles à côté de Mme de Pradelle, sans qu'apparemment cela fût concerté. Il en conçut du déplaisir et elle, en apparence du moins, de la satisfaction.

— Cher monsieur de La Frénière, dit-elle, cela fait une éternité que je n'ai pas eu le plaisir de vous rencontrer. J'ai appris ce voyage à Saint-Domingue. Est-il vrai que cette colonie vit dans la hantise d'un soulèvement général des nègres ?

Il étala quelques généralités puisées dans le récit de voyage d'un religieux, le père Labat, que lui avait prêté le gouverneur afin de lui éviter des bévues. Les nègres, c'est vrai, en prenaient à leur aise. La montagne était pleine de ces rebelles. On en cueillait quelques-uns, parfois : on les pendait après quelques petits *tourments*.

— Quelle horreur ! s'écria-t-elle. Ces nègres sont des monstres. S'il ne tenait qu'à moi on les renverrait tous dans leur pays de sauvages...

Gilles répliqua :

— Ce n'est sûrement pas l'avis de votre époux. Si l'on renvoie les Noirs en Afrique il ne vous restera plus qu'à faire vos bagages et à retourner en France. C'est pour une grande part la « négraille », comme on dit, qui a fait votre fortune.

Elle murmura avec un regard qui démentait ses propos :

— Méchant garçon...

Il n'avait pas tardé à comprendre que la belle Alexandrine ne l'avait pas oublié. Un escarpin se promenait sur ses mollets, une main lui frôlait délicatement le genou, une cuisse tiède pressait la sienne. Par courtoisie, il n'osa se dérober à ces attouchements aussi discrets qu'éloquents. Elle lui dit dans un souffle, en s'abritant derrière sa serviette :

— Il faudra revenir me voir. En tout bien tout honneur, naturellement.

— Naturellement...

Elle avait ses jours pour les réceptions, comme naguère : le vendredi. Son mari, qui ne s'intéressait qu'à ses affaires, s'y ennuyait ferme ; elle s'y épanouissait. La bonne société de La Nouvelle-Orléans s'y retrouvait volontiers, d'autant que son maître queux, Reynaud, faisait des prodiges et que l'on y buvait les meilleurs vins de France.

— Je compte sur vous, dit-elle. Vendredi. N'oubliez pas.

A contrecœur il accepta.

Lorsque Zulma eut ouvert la porte à M. de La Frénière, la maîtresse de maison s'écria en écartant son éventail :

— Voilà notre grand voyageur ! Quelle élégance ! Quelle prestance ! Et cette petite barbe vous va à ravir...

Elle le précéda au salon où l'on avait commencé à fumer et à boire avant de passer à table. De la salle à manger venait un bruit de vaisselle et de couverts : des petites élèves des ursulines, devenues grandes, dressaient la table.

— J'en étais à la leçon d'éventail, dit Mme de Pradelle. Jeanne-Henriette, reprenons...

Elle s'assit sur le sofa auprès d'une adolescente un peu godiche : cheveux raides, visage étroit. Comment avait-il pu supposer qu'elle pût être sa fille ? Elle était le vivant portrait du chevalier de Pradelle qui n'avait pas l'apparence d'un Narcisse.

— Cela semble vous surprendre, dit-elle à ses premiers invités, mais sachez que l'on peut tout exprimer de ses sentiments avec un éventail. Mes leçons seront utiles à cette chère enfant le jour où un galant lui fera la cour. N'est-ce pas, ma toute belle ?

Gilles en apprit beaucoup ce soir-là sur l'éventail et l'art de s'en servir. Largement ouvert devant le visage, au ras des yeux, il exprimait une invite teintée de promesses et de mystère. Animé de gestes nerveux il signifiait l'irritation, l'impatience. Manié à petits gestes secs, visage découvert, il manifestait l'intérêt pour une conversation, avec des nuances subtiles. Replié nerveusement, avec un petit coup sur les cuisses, il dénotait la colère. En revanche, il trahissait des sentiments énamourés lorsque la dame ou la demoiselle le balançait lentement comme les palmes du sabal dans le vent. Placé, replié, sur l'épaule du cavalier il pouvait traduire une invite amoureuse.

Gilles retrouvait avec une sourde émotion l'odeur trouble qui émanait de cette demeure, le canapé, témoin de leurs premiers assauts, les grands bouquets de colapagons, de balsamines, de magnolias qui se dressaient dans des vases de Chine, le guéridon encombré de bouteilles et de boîtes de cigares, les jeux de cartes et les dés sur la commode...

Durant le souper il eut à subir l'assaut des questions de M. de Pradelle. Le chevalier voulait tout savoir de Saint-Domingue, de la vie des planteurs, du montant de leurs biens et de leur fortune, du cours du sucre, du bétail et des esclaves. Gilles se libéra de cet interrogatoire par une pirouette : il avait gardé la chambre plusieurs semaines à la suite d'une attaque de fièvre tierce.

La conversation ne tarda pas à dériver vers la main-d'œuvre noire. Chacun de ces petits potentats avait son idée sur la question.

Pour M. de Pradelle, colons et planteurs de Saint-Domingue payaient le prix de leur laxisme : manque de rigueur, de sévérité dans la maîtrise de cette main-d'œuvre.

M. Fabre d'Aulnoy abondait dans ce sens. Il menait ses nègres à la baguette. Au moindre écart de conduite, le fouet ! Avec un tarif conforme à l'importance de la faute. Il avait deux cents pièces d'Inde – environ – et une meute de molosses anglais pour rattraper les fuyards.

– J'ai trouvé plus efficace, dit M. d'Assailly, de les fouetter moi-même, du moins pour les fautes graves. J'ai puni hier une négresse qui avait volé un poulet. Cinquante coups de fouet...

– J'espère qu'elle se souviendra de la leçon ! s'écria Mme de Pradelle.

– Cela me surprendrait, madame : elle en est morte.

– Il est regrettable, ajouta Mme de Pradelle, que tous les planteurs ne fassent pas preuve de la même rigueur. M. de Rémonville, par exemple... Je l'ai entendu proclamer, chez M. le marquis, que les nègres sont nos égaux, des créatures humaines...

– Par exemple ! Il devrait les affranchir pour être en conformité avec ses idées philosophiques ! lança une voix.

– Les nègres sont des animaux ! Du bétail ! Ils ne savent pas ce que liberté veut dire, déclara un autre invité.

– Les philosophes... murmura M. de Pradelle. Ils perdront cette colonie avec leurs idées absurdes.

– Voyez ma servante, Zulma, dit Mme de Pradelle. Si

je ne l'avais pas dressée sous la menace du fouet, je n'aurais pu la soumettre.

Et patia patia...

Gilles rongeait son frein. Il songeait à Jupiter, à Jason, aux « bons nègres » de maître Colas. Après une journée de travail, il allait les rejoindre, bavarder avec eux, fumer la pipe, écouter leurs chants, regarder leurs danses. Maître Colas n'avait jamais eu à faire usage du fouet et aucun de ses serviteurs n'envisageait de rejoindre les Sabines.

– J'ai quelque scrupule à faire cet aveu, dit Mme Pradelle d'un air gourmand, mais il me plairait, au moins une fois, de fouetter cette graine de révoltés. Cela doit être très excitant, n'est-ce pas, monsieur d'Assailly ?

– Si vous y tenez ! répondit le planteur, je vous y inviterai à la première occasion...

On fuma beaucoup, ce soir-là, et l'on but d'abondance des liqueurs des Iles tout en parlant des Indiens.

M. de Vaudreuil avait chaussé de nouveau ses mitasses canadiennes pour se rendre chez les Choctaws. L'alliance passée entre les Français et cette nation, travaillée secrètement par les traitants de Virginie et des Carolines, menaçant de fléchir, il était parvenu à redresser la situation par son entregent et ses cadeaux. Les Chicksaws se montraient plus rebelles et il valait mieux ne pas aller de nouveau traîner ses chausses dans le sillage de Bienville qui gardait de ses campagnes sur leurs territoires des souvenirs cuisants. On donna des nouvelles des Acadiens : maltraités par les Anglais qui volaient leurs meilleures terres pour y installer leurs propres colons, ils rongeaient leur frein en se demandant où et quand allaient cesser les persécutions. On commenta la mort récente de Juchereau de Saint-Denis dont l'odyssée au Mexique était dans toutes les mémoires. Vingt ans déjà, et l'on n'avait pas oublié...

– Monsieur de La Frénière, lança Mme de Pradelle de sa voix claironnante, racontez-nous votre séjour à Saint-Domingue...

M. de Pradelle vola au secours de Gilles en déclarant :

– Ma bonne, il se fait tard et nous avons tous sommeil. Si M. de La Frénière en est d'accord, nous remettrons ce récit à une autre fois.

Lorsque le dernier invité se fut retiré, Mme de Pradelle accrocha Gilles par la manche.

- Restez encore un moment, dit-elle. J'ai à vous parler. Mon mari vient de monter dans sa chambre...

La pièce avait été rénovée, enrichie de peintures, de meubles et de bibelots. Il s'arrêta devant une toile représentant une scène de jardin, discrètement licencieuse : une jeune femme aux cotillons retroussés, sur une balançoire.
- Un Boucher, dit-elle. C'est Jean-Charles qui me l'a offert pour nos vingt ans de mariage. Il est très généreux avec moi.

Elle ouvrit un tiroir de la commode, en sortit une pipe indienne et une blague à tabac en peau de pélican.
- Tu te souviens ? demanda-t-elle. Tu restais là, assis sur cette bergère. Je fume parfois cette pipe et ce qui reste de tabac, mais ça me fait tourner la tête.
- Ma pipe natchez... Je croyais l'avoir égarée.

Il se dit que les objets sont souvent habités par la présence de ceux qui les ont possédés, qu'ils vivent en quelque sorte une double vie : celle, inerte, de la matière et celle, vivante, du souvenir.
- C'est étrange, dit-il, comme les objets nous reviennent alors qu'on croyait les avoir perdus.

Il se retourna ; elle avait disparu. Il se dit qu'il venait de tomber stupidement dans un piège qu'il avait mis des mois à écarter. Depuis son retour du bayou de la Fourche il n'avait ni touché ni convoité une femme. En disparaissant, Camille avait fermé une porte qui, songeait-il, mettrait du temps à se rouvrir. Une porte sur laquelle il avait placardé un seul mot : « Absent. » Il tourna, retourna cette pipe entre ses doigts, et les souvenirs du temps de ses amours orageuses avec Alexandrine remontaient en lui comme des bulles du fond d'un marécage.

Il entendit un bruit d'eau venant du cabinet de toilette, puis la porte se rouvrit. Alexandrine était nue sous une robe de chambre en soie de Chine largement échancrée sur une poitrine opulente. Ses cheveux dénoués, les bras levés, appuyés au chambranle, elle se laissait admirer. Il la trouva laide.

Il la posséda avec la ferme intention de l'humilier, de se venger du traquenard où elle l'avait attiré, de l'atteinte qu'elle portait au souvenir de Camille, des sottises qu'elle avait proférées au cours de la soirée.

– Personne ne m'a jamais possédée ainsi ! s'exclama-t-elle, radieuse. C'était merveilleux. Et moi qui croyais que tu ne m'aimais plus...

Il dit en se rhabillant :

– Qu'est-ce qui te fait croire que je t'aime encore ?

– Méchant garçon ! Si tu ne m'aimais pas, tu ne serais pas resté.

Elle voulut le retenir, s'accrocha à lui. Il partirait à l'aube. Personne ne se douterait de rien.

– Je te répète que je ne t'aime plus, et depuis des lustres ! Je crois même que je te déteste.

Elle se dressa sous l'outrage, fit front. Ce visage sans fard... Ce masque de Médée...

– Et alors, imbécile ? Que veux-tu que ça me fasse que tu m'aimes ou non, puisque tu m'as fait jouir comme une catin, ce qui ne m'était pas arrivé depuis longtemps. Moi, tu sais, la fleurette...

Elle ajouta d'une voix radoucie :

– Tu reviendras, n'est-ce pas ?

– Cela me surprendrait.

– Moi, je sais que tu reviendras. Et encore, et encore... Jusqu'au jour où tu auras l'impression de m'avoir vraiment humiliée.

Il se dit en décrochant son chapeau qu'elle était plus perspicace qu'il ne l'imaginait. Et que, peut-être, il reviendrait.

Mme de Vaudreuil avait obtenu de son mari ce dont elle rêvait depuis son arrivée en Louisiane : un carrosse attelé de quatre chevaux. C'était le deuxième de cette colonie où les riches négociants se déplaçaient communément dans des chaises traînées par des chevaux ou portées par des nègres. On s'arrêtait pour la voir passer dans cet équipage cliquetant de sonnailles, redoré, repeint de frais, portières timbrées aux armes des Vaudreuil. Pas une dame de la ville, pas une épouse de planteur qui ne rêvât d'un tel moyen de transport.

La marquise compensait sa disgrâce physique par un luxe ostentatoire. Au demeurant, c'était une femme d'abord courtois, d'esprit vif, formée aux lettres et à la philosophie et qui secondait son mari en toutes circonstances.

C'est parmi les officiers de la garnison que le marquis recrutait l'essentiel de sa cour, de préférence aux fonctionnaires. Les négociants ? les planteurs ? il était contraint de les recevoir, mais leur compagnie l'ennuyait ou l'exaspérait. Ce bel esprit n'avait rien à échanger avec ces rustres.

Ses rapports avec l'ordonnateur s'étaient vite dégradés. Lorsqu'il tentait une opération audacieuse mais sujette à caution, afin de se procurer les subsides nécessaires à faire aussi bonne figure que les messieurs des deux Carolines, il trouvait Salmon en travers de son chemin.

— La peste soit de ce maraud ! s'écriait-il. A-t-il juré de me voir dans le ruisseau ?

La mésentente entre les deux hommes — un état d'esprit traditionnel sous ces latitudes — s'était envenimée à propos de l'affaire des taxes. M. de Vaudreuil avait décidé de prélever une pincée de bénéfice sur les marchandises qui entraient dans la colonie ou en sortaient. Cette *pincée* avait fait à Salmon l'effet d'une poignée de poivre jetée dans la soupe.

— Cette mesure est illégale ! s'était-il écrié. Je ferai mon rapport au ministre !

— Faites comme bon vous semblera avait répliqué le marquis. Avec quoi voulez-vous que je paie le carrosse et l'équipage de mon épouse, les meubles de Boulle, les vases de Sèvres et la porcelaine de Limoges ? Devrais-je, pour apaiser ma conscience, vivre comme un coureur des bois ?

M. de Vaudreuil se sentait plus à l'aise avec les officiers. Eux, au moins, le comprenaient et partageaient son mépris pour les commis, les tabellions et toute la gent de plume. Il passait des heures en leur compagnie, toutes affaires cessantes, à pétuner, à boire, à ranimer des souvenirs de campagne, en Europe, en Amérique ou sur les mers.

Les sauvages le fascinaient. Un envoûtement qui remontait à son enfance au Canada. Jamais on ne le vit, comme d'autres avant lui, refuser de fumer le calumet. Il avait, disait-on, l' « Amérique dans le sang ». Sous la dentelle battait un cœur voué à l'aventure.

Si l'on excepte les pisse-froid et les dévots, il était aimé de tous. Certains le jalousaient mais, à la longue, en venaient à l'estimer et à l'aimer. Que pouvait-on lui reprocher, en fin de compte ? Il avait trouvé une Louisiane misérable : il l'avait rendue prospère. Il avait débarqué dans des rumeurs de guerre et des menaces d'invasion : il repartirait avec la conscience d'avoir rendu la paix et la sérénité à cette colonie.

Au premier rang des contempteurs : M. de Salmon. Il ne cessait de vitupérer les « trafics » du gouverneur. Il est vrai que, pressé par la nécessité, Vaudreuil grappillait ici et là, sans vergogne : taxes, réquisitions illégales, confiscations de produits importés revendus au plus offrant, trafic sur les licences d'établissements publics... Il avait à sa disposition, grâce à quelques juristes habiles, une panoplie susceptible de faire entrer dans ses coffres l'argent qui lui permettrait de mener un train convenable. « Convenable pour ses folies », fulminait Salmon.

L'ordonnateur ne fit pas long feu face à ce diable d'homme dont il était pratiquement le seul à combattre les excès. Le marquis le fit révoquer par Versailles.

On envoya pour le remplacer, comme pour lui jouer un méchant tour, un vieillard ronchon qui avait servi au Canada sous les ordres du père de Vaudreuil. Il s'appelait M. de La Rouvillière. Si le gouverneur s'imaginait que cette coexistence passée avec son père lui livrerait sur un plateau ce nouvel ordonnateur il ne tarda pas à déchanter.

A peine avait-il exploré les comptes de Vaudreuil que M. de La Rouvillière entamait une sorte de danse du scalp qui fit croire à Gilles et aux autres commis que la guerre était ouverte.

M. de La Rouvillière fit d'emblée son entrée dans le clan des dévots. Il devint l'ami du père Beaubois, curé de la paroisse, ne manquait pas une messe, s'y rendait avec femme et enfants. Il avait ouvert son salon à quelques intimes triés sur le volet, qui ne badinaient pas avec la morale en matière de commerce comme de religion.

Il proclamait à tous les échos qu'il était l'égal en pouvoir du marquis et ne souffrirait pas que l'on contestât ses décisions. Lorsque l'huissier de M. de Vaudreuil voyait arriver à l'hôtel du gouverneur ce vieillard au teint de cendre, la canne à la main, son portefeuille sous le bras, son chapeau sur les yeux, il répondait que son maître était occupé.

On voyait parfois surgir sur son char à bancs attelé d'un mulet, venu de sa concession pour régler quelques affaires, l'ancien gouverneur, M. du Périer. Son successeur l'avait invité à diverses reprises à ses soirées puis avait renoncé : ce bonhomme était triste comme un bonnet de nuit et manquait de conversation. Il se trouvait mal à l'aise, homme simple qu'il était, entre une potiche Ming et un guéridon Boulle. Les mots d'esprit lui passaient par-dessus la tête et les conversations le fatiguaient.

Il se confia à Gilles pour lequel il avait gardé de l'estime.

— Je ne reconnais plus cette ville. En quelques années tout a changé. En bien ? En mal ? L'avenir le dira.

— Nous vous avons regretté, dit Gilles.

— Vous ne devez pas être bien nombreux. Allez ! je ne me fais guère d'illusions. Ce qui me toucherait vivement, c'est que cette colonie ait à payer trop cher les folies de Son Excellence. M'est avis que cela ne saurait durer. Versailles ne tardera pas à le remplacer.

— Et la ronde des gouverneurs continuera...

Certains soirs on donnait la comédie dans les jardins de Mme de Pradelle. Elle y tenait sa partie, choisissant pour elle des rôles guère en rapport avec sa nature : Célimène plus qu'Arsinoé. Elle se plaisait à distribuer les rôles et Gilles ne put y échapper. Elle lui disait : « Tu as tout de Léandre. » Il n'en croyait rien, mais avait fini par se piquer au jeu. Il aidait au choix des costumes et des décors, participait à la mise en scène, donnait la réplique aux répétitions. On écoutait ses avis et l'on en tenait compte.

Mme de Pradelle veillait à l'accueil de ses invités. Elle faisait distribuer aux entractes des éventails, des boissons fraîches, des coupes de fruits en tranches. Les spectacles étaient ponctués de claques, les maringouins paraissant raffoler de ce genre de soirées. On entendait des voix véhémentes partant du public : « C'est insupportable ! Sales bestioles ! Je l'ai eu, celui-là ! »

Très excitée par cette ambiance de théâtre, Alexandrine, le rideau baissé, encore tout enfarinée et suant sous le brocart, retenait Gilles par ses basques.

— Reste, Léandre ! disait-elle. Nous allons faire notre petit théâtre en coulisses.

Elle ne cessait de lui répéter qu'il était le merveilleux amant dont elle avait toujours rêvé, qu'il lui faisait connaître des sensations inouïes, que ses inventions la ravissaient. Même en France, lors de son récent séjour, elle n'avait rien éprouvé de tel.

— Tu as donc eu beaucoup d'amants en France ?

Ce jaloux qui voulait tout savoir... Oui, quelques-uns. Pas à Rochefort, une ville qu'elle détestait (« sinistre ! »), et encore moins à Uzerche, dans la famille de son époux (« des rustres ! »), mais à Paris, oui : quelques-uns, de la meilleure société.

Elle évoquait ces aventures avec beaucoup de liberté, persuadée que ces révélations, loin de fâcher Gilles, ajoutaient du piment à leurs rapports, mais il n'était pas dupe. Plus elle accumulait les détails graveleux, plus il sentait s'approfondir le fossé qui se creusait insensiblement entre eux.

— Et aujourd'hui, Alexandrine ?

Célimène cachait un sourire derrière son éventail. Aujourd'hui ? Elle ne pouvait se refuser le caprice de quelques petits officiers ou sous-officiers à déniaiser. Le fils du jardinier avait pleuré de joie dans son giron après une première expérience amoureuse. Aujourd'hui, seul Gilles comptait vraiment pour elle.

Elle ne tarda pas à se rendre compte que l'ardeur de son amant déclinait.

Une nuit, après qu'il venait de prendre un plaisir laborieux elle le repoussa en s'écriant :

— Que se passe-t-il ? Tu me fais l'amour comme on se met à table. Finalement, tu ne diffères guère des autres, mon pauvre ami. Vous n'en voulez tous qu'à mon corps. Mon cœur ne vous intéresse pas.

Elle pleurnicha dans son épaule :

— Je sens bien que je jette mes derniers feux. Bientôt je serai vieille, laide, grosse. Aucun homme ne voudra de moi.

— Il te restera le fils du jardinier.

Le mufle ! Elle le gifla, le chassa de son lit puis de sa chambre. Elle le fit rappeler deux jours plus tard ; il revint.

Sa perversité devenait de plus en plus exigeante. Une nuit, alors qu'ils se livraient à une interminable gymnastique dans la clarté des chandelles, Gilles vit le rideau bouger alors que la fenêtre était fermée. Il bondit, écarta le rideau et découvrit un adolescent penaud, rouge de honte, qui refermait sa culotte.

— Que fais-tu là, maraud ? s'écria-t-il. Tu nous reluquais, hein ?

Il le traîna au milieu de la chambre et s'apprêtait à le rouer de coups lorsque Alexandrine s'interposa.

— Laisse-le. C'est moi qui lui ai demandé de se poster là.

Il hurla :

— C'est odieux ! Pourquoi ?

— Cesse de crier. Tu vas mettre la maisonnée en révolution. Ce garçon est le fils du jardinier. J'ai pensé que sa présence donnerait plus d'acuité à mon plaisir. J'ai appris cela à Paris.

— Et depuis quand dure ce manège ?

— Depuis ta dernière visite. Rassure-toi : ce garçon ne soufflera mot à personne de notre secret. N'est-ce pas, mon mignon ?

Il lui fit tenir un billet le lendemain ; après l'avoir parcouru elle le lui retourna en morceaux. Il lui écrivait qu'il ne pouvait plus supporter la dépravation dont elle faisait preuve et qu'il renonçait à leurs rendez-vous.

Cette réaction le surprit et l'intrigua. Signifiait-elle que Célimène renonçait à Léandre ? Voulait-elle, au contraire, lui donner à comprendre que ce poulet était nul et non avenu et que sa chambre lui était toujours ouverte ? Si leurs relations étaient rompues, il regretterait les comédies, les soupers fins, les jeux des enfants dans le jardin. Et elle, la regretterait-il ?

Avant de quitter la Louisiane, M. de Salmon avait relevé sensiblement les appointements de son commis. Il estimait sa rigueur dans l'exercice de ses fonctions, son commerce agréable ; il respirait à travers lui l'ambiance des réceptions dont il était exclu. Il en avait fait son ami et, avec certaines réserves, son confident. M. de La Rouvillière avait entériné cette décision, bien qu'il la jugeât abusive.

Gilles, depuis des années, occupait la même chambre : celle que son protecteur, M. de La Chaise, lui avait proposée et dont ni Salmon ni La Rouvillière, après lui, ne lui avait retiré la jouissance. Le supplément de revenus qui lui tombait du ciel, il l'utilisa à accroître son confort, tout en restant modeste : une bibliothèque pour ses auteurs préférés, un grand tapis, des rideaux et quelques bibelots pour le plaisir des yeux...

Située à l'étage, cette pièce ouvrait par deux fenêtres sur la place Royale et la rue de Chartres, avec une vue sur le port, comme par un trou de serrure.

Il avait respecté la promesse faite à M. de La Chaise : pas une femme n'y avait pénétré, excepté la négresse chargée de son ménage et de celui de l'ordonnateur. Il prenait le plus souvent ses repas dans une auberge voisine où il avait ses habitudes.

Lorsqu'il escaladait l'escalier qui conduisait à sa retraite il avait l'impression, après les miasmes et les aigreurs du cacochyme La Rouvillière, de respirer un air nouveau dans son cocon originel.

Sur sa petite table de travail il avait disposé, entre son sous-main et son chandelier, tout ce qui lui restait de Camille : le chapelet et la petite croix de bois.

SUR LES CHEMINS DE VIRGINIE

Récit de Dieudonné de Beauchamp

J'étais loin de me douter, au retour de notre expédition chez les Chickasaws, de ce qui m'attendait à Belle-Rose.

Iris n'était plus là.

Je la cherchai toute une journée, questionnant les servants, les Noirs, les Indiens... Tous me répondaient qu'elle était partie ils ne savaient où. Ils pensaient généralement qu'elle était allée rejoindre sa tribu. Une réponse qui ne pouvait me satisfaire.

– Il n'y a pas de quoi porter le deuil, me dit Lachaume. Une de perdue... Tu n'auras pas de mal à la remplacer.

Je n'allais pas lui avouer que j'aimais cette Indienne, que nous étions parvenus, elle et moi, à une sorte d'harmonie sentimentale qui faisait du quotidien une aire de vie paisible. Sa seule beauté – et Dieu sait qu'elle était belle ! – n'eût pas suffi à me l'attacher. Il y avait autre chose qui était sans doute une sorte de passion tranquille.

– Oublie-la, ajouta Lachaume. Nous avons mieux à faire : notre rapport à Campbell.

Il était malade, de mauvaise humeur, et nous reçut comme des chiens galeux. Une crise de goutte le maintenait immobile dans son salon et l'échec de notre expédition l'affligea.

Lorsque j'eus terminé mon rapport je lui demandai s'il avait des nouvelles de ma servante. Il grommela, laissa ses lourdes paupières rouges tomber sur ses yeux chassieux.

– Votre servante ? Vous voulez sans doute parler de cette jeune Delaware que je vous ai *prêtée* ? Iris, autant qu'il m'en souvienne. Je l'ai revendue.
– Plaît-il ?
– Je l'ai revendue, vous dis-je. Wormsley m'en proposait cent livres. C'est beaucoup plus qu'elle ne vaut, mais il semblait qu'elle lui plût. Il compte l'utiliser pour déniaiser son fils dont on dit qu'il a les aiguillettes nouées.

J'explosai. Il m'avait fait *cadeau* d'Iris. C'est le mot qu'il avait employé. Il n'avait pas le droit de la céder à qui que ce soit !

– En voilà une histoire pour une esclave ! s'écria-t-il à son tour. Un cadeau... un cadeau... vous ai-je vraiment dit cela ? Alors je vous la remplacerai. Vous choisirez vous-même. Maintenant, laissez-moi ! Nous reparlerons de cela demain.

Je ne pouvais me satisfaire de cette réponse dilatoire et m'apprêtais à riposter vertement quand Lachaume me tira par la manche. Je me retirai, le visage flambant de colère sous l'œil courroucé de Mrs. Campbell qui s'apprêtait à sonner un de ses valets pour me jeter dehors.

– Eh bien ! me dit Lachaume, tu m'as flanqué une de ces peurs... Si je t'avais pas retenu...
– Si tu ne m'avais pas retenu, j'aurais fini par l'injurier. Tu as eu raison d'intervenir.

Je lui fis part de mon intention d'aller réclamer Iris à Wormsley. Il tenta de m'en dissuader, mais, comme j'ai la tête près du bonnet, je m'obstinai dans cette idée. Les cent livres, je les avais et un peu plus même car je touchais un bon salaire et ne dépensais pour ainsi dire rien. J'aurais donné bien davantage pour reprendre Iris.

Il y avait environ vingt lieues entre Belle-Rose et le domaine des Wormsley. Avec mon cheval il me faudrait deux bonnes journées pour parcourir cette distance.

Ce qui me poussait à réagir c'était autant le désir de retrouver Iris que la volonté de faire pièce à la désinvolture avec laquelle Campbell avait repris sa parole en profitant de mon absence. Je souhaitais lui démontrer qu'on ne traite pas ses serviteurs comme des nègres ou du bétail que l'on peut acheter et vendre à volonté. Démarche absurde, inutile et dangereuse. Qui étais-je pour prétendre réformer les mœurs de ce bas monde ?

J'avais fait prévenir Campbell que je m'absentais deux ou trois jours, ce qui n'était pas dans mes habitudes.

Je rencontrai Wormsley et deux de ses fils au retour d'une partie de chasse, des outardes accrochées en chapelet à leurs selles. Il m'accueillit avec une chaleur que je m'attachai à tempérer.

— Vous me paraissez soucieux, me dit-il. Que puis-je faire pour vous ?

Je lui exposai le but de ma visite. Il me proposa d'entrer pour me rafraîchir ; j'éludai cette invite.

— Vous revendre cette fille ? dit-il. Diable... diable... C'est que mon fils y tient beaucoup.

— Je puis ajouter dix livres.

Il rétorqua d'un ton sec :

— Là n'est pas la question ! J'aurais pu vous en faire cadeau, car j'ai de la sympathie pour vous, mais ce pauvre George en pâtirait. Il s'est attaché à elle et elle à lui.

Il ajouta en me prenant le bras :

— Si vous ne voulez pas entrer, suivez-moi au moins jusqu'à la galerie. Vous constaterez qu'ils s'entendent très bien.

Vêtu d'une chemise de lin mauve qui accentuait sa pâleur, George était allongé dans un fauteuil à bascule. Je lui donnais quinze ans mais il en avait davantage. C'était un garçon à la peau diaphane, aux yeux bordés d'un trait brunâtre, à la lippe pendante, humide et grasse. Iris se tenait près de lui, vêtue à la mode des Iles, occupée à confectionner je ne sais quel objet avec des brins d'herbe. En m'apercevant elle eut un sursaut, puis son visage se ferma.

— Depuis qu'elle est entrée à notre service, dit Wormsley, mon garçon va beaucoup mieux, sans que nous espérions le voir vivre normalement. Son mal est de ceux dont on ne guérit pas. Il ne peut se passer d'elle, réclame sa présence de jour comme de nuit. Lui enlever cette esclave serait le replonger dans sa maladie. Concevez, mon garçon, que je ne puisse m'y résoudre.

J'étais bouleversé au point de ne pouvoir articuler un mot, à la fois par la présence si proche et pourtant inaccessible d'Iris et par les propos de Wormsley. Il tint à me convaincre qu'il ne cherchait pas à me duper. Il dit à la jeune Indienne :

- Ma fille, tu as reconnu Dieudonné de Beauchamp. Tu étais à son service il y a quelques mois. Il vient te réclamer. Veux-tu revenir à Belle-Rose ou rester parmi nous ?

Iris ne marqua pas la moindre hésitation.
- Rester... dit-elle.

Comment Campbell avait-il appris ma démarche auprès de Wormsley ? Je l'ignore. Toujours est-il qu'il me convoqua. Je lui trouvai plus que jamais l'apparence d'un bulldog, le regard éclairé par une lueur d'orage.

En me voyant paraître il tenta de se lever mais ses jambes ne le portaient plus et il retomba lourdement dans son fauteuil. Avec des râles d'asthmatique il me reprocha de m'être absenté plus longtemps que prévu (quatre jours au lieu des trois annoncées), me demanda raison de cette intervention qu'il jugeait indécente et stupide. Comme si je m'imaginais que Wormsley allait me restituer cette Indienne ! Il me lança :
- Savez-vous comment je traite les domestiques qui se conduisent avec une telle insolence ?
- Je le sais, sir, mais je ne suis pas entré à votre service à titre de servant. J'ai accepté de mon plein gré le poste que vous m'avez confié, et je reste libre de rester ou de partir.

J'en avais trop dit. Il suffoqua de rage, sonna son régisseur.
- Mc Clure, faites venir deux nègres et jetez cet individu au *four* !
- C'est un abus de pouvoir ! m'écriai-je. J'en référerai au gouverneur, à mon ami Frank Malone, au roi s'il le faut. Vous n'avez pas le droit de me traiter ainsi.

Il eut un rire gras.
- J'ai tous les droits, *my little friend* ! Y compris celui de vous faire pendre. Estimez-vous heureux. Je vous fais une fleur, comme on dit en France.

Lorsque les deux nègres surgirent pour me maîtriser je ne leur opposai aucune résistance, c'eût été inutile et dangereux.

Le *four*... Ce seul mot, aujourd'hui encore, me donne des frissons. C'était une cabane de rondins située dans le quartier des esclaves ; on y enfermait les nègres après les avoir fouettés. Elle était placée de telle façon qu'elle se trouvât exposée au soleil toute la journée. Certains prisonniers survivaient ; d'autres non.

On me jeta sans ménagement dans cette cellule sans fenêtre. La seule lumière était celle qui filtrait par les interstices de la porte percée d'un judas par où, chaque matin, on me tendait un pichet d'eau et un bol de riz ou de bouillie. Des conditions d'incarcération pires que celles que j'avais subies à Kinsale, dont le souvenir me fait froid dans le dos.

Le plafond était si bas et l'espace si restreint que je ne pouvais me tenir ni debout ni couché. La chaleur était si suffocante que le moindre mouvement m'épuisait. Un orifice servait à évacuer mes déjections dans la fosse attenante dont la puanteur était insupportable et le bourdonnement des mouches obsédant. Dévoré par la vermine et les maringouins, j'occupais mon temps à ruminer des désirs de vengeance et à écouter les rumeurs du village nègre d'où, chaque soir, montaient les chants nostalgiques de l'Afrique.

Des quinze jours que je passai dans cette cellule de reclus je ne vis pas un seul visage humain, seulement cette main noire qui m'apportait ma pitance. Le dixième jour un coup de poing ébranla la porte et une voix connue me fit sursauter :

– Dieudonné, tu m'entends ? C'est moi, Lachaume.
– Je t'entends.
– Comment te sens-tu ?
– Je voudrais être mort.
– Patience. Tu mourras pas, mon gars. Je viens de réclamer à ce gros porc de Campbell ta libération. Il a demandé à réfléchir. C'est bon signe. Tiens bon la barre, matelot !

Le bien que me firent cette voix et ces propos... Il me sembla soudain qu'une source venait de crever dans ma cellule et que je n'avais qu'à me baisser pour y boire. Ma bouche était enflée, ma gorge sèche comme du bois, si bien que j'avais du mal à exprimer la moindre parole. Je m'y exerçai pourtant mais il ne sortait de mes lèvres qu'un brouillon de sons.

Lachaume m'avait jeté un quignon de pain que je dévorai.

Prévenu de ma libération après quinze jours dans cet enfer, Lachaume était là pour m'accueillir et me soutenir jusqu'à mon domicile. J'aurais été incapable de faire un pas sans son secours. La lumière m'aveuglait comme à coups d'aiguille rougie au feu. Lachaume m'abrita la tête avec son chapeau. Je me mis à pleurer.

— T'es pas beau à voir, compagnon! me dit-il. Tu sembles cuit à point.

— Boire... dis-je.

Il avait prévu cette demande.

— Bois doucement, par petites gorgées.

Je mis une semaine à retrouver mon assiette. Dieu merci, j'avais une solide constitution et l'expérience de ce genre de supplice.

— Je suis resté combien de jours dans cette fournaise? demandai-je. J'ai perdu la notion du temps.

— Quinze jours. Si je n'étais pas intervenu tu en tenais pour au moins une semaine de plus. Et peut-être que je t'aurais remplacé.

Il était intervenu, et dans des termes tels que Campbell l'avait menacé d'un châtiment identique. Lachaume avait failli lui sauter à la gorge.

— Je me vengerai, dis-je. Je ne sais pas comment, mais je me vengerai, aussi vrai que je m'appelle Beauchamp. Si je n'arrive pas à tuer ce porc je mettrai le feu à sa maison et à ses entrepôts.

C'était devenu mon idée fixe; elle me réveillait en sursaut. Je le voyais se débattre dans son sang avec d'ignobles gargouillis de porc égorgé.

— C'est pas la bonne solution, me dit Lachaume. Trop de risques. Nous avons mieux à faire. J'ai mon idée. En attendant, repose-toi, reprends des forces et fais-moi confiance.

Connaissant Lachaume comme je le connaissais je ne pouvais que lui faire confiance à moitié.

Au huitième jour de ma convalescence, Lachaume m'avoua qu'il « avait son plan ».

— Facile et sans risques... ajouta-t-il.

Il avait appris, ce qui était de notoriété publique, que les relations n'étaient pas au beau fixe entre les Campbell et les Washington. Sans en référer à son voisin, Campbell avait déplacé les bornes de l'une de ses plantations au détriment d'Augustin Washington. Ce dernier, peu avant la naissance de son fils George, avait confié ses terres de Mount Vernon à un régisseur pour se retirer sur un autre de ses domaines, dans le comté de Strafford, sur la rive orientale de la rivière Rappahannock, en face de Fredericksburg. Il était devenu l'un des propriétaires terriens les plus importants de toute la Virginie.

Le régisseur avait informé son maître des empiétements de Campbell. Malgré les souffrances consécutives à l'ulcère d'estomac qui le torturait depuis des années, Washington s'était présenté à Belle-Rose pour protester auprès de Campbell et lui demander la restitution des terres volées.

L'entretien avait failli dégénérer. Eût-il été en état de tenir une épée, Washington aurait provoqué son adversaire en duel. Ils s'étaient bornés, aussi mal en point l'un que l'autre, à se jeter d'aigres propos au visage, à se menacer de sanctions administratives.

— Cette parcelle, avait lancé Campbell, était en jachère. Je l'ai mise en culture. Elle produit bien. Et vous voudriez que je vous la restitue?

— C'est un vol pur et simple! avait rétorqué Washington. La justice me rendra raison.

A l'idée d'un procès qu'il était sûr de perdre, Campbell, capot, avait accepté la restitution.

— Vois-tu où je veux en venir? dit Lachaume.

J'avais quelque idée de son plan que je trouvais simple et séduisant.

— Nous allons mettre à profit ces rapports d'hostilité, expliqua-t-il. Après avoir touché notre salaire nous tirerons notre révérence aux gens de Belle-Rose. Et tu ne devines pas où nous nous rendrons?

— Chez Augustin Washington! dis-je, radieux. Il sera trop heureux d'accueillir des transfuges qui ont eu maille à partir avec son adversaire.

— Tout juste, Auguste!

— Et s'il nous claquait sa porte au nez?

— Ça me surprendrait. Si c'était le cas nous irions frapper à d'autres portes. Campbell n'a pas que des amis. Cette colonie manque de main-d'œuvre et, à nous deux, nous formons une belle équipe, pas vrai?

J'en convenais. Lachaume et moi n'étions pas du même bois et il nous arrivait assez fréquemment de nous quereller, mais, comme nous avions conscience de nous compléter nous nous rabibochions assez vite.

Notre plan se déroula comme nous l'avions prévu. Avec nos économies nous pouvions voir venir. Je proposai d'*emprunter* deux chevaux et deux selles aux

Campbell ; Lachaume s'y opposa, estimant à juste titre que Campbell ferait tout pour nous rattraper et nous punir : il possédait une meute de molosses dressés à la chasse aux nègres marrons qui avaient déjà de nombreuses réussites à leur actif.

Nous mîmes plus d'une semaine, à pied, pour parvenir au domaine de Rosegill, terme de notre voyage, en longeant la rivière Rappahannock où beaucoup de demeures de colons étaient en construction.

En arrivant à Rosegill nous apprîmes avec stupeur qu'Augustin Washington venait de mourir.

LE VIEUX-CHÊNE

Du fait des chaleurs estivales Gilles avait contracté une dysenterie qui durait depuis des semaines et qu'il combattait, suivant les conseils du docteur Prat, en se gavant de riz. « Souverain contre les dévoiements ! » lui avait dit le praticien.

Comme le mal persistait, l'idée lui vint d'aller en consultation auprès de Mme de Vaudreuil. L'épouse du gouverneur tenait discrètement boutique de pharmacopée indigène dans un local installé au fond du jardin. On s'y rendait en catimini car il était mal vu que l'on fît appel à ces remèdes de sorcier.

En dépit de sa semi-clandestinité mais avec la bénédiction du gouverneur, la boutique, à la façade envahie par une draperie de wistarias qui lui donnait l'air avenant, était bien achalandée. Lorsque Gilles s'y présenta, le maître d'hôtel, Gérard, était en train de peser sur une petite balance d'orfèvre un mélange noirâtre.

– Deux onces ! lança-t-il à la cliente qui précédait Gilles. Vous en avez pour deux livres trois sols.

De la pièce voisine, séparée de la boutique par une mince cloison, venait le bruit d'un pilon dans un mortier et la voix aiguë d'une femme qui devait être Mme de Vaudreuil.

– Plus fort, mon garçon ! Il reste encore des grumeaux. Elle pointa son nez par la petite fenêtre qui séparait les deux locaux, sourit en se passant le poignet sur son front humide de sueur et fit signe à Gilles de la rejoindre en contournant le comptoir. Elle était dans un joli négligé de coton à rayures bleu et blanc, avec un

703

petit tablier bordé de dentelle et des bouffettes destinées à faire illusion sur son embonpoint.

— Quel bon vent vous amène ? dit-elle.

— De mauvais vents, pourriez-vous dire. J'ai le ventre dérangé, madame, et j'ai entendu dire...

— Vous avez frappé à la bonne porte, monsieur de La Frénière, dit-elle. Vous avez donc des flatulences ? C'est bien gênant. Faites-vous du sang ?

— Cela m'arrive.

— Dysenterie banale. Et, bien sûr, vous avez consulté cette vieille baderne de Prat ?

— A plusieurs reprises.

— Et il vous a conseillé de manger du riz, et encore du riz ! Ce brave homme manque d'imagination et de pratique. Je vous conseille de la tisane de poirier sauvage et, à chaque repas, une galette de plaqueminier. J'ai tout cela.

Elle fouilla dans un placard dont les tiroirs étaient étiquetés de noms étranges : *Thériaque... Casse Burgos... Atoca... Bois de cerf... Vipère pilée... Yeux de crabes... Yeux d'écrevisses... Gomme de sapin... Sang de dragon...*

— Cela vous fera une livre trois sols, dit-elle. Vous réglerez cette somme à Gérard, mon commis.

Elle ajouta :

— J'espère que, malgré cette indisposition, vous serez des nôtres demain soir. Baby nous présentera son dernier ballet. On y verra des négresses et des Indiennes. J'ai assisté à quelques répétitions. Ce sera digne du petit théâtre de Versailles...

Baby... Gilles ne l'avait revu qu'à de rares occasions, ici et là, dans des soirées de concert. Il donnait l'impression d'être débordé, tout ce que la ville comptait de notables ayant souci d'acquérir de bonnes manières pour faire honneur au marquis. Son école de maintien ne désemplissait pas. Son école de danse ne recevait pas que des dames et des enfants. M. de Vaudreuil se montrait fort exigeant quant aux révérences et à la qualité des danseurs ; il tenait à ce que tout fût « comme à Versailles ». Son épouse montrait la même exigence régalienne : elle passait au peigne fin les participants aux pavanes, contredanses, rigodons et menuets. On voyait dans le salon de Baby des lourdauds transpirant s'essayer à des pas délicats, jouer les Monsieur Jourdain, des dondons coiffées à la Fontanges ou aux bandeaux d'amour baller avec des grâces de lamantins. Le maître de danse et de maintien jouissait d'une notoriété de demi-dieu de l'Olympe et prenait des allures de Terpsichore. Les femmes raffolaient de lui ; il jouait avec elles le rôle fallacieux du séducteur énamouré mais inaccessible. Elles restaient sur leur faim : Baby préférait les éphèbes.

Depuis sa rupture avec Mme de Pradelle, qui lui avait laissé un âpre souvenir et de vagues regrets, Gilles n'avait pas remis les pieds à l'hôtel témoin de ses exploits amoureux et où, d'ailleurs, il n'était plus invité.

Il voyait parfois son ancienne maîtresse passer dans sa voiture découverte, à deux chevaux, abritée sous son ombrelle, en compagnie de la petite Jeanne-Henriette dont le visage tavelé faisait peine à voir, et de son négrillon favori qui semblait issu des *singeries* de Christophe Huet. Parfois, en face d'elle, se tenait un officier de la garnison. Sa voiture était précédée de deux Indiens demi-nus qui pataugeaient dans la boue ou la poussière pour écarter les promeneurs. Elle le saluait d'un sourire ironique ou d'un signe de la main.

Sa jeunesse relative et les exigences de la nature le lui imposant, Gilles n'avait pas tardé à remplacer au plus vite cette maîtresse devenue encombrante. Le souvenir de Camille revenait sans cesse le hanter et menaçait de couper court à ses ébats. Il avait fait son deuil de cette passion mais elle entretenait en lui une blessure qui ne se refermerait jamais.

Il avait renoncé au service de la négresse chargée de son ménage car elle était bavarde, curieuse, indiscrète, et sa chair opulente répandait un fumet insupportable par grande chaleur.

Sa nouvelle servante était une des orphelines de Mlle de Boisrenaud, devenue adulte et libre. Il avait jeté son dévolu sur elle pour sa mine honnête, son dévouement et sa beauté.

Lison travaillait comme lingère pour les officiers. Elle lavait et repassait leur linge dans une cabane dotée d'un appentis, proche de la levée du port. Dans les premiers temps, pour jauger ses qualités, Gilles lui apportait son linge sale qu'il revenait prendre le lendemain.

Leurs rapports avaient évolué rapidement : d'ancillaires ils étaient devenus charnels. Il patientait dans l'appentis qu'il nommait son « purgatoire » quand elle était occupée avec un client. Il passait de l'odeur de la lessive à celle du linge chaud.

Il la payait si bien et si régulièrement qu'elle n'avait aucune faveur à lui refuser et que ses approches furent bien accueillies. Lison était ce qu'on appelle une « bonne fille ». Elle avait mis sous le boisseau les leçons de morale de Mlle de Boisrenaud et passait volontiers, après avoir barré sa porte, de la planche à repasser à son lit, d'autant que messieurs les officiers se montraient généreux. Elle avait organisé sa vie professionnelle et sentimentale avec rigueur ; sans vivre dans l'opulence elle était à l'aise.

Dans les débuts elle disait à Gilles :

— Entrez, mais je n'ai qu'une heure à vous consacrer.

L'idylle dura une saison. La petite lingère avait enfin trouvé chaussure à son pied : un rustre de sergent qui avait amassé un beau pécule en faisant le trafic de l'eau-de-vie avec les Indiens. Gilles regretta cette servante appliquée, cette maîtresse experte. Il assista au mariage avec une larme au bout du cœur. Lison l'avait prévenu d'emblée : le jour où elle trouverait un époux convenable il devrait renoncer à elle. Peut-être souhaitait-elle que ce fût lui.

Il oublia vite cette amourette et songeait parfois à ce que Mme de Pradelle lui avait dit naguère :

— Mon ami, pourquoi ne pas chercher une épouse ? Vous avez passé la trentaine. Il est temps de convoler. Tardez encore et vous friserez le barbon.

Elle s'était même proposée pour lui trouver un parti intéressant, en rapport avec ses fonctions : un membre du Conseil supérieur ne pouvait épouser Mlle N'importe-qui. Il s'y était opposé, préférant se livrer au hasard des rencontres.

— Si je me marie je devrai renoncer à vous, disait-il.
— Innocent ! Est-ce que j'ai ce genre de scrupules ?
— Je ne suis pas assez riche pour faire vivre une famille.
— Eh bien, enrichissez-vous ! Trafiquez, agiotez ! Tout le monde ou presque le fait à la colonie et s'en trouve bien, à commencer par Jean-Charles et par le gouverneur. Vous êtes trop honnête, mon ami !
— On ne se refait pas. On est honnête ou on ne l'est pas. Moi je le suis, et pour la vie.

Un soir, entre deux danses, elle lui désigna quelques filles de notables.

— Que pensez-vous de l'aînée de Canterelle, le notaire ?

— Elle est laide. Et puis, la fille d'un tabellion, merci !

— Et Geneviève, la cadette de Gentilly ? Vous vous placeriez bien.

— Trop maigre, trop pâle. Elle doit souffrir d'un mal de poitrine.

— Que dites-vous de cette blondinette, Mlle de Castel de La Roche ? Fortune assurée : son père vient de racheter l'ancienne caserne pour y installer des entrepôts.

— Je la trouve un peu délurée.

Mouvement d'impatience de Mme de Pradelle. Mouvement d'éventail pour dire qu'elle renonçait à la partie de chasse.

— Eh bien, mon ami, cherchez vous-même la perle rare !

C'était au début de leur liaison. Ils ne devaient plus jamais en reparler.

Le hasard sur lequel il comptait mit sur son chemin celle qu'il attendait, inconsciemment ou pas.

Depuis la retraite de M. du Périer la colonie avait sombré, sous la houlette du « grand marquis », dans un désordre que masquait une apparente prospérité.

La situation de la troupe, notamment, était affligeante. A la suite d'une période de disette consécutive à de mauvaises récoltes, les soldats avaient été mis à la demi-ration ; ils se débrouillaient comme ils pouvaient, mais, sans solde depuis des mois et les prix ayant flambé, ils glissaient peu à peu vers l'indiscipline et, pour survivre, faisaient le trafic de l'eau-de-vie avec les Indiens. Par chance, cette denrée ne manquait pas, mais le commerce avec les sauvages était interdit.

Il ne se passait guère de jours qu'on ne leur imputât quelque méfait. Ils volaient, suscitaient des rixes dans les cabarets, guettaient les femmes seules pour les violer.

— C'est insensé ! s'exclamait M. de La Rouvillière. Bientôt, si cela continue, je n'oserai plus mettre le nez dehors sans me faire accompagner de mes nègres. Hier je me suis fait insulter par un sergent pris de boisson qui me refusait le passage sur la banquette. Je me suis crotté jusqu'aux genoux. Que font le gouverneur et M. de Pradelle, notre major ? Rien ! Ils ont d'autres soucis en tête, et pas forcément pour le bien de la colonie.

Un matin qu'il se promenait sur la levée et regardait décharger une pirogue venue des Illinois avec des sacs de farine et de riz, son attention se porta vers une scène qui se déroulait un peu plus loin. Une voix de femme se mêlait aux rires et au propos graveleux de trois militaires qui maîtrisaient par le mors le cheval d'une demoiselle en habit d'amazone. Elle tentait de les tenir à distance avec sa cravache. Avant que Gilles ait pu les rejoindre, ils avaient arraché la cavalière à sa selle et l'entraînaient vers un buisson.

Gilles bondit, l'épée au poing. Par précaution, il prenait cette arme à chacune de ses promenades. Quelques moulinets suffirent à écarter les assaillants. L'un d'eux s'écria :

— Passe ton chemin et occupe-toi de tes oignons, sinon...

Il sortit un pistolet de sa ceinture, visa, tira. Gilles entendit la balle siffler à son oreille ; elle arracha le bord de son chapeau qui s'envola. D'un coup d'épée il fendit la chemise de son agresseur.

— Je demande quartier ! bredouilla le brigand.

— Filez tous les trois, leur lança Gilles, et ne recommencez pas, sinon c'est la corde qui vous attend !

La demoiselle souffrait d'une foulure à la cheville, qu'elle s'était faite en tombant de cheval. Gilles l'aida à se relever et à remonter en selle.

— Suivez-moi, dit-il. Nous avons besoin d'un petit verre de rhum pour nous remettre de nos émotions.

Il la guida en tenant le cheval au mors vers la taverne la plus proche, fréquentée principalement par les matelots. Des Indiens dormaient sous la galerie, leur chapeau sur le nez.

— Asseyez-vous, dit Gilles, et montrez-moi votre cheville.

Il la trouva enflée et proposa de la bander avec son mouchoir. Elle s'y opposa. Elle ne souffrait pas. C'était l'affaire d'un ou deux jours.

— Heureusement, dit-elle, j'ai mon cheval. Je suis bien incapable de marcher.

Elle avala cul sec son verre de rhum, ôta son chapeau de paille, le posa sur la table.

— Et le vôtre ? dit-elle.

— Il vogue sur le Mississippi, mais c'est sans importance. Un vieux chapeau que je ne mets que pour mes promenades...

Elle proposa de l'indemniser. Il éclata de rire, lui proposa un autre verre de rhum ; ça n'était pas de refus...

Il l'informa à sa requête de son identité, de ses fonctions et lui demanda qui elle était et où elle demeurait. Elle s'appelait Évelyne, était la petite-fille de M. de Rémonville. Sa grand-mère était une servante qu'il avait aimée et fini par épouser : Justine Chapelle.

— Je connais votre grand-père de réputation, dit-il. Des gens qui vivaient à Mobile m'en ont parlé. M. de Bienville entre autres ; c'est un personnage un peu mystérieux mais homme d'affaires qui, avisé, a su mener sa barque. Il a été selon M. de Bienville un des premiers à croire à l'avenir de la Louisiane. On l'appelait jadis le *Philosophe*. Où demeurez-vous ?

— Ma famille possède un domaine sur le bayou Chef-Menteur, à une lieue environ de la ville. L'ouragan d'il y a trois ans a presque tout détruit : notre maison, nos entrepôts, nos récoltes, mais tous les bâtiments ont été reconstruits. Notre maison est plus belle que la précédente.

Elle aussi était belle. L'alcool mettait du rose à ses joues et des étincelles dans son regard. Grande, bien faite, des gestes vifs comme un oiseau, un teint mat comme une Indienne.

Évelyne de Rémonville n'acheva pas son deuxième verre de rhum. Elle se leva brusquement.

— Il faut que je rentre. Mon grand-père va s'inquiéter. Il est âgé, patraque. Plus de quatre-vingts ans ! Pourtant, comme on dit en France, il n'a pas perdu la tramontane. Je vous suis très reconnaisante d'être intervenu. Vous m'avez peut-être sauvé la vie, et sûrement mon honneur.

Gilles resta sur le seuil de la taverne après l'avoir aidée à monter sur son cheval. Il la regarda s'éloigner en se disant que le destin nous rattrape souvent après d'étranges détours. L'ouragan qui avait ravagé la propriété de M. de Rémonville avait aussi fait s'écrouler une cabane sur sœur Camille du Saint-Esprit. Évelyne avait eu exactement les mêmes mots :

— Vous m'avez peut-être sauvé la vie.

Sans le secours des Natchez et des Illinois, le sud de la Louisiane aurait connu la famine après la disette.

Les habitants du territoire des Illinois vivaient à l'abri de trois redoutes : les forts de Chartres, de Sainte-Geneviève et de Saint-Louis. Les populations indigènes qui les entouraient se tenaient à l'écart des tentations des traitants anglais et des mouvements orchestrés par les colons de la côte atlantique, qui agitaient les nations de l'ouest.

C'est à peu de distance de cette contrée, en aval du Mississippi, à l'embouchure de la rivière Wabash, que jadis Louis Juchereau de Saint-Denis avait fondé un établissement destiné à tanner les peaux des bisons. La matière première ne manquait pas : ces animaux, par dizaines de milliers, labouraient les grandes plaines de l'occident.

Sur le sol de ce pays, fertile et facile à mettre en valeur, les céréales venaient à profusion. Chaque semaine, des convois descendant le Grand Fleuve venaient décharger leur cargaison sur les appontements de la ville. Ils partaient en décembre, chargés à couler bas, armés pour parer à des surprises. Marché conclu, les convoyeurs passaient une partie de l'hiver en ville, dépensaient leurs bénéfices jusqu'au dernier sou dans les bouges et les tripots et repartaient dans les premiers jours de février.

Durant quelques mois, à La Nouvelle-Orléans, on vivait dans l'abondance. On trouvait dans les magasins de la farine, de la viande de bison et d'ours boucanée, des pois, du riz, des tonneaux d'huile et de graisse animale. Dès que les réserves tiraient à leur fin les gardes-magasins restreignaient la distribution, ne vendant qu'au compte-gouttes et au prix fort.

Cette précarité de l'économie n'empêchait pas la bonne société de se gaver de nourriture, de vin et de plaisirs.

Le fossé s'élargissait chaque jour entre elle et les basses classes : les uns avaient tout et les autres rien. Les attelages clinquants croisaient des processions de mendiants et de vagabonds. Le soir venu, des fenêtres de leurs demeures princières, entre deux danses ou deux actes de comédie, les nantis pouvaient contempler les visages blafards de la misère dans la clarté jaune des lampadaires à graisse d'ours.

M. de La Rouvillière, avec une louable ténacité, se vouait à la chasse aux trafiquants mais ils s'entendaient comme larrons en foire, ce qu'ils étaient. La haute société ne se privait pas de s'engager dans des opérations illégales. Il avait fort à faire à débusquer ces aigrefins en dentelle et se mettait les notables à dos, ce dont il se moquait.

Il disait à Gilles :

– Je sens venir le vent, mon ami. Cette pagaille ne durera guère. Il ne se passera pas trois ans avant que Versailles ne rappelle notre « Grand Marquis ».

« Ce prophète, se disait Gilles, prend ses désirs pour des réalités. » Les mois, les années passaient sans que rien indiquât que M. de Vaudreuil pût risquer d'être inquiété. Les rapports vengeurs de l'ordonnateur, les colères d'Alceste qu'il déployait dans ses libelles et ses diatribes, semblaient ne pas créer plus de remous à Versailles qu'une feuille tombant sur une rivière. Le gouverneur avait à la Cour de bons amis, voire des complices, qui se faisaient une obligation d'enterrer ces récriminations avant que le ministre ou le roi en eussent pris connaissance.

Gilles revenait de sa promenade matinale sur la levée voisine du port, les membres rompus à la suite d'une nuit d'amour avec une grande hétaïre du *Soleil d'Orient*, le bordel le plus huppé de la ville, quand il trouva dans son cabinet un paquet et une lettre.

Le paquet contenait un chapeau de feutre identique à celui qu'il avait perdu quelques jours auparavant. La lettre était signée « Évelyne de Rémonville »; elle disait :

« *Monsieur,*
« *Je suis confuse de vous avoir donné tout ce dérangement l'autre mercredi. Je vous sais un gré infini de votre intervention car cette affaire aurait mal fini pour moi. Mon grand-père serait désireux de vous remercier personnellement. Voulez-vous venir prendre le thé en notre compagnie, dimanche prochain, vers cinq heures de relevée ? Nous en serions ravis et flattés.* »

Cette lettre lui rappelait la voix claire et le visage lumineux de la demoiselle. Elle contribua à chasser les miasmes nauséeux de sa nuit. Il reprit son travail en chantonnant. Une voix aigrelette lui parvint du cabinet de l'ordonnateur :

– Cessez ce concert, je vous prie. Nous ne sommes pas à l'Opéra et cela me gêne...

Gilles loua un cheval à l'écurie de Mme de Vaudreuil qui, grâce à ce petit négoce supplémentaire, arrondissait ses revenus. Il songeait depuis longtemps à s'acheter un bidet de réforme mais, outre qu'il lui eût coûté cher en entretien et qu'il n'avait pas d'écurie où le loger, il n'en avait pas vraiment l'usage, son existence étant devenue sédentaire.

La route, large de quarante pieds, qui séparait les dernières maisons de la capitale des premiers domaines de Chantilly, sur le bayou Chef-Menteur, longeait de belles maisons blanches dont certaines portaient encore trace des blessures de l'ouragan. Des enfants jouaient dans les jardins, avec des poneys et des biches sous la surveillance de négresses en tignon et robe de cotonnade bariolée. De grosses bouffées tièdes montaient du bayou dont on devinait les ombres et les lumières à travers des rideaux de mousse espagnole.

Évelyne l'attendait, assise sur un banc, près du portail, habillée en petit pied avec une coquetterie de rosettes de rubans dans les cheveux et de petits souliers de daim.

Elle lui prit familièrement le bras après qu'il fut descendu de cheval.

– Vous êtes ponctuel, dit-elle. Venez. Mon grand-père est impatient de vous connaître et de vous remercier de vive voix.

Elle le fit se retourner, le contempla en souriant.

– Je craignais que ce chapeau ne soit un peu juste pour votre tête. Il vous va à ravir.

– Il ne fallait pas...

M. de Rémonville se leva lentement de son fauteuil à bascule pour saluer son visiteur. Ce vieillard longiligne, d'une maigreur extrême, flottait dans ses vêtements de toile blanche qui faisaient ressortir la matité de son teint.

Il dit d'une voix cassée :

– Ainsi, voilà ton sauveur ! Monsieur de La Frénière, je ne saurais trop vous remercier. Voici ma fille.

Mme Adélaïde esquissa une révérence. Elle ne devait guère être plus âgée que Gilles mais, autant son père était maigre, autant elle était ronde. Elle le remercia avec émotion. Gilles baisa la main qu'elle lui tendait :

— Je n'ai fait, madame, que ce que n'importe qui aurait fait à ma place.

M. de Rémonville proposa un cigare ; Gilles l'accepta.

— Le seul plaisir qui me reste... dit le vieillard, mais je n'en abuse pas à cause de mon cœur qui est fatigué. Ceux-ci viennent de Cuba en passant par Saint-Domingue. Ce sont, m'a-t-on dit, les meilleurs.

Il l'alluma, tendit le bougeoir à Gilles, avant de poursuivre :

— Jadis, alors que je résidais à Mobile et dans l'île Dauphine, je fumais le tabac des Indiens. Il m'arrachait la gorge. Aujourd'hui, Dieu merci, nous avons des tabacs plus délicats.

Une Indienne servit le thé et le rhum. Gilles engagea la conversation sur les dégâts de l'ouragan. Ne sachant trop qu'en dire qui échappât à la banalité, il parla du sauvetage de sœur Camille du Saint-Esprit.

— J'étais au courant de cette affaire, dit Évelyne. C'était donc vous ? Décidément vous avez la vocation du sauvetage. Un véritable ange gardien...

— Pauvre enfant ! gémit Mme Adélaïde. J'ai appris qu'elle avait été enlevée ou qu'elle avait rompu ses vœux. L'a-t-on retrouvée ?

Dissimulant sa gêne derrière la fumée de son cigare, Gilles répondit qu'il l'ignorait. L'aurait-on retrouvée, d'ailleurs, toute la ville en eût été informée.

M. de Rémonville venait de s'endormir, son cigare éteint encore accroché à ses lèvres. Mme Adélaïde expliqua que cela lui arrivait souvent, à toute heure du jour, seul ou en compagnie.

— Ma fille, dit-elle, se fera un plaisir de vous faire visiter la plantation. Le tabac est très beau cette année et, si un nouvel ouragan ne vient pas dévaster nos champs, nous aurons une bonne récolte. Thomas pourrait vous accompagner pour vous montrer une espèce de tabac que mon père souhaite acclimater.

— Inutile ! répondit Évelyne d'un ton sec. Nous ferons très bien sans lui.

— Thomas, dit Gilles, est-ce votre frère ?

— Je n'ai ni frère ni sœur. Thomas est notre régisseur. Ne parlons plus de lui, je vous prie.

Il l'aida à seller son cheval et ils partirent dans la

grosse chaleur de la fin d'après-midi. L'orage qui montait du delta lâchait des souffles tièdes qui faisaient trembler l'air sur le lointain des marécages au-dessus desquels tournaient des vols de pélicans.

Le jour du Seigneur on donnait campo aux nègres : ils somnolaient en fumant la pipe ou des feuilles de tabac roulées à l'ombre du chêne géant autour duquel s'éparpillaient leurs cases dont Gilles apprécia la propreté. Une jeune négresse aux seins nus allaitait son négrillon en dormant, la tête sur son épaule. Des chiens maigres vinrent renifler les jambes des chevaux.

— Nous n'avons qu'une centaine d'esclaves, dit Évelyne, mais travailleurs et fidèles pour la plupart. Mon grand-père ne les maltraite pas, contrairement à d'autres planteurs. C'est pourquoi, bien qu'ils soient libres de leurs mouvements, ils ne cherchent pas à s'évader. Nous en avons affranchi quatre cette année. Ils venaient d'avoir cinquante ans. Le jubilé... Deux seulement sont partis. Les deux autres ont choisi de mourir ici.

Seuls les entrepôts où s'entassaient les boucauts de tabac et les sacs de riz gardaient encore des blessures du dernier ouragan. La plantation développait jusqu'à une lointaine lisière de chênes et de lauriers une immensité uniformément plate où flottait l'odeur entêtante du tabac déjà haut. La rivière occupait un bas-fond proche du bayou Chef-Menteur auquel le reliaient de petits canaux dissimulés par des rideaux de cannes.

— Pardonnez-moi si je suis indiscret, dit Gilles. Il m'a semblé que vous ne portiez pas ce Thomas dans votre cœur.

— C'est le moins qu'on puisse dire ! répondit-elle d'un ton âpre. J'ai d'excellentes raisons de ne pas l'aimer.

Elle allait en rester, semblait-il, à cette demi-confidence quand, après un silence, elle reprit :

— J'étais fiancée à un enseigne en pied du fort Saint-Joseph des Tonicas. Vous l'avez peut-être connu : il s'appelait Georges de Brétigny. Nous étions sur le point de nous marier quand il a été appelé en renfort pour venger le massacre du chef choctaw Soulier-Rouge, Imatahatchito de son nom indien. Il a été capturé il y a un an de cela et je n'en ai plus de nouvelles. Je n'en espère pas, d'ailleurs. Quand on sait ce que les Chickasaws font de leurs prisonniers...

Elle arrêta son cheval sous un énorme cyprès, prit un

écheveau de mousse espagnole dans sa main et le respira.

— Avez-vous constaté, dit-elle, que cette plante porte des fleurs minuscules mais qui n'ont pas de parfum ?

Nouveau silence. Elle le précédait de quelques pas sur l'étroit sentier. Elle ajouta en se retournant avec vivacité :

— Autant que vous le sachiez puisque vous semblez intrigué par mon comportement : Thomas, me sachant libre, souhaite m'épouser. Il se fait des illusions. Sur le plan du service, nous n'avons rien à lui reprocher, au contraire. Mais on n'épouse pas un prétendant en fonction de ses qualités professionnelles. Thomas est un intrigant : c'est la plantation qu'il souhaite épouser. Voilà ! vous savez tout... Il en prend trop à son aise. Ma mère a décidé de le licencier.

Sur le chemin du retour, en longeant le bayou, elle lui parla de sa famille. Ce n'était pas une histoire banale.

M. de Rémonville avait débarqué à la colonie au début du siècle. Il était retourné en France pour liquider ses biens, puis était revenu, en possession d'une petite fortune. Mobile, Biloxi, l'île Dauphine étaient alors les seuls endroits où il pût espérer faire fructifier son magot. Il avait mis quelque temps à comprendre que l'avenir n'était pas à cette côte inhospitalière et infertile, mais plus loin vers l'ouest, dans cette vallée du Mississippi, artère vitale de la Louisiane.

Il avait vécu quelque temps sur son pécule avant d'aller chercher fortune en amont du delta, dans les parages de Bâton Rouge, à une cinquantaine de lieues de l'actuelle capitale. Il y avait créé la plantation de Belle-Épine et une société de portage qui n'avaient pas fait miracles. Malgré de nombreuses traverses, des aléas qui avaient failli engloutir ce qui restait de sa fortune et sa vie même, il avait tenu ferme la barre. Il n'était pas homme à se laisser décourager facilement.

A Mobile puis à l'île Dauphine où il avait installé ses pénates dans ses débuts en Amérique, il vivait à l'écart de la communauté, entouré d'une aura de mystère qui lui valait quelques animosités. Il n'avait accepté de recevoir que de rares invités avec lesquels il se sentait quelque affinité : M. de Bienville, l'ordonnateur d'Artaguette et deux musiciens avec lesquels il se donnait le plaisir de petits concerts en trio : le violoneux François Picard, dont il avait fait un violoniste, et le charpentier-flûtiste André-Joseph Pénicaud. Ces quelques fréquentations lui suffisaient pour qu'il n'eût pas l'impression de vivre comme saint Antoine au désert.

Deux jeunes femmes s'étaient imposées à cette petite communauté de goûts : Charlotte Lantier et Justine Chapelle. Elles l'avaient accompagné à Belle-Épine et avaient partagé la vie aventureuse. Il avait fini par épouser Justine qui lui avait donné une fille.

— Cette fille, dit Évelyne, est ma mère.

Ils regagnèrent le Vieux-Chêne alors que l'averse commençait à crépiter à grosses gouttes tièdes à travers l'air poisseux, sur les ramures des lauriers. M. de Rémonville avait déjà soupé et était allé se coucher.

— Il supporte mal les orages, dit Mme Adélaïde. La crainte qu'ils ne détruisent nos récoltes...

— Il n'y aura pas d'orage ce soir, dit Évelyne, mais une grosse ondée. Restez donc souper avec nous.

Il ne se fit pas prier. L'atmosphère paisible de cette soirée l'envoûtait un peu : le Vieux-Chêne semblait se dresser hors du temps, au sein d'une nature qui avait l'apparence d'un paradis, le long d'un bayou qui lui rappelait celui où il avait vécu des heures heureuses en compagnie de Camille.

— Je vais vous montrer notre galerie de portraits, dit Évelyne après le café.

Le salon au luxe discret sentait la vieille étoffe. Un bouquet de magnolias s'épanouissait sur un guéridon, face à un clavecin décoré de scènes champêtres et de pampres.

— Vous êtes musicienne ? demanda Gilles.

— Mon grand-père était jadis un excellent exécutant. Il m'a appris le solfège et la musique. Je joue médiocrement mais cela me suffit. Je ne donnerai jamais de concert à La Nouvelle-Orléans...

Derrière le clavecin, au-dessus d'une console à table d'onyx, figuraient quelques sanguines.

— Tous ceux que j'aimais sont là, dit-elle. Tous sont morts, sauf mon grand-père. Ces dessins sont de sa main. Il excellait dans tous les arts. Voici ma grand-mère Justine, qui était une beauté, son amie Charlotte, en quelque sorte mon autre grand-mère. Cet autre portrait est celui de mon fiancé en tenue d'enseigne. Là, sur le clavecin, c'est moi : j'avais cinq ans... La dame, à côté de moi est ma mère.

— Je ne vois pas votre père... dit-il.
— Et pour cause. Je vous expliquerai peut-être un jour pourquoi mon grand-père ne l'a pas dessiné.

Elle ajouta après un long silence :
— Il avait aussi une belle plume et même un style de bonne qualité. Il avait rédigé ses Mémoires et se proposait de les faire éditer à Paris, mais l'ouragan a tout emporté. Quel spectacle ! Cette demeure était transformée en capharnaüm ouvert à tous les vents. Meubles renversés, vaisselle brisée, tapis arrachés... Il y eut une invasion de serpents. On en trouvait dans tous les coins. Je n'ai pu recueillir que quelques feuillets du manuscrit. Je vous les montrerai si cela vous intéresse...

Elle lui ouvrit la bibliothèque qui, elle aussi, avait souffert du cataclysme.
— Les livres auxquels mon grand-père tient tant... Éparpillés partout, jusque dans le jardin ! Il a fallu les faire sécher. Ils sont toujours en mauvais état et les reliures sont abîmées. Regardez ! Horace, Virgile, Longus, et cette superbe édition d'Homère. Bons pour le rebut, mais mon grand-père a refusé de s'en séparer.
— Une bibliothèque... Mon rêve est d'en posséder une, de m'y enfermer durant des jours, volets et porte clos, de lire à m'en donner le vertige...
— Celle-ci est à votre disposition, dit Évelyne. Vous pourrez y puiser autant qu'il vous plaira, mais gare au vertige !
— Voulez-vous me jouer un petit air ? dit-il. J'aime aussi la musique.
— Pas ce soir. Il se fait tard.

Gilles attendit que l'ondée se fût arrêtée pour reprendre le chemin de la ville.

A quelques jours de là, Gilles parla à son ami Sauvoy de sa visite au Vieux-Chêne.

— Étrange famille, dit Sauvoy. Ils ne reçoivent pour ainsi dire plus. La plantation du Vieux-Chêne est un modèle et le vieux marquis est à la tête d'une belle fortune, mais leur porte reste quasiment close. Tu as eu de la chance d'y être invité.

— Pourquoi ce mystère ?

— Tu n'es donc pas au courant ? Il est vrai que ces gens font peu parler d'eux. La discrétion même...

Il raconta que naguère un parti de Chickasaws avait descendu le fleuve jusqu'aux abords de La Nouvelle-Orléans dans le dessein de terroriser la ville. Ils avaient fait irruption au Vieux-Chêne, massacré quelques nègres qui leur résistaient et violé la fille du marquis de Rémonville, Adélaïde. Elle avait tenté, mais en vain, d'avorter.

— Ainsi, dit Gilles, la gorge nouée, Évelyne...

— Évelyne est une métisse. Tu ne l'as pas remarqué ?

Il avait été sensible à la matité de sa peau, à son regard profond qui semblait parfois se retirer dans un vide glauque, et il se souvenait de sa réserve lorsque, en contemplant les sanguines, il s'étonnait de ne pas voir le portrait de son père.

— Le marquis, ajouta Sauvoy, a toujours fait mine d'ignorer l'origine de sa petite-fille ou, du moins, il a tenu à garder avec cette enfant des rapports normaux.

Il ajouta :

— Si tu tiens à donner suite à ces relations avec les

Rémonville, abstiens-toi de faire une allusion, même discrète, à cet événement.

L'exaspération de M. de La Rouvillière contre Vaudreuil avait atteint le contre-ut lorsqu'il avait appris que ses courriers à Versailles restaient lettre morte. Il pestait :

— Cet arriviste qui se croit sorti de la cuisse de Jupiter, ce *Cavagnal*, devant lequel s'inclinent les gens de Versailles, n'est qu'un rustre sous ses dentelles. Je connais ses origines : une petite noblesse miteuse de Gascogne ! Lorsqu'il est arrivé au Canada à la fin du siècle dernier, son père n'avait pas un sou vaillant !

— Il n'y a pas de honte à cela ! ne pouvait s'empêcher de protester Gilles. Le marquis n'est pas le seul à avoir acquis fortune et renommée en partant du bas de l'échelle.

L'ordonnateur dardait vers lui ses yeux de fouine.

— Seriez-vous de sa coterie, monsieur de La Frénière ? Vous aurait-il tourneboulé la tête à vous aussi ? Cet homme a réussi par l'intrigue et la parade. C'est d'un bon comédien mais d'un misérable aigrefin.

Un matin, il brandit un billet qu'il venait de recevoir d'un de ses agents à Paris, et le lut à haute voix. C'était la copie d'une lettre découverte dans les papiers d'un secrétaire d'État, concernant le père de M. de Vaudreuil : « *C'est un cadet de Gascogne qui ne fera pas venir souvent des lettres de change si vous n'avez pas la bonté de lui en donner les moyens...* » Et il y en avait des pages du même tabac.

— Si M. de Pontchartrain, poursuivit l'ordonnateur, n'avait pris sous sa protection — j'ignore pourquoi — ce maraud, s'il ne lui avait jeté dans les bras une riche héritière pour l'aider à faire bonne figure, notre Cavagnal serait en train de gaver ses oies en Gascogne, et la Louisiane ne serait pas dans l'état où elle est aujourd'hui !

— Ceux qui ont assisté aux débuts de cette colonie, dit Gilles, ont connu des situations plus dramatiques.

M. de La Rouvillière eut du mal à contenir son courroux. Il y mit pourtant un bémol : il tenait trop à ce commis fidèle, efficace, ponctuel, pour risquer de provoquer une rupture ou de compromettre leur bonne entente.

— Brisons-là ! soupira-t-il. Je comprends que je suis en train de prêcher dans le désert.

Malgré le respect teinté d'admiration qu'il vouait au gouverneur, Gilles devait bien convenir que l'ordonnateur menait sa barque avec honnêteté et obstination.

Stimulé par le père Beaubois, M. de La Rouvillière avait brandi l'étendard de la foi. Il fulminait contre les mariages mixtes et le concubinage. Ceux qu'il prenait en flagrant délit et qui refusaient d'observer les lois de la religion, il les faisait fouetter en place publique ou condamner aux travaux forcés. Il fit barrage à la prolifération des lieux de débauche, fit mettre aux enchères ceux qui étalaient leur immoralité au grand jour et distribua l'argent aux pauvres. On payait une amende pour avoir troublé un office...

Près de trois ans après le passage de l'ouragan, la colonie avait pansé ses blessures et l'activité avait repris de plus belle.

Alimentés par les convois de grumes qui descendaient des territoires des Tonicas et des Natchez, les moulins à planches tournaient à plein régime. On travaillait ferme dans les briqueteries, même la nuit, à la lumière des lanternes, des torches et des lampes à graisse d'ours. Tous les artisans étaient mobilisés pour restaurer les demeures dévastées, ce qui avait permis d'éliminer quelques taudis remplacés par de véritables maisons. Dans les campagnes, où le renouveau était tout aussi sensible, on reconstituait les plantations.

Une autre fièvre possédait la colonie : celle des mariages.

Devenues jeunes filles, les élèves de la mère Tranchepain et les orphelines de Mlle de Boisrenaud ne restaient pas longtemps à faire tapisserie. On les cultivait comme des plantes de serre jusqu'au jour où des prétendants viendraient frapper à l'huis et solliciter une compagne. Il restait peu de laissés-pour-compte, sauf un quarteron de bossues et d'idiotes que l'on réservait aux basses œuvres. Passé un certain âge, le célibat devenait une exception que l'on montrait du doigt. Même les fêtards invétérés se rangeaient et faisaient une fin honorable devant le curé.

M. de Vaudreuil ne cachait pas la satisfaction que lui procurait le train où allaient les choses.

— Je vois avec plaisir, proclamait-il, venir le temps où cette colonie, suivant la voie tracée par les Acadiens, deviendra riche et prospère, où les habitants croîtront et prospéreront, où le bon grain remplacera l'ivraie.

Les Acadiens... Pauvres Acadiens ! Les persécutions que les Anglais leur faisaient subir prenaient un tour tragique.

Ce que le gouverneur oubliait d'ajouter, c'est que la situation monétaire tournait en eau de boudin. Les billets de cartes, qui palliaient l'absence quasi totale de numéraire, perdaient de jour en jour de leur valeur. Pour obtenir cent livres en monnaie métallique il fallait trois cents livres en billets. Et ces billets, bien souvent, étaient faux.

A l'instigation de M. de La Frénière, qui avait acquis en la matière une expérience reconnue, le Conseil supérieur avait décrété que les billets devaient rentrer dans un délai de deux mois pour être échangés contre des bons de la trésorerie, escomptables sur Paris.

Le gouverneur avait autorisé le commerce avec les colonies espagnoles, Pensacola et Cuba notamment, mais interdit le trafic, avec les établissements anglais, de l'indigo louisianais, de meilleure qualité que le leur, et des chandelles de myrte dont ils étaient dépourvus. Il achetait ces produits destinés à la métropole et prélevait une taxe au passage. Pour son propre compte...

Le négoce était l'affaire principale de La Nouvelle-Orléans. En dépit de son délabrement, dû à l'ouragan et à la vétusté de ses installations, le port connaissait une activité intense.

Dès qu'un navire apparaissait au large de La Balise, les courtiers aux aguets se ruaient sur la berge du fleuve, lunette à l'œil, après avoir fait la queue dans les services de l'ordonnateur pour changer leur monnaie de singe contre des lettres de change sur Paris. Ils achetaient tout et n'importe quoi, revendaient avec des bénéfices consistants. Le plus modeste colon venu proposer ses salades était assailli avant même qu'il eût eu le temps de déballer sa marchandise. Lorsque le navire abordait, on se battait pour monter à l'abordage, on s'injuriait, on se menaçait et parfois on se poussait à l'eau.

Des navires de France, il n'en arrivait plus guère, mais, les jours où l'un d'eux était annoncé, les services de l'ordonnateur étaient sur le pied de guerre. Les courtiers se bousculaient à la porte et M. de La Frénière, à plusieurs reprises, dut faire appel à l'autorité.

Les Indiens, les Choctaws notamment, considéraient cette plaisante chienlit d'un œil calme et glacé.

Malgré l'expérience qu'il avait acquise lors de son séjour au Canada, M. de Vaudreuil pratiquait une politique décevante envers les Indiens. D'accord pour une fois avec l'ordonnateur, il avait procédé à des distributions de présents, avait reçu les Soleils dans son hôtel, les avait régalés et comblés de promesses.

L'obstacle principal à une paix générale était la division qui régnait entre nations. Depuis les origines elles vivaient dans un état de guerre permanent qui relevait de la sélection naturelle des espèces. Cette situation n'avait pas changé, sauf qu'elles avaient pris les unes le parti des Anglais, les autres le parti des Français, les Espagnols restant à l'écart de ce choix. Elles y trouvaient un double intérêt : se livrer à leur occupation favorite : la guerre, et récolter des présents des deux côtés. Avec l'hostilité accrue des Blancs, l'engrenage infernal entre attaques et représailles allait bon train.

– Si ces horreurs ne cessent pas, disait le gouverneur, il ne nous restera plus qu'à plier bagage. Je trame des alliances ici et là, avec les unes et les autres, amis et ennemis. A peine l'alliance conclue, la paix rétablie, tout se défait et tout est à reprendre. Un travail de Pénélope, le rocher de Sisyphe... Toutes ces fêtes que nous organisons à l'intention des chefs indiens ne sont que des mascarades hypocrites. Pour un tonnelet de tafia ces bougres vous jurent une amitié éternelle. Pour deux ils vous trahissent. C'est un peu comme à Versailles, sauf que là-bas les intrigues ne se règlent pas dans le sang.

Elle traversait ses nuits comme la lumière sourde que l'on promène dans la chambre d'un malade et ne disparaissait qu'au petit matin. En se réveillant Gilles promenait son regard autour de son lit, sur les murs, comme si elle avait pu y abandonner la moindre trace. Cette obsession ne tournait jamais au tragique : il savait qu'il la retrouverait quand il en aurait envie ; il savait qu'elle l'attendait.

Quelques semaines après sa première visite au Vieux-Chêne, Évelyne lui avait donné une ébauche que son grand-père avait réalisée et qui la représentait au seuil de l'adolescence, lisant sous la galerie, sa mère derrière elle. La feuille était bordée de mouillures brunâtres mais le dessin n'avait pas été détérioré. Gilles avait fait encadrer ce portrait et l'avait placé sur sa table de travail, dans sa chambre.

Il s'était passé deux mois avant qu'il ne prenne une décision qu'il reculait de jour en jour dans la crainte d'essuyer une rebuffade : demander Mlle de Rémonville en mariage. Il était sûr de ses sentiments mais moins des siens, encore qu'il n'eût observé aucune marque d'animosité ou d'indifférence à son égard. Elle n'avait non plus fait montre d'aucun encouragement.

Il se disait qu'elle n'avait peut-être pas renoncé à voir reparaître Georges de Brétigny, de même qu'il avait longtemps espéré le retour de Camille. Il était rare que les Indiens relâchent leurs prisonniers mais beaucoup parvenaient à s'évader. Après le massacre de fort Rosalie, n'avait-on pas vu revenir des villages natchez des femmes, des enfants et des nègres ?

A supposer qu'Évelyne partageât ses sentiments, consentirait-elle à l'épouser ? La petite-fille d'un marquis et le fils d'un meunier... Il y avait, il est vrai, cette tache indélébile : Évelyne avait du sang indien dans les veines. Il comptait sur cette lézarde pour s'insinuer plus profond dans sa vie.

Un matin de printemps il se dit que cette mauvaise scène de théâtre n'avait que trop duré.

Comme le temps était beau et frais il prit le parti de se rendre à pied au Vieux-Chêne. Bon marcheur il mettrait deux heures environ pour y parvenir. Il coiffa son tricorne de castor, revêtit son habit des dimanches avec au bras son manteau de pluie. Le printemps de Louisiane est bref et capricieux : un entracte tourmenté entre les froidures hivernales et les chaleurs de mai.

Il lui rapportait le *Daphnis et Chloé* de Longus qu'il lui avait emprunté lors de sa dernière visite. En fait, c'est elle qui l'avait prié de l'emporter. Il pouvait y voir le signe qu'il ne lui était pas indifférent.

Il avait failli passer au *Lion d'argent*, boutique de futilités, pour y acheter une babiole, mais il redoutait que ce modeste présent ne parût anticiper sa demande.

Une triste nouvelle l'attendait.

— Êtes-vous au courant ? dit-elle. Ce pauvre Baby...

La veille, comme il le faisait chaque matin, le maître de danse était allé chevaucher sur la levée. A une lieue du port, en amont, il avait été agressé par un parti de sauvages qui l'avaient égorgé, lui avaient levé la chevelure et lui avaient volé sa monture et ses vêtements.

— Ce pauvre Baby... répéta Gilles. J'ai participé avant-hier à son dernier spectacle.

On présentait dans le jardin de Mme de Vaudreuil *Monsieur de Pourceaugnac*, une pièce de Molière avec le ballet de Lully. Elle avait choisi délibérément cette pièce parce qu'elle fait un tableau plein d'humour acide d'un hobereau limousin. Beaucoup y virent une allusion à M. de Pradelle avec lequel Mme de Vaudreuil avait eu des mots. Gilles y tenait le rôle d'un des médecins appelés à soigner un pauvre garçon que l'on voulait faire passer pour fou. C'est évidemment Baby qui avait choisi les costumes et réglé le ballet.

— Après le spectacle, dit Gilles, nous nous sommes

entretenus de Pourceaugnac, de Molière... et de vous, ma chère.

Évelyne sursauta.

— De moi, dites-vous ? Et qu'avez-vous bien pu lui raconter ?

— Rien qui puisse lui donner une mauvaise opinion de vous. Il aurait aimé vous rencontrer, en tout bien tout honneur, car il était de *mœurs grecques*, comme on dit. Je lui avais promis de vous le présenter. Et voilà que vous m'annoncez sa mort !

Il ajouta en lui prenant le bras :

— Voulez-vous me suivre dans le jardin ? J'ai à vous parler. Des choses importantes.

Ils s'assirent sur le banc du grand chêne qui occupait un vaste espace de pelouse devant le pignon. Des nuées de volatiles saluaient le retour du printemps et le temps des amours. Cet arbre était de si vastes dimensions qu'on eût pu construire à son ombre une demeure comparable à celle du propriétaire.

— Je vous écoute, dit-elle en lui prenant la main.

— J'ai reçu hier un message de Paris, par la *Galatée*. Il faut que je quitte ce pays dans les plus brefs délais.

La main d'Évelyne se crispa dans la sienne. Elle soupira, détourna la tête.

— Que me dites-vous là ? Ainsi vous partiriez, vous accepteriez de ne plus me revoir ? N'avez-vous pas la possibilité de refuser ?

— On ne refuse pas d'obtempérer aux ordres du roi.

— Je sais, moi, que cela est possible. Si vous étiez malade, incapable de voyager...

— Non, je vous assure, je ne le puis. Croyez que je souffre de cette décision.

— J'avais pris l'habitude de vos visites, de nos promenades, de nos entretiens. Je m'ennuie un peu dans cette vieille maison quand vous n'y êtes pas.

Il poussa une pointe cruelle :

— Allons ! ne soyez pas morose... Vous trouverez d'autres amis pour vous tenir compagnie et vous consoler.

— Des amis ! Je n'en ai que faire ! riposta-t-elle avec cette vivacité qu'il appréciait. Ne faites pas l'innocent ! Vous avez bien deviné, depuis que nous nous rencontrons, que j'éprouve pour vous autre chose que de l'amitié.

– Voulez-vous dire que vous m'aimez ?
– Eh bien, oui ! puisque vous me forcez à vous l'avouer.

Il se leva lentement, comme on refait surface dans une rivière où l'on a failli se noyer. Ce qu'il n'avait osé lui confesser elle le lui jetait au visage, et avec quelle fougue !

Il se rassit, lui prit les mains.

– Évelyne, dit-il, je viens de vous faire un gros mensonge, mais c'était dans le but de vous éprouver, de vous contraindre à me révéler vos sentiments. Cette histoire de voyage n'est qu'une fable.

La réaction d'Évelyne ne fut pas celle qu'il attendait. Elle repoussa ses mains, se leva, le visage empourpré de fureur, le regard plus noir que jamais et s'éloigna de quelques pas en titubant. Il crut que la foudre s'abattait sur lui quand il l'entendit proférer d'une voix âpre :

– Monsieur de La Frénière, vous êtes un lâche et un sot. Le stratagème dont vous avez usé est indigne de la confiance que je vous portais.

– Vous vous méprenez, Évelyne !

– Je vous prie de ne pas user de mon prénom et de vous retirer sur-le-champ. Nous n'avons plus rien à nous dire.

Il se leva à son tour, s'éloigna à reculons. Un essaim de mots qu'il ne parvenait pas à libérer s'entravait dans sa gorge.

Il l'entendit crier, comme si la voix venait de très loin :

– Votre chapeau, monsieur ! Vous oubliez votre chapeau. Décidément c'est une manie...

Sur le trajet du retour qu'il accomplit comme dans un songe, les jambes molles, le pas lourd comme s'il luttait contre un courant, le cœur en berne, il en vint à souhaiter qu'un parti d'Indiens vînt lui ouvrir la gorge comme à ce pauvre Baby. A plusieurs reprises il se prit à monologuer :

– Elle m'a traité de lâche et de sot ! Elle ne m'aime pas. Son aveu était du vent, du vent, du vent !

Le temps qui lui restait – c'était un jour de fête mais il ne savait plus quel saint ou quel événement on célébrait –, il le passa allongé sur sa couche, malade de désespoir. Il essaya de relire quelques pages du *Daphnis et Chloé* qu'il n'avait pas eu loisir de lui restituer, le jeta comme une grenade au fond de sa chambre. « Quelle fatalité, se dit-il, pèse sur ma vie sentimentale ? Quel péché suis-je en train d'expier ? »

Il décida de se rendre à l'église pour donner du large à ses angoisses et faire, dans une ambiance sereine, son examen de conscience. En cours de route, il réfléchit, bifurqua par la rue de Condé vers le cabaret de Ceyrat. Il s'enivra consciencieusement, avec application, comme s'il accomplissait un rite. Il ne revint à son domicile qu'à la première fraîcheur du soir, titubant, nauséeux, s'arrêtant à plusieurs reprises pour vomir, en même temps que son vin, sa pitoyable passion.

Le lendemain un courrier l'attendait à son bureau. Il eut un coup au cœur en reconnaissant l'écriture cursive, à longs jambages, d'Évelyne. Quelques fautes, des omissions de mots le persuadèrent qu'elle avait écrit cette missive en état de fièvre ou qu'elle n'avait pas eu le temps ou la précaution de la relire. Elle était brève. Elle disait :

« *Mon cher Gilles, mon grand ami, mon grand amour, me pardonnerez-vous la scène ridicule d'hier ? J'ai cru sottement que vous vous jouiez de moi et ma réaction a été celle d'une enfant gâtée et capricieuse. Je vous en conjure, revenez-moi. Souhaitez-vous m'épouser ? Je suis vôtre. J'ai confié mon amour pour vous à ma mère. Elle se doutait bien qu'il n'y avait pas que de l'amitié entre nous. Elle est aussi heureuse que je puis l'être. Revenez ! revenez ! revenez !* »

— Monsieur l'ordonnateur, dit Gilles au comble du bonheur, puis-je m'absenter pour la journée ?

— Il y a beaucoup de travail avec l'arrivée de ce nouveau navire. Nous avons déjà du monde à la porte. Cela ne peut-il attendre ?

— Je crains que non. L'affaire est d'importance : je vais faire ma demande en mariage.

Récit de Dieudonné de Beauchamp

Dire que nous fûmes accueillis comme des messies, Lachaume et moi, dans la demeure des Washington serait un mensonge. Une atmosphère de deuil pesait sur la maison où les occupants se déplaçaient avec une lenteur de cauchemar, parlant bas et pleurant. Si les nègres et toute la domesticité étaient absents c'est que l'ouvrage sur le domaine ne pouvait attendre. Aucune hostilité non plus : une indifférence un peu glacée.

Un fermier nommé Hobby nous accueillit et nous demanda d'un ton sec ce que nous voulions. Tandis que nous lui expliquions les motifs de notre présence, il considérait sans complaisance notre tenue négligée et nos mines souffreteuses. Peu à peu, pourtant, son visage s'éclaira.

– Monsieur de Beauchamp... Monsieur Lachaume... Vos noms ne me sont pas inconnus. Vos missions dans les territoires de l'ouest sont connues de tous. Soyez les bienvenus.

Hobby nous annonça la mort d'Augustin Washington. Il nous conduisit sur sa tombe, à quelques toises de la demeure. Il ne pouvait être question, nous dit-il, de nous présenter à la veuve dans cette tenue de vagabonds ; elle nous eût éconduits. Nous devrions attendre le lendemain. Il nous indiqua la cabane de nègres où nous pourrions nous reposer et passer la nuit. Le soir, il nous fit porter de la nourriture, du cidre et des vêtements décents.

Mary Washington tarda à nous recevoir. Elle avait un entretien important avec un tabellion pour examiner le testament du défunt. En attendant que l'on daigne nous recevoir, Hobby nous proposa de parcourir le domaine.

— Je ne crois pas trop m'avancer, dit-il, en vous assurant que votre demande sera agréée. Nous manquons de personnel, surtout des Blancs car, pour ce qui est des nègres, nous en avons en suffisance. Le fait que vous soyez d'origine canadienne et française est sans importance. Ce pourrait même être un argument en votre faveur, je vous dirai pourquoi...

Au cours du long entretien que nous eûmes avec lui pendant cette promenade, Hobby nous apprit qu'il était non seulement fermier mais aussi sacristain et maître d'école. Il avait dans sa classe les enfants des colons et ceux des Washington, notamment le cadet, George [1], qui, à onze ans, révélait des dispositions étonnantes pour l'étude.

— Je parle très mal votre langue, dit-il, et n'ose l'enseigner à Mr. George de crainte de l'induire en erreur. Si cela vous agrée, monsieur de Beauchamp, je pourrai demander à Mrs. Washington que vous me remplaciez. Souvenez-vous de ce que je vous disais : votre origine plaide en votre faveur...

Lachaume me frappa l'épaule en riant :

— Te voilà promu maître d'école ! Je devrai te donner du *monsieur* à présent...

L'idée du brave homme me parut sujette à caution. Pour avoir des certitudes je devais attendre la confirmation de la maîtresse de maison.

Mary Washington ne nous reçut que le lendemain, dans le cabinet de son mari. Elle ne daigna pas nous proposer un siège, sans doute pour mieux nous jauger. De fait, son regard s'accrochait à nous tandis qu'elle s'exprimait d'une voix sèche et directe, sans omettre aucun détail vestimentaire, mais nous avions pris soin de notre tenue.

Elle entra d'emblée dans le vif du sujet.

— Vous semblez être de bons garçons, dit-elle. J'accepte de vous prendre à mon service. Vous recevrez en plus du gîte et du couvert une livre de tabac par jour. Vous pourrez la revendre environ un shilling. Les marchands de Fredericksburg se feront un plaisir de vous l'acheter. D'ici à trois mois, si vous me donnez satisfaction, je vous réglerai vos gages en argent. A condi-

---

1. Le futur président des États-Unis.

tion d'économiser vous pourrez acheter de la terre et vous mettre à votre compte. Ces conditions vous conviennent-elles ?

– Ben, madame, fit Lachaume, pour tout dire, c'est pas le Pérou.

– Le Pérou ? dit la veuve. Qu'entendez-vous par là ?

Je me hâtai d'intervenir pour expliquer que c'était là une expression française signifiant que nous étions pleinement satisfaits.

Elle ajouta :

– Depuis le décès de mon cher époux, et même avant, c'est à moi qu'incombait l'administration du domaine. Je dois vous prévenir : je ne tolérerai pas la moindre incartade. La consommation d'eau-de-vie est rigoureusement interdite. J'ai fait fouetter il y a peu un servant qui en proposait à mes nègres.

J'entrepris de lui expliquer ce qui nous avait incités à quitter la maison de Campbell. Elle me coupa la parole.

– Vos raisons m'importent peu. Vous voulez travailler ? J'ai de l'ouvrage pour vous. Votre rétribution vous paraît acceptable ? Eh bien, au travail ! Demain, mon régisseur vous précisera vos affectations.

Nous allions prendre congé quand elle me lança :

– Vous, Beauchamp, restez une minute.

Elle me parla de son cadet, George, des difficultés qu'elle éprouvait pour lui faire apprendre le français. Ce pauvre Hobby... Elle avait songé à engager un précepteur, mais allez en trouver un qui connaisse et puisse enseigner cette langue !

– Si cela vous convient vous donnerez des leçons à mon petit George. Une heure par jour, cela suffira. A prendre, bien entendu, sur votre temps de travail à la plantation. Veillez à ne pas lui inculquer sournoisement l'amour de la France. Il se peut que George ait plus tard à la combattre, ici ou ailleurs...

George était grand pour son âge. Il était de plus passionné par l'étude, autant sinon davantage que par les jeux auxquels il se livrait avec des enfants de colons ou des négrillons.

Je travaillais le matin à la plantation, dans les champs de tabac, en compagnie de Lachaume, ou dans les hangars, à la confection des manoques et des boucauts. Les négociants de Fredericksburg passaient régulièrement en prendre livraison avec de gros fardiers attelés de chevaux ou de bœufs.

Passé la sieste, je me rendais auprès de mon élève. J'avais à son intention rédigé un livret rudimentaire que je lui confiai pour donner un prolongement à nos leçons. Au début il se méfiait de moi, jugeant sans doute qu'il n'était pas judicieux qu'un sujet du roi de France lui enseignât la langue de ses ennemis potentiels. Je dus user de diplomatie pour le convaincre, en l'assurant que, loin de m'être imposé, je n'avais fait que satisfaire à la requête de sa mère. Il m'avoua qu'il préférait le calcul et la géométrie au français que, d'ailleurs, il n'apprenait qu'avec réticence.

— Ne craignez pas que je vous chante les louanges du roi de France, dis-je. Je n'ai pas de patrie.

— Au moins avez-vous une famille ?

— Oui, au Canada, mais je n'en ai pas de nouvelles depuis bien longtemps.

— Vous ne reviendrez jamais au Canada ?

— Pourquoi y reviendrais-je ? Mon pays, c'est le monde entier. Si demain je devais partir pour la Chine je n'hésiterais pas.

— La Chine... murmura-t-il.

Ni patrie ni famille ? Cela lui paraissait inconcevable. Il prit à dater de cet entretien un certain intérêt pour ma modeste personne, comme si je tombais de la Lune.

J'obtins sans peine de Mary Washington la permission d'enseigner à mon élève, en plus du français, quelques rudiments de calcul, de géométrie et d'écriture, me souvenant de mon bref séjour au collège de Montréal. Elle accepta et dégagea définitivement Hobby de ses fonctions de maître d'école.

Autant George se plaisait à mes cours, jouant et plaisantant avec moi, autant il boudait l'enseignement religieux que lui prodiguait sa mère. La lecture favorite de cette vénérable femme, outre les Écritures, était un gros livre relié en cuir de caribou : *Les Contemplations morales et divines*, de Matthew Hale : un recueil de maximes destinées à « régler la conduite personnelle sur les rapports avec autrui ».

Elle avait demandé au petit George de relever sur un carnet les plus admirables de ces maximes. Il me les lisait et nous les commentions de concert, lui avec son innocence et moi avec mon expérience des hommes.

Consciente de l'intérêt que son fils prenait à mes leçons, Mary Washington avait fini par me libérer du travail à la plantation et avait offert de m'héberger à domicile. Cette solution me convenait parfaitement.

J'emmenais George trois fois par semaine, à cheval, sur la rive de la Rappahannock, en face de la ville de Fredericksburg, pour lui enseigner des jeux et des exercices physiques car, s'il était grand pour son âge, il manquait de muscle.

Le saut, la course, la lutte, le lancer du javelot, le tir à l'arc étaient nos jeux favoris. Nous étions parfois rejoints par un camarade d'école, William Bursttle, qui s'était attaché à mon élève comme une tique rouge. Ils étaient inséparables mais se détestaient et ne manquaient aucune occasion de se battre.

J'étais devenu leur mentor. Je leur appris à fabriquer un arc, un tomahawk et ces épuisettes pour la pêche dont Iris, naguère, m'avait enseigné la pratique, ainsi que des pièges pour les loutres et les castors que je savais faire depuis ma jeunesse canadienne.

Nos équipées nous menaient jusqu'aux confins de la plaine, dans une contrée d'où l'on découvre, loin vers l'ouest, la chaîne des Alleghanys, qui les faisait rêver à de longues chevauchées.

Tous deux ne pensaient qu'à se mesurer aux Français et aux Indiens. Les Français se trouvaient à des centaines de lieues de Rosegill et les Indiens que nous voyions passer sur le fleuve avaient depuis longtemps enterré la hache de guerre.

Ils aimaient me faire raconter mes aventures de mer et de terre. Je ne les en privais pas, en les expurgeant de tout ce qui aurait pu leur donner de mauvaises pensées.

Lachaume avait peu à peu disparu de mon horizon quotidien.

Passé commandeur et heureux de ce grade, il avait vu sa situation s'améliorer rapidement. Ce n'était toujours pas le Pérou mais il ne se plaignait pas. Aux deux livres de tabac qu'il touchait maintenant par jour de travail s'ajoutaient des gages qu'il dépensait dans les cabarets et les bordels de la ville voisine, en regrettant que je refuse de l'accompagner. Dans l'intention de me séduire, il me vantait ses conquêtes faciles et les qualités diverses de chacune de ses hétaïres, mais je tenais bon.

En revanche, je résistais mal à d'autres tentations.

Dans la maison de Rosegill, elles étaient permanentes. La demeure était vaste ; les servantes nombreuses et certaines fort avenantes. Tandis que George étudiait la Bible et les bonnes manières avec sa mère, je me livrais, dans ma chambre où j'attirais de jeunes Indiennes ou des Noires, à des ébats qui, s'ils avaient été découverts, m'auraient valu un renvoi pur et simple. Dans la force de l'âge, robuste et normalement constitué comme je l'étais, ces exutoires m'étaient indispensables. Je ne m'en privais pas plus que les aînés de la maison, Lawrence et Augustin, tous deux nés du premier mariage d'Augustin.

Ces deux garçons ne me témoignaient aucune marque de sympathie mais cela m'était indifférent. Jamais aucun d'eux ne m'adressa directement la parole ni, a fortiori, ne me serra la main. Ils parlaient entre eux de ce « cochon de Canadien » qu'ils méprisaient, jugeant dangereux que l'on confiât l'enseignement de leur cadet à un « ennemi de l'Angleterre ». De mes petites amoureuses, qui me faisaient parfois des confidences sur l'oreiller, j'appris qu'ils avaient à diverses reprises tenté de me faire renvoyer, mais n'avaient pu l'obtenir.

Lawrence nous quitta pour prendre possession des biens qui lui revenaient en héritage : un domaine proche de Hunting Creek, qu'on appelle aujourd'hui Mount Vernon. A Augustin était échue la propriété précédemment par les Washington, dans le Westmoreland. Rosegill devait revenir à George.

J'avais vu partir sans regret Lawrence et Augustin. En revanche, le départ de Lachaume me toucha. Je n'ai jamais éprouvé de véritable sentiment d'amitié pour ce personnage brutal, sans scrupules, cruel, mais les aventures que nous avions vécues ensemble nous avaient rapprochés.

Deux ans après notre installation à Rosegill, Mary Washington me déclara :

— Je vais être obligée de me séparer de votre compagnon. J'ai eu tort de lui faire confiance. Je l'ai surpris à fouetter sans ma permission un nègre atteint de dysenterie et qui ne s'est pas relevé de ses coups. Mais il y a plus grave...

Lachaume revenait de ses bordées à Fredericksburg avec son mulet chargé de gallons d'eau-de-vie qu'il revendait aux Indiens du village proche de Rosegill.

— Ajoutez à ces forfaits, précisa Mary Washington, qu'il se conduit comme un satrape avec nos négritres. Il a violé une fillette de douze ans qui a failli en mourir. La coupe est pleine. Je lui ai donné congé. Il peut s'estimer heureux que je n'aie pas alerté les autorités du comté.

Campbell n'eût pas manifesté la même clémence. J'en savais quelque chose...

Dans l'heure qui suivit je rendis visite à Lachaume que je trouvai assis dans sa cabane, la pipe aux lèvres, la mine longue, buvant son whisky. Il avait l'air d'un dogue à qui l'on aurait arraché son os.

— Mon vieux Dieudonné, me dit-il, nos chemins vont se séparer. Je le regrette.

— Moi pas. Je maudis le jour où je t'ai rencontré. Tu t'es conduit comme un sacripant et tu n'as que ce que tu mérites.

— Arrête ton prêche, curé ! bougonna-t-il d'un ton menaçant. Tu n'es qu'une mauviette ! Dès que tu trouves un fauteuil confortable tu y cales tes fesses en attendant qu'on t'en déloge. Nous n'étions pas faits pour nous rencontrer.

— C'est bien mon avis. Que comptes-tu faire ? Où vas-tu aller ?

— J'aurais aimé partir pour les Iles. Il y a des picaillons à se faire dans la flibuste, mais les voyages en mer me font peur. J'ai pensé aussi revenir chez les *Frenchies*, mais je me ferais sûrement repérer, et ce serait la corde. Alors, je vais filer chez les sauvages. Là, au moins, on ne me demandera pas qui je suis et d'où je viens. Avec un bon fusil, un chien et un peu d'expérience, on se débrouille toujours. Alors, direction : la forêt !

Il ajouta avec un regard torve :

— Et puis, d'abord, qu'est-ce que ça peut te foutre ?

LIVRE QUATRIÈME

(1753-1759)

UN SOUPER DE MASQUES

Si M. du Périer avait quitté son poste de gouverneur avec une louable discrétion, le départ de M. de Vaudreuil prit l'aspect d'une fête qui agita la colonie durant plusieurs jours. En donnant éclat et relief à cet événement il semblait qu'il souhaitât faire oublier ses échecs, laisser dans l'œil des Louisianais un éblouissement comparable à celui qui reste quand on a longtemps regardé le soleil. Peut-être aussi pour impressionner son successeur, M. de Kerlerec, qui venait de débarquer à La Nouvelle-Orléans à bord du *Chariot royal*.

Les échecs de M. de Vaudreuil ? Difficile de les passer par profits et pertes...

Dans l'intention d'exterminer les Choctaws qui avaient basculé dans le camp des Anglais, il avait rassemblé une petite armée. Sept cents hommes s'étaient portés vers la rivière Mobile qu'ils comptaient remonter en direction des tribus de l'ouest. Le résultat : un seul village indien détruit, la création d'un fort sur la Tombigbee. Les Choctaws ? Disparus ! Au retour de cette expédition manquée, le gouverneur avait appris la mort de M. de La Rouvillière. « Sans doute d'un flux de bile... », songea-t-il. On vendit ses meubles aux enchères ; M. de Pradelle fit l'acquisition du lit dans lequel il était mort.

Autre humiliation pour M. de Vaudreuil avant son départ : des colons anglais avaient créé la Compagnie de l'Ohio destinée à occuper et à exploiter les territoires qui s'étendaient entre le lac Erié et le Mississippi. Une provocation insupportable qui équivalait à un *casus belli.* « Quel toupet ! s'exclamait Vaudreuil. Se déclarer maîtres de pays que nous avons conquis il y a un demi-siècle... Nous ne les laisserons pas faire ! Baisser pavillon serait leur ouvrir la porte du Canada. » Un demi-siècle ? Les Anglais jugeaient cet argument dérisoire : un certain traité de Lancastre leur avait concédé ces territoires... un siècle avant. Nul ne songea à remonter au déluge.

Les Anglais n'avaient pas attendu la création de cette compagnie pour entreprendre une marche à petits pas en direction du Mississippi. Leurs agents évoluaient sans crainte et sans risques dans ces contrées. Ils étaient déjà comme chez eux.

M. de Vaudreuil aurait aimé retourner à Versailles ; on l'envoya au Canada avec le titre de gouverneur général. Un beau titre mais lourd de menaces : les Anglais ne lorgnaient pas seulement la Louisiane ; le Canada était dans leur ligne de mire. Ils étaient tout proches : la Pennsylvanie n'était qu'à quelques jours de marche des Grands Lacs. On avait cloué des plaques de cuivre sur les arbres, édifié une ligne de redoutes, mais cela ne suffirait pas à protéger d'une attaque anglaise les rives du Saint-Laurent.

Gilles fut invité au souper d'adieux de M. de Vaudreuil.

Il avait été nommé procureur au Conseil supérieur et appelé à assurer l'intérim de M. de La Rouvillière.

— Bien entendu, lui avait dit la femme du gouverneur, vous viendrez avec votre épouse. Je regretterais de quitter ce pays sans l'avoir rencontrée. On dit qu'elle est charmante. Nous la présenterons à la femme du nouveau gouverneur, Mme de Kerlérec.

Tout ce que La Nouvelle-Orléans et les terres d'alentour comptaient de notables ainsi que les officiers de la garnison et des forts avoisinants se retrouvèrent à la tombée du jour dans le jardin du gouverneur.

Mme de Vaudreuil, pour la circonstance, avait emprunté à Mme de Pradelle son chef cuisinier, Reynaud. Ce maître queux s'était surpassé. Mêlant les saveurs indigènes au savoir-faire parisien, il avait composé un repas en forme de feu d'artifice quant à l'ordonnancement. On avait mis à sa disposition tous les cuisiniers, tous les marmitons que l'on avait pu découvrir dans la ville. Une nuée de valets et de servantes en costumes chamarrés, de jeunes Indiennes et de négrillons bourdonnaient autour des tables illuminées par des centaines de chandelles et de lanternes.

Évelyne n'en croyait pas ses yeux.

On avait réservé sa place sous un bouquet de myrtes. Elle se trouvait assise entre deux gentilshommes qui cachaient des mines et des allures un peu rustaudes sous la perruque de crin, le satin et la dentelle; ils sentaient fort la sueur qui ruisselait sur leurs tempes. Elle avait en face d'elle un essaim de jolies femmes qui comparaient leurs coiffures un peu folles, tarabiscotées en diable : à la Cérès, au cerf-volant, à la fontange, comme pour un concours. Elles papotaient derrière leurs éventails avec des messieurs emperruqués à la dernière mode : à deux queues, en bourse, à la brigadière ou simplement en catogan.

Pour Évelyne, c'était une entrée dans le « monde »...

Son grand-père, s'il ne refusait que rarement sa porte à des visiteurs des domaines voisins venus s'informer de la marche de sa plantation et s'entretenir avec lui des cours et des débouchés, avait depuis des années renoncé à se mêler à la brillante société de La Nouvelle-Orléans. Les festivités, au Vieux-Chêne, se bornaient à des concerts ou à des parties de cartes.

Évelyne goûta de tous les vins et de tous les plats que faisaient défiler des négresses au corsage largement décolleté, coiffées du tignon des Iles : pluvier au romarin, bécasses grillées sur un lit d'herbe, soupe de tortue...

A demi dissimulés sous les ramures d'un énorme chêne, des musiciens jouaient des airs de Vivaldi, de Couperin et de Rameau. Elle reconnut parmi eux l'un des vétérans de la colonie, le violoneux François Picard, qui avait été un compagnon de son grand-père au temps de l'émigration des gens de Mobile vers les territoires de l'Ouest. En dépit de son âge avancé il se portait comme un charme malgré le chagrin que lui avait causé la mort récente de son épouse, Charlotte.

La table d'honneur n'était guère distante de celle où se trouvait Évelyne. Mme de Vaudreuil avait installé Gilles à sa droite et M. de Kerlerec à sa gauche. L'épouse du nouveau gouverneur avait pris place à la droite de Gilles; c'était une jeune femme ronde de visage, aux mains potelées, au sourire et aux propos discrets, dont la tenue modeste contrastait avec celles de ses voisines. Intimidé peut-être, Kerlerec, visage de marbre et costume sombre, observait un silence compassé.

On passa aux entremets. Les plats arrivaient par vagues, précédés et suivis d'odeurs délicieuses. Les deux voisins d'Évelyne paraissaient ignorer sa présence comme si elle n'eût été qu'une potiche. Ils échangeaient par-dessus leur assiette des conversations de courtiers : tabac, indigo, riz, billets de carte, taxes... Elle constatait avec amertume que personne ne semblait se soucier de sa présence ; un coup de vent l'eût emportée que nul ne s'en fût aperçu, les perruches qui lui faisaient face moins que quiconque.

A l'ennui qu'elle éprouvait ne tarda pas à succéder un sentiment de dégoût. Autour d'elle, lentement mais sûrement, ce beau monde se défaisait comme pourrissent les fruits. Chez les hommes la sueur traçait des sillons sur la poudre et ils dégageaient des odeurs nauséabondes de mangeaille ; elle voyait peu à peu le visage des femmes se décomposer, se dessiner les rides, le fard couler sur des joues grasses. La chaleur insupportable de la soirée et celle des chandelles poursuivaient leur œuvre dévastatrice. Les masques tombaient et ce qu'ils révélaient n'était pas toujours agréable à regarder.

Évelyne se dit qu'elle avait eu raison de refuser de se farder, malgré l'insistance de Gilles qui prétendait vouloir qu'elle fût « la plus belle » de cette soirée et désirait en fait qu'elle cachât sous la poudre et le fard les signes du sang indien. Elle échappait ainsi au désastre.

Des négrillons distribuèrent des flacons d'eau de lavande pour éloigner les maringouins. Précaution illusoire : les éventails étaient plus efficaces.

L'assistance se dispersa sur l'air d'*Acis et Galatée*, de Haendel, pour se porter sur une pelouse d'où l'on aurait vue sur le feu d'artifice. Gilles se fraya un chemin dans la foule pour rejoindre Évelyne.

– Il me semble, dit-il en riant, entendre M. de La Rouvillière bougonner en sortant de sa tombe : « Encore des dépenses superflues ! Encore de beaux écus qui s'envolent ! » S'il avait vécu jusqu'à aujourd'hui et qu'il eût assisté à cette fête il en serait tombé raide.

Il ajouta en lui prenant le bras :

– As-tu passé une bonne soirée, ma chérie ?

Elle ne répondit pas. Elle se sentait l'estomac lourd,

la tête brumeuse, avec l'envie de s'évader de cette mascarade et de regagner le Vieux-Chêne.

— Quel repas! s'écria Gilles, rayonnant. Selon Mme de Vaudreuil on ne fait pas mieux aux *Frères provençaux* et surtout à Versailles où l'on mange souvent fort mal. Regarde! la première fusée...

Le souper avait été somptueux; le feu d'artifice fut une splendeur. Il était tiré tout près de là, sur la place Royale où la foule s'était massée derrière des cordons de soldats en grande tenue. Jamais le ciel de La Nouvelle-Orléans n'avait été à pareille fête: les fusées éclaboussaient le plafond bas des nuages d'un simulacre d'orage multicolore. Des feux de bengale donnaient aux arbres d'alentour et aux riches demeures des notables l'aspect d'un décor de théâtre pour une féerie.

Le menu peuple n'avait pas été laissé en marge de ces réjouissances. Le gouverneur et son épouse avaient veillé à ce que la nourriture et le vin abondent sur les alignements de tables dressées autour de la place Royale. Ils avaient loué des musiciens et, déjà, le dernier écho du feu d'artifice roulant jusqu'au fleuve, ils attaquaient une gaillarde.

On dansa sur la place, on dansa dans les rues, on dansa au fond des jardins où les nègres gavés de nourriture s'en donnaient à cœur joie en tapant sur des caisses et de vieilles casseroles. On dansa aussi dans le jardin du gouverneur.

Les cloches de l'église venaient de sonner minuit et la fête qui embrassait toute la ville battait son plein quand un valet vint prévenir Mme de La Frénière qu'on demandait à lui parler. Thomas, le régisseur du Vieux-Chêne, l'attendait devant le portail.

— C'est votre mère qui m'envoie, dit-il. Votre grand-père est souffrant. Elle vous demande de ne pas trop tarder à rentrer.

Elle chercha Gilles qu'elle retrouva en discussion avec M. de Kerlerec, l'informa de la nouvelle. Le temps de prendre congé de leurs hôtes ils sautaient dans leur voiture et partaient au grand trot.

Il y avait de la lumière dans la chambre de M. de Rémonville; des ombres passaient devant les fenêtres. M. Prat avait accepté, malgré son âge et ses propres maux, de se lever en pleine nuit et de se porter au chevet du malade.

Il dit, en essuyant ses besicles :

— Je crains bien, mon enfant, que ce ne soit la fin. Ce pauvre homme n'a plus en lui la moindre ressource. On pourrait presque voir à travers son corps tant il est maigre.

— Que peut-on faire ?

— Rien. Donnez-lui tout ce qu'il demandera. Rassurez-vous, il ne souffre pas. Il est déjà ailleurs.

On veilla le moribond jusqu'au matin. Sur le coup de dix heures la sonnette du portail tinta. Gilles fit taire les chiens en reconnaissant François Picard.

— Dès que j'ai appris la nouvelle, dit le violoneux d'une voix brisée par l'émotion, je me suis fait conduire jusqu'à chez vous en voiture. J'aimerais faire mes adieux à ce vieil ami.

Il s'assit au chevet de l'agonisant, lui prit la main, se mit à lui parler à voix basse. La tête de M. de Rémonville bougeait faiblement, comme pour faire signe qu'il comprenait, que ces paroles pénétraient en lui et réveillaient des souvenirs. On crut même le voir sourire mais aucun son ne sortit de ses lèvres.

François Picard se leva en essuyant des larmes.

— Il a compris ce que je lui disais. Je crois... je crois qu'il a été heureux de me revoir. Si j'ai pu lui donner une dernière joie je ne me serai pas déplacé en vain. Que de souvenirs entre nous... Des bons et des mauvais. Les meilleurs ce sont les concerts en trio, avec mon ami André-Joseph Pénicaud, qui est mort depuis longtemps. Quant à moi, j'ai de la peine à tenir l'archet. Regardez mes mains...

M. de Rémonville vécut encore trois jours. Il ne semblait émerger de sa somnolence que pour réclamer des tisanes.

On lui fit les obsèques sobres qu'il avait souhaitées, mais une centaine de planteurs, de notables, de colons vinrent lui adresser un dernier adieu. On creusa sa tombe non loin de sa demeure, près de celles qu'occupait Justine, son épouse.

Surprise, à une semaine des obsèques. M. Ceyrat, le commis principal de M. de Pradelle, se présenta et demanda à voir Mme Adélaïde. Son maître avait eu vent d'une rumeur selon laquelle Mme de Rémonville souhaitait se défaire de sa plantation. Le cas échéant il se portait acquéreur.

– Vous me surprenez, dit-elle. Il n'a jamais été question de vendre le Vieux-Chêne.

Lorsqu'elle fit part de cette démarche à son gendre, il éclata :

– C'est monstrueux ! A peine votre père a-t-il rendu son âme à Dieu, voilà les charognards qui rappliquent... Ce Pradelle ! Je lui dirai deux mots à l'occasion. Il est insatiable ! Savez-vous qu'il vient de racheter à bas prix la propriété de M. du Périer ? Et maintenant, c'est la vôtre qu'il lui faut ! Que cherche-t-il ?

Il flairait, derrière ces empiétements, une volonté politique. Peut-être souhaitait-il, sa puissance reconnue, les fonctions d'ordonnateur ou de gouverneur. Il avait déjà les moyens de ces ambitions. On parlait de lui à la Cour.

– Il a le nez creux ! dit Mme Adélaïde. Il sait fort bien que, mon père disparu, nous aurions du mal, Evelyne et moi à administrer un domaine de cette importance. Je pense souvent que le mieux que nous ayons à faire, c'est de vendre et de nous retirer à La Nouvelle-Orléans. J'ai pensé à vous, mais vous êtes trop occupé par vos affaires. Cette nouvelle fonction de procureur vous prend beaucoup de temps.

Elle demanda son opinion à sa fille. Evelyne s'opposa farouchement à la vente.

– Nous sommes toutes deux nées ici, dit-elle. Nos grands-parents et nos vieux serviteurs y sont morts. Je veux continuer à y vivre.

Gilles lui donna raison.

– Ce domaine, dit-il, est cité comme modèle. Le brader serait une erreur que nos enfants pourraient nous reprocher. Je vous aiderai dans la mesure de mes moyens. Le travail des champs, ça me connaît, et je sais comment mener les esclaves.

Un peu plus tard il dit à Évelyne :

– Tu as eu raison de tenir tête à ta mère et de t'opposer à cette vente. J'ai ma petite idée pour l'avenir.

Il s'étonnait que la colonie dût s'approvisionner en sucre, en rhum et en tafia, aux Antilles ou à Saint-Domingue. Une dizaine d'années auparavant un religieux avait rapporté de la Martinique des plants de cannes à sucre qu'il avait distribués à des planteurs. La première récolte n'ayant pas donné les résultats escomptés, cette culture avait été abandonnée, sauf pour M. du Breuil.

— Il n'y a pas de raison, ajouta Gilles, pour que nous ne puissions implanter la canne sous cette latitude. Le climat devrait lui convenir.

— A qui en as-tu parlé?

— A M. de La Rouvillière. Il m'a répondu qu'il avait déjà suffisamment de soucis sans cela et que, d'ailleurs, c'était l'affaire des colons, pas la sienne. J'en ai touché deux mots également à M. de Vaudreuil. Il s'est enthousiasmé pour cette idée puis l'a abandonnée.

Les plants? Il les ferait venir de Saint-Domingue, comme M. du Breuil. Au besoin il irait lui-même en acheter.

Il venait d'apprendre que ce planteur avait, l'année passée, le premier, tenté sérieusement cette culture. Gilles demanda un congé d'un mois au nouvel ordonnateur, M. Vincent Le Sénéchal d'Auberville, et emprunta le premier brigantin en partance pour Le Cap. Trois semaines plus tard, il était de retour avec une cargaison de bâtons. Il en écorça un, le fit goûter à Évelyne qui lui trouva un goût agréable.

— Reste, dit-elle, à transformer ces morceaux de bois en sucre, à installer une fabrique. Je suppose que cela doit coûter très cher. En aurons-nous les moyens!

— J'investirai mes économies dans ce projet. Si ce n'est pas suffisant, nous emprunterons.

— Nous ne connaissons rien à cette fabrication. Nous risquons de faire des erreurs.

— Peut-être, mais j'ai vu fonctionner des sucreries à Saint-Domingue et j'irai rendre visite à M. du Breuil qui, semble-t-il, a obtenu quelques résultats intéressants.

Gilles passa deux jours pleins dans la sucrerie de M. du Breuil à visiter les champs de cannes, à observer le travail des nègres, à interroger les commandeurs et les commis des entrepôts.

— Vous avez fait un choix judicieux, dit le colon. Cette culture est appelée à une belle réussite. Tout n'est pas parfait : le sucre brun que je produis n'est pas comparable à celui des Iles, mais il me reste à trouver un personnel blanc d'une réelle compétence. Il faudrait recruter à Saint-Domingue ou à la Martinique, mais je n'ai ni le temps ni le goût de m'y rendre. Vous qui êtes jeune, en revanche...

Il lui fit goûter le tafia qu'il produisait; Gilles le

trouva moins subtil que celui du Cap, mais robuste. Quant au raisiné de *soco*, il laissait un goût âpre dans la bouche.

– Tout cela, dit M. du Breuil, s'améliorera avec du temps et de la patience.

Pour mener à bien la marche d'une sucrerie Gilles aurait dû renoncer à ses fonctions administratives, mais c'eût été lâcher la proie pour l'ombre. Il resta un moment désemparé à contempler dans le hangar l'amoncellement des bâtons : s'il ne prenait pas une décision rapide ils finiraient par pourrir là.

Il revint chez M. du Breuil qui lui dit :

– Vous avez fait passer la charrue avant les bœufs. Avant de vous procurer ces plants vous auriez dû acheter le matériel.

Il lui donna un conseil.

Un de ses agents à Fort-de-France lui avait appris qu'une plantation de cannes avait été ravagée par des nègres marrons qui n'avaient occasionné que peu de dégâts aux installations. Le matériel était en vente ; il pourrait se le procurer à bon compte et même embaucher un bon contremaître.

Nouveau voyage, nouvelles recherches. Un mois plus tard Gilles était de retour avec une cargaison de matériel de bonne qualité et un bon ouvrier.

Le départ de M. de Vaudreuil avait fait tomber les masques comme une tornade arrache les feuilles des arbres.

Il laissait derrière lui des relents de fête, des visages de lendemain de carnaval, des odeurs de cimetière, des caisses vides. On constata que la situation économique était au plus bas et que les menaces de conflit se trouvaient au plus haut. M. de Kerlerec regretta très vite d'avoir accédé à la requête du roi et se demanda s'il n'allait pas solliciter son rappel. Habitué à mener des campagnes sur mer, il répugnait à macérer dans les méandres et les cloaques de cette colonie.

Le chevalier Louis Billouard de Kerlerec, natif de Quimper, avait effectué sa première campagne à l'âge de quatorze ans. Entre les années 1730 et 1745 il en avait mené quelques autres. Quelque vingt ans auparavant il avait participé à l'expédition punitive contre les Natchez et en avait gardé des souvenirs déplaisants.

Il avait débarqué du *Chariot royal* en compagnie de son épouse, Marie-Charlotte, et de sa belle-sœur, Mlle de Blot, en espérance de mari.

Il aurait aimé, entre une réception et une fête, s'entretenir avec son prédécesseur de la situation de la colonie, savoir quels étaient les visages qui se dissimulaient derrière les masques des personnages auxquels il aurait affaire. Vaudreuil se défilait, glissait entre ses doigts comme une anguille dès qu'il tentait de s'informer. Lorsqu'il parvenait à le saisir par les basques, il n'obtenait que des généralités et des avis fallacieux : de quoi M. de Kerlerec s'inquiétait-il ? Les services fonctionnaient à la satisfaction générale, les magasins étaient pleins, la paix indienne paraissait assurée. Quant aux Anglais...

— Ils semblent avoir mis un frein à leurs incursions mais vous devrez rester vigilant. Ils commencent à s'agiter autour des Grands Lacs. Croyez bien que, de mon nouveau poste, à Montréal, je me tiendrai informé de leurs agissements. Faites de même surveiller les Natchez et les Illinois.

Il lui tapait sur l'épaule, lui disait :

— Allons, allons, mon ami. La situation que je vous laisse est loin d'être désespérée.

Voire...

Le premier entretien sérieux entre Kerlerec et le nouvel ordonnateur, M. d'Auberville, avait failli tourner au vinaigre, ce qui n'aurait surpris personne car les frontières entre les compétences et les prérogatives de ces deux personnages étaient aussi incertaines que par le passé.

Kerlerec demanda à recenser les marchandises entreposées dans les magasins, et les armes de la garnison.

— Et de quel droit, monsieur ? répliqua Auberville.

— Du droit que je suis le principal responsable de cette colonie et que je dois rendre des comptes à Sa Majesté.

— Nous sommes égaux en responsabilités. Chacun à sa place et le troupeau sera bien gardé !

— Entendez-vous m'interdire de visiter la caserne ?

— De la visiter, certes non ! D'en faire l'inspection, oui. Vous n'avez de droit de regard que sur les murs qui l'entourent.

— Je suis donc l'inspecteur des murs ! Vous vous

moquez, monsieur ! Cela vous gênerait si j'inspectais dans le détail cette bâtisse qui est une ruine ?

— Nous avons prévu d'en construire une nouvelle. Mais où trouver les fonds ? Pourriez-vous les faire sortir de votre chapeau ?

— Les fêtes qui ont marqué le départ de mon prédécesseur ont coûté des milliers de livres qui auraient pu être mieux employées.

— Je n'ai pas le droit ni l'envie d'en discuter.

— Je n'ai eu, quant à moi, droit qu'à quelques bordées de canon pour saluer mon arrivée, et je m'en suis satisfait.

— Je connais votre modestie, monsieur le gouverneur, dit Auberville d'une voix plus sereine. Je n'oublie pas que nous avons servi ensemble à Brest.

— C'est vrai. Brest... Brest... Que de souvenirs ! Toutes ces unités, cette population active, cet ordre militaire...

— Et ces bordels ? Souvenez-vous : *La Lune d'argent*...

Peu à peu, le ton ayant changé, l'entretien changea d'âme. Après les moqueries grinçantes, la larme à l'œil, l'émolliente douceur des souvenirs. Auberville sortit d'un placard une fiole de liqueur dorée.

— Du tafia ! dit-il d'un air triomphant. Le premier tafia de Louisiane. Il est loin d'égaler celui des Iles, mais cela viendra.

Ils trinquèrent à l'avenir du tafia et de la colonie en général, vidèrent la fiole avec des commentaires.

— Je confesse avoir été un peu brusque avec vous, mon cher Louis, dit Auberville, mais je ne cherchais pas à vous humilier. Vous me connaissez : un peu soupe au lait. Faisons la paix, voulez-vous ? Cette colonie n'a que faire de nos querelles.

— Je me réjouis de notre collaboration. Mais, dites-moi, mon cher... selon Vaudreuil, la situation de cette colonie est florissante.

— Florissante ? s'écria Auberville avec un rire amer. Dites plutôt qu'elle est désastreuse...

De retour en Louisiane à la suite de son voyage à Fort-de-France, Gilles trouva une petite mine à son épouse. Son visage de métisse portait des stigmates révélateurs. Elle le rassura : elle était un peu fatiguée mais c'était normal.

— Il commence à bouger, dit-elle. Il ou elle.

— Cette année, dit-il, sera marquée d'une pierre blanche. Tous les bonheurs nous arrivent en même temps : tu vas me donner un fils – car ce sera un fils ! – et je ramène le matériel qui va nous permettre de démarrer.

On avait déchargé les fardiers et commencé à assembler les éléments des machines sous un hangar qu'il avait fallu agrandir.

— Gédéon, dit Gilles, ne va pas tarder à arriver.
— Qui est Gédéon ?
— Le contremaître que j'ai ramené de Fort-de-France. Il m'a été recommandé pour sa compétence en matière de sucrerie. Il a tendance à abuser de la boisson mais nous n'avons pas les moyens de nous montrer exigeants. Il faudra le surveiller.

— J'ai fait les comptes, dit-elle d'un air sombre. Il ne nous reste plus grand-chose. Et nous devrons payer ce contremaître.

— Je ferai appel à M. du Breuil. Il m'a promis de m'aider à démarrer. Je lui emprunterai quelques centaines de livres. Après, il ne nous restera qu'à faire brûler des cierges pour que la récolte soit abondante.

L'installation du moulin à sucre battait son plein, avec l'aide des nègres prélevés dans le contingent affecté au tabac. Il se composait de trois gros rouleaux de bois cerclés de fer, d'une chaudière et d'une impressionnante tuyauterie. Pour se procurer les chevaux qui actionneraient les machines on mettrait une fois de plus M. du Breuil à contribution.

En l'absence de son époux, Évelyne avait fait défricher un reste de taillis afin de pouvoir, d'emblée, planter des bâtons de cannes. La plupart avaient pris racine et semblaient à l'aise dans cette terre grasse.

Entre la plantation et son cabinet, Gilles n'avait guère de temps à consacrer au repos. Fort heureusement, M. de Kerlerec, moins porté au faste, moins dispendieux que le marquis, avait réduit le programme des festivités et des réceptions.

Avant même que l'on eût coupé les premières cannes, Gédéon était devenu la bête noire de Gilles.

Ce sang mêlé d'Indien caraïbe et de mulâtresse noire manifestait une prétention et une arrogance qui frisaient l'insolence. Il exigeait qu'on le traitât comme le véritable maître des lieux et non comme un simple contremaître, que l'on respectât à la fois l'homme et ses compétences, qui étaient indiscutables. Il connaissait parfaitement les différents rouages d'une usine à sucre pour y être né et y avoir toujours vécu ; il n'avait pas son pareil pour diriger la main-d'œuvre ; il pouvait dire, en mâchonnant un morceau de canne si la récolte serait bonne et quelle serait la qualité du rhum ou du tafia. Ces qualités étaient gâtées par une ivrognerie patente. Il avait stipulé par contrat qu'on lui devait une bouteille de rhum pour chaque jour de travail.

— Du rhum ! s'écriait Mme Adélaïde. Le tafia n'est pas assez bon pour cet ivrogne, peut-être ?

— C'était une condition impérative, répondit Gilles. A prendre ou à laisser.

— Eh bien, il fallait laisser !

— Facile à dire. Les contremaîtres de sa qualité ne courent pas les rues.

Gédéon ne tarda pas à se plaindre à Évelyne de ce que la *patronne*, Mme Adélaïde, lui faisait grise mine, le rembarrait à la moindre occasion et lui mouillait son rhum. Méticuleux dans son travail, il se hérissait à la moindre critique, se refermait sur lui-même et se retirait dans sa case, laissant faire sans lui. Ce petit bougre qui n'avait pas dépassé la trentaine portait sur son visage malingre des traces précoces de sénilité.

— Dès que possible, avait décrété Gilles, nous le remplacerons, mais nous risquons de l'avoir sur le dos quelque temps encore.

Les relations de M. de La Frénière avec le nouvel ordonnateur ne lui faisaient pas regretter La Rouvillière.

M. d'Auberville, informé des capacités et de l'honnêteté de son second, s'était pris d'emblée pour lui d'une amitié qui confinait à l'affection. Il invitait parfois le jeune couple à des soupers qui, pour être spartiates (des repas de saint Antoine, disait M. de La Frénière), n'en étaient pas moins fort agréables. M. de Kerlerec prétendait que cette « sacrée tête de mule » n'en faisait qu'à sa volonté, avec la complicité de son adjoint.

Leurs rapports ne laissaient pas d'intriguer M. de La Frénière. Leurs entretiens débutaient immanquablement par un échange de diatribes et s'achevaient devant une bouteille. Ils se vouvoyaient au début et se tutoyaient en terminant. Leurs souvenirs communs, sans doute – Brest, toujours Brest! –, les femmes qu'ils avaient partagées, peut-être aussi.

— Ce sacré bonhomme! s'écriait Auberville. Cette tête de Breton! Il faut qu'il se mêle de tout. Voilà qu'il se met à compter les boutons des uniformes!

M. de La Frénière s'efforçait d'arrondir les angles.

— Il faut être indulgent, disait-il. Plus de vingt campagnes, des blessures graves, le mal de Siam à Saint-Domingue, des crises de rhumatismes, cela gâte le caractère le plus aimable. Et puis, cette situation qu'il a trouvée en débarquant... La fête finie, c'est lui qui a eu la charge de régler la note!

— Oh! vous... protestait Auberville, vous pardonneriez au diable et à Judas. Je vous concède que notre homme peut bénéficier de circonstances atténuantes, mais il a parfois des idées qui me font douter de sa raison. Tenez, cette affaire de jeux...

Conseillé et stimulé par les jésuites auxquels il témoignait une pieuse sympathie, Kerlerec avait pris une décision stupéfiante : il avait interdit la pratique du pharaon dans les tripots, sous prétexte que cela créait du désordre. Un commerçant s'était ruiné en une nuit à ce jeu et jeté avec une pierre au cou dans le fleuve. Cette mesure n'avait pas été suivie d'effets : les joueurs étaient insaisissables ; ils se réunissaient dans un endroit, puis dans un autre, et le guet faisait chou-blanc.

Il avait fait état de cette situation au ministre qui, ayant d'autres chats à fouetter, n'avait pas daigné répondre. Tourné en dérision par la population, il avait pris une mesure plus déconcertante encore que la première :

— Ces parties de pharaon, puisqu'il paraît que l'on ne peut s'en passer, je les organiserai chez moi, dit-il à M. de La Frénière.

— Chez vous, Excellence, vraiment?

— Et alors? monsieur le procureur, qu'y a-t-il de surprenant? Je ferai preuve de libéralité et je veillerai ainsi à ce que ces parties se passent sans désordre et sans excès. Nous serons entre gens de bonne compagnie. Si vous avez plaisir à être des nôtres, vous serez le bienvenu.

Dans le temps de Noël Évelyne accoucha d'un garçon. Elle avait souffert durant sa grossesse à la fois des chaleurs de l'automne et du travail qu'elle s'imposait : la surveillance de la sucrerie et des plantations. Elle en revenait épuisée, se couchait sans souper, mais l'enfant n'en avait pas souffert et il était venu à terme.

— Nous l'appellerons Gilbert, décréta-t-elle. C'est le prénom d'un de mes grands-oncles.

Il n'eut garde de contester ce choix, l'essentiel étant qu'elle lui eût donné un garçon et qu'il fût en bonne santé.

Comme Évelyne manquait de lait on trouva à Gilbert une bonne grosse nounou, métisse de sang Indien Ouma, nommée Jacinta. Mme Adélaïde, dont le caractère avait tourné à l'aigre depuis la mort de son père, ne la quittait pas d'une semelle et la reprenait pour des peccadilles. Elle s'en prenait à sa fille :

— Si, au lieu de t'éreinter sur la plantation, tu t'étais reposée comme doit le faire une future mère, tu pourrais allaiter ton enfant au lieu de confier ce soin à cette Indienne qui jacasse sans arrêt et qui pue.

— Tu es injuste ! Jacinta est une nourrice exemplaire.

— Peut-être, mais son lait ne convient pas. Ce pauvre chéri est couvert de boutons.

— La croûte de lait, comme la plupart des bébés... C'est sans importance.

Gilles ne faisait que rire de ces petites querelles. Ce qu'il avait souhaité lui était enfin donné : une passion stable, sans orages, et un fils.

Il avait le sentiment d'avoir abordé un pays paisible, que nulle catastrophe ne menaçait, où tout était à sa convenance, l'atmosphère d'une parfaite limpidité. Oubliées les chamailleries de Mme de Pradelle, les humeurs moroses et les scrupules de Camille, les ardeurs épuisantes et les exigences pécuniaires de la petite lingère et des filles de bordel ! Il vivait son temps de paradis, même si, par moments, des angoisses lui serraient le cœur. Le mécontentement qui se généralisait dans la colonie, les menaces persistantes de guerre indienne, les raids des sauvages jusqu'aux alentours de la ville, les mouvements des Anglais près des Grands Lacs, qui risquaient de dégénérer en conflit ouvert, tout cela l'inquiétait.

Il veillait sur sa jeune épouse autant comme le père qu'elle n'avait pas connu que comme son époux et son ami. L'affection qui les liait prenait parfois l'apparence d'une amitié amoureuse. Leurs nuits étaient sans fièvre, leurs jours sans tourments.

Elle avait souri le jour où il était revenu de la ville avec un véritable arsenal : des fusils, des pistolets, des boîtes de munitions achetés à un armurier.

— Pourquoi pas un canon ? demanda-t-elle, ironique.
— Pourquoi pas, en effet ? J'y ai songé.
— Nous devrions, tant qu'à faire, distribuer des fusils et des munitions à nos nègres, transformer cette demeure en redoute, l'entourer de palissades...

Ils poursuivaient sur le ton de la plaisanterie, roulaient sur le lit comme des enfants en faisant mine de se battre. Il lui disait au creux de l'oreille :

— Notre petit Gilbert risque de se sentir seul en grandissant. Nous devrions lui donner une petite sœur.
— Alors, il faut faire vite si nous voulons qu'elle arrive avant le premier sucre.
— J'aimerais aussi avoir un troisième enfant. Ce pourrait être pour le premier tafia...

Elle protestait :

— Tu n'en as pas assez de ton moulin à sucre ! Il te faut aussi une machine à fabriquer des enfants !
— J'en veux beaucoup. Une pleine maison. Je veux que tu sois comme une reine au milieu de sa ruche, même si tu dois devenir grosse comme ta mère.

Elle occupait leurs longues soirées d'hiver à la musique. Pour faire plaisir à Gilles elle s'était remise au clavecin et avait fait venir de France des partitions de musiciens qu'elle aimait. Il lui proposa d'abandonner le travail qu'elle s'imposait à la sucrerie pour donner en ville des leçons de solfège. L'idée, sur le coup, lui parut séduisante, mais elle y renonça vite :

— Je ne veux pas quitter le Vieux-Chêne, dit-elle. La santé de ma mère me donne des inquiétudes et je tiens à veiller sur notre enfant. Et puis, je n'aime pas cette société où tu vis : des parvenus, des arrivistes... Quant à leurs femmes, elles se moquent bien de la musique : ce sont des oies...

L'année 1753 avait commencé en Louisiane par une sombre affaire.

Un colon nommé Duroux avait reçu en concession l'Ile-aux-Chats, une bande de terre boisée faisant jadis partie du patrimoine de M. de Bienville. Elle se situait à quelques milles du Nouveau-Biloxi, entre Mobile et le delta. Duroux avait eu la bonne idée d'y fabriquer du charbon de bois dont les habitants faisaient un usage important. Il écoulait aisément sa production, si bien que son entreprise était rapidement devenue florissante. Âpre au gain, il employait un minimum de personnel auquel il demandait le maximum d'efforts.

Au début de son installation il ne mesurait pas la nourriture à ses esclaves. En quittant la colonie, Bienville avait abandonné sur ce coin de terre quelques cochons qui menaient une vie sauvage, en toute liberté. Ils étaient si féconds que la viande ne manquait pas. On aurait pu appeler cet endroit l'Ile-aux-Cochons.

Le cheptel épuisé, la disette venue, cet énergumène de Duroux avait trouvé un moyen habile de la résoudre et même d'en profiter.

Il avait acheté à bas prix de la farine de maïs gâtée par l'eau de mer, découverte dans les soutes d'un navire espagnol échoué sur une batture. Finis le jambon, les saucisses, les boudins ! Le personnel dut se contenter de ce brouet. Quant à la bonne farine de froment que les navires du roi venaient de temps à autre lui livrer, il la revendait aux colons du Nouveau-Biloxi et de Mobile.

Rendus malades et inaptes au travail par la farine

gâtée, quelques nègres refusèrent de travailler. Décidé à étouffer cette rébellion et à faire des exemples, Duroux fit saisir les récalcitrants par ses sbires et les attacher nus à des troncs de pins, les abandonnant la nuit aux attaques des maringouins et le jour à l'ardeur du soleil.

Les soldats suisses qui occupaient un petit fort situé à proximité du chantier s'inquiétèrent de ces agissements. Ils entreprirent des démarches pour les faire cesser et menacèrent d'aller se plaindre directement à M. de Kerlerec.

– Allez vous faire foutre ! leur lança Duroux. Le gouverneur est de mes amis. Il ne daignera même pas vous recevoir.

Un matin qu'il allait inspecter son exploitation, le tyranneau tomba sur un groupe de Suisses qui, lui barrant la route, lui intimèrent l'ordre de descendre de cheval. Un sergent lui dit :

– Duroux, tu as passé les bornes. Comme nous ne pouvons pas obtenir la justice du gouverneur, nous allons l'exercer nous-mêmes. Les gars, quelle punition mérite ce bourreau ?

– La mort ! s'écrièrent ses hommes.

– *Vox populi, vox dei !* dit le sergent. Si tu crois encore en Dieu, tu peux faire ta prière.

Devant la menace des fusils pointés vers lui, Duroux, blême de peur, implora son pardon. Une balle lui fracassa le crâne. Les soldats jetèrent le corps en travers de la selle de son cheval et le ramenèrent au village où les nègres que l'on avait libérés s'en amusèrent à leur manière, qui ne fut pas tendre.

– Maintenant, dit le sergent, allons délivrer Baudreau.

Ce brave homme de colon avait été emprisonné et mis aux fers par le despote après une querelle qui avait mal tourné pour lui. En sortant de la case où il était enfermé il n'était plus que l'ombre de lui-même.

– Vous avez tué ce monstre, dit Baudreau. Ce n'est pas moi qui vous le reprocherai. Mais maintenant, qu'allez-vous faire ? On ne tardera pas à découvrir ce meurtre.

– Nous allons mettre les voiles, dit le sergent, et tu vas nous y aider. Nous aurons du mal à remettre l'épave à flot mais nous y parviendrons. Après, en route pour les Carolines ! C'est la direction que prennent presque tous les déserteurs. Cette route, tu la connais bien. Tu nous guideras.

— Je ne puis vous refuser ce service, dit le colon, perplexe, mais il faudra écrire et signer un billet comme quoi je ne suis pour rien dans ce meurtre et que je ne vous ai accompagnés que contraint et forcé.

L'épave remise en état de naviguer, les avaries réparées, ils n'étaient pas encore au bout de leurs épreuves. Alors qu'ils étaient en vue d'un fort et s'apprêtaient à y débarquer, ils furent abordés par un parti d'Indiens amis des Français, des Appalaches sans doute, capturés et conduits en triomphe à La Nouvelle-Orléans.

Devinant sans peine ce qui l'attendait, le sergent se logea une balle de pistolet dans la tête. Jugés et condamnés à mort, ses complices furent sciés entre deux planches.

Quant au pauvre Baudreau, qui n'avait pu fausser compagnie à ses ravisseurs, il ne fut extrait de sa cellule que pour être rompu vif sur la roue en dépit de ses protestations d'innocence et du billet dont aucun des juges n'avait voulu tenir compte.

La paix indienne que Vaudreuil avait promise à son successeur ? Illusion...

Par un inexplicable mouvement de bascule, concerté ou non, la guerre observait ici une trêve et reprenait là. Kerlerec avait espéré qu'une période de détente suivrait la première entrevue qu'il avait ménagée entre les deux clans des Choctaws, amis et ennemis. L'entrevue avait eu lieu à Mobile, endroit prédestiné à accueillir ce genre de rencontre.

Jugeant imprononçable le nom de Kerlerec, les sauvages l'avaient baptisé pompeusement *Tchakta Youlakty Mtaha tchito anke ackoukema*, c'est-à-dire : Le roi le plus grand de la race de Youlakla et très bon père des Chactas. On avait abrégé en *Youlaktimataha*, ce qui signifiait : le plus grand de la première race. Ce baptême flatta le gouverneur et apaisa quelque peu ses craintes.

Il était plus inquiet des mouvements qui se produisaient chez les Indiens Miamis. Leurs territoires s'étendaient au sud du Canada, entre les lacs Érié et Michigan. Cette nation n'avait pas fait parler d'elle depuis longtemps. On croyait ses guerriers endormis dans l'amitié des Canadiens et des Louisianais ; les Anglais se chargèrent de réveiller leurs mauvais instincts.

Leur principal allié dans cette entreprise était un jeune chef surnommé par les Français la Demoiselle, peut-être en raison de la jupette effrangée de peau de caribou, qu'il portait communément, ou peut-être de ses allures efféminées.

Quelques années avant le départ de Vaudreuil, les

Miamis avaient laissé s'installer sur leur territoire des traitants anglais et signé avec les colons de Pennsylvanie un traité d'alliance sur une peau de bison. Les Outaouais du Canada avaient mis leurs voisins en garde contre la colère des Français dans un petit discours :

– Frères Miamis, nous voyons des désastres prêts à fondre sur votre nation. Malheureux ! si vous trahissez nos amis français, jamais ils ne pourront vous le pardonner. Ayez pitié de vous-mêmes, imprudents que vous êtes, car la vengeance des Blancs est terrible.

De colère et de mépris, la Demoiselle avait jeté le calumet à terre, piétiné les présents des Outaouais. Il aurait fait brûler vifs ses visiteurs sans la sage intervention des anciens.

A quelque temps de cet événement, les gens de La Nouvelle-France décrochaient leurs fusils et entraient en campagne pour ramener les Miamis à la raison.

M. de Celoron, commandant du fort de Détroit, confia la colonne à un Canadien nommé Langlade, âme courageuse mais esprit porté à la fantaisie. Il avait passé une partie de sa jeunesse dans la forêt iroquoise avant de courir le monde et de faire les quatre cents coups, sur mer et sur terre.

Celoron lui avait donné pour consigne d'infliger à ces traîtres une leçon dont ils se souviendraient. Il avait carte blanche, ce qui l'enchantait.

– Tuez-leur le plus de monde possible, avait dit Celoron, et débarrassez-nous de cette racaille anglaise...

Langlade se le tint pour dit. Direction : Pickawillany. C'était le plus important des villages miamis dont le chef était la terrible Demoiselle, d'où venait tout le mal.

– Nous allons faire danser la Demoiselle ! disait-il en riant.

Il fit beaucoup mieux. Ayant enlevé la position par surprise, il fit massacrer toute la population, hommes, femmes, enfants et montra aux Anglais effarés la direction de l'est. Quant à la Demoiselle, si on oublia de la faire danser, on lui fit subir quelques petits tourments qui mirent les Outaouais en appétit : ils dévorèrent le jeune guerrier.

Les autres villages ne tardèrent pas à faire leur soumission. Langlade, mission accomplie, reprit avec sa troupe le chemin du nord. Il traversa sur le retour des villages survolés par des nuées de rapaces et qui sentaient la mort.

Insensiblement le conflit se déplaçait vers l'est.

Vaudreuil avait vu juste. L'avenir de la colonie se jouait sur la Belle Rivière : l'Ohio. C'est là, selon lui, qu'auraient lieu les affrontements entre les deux puissances rivales. Il avait insisté, de retour à Versailles, auprès du ministre, M. de La Galissonnière, pour que cette contrée fût érigée en province française afin d'assurer une apparence de légalité à ce qui n'était qu'une vague occupation militaire. Le ministre en tomba d'accord mais la confirmation de son assentiment mit longtemps avant de parvenir en Louisiane.

En revanche, de nouveaux renforts étaient arrivés à La Nouvelle-Orléans. Ils portaient la garnison à huit cents hommes, parmi lesquels un fort contingent de Suisses, soldats disciplinés et honnêtes. A Mobile on disposait de cinq cents hommes. C'était, au total, plus que la colonie n'en avait jamais compté.

C'était il y avait deux ou trois ans de cela, peu avant le départ de Vaudreuil. Depuis, la disette, le retard dans les soldes, l'indiscipline, l'indifférence des officiers, que l'on trouvait plus souvent dans des lieux de débauche que dans leurs quartiers, avaient fait fondre ces effectifs. La désertion était devenue un moyen banal et pratique d'échapper à la vie de caserne. Vaudreuil faisait passer ces insoumis par les armes ; Kerlerec se contentait de les sermonner.

On parla beaucoup, à La Nouvelle-Orléans, du singulier événement qui s'était déroulé en décembre 1753, près des Grands Lacs : une rencontre entre un officier canadien, Joncaire, et un tout jeune lieutenant anglais originaire de la Virginie, George Washington.

L'entrevue avait eu lieu dans la haute vallée de l'Ohio, non loin du lac Érié, au fort Machault, bâti par les Français dans les parages du village indien de Venango...

Récit de Dieudonné de Beauchamp

L'annonce du départ de George allait bouleverser ma vie.

Cet adolescent paraissait aussi chagriné que moi d'avoir à quitter le domaine, mais l'ordre venait de son frère Lawrence qui s'attribuait les fonctions et les responsabilités de chef de famille. Il ne pouvait s'y soustraire. Lawrence avait fait ses humanités à Londres avant de s'engager dans la marine ; il avait couru les mers sous les ordres de l'amiral Vernon et avait participé au fameux siège manqué de Cartagena de Indias, dans la Nouvelle-Grenade, en 1741. C'était un héros. George l'admirait et lui obéissait.

Le temps était venu, songeait Lawrence, d'enlever ce garçon à l'ambiance familiale lénifiante et surtout à l'influence nocive du précepteur français.

Il avait fait édifier à Mount Vernon, près de Hunting Creek, une demeure vaste et confortable, au milieu de ses plantations. George y trouverait une ambiance plus favorable à ses études ; il les poursuivrait sous la conduite de son frère venu se reposer de ses campagnes, et d'un précepteur anglais. Pour ce qui était de la langue de Voltaire, le peu que George en savait lui serait suffisant.

C'est ainsi que je me trouvai soudain séparé de George et d'une occupation qui me convenait.

– Que comptez-vous faire ? me demanda Mary Washington. Je ne puis vous garder comme précepteur de mes autres enfants car Lawrence s'y est opposé, mais si vous souhaitez rester il y aura toujours une place pour vous à la plantation. A moins que vous ne songiez à créer la vôtre. Si c'est le cas, je vous y aiderai de mon mieux. Audacieux, courageux, entreprenant comme vous l'êtes, vous vous feriez aisément une place au soleil.

Je répondis en manière de plaisanterie :

– Peut-être même pourrais-je aspirer à me faire élire à la Chambre des Bourgeois...

Elle n'eut pas une trace de sourire. Cette femme ne plaisantait jamais.

– Cela n'a rien d'invraisemblable, vous savez. Naguère nombre de ces élus étaient d'anciens domestiques. Vous valez mieux que la plupart de ceux que je connais.

Il m'était difficile de rester mais je n'aurais pas aimé aller m'embaucher dans une autre plantation, comme elle me le proposa en mettant en avant quelques bonnes relations qui ne pourraient lui refuser cette amabilité : les Harrisson, les Randolph, les Carter notamment.

Elle me jeta sur un ton agacé :

– Allez-vous me dire enfin ce qui vous conviendrait ? Vous savez que je n'aime pas les hésitants.

– Eh bien, dis-je, avec votre permission, je resterai.

– Je m'en réjouis, dit-elle froidement.

George m'avait fait de tristes adieux, avait versé une larme, peut-être la dernière de son enfance, et moi j'avais le cœur en écharpe. Au moment de monter à cheval pour suivre Lawrence il m'avait dit dans un mauvais français :

– Je pars mais nous nous reverrons, Dieudonné. Je vous écrirai souvent. Vous corrigerez mes lettres et me les retournerez.

Ce n'était pas une vague promesse. Deux fois par mois, dans le courrier adressé à la famille, une lettre m'était destinée. Ses incorrections, ses tournures maladroites ou fautives, ses erreurs, loin de m'irriter, m'attendrissaient. Je corrigeais et renvoyais. Il m'écrivait qu'il ne manquait pas d'ouvrage : son frère veillait avec sévérité sur son enseignement et son éducation, l'obligeait à s'initier aux différents travaux de la plantation.

Je lui manquais comme il me manquait.

Il revint au temps de Noël à Bridge's Creek. Je le

trouvai changé. Le petit sauvageon avait grandi, pris des épaules ; il portait avec élégance l'habit des planteurs et commençait à fumer le cigare. En l'absence de Lawrence, qui venait de quitter Mount Vernon pour une nouvelle campagne, c'est lui qui découpa la dinde de Noël. Il m'invita à participer à cette petite fête familiale et m'honora, après sa mère, de la deuxième part.

Il ne resta que trois jours à Bridge's Creek. Nous mîmes ce laps de temps à profit pour entreprendre de longues promenades dans la neige sur la rive de la Rappahannock prise sur ses bords par les glaces, à regarder les troupeaux de daims et de cerfs errer en quête de nourriture et les poissons que nous pêchions jadis à l'épuisette faire des cabrioles au milieu de la rivière.

Il me confia que son ambition était d'entrer dans la marine, comme son frère.

A Mount Vernon, Lawrence recevait souvent des officiers ; il avait avec eux de longs entretiens auxquels George avait la permission d'assister. Leurs récits lui étaient montés à la tête : il ne rêvait plus que d'océans sans limites, de terres inconnues, de batailles navales... Pour lui être agréable, l'encourager, et parce qu'il était son préféré, Lawrence lui avait obtenu un brevet d'aspirant.

George m'avait dit en me montrant ses galons et en riant :

— Dieudonné, vous me devez le respect : c'est un *midshipman* que vous avez devant vous. Saluez !

Je m'inquiétai de savoir s'il allait vraiment quitter la Virginie, et pour combien de temps.

— Je ne partirai pas, répondit-il, et cela m'afflige. Ma mère ne supporterait pas de voir son enfant chéri en proie aux dangers de la guerre et de l'océan. Je vais donc continuer mes études.

— Votre mère n'a pas tort. Vous êtes encore un enfant, ne l'oubliez pas. A votre âge...

— ... à mon âge de nombreux fils de planteurs sont déjà dans l'armée ou dans la marine.

Les craintes de Mary Washington, je les faisais miennes. C'était assez d'un Washington sur la mer, alors que sur terre — et ici même — il restait des combats à livrer.

— J'ai pris mon parti de cette décision de ma mère,

soupira George. Mon destin n'est pas d'être marin. En revanche, peut-être serais-je général...

Mary Washington m'avait fait une faveur insigne, dont certainement Lawrence aurait pris ombrage : elle m'avait laissé la libre disposition de ma chambre.

Pour enseigner ce qui lui restait de sa progéniture elle avait de nouveau fait appel au vieux Hobby, mais le fermier-sacristain n'était plus à la hauteur de sa tâche et les enfants ne le prenaient pas au sérieux. Quand ils étaient arrêtés par une difficulté c'est à moi qu'ils faisaient appel, en cachette de leur mère.

Entre diverses autres fonctions, j'avais à surveiller le troupeau de daims, quasiment domestiques, que l'on tenait enfermés dans un vaste enclos et avec lesquels les enfants allaient jouer. Cette espèce est de taille inférieure à celle d'Europe, mais la chair en est plus délicate et plus savoureuse; nous en faisions une grande consommation. Malgré le braconnage qui sévissait et que nous punissions avec rigueur, la Virginie était riche en gibier de toute sorte.

J'avais pris en charge une autre surveillance : celle de la production du tabac qui occupait un dixième de la superficie de la propriété. C'est une plante exigeante : il lui faut des terres vierges, ce qui impose des opérations de défrichage constantes pour débarrasser les friches des végétations sauvages envahissantes comme les joncs et les pins. Le tabac épuise rapidement le sol : on dit qu'il le *saigne*. C'est la deuxième année qu'on obtient la meilleure récolte. Après quatre ans, il faut remplacer le tabac par des céréales, puis la terre retourne à la friche en attendant de se refaire une virginité.

Je restai des années dans cette situation hybride, heureux de partager la vie de cette grande famille et de faire un travail qui me passionnait.

Mary Washington me rappelait en toute occasion qu' « à mon âge » et dans ma condition il était malsain de rester célibataire, supposant par là que c'était la porte ouverte à tous les vices.

Je ne tardai pas à deviner son jeu : me fixer auprès d'elle et lui rendre, ainsi qu'à sa famille, les menus services qu'elle attendait. Une femme me ferait oublier l'attrait de l'aventure qui n'avait pas encore perdu pour moi tous ses charmes.

George nous honorait régulièrement de ses lettres et parfois de ses visites. Devenu adulte il était son maître. C'était un grand gaillard ; sa taille dépassait de la tête la mienne qui n'est pas médiocre. Insensiblement, sans heurts, il s'était affranchi de la tutelle de son aîné, le plus souvent absent de Mount Vernon, sans lui retirer une once de son affection.

Un jour d'été de l'année 1753, alors qu'il venait d'avoir vingt et un ans et qu'il avait pris du grade dans l'armée, il me confia ses soucis concernant la situation de la colonie.

Les Anglais venaient de subir un revers et une humiliation. Les Canadiens avaient réagi avec violence à la trahison des Miamis, chassé les traitants anglais et massacré la population ainsi que le jeune chef appelé la Demoiselle.

– Cette défaite, me dit sir George, nous a surpris et peinés mais pas découragés. Je ne suis pas, quant à moi, de ceux qui restent sur un échec. Nos adversaires sont intraitables : ils veulent toute l'Amérique du Nord pour eux. S'ils pouvaient nous évincer de la côte orientale et de l'Acadie, ils le feraient, au mépris de l'honneur et de la justice. Nous ne laisserons pas ces Louisianais nous dicter leur loi. Mais nous avons besoin de gens aguerris, courageux et décidés.

J'avais déjà constaté que, pour parler de ses ennemis, il disait plus volontiers Louisianais que Français ou Canadiens, sans doute pour ménager ma susceptibilité.

Il se tourna vers moi, posa ses deux mains sur mes épaules et me dit :

– Chevalier Dieudonné de Beauchamp, acceptez-vous d'être des nôtres ?

Cette question me prenait de court et je ne sus que répondre, d'autant que je ne pouvais deviner ce qui se cachait derrière. Il ajouta :

– Rien ne presse. Réfléchissez. Sachez qu'un refus de votre part me peinerait mais ne me choquerait pas. Si l'on me demandait de prendre les armes contre mes propres compatriotes, je refuserais. Mais l'apatride que vous êtes peut raisonner différemment.

Il me laissa des semaines pour lui donner une réponse, puis il partit pour l'Angleterre. J'eus le temps de sonder ma conscience, de faire le bilan de mon existence passée et de me convaincre que, malgré mon âge, je pourrais encore m'engager dans l'aventure ou la guerre.

En cas de réponse favorable je saurais ce que j'allais quitter mais rien de ce qui m'attendait, George s'étant montré peu loquace. Je vivais un bonheur tranquille, rythmé par les jours, rigoureux comme une horloge suisse. Les menus événements qui s'y produisaient étaient à la mesure du quotidien. Je m'entendais bien avec les enfants, avec le régisseur, avec Hobby et, bien entendu, avec Mary Washington qui, de temps à autre, posait sa main sur ma manche et me glissait à l'oreille :

— Dimanche je vous présenterai la fille du colonel Davis. Vous verrez : c'est une beauté... et elle cherche un mari.

Vint le moment où je dus prendre, comme on dit, le taureau par les cornes. George qui, après son voyage en Angleterre, séjournait à Boston pour affaires m'écrivait :

« *Les événements ne vont pas tarder à se précipiter. Je serai à Mount Vernon dans une semaine. J'espère que votre choix est fait et qu'il répondra à mon vœu. Votre ami.* »

Mon choix n'était pas fait mais la lecture de cette lettre m'incita à prendre un parti : je me mettrais au service de mon ancien élève. Je décidai d'informer Mary Washington de mon prochain départ en redoutant cet ultime entretien car, avec l'âge, la vieille dame était devenue irritable et supportait mal que tout n'allât pas selon sa volonté. En l'occurrence, cette volonté était de me garder.

Elle m'écouta avec attention, les traits tirés, triturant son mouchoir entre ses mitaines.

— Ainsi, dit-elle d'un ton grinçant, tout le monde m'abandonne. Mes enfants, vous-même dont j'appréciais les services. J'aurais pourtant besoin du soutien de tous.

Elle regrettait amèrement que son *little George*, au lieu de s'occuper de ses domaines, se proposât d'aller combattre les Canadiens et les Louisianais.

— Pourquoi cette guerre, *my God*? Pour quelques acres de terre? Comme si nous en manquions! Ainsi donc, vous voulez partir, vous aussi?

— Sir George m'appelle. Je ne puis me dérober.

– Eh bien, partez ! sanglota-t-elle. Vous n'êtes qu'un ingrat !

Ces larmes de vieille femme, ce chagrin sincère me troublèrent. Je lui dis que je la quittais à contrecœur mais que, si la guerre éclatait, je devais me trouver au côté de son fils.

– La guerre ! gémit-elle. Toujours la guerre ! On dirait que les hommes ne pensent qu'à cela. Elle m'a pris Lawrence. Elle me prend *little George*. Et vous, maintenant. Elle me les prendra tous !

Little George, je le savais depuis longtemps, n'était pas seulement sensible au charme de la guerre. Il en était d'autres qui l'avaient fait succomber.

Quelques années avant qu'il ne quittât Bridge Creek pour rejoindre Lawrence, George était tombé amoureux de la fille d'un planteur du voisinage, miss Grimes, qu'il avait baptisée *La Beauté de la Plaine*. Il s'était confié à moi et à moi seul de cette passion qui le rongeait délicieusement et le distrayait de ses études malgré les efforts que je faisais pour l'y ramener.

Il écrivait des poèmes qu'il cachait dans son placard. Il y parlait des « *agitations d'une âme blessée par les flèches de Cupidon* ». Je tombai par hasard sur l'un de ces poèmes qui, à défaut de talent, me donna une idée de la profondeur de ses sentiments. J'en ai retenu une strophe :

Ah! woe is me, that I should love and conceal
Long have I wished and never dare reveal...
(Malheur à moi d'aimer et de cacher mon amour.
Depuis longtemps je désire le révéler mais ne l'ose.)

J'ignore ce qu'est devenu l'objet de cet amour précoce, mais j'ai la certitude qu'aujourd'hui encore il se souvient avec émotion de cette *Beauté de la Plaine*, de cette *Lowland Beauty*.

De retour de Boston, au débotté, il me lança :
– Alors, Dieudonné, avez-vous réfléchi ? Vous avez eu le temps, il me semble. Qu'avez-vous décidé ?

Ma présence à Mount-Vernon aurait dû lui donner la réponse, mais il tenait à l'entendre de ma bouche.
– J'ai bien réfléchi, dis-je. J'accepte de vous accompagner où vous voudrez.

Il me serra contre sa poitrine, m'embrassa.

— Je savais que je pouvais compter sur vous. J'ai souffert de cette longue séparation. Vous êtes un peu un père pour moi. Je n'ai guère connu le mien.

Il me demanda comment sa mère avait pris mon départ.

— Assez mal, dis-je. Elle se plaint que tous ses fils lui préfèrent la guerre.

— C'est vrai, soupira-t-il, mais la guerre est une maîtresse tellement fascinante...

Je demandai, peu après son retour, s'il avait reçu des nouvelles de miss Grimès. Il parut surpris et répondit avec une pointe d'irritation :

— Miss Grimes... Pourquoi m'aurait-elle donné de ses nouvelles ? Quelle idée... Elle n'a jamais rien su de la passion qu'elle m'inspirait.

— Vos poèmes ?

— Elle ne les a jamais lus.

— Mais vous pensez toujours à elle, n'est-ce pas ?

— Certes. Je ne l'ai pas oubliée et ne l'oublierai sans doute jamais. Même Regina Carrey ne saurait l'effacer de ma mémoire. Pourtant Dieu sait qu'elle est séduisante !

Je lui demandai qui était Regina Carrey. C'était la belle-sœur d'un ami de George : William Fairfax junior.

La dynastie des Fairfax habitait le domaine de Belvoir situé sur une immense presqu'île, entre le Potomac au nord et la Rappahannock au sud. Le père était un colosse taciturne, au visage encadré de gros favoris roussâtres, au regard d'un bleu de glacier, qui passait la majeure partie de son temps à chasser le renard avec une sorte de fureur destructrice.

Il s'était pris d'affection pour le jeune Washington alors âgé de seize ans mais qui avait la taille et le caractère d'un homme déjà formé. Connaissant son goût pour la géométrie, que je lui avais inculqué, lord Fairfax lui avait confié le soin d'arpenter ses terres d'au-delà de Blue Ridge, qui n'avaient jamais été vraiment reconnues. Le jeune géomètre s'était heurté à l'hostilité de quelques *squatters* qui occupaient indûment ce domaine privé ; il avait fallu armer des esclaves pour les chasser. Dur avec les animaux, Fairfax l'était aussi envers les hommes.

Sur ces entrefaites, son fils avait débarqué au

domaine, accompagné de miss Carrey, devenue depuis peu son épouse, et de sa belle-sœur.

— ... et ce fut, dis-je, un nouveau « coup de foudre », comme on dit en France.

— Coup de foudre ! répéta-t-il. Coup de foudre ! J'aime cette expression. C'était vrai au début : Regina, la sœur de miss Carrey, est une beauté. L'ennui, c'est qu'elle arrive dans ma vie à une époque où elle n'est pas la bienvenue. Lorsque je la regarde, c'est miss Grimes que je vois se dessiner derrière elle.

Il ajouta :

— Que faudrait-il pour que la Beauté des Plaines ne vienne plus me hanter ?

— Vous ne tarderez pas à l'oublier lorsque vous saurez qu'elle est mariée avec un certain capitaine Lee.

J'avais longtemps hésité à lui faire cette révélation car je trouvais la matière de ses sentiments faite d'une pâte encore trop tendre... Son voyage en Angleterre l'avait mûri au point que je ne reculai plus.

Il avala cette nouvelle comme une gorgée de poison, resta plusieurs jours à chevaucher et à chasser le renard, seul avec un jeune Indien. Revenu au domaine il soupait à l'office et montait se coucher sans un mot.

Je lui dis au retour d'une de ces parties de chasse :

— Peut-être ai-je eu tort de vous faire cette révélation. Cela vous a blessé et je le regrette mais j'ai jugé que je vous devais cette franchise. Me pardonnez-vous ?

Ce soir-là, il pleura dans mon épaule. C'en fut fini de miss Grimes. *Exit*, la *Beauté des Plaines*. S'il restait des séquelles de cette passion éthérée, la guerre se chargerait de les dissiper.

La guerre...

Elle paraissait imminente. Les gouverneurs successifs de la Virginie la préparaient et les Canadiens restaient sur le qui-vive. La possession de la vallée de l'Ohio était au centre du différend. Sir George décida qu'avant de prendre les armes il était sage de négocier. Il en informa le gouverneur de la colonie, l'honorable Robert Dinwiddie, l'un des principaux actionnaires de la Compagnie de l'Ohio, et parvint à le convaincre de prendre cette précaution. Dans ce but, il fut chargé d'aller inspecter la division du Nord et demanda si je souhaitais l'accompagner. J'acceptai sans enthousiasme : la guerre m'avait repris – je doutais de la possibilité d'une solution de sagesse – et je sentais qu'elle me collait à la peau et cela pour le restant de mes jours.

Le but de notre mission était la Fourche de l'Ohio. C'est l'endroit où se rejoignent les rivières Allegheny et Monongahela, donnant naissance, à travers le territoire des Shawnees, à la Belle Rivière qui poursuit sa route dans des paysages pleins de majesté et de sauvagerie.

Nous occupâmes à construire une redoute le temps qui nous séparait de l'arrivée des renforts. Ils nous firent languir si longtemps que sir George décida d'aller au-devant de nos adversaires. Nous ne courions pas grand risque car les deux nations n'étaient pas en état de guerre.

Notre escorte se composait en tout et pour tout du chef indien Tanacharisson qu'on appelait, je ne sais pourquoi, le Demi-Roi, et de deux autres Indiens appelés le Chasseur et Tonnerre-Blanc. Comme guide nous avions une sorte d'homme des bois : Christopher Ghist.

Au début de décembre nous touchions au village indien de Venango, au confluent de la Rivière-aux-Bœufs et de la Rivière Allegheny, non loin d'une redoute construite depuis peu par les Canadiens : fort Machault.

Nous dressâmes notre campement dans les décombres d'une ancienne agglomération indienne hantée par les loups et les ours. Des sauvages alliés vinrent nous informer de la situation des Canadiens qui occupaient le pays : elle était désastreuse ; la plupart des hommes souffraient des fièvres ou du mal de poitrine. Le chef de l'expédition et bon nombre de ses hommes avaient dû rebrousser chemin pour retourner sur le bord du Saint-Laurent. Deux officiers seulement restaient sur place : Joncaire à fort Machault et Lagardeur de Saint-Pierre à la Rivière-aux-Bœufs, avec un groupe d'Indiens dont on était peu sûr.

George pensait à solliciter une entrevue avec les Canadiens quand il vit s'avancer vers lui un personnage à forte carrure qui se présenta comme étant le capitaine Joncaire, commandant du fort Machault. Le visage creusé par la fièvre s'abritait sous une barbe en broussaille qu'il grattait sans relâche. Abaissant son fusil, il nous demanda qui nous étions, d'où nous venions et ce que nous attendions. George lui répondit :

– Lieutenant Washington, commandant dans les

troupes de Virginie. Je suis venu vers vous pour parler. Voyez comme nous sommes peu nombreux et presque sans armes. Nous avons beaucoup à nous dire.

— Ne restez pas dans cette bauge de sangliers, dit Joncaire. Suivez-moi au fort pour vous réchauffer, mais il faudra laisser vos Indiens à la porte.

Il prévint George qu'il n'était qu'un officier subalterne et que, pour des entretiens sérieux, il faudrait s'adresser au commandant Lagardeur, de la Rivière-aux-Bœufs.

Il faisait un temps de chien, ce que nous appelons au Canada une poudrerie, avec des vents âpres qui balayaient la neige dans tous les sens. Nous étions fatigués par notre longue marche de la veille, affamés, gelés jusqu'à la moelle. Un grand feu nous accueillit dans la salle de garde où Joncaire nous fit servir une soupe aux pois et un quartier de bœuf sauvage.

Le conciliabule qui suivit ce repas d'Indien, cette nuit de neige dans la rumeur de la tourmente, le pétillement du feu, les hurlements des loups et les chants des Indiens du fort dans la pièce attenante, m'ont laissé un souvenir bouleversant. Ah ! si toutes les guerres pouvaient se régler ainsi...

J'aimai la franchise de Joncaire, son mépris des prolégomènes subtils. Lorsque nous eûmes fini de souper, il dit à George :

— Je connais la raison de votre présence. Si vous aviez des intentions belliqueuses vous seriez venus plus nombreux. Vous voulez faire un brin de causette en vue d'un mariage auquel vous ne croyez pas plus que nous. Cette province nous appartient et nous avons la ferme intention de nous y maintenir. Je connais l'importance de vos forces. Vous pouvez lever deux hommes quand nous avons de la peine à en lever un mais il en vaut au moins deux des vôtres.

— Vous paraissez bien sûr de vous, capitaine. Qu'est-ce qui vous fait croire que nous sommes incapables de vous évincer de cette terre que vous appelez votre « province » ?

— Vous l'auriez fait depuis longtemps, mais voilà : on se méfie de ces diables de Canadiens ! Nos soldats sont plus efficaces que les vôtres, plus résistants au climat et ils se moquent d'avoir ou non leur thé à cinq heures.

George se faisait un devoir et un honneur de parler

français mais il parvenait mal à exprimer sa pensée et réclamait fréquemment mon secours.

Joncaire remonta à Cavelier de La Salle, George à Francis Drake. On allait en arriver au déluge quand Joncaire dit avec un air soupçonneux :

– Qui sont ces Indiens qui vous accompagnent ?

George donna leurs noms et leurs origines. Le Canadien fronça les sourcils.

– Ainsi, dit-il, vous avez avec vous le Demi-Roi, chef des Jaskakaques. Que ne le disiez-vous ? Envoyez-le chercher, je vous prie, ainsi que les autres. J'ai deux mots à lui dire.

Lorsque j'allai chercher les trois Indiens, ils étaient en train de boire de l'eau-de-vie avec un des Outaouais du fort, qui portait sur sa poitrine une médaille du roi de France.

Dès que les trois sauvages furent entrés dans la salle de garde la soirée prit une autre tournure. Joncaire les fit manger et boire, leur distribua des présents, si bien qu'au bout d'une heure ils dormaient comme des bûches.

– Ce diable de Joncaire ! me dit George. Il vient de nous jouer un mauvais tour. Il a, comme on dit en France, mis ces sauvages *dans sa poche*.

Il avait vu juste. Le lendemain, le Demi-Roi offrait au capitaine un collier de coquillages et lui proposait le calumet.

Nous repartîmes pour la Rivière-aux-Bœufs le lendemain matin. Une pluie glaciale avait succédé à la neige, si bien que nous pataugions jusqu'aux genoux dans la boue. Nous aurions dû nous y rendre par la rivière mais elle charriait des glaces dangereuses. Il nous fallut une semaine pour arriver. Joncaire, heureusement, nous avait pourvus en vivres et en alcool. Les trois Indiens ayant décidé de rester au fort Machault, nous étions seuls avec notre guide.

Le commandant Lagardeur de Saint-Pierre était un bel officier d'âge mûr mais de noble prestance : un gentilhomme. Lorsque son visiteur lui eut remis la lettre du gouverneur Dinwiddie il se retira avec son petit état-major pour en discuter. Nous en profitâmes pour visiter le fort, ses installations, ses défenses et en faire mentalement le relevé, précaution utile pour le cas où nous devrions assiéger cette place forte.

Le capitaine Lagardeur remit à George une réponse à la lettre du gouverneur. Il ne nous en communiqua pas la teneur mais nous en eûmes une idée grâce à la brève conversation qui suivit. Aucune surprise. Rien, dans le contenu de ces propos, qui différât de ce que nous avait confié Joncaire et qui débouchait sur un mur : pas de compromis possible. En gros, les trafiquants anglais et a fortiori la troupe n'avaient rien à faire dans la vallée de l'Ohio. Toutes les mesures seraient prises pour la leur interdire. Point.

Nous revenions en Virginie avec de maigres résultats ou, pour mieux dire, pas de résultat du tout. La Belle Rivière continuerait à constituer une pomme de discorde.

Si la guerre était comme le vent on aurait pu, en prêtant attention, percevoir au loin ses premiers murmures.

LA BELLE RIVIÈRE

L'année 1755 débuta sous de mauvais auspices pour M. de Kerlerec.

La petite guerre de religion avait repris entre jésuites et capucins. On se querellait pour des questions de prérogatives, pour des propos anodins; on se jouait des mauvais tours. Le gouverneur soutenait les jésuites; le Conseil les capucins. Les jésuites avaient les rieurs de leur côté : casuistes redoutables, habiles aux controverses, ils triomphaient aisément des pauvres capucins ignares et peu formés à ces joutes. La population était partagée : on était jésuite ou capucin comme, dans l'Italie de la Renaissance, Capulet ou Montaigu. Les partisans des jésuites appelaient leur chien Capuccio et les tenants des capucins appelaient le leur Ignace.

Invité à rendre la justice dans les différends qui opposaient les deux clans, le gouverneur perdait patience et les renvoyait dos à dos :

– Allez au diable ! Les guerres de religion sont terminées !

Il avait d'autres soucis, plus dignes d'intérêt que ces comédies à l'italienne où ne manquaient que les bastonnades.

Jamais gouverneur, depuis Iberville, n'avait eu à faire front à autant de problèmes.

Les Choctaws réclamaient de la poudre et des présents; on manquait de l'une et des autres car les navires de France se faisaient rares.

Les colons criaient misère : dans l'incapacité, faute de transports, d'envoyer leurs marchandises en France, ils laissaient pourrir dans les entrepôts le tabac et l'indigo. Où trouver des navires ? Le roi d'Angleterre avait ordonné la saisie de tous les navires de commerce français. Le résultat de ce coup de force : la rupture des relations diplomatiques et une nouvelle guerre à l'horizon.

Les rapports que le gouverneur avait reçus de Joncaire et de Legardeur de Saint-Pierre sur la situation entre les Grands Lacs et l'Atlantique étaient alarmants. Une mission menée par un jeune officier, un certain Washington, leur avait ouvert les yeux : cela sentait l'entourloupe.

Le petit milieu dans lequel évoluait Kerlerec – ce « panier de crabes », disait-il – était sans cesse troublé par ses querelles et ses réconciliations avec l'ordonnateur Auberville.

A chaque navire que l'on annonçait, Kerlerec se reprenait à vivre. Et si c'était celui qui, par ordre du roi, le ramènerait en France ?

Dans son ménage il était en butte à l'acrimonie de son épouse, une « fieffée garce » à ce qu'on disait.

Au cours d'un souper chez le gouverneur, avec lequel il entretenait des relations cordiales car il avaient à peu près le même âge et le même souci des intérêts de la colonie, M. de La Frénière avait été le témoin d'une scène de ménage suscitée par Marie-Charlotte. C'était à propos du mariage récent d'un officier, M. de Noyan, neveu de Bienville, avec la sœur de Mme de Kerlerec, l'ex-Mlle de Blot.

– Mon époux, s'exclamait la mégère, s'est montré à cette occasion d'une avarice sordide. J'en étais honteuse ! Le plus humble négociant de la ville aurait donné davantage de relief à cette cérémonie. Louis n'aime guère ma sœur mais, à travers elle, c'est moi qu'il a voulu humilier. Je le connais bien, allez !

M. de Kerlerec soupira, échangea avec Gilles un sourire désabusé. Il avait pris son parti de ces accès d'humeur et ne daignait pas réagir, ce qui était de bonne politique. Il avalait la gorgée de vinaigre et ne bronchait pas.

Excédé par cette scène grotesque et indécente, Gilles se leva pour prendre congé. Sa femme attendait leur deuxième enfant et sa santé en était éprouvée.

– Tatata ! s'écria Marie-Charlotte. Restez ! vous n'êtes pas de trop.

— Si j'osais... bredouilla-t-il.

Personne ne lui demanda de poursuivre. S'il avait osé il aurait jeté au visage de cette sotte sa serviette et ses quatre vérités. Ce brave homme de gouverneur vivait un calvaire quotidien et, lorsqu'il regagnait son cabinet, il était confronté à une armée de quémandeurs et de plaignants.

— Vous savez bien, ma bonne, articula-t-il péniblement, comme s'il craignait de la heurter, que nous n'avons pas les moyens de mener grand train comme le marquis de Vaudreuil.

— Croyez-vous que je l'ignore? glapit la mégère. Nous sommes au bord de la ruine!

— Vous exagérez!

— Pas le moins du monde! Cela fait six mois que je ne me suis pas acheté la moindre toilette. Mes bas sont reprisés. Je suis la risée de la bonne société. Mme de Pradelle, cette vipère, raconte partout que je suis mise comme une souillon. Croyez-vous que de tels propos soient plaisants à entendre pour la première dame de la colonie?

— Tout doux... répliquait d'une voix douce M. de Kerlerec. Nous vivons simplement mais pas dans la misère comme vous le laissez entendre. Quant à Mme de Pradelle, elle ferait bien de balayer devant sa porte!

Elle reprochait à son époux de ne pas se « débrouiller » pour augmenter son traitement qui leur permettait tout juste de vivre. Qu'il s'inspire des méthodes d'un tel et de tel autre! Ces méthodes, il les connaissait trop bien pour s'y aventurer. Elles se résumaient en deux mots : corruption et trafics illicites.

Le gouverneur raccompagna Gilles jusqu'au portail du jardin.

— Faisons quelques pas ensemble sur la banquette, dit-il.

Un officier en robe de chambre fumait le cigare, assis sur un banc. « Quelle tenue, mon Dieu, soupira le gouverneur. Il mériterait les arrêts. » Des fidèles sortaient de l'église par groupes, à la suite d'un office vespéral. Au fond de la place Royale des vauriens buvaient au goulot en chantant des paillardises.

— Je suis désolé, dit Kerlerec, de vous avoir fait subir cette scène ridicule. Mon épouse, voyez-vous, a des goûts de luxe et ne cesse de me reprocher notre train de vie, qui est modeste, j'en conviens. Elle ne perd aucune occasion de m'humilier. La vérité est qu'elle voudrait revenir en France. Comme je suis, une fois n'est pas coutume, d'accord avec elle, je vais écrire au ministre pour demander mon rappel.

Il s'arrêta et ajouta, tête basse :

– Mon sentiment, depuis mon arrivée, est que cette colonie est ingouvernable.

« Air connu... », se dit Gilles. Le leitmotiv revenait dans tous leurs entretiens à cœur ouvert. « Je vais écrire... », disait Kerlerec. Il ne passait jamais à l'acte. Pourquoi ? Par fierté ? Dans la crainte qu'on ne l'enfermât à la Bastille comme Cadillac ? « Plutôt, songeait Gilles, parce que le brillant officier de marine qu'il est resté dans l'âme n'a pas pour habitude de baisser pavillon. »

Le bon M. de Kerlerec n'était pas au bout de son calvaire.

Il se dit qu'il venait de franchir une nouvelle station le jour où il reçut un Acadien nommé Bonneteau, qui lui apportait des nouvelles navrantes de cette province. Dépossédés de leurs terres par les Anglais, chassés comme des chiens galeux, les Acadiens cherchaient asile un peu partout. On n'allait pas tarder à voir paraître les premiers exilés.

Plus inquiétante encore était la déclaration d'un homme d'État anglais, philosophe, journaliste, savant, qui s'intéressait à tout et se mêlait de tout : Benjamin Franklin. Cet homme qui avait inventé le paratonnerre déclencha un orage en proclamant à Londres : « *Nous n'avons pas de repos à espérer pour nos treize colonies d'Amérique du Nord tant que les Français resteront maîtres au Canada.* »

C'était donner le signal de la croisade.

Il fut entendu. Londres vota un budget énorme pour financer l'envoi en Amérique d'une importante armée ; des souscriptions privées permirent de doubler la solde des soldats et des marins.

Avant d'attaquer le Canada, ce qui ne laissait pas l'ombre d'un doute, il convenait de purger le Nouveau-Brunswick et la péninsule acadienne de ces fermiers d'origine française qui occupaient les meilleures terres et se montraient d'une insolente fécondité. Par chance pour les Anglais, c'étaient des gens pacifiques qui répugnaient à toute forme de violence et n'aspiraient qu'à semer et récolter dans la paix du Seigneur.

— Ce qui arrive aujourd'hui, dit Bonneteau, nous le pressentions depuis longtemps, mais nous pensions que le temps, une résistance passive et la Providence arrangeraient les choses.

Une déclaration du gouverneur Lawrence avait dissipé les dernières équivoques : les Acadiens pris à porter un fusil seraient considérés comme des ennemis et passés par les armes.

Sous prétexte que des Acadiens avaient prêté la main à la construction du fort Beauséjour, bien que possession française, les Anglais avaient envahi leur territoire et raflé toutes leurs armes – des fusils de chasse principalement – avant de mettre le siège devant le fort qui fut contraint de capituler, les forces ennemies étant écrasantes. Tous les territoires en marge du Canada étaient aux mains des sujets de Sa Majesté britannique.

— Les nouveaux occupants, ajouta Bonneteau, ont voulu nous imposer un serment d'allégeance. Inacceptable ! Nous avons tous refusé. Ce Lawrence est un fourbe et un tyran. De son propre chef, sans en référer aux autorités de Londres, il a décrété la déportation des habitants.

L'annonce de cette mesure avait éclaté comme un coup de tonnerre dans l'église de Grandpré où les Acadiens avaient été conviés à une réunion. Le décret leur fut signifié sans le moindre égard : confiscation des terres, des demeures, des récoltes. Le linge et l'argent restaient leur propriété. Ils pourraient l'emporter, mais qu'ils décampent, et le plus vite possible !

Entourés d'un cordon de trois cents soldats de l'armée régulière, cinq cents fermiers furent embarqués pour une destination inconnue, sous la menace des baïonnettes. Les femmes et les enfants les rejoindraient ultérieurement... s'ils parvenaient à les retrouver, mais c'était le moindre souci des envahisseurs.

— Imaginez, dit Bonneteau d'une voix tremblante, les scènes auxquelles ces adieux ont donné lieu ! Ces femmes et ces enfants en pleurs, ces soldats qui aboyaient des ordres et des menaces... Pour faire bonne mesure ces brutes ont brûlé des maisons, des églises. A la moindre résistance, ils tiraient dans la foule. Il y eut des morts, des blessés. Certains fermiers ont réussi à s'enfuir chez les Indiens mais je crains qu'ils ne soient tous rattrapés et passés par les armes. J'ai laissé à Grandpré ma famille et mes cinq enfants. Qui sait si je les reverrai ?

Pour ces malheureux exilés le chemin de croix ne faisait que commencer.

On les débarqua en masse dans les colonies de la Nouvelle-Angleterre. Personne n'en voulait ! Des papistes... On les jeta sur des côtes stériles où ils moururent en grand nombre. C'est alors qu'on eut l'idée de les envoyer en Louisiane.

— Un navire anglais nous a débarqués entre Pensacola et Mobile. Nous y sommes encore. Des centaines, à nous demander comment survivre, à nous interroger sur le sort de nos familles. C'est trop de cruauté, monsieur. Ces Anglais... ces Anglais sont des monstres !

Bonneteau se tut, brisé par l'émotion, des larmes glissant dans les sillons de ses rides. Il avait fait un long chemin pour arriver à La Nouvelle-Orléans, se sustentant de nourritures dont les chiens n'auraient pas voulu, échappant aux dangers des marécages et de la forêt. Il n'avait plus de chaussures et ses pieds étaient en sang.

— Combien d'hommes êtes-vous ? demanda le gouverneur.

— Trois cents. Peut-être un peu plus. Je ne sais au juste. Nous prions le Seigneur chaque soir de faire cesser ce calvaire, de nous guider vers une Terre promise.

M. de Kerlerec eut l'impression que le ciel lui tombait sur la tête. Cette affaire lui rappelait les terribles paroles du pape Innocent III décrétant la mort des cathares : « *Chassez-les, eux et leurs complices, des tentes du Seigneur ! Dépouillez-les de leurs terres pour que les catholiques leur soient substitués.* » L'histoire se répétait inexorablement.

Y aurait-il assez de place sous ses propres tentes ?

Gilbert eut une petite sœur. Elle arriva avant terme mais parfaitement constituée et vorace comme un chiot. Et elle était si menue que Gilles proposa de l'appeler Mauviette. On décida de lui donner le nom de son arrière-grand-mère : Justine.

La deuxième récolte de cannes fut bien supérieure à la première en quantité et en qualité. Gilles trouva facilement à l'écouler dans la colonie ; il en vendit même à

Pensacola. Il était en mesure de rembourser une partie des dettes qu'il avait contractées auprès de M. du Breuil.

Aucun grief majeur contre Gédéon ; le contremaître faisait correctement son travail. En revanche, il se saoulait chaque soir, avec une régularité d'horloge, et puisait à sa guise dans le cheptel des négresses pour se distraire. Lui interdire ces plaisirs aurait provoqué son départ. Il fallait manier avec des pincettes ce personnage susceptible qui avait contracté aux Iles des habitudes dont il ne pouvait se passer. En revanche, Gilles lui avait imposé une certaine clémence dans les châtiments qu'il infligeait aux esclaves. Il bougonnait :

— Vous avez tort, monsieur ! Ce n'est pas à moi qu'il faut apprendre comment mener les nègres. Ils ne connaissent qu'une loi : le fouet.

Évelyne avait mal supporté cette deuxième grossesse. M. Prat avait dit à Gilles :

— Je vous déconseille d'avoir un troisième enfant. Ménagez votre épouse. Elle est fragile. Un autre accouchement risquerait de lui être fatal.

— J'aime ma femme, dit Gilles, et je ne puis renoncer à nos rapports.

M. Prat lui conseilla de se procurer dans une officine un instrument qui lui permettrait d'honorer sans risques son épouse : un étui en boyau de lapin.

— Mais c'est écœurant ! bougonna Gilles.

— Dans votre cas, c'est nécessaire. Il y a un autre moyen, vous me comprenez, mais c'est moins sûr.

Il demanda à goûter le lait de Jacinta, le puisa à la source et le trouva de bonne qualité. La nourrice avait un enfant chaque année et aucun d'entre eux n'inspirait la pitié.

Le praticien ajouta :

— Je suis moins rassuré encore pour ce qui concerne Mme Adélaïde. J'ai inspecté ses urines et ses selles. Ce n'est pas brillant. Elle est de nature boulimique et son cœur ne tient qu'à un fil. Trop grosse. Adipeuse. Il faudrait lui imposer un régime.

Évelyne s'y était risquée. Mme Adélaïde avait protesté qu'on voulait la tuer en l'affamant ! C'était un sujet permanent de disputes harassantes. Elle bredouillait :

— Ça m'est bien égal de mourir. Le plus tôt sera le mieux. J'ai hâte de rejoindre mon cher père.

Elle n'était pas à une contradiction près.

Ils en étaient venus à se persuader qu'elle s'appliquait systématiquement à mettre fin à ses jours : elle dévorait aux repas, grignotait toute la journée, buvait chaque soir deux grands verres de tafia. Il fallait la ramener ivre dans sa chambre. Parfois elle vomissait.

Un matin elle refusa de se lever. Ses jambes, disait-elle, ne la portaient plus.

– Je sens, dit-elle à Évelyne, que je suis une charge pour vous et que je ne vous fais pas honneur. Rassurez-vous. Je ne tarderai pas à vous débarrasser de moi.

On affecta à son service une fille de Jacinta : Azada, petite Ouma bien ronde comme sa mère, pareille à une potiche vernissée, de nature soumise et souriante. Elle avait reçu l'ordre de ne quitter la vieille dame sous aucun prétexte, de veiller sur elle jour et nuit. Comme Mme Adélaïde avait le sommeil léger, tenue en éveil par les caprices de son cœur, elle faisait sonner la tintenelle et la pauvre Azada devait se lever, lui tenir la main, lui préparer des tisanes additionnées de tafia et l'aider à s'asseoir sur son pot.

Pour un oui, pour un non, elle réclamait le curé. Le pauvre homme arrivait porteur du viatique, parfois au cœur de la nuit, recueillait quelque confession vénielle et administrait l'extrême-onction à la mourante. A peine s'était-il retiré qu'on entendait la moribonde protester que la tisane était froide ou qu'il fallait changer ses draps.

Le mieux, pensait Gilles, était qu'elle s'éteignît une bonne fois pour toutes, mais il faut croire que le Seigneur n'était pas pressé de l'accueillir.

Lachaume Jules aurait pu se croire arrivé au terme de son odyssée.

Depuis son départ de chez Mary Washington et la rupture avec son compagnon Dieudonné – ce faux frère, cet hypocrite! –, il avait mené une vie solitaire, allant d'une tribu à une autre, se faisant passer selon les circonstances pour un Français ou pour un Anglais, car il parlait convenablement la langue de Shakespeare.

Contre une honnête rétribution et l'assurance qu'il ne manquerait pas d'eau de feu, il avait persuadé un Indien nommé Tchakta de l'accompagner et de lui servir de guide.

Son autorité naturelle, faite de rudesse et de brutalité, le bon fusil de marque anglaise qu'il portait à la bretelle, les cartouchières qui se croisaient sur son torse de vieil hercule en imposaient aux sauvages. Il cachait en outre dans sa large ceinture en cuir de bison une petite fortune en bonnes livres anglaises qui lui conciliait les faveurs de ses hôtes.

De Shawnees en Chaouanons, de Chickasaws en Choctaws il était parvenu, alors que se dessinaient des risques de conflit entre Canadiens et Anglais, aux abords d'un village de paisibles Tonicas, sur la rivière traversant le territoire des Yazous, à quelques lieues en amont de chez les Natchez, une contrée qu'il connaissait bien pour l'avoir parcourue en compagnie de Beauchamp au temps du grand massacre.

Avec l'aide de Tchakta et de quelques Indiens il se

bâtit une cabane de rondins avec juste le nécessaire car rien ne disait qu'il ferait là de vieux os.

Il s'acheta un chien, un canot d'écorce, loua une Indienne pour lui préparer ses repas et agrémenter sa sieste. Chaque soir, il se rendait au village, fumait en compagnie des Indiens, écoutait les palabres sans bien les suivre, se fiant à la traduction approximative que lui en faisait son guide. Il en apprenait ainsi beaucoup sur les Français des environs, colons et militaires.

Comme il répugnait à rester dans l'oisiveté et que son pécule n'était pas le trésor d'Ali Baba, il décida d'organiser un petit négoce.

Au temps où il était sergent au fort du Nouveau-Biloxi, avant de gagner La Nouvelle-Orléans, il avait partagé la vie des coureurs de côtes ; il les suivait dans leurs pérégrinations jusqu'à Pensacola, achetait de l'alcool à ces hommes pour le revendre aux sauvages ; ils le payaient en fourrures, en poisson séché, en viande boucanée qu'il n'avait aucune peine à revendre. L'argent qu'il recueillait ainsi lui permettait d'acheter des tonnelets d'alcool ; le cycle reprenait et sa ceinture prenait du poids.

Il se dit qu'il n'avait pas perdu la main et que ce petit trafic pourrait reprendre là où il en était resté. Avec davantage de profit, la contrée étant prospère, et moins de risques, car il n'aurait pas à se servir de son fusil comme il avait été contraint de le faire à diverses reprises contre les Indiens de la côte, qui étaient de drôles de citoyens.

Deux redoutes françaises se dressaient à peu de distance en amont du Grand Fleuve : le fort Saint-François et, au confluent du Mississippi et de la Rivière-à-Margot, le fort de l'Assomption. Il alla flâner en pirogue autour de ces postes en évitant de se montrer de crainte qu'on ne le prît pour un de ces traitants anglais qui passaient à juste titre pour des espions.

Lorsqu'il repérait un groupe de militaires en train de laver leur linge sur la berge, il rangeait son canot, le laissait à la garde de son Indien et entamait une conversation. Comme il soignait son allure et son langage de coureur des bois, qu'il était accompagné d'un Indien au visage raviné sous son large feutre noir, d'un gros chien roux, les hommes ne se méfiaient pas de lui.

Il leur offrait du tabac, les aidait à porter leur linge

sur la brouette, les faisait parler. Il finissait, s'ils se montraient compréhensifs, par leur proposer d'acheter ce qui leur restait d'eau-de-vie ou de tafia. On se donnait rendez-vous et, marché conclu, Lachaume retournait à son ermitage sa ceinture allégée de quelques livres mais son canot alourdi de dames-jeannes de tord-boyau.

Revendre l'eau-de-vie aux sauvages n'était qu'un jeu. Il se faisait céder des peaux pour une pinte de gnole. Le lendemain, la tête embrumée, le ventre malade, les Indiens se demandaient s'ils n'avaient pas fait un marché de dupes.

Cet endroit du fleuve, entre La Nouvelle-Orléans et le territoire des Illinois, connaissait un intense trafic de la part des Indiens, des colons, des militaires et des religieux, sans compter un bon nombre d'aventuriers.

Le père jésuite Boulanger venait, trois jours par semaine, poursuivre son œuvre d'évangélisation des Tonicas. Arrivé en Louisiane trente ans plus tôt, il avait choisi de s'installer sur les terres des Yazous : il avait écarté par son charisme et son énergie tout ce qui était concurrent : capucins et membres des Missions étrangères. Des hérétiques, des judas ! Il avait fait peu à peu de cette contrée un terrain de mission exemplaire. Il séduisait les sauvages par sa faculté de se mêler à leur vie, de se fondre dans leurs croyances, en laissant entendre que le Dieu des Indiens, le grand Waka Tanka, et le sien n'étaient qu'un seul et même personnage, avec des noms différents, que la Vierge Marie était française et que le Christ avait été crucifié par les Anglais. Effectuant une synthèse des langues indiennes de la moyenne Louisiane, il avait composé un dictionnaire et rédigé un catéchisme à l'usage de ses ouailles. Lorsqu'un Indien se présentait pour recevoir le baptême il lui ordonnait de réciter soir et matin les litanies de la Vierge ou, pour ceux qui lui semblaient le plus dignes de recevoir la lumière divine, l'*Ora pro nobis*.

La première fois que le père Boulanger et Lachaume se rencontrèrent, c'était par un soir de printemps doux comme un pétale de rose. Lachaume proposa au père de lui faire goûter de sa gnole ; ce dernier n'osa refuser. Il finit par avouer qu'il en buvait un verre chaque matin « pour chasser le mauvais air ».

Le père Boulanger avait une autre passion qui s'accordait assez mal avec sa mission : la chasse. Il ne se déplaçait jamais sans son fusil : une de ces vieilles pétoires à silex qui faisaient des trous énormes dans le flanc des bisons. Il s'en était servi contre des Indiens venus piller sa petite plantation qu'il faisait travailler par ses néophytes.

Son obsession majeure était de rencontrer et de tenter d'amener à Dieu la Sagkame des Illinois : une femme chef de tribu, potentat en jupons comparable à cette Princesse du Missouri, exhibée quelques années auparavant à Paris où elle avait épousé un officier qu'elle avait fait massacrer de retour parmi les siens, avant de le dévorer comme une mante religieuse.

– Foutre ! disait-il. Il faudra bien que je voie cette garce, et que je lui fasse cracher ses croyances impies.

Il ajoutait, dans ce langage un peu vulgaire qui lui était coutumier, en usant du tutoiement à la romaine :

– Tu peux pas imaginer le mal que j'ai eu à convertir ces sauvages ! Ils pinaillent sur les évidences de la foi, sur des points de détail, ergotent sans arrêt. Lorsque je les force à travailler, ces fainéants, sais-tu ce qu'ils me répondent ? Que leur foutu Waka Tanka veille à ce qu'ils ne manquent de rien et qu'ils n'ont cure de s'échiner pour se nourrir. Ils me reprochent même de ne pas travailler moi-même ma parcelle. Tonnerre de sort, à mon âge et avec mes rhumatismes... Je finirai bien par leur apprendre qu'il faut gagner son pain à la sueur de son front...

Lachaume lui demanda un jour s'il connaissait un certain Gilles Chauvin de La Frénière et s'il savait où il se trouvait. Le père répondit qu'il avait souvent entendu parler de ce « gratte-papier » devenu procureur. Il était en poste à La Nouvelle-Orléans et possédait une plantation près du bayou Chef-Menteur. Il était marié et avait deux enfants.

– Tu le connais ? demanda le religieux.
– Si je le connais, ce vieux brigand ? Que trop... Nous avons un compte à régler.

Les années passées n'avaient pu lui faire oublier ses griefs contre La Frénière. Il n'oubliait jamais une humiliation, et celle que ce « gratte-papier » lui avait fait subir était de taille. Capturé et condamné par sa faute, il se serait bientôt balancé au bout d'une corde. Il s'était promis de le tuer ; il était toujours, malgré le temps, décidé à tenir parole.

— Aimes-tu chasser la grosse bête ? lui demanda le père Boulanger. Le bison par exemple.

— J'en ai jamais eu l'occasion mais je crois que j'aimerais.

— On m'a signalé un rassemblement important, sur l'autre rive du fleuve. Nous irons les chasser avant leur migration. Ma réserve de viande boucanée commence à s'épuiser.

Les Indiens Tonicas lui avaient appris à chasser ce gros gibier dès son arrivée dans les parages. Ces sauvages le traquaient jadis à cheval et le tiraient à l'arc, mais les flèches à pointe de silex se brisaient contre les os. Rendu furieux par la douleur, l'animal devenait dangereux et mettait parfois des jours à agoniser et à mourir sans profit pour les chasseurs. Le père Boulanger leur avait appris l'usage du fusil.

— Avec ma pétoire, mon gars, je leur fais des trous dans le cuir larges comme la main. Je sens que ça va te plaire...

Ils franchirent le fleuve avec une dizaine de Tonicas chantant et dansant comme s'ils partaient pour une fête. Un pisteur leur avait signalé un troupeau qui luttait contre les dernières chaleurs, dans une prairie bordant le fleuve, en se vautrant dans la boue.

Quand ils furent en vue du troupeau, leur canot rangé dans une crique, le père dit à Lachaume :

— Ces animaux ont la vue basse, en partie à cause des poils qui leur tombent sur les yeux, mais leur flair est exceptionnel. Faut les prendre contre le vent, mon gars, sinon c'est la débandade, et alors vaut mieux s'écarter si tu veux pas faire de la pâtée pour les loups. Sens-tu cette odeur de bouc ? Ce sont les mâles.

Ils approchèrent du troupeau en courant, courbés, genoux fléchis, comme les Indiens. Le père choisit comme première victime un vieux mâle qui paissait tranquillement sous un saule, sa barbe de patriarche balayant l'herbe. Atteinte au garrot, la bête fit un saut sur place, tourna en rond à plusieurs reprises pour chercher à fuir et s'abattit brusquement. Lachaume s'y prit à deux fois pour tuer un jeune qui remontait de la berge, des herbes plein la barbe, secouant sa crinière, majestueux comme Glaucus. Le premier coup de feu le toucha à un œil, le second au gras de l'épaule. Il meuglait et boitait lamentablement. Le père l'acheva d'une troisième décharge dans l'échine. Les autres se débandèrent lourdement, dans un bruit de tonnerre, un nuage de poussière et disparurent par une saignée entre deux forêts.

Une vieille femelle qui traînait la patte à l'arrière du troupeau et deux autres jeunes furent abattus à coups de flèches.

– Suffit pour aujourd'hui ! cria le père. Achevez ces bestiaux et commencez à les dépecer.

Les Indiens découpèrent pour les manger sur place les langues énormes et délectables. On leva les plats de côtes destinés au boucan, ainsi que d'autres parties de l'animal que l'on découperait en tranches minces pour les faire sécher sur des clisses de cannes. Les os à moelle seraient conservés pour préparer des bouillons.

– Dans une quinzaine, dit le père en contemplant l'horizon, les bisons auront disparu. C'est le temps des migrations.

– Pourquoi n'en avoir pas tué davantage ? demanda Lachaume.

– A quoi bon ? Avec les bêtes que nous avons abattues nous aurons de la viande pour des mois. Je ne suis pas stupide au point de tuer pour le plaisir. Dieu ne me le pardonnerait pas.

Un matin d'octobre Lachaume partit dans son canot avec le fidèle Tchakta et son chien en direction du sud.

Sa connaissance du pays et son sens de l'orientation lui permirent, en quittant le fleuve à quelques lieues de La Nouvelle-Orléans, de s'engager sur le bayou Chef-Menteur et de se laisser dériver lentement jusqu'à découvrir, au-delà de bouquets de myrtes et de saules, derrière des haies de rosiers en fleur, le dôme verdoyant du grand chêne et, entre ses ramures, une longue façade blanche.

Il avait mis quatre jours pleins pour parvenir au terme de son voyage ; il lui fallut une semaine pour remonter le fleuve jusqu'à sa demeure. Le temps ne le pressait pas. Il se disait, en pagayant derrière Tchakta, que ce que l'on désire ardemment finit un jour ou l'autre par arriver. Question de patience.

Ce n'était qu'une opération de reconnaissance. Il la renouvela avant les premières neiges de manière à ne laisser aucune trace de son passage.

Il ignorait encore quelle forme donner à sa vengeance : mettre le feu au moulin à sucre et aux champs de cannes du Vieux-Chêne, agresser Chauvin au retour de La Nouvelle-Orléans ? S'attaquer aux siens ? Il avait tout le temps d'y réfléchir. Il devait avant toute chose effectuer un relevé exact des lieux, étudier les habitudes des propriétaires, mijoter un plan qui laissât le moins de place possible à l'imprévu.

Un mois plus tard, il se rendit dans les parages immédiats du Vieux-Chêne, se hissa dans un arbre d'où il avait une vue profonde et large sur la maison, la sucrerie, les champs de cannes. Se souvenant de l'incendie de la Mobilière, il se dit qu'il y avait là de quoi faire un beau feu de saint Jean. Il resta plusieurs jours dans les parages sans se faire remarquer et passait des heures dissimulé dans les ramures, à examiner le domaine et les habitudes de ses occupants. Il vit un homme habillé de blanc – un commandeur ? – distribuer le travail aux nègres, des petites Indiennes jouer dans le jardin et sur la galerie avec deux enfants blancs, une femme vêtue de cotonnade claire tailler ses rosiers. Et Chauvin ? Il l'avait vu partir à cheval le matin et ne rentrer que le soir. Lui, il n'y toucherait pas : trop connu. Ça ferait un tas d'histoire, des enquêtes et tout ce qui s'ensuit.

La jeune femme retint particulièrement son attention. Elle était svelte, grande, avec dans sa démarche une souplesse de métisse. A n'en pas douter, la femme de Chauvin.

Il décida que c'est elle qui paierait.

Le temps, ce matin-là, avait un goût de pluie. Des brumes suspendues au-dessus des bayous annonçaient un automne précoce que l'on respirait dans l'air immobile et odorant comme autour d'un reposoir.

Il restait encore quelques roses dans la haie. Évelyne était en train d'en faire un bouquet quand elle vit s'avancer vers elle un homme vêtu de la défroque des coureurs des bois, accompagné d'un grand chien roux et d'un vieil Indien qui portait un fusil en travers de ses bras.

– Je suis bien chez Mme Chauvin de La Frénière ? dit-il.

– C'est moi.

– J'ai à vous parler. Pouvez-vous me suivre à quelques pas. Je préfère ne pas entrer.

791

— Que de mystères...
— Il n'y a pas de mystère.

Elle ouvrit le portail, s'avança vers l'homme qui portait son fusil à la bretelle. Elle était sans méfiance : il lui suffirait en cas de danger de siffler ses chiens ou d'appeler Gédéon qui se trouvait dans sa case à cette heure-là.

— Qui êtes-vous ? dit-elle.
— Mon nom ne vous dirait rien.
— Alors, dites-moi ce que vous avez à me dire et finissons-en.
— Rassurez-vous, dit-il avec un sourire qui découvrit ses dents pourries. Nous en aurons vite terminé. Plus vite que vous ne pensez.

Avant qu'elle ait pu siffler ses chiens et esquisser un geste de défense, il dégagea son fusil et la frappa violemment à la tempe avec sa crosse. Elle s'écroula en gémissant. Il dit en s'agenouillant :

— De la part du sergent Jules Lachaume. C'était le premier message. Voici le second...

Il lui écrasa le visage d'un coup de poing. Elle ouvrit la bouche pour appeler à l'aide mais aucun son n'en sortit. Il se releva, inspecta le jardin qui s'étendait derrière la haie, les lointains du chemin qui longeait le bayou, et annonça :

— Troisième message !

Il releva la robe de sa victime, lui arracha son linge intime et se mit en devoir de la violer. Quand il eut pris son plaisir sans qu'elle eût repris connaissance, il maugréa :

— Du blanc de poulet... Ça ne vaut pas nos Indiennes.

Il lança à Tchatka :

— Elle est à toi, si tu veux profiter de l'occasion.

Le vieil Indien secoua la tête avec un air de dégoût.

— A ton aise, dit Lachaume.

Il sortit son coutelas, trancha la gorge de la femme qui remuait encore et la scalpa.

— Superbe ! dit-il. Les Anglais m'en donneront un bon prix.

A une quinzaine de là, le père Boulanger dit à Lachaume :

— J'étais hier au fort Saint-François. On m'a appris une terrible nouvelle : la femme de ce Chauvin de La Frénière qui paraissait tant t'intéresser a été violée, égorgée et scalpée. On pense que ce sont des Indiens qui ont fait le coup.

— Sans doute, dit Lachaume. Les Blancs ne scalpent pas leurs victimes.

— Curieux... fit le père.

— Qu'est-ce qui vous semble curieux ?

— Tu t'es beaucoup absenté ces temps derniers. J'ai interrogé Tchatka. Tu avais une prédilection pour le bayou Chef-Menteur. C'est tout proche de la demeure des Chauvin, si je ne me trompe. Qu'allais-tu faire là-bas :

— Baguenauder. C'est mon droit, non ?

— Prends garde à toi, Lachaume. C'est ton droit, mais mon devoir à moi est de t'empêcher de nuire.

Lachaume jugea prudent de prendre le large. Une heure plus tard, il était sur la rivière dans son canot. Seul. Il ne savait pas encore où il allait noyer ses amarres. Il n'avait pas eu le temps d'y penser. Ce dont il avait la certitude, c'est qu'il convenait de mettre d'urgence le plus d'eau possible entre lui et La Nouvelle-Orléans.

Récit de Dieudonné de Beauchamp

Depuis ce mois de mai de l'an 1754, une ombre a passé sur l'amitié que je porte à mon ancien élève. Nous nous trouvions au large de la forêt, entre la rivière Allegheny, la Rivière-aux-Bœufs et le lac Erié. Ce jour-là, dans un éclair, m'apparut le fond de sa nature.

L'amitié virile que nous partagions malgré l'écart de nos âges et de nos conditions, j'en étais venu à penser que rien jamais ne saurait l'altérer ou la remettre en question, qu'elle avait donné trop de preuves de sa sincérité pour qu'un événement ou une parole pussent l'ébranler.

A dater de ce jour maudit qui a marqué le début de la guerre, le maître s'est pris à douter de son élève. Il est vrai que rien n'est plus mobile et incertain que nos sentiments ; ils évoluent, se modifient, se dégradent ou s'enrichissent selon notre nature plus ou moins souple et suivant les hasards. Nul ne peut dire que les êtres – ou les choses – que l'on aime aujourd'hui ne seront pas demain un objet de détestation.

En l'espace de quelques minutes sir George était devenu à mes yeux un autre personnage que j'avais du mal à reconnaître et à définir. Par la suite nous avons été séparés, sinon par la haine, du moins par une méfiance réciproque qui ne s'est jamais complètement effacée.

J'ai abandonné le cours de mon récit au moment où nous quittions le fort de la Rivière-aux-Bœufs et le capitaine Legardeur de Saint-Pierre, en descendant le cours tumultueux de la rivière Creek sous des rafales de pluie et de grésil, avec le message du commandant à l'intention du gouverneur Dinwiddie.

Nous passâmes la fin de l'hiver en Virginie, à Mount Vernon, dans la demeure de Lawrence Washington, avec de fréquentes visites au domaine des Fairfax. C'est là que j'assistai à l'étrange ballet de séduction et d'hésitation entre mon ami et celle qui aspirait à devenir sa fiancée : Regina Carrey. Je m'en serais diverti si je n'avais deviné chez George un reste de tourments : il ne parvenait pas à oublier tout à fait la *Beauté de la Plaine*.

Au printemps, nous reprîmes le chemin du Nord-Ouest, porteurs d'un message de Dinwiddie pour le capitaine Legardeur. En ce temps-là, mon compagnon arborait avec une certaine fierté ses nouveaux galons de colonel ; il n'avait que vingt-deux ans...

Outre le message du gouverneur, George avait reçu une consigne : rester sur la défensive mais capturer ou tuer ceux des Français ou des Canadiens qui s'opposeraient à son passage et à son installation. Une colonne de trois cents hommes, divisée en trois compagnies, était en route ; elle était destinée, avait déclaré Dinwiddie, à ouvrir la route à l'armée coloniale que la Virginie, le Maryland et la Pennsylvanie allaient mobiliser. Implicitement, cela signifiait que la Nouvelle-Angleterre préparait la guerre. Cette situation ambiguë n'était que le reflet de celle que connaissait l'Europe où les deux nations rivales aiguisaient leurs armes.

Émotion, alerte chez les Franco-Canadiens ! L'ampleur du détachement envoyé en reconnaissance avait de quoi leur donner des inquiétudes. Ils décidèrent de dépêcher au-devant de lui le capitaine Coulon de Jumonville pour annoncer aux officiers anglais qu'ils avaient violé une frontière et qu'ils devaient retourner vers leurs bases de départ.

A la fin du mois de mai nous arrivions en un lieu appelé Les Grandes-Prairies, entouré de hautes collines et de sombres forêts de résineux.

— Je viens d'apprendre par Ghist, notre interprète, me dit George, que les Canadiens sont à une lieue à peine de nous. J'aimerais les attendre ici : ça ferait un charmant champ de bataille.

Comme si un champ de bataille pouvait être *charmant* ! Après réflexion, il préféra aller à leur rencontre.

Nous partîmes par une nuit pluvieuse et glacée, avec seulement une quarantaine d'hommes et des pisteurs de la petite nation des Mingoes, qui, par des sentiers abrupts, nous conduisirent jusqu'à proximité du camp ennemi : quelques tentes au milieu d'un entassement de rochers ; à la clarté des lanternes, des sentinelles allaient et venaient dans leur manteau de pluie.

George évalua longuement l'importance de la position et le nombre des hommes avant de me dire :

— Nous attendrons que le jour se lève pour passer à l'attaque.

Je tressaillis et répliquai :

— Nous n'en avons pas le droit ! Sommes-nous en guerre contre les Français ? Je vous rappelle notre mission : remettre ce document en main propre. Attaquer constituerait un *casus belli* et la situation risquerait de dégénérer.

Il me répondit sèchement :

— Ces scrupules vous honorent mais ils sont hors de saison. Nous pourrons toujours affirmer que nous avons été attaqués et n'avons fait que riposter. A part l'ennemi, qui pourrait nous contredire ? Ils ne sont qu'une trentaine et nous allons leur faire une surprise.

Quelque temps plus tard, je devais apprendre que la mission du capitaine de Jumonville avait un caractère pacifique. Le texte de sa feuille de route portait : « *Si les Anglais sont de l'autre côté de la grande montagne* [les Alleghanys], *vous ne passerez pas la hauteur des terres, ne voulant en rien les troubler et voulant maintenir l'union qui règne entre les deux couronnes...* »

J'appréhendais le lever du jour et l'accrochage qui allait se produire entre les deux colonnes.

— Debout, Dieudonné ! me dit George. L'heure est venue. Nous allons apprendre aux *Frenchies* ce qu'il en coûte de nous barrer la route.

A peine nous fûmes-nous déployés autour du campement que les sentinelles canadiennes criaient aux armes. George donna l'ordre de les abattre sous prétexte que cette réaction pouvait passer pour un acte d'agression.

Les coups de feu avaient fait sortir les Canadiens de leurs tentes. Je vis M. de Jumonville s'avancer vers nous en criant :

— Faites cesser le feu ! Je suis porteur d'une lettre du gouverneur Duquesne à l'intention du colonel *Wemcheston* !

— Je suis le colonel Washington ! lança George. Donnez-moi connaissance de cette lettre à haute voix.

Le capitaine de Jumonville s'avança de quelques pas dans notre direction et commença sa lecture avec difficulté car le jour venait juste de se lever.

« *De par notre souverain le roi Louis et de par M. Duquesne, gouverneur du Canada, nous sommons...* »

Nous n'entendîmes pas la suite. Une balle le frappa au front et il s'écroula. Un tir nourri de nos hommes accompagna cette première décharge et ce que je considère comme un meurtre. Au fur et à mesure qu'ils sortaient de leurs tentes, les armes à la main, les soldats étaient abattus. Il en tomba une dizaine ; le massacre se serait poursuivi jusqu'au dernier sans que le colonel intervînt pour le faire cesser si je ne m'étais interposé.

— Imbécile ! s'écria George, de quoi vous mêlez-vous ?

— Nous ne sommes pas en état de guerre.

— Sans doute, mais nous avons été agressés.

— Une agression, vraiment ? Et qu'allez-vous faire des prisonniers ?

— Le gouverneur de la Virginie décidera de leur sort.

Il ajouta en posant une main sur mon épaule :

— Ne me tenez pas rigueur de ma vivacité. Cela me peinerait. Oubliez ce que je vous ai dit.

Oublier l'injure qu'il avait proférée ? Impossible. La nature de nos rapports en fut altérée. J'avais beau me dire que cette réaction était le fait d'une impulsion juvénile, que George en était à son premier engagement et qu'il avait été naturel qu'il perdît son sang-froid, je ne pus lui pardonner sa colère et surtout son comportement. Sans mon intervention, il n'aurait pas fait de quartier. Comment, de même, lui pardonner d'avoir laissé scalper les cadavres par les sauvages et, dans une lettre au gouverneur Dinwiddie, d'avoir demandé que les prisonniers soient traités comme des espions et pendus ?

Sur le chemin du retour, après ce coup d'éclat, je dus de nouveau m'interposer à diverses reprises pour obtenir que nos prisonniers fussent traités avec humanité. La plupart : officiers, cadets, simples soldats, furent envoyés aux Iles comme servants.

George, alors que nous étions encore loin de nos bases, prit la décision de se retirer avec sa colonne sur une position fortifiée située sur les contreforts des Alleghanys, entre le Potomac et la rivière Monongahela. Il la baptisa fort Necessity. Nous y fûmes rejoints par les premiers renforts de l'armée régulière et des miliciens de Virginie et de Caroline.

– S'il venait à l'idée des Canadiens, me dit-il, de se lancer à notre poursuite, ils trouveraient à qui parler.

Les Canadiens étaient en route sous le commandement du propre frère de Jumonville : Coulon de Villers, bien décidés à venger ce qu'il considérait à juste titre comme un crime. Leur troupe se composait d'environ six cents soldats et d'une centaine de sauvages. Ils avaient reçu de M. de Contrecœur, officier de marine commandant la contrée, l'ordre d'attaquer l'ennemi, de l'exterminer, de le traquer dans sa retraite mais d'« éviter toute cruauté inutile ».

Par les Indiens ils savaient où nous trouver. Arrivés en vue de fort Necessity dans les premiers jours de juillet, ils se mirent sans empressement en position autour du poste.

Malgré les bonnes défenses dont nous disposions nous n'étions pas en position de force. Le gros des renforts était encore loin. Cette évidence nous apparut dès les premiers assauts. Ces Canadiens savaient se battre et mener un siège. Après trois jours de harcèlement nous avions perdu une centaine d'hommes et l'ennemi une vingtaine. Nous songions avec angoisse que, si le siège se poursuivait, nous ne tarderions pas à manquer de vivres, d'eau et de munitions. De plus les défaillances des sauvages que nous avions enrôlés se faisaient sentir.

Trois jours après le début du siège, George me dit :

– Dieudonné, je crains que nous ne soyons bientôt au bout du rouleau. Il nous faut songer à une reddition. J'ai pensé que vous pourriez mener cette négociation à bonne fin. Vous êtes le seul à parler un français correct... et pour cause.

Négocier était un bien grand mot et une mission qui me dépassait. En fait, je devais me contenter de demander leurs conditions aux Canadiens. Les officiers m'accueillirent courtoisement, sans rien faire ni dire qui pût m'humilier. En écoutant ma requête, M. Coulon de Villers hochait gravement la tête. Il me dit en fronçant les sourcils :

– Vous parlez un français sans le moindre accent. N'aurais-je pas affaire à un déserteur ?

Je sentis le sol se dérober sous mes pas et le nœud d'une corde m'effleurer le cou. Je le détrompai en affirmant que j'étais sujet britannique (j'inventai une identité factice) mais que j'avais vécu plusieurs années à Paris. Cette explication ne parut pas le convaincre.

– Dites à votre supérieur, m'annonça-t-il, que nous lui proposons une capitulation honorable dont nous allons étudier les termes. Qu'il se rassure, et vous aussi : nous ne sommes pas des barbares à l'égal de ceux qui ont assassiné mon frère, massacré ses hommes, et qui ne sont pas loin d'ici.

Afin de ne pas risquer de voir George prendre la mouche, je gardai le mot « barbare » par-devers moi dans mon rapport.

George attendait des conditions draconiennes ; elles furent légères. Les Canadiens ne feraient pas de prisonniers ; ils se réserveraient simplement le choix de deux otages ; nous pourrions regagner nos pénates en emportant nos armes et nos biens ; on nous rendrait les honneurs au son des fifres et des tambours. Un article de cet acte de reddition me fit sourire ; il contenait ces mots : « ... *nous voulons leur prouver que nous les traitons en amis* ».

George, quant à lui, éclata de rire en se tenant les côtes. Il s'écriait entre deux hoquets :

– Des amis ! Vous entendez, Dieudonné, des amis ! Décidément ces *frogmen*, ces mangeurs de grenouilles, sont bien innocents ! Ils n'ont rien compris à la situation.

Il ajouta d'une voix plus grave :

– Ou alors, c'est qu'ils ont perdu le sens de l'honneur. Moi, si l'on avait tué mon frère...

– Vous auriez tort de leur reprocher leur clémence. Songez qu'ils auraient pu nous massacrer et laisser leurs Indiens nous scalper comme vous l'avez fait pour les hommes de Jumonville.

Il éclata :

– *Dammit !* quelle idée absurde... Voilà que vous défendez ces cochons de Canadiens à présent ? Je vous croyais plus franc du collier, Dieudonné. Vous me décevez.

C'était la suite d'une mésentente tenace, bien qu'elle

ne se manifestât qu'épisodiquement. C'était aussi, pour les Anglais, le premier revers d'une ère qui en compta de sanglants et de mérités. Le Ciel est parfois lent à punir les méchants, mais le châtiment finit toujours par s'abattre. C'est la même fatalité qui, plus tard, par un jeu déconcertant de bascule, devait assurer le triomphe des Anglais.

Loin de mettre un frein à leur volonté de conquête, la chute du fort Necessity sembla stimuler les Anglais.

La défaite du colonel Washington avait été jugée sévèrement par les autorités, au point que sa carrière me parut destinée à une fin rapide et sans éclat. On disait de lui à Londres : « *Ce n'est pas autre chose qu'un marchand indien qui n'a jamais servi et qui ne sait ni commander l'exercice ni diriger une troupe.* » Quelque temps plus tard, un poète célébrait en quatre chants la mort tragique de M. de Jumonville. On parlait de cette affaire dans les gazettes et on en discourait dans les salons et les auberges. George connaissait un début de célébrité, mais ce n'était pas forcément en sa faveur.

Il décida l'année suivante, en 1755, de démissionner de l'armée. Il avait le sentiment d'avoir été victime d'une injustice et calomnié.

— Ce Dinwiddie, s'écriait-il, est un âne bâté ! Il a réduit la solde des officiers de la milice et refusé de les assimiler aux officiers du même grade de l'armée royale ! Il a manipulé la composition de notre armée de telle manière que mon grade correspondrait à celui de capitaine et que je devrais obéissance à des gens que j'avais sous mes ordres !

En vérité, il cherchait à atteindre le gouverneur par la bande, en lui reprochant d'autres erreurs que celles dont il avait pâti : Dinwiddie n'avait rien fait pour le défendre. Au contraire.

C'est le gouverneur du Maryland qui dut intervenir

pour que George acceptât de revenir sur sa décision, en lui laissant entendre qu'il retrouverait son grade de colonel. George refusa avec hauteur : il n'oublierait jamais une humiliation.

— J'estime, me dit-il, que j'en ai fait assez. J'ai frayé la route du Canada et du Mississippi à mes compatriotes. A d'autres de s'y engager !

Les Anglais avaient le choix entre plusieurs pistes pour mener à bien leur action. Afin de diviser les forces ennemies, bien supérieures aux leurs, les Canadiens avaient multiplié les possibilités d'ouvrir des théâtres d'opération. Ils se trouvaient dans la vallée de l'Ohio, en Acadie, autour du lac George. Un corps d'armée marchait sur Crow-Point, un autre sur le fort Niagara.

La plus importante de ces colonnes était la première, conduite par le général Braddock. Ce matamore, à peine avait-il quitté la Virginie, voyait le pavillon du roi flotter au-dessus du fort Duquesne et ses Irlandais le saluer de joyeux *hourras*. Les conseils de prudence, il s'en moquait. Les Indiens, leurs embuscades : des fables pour les enfants ! Ils n'étaient redoutables qu'aux miliciens ; dès qu'ils verraient Braddock à la tête de ses uniformes rouges, *bagpipe*[1] en tête, ils fuiraient comme des rats.

Soulevé par le mouvement d'enthousiasme qui agitait la Nouvelle-Angleterre à l'aube d'un conflit de grande envergure, George avait fini par céder aux prières de ses supérieurs. Il avait agréé en dernier lieu les sollicitations de Braddock, persuadé que cette armée de deux mille hommes triompherait de tous les obstacles.

J'étais moi-même de cette expédition, avec une vague fonction d'ordonnance — je dirais plutôt de conseiller — qui me convenait. George ne prenait aucune décision de quelque importance sans demander mon avis.

Il faut en convenir : cette armée avait belle allure. Je poussais parfois ma monture sur une éminence dominant la piste pour le plaisir de la voir défiler interminablement à travers la forêt, le long des lacs et des rivières, dans un ordre rigoureux, sur des airs de marche qui grondaient dans cette solitude et remuaient des émotions dans le cœur.

La colonne progressait lentement dans la chaleur de

---

1. Cornemuse.

l'été, harcelée par les maringouins. Il fallait jeter des ponts sur les rivières, niveler le terrain accidenté pour permettre le passage du convoi tracté par des chevaux et des bœufs.

— Jamais, proclamait George, je n'ai vu une telle armée en campagne. Qui pourrait lui résister? J'imagine l'angoisse des Canadiens du fort Duquesne lorsqu'ils nous verront arriver... Le commandant Contrecœur viendra cirer mes bottes! Je lui ferai payer le siège de fort Necessity.

Les Canadiens n'attendirent pas pour nous livrer bataille que nous soyons en vue de la redoute commandée par Contrecœur.

La piste sur laquelle nous avaient orientés nos Indiens s'étirait entre des ravins qui se rejoignaient à peu de distance du fort pour lui faire une sorte de fossé. C'est là qu'ils nous attendaient.

En apparence, à l'approche du fort, tout semblait calme: pas un uniforme français à l'horizon, pas une fumée au-dessus de la forêt, aucun bruit autre que celui de notre fanfare et les chants des hommes de troupe.

Et soudain...

Mon cheval fit un écart, comme celui de George avec qui je chevauchais botte à botte. Une fusillade intense venait d'éclater de toutes parts, prenant pour cible la colonne qui précédait le convoi. Les hommes tombaient autour de nous comme des tiges de cannes sous les sabres d'abattage sans que nous parvenions à voir un seul des tireurs embusqués dans les arbres, simplement de jolis bouquets de fumée qui floconnaient dans le ciel.

— Repliez-vous! hurlait Braddock. Ripostez!

Riposter? Mais sur qui? Nos projectiles se perdaient dans les arbres et à travers le ravin sans que nous vissions la figure d'un ennemi. Nos hommes tiraient à l'aveuglette, parfois les uns sur les autres. Notre musique avait cessé; une autre l'avait remplacée: celle de centaines de voix françaises mêlées à des clameurs indiennes, qui débordaient les espaces de la forêt.

— A moi les Virginiens! hurlait George. Grimpez dans les arbres. C'est là qu'ils se tiennent!

Je le guidai vers un gros épicéa d'où ne partait aucune détonation. Un Indien mort était resté accroché dans la partie supérieure de la ramure, plié en deux sur une branche. Nous nous installâmes là tant bien que mal, ce qui nous évita d'être entraînés par le reflux et de servir de cible aux tireurs ennemis.

L'état-major de Braddock décimé, ses aides de camp mis hors de combat, George restait seul pour assister le général. Il avait eu deux chevaux tués sous lui et se débattait comme un beau diable dans son uniforme déchiré, ensanglanté, pour rassembler ses hommes. Un miracle qu'il fût encore en vie...

Braddock n'avait pas eu sa chance. Après avoir à cinq reprises vidé les étriers, ses chevaux tués ou blessés sous lui, il avait reçu une balle en pleine poitrine et gémissait sur le chariot attelé de bœufs où on l'avait allongé au milieu de sacs de riz.

Il fit appeler son aide de camp.

— Colonel Washington, dit-il, selon vous, que nous reste-t-il à faire ?

— Ma foi, répondit George, rien d'autre que battre en retraite. Nos troupes régulières se sont fait décimer et nos miliciens sont en déroute. Quant à nos Indiens, ils ont pris la fuite à la première détonation.

Sur les trois compagnies il restait une centaine de soldats valides. De nombreux blessés gémissaient dans le ravin en attendant du secours. Sir George ordonna la retraite ; elle s'était déjà transformée en déroute. Les survivants dévalaient les pentes comme s'ils avaient le diable à leurs trousses.

Nous réussîmes, Dieu sait comment, à nous tirer sains et saufs de cet enfer et à nous retirer en bon ordre avec une poignée d'Irlandais. Nous laissions aux mains des Canadiens nos munitions, nos canons, nos vivres, un convoi d'animaux de boucherie et le portefeuille du général, qui contenait les cartes et les documents relatifs à cette campagne. Nous avions perdu les trois quarts de nos effectifs. Soixante-trois officiers étaient morts au cours de l'engagement qui avait duré trois heures. Trois heures infernales. Les Canadiens, quant à eux, n'avaient subi que des pertes dérisoires.

Le général Braddock mourut trois jours plus tard dans d'atroces souffrances. Il émergeait de temps à autre de sa léthargie pour lancer des ordres ou se lamenter.

Au cours de notre retraite vers le fort de Dunbar, je surpris à plusieurs reprises George à essuyer ses larmes. Il murmurait :

– Le sort s'acharne contre moi ! Après la reddition du fort Necessity, la défaite de la Monongahela. Une armée battue par une poignée de Canadiens et d'Indiens ! Comment expliquer cela ? C'est une défaite honteuse ! Je vais donner ma démission et, cette fois-ci, rien ne me fera revenir sur cette décision.

SOUS LES TENTES DU SEIGNEUR

Gilles avait parfois l'impression d'être immergé dans un bain de poix brûlante et de faire de vains efforts pour s'en dégager. Le souffle lui manquait soudain. Il quittait sa table de travail, se mettait à marcher à travers son cabinet d'une allure saccadée, comme si le mouvement pouvait le délivrer des images qui l'obsédaient et qui, de jour en jour, prenaient davantage d'intensité.

Il dormait mal, se réveillait en sursaut, tâtait la place vide à côté de lui, allumait la chandelle et se mettait à fouiller rageusement la chambre dans ses coins et recoins comme pour y retrouver sinon la présence de celle qu'il avait perdue, du moins quelque trace qui déclencherait le manège des souvenirs. Il avait interdit que l'on touchât à cette chambre, que le ménage y fût fait, qu'elle fût aérée. Il s'était fâché parce qu'une servante avait déplacé la chaise sur laquelle Évelyne s'était assise la veille de sa mort; il s'en souvenait car la page de la dernière partition qu'elle avait jouée sur son clavecin avait été tournée.

Parfois, il entrait dans de grandes colères. Il prenait son fusil et allait le décharger dans le jardin, sur tout et sur rien. Il annonçait qu'il irait un jour se poster sur la berge du fleuve et tuerait tous les Indiens qui passeraient à sa portée.

Le décès de Mme Adélaïde, une semaine après le drame, ne l'avait guère affecté. Il ordonna qu'on lui fît des obsèques simples et rapides. Dans l'intimité. C'était une mort sans importance. Ce n'est que lorsqu'elle

809

fut ensevelie, dans une fosse proche de celles de M. de Rémonville et de sa mère, Justine, qu'il comprit que quelque chose d'Évelyne, la chair de cette chair, venait de disparaître à jamais. Ce fut pour lui comme une seconde mort.

Tout lui était devenu indifférent. A commencer par la plantation. Quelques semaines après la mort d'Évelyne, on avait fêté discrètement l'envoi d'une cargaison de sucre vers la métropole. Quelques mois plus tard, il apprenait que le sucre était inconsommable : il avait fondu durant la traversée, au cours d'une grosse tempête.

— Que comptez-vous faire ? lui demandait M. d'Auberville. Vendre votre domaine ? Vous retirer en ville ? Repartir pour la France avec votre petite famille ?

Gilles haussait les épaules, comme accablé par la fatalité, incapable de répondre. Repartir pour la France, retrouver le moulin de son père, qui fonctionnait encore sous la direction de l'un de ses frères, pourquoi pas ? Mais il avait, avant de songer à cette retraite, une tâche à accomplir.

— Il faut que je venge le meurtre de mon épouse, disait-il. J'ignore combien de temps cela me prendra et même si j'y parviendrai, mais je ferai tout pour cela.

Par les Indiens qui travaillaient au moulin à sucre, mêlés aux nègres, il avait fait diffuser un message dans les tribus d'alentour : il promettait une forte récompense à qui le mettrait sur la piste du coupable. Le message s'était perdu dans la forêt comme l'eau dans le désert.

Il n'y eut pas de fêtes à la plantation à l'occasion du nouvel an. D'ordinaire, on suspendait aux basses branches du grand chêne des guirlandes de papier de couleur confectionnées par Azada et quelques petites Indiennes de sa famille, on y allumait quelques lampions. Les esclaves étaient invités à banqueter juqu'à l'aube. L'année passée, M. de La Frénière s'était taillé un beau succès en dansant la calenda avec une grosse négresse. Ah ! le bon rire sonore des Noirs. On avait transporté le clavecin sous le chêne et Évelyne avait joué des musiques de Bach alors que les cloches sonnaient à l'église de La Nouvelle-Orléans. Dans la douce nuit de décembre, les esclaves avaient écouté avec respect cette musique venue d'ailleurs.

« Tant que je serai vivant, se disait Gilles, il n'y aura plus de fête au Vieux-Chêne... »

Il commençait à douter du succès de son message lorsqu'on lui annonça la visite d'un vieil Indien coiffé d'un feutre noir, qui portait son fusil sur ses bras.

— J'ai entendu dire, commença le sauvage, que tu recherches celui qui a tué ta femme.

Gilles bondit hors de son fauteuil, posa ses mains sur les épaules du vieillard.

— Tu sais où il se trouve ? Quelqu'un des tiens ?

— Non. Ce n'est pas un homme rouge. C'est quelqu'un que tu connais bien et que je connais bien aussi. Il se nomme Jules Lachaume.

Gilles chancela, s'assit, se releva, bondit sur le vieillard qui ne broncha pas. Il se souvenait des derniers mots de Lachaume alors qu'on l'embarquait dans un canot pour le pendre à La Nouvelle-Orléans : « Un jour je te tuerai... » C'était à la Mobilière. Ni l'un ni l'autre n'avait oublié cette menace.

— Pourtant, dit-il, quelqu'un a pris le scalp de ma femme...

— C'est lui. Il voulait faire croire que c'était un homme rouge.

— Ton nom ?

— Tchakta. C'est ainsi qu'on m'appelle. Je suis de la nation des Choctaws.

— Que faisais-tu avec Lachaume ? Pourquoi l'as-tu trahi ?

— Après avoir tué ta femme il est revenu chez les Tonicas où il demeurait, puis il a pris la fuite et je ne sais plus où il se trouve. Le père Boulanger pourrait peut-être te renseigner. Avant de partir il m'a traité comme un chien. Il a refusé de me donner ce qu'il me devait. Il a menacé de me tuer si je parlais. Parce que j'ai assisté au crime qu'il a commis.

— Et tu n'as rien fait !

— Il y aurait eu deux cadavres au lieu d'un.

— Si je mets la main sur lui tu n'auras pas à le regretter. Je saurai me montrer généreux. Tu auras ce que tu voudras.

— J'ai besoin de deux choses : un bon fusil pour remplacer celui-ci et un cheval. Mes jambes se fatiguent vite. Je partirai avec toi. Quand tu l'auras décidé.

Ils quittèrent La Nouvelle-Orléans le lendemain.

D'Auberville avait obtenu du major de Pradelle une escorte de trois soldats d'origine canadienne qui connaissaient bien la forêt et le fleuve. Tchatka les guiderait.

En raison des fortes pluies il leur fallut une bonne semaine pour arriver, au-delà de la Petite-Prairie, en aval de l'embouchure de la Wabash, dans un modeste village de Kappas nomades installés là depuis deux ans. Ils abandonnèrent le canot dans une anse du fleuve qui avait commencé à noyer les prairies basses, et installèrent leur campement dans un champ de cannes. Au petit matin Tchakta partit en reconnaissance. A son retour, en début d'après-midi, le vieil Indien lui annonça que « l'oiseau était au nid ». Le père Boulanger, que Gilles avait rencontré quelques jours auparavant, avait mené son enquête : Lachaume avait trouvé refuge chez les Kappas, mais il fallait faire vite pour le surprendre.

Quand il vit les cinq hommes déboucher dans sa case, Lachaume sauta sur son fusil.

— Pas un geste, lui jeta Gilles. Tu es fait.

Lachaume eut beau se débattre comme un beau diable, les Canadiens ne furent pas longs à le maîtriser et à l'entraver. Il n'était vêtu que de mitasses ; sa poitrine, où se lisaient des cicatrices, était constellée, sur les poils gris, de colifichets indiens. Trois petites Kappas geignaient au fond de la case comme des chiots affamés.

— Qu'est-ce que vous me voulez ? protesta Lachaume. Je suis un honnête négociant ! Je n'ai rien à me reprocher !

— Tu ne me reconnais pas ? dit Gilles. Il est vrai que j'ai bien changé. Toi aussi, d'ailleurs. Je t'accuse d'avoir violé et tué ma femme. Je pourrais t'abattre, là, sur-le-champ, et ce n'est pas l'envie qui m'en manque, mais je préfère te livrer à la justice. En montant à l'échafaud et en te couchant sur la roue, tu regretteras que je ne l'aie pas fait.

Lachaume passa en jugement et fut reconnu coupable grâce au témoignage de l'Indien. Le verdict tomba comme un coup de sabre : le supplice de la roue.

Toute la ville était présente le jour fixé pour l'exécution sur la place Royale, derrière des cordons de troupe, en présence du gouverneur, de l'ordonnateur et du procureur.

Au premier coup de barre de fer appliqué sur une

jambe, Lachaume poussa une sorte de beuglement profond, tressautant dans ses liens avec une telle force que l'échafaud en fut ébranlé. De tout le temps que dura le supplice il hurla comme un damné, jurant qu'il était innocent. Quand ses membres furent réduits à l'état de chiffes et qu'il n'eut que la force de proférer des râles, le bourreau l'acheva d'un coup de poignard dans le cœur.

On le jeta dans le fleuve avec une pierre au cou, après lui avoir arraché les entrailles, afin que plus jamais son corps ne remonte à l'air libre.

— Ainsi, monsieur de La Frénière, dit le gouverneur, vous souhaitez retourner en France?
— C'est mon désir, Excellence. Je n'ai plus rien à faire ici. Si je tiens à quitter la Louisiane c'est à cause de mes enfants. En France je leur ferai donner une éducation et ils seront en sécurité.
— Je ne puis vous donner tort, soupira le gouverneur, car moi-même, vous le savez... Pourtant, si vous voulez mon avis, vos enfants sont plus en sécurité ici qu'à Paris où règnent le désordre, la misère, le brigandage. Paris est moins sûre que La Nouvelle-Orléans.

Il se leva pour détendre ses membres perclus de rhumatismes et, en s'appuyant aux meubles, fit le tour de son cabinet.

— Mon état de santé ne s'arrange pas, dit-il. Au contraire. Ma femme prétend que ce sont des manières. Je sais, moi, que je finirai mes jours dans une chaise roulante.

Il raffermit sa voix, s'éclaircit la gorge pour déclarer :
— Monsieur le procureur, je suis au regret de classer votre requête.
— Et pourquoi cela, je vous prie? demanda Gilles, interloqué.
— Tout bonnement parce que nous avons besoin de vous. Vous êtes arrivé dans cette colonie il y a...
— Trente-deux ans, Excellence. J'accompagnais M. de La Chaise.
— Trente-deux ans... Il semble que vous soyez aujourd'hui l'homme qui connaît le mieux cette colonie, et je sais peu de gens qui aient des reproches à vous adresser. M. de Pradelle, peut-être, mais je veux ignorer les raisons de son hostilité. D'ailleurs, avec le temps, ce vieillard a dû mettre ses griefs sous le boisseau. Pour vous la faire brève, je refuse de me séparer de vous.

– Mais, Excellence...

– Ne protestez pas ! C'est aussi dans votre intérêt que je prends cette décision. A votre âge vous ne trouveriez pas à vous replacer en France où vous ne connaissez personne qui puisse vous pousser. Vous n'êtes pas assez âgé et paraissez en trop bonne condition pour aspirer à la retraite. De plus on rend hommage à vos qualités. Dans ces conditions...

« Autant de mauvaises raisons ! songeait Gilles. Le bonhomme est en train de me flatter et moi je suis sur le point de me laisser gruger... »

M. de Kerlerec reprit place dans son fauteuil avec une grimace de douleur. Il était plus jeune que Gilles mais se comportait comme un vieillard. Ce que lui reprochait souvent son épouse : « Regardez comme se porte M. de La Frénière ! C'est un jeune homme à côté de vous ! »

Le gouverneur ajouta :

– Au fond de vous-même, mon ami, vous devez en convenir : votre véritable patrie, ce n'est plus la France mais la Louisiane...

La flèche du Parthe.

M. du Breuil avait consenti à racheter à M. de La Frénière ses moulins, ses réserves de sucre et la prochaine récolte de cannes. M. Milhet, autre riche planteur des environs, prit en charge Gédéon et les esclaves. Un certain capitaine de Ligneris, qui comptait s'établir dans la contrée, racheta la plantation et la demeure du Vieux-Chêne. La somme que Gilles réunit à la suite de ces tractations lui permit de régler toutes ses dettes et de faire construire rue de La Bourdonnais une maison spacieuse dotée d'un modeste jardin, avec des annexes pour le service de la cuisine et le logement des domestiques.

– Je sais, lui dit M. de Ligneris, tout ce qui peut encore vous attacher au Vieux-Chêne. C'est pourquoi je vous invite à considérer toujours cette demeure comme la vôtre. Vous pourrez y revenir aussi souvent qu'il vous plaira. Je prendrai soin de la tombe de vos chers défunts.

Gilles promit mais ne retourna jamais au Vieux-Chêne. Ses souvenirs lui suffisaient. Ils s'attachaient aux meubles qu'il avait conservés dans son nouveau domicile, avec les sanguines de M. de Rémonville.

A la colère qu'avaient suscitée à La Nouvelle-Orléans le « crime » du colonel George Washington et la mort de M. de Jumonville, avait succédé une exaltation délirante à la nouvelle de la victoire de la rivière Monongahela. On avait tiré le canon, lancé des gerbes de fusées dans le ciel, dansé et banqueté. La fête avait duré trois jours.

La fièvre retombée, les habitants avaient retrouvé le train-train du quotidien avec leurs soucis.

Les guérillas entretenues par certaines tribus indiennes, l'arrivée massive des Acadiens déportés créaient le trouble et le désordre. La monnaie était au plus bas et les magasins se retrouvaient presque vides.

La bataille de la Monongahela semblait avoir sonné le glas des espérances d'hégémonie des Anglais. Ils n'étaient pas au bout de leurs désillusions : on venait d'apprendre que M. de Montcalm avait débarqué à Québec avec des forces importantes, afin de remplacer le commandant en chef de la Nouvelle-France, le général Diskau, officier d'origine allemande, capturé par les Anglais.

Le marquis Louis-Joseph de Montcalm de Saint-Véran, qui avait gagné ses galons de maréchal de camp durant la guerre de Succession d'Autriche, était de caractère vif, volontiers enclin à la colère. La situation qu'il avait découverte en débarquant avait de quoi le mettre d'une humeur exécrable. Il se trouvait devant le même problème que son prédécesseur : la menace d'une triple offensive anglaise, par mer sur le Saint-Laurent, par l'intérieur, au sud de la colonie, vers le lac Champlain, et, à l'ouest, par la vallée de l'Ohio.

Il avait, comme on dit, du pain sur la planche. Et ce n'était pas du gâteau.

En face du fort Carillon, qui verrouillait l'accès au Saint-Laurent, les Anglais avaient édifié un poste : le fort William-Henry où ils avaient concentré des forces importantes.

Accompagné de son ancien compagnon d'armes, Louis-Antoine, comte de Bougainville, Montcalm décida de s'emparer de cette place. Il partit avec une armée de près de deux mille hommes de troupe plus de trois mille miliciens et une horde d'Indiens prélevés sur trente-trois tribus du Canada et de la Louisiane.

Après une semaine d'un siège âpre et violent, le fort

commandé par le colonel Monroe capitulait. Montcalm permit aux Anglais de se retirer avec les honneurs mais ne put les soustraire à la fureur des sauvages qui firent ce jour-là une belle moisson de chevelures. Quelques jours plus tard, les Français mettaient le siège devant un autre poste anglais : le fort Oswego qui, malgré de redoutables batteries de canons, hissait à son tour le drapeau blanc.

Devant son état-major, Montcalm fit une proclamation solennelle :

– Messieurs, nous venons de remporter non pas deux mais trois victoires. Nous avons enlevé deux positions à l'ennemi et obtenu l'alliance de nations indiennes qui n'attendaient pour venir à nous que la preuve de notre invincibilité. Nous avons de quoi être fiers de ces succès.

En apprenant ces nouvelles, M. de Kerlerec déclara au Conseil supérieur :

– Mes amis, un jour nouveau se lève sur la Louisiane. Partout où ils sont attaqués les Anglais baissent pavillon. Le Saint-Laurent leur est interdit et le Mississippi est de nouveau ouvert à nos communications avec le Canada. Nous n'avons plus à redouter l'hostilité des tribus indiennes du Nord. Elles ont fait acte d'allégeance !

Depuis des lustres cet esprit porté à l'utopie rêvait d'une vaste confédération des nations indiennes sous l'égide du Grand Soleil des Français, Louis XV, le Bien-Aimé, père de tous les sauvages du monde. Cette idée n'était pas originale : M. Cavelier de La Salle l'avait eue avant lui.

Il s'était adonné à un bilan : quatre mille Choctaws plus trois mille Alibamons, plus cinq mille Cherokees... Plus, plus, plus... On atteignit des chiffres qui donnaient le vertige.

– Entre quinze mille et vingt mille guerriers, messieurs, à opposer aux Anglais ! Nous ne nous bornerons pas à fumer le calumet. Nous leur distribuerons des armes. Nous les enverrons dévaster les terres au-delà des Alleghanys.

M. de La Frénière et les conseillers échangèrent des regards perplexes.

– Des armes ? L'idée est séduisante, Excellence, dit le procureur, mais où les trouver ?

M. de La Frénière venait de piquer une baudruche. Le gouverneur parut se replier sur lui-même, puis il se raidit et bredouilla :

– Certes... certes... tout cela nous manque, à commencer par les présents, mais cette situation ne durera pas éternellement. J'ai bon espoir que...

Le reste de sa déclaration se perdit dans un brouhaha. M. de Milhet s'écria :

– Le ministre, le roi lui-même se moquent de nous, Excellence, et vous le savez bien. Cela fait trois ans que pas un seul navire n'est arrivé de France.

– Certes, répondit le gouverneur, on nous oublie, mais souvenez-vous de cette flûte, la *Biche*, qui nous apporta des munitions l'an passé.

Une voix ironique lança :

– Avec des canons et des boulets, il faut en convenir, mais pas du même gabarit!

Des rires étouffés, des rumeurs approbatrices parcoururent l'assistance.

On entendit la voix chevrotante de M. de Pradelle glapir pour réclamer le silence.

– Revenons à cette histoire de confédération qui semble tant vous tenir à cœur, Excellence. C'est une fable ! Nous savons ce qu'il faut penser de la parole des sauvages. Ce ne sont que billevesées ! Ils ne sont pas plus fiables qu'une planche pourrie...

Une vague d'interjections, parfois insolentes, balaya l'assemblée. On entendit tonner la voix du procureur :

– Mes amis ! mes amis ! je vous en conjure, cessez de vous quereller. Nous avons aujourd'hui une certitude : les Anglais y réfléchiront à deux fois avant de reprendre l'offensive contre nous...

De retour à son nouveau domicile, Gilles se dit que l'optimisme et les vues radieuses de M. de Kerlerec n'étaient au fond qu'une parade. La vérité était moins rose. Les Louisianais n'avaient jamais été à ce point coupés du reste du monde : le blocus des côtes du golfe par les navires de Sa Majesté britannique à la suite de la déclaration de guerre de Paris à Londres, l'éventualité d'une coupure des relations avec le Canada, la bouderie des nations indiennes privées de présents que le gouverneur ne pouvait leur fournir, la pénurie de ressources accumulaient nuage sur nuage à l'horizon. Les rodomontades de Kerlerec n'étaient que de la poudre aux yeux.

Il avait reçu la veille la visite de M. Ligneris qui lui

avait annoncé son départ prochain pour une mission importante :

— La situation dans le Nord, dit-il, est moins brillante qu'on ne voudrait nous le faire croire. Les victoires de Montcalm ne sont qu'un feu de paille. Nous avons appris que les Anglais préparent une nouvelle offensive avec des moyens accrus, des forces qui leur sont arrivées d'Angleterre. Leur premier objectif serait le fort Duquesne. C'est là que je dois me rendre pour en prendre le commandement. Un honneur dont je me serais bien passé. J'ai le sentiment que nous allons livrer un combat sans espoir.

Gilles estima ce pessimisme exagéré. Il est vrai que les nouvelles que l'on recevait du théâtre d'opérations du Nord n'arrivaient qu'avec un mois de retard à La Nouvelle-Orléans. Lorsqu'on annonçait la victoire des Canadiens, le vent avait déjà fait tourner la page. Il admettait cependant qu'il fallait tout faire pour sauver le Canada. S'il tombait, la Louisiane ne tarderait guère à suivre le même chemin.

M. de Ligneris lui fournit un renseignement qui le fit blêmir :

— J'ai eu, par un de nos agents de Boston, communication de l'importance de leurs troupes : elles se montent, sur terre et sur mer, à quatre-vingt mille hommes...

Les enfants semblaient se plaire dans leur nouveau domicile : au milieu d'un beau quartier voisin de la place Royale.

Leur univers s'était restreint. Celui dans lequel ils avaient vécu était trop vaste pour eux, trop mystérieux, trop bruyant : les nègres qui ne cessaient de chanter en coupant la canne, les broyeurs aux mâchoires vertes dégoulinantes de jus, les hennissements des chevaux que l'on fouettait pour actionner le moulin, les criailleries des petits nègres et des négrites...

Jacinta avait préféré retourner dans son village, la petite Justine sevrée. Azada avait suivi son maître rue de La Bourdonnais et supportait seule les soins de la maison.

Gilbert allait sur ses quatre ans et Justine venait d'en avoir deux. Il fallait les surveiller en permanence et Azada, n'y tenant plus, demanda à son maître de lui adjoindre une autre servante, sa sœur aînée, Asikondaï que M. de La Frénière choisit d'appeler Flore car, lors de sa présentation, elle portait un petit bouquet de fleurs dans les cheveux.

Les enfants, très vite, avaient fait du jardin et de l'espace qui les séparait du service leur domaine de prédilection. Leur père avait pris soin de faire explorer le moindre recoin pour en éliminer toute vie animale qui pût constituer un danger. On découvrit trois serpents mocassins dans le tronc pourri d'un chêne. En revanche, les jugeant inoffensifs, on n'élimina pas les lézards, les caméléons que les enfants se plaisaient à regarder chasser les insectes, ni non plus une petite population de crapauds flûtistes dont le chef paraissait être un certain Babo, un mâle large comme une assiette, bien gras et très familier.

Justine l'avait jugé hideux mais gentil. Elle le montrait du doigt en disant : « Pas beau », ce que Gilbert traduisait par Babo. Il venait chaque soir boire dans une coupelle de terre le lait qu'Azada lui présentait sur le seuil. Parfois, il amenait sa famille. Il ne se montrait que la nuit, attiré par la lumière, et se tenait en bas du perron ; le jour il restait blotti dans son nid, sous un bouquet de camélias.

Un matin, en tortillant son linge à poussière entre ses mains potelées, Azada dit à son maître :

– Ma sœur est malade, monsieur.
– Eh bien, nous allons faire venir le médecin.
– Inutile, monsieur : elle est malade dans sa tête.
– Tu veux dire qu'elle est folle ?

Azada haussa les épaules et fit un signe de la main au-dessus de sa tête pour dire que c'était un peu ça.

– Folle ? Mais comment ?

Azada hésita avant de murmurer :

– Asikondaï vous aime beaucoup, mais elle croit que vous ne l'aimez pas. Alors elle est triste. Elle ne pleure pas parce que ça lui est interdit mais elle est très malheureuse.

– Elle a tort ! lança Gilles que cette conversation commençait à lasser. Dis-lui que je l'aime bien, et n'en parlons plus...

On devait en parler encore les jours suivants.

Un soir, rentrant harassé de son service, il trouva Flore couchée dans son lit, nue, cachant son rire sous les draps.

– Hors de ma chambre ! s'écria-t-il. Je te chasse ! Retourne dans ton village.

Elle se retira, accablée, serrant ses vêtements contre elle. Le lendemain Azada vint prévenir son maître que sa sœur était de nouveau malade, mais que, cette fois-ci, c'était pour de bon. Elle avait la fièvre et refusait de s'alimenter. On fit venir le médecin.

– Je crois comprendre de quelle maladie souffre cette fille, dit le bon M. Prat : elle est amoureuse. Amoureuse et déçue. Je sais de qui et vous le savez aussi. Ne faites pas celui qui ne veut pas comprendre. Je ne voudrais

pas me mêler de trop près de vos affaires, mais... cette jolie fille est-elle votre concubine ?
— Elle ne l'est pas et je n'ai pas envie qu'elle le soit.
— C'est étrange... Vous êtes veuf, vous vivez sous le même toit que cette beauté et vous la dédaignez ! C'est un cas peu commun, convenez-en. Vous n'êtes pas un vieillard, vous portez beau, vous ne souffrez d'aucune maladie, et pourtant... on ne vous connaît pas de maîtresse !
— C'est que je n'en éprouve pas le besoin, mais, rassurez-vous : je suis tout à fait normal.
— Cette pauvre enfant se meurt d'amour pour vous. Aurez-vous la cruauté de la renvoyer ?
Il y songea mais n'en fit rien.

Gilles avait ressenti une vive émotion en apprenant par un *donné* des Ursulines que sœur Camille du Saint-Esprit était de retour.
La sœur tourière du couvent avait vu un matin se présenter à sa porte une pauvresse attifée de loques indiennes, grelottant de froid. Avec ses cheveux grisonnants et les rides qui marquaient son visage, elle accusait la cinquantaine. Abandonnée par les Sabines qui ne lui trouvaient plus aucun agrément, elle avait regagné à pied La Nouvelle-Orléans sous la pluie d'hiver. La mère Tranchepain l'avait serrée dans ses bras, nourrie et habillée décemment avant de lui faire réintégrer sa cellule. Elle essaya de lui faire raconter son odyssée, mais sœur Camille était pour ainsi dire muette et elle ne put rien en tirer.

En attendant son rappel, M. de Kerlerec avait décidé, avec le concours de l'ingénieur Vergès, de fortifier les défenses de La Nouvelle-Orléans qui présentaient des brèches et ne comportaient pas suffisamment d'artillerie. Des habitants aidèrent aux travaux, les planteurs envoyèrent des nègres. On construisit une nouvelle redoute au Détour-de-l'Anglais, avec deux pièces de canons de part et d'autre du fleuve. On refit une santé au fort de La Balise, endommagé par une tempête.
La garnison atteignait un chiffre dérisoire : cent soixante hommes, en comptant large, et pas du gratin. Seuls les Suisses se pliaient à la discipline ; le reste,

c'était de la graine de déserteur. Vingt-deux recrues avaient débarqué l'année passée avec la *Biche*, mais c'était du même tabac.

Dans le Nord, la guerre allait son train d'enfer.

M. de Ligneris avait pris le commandement du fort Duquesne, une forteresse plantée au confluent de l'Ohio et de la Monongahela, au cœur de la nation des Shawnees. Les Anglais avaient confié au général Forbes la mission de s'emparer de cette position clé. Il l'attaqua avec une colonne de trois mille hommes, parmi lesquels un millier d'Highlanders. Avec seulement quatre cents hommes, le capitaine Aubry, commandant aux Illinois, brisa cette expédition comme on découpe un serpent à la hache.

Fort Duquesne n'était pas sauvé pour autant.

L'hiver venu, M. de Ligneris renvoya ses miliciens : il ne pouvait plus les nourrir. Lorsqu'une nouvelle colonne anglaise se dessina à l'horizon, il ne lui restait qu'une poignée de défenseurs et une seule solution logique : enclouer les canons, en briser les tourillons, mettre le feu à la redoute.

Les Anglais avaient souhaité se rendre maîtres de la vallée de l'Ohio ? C'était chose faite. Ils eurent moins de chance avec le fort de Détroit, entre les lacs Érié et Huron : Aubry disloqua leur encerclement et les mit en déroute. En revanche, peu après, ils reprirent aux Canadiens de McCarthy le fort Niagara.

Ligneris... Aubry... McCarthy... Ces noms commençaient à faire rêver les gens de La Nouvelle-Orléans. Avec de tels héros, se disait-on, l'avenir se présentait sous un meilleur jour. Il n'avait jamais été aussi sombre.

Depuis quelques années Choctaws et Chickasaws se tenaient tranquilles, guettant les sautes de vent qui guideraient leur comportement. Lorsque la rumeur courut à La Nouvelle-Orléans que ces peuples, stimulés par les succès des Anglais, avaient fait cause commune pour combattre les Français, on devina que le temps des épreuves était venu.

Il restait une seule nation à qui l'on pût faire confiance : celle des Cherokees, que l'on appelait les « Iroquois du Sud », ce qui était rendre hommage à leur énergie et à leur courage. Ils brisèrent l'alliance des nations alliées des Anglais. Ils en avaient assez de voir les Indiens des Carolines leur tuer des hommes et des femmes pour toucher auprès des traitants des primes à la chevelure.

— Voilà, dit M. de La Frénière, qui nous met pour quelque temps à l'abri.

— Certes, répondit M. de Kerlerec, mais devoir sa sauvegarde à des sauvages, ne trouvez-vous pas cela humiliant ?

LIVRE CINQUIÈME

(1759-1765)

LES PLAINES D'ABRAHAM

Récit de Dieudonné de Beauchamp

Pauvre George Washington !... Il était écrit que ses amours seraient en butte à autant de traverses que ses expériences guerrières.

Lorsque, discrètement, je lui rappelais cette *Beauté de la Plaine* qui avait hanté sa mémoire, il souriait et haussait les épaules : elle n'avait pas plus de consistance qu'un fantôme. Venions-nous à parler de Regina Correy, la belle-sœur de son ami Fairfax junior ? Il bougonnait : cette pécore lui faisait une cour indécente. Aux oubliettes !

A son retour de New York où le gouverneur Dinwiddie l'avait envoyé en mission auprès du gouvernement fédéral, il paraissait changé, de meilleure humeur. Je lui demandai les raisons de ces bonnes dispositions.

– Cette fois-ci, mon bon Dieudonné, je crois avoir trouvé l'élue de mon cœur et la chance semble enfin me sourire. Elle est...

Il leva les yeux au ciel, le regard perdu dans la fumée de sa pipe. Extatique.

Ce sourire était peut-être celui de la chance mais surtout celui d'une jeune beauté de la Pennsylvanie : miss Mary Philips. George m'en parla avec tant de chaleur que je l'imaginais sous les traits d'Hélène de Troie, de la reine de Palmyre, de Nausicaa... Il l'avait rencontrée au cours d'une visite à la famille amie des Robinson, de riches négociants de la ville. Au cours de sa brève mission il n'avait pas eu le loisir de l'entretenir de sa vie et de lui avouer sa flamme.

– Je me rendrai de nouveau à New York dès que possible, me dit-il. Je veux lui parler longuement, la convaincre de m'épouser et de me suivre en Virginie. Je suis timide avec les femmes mais, avec miss Mary, je me sens toutes les audaces.

A peine de retour à Mount Vernon, encore bouillant de cette passion naissante, ce n'est pas à Éros qu'il dut sacrifier, mais, de nouveau, à Mars.

La France avait déclaré la guerre à l'Angleterre et le marquis de Montcalm venait d'ouvrir les hostilités contre les colonies anglaises. Malgré le peu d'envie que George avait de jouer les héros, la tourmente l'emporta, moi avec, et miss Mary par-dessus le marché : une lettre de son ami Sparks informa mon maître que la belle avait fini par céder aux avances d'un certain Moriss.

George, contrairement à ce que j'avais redouté, ne souffrit pas trop de ce nouvel échec qui l'enfonçait dans son célibat. La guerre l'avait repris et, quoi qu'il en pensât, elle le possédait aussi sûrement qu'une maîtresse. Il ne parlait plus que d'elle et attendait avec impatience son affectation.

Un jour que nous chevauchions sur la berge du fleuve, le hasard lui fit rencontrer l'un de ses plus proches voisins, Chamberlain.

– Nous sommes à deux pas de ma demeure, lui dit ce dernier. Restez donc dîner. Je vous présenterai quelques amis.

Il y avait, parmi ces amis que George rencontra à cette occasion, une veuve, mère de trois enfants, Mrs. Martha Curtis, fille de John Dandridge. Curtis... Dandridge... Deux grandes familles de Virginie. Martha était grande, majestueuse, cheveux d'un noir indien, yeux sombres, taille fine. Elle avait de bonnes manières et de la vivacité dans ses reparties.

Venu simplement pour dîner, George passa le restant de la journée avec la jeune veuve. Ils se promenaient dans le jardin, s'asseyaient sur des bancs, de plus en plus près l'un de l'autre. Il lui prit la main, la porta à ses lèvres, sans qu'elle s'offusquât de cette audace, singulière de la part d'un personnage qui se prétendait timide. Il l'avait raccompagnée jusqu'à son domicile, le soir venu. Sa demeure se situait à La Maison-Blanche, dans le comté de New Kent, à peu de distance de Williamsburg. Il y passa la nuit.

– Mon bon Dieudonné, me dit-il au débotté, vous avez devant vous un homme heureux.

– Seriez-vous nommé général ? Avez-vous reçu votre affectation ?

Il eut un large soupir avant de lâcher :

– Je vais me marier, Dieudonné... Vous êtes le premier à qui j'annonce la nouvelle.

– J'en suis heureux pour vous, mais si vous me permettez un conseil : ne lanternez pas. Quand la chance se présente, il faut l'attraper par la queue et ne plus la lâcher.

– Merci de votre conseil, mon ami. Comme on dit en France : chat échaudé craint l'eau froide...

Il n'avait pas fallu une journée pour que la jolie veuve et le jeune colonel échangent une promesse de mariage. George avait eu raison de se hâter de prendre une décision : les prétendants défilaient auprès de Martha Curtis, car étant belle et fortunée, elle pouvait se permettre d'être exigeante. Elle le fut avec tous, sauf avec son petit colonel.

Ce ciel de sentiment ne tarda pas à s'obscurcir. La guerre nous rappelait à l'ordre.

A quelque temps de cette rencontre, George et moi partîmes pour sacrifier à Moloch. C'était l'époque où les troupes anglaises s'avançaient vers le fort Duquesne, tenu par M. de Ligneris, mais nous trouvâmes la position dévastée, les Canadiens s'étant retirés en nous voyant paraître. Sur le retour nous fûmes attaqués par un parti de Cherokees. Au cours d'un engagement, je reçus du plomb dans une cuisse, perdis beaucoup de sang mais en réchappai.

Le mariage eut lieu à l'issue de cette campagne peu glorieuse, dans les premiers jours de l'année 1759.

Tout ce que la Virginie et le New Kent comptaient de grandes familles et de notables était présent pour fêter le colonel et se réjouir de son union. La jeune veuve surpassait en charme et en beauté toutes les autres femmes. Il semblait que la Providence eût façonné ces deux êtres dans le but de les faire se rencontrer. Ils étaient, comme on dit, faits l'un pour l'autre.

La cérémonie de mariage avait été célébrée à La Maison-Blanche. George ramena son épouse trois mois plus tard à Mount Vernon, à l'issue des travaux qu'il avait entrepris pour rendre sa demeure plus confortable. Elle plut aussitôt à la jeune femme : elle en aima la position, au sommet d'un mamelon rond comme un sein de

831

vierge, la grande pelouse qui l'entourait, la vaste galerie d'où l'on découvrait le Potomac étincelant de lumière et les fermes éparpillées dans la campagne.

Mon maître, ayant une fois de plus donné sa démission, s'apprêta à mener l'existence paisible et laborieuse d'un gentleman farmer. Il me disait :

— Voyez-vous, Dieudonné, je crois que je suis fixé pour toujours à Mount Vernon, en compagnie du plus agréable *partner* que j'eusse pu trouver. Je connaîtrai ici le bonheur que la guerre ne m'a pas donné.

La guerre... Il semblait qu'elle ne l'entraînerait plus jamais dans son sillage. Il recevait des nouvelles de la situation avec un intérêt constant, lisait les gazettes de Williamsburg et de Londres, mais tout cela semblait lui être étranger.

Les Canadiens ayant perdu l'une après l'autre leurs places fortes, la route du Québec semblait ouverte.

Les Anglais avaient installé leurs bases de départ à Louisbourg ; une flotte importante attendait là le signal du départ pour cette dernière conquête. Elle fit voile en mai 1759 et, quelques semaines plus tard, en remontant le Saint-Laurent, se retrouva sous les murs de Québec.

Perchée sur un piton dominant le fleuve, la ville, défendue par une impressionnante citadelle, paraissait imprenable. Lorsque le général Wolfe, commandant du corps expéditionnaire, examina la situation il se dit que prendre d'assaut cette position serait pure folie ! Il prit ses quartiers dans l'île d'Orléans pour établir un plan d'attaque, y passa tout l'été, laissant une petite unité échanger des bordées de canon, par-dessus le fleuve, avec la citadelle. La ville basse, écrasée par ces bombardements, avait été abandonnée mais la citadelle tenait bon.

La belle saison se passa en escarmouches, en harcèlements, en canonnades. De part et d'autre on cherchait le point sensible de l'ennemi.

Wolfe découvrit le premier celui des Canadiens mais il ne put le mettre à profit, accablé qu'il était par la fièvre qui faisait des ravages dans son armée. Il songea à se faire conduire hors de ce champ clos qui sentait la poudre mais cette ville le fascinait.

Un jour de septembre, alors qu'il n'était plus que l'ombre de lui-même, Wolfe décida d'en finir avec ce siège interminable. Il embarqua un fort contingent de troupes sur des barges en tout point semblables à celles qui apportaient des vivres aux assiégés. Grelottant de fièvre sous la pluie, il murmurait, plutôt que d'encourager ses hommes, ces vers sinistres du poète Thomas Gray : « *Les sentiers de la gloire ne mènent qu'au tombeau...* » Bel encouragement !

À l'aube, il réussit à faire débarquer quelques compagnies à l'anse au Foulon, en amont et à quelques lieues de la ville. Par chance, à la faveur de la nuit, il avait pu remonter le fleuve sans éveiller l'attention des navires canadiens qui croisaient au large et qui prirent ces embarcations pour des barges chargées du ravitaillement de la ville.

Le plus difficile, le plus dangereux, restait à faire : permettre à seize cents hommes d'escalader les falaises dominant le Saint-Laurent par un sentier abrupt. Une reconnaissance réduisit au silence et à l'inaction les quelques sentinelles qui surveillaient les accès des Plaines d'Abraham, seule voie susceptible de conduire aux abords de la ville.

La route étant ouverte, les compagnies se mirent en marche vers le sommet des falaises, dérapant sur la caillasse, se raccrochant aux touffes d'herbe, suant et soufflant. Au jour plein, sans que l'alerte eût été donnée dans le camp des Français, les soldats prirent position sur l'endroit le plus favorable à un engagement.

Dans la citadelle, Montcalm se grattait le crâne sous sa perruque. Que faire ? Cette masse d'uniformes rouges campés sur les Plaines d'Abraham, dans un silence de citerne, semblait le narguer et le défier. Passer à l'attaque ? Ce n'était pas dans sa nature. D'ailleurs, s'il attendait trop longtemps Bougainville, Wolfe aurait, lui, le temps de masser d'autres troupes sur le plateau.

Il décida de faire sonner le rassemblement et de jeter son armée dans la bataille.

Cette bataille des Plaines d'Abraham – un modeste espace de prairie où l'on amenait paître les troupeaux – je garderai à jamais le regret de n'avoir pu y assister ou y participer.

George partageait ce sentiment de frustration.

C'est par les gazettes que j'appris le déroulement de cette ultime bataille qui allait avoir des conséquences tragiques pour la Nouvelle-France et, plus tard, pour la Louisiane. Elle est restée dans ma mémoire comme une traînée de feu.

Les forces en présence étaient inégales. L'armée de Wolfe se composait de soldats de métier, vêtus d'uniformes impeccables, solidement armés ; celle de Montcalm comportait, outre les troupes régulières correctement équipées, des corps de miliciens mal vêtus, armés de bric et de broc, plus familiarisés avec les escarmouches qu'avec la guerre. Les effectifs étaient à peu près égaux de part et d'autre. Les trois mille hommes de Bougainville eussent fait pencher le sort de l'engagement en faveur des Canadiens, mais l'horizon du fleuve restait désespérément vide.

À peine les rangs étaient-ils formés, le combat s'ouvrait par des canonnades qui creusaient des sillons sanglants de part et d'autre, par des fusillades nourries qui couchaient les soldats comme des javelles. En lisant les comptes rendus des gazetiers j'imaginais sans peine le tableau : l'amoncellement des cadavres et des blessés, les bouquets de fumée blanche que balayait le vent venu du fleuve, la course des chevaux affolés ayant désarçonné leur cavalier, les claquements des ordres, le roulement des canonnades, les hurlements des assaillants, les plaintes des blessés... Un magma de sang et de feu. Un volcan dont la lave coulait, rouge.

Comparée à cette boucherie, la bataille de la Monongahela n'était qu'une escarmouche.

Touché à la poitrine et au poignet, le général Wolfe restait droit sur son cheval sans cesser de donner des ordres et de parcourir le champ de mort. Soudain, à bout de forces, il vida les arçons et se retrouva dans l'herbe au milieu des cadavres et des blessés. Il se laissa sans protester emporter à l'écart, sous un chêne. Lorsque le chirurgien arriva pour lui prodiguer les premiers soins, il constata qu'il était mort.

Wolfe avait trente-deux ans.

Les Anglais avançaient maintenant en bon ordre, au pas de charge, musique en tête, sous le feu nourri des tirailleurs. Atteint de deux balles à la cuisse et à l'aine, le marquis de Montcalm tentait, du haut de son cheval noir, de rallier ses troupes qui commençaient à se débander. Devinant que toute résistance était inutile, il décida de se replier de lui-même hors du champ de bataille. Les Anglais avaient pris un de ses canons et tiraient sur les groupes qui fuyaient à toutes jambes.

M. de Montcalm ne survécut qu'une journée à ses blessures et à son désespoir. Cela lui évita l'humiliation de signer l'acte de reddition de la ville.

Montréal devait capituler dans les jours qui suivirent. La France venait de perdre ce qu'elle appelait sa « Belle Province ».

Dire que je me réjouis de cette victoire serait faux. J'ai le cœur serré, après des années, en songeant à tous ces Canadiens, à tous ces Français qui ont laissé leur vie sur cette terre, faute d'avoir été soutenus, estimés compris. L'ingratitude de Versailles n'avait d'égale que son indifférence pour ce qui se passait hors de l'Europe.

A Mount Vernon je me sentais serein mais inutile. J'aidais de mon mieux George et son épouse dans l'exploitation de leur domaine, mais n'importe quel régisseur ou contremaître aurait pu prendre ma place sans que rien fût changé. De plus en plus fréquemment, je me disais que je n'étais pas fait pour cette vie, que mon destin m'appelait quelque part, ailleurs, loin de là.

Confusément, je sentais que le jour approchait où, rompant avec l'atmosphère lénifiante de Mount Vernon, je ferais mon baluchon. De plus en plus distincte, une voix me sollicitait. Il faut dire que je m'ennuyais et que l'ennui a toujours été pour moi le pire des tourments : il sent la mort.

M. de La Frénière ne se lassait pas d'observer et d'écouter celui qu'on appelait le « petit Aubry » comme on disait naguère le « petit Tisné ».

De taille modeste mais vif comme un pinson et perpétuellement inquiet, le capitaine Philippe Aubry ne pouvait tenir en place plus de deux minutes d'affilée. Lorsqu'il s'arrachait à son siège il semblait sur le point de prendre son vol; il traversait la pièce comme une flèche, les épaules voûtées, les mains nouées dans le dos, le regard fureteur, s'arrêtait brusquement pour frapper le sol, cogner du poing contre le mur, de la tête contre les vitres puis s'arrêtait pile, le nez au vent, pour suivre un vol de grues sur les lointains du fleuve. Parfois, un rire rouillé de vieille femme montait du fond de ses tripes, crépitait sur ses lèvres minces, puis il reprenait, en même temps que ses évolutions, des diatribes qui partaient droit et sec comme des flèches.

– Cette colonie! s'écriait-il, est un foutu bordel, une maison de fous, un repaire d'aigrefins! J'en ai d'ailleurs autant au service de la mère patrie... Messieurs, est-ce concevable?

Il avait descendu le Mississippi depuis les Illinois, à force de pagaie, durant des semaines, en compagnie de M. de Ligneris, à la suite des revers subis par les Canadiens et les Français et de la chute du fort Duquesne. Ils s'attendaient à trouver une ville en proie à la panique, pleurant la perte du Canada et l'effondrement du système de défense de la Louisiane. Stupéfaction!

– Qu'avons-nous trouvé, messieurs? Le train-train

habituel, les intrigues, les tripotages, des capucinades... Nous perdons le Canada, et la population gémit parce que les magasins sont vides !

M. de Ligneris hochait la tête d'un air grave. Aubry avait à la fois raison et tort. Raison parce que le désordre, l'immoralité, la gabegie régnaient dans la colonie ; tort parce que les événements du Canada, la bataille des Plaines d'Abraham dont il venait de faire le récit, s'étaient déroulés peu de temps avant !

– Que pourrions-nous faire, s'écriait Aubry, pour réveiller ces gens, leur dire que, désormais, l'ennemi est à nos portes ? Autant frapper à coups de poing dans un oreiller !

M. de Kerlerec attendait toujours son rappel. M. d'Auberville, décédé à la suite des fièvres qui s'étaient abattues sur La Nouvelle-Orléans, avait été remplacé par M. Vincent de Rochemore, écrivain de la marine, fils d'un gentilhomme de Provence, personnage terne, médiocre et hargneux, dont la principale préoccupation semblait être de créer des traverses au gouverneur, par fidélité à une tradition immémoriale.

M. de La Frénière se leva, tourna autour d'Aubry, donnant l'impression de contourner une grenade près d'éclater.

– Peut-être, dit-il, serait-il bon de chercher ailleurs les responsables de cette indifférence. Nos ministres, M. Berryer notamment, se moquent de ce qui peut se passer en Amérique. Ces événements n'ont pour lui guère plus d'importance qu'une querelle entre Esquimaux sur la banquise. Savez-vous ce qu'il a répliqué à M. de Bougainville qui venait quémander des renforts ? « Monsieur, nous sommes en guerre contre l'Angleterre. Quand le feu est à la maison, on ne s'occupe pas des écuries ! » Et savez-vous ce que M. de Bougainville a répondu à ce butor ? « Monseigneur, on ne peut pas dire que vous parliez comme un cheval... »

L'entretien se déroulait dans la demeure du Vieux-Chêne que Mme de Ligneris avait aménagée avec goût en attendant le retour de son époux. Après le meurtre de sa femme, M. de La Frénière l'avait laissée à l'abandon ; il la retrouvait comme neuve.

– Bougainville... grinça Aubry. S'il ne s'était pas attardé à cueillir la marguerite, s'il avait amené ses trois mille combattants sur le champ de bataille, le nom des

Plaines d'Abraham serait aujourd'hui pour nous synonyme de victoire. C'est un bon officier, j'en conviens, mais il manque de nerf.

— Soyons juste, intervint M. de Ligneris. Bougainville ne s'est pas attardé : il a été retardé.

— Il faut ajouter à son crédit, précisa M. de Noyan, qu'il a proposé que l'on fît passer aux Illinois ce qui restait des forces canadiennes. Peut-être lui devons-nous de ne pas voir l'armée anglaise à nos portes.

— Pauvre Louisiane... murmura Mme de Ligneris.

— Vous pouvez le dire, madame ! s'écria en écho Aubry : pauvre Louisiane... Jamais sa situation n'a été aussi tragique.

M. de La Frénière se leva pour cacher son émotion et se planta devant la porte de la galerie. Des enfants noirs jouaient sous le grand chêne avec les chiens de la maison. Des vols de grues palpitaient sur le lointain du bayou Chef-Menteur. Les roses de septembre qu'Évelyne allait cueillir chaque matin embaumaient. Pauvre Louisiane !... Morceau de continent battu par la tempête de l'histoire... Comment imaginer les navires anglais dans les ports de Mobile, du Nouveau-Biloxi, de La Nouvelle-Orléans, les marchands des Carolines et de Virginie dressant leurs éventaires place Royale, rue de Chartres, rue de La Bourdonnais, l'église transformée en temple, l'hôtel du gouverneur en officine british ?

Il entendit Noyan lancer :

— Il ne manque plus qu'un bel ouragan, mes amis, pour que la fête soit réussie !

Aubry s'en prit à l'organisation militaire :

— Il ne faut pas se cacher la réalité ! dit-il. Nos forces ne comptent pas plus de trois cents hommes et à peine mille en y incluant les contingents disséminés dans les forts. Et les Anglais, combien sont-ils ? Des milliers, des dizaines de milliers. Un nuage de sauterelles ! Le jour où ils décideront de lancer leur grande offensive, nous sommes foutus, mes amis : fou-tus !

— Si seulement les Espagnols... dit Noyan.

— Les Espagnols ! glapit Aubry. Vous me la baillez belle. Ils se moquent de nous comme de leur première chemise.

Le fameux « Pacte de famille » signé entre autres par la France et l'Espagne n'avait été qu'un feu de paille. Les gens de Madrid, de La Havane, de Veracruz suivaient sans la moindre compassion les événements du Canada et de la Louisiane. Les demandes de secours adressées par Kerlerec à la Junte de Madrid étaient restées lettre morte. Ils avaient pourtant des navires, des hommes, des munitions. Ils restaient insensibles à ces appels désespérés.

— Ne soyons pas ingrats, dit Mme de Ligneris. Un navire de Veracruz nous a ravitaillés en poudre à canon.

— Certes, dit M. de La Frénière, mais elle était inutilisable. Gâtée par l'humidité. Des grumeaux...

— Les Espagnols, intervint Ligneris, ne nous pardonneront jamais d'avoir empiété, en nous installant à Mobile et à Biloxi, sur ce qu'ils appellent leur Floride. Compter sur leur aide serait illusoire, ma bonne, d'autant qu'ils sont comme nous en état d'alerte. Des escadres britanniques croisent dans leurs eaux.

Pour détendre l'atmosphère, M. de La Frénière raconta une histoire qui eût été plaisante en d'autres circonstances.

L'année précédente, alors que la disette sévissait à La Nouvelle-Orléans, et que Kerlerec faisait la fête à Mobile avec des sauvages, on avait vu avec stupéfaction accoster un navire de la Jamaïque battant pavillon anglais : le *Texel*. Cette unité, propriété d'un juif anglais, David Diaz Arias, cachait ses canons sous ses sabords. Il ne venait pas livrer bataille mais apporter une cargaison de farine.

La farine, dans la colonie, était devenue une denrée rare et fort chère. Il n'y en avait pas trois cents quarts dans les magasins et elle était vendue jusqu'à cinquante piastres le quart. Le pain que l'on mangeait en ville et dans la garnison était un mélange de riz, de maïs, d'un goût douteux. Les soldats, mis à la demi-ration, murmuraient.

Pour bienvenu qu'il fût, ce secours était illégal. Les navires dits parlementaires n'étaient acceptés que s'ils ramenaient des prisonniers. Diaz Arias, au courant qu'il était de la situation lamentable de la colonie, avait saisi l'occasion, malgré les règlements, de faire à la fois une bonne action et une affaire juteuse.

Rochemore avait fait saisir la cargaison au nom de la loi. Il jouait un bon tour au gouverneur et affirmait son autorité, arguant qu'une loi de 1724 autorisait la saisie des navires appartenant à des juifs étrangers.

Le propriétaire du *Texel* l'avait pris de haut. Kerlerec, de retour, sortit de ses gonds et donna l'ordre à Rochemore de lever les scellés. Sur le refus d'obtempérer de l'ordonnateur, il fallut faire intervenir la force armée. On récupéra la cargaison. Surprise ! il manquait plusieurs sacs de farine : Rochemore en avait fait cadeau à ses amis, ce qui ne lui coûtait guère. A défaut de Rochemore, intouchable, Kerlerec fit arrêter son secrétaire, Bellot, qu'il tenait pour son complice, et le renvoya en France.

Cette comédie avait fait grand bruit à la Cour et n'avait pas arrangé les rapports tendus entre les deux hommes. Mme de Rochemore s'en était mêlée. Cette peste avait fait courir en ville des épigrammes et des couplets vengeurs contre Kerlerec et sa « clique ».

— Ce qui me surprend, observa Mme de Ligneris, c'est que nos ministres laissent cette colonie aller à vau-l'eau alors qu'il serait plus simple de l'abandonner tout à fait. Je crains...

— Que craignez-vous, ma bonne ? dit Ligneris.

Elle ajouta d'une voix sourde :

— Je crains qu'à l'issue de la guerre qui sévit en Europe Sa Majesté ne décide de céder ce pays aux Anglais ou aux Espagnols.

Idée insensée. Ce fut un tollé.

— Sa Majesté ne se résoudra pas à cette extrémité ! s'écria Aubry. Allons donc, madame ! Voyez-vous un gouverneur anglais ou espagnol à la place de Kerlerec ? C'est pour le coup que je prendrais les armes, et je ne serais pas le seul.

— Mme de Ligneris porte les choses au noir, dit Noyan, mais il va sans dire que, dans cette situation, je défendrais cette terre contre tout usurpateur, à quelque nation qu'il appartienne. Et vous, monsieur de La Frénière, quelle serait votre attitude ?

— Je serais à vos côtés, messieurs. Cette terre est ma patrie.

UN HOMME, UN CHEVAL...

Récit de Dieudonné de Beauchamp

De tels changements s'étaient opérés depuis son mariage dans le comportement et, semblait-il, dans la nature intime de George que je ne cessai de m'en inquiéter.

Il ne s'intéressait que de loin et avec un superbe détachement aux événements qui secouaient le nord de l'Amérique. S'il faisait mine de se réjouir, durant les réceptions et les repas, des victoires remportées par ses compatriotes, c'était, à mon sens, le moindre de ses soucis. Lorsque je tentais d'attiser cette flamme chancelante, de lui rappeler des souvenirs de nos campagnes, de lui faire respirer l'odeur de la poudre, il faisait la sourde oreille et soupirait :

— Croyez bien, mon cher Dieudonné, que je n'ai rien oublié, mais tout cela, c'est du passé. J'ai fort à faire aujourd'hui.

Ses fonctions à la Chambre des Bourgeois de Williamsburg prenaient il est vrai une partie non négligeable de son temps, mais ce qui sollicitait au premier chef sa vigilance et son activité, c'était son domaine.

Son union avec Martha Curtis, en lui offrant la possibilité d'investir dans les plantations la somme considérable de cent mille dollars, lui avait permis d'étendre l'espace cultivable, de créer des fermes et de mener grand train.

George était un cavalier hors de pair et un connaisseur en matière de chevaux, qui étaient sa passion. Il en importait d'Angleterre, des meilleures races, pour les faire courir sur les champs de courses de la Virginie et du Maryland, en faire l'élevage et en tirer profit. Je n'ai moi-même jamais été un cavalier émérite mais je montais parfois ces pur-sang et y prenais un plaisir fou.

Mon maître avait acheté pour son épouse un carrosse à quatre chevaux avec comme postillons des nègres en livrée. En compagnie des dames de la bonne société ou de ses enfants elle parcourait les allées de sa plantation et les rives du Potomac, à grandes rênes. Elle se servait de ce véhicule pour aller faire ses emplettes à Williamsburg ou à Annapolis, non sans une certaine ostentation.

Les journées de George étaient réglées comme du papier à musique. Je m'attachais à m'y conformer pour être certain d'être présent lorsqu'il aurait à me consulter.

Été comme hiver il se levait avec le jour, allumait lui-même son feu et faisait un déjeuner frugal : gâteaux de maïs et thé. Quand il avait des avis à me demander il m'y conviait. Il travaillait une bonne heure dans son cabinet avant de monter à cheval pour aller visiter son domaine. Il dînait de bon appétit en buvant de la bière légère ou du cidre et finissait ces repas par deux verres de vieux madère. Il se retirait dans sa chambre à neuf heures après avoir bu une dernière tasse de thé en compagnie de son épouse.

Lorsque le temps contrariait ses inspections il s'enfermait dans son cabinet avec ses régisseurs et ses secrétaires pour examiner ses comptes et rédiger son courrier, qui était abondant.

Il faut dire qu'il était à la tête d'un véritable empire qui aurait pu vivre en autarcie, ce qui l'incitait à négliger un peu le reste du monde. Son *steward* était en quelque sorte son premier ministre ; il veillait sur un cheptel de quelques centaines de nègres de la meilleure espèce : Congos et Angolais notamment. Il n'avait jamais eu à redouter la moindre rébellion car, outre qu'il traitait ses esclaves avec humanité, il les faisait surveiller en permanence par des servants et des meutes de molosses.

Je l'accompagnais fréquemment dans les collines pour des équipées qui lui rappelaient les parties de chasse auxquelles il se livrait jadis en compagnie de William Fairfax, dans le domaine de Belvoir, mais elles avaient perdu leur caractère de sauvagerie qui me révulsait. Mon maître, s'il prenait beaucoup de plaisir à ce *sport*, y trouvait surtout le moyen de fournir à bon compte l'ordinaire en viande de la maison.

George se livrait à une chasse d'une autre nature, mais avec une sorte de hargne. Les braconniers étaient légion dans les parages de Mount Vernon, qu'il s'agisse des *squatters* qui s'installaient indûment sur ses terres, ou de vagabonds échappés des villes, quand ce n'étaient pas des déserteurs. Il les traquait comme un vulgaire gibier et, les ayant capturés, les jetait en prison et les faisait fouetter sans pitié.

Les divertissements ne faisaient pas défaut.

Si les occasions manquaient, on les suscitait. Outre le plaisir qu'elles nous apportaient et qui rompaient la monotonie du quotidien, ces fêtes se présentaient comme des sortes de montres : on y exposait les plus belles toilettes, les plus riches attelages, on y paradait. Les rivalités courtoises ou aigres entre les dames de cette élégante société, leur penchant à la jalousie suscitaient une plaisante émulation.

Un jour de mai une frégate anglaise, le *Boston*, accosta l'embarcadère des Fairfax. Les Washington furent conviés aux festivités qui marquaient cette escale. Ils remontèrent le Potomac sur leur barque de parade conduite par huit nègres vêtus de chemises à carreaux et coiffés de bonnets de velours noir. Leur traversée, qu'ils passèrent sous une tente de soie à galons d'or, fut agrémentée par un orchestre de trois violons et d'une flûte traversière. Leur départ fit sensation ; j'imagine sans peine ce que fut leur arrivée à Belvoir.

Assez brillant dans une conversation mondaine, George était en revanche un piètre *partner* à la danse. Son épouse lui en faisait le reproche avec une pointe d'ironie :

— Surveillez votre allure, mon ami ! Les ours de nos forêts s'en tirent mieux que vous. Vous êtes raide comme à la parade. Et souriez, je vous prie...

Lorsque j'apprenais que les Campbell ou les Wormsley étaient invités à une fête je m'abstenais d'y paraître, partais pour une inspection ou restais dans ma chambre. Lewis Campbell était décédé, mais je devais me méfier des réactions de sa progéniture qui ne témoignait guère de sympathie au *stranger* que j'étais. Quant au lieutenant Pierpont, avec qui j'avais eu ce malheureux duel au sujet d'un propos futile, il était mort dans l'attaque de je ne sais plus quel poste canadien.

Nous recevions parfois la visite de gens aux mines patibulaires : des déserteurs français qui avaient traversé la moitié de l'Amérique pour arriver jusqu'à nous. L'un d'eux me donna des nouvelles de la Louisiane.

Nous étions assis sous un chêne, en train de fumer un suave tabac de Virginie, quand je lui demandai s'il avait entendu parler d'un certain sergent Jules Lachaume. Toute la colonie s'était passionnée pour son procès, son exécution, et personne ne l'avait pleuré : il avait violé et assassiné la femme du procureur, sans que l'on puisse rien savoir des raisons de cet acte.

Il leva vers moi un regard soupçonneux.

— Tu connais donc cet individu ? Comment se fait-il... ?

— Je l'ai connu, voilà tout, et je n'ai guère à m'en féliciter.

Le déserteur ne m'en apprit pas davantage, mais je le sentais sur les charbons ardents. C'est ainsi que, pour la première fois, j'entendis le nom de celui qui allait prendre plus tard une place importante dans ma vie : Gilles Chauvin de La Frénière.

Tout autre que moi eût trouvé dans l'existence à Mount Vernon trop d'agrément pour souhaiter qu'elle finît jamais.

Je suis ainsi fait que la terre, au bout d'un certain temps d'immobilité, me brûle la plante des pieds et que je me sens des fourmis dans les jambes. L'association à laquelle, George me conviait rompait la monotonie d'une vie trop quotidienne à mon goût. J'aurais aimé me rendre plus utile, tenir un poste de régisseur, de contremaître, de commandeur, travailler de mes mains à la menuiserie, à la sellerie, à la forge, m'occuper du parc aux daims comme jadis, mais je me heurtais à l'opposition formelle de mon maître.

— A votre âge, me disait-il, il est temps de jeter l'ancre et d'apprendre à se reposer. Je connais vos compétences et votre dévouement mais nous saurons nous en passer. Continuez à être présent et à me conseiller de temps à autre. Vous ennuyez-vous au point de vous livrer à des tâches subalternes ?

— Certes non ! mais je me sens inutile, comme un arbre mort au milieu du courant.

— Vous n'êtes pas inutile. J'ai besoin de vous.

Il ajouta en riant :

— Qui d'autre que vous pourrait me lire *La Gazette*, l'*Almanach royal* ou *Le Mercure* ? Mais peut-être est-ce la guerre qui vous manque. Une bonne petite guerre, hein, Dieudonné ? Eh bien, mon cher, il faut en prendre votre parti : la guerre est finie pour moi !

Comment lui avouer que je m'ennuyais profondément ? J'en venais à envier ces jeunes déserteurs français qui s'arrêtaient à Mount Vernon une journée ou deux, à demi ensauvagés après un long voyage dans la forêt, que George dirigeait sur la garnison de Williamsburg.

Celui qui m'avait apporté des nouvelles de la colonie avait réveillé en moi de vieux démons que je croyais endormis. Après qu'il nous eut quittés, je ressassai durant des semaines le récit de ses mois d'errance à travers les immenses territoires d'au-delà des Alleghanys ; j'imaginais la générosité rude et sans phrases des sauvages, leur sens de l'hospitalité.

Il avait les larmes aux yeux en me disant :

— Nous avons bien des leçons à recevoir de ces gens. Jamais, chez les Blancs, je n'ai rencontré et ne rencontrerai un tel accueil. J'ai failli décider de rester chez eux. La plupart aiment les Français et détestent les Anglais. Ils nous plaignent d'avoir perdu le Canada. Et sais-tu ce qu'ils s'imaginent ? Que les Français sont devenus les esclaves de leurs ennemis...

George me confia, un jour qu'il était en veine d'amabilités à mon égard :

— Je vais vous donner l'occasion de vous rendre utile, et par une tâche qui vous fut familière : acceptez d'être le précepteur de nos enfants. Mon épouse est d'accord.

Cette proposition me plaisait assez. Je me souvenais des heures studieuses passées jadis à enseigner au petit George des notions de français, de calcul et de géométrie. Il devait garder lui-même un agréable souvenir de ce temps pour qu'il me proposât de me confier les enfants de son épouse, dont lui-même s'occupait avec la vigilance d'un vrai père. Il eût aimé avoir sa propre progéniture, mais cela ne venait pas, et j'ignorais pourquoi.

Je demandai à réfléchir, tergiversai, acceptai avec le sentiment que c'était me lier pour longtemps à cette maison. Jusqu'à la fin de ma vie, sans doute.

A quelques jours de prendre mes fonctions je résolus

de faire vent arrière et d'écouter mes vieux démons qui m'ouvraient les portes du large. Ma décision était irrévocable, mais je ne savais comment en faire part à sir George sans provoquer sa colère ou sa tristesse. Je souffrirais de cette rupture, et lui davantage peut-être. Il m'appelait son Mentor comme dans le *Télémaque* de M. de Fénelon, et proclamait que ma présence lui était indispensable.

Je choisis de lui révéler ma décision un jour où, revenant d'une réception chez le gouverneur d'Annapolis, il me paraissait de bonne humeur.

– Sir, dis-je, il faut que je vous parle.

J'avais la gorge si contractée que j'éprouvai le besoin d'avaler cul sec un verre de whisky.

– Vous ne buvez pas, d'ordinaire, ou fort peu, me dit-il. Il faut que ce que voulez m'apprendre soit important.

– Ça l'est, en effet. Je vais vous quitter.

Il resta un moment sans réaction, blêmit, se leva et me prit par les épaules pour me secouer.

– Me quitter, dites-vous ? Qu'est-ce que cette lubie ? Hier vous acceptiez d'éduquer nos enfants et aujourd'hui vous y renoncez ! Que s'est-il produit entre-temps ? Êtes-vous malheureux à Mount Vernon ? Qu'est-ce qui vous manque ? Allons, parlez franchement !

J'écartai mon regard de son visage aux traits tirés par la colère.

– Je n'ai rien à vous reprocher et rien à demander. J'ai réfléchi. Il est vrai que je suis dans votre demeure comme un coq en pâte, mais un coq en pâte ne vit pas sa vie. Il est tout juste bon à mettre au four.

Il frappa violemment du poing sa table de travail et s'écria, en me tutoyant soudain, comme cela arrivait parfois :

– Tu crois que tu n'as pas assez vécu, imbécile ? Qu'est-ce que tu cherches encore ? Qu'est-ce que tu attends de la vie qu'elle ne t'ait donné ? L'aventure, la guerre ? L'amour, peut-être...

Les mains dans le dos, cambré, il ricanait.

– La vie, tout simplement, répondis-je.

Il soupira, revint s'asseoir à sa table, les mains croisées devant lui, le regard bas.

– Tu t'ennuies à Mount Vernon, tu n'as plus d'affection pour moi ? Pourquoi ? Peut-être n'ai-je pas été suffisamment attentionné à ton égard, mais tu sais ce qu'est ma vie, dans quel tourbillon je suis engagé. Si c'est cette distance entre nous qui t'afflige, je puis y porter remède. J'ai besoin de toi, Dieudonné, et pas seulement pour me lire les gazettes.

– Vous vous trompez, dis-je. Je vous ai gardé toute mon affection et ce sentiment ne changera jamais. Mais voilà, j'ai besoin de changer d'air.

– Ainsi, celui que tu respires ici ne te convient pas ? Alors puisque tu veux partir, pars ! Je ne te retiens pas. Tu choisiras un bon cheval, un fusil. La prime que je te donnerai te permettra de vivre quelques mois sans te faire de souci.

Il ajouta d'une voix dépourvue de colère, comme s'il s'agissait de ma part d'une brève absence :

– Sais-tu au moins où tu veux aller, sacrée tête de Frenchie ?

Au diable si je le savais ! Vers l'ouest, bien sûr, car je n'avais pas l'intention de reprendre la mer. Plusieurs pistes s'offraient à moi. Retourner dans le Canada de ma jeunesse ? Je ne tenais pas à me retrouver au milieu des Anglais dont on disait qu'ils se montraient fort arrogants. Prendre un navire pour la France ou pour l'Angleterre ? C'était me jeter en pleine guerre. Trouver refuge aux Iles ? Cela me tentait, Saint-Domingue notamment, mais on disait que les Anglais n'allaient pas tarder à l'envahir.

Une autre perspective m'attirait : traverser le continent d'est en ouest, aller voir de près si les Montagnes Rocheuses étaient vraiment celles des dieux de la mythologie indienne, mais voilà : une telle odyssée était-elle encore de mon âge ? Aurais-je la force d'aller jusqu'au bout de cette ambition, de ce rêve ?

C'est alors, après avoir procédé par élimination, que je songeai à la Louisiane. J'étais fasciné par ce que les voyageurs qui faisaient halte à Mount Vernon nous racontaient de La Nouvelle-Orléans qui, du temps du « Grand Marquis », était devenue une « réplique de Paris ». C'est finalement à cette décision que je m'arrêtai. Tant d'années avaient passé et j'avais tant changé au physique qu'aucun ancien marin n'aurait pu reconnaître en moi le flibustier que j'avais été dans ma jeunesse. Je m'y rendrais par petites étapes. Avec un cheval et un fusil je ne risquais ni de me fatiguer ni de courir un danger d'agression si je me montrais discret et prudent.

Le récit du déserteur avait fait son chemin dans ma tête.

George m'invita à le suivre dans ses écuries et me demanda de choisir une monture.

– Si vous me permettez un conseil, dit-il, ne choisissez pas un cheval de race : trop fragile, peu apte à affronter les accidents de terrain, juste bon pour les champs de courses. Ce qu'il vous faut, c'est une monture robuste, qui tolère une bonne charge. Celui-ci, par exemple...

Il me désignait un hongre placide et sans malice : Valiant. Je le connaissais bien pour l'avoir enfourché à diverses reprises lors de courtes promenades. Il n'avait rien des qualités de Magnolia, un arabe pur sang, la perle du haras, qui avait remporté de nombreux trophées, mais il en avait d'autres qui me convenaient.

– Valiant fera parfaitement l'affaire, dis-je en flattant l'encolure du cheval. C'est un magnifique cadeau. Je vous en remercie.

Il ajouta à ce cadeau une selle neuve et l'un des fusils qui trônaient en bonne place, avec des armes indiennes, sur un mur de son cabinet.

La bourse en peau de daim qu'il me tendit contenait suffisamment de pièces d'or et d'argent pour me permettre de subsister près d'une année sans me tracasser. Je rangeai ce magot dans ma grosse ceinture de cuir déjà bien garnie par mes économies. J'étais riche.

Je fis des adieux émus à la famille, aux régisseurs, aux secrétaires, aux commandeurs et à quelques nègres dont je m'étais fait des amis.

George me pressa contre sa forte poitrine. Il me dit avec une larme au coin des yeux :

– Dieu vous garde, Dieudonné de Beauchamp. N'oubliez jamais que cette maison est la vôtre.

M. de Kerlerec était dans tous ses états : une indiscrétion lui avait permis d'apprendre que ce fourbe de Rochemore avait intrigué à Versailles pour faire nommer son frère, Gaston, à sa place, après avoir installé à des postes privilégiés quelques-unes de ses créatures : sa « basse-cour », disait avec mépris le gouverneur.

— Nous voilà revenus au temps des Médicis ! s'exclamait Kerlerec. On se sert de l'intrigue, de la calomnie. On ne tardera pas à utiliser contre moi le poignard ou le poison. Cette larve de Gaston à ma place ! Imaginez-vous cela ? La Louisiane administrée par ce duo de brigands, avec Mme de Rochemore pour leur gagner la population par ses insanités !

Il avait rencontré des difficultés avec le précédent ordonnateur, mais au moins pouvait-il s'entretenir avec lui des problèmes de la colonie et compter sur son soutien en cas d'événements imprévus. Avec Rochemore et ses sbires ce n'était plus possible.

Kerlerec avait envoyé à Versailles des mémoires pour que l'on rappelât Gaston, mais ce dernier avait de puissants appuis à la Cour et semblait intouchable.

— Que faire, mon Dieu ? gémissait le gouverneur. J'ai tout essayé pour me débarrasser de ces sangsues...

M. de La Frénière, pour qui cette affaire tournait à la comédie à l'italienne, lança ironiquement :

— Pourquoi ne pas demander votre rappel, Excellence ?

Kerlerec haussa les épaules. C'était déjà fait : il avait postulé pour la Martinique. Il se planta, mains dans le dos, devant la fenêtre ouvrant sur la place Royale qui grouillait de monde, autour d'un Canadien vendeur d'herbes et de drogues, d'une marchande de giraumons et de patates douces, autant de produits que les chalands s'arrachaient.

— Rochemore n'a rien trouvé de mieux, dit-il, que de me faire un procès pour cette affaire du *Texel*. Les négociants de la Jamaïque, fussent-ils juifs, ont raison de négliger les règlements si tout le monde trouve son compte à une livraison de farine.

— Il est bien le seul à vous reprocher d'avoir contrevenu à un décret vieux comme Hérode. La population en tient pour vous.

— Elle ne pourra pas me reprocher de m'être enrichi. Je n'ai plus un sou vaillant et suis couvert de dettes.

Lorsque, par accident, les épouses du gouverneur et de l'ordonnateur se trouvaient en présence l'une de l'autre, l'atmosphère tournait vite à l'aigre : elles se toisaient avec arrogance, se fusillaient du regard, jouaient de leur éventail avec une telle vivacité et une éloquence tellement convaincante que le duel tournait au spectacle. Au cours d'un embarras de voitures, aucune ne voulant céder le pas, il y eut, d'une portière à l'autre, un échange de propos virulents, puis les postillons s'en mêlèrent, en vinrent aux mains, et finalement cela faillit tourner à l'émeute.

M. de Ligneris dut retourner à son commandement des Illinois, la situation s'étant brutalement aggravée dans les parages.

Après la reddition de Québec et de Montréal, on s'attendait à voir l'armée anglaise déferler vers le sud de la Louisiane, mais les quelques forts qui restaient encore aux mains des Français, entre le territoire des Kaskaskias et le lac Michigan, donnaient à réfléchir. Encerclé, le fort Saint-Louis ne subissait aucun assaut.

Situation identique à l'est, entre le Mississippi et les Alleghanys. Tenus en respect par les Cherokees, les Anglais avançaient d'un pas et reculaient de deux. De nature pacifique, cette nation avait été poussée à la révolte contre les Anglais par la haine qu'elle leur vouait, à la suite de l'affaire des scalps. Les autorités de Caroline ayant offert une prime de douze livres par chevelure, les colons s'étaient pris au jeu mais, au lieu d'aller courir la forêt et de se battre pour en ramener, ils les prélevaient sur le crâne de leurs voisins. Excédés par ces méthodes, les Cherokees avaient pris le sentier de la guerre. Sans leur présence, les harcèlements qu'ils opéraient contre leurs nouveaux ennemis, les Anglais n'auraient pas mis un mois pour parvenir au Mississippi.

Toujours rien à attendre des Espagnols. M. de Kerlerec avait envoyé un petit navire, le *Cerf*, à Cuba pour tâcher de ramener des vivres : le port de La Havane était interdit aux navires français.

Autre mésaventure, autre témoignage du double jeu des Espagnols : un navire « parlementaire » de Saint-Domingue demanda à faire escale à La Havane pour réparer des avaries. Le gouverneur accepta mais spécifia que si, dans un délai de trois jours, le navire n'était pas réparé, il serait coulé. Sur ces entrefaites, le capitaine du navire français, étant tombé malade, demanda à être transporté à terre. Refus du gouverneur... Protestation du capitaine... Rien n'y fit. Il fallait respecter la consigne. M. de Kerlerec fit part de l'incident à la cour de Madrid en soulignant l'attitude incohérente de nos alliés. On lui répondit que cela ne durerait pas, qu'on allait y porter remède. Et cela durait...

La petite guerre que se livraient les religieux jeta quelques étincelles, beaucoup de fumée et s'éteignit tout à fait. Le combat avait cessé, comme aurait dit Corneille, faute de combattants. Les jésuites étaient rappelés en France ; leur ordre allait bientôt être dissous, leurs établissements seraient évacués, leurs livres brûlés.

M. de Kerlerec protestait :

— Eux aussi sont victimes du mensonge, des intrigues, de la calomnie. On leur a reproché de faire preuve d'un prosélytisme un peu voyant, mais on oublie qu'ils ont frayé la voie aux traitants, aux colons, aux soldats, qu'ils ont ramené la paix entre les nations, créé des communautés paisibles et souvent payé leur zèle du sacrifice de leur vie. Ce sont leurs qualités de soldats du Christ et leur action qui les ont condamnés. Des capucinades ont eu raison de ces champions de la foi.

En fait de champion de la foi, le gouverneur eut la visite du père Picquet, membre de la Compagnie des prêtres de Saint-Sulpice. Kerlerec eut un sursaut en le voyant surgir dans son cabinet, vêtu comme un coureur des bois, le fusil à l'épaule, une grosse croix de bois brut à la ceinture.

– Qui êtes-vous ? s'écria le gouverneur. Que me voulez-vous ? Pourquoi ne vous êtes-vous pas fait annoncer ? Et pourquoi cette escorte de sauvages ?

Le père Picquet révéla son identité et son allégeance. Il arrivait de Montréal et souhaitait s'embarquer au plus tôt pour la France. Les Indiens qui le suivaient étaient des Hurons, des Algonquins et des Iroquois qui avaient refusé de se séparer de lui.

– Ce sont les Anglais qui vous ont chassé du Canada ? demanda Kerlerec.

– Tonnerre ! s'exclama le religieux. Il n'aurait plus manqué que ça ! Ils auraient trouvé à qui parler. Je leur ai faussé compagnie avec une trentaine de mes ouailles. Vivre en présence de ces mécréants m'était insupportable.

Il réclama de l'eau-de-vie, en but deux gobelets sans en proposer aux robustes Iroquois qui se tenaient derrière lui, hiératiques, torse nu sous la couverture en peau de daim. Il n'avait pas besoin de boire pour se délier la langue et il ne fallait pas le forcer pour lui faire raconter sa vie.

– Ma vie... dit-il, on pourrait en faire un roman. Si vous avez un petit moment, Excellence...

Il y avait vingt ans, en 1740, il avait créé, avec l'aide des Indiens de la Nouvelle-France, le fort des Nipissings, à proximité du lac Huron. Il ne lui avait pas fallu longtemps pour évangéliser, civiliser, pacifier les tribus voisines. Lorsque la guerre contre les Anglais avait repris, il avait abandonné le goupillon pour le fusil. Il s'était battu sur la rivière Monongahela, avait vu mourir le général Braddock, le colonel Washington prendre la poudre d'escampette. Une grande journée... Après la capitulation de Québec il avait rejoint le marquis de Lévis qui, avec ses groupes de paysans et de coureurs des bois, continuait avec courage et conviction une résistance perdue d'avance.

Les Anglais avaient mis sa tête à prix.

– Ils ne l'auront pas, ma tête, les British ! Celui qui mettra la main sur le père Picquet n'est pas encore né.

Malgré la rigueur de son prosélytisme, les sauvages l'adoraient. Pour leur éviter de céder à l'ivrognerie il avait trouvé une méthode efficace : il passait des nuits entières à écouter leurs confessions.

Sa renommée était telle que, durant tout son voyage, les sauvages se relayaient pour lui faire escorte.

L'alcool avait fini par lui brouiller la voix et les idées. Il balbutia, une larme au coin de l'œil :

– Les sauvages... Mes enfants... Je les regretterai, Excellence, il me faut revenir en France.

Il devait remettre au supérieur de son ordre un mémoire sur les persécutions que subissaient ses ouailles de la part des pasteurs anglicans.

– Des monstres, Excellence ! Des ministres du diable...

Depuis trois ans déjà les Anglais avaient pris leurs dispositions pour envahir la Louisiane.

Ils avaient rassemblé à New York une flotte de plusieurs dizaines d'unités portant des centaines de canons, mis sur pied de guerre une armée dotée d'une artillerie impressionnante. On attendait le signal de l'expédition. Il tardait, repoussé dix fois de suite. Les Cherokees, toujours eux ! En quelques mois, ces sauvages leur avaient tué plus de deux mille hommes ; leurs tentes étaient couvertes de chevelures d'un blond anglo-saxon.

M. de Kerlerec avait gardé le souvenir de cette matinée où il avait vu un Cherokee bousculer son huissier, son secrétaire, pénétrer en trombe dans son cabinet et jeter sur la table de travail, au milieu des paperasses, une chevelure brune tachée de sang et décorée d'affûtiaux : le scalp d'un Soleil chicksaw. Revenu de sa stupeur, Kerlerec avait fouillé dans un tiroir, épinglé sur la veste du sauvage la médaille du roi, avait salué militairement avant d'envoyer l'Indien à l'office pour lui faire donner une collation.

– Les Anglais, lui avait dit le Cherokee, tous malades !

Trois mille hommes de troupe, les fameux Highlanders notamment, qui formaient un cordon autour des positions françaises sur le territoire des Illinois, souffraient de fièvres malignes. Une nouvelle réjouissante qui devait faire oublier au gouverneur à la fois ses soucis administratifs et ses propres maux.

Autre satisfaction pour Kerlerec : une lettre du ministre laissait entendre que Rochemore et sa clique ne tarderaient pas à être rapatriés. On s'était trompé sur son compte ; on lui reprochait d'avoir fait fonctionner à son profit la planche à billets. En fait, la révocation de l'ordonnateur était décidée depuis un an, mais la cama-

855

rilla de ses amis et de ses parents en avait fait différer la communication.

Une autre lettre du ministre accordait au gouverneur la préséance sur l'ordonnateur, lequel passait sous son contrôle. Réplique de Rochemore : refus de fournir les comptes ! Les ordres du ministre ? Billevesées...

Kerlerec jouait de malchance. Lorsque la lettre du ministre signifiant à Rochemore qu'il était révoqué parvint à La Nouvelle-Orléans, on constata qu'elle n'était pas signée. Nulle et non avenue. Simple omission ou astuce d'un secrétaire membre de la camarilla ? Comment savoir ? Toujours est-il que Rochemore exulta :

— On veut se débarrasser de moi ? Soit ! Mais qu'on y mette les formes...

Les réticences de Gilles face aux manœuvres de séduction de Flore n'avaient pas tenu devant l'insistance de la jeune Indienne. M. Prat avait raison : il était malsain pour lui de renoncer au beau sexe.

Il avait, durant des semaines, réussi à écarter ces tentatives d'approche. Et puis, un soir de mai...

Un gros orage violet couvait depuis le début de l'après-midi sur le fleuve et la ville, avec, sur l'horizon de la plaine, tout un brouillon d'éclairs incessants. En retournant à son domicile, énervé par la chaleur et l'ambiance agitée du cabinet de Rochemore il retrouva comme chaque soir la jeune Ouma, fraîche, coquette, souriante, pour lui ôter ses bottes et lui masser les pieds.

Un simple signe avait suffi pour qu'elle le suivît dans sa chambre. Après l'amour, ils restèrent côte à côte, allongés sur les draps, silencieux, écoutant le crépitement de l'ondée sur le toit de la galerie et le roulement du tonnerre sur le fleuve. Il mesurait soudain la stupidité de ses hésitations et de ses scrupules. La simplicité, la docilité, la tendresse de cette fille le libéraient de ses angoisses et de ses démons. En caressant cette chair mordorée, laquée d'une fine sueur, en y promenant ses lèvres, il découvrait des sources d'odeurs, des moiteurs de sous-bois par grande chaleur, des souplesses de liane, des duretés de pierre. Il lui avait imposé de se taire durant l'amour, d'éviter ces rires et ces gloussements qu'il n'aurait pu supporter. Flore lui avait fait oublier, dès leur première étreinte, les amours tarifées ou clandestines, les afféteries des dames de la bonne société dont les maris se trouvaient en mission.

Il n'eût pas supporté non plus qu'elle se comportât en maîtresse-servante, qu'elle lui jouât inconsciemment une comédie de Molière. Elle obéissait aveuglément. Sous l'œil attentif et attendri d'Azada, il s'était instauré entre eux une aimable complicité. Les heures qu'il passait avec elle dans le parfum des pluies vespérales et des magnolias, qui entrait à pleines fenêtres dans la chambre, constituaient pour lui des moments de grâce.

Dans le salon du rez-de-chaussée Gilbert faisait des gammes, une ursuline ayant consenti à lui donner des leçons. Justine jouait avec des épis de maïs qu'Azada lui avait appris à déguiser pour en faire des poupées indiennes. Tandis que les deux sœurs préparaient le repas du soir en papotant et en s'esclaffant, il s'asseyait sous la galerie, dans son fauteuil à bascule, fumait sa pipe et lisait les gazettes de France, souvent vieilles de plusieurs mois et qui parlaient de la paix alors que la guerre battait son plein en Europe.

Il savait, grâce aux rares courriers qui passaient par les Îles, que Versailles commençait à se préoccuper de la situation des colonies américaines. Il n'était que temps... La défaite de Québec, l'invasion du Canada avaient causé dans tous les milieux, du cabinet des ministres aux tavernes des bas quartiers, une stupeur mêlée d'un désir de revanche. Le jour allait-il venir où le roi considérerait la Louisiane comme une province à part entière, un prolongement de la métropole, où il consentirait, enfin, à des sacrifices pour assurer son indépendance ? Le mouvement semblait se dessiner. Lentement.

Le Pacte de famille passé entre la France et l'Espagne laissait entrevoir la fin d'une déplorable hostilité entre la Junte de Madrid et le Bourbon qui régnait sur le trône de toutes les Espagnes. Le jour viendrait peut-être dans un bref délai où les ports des Caraïbes et du Mexique s'ouvriraient au commerce avec les navires français, où la population de Louisiane aurait de quoi manger à sa faim, où les soldats auraient des munitions et de la poudre qui ne soit pas gâtée.

En Angleterre, le ministre William Pitt avait été révoqué : il était allé trop loin en déclarant qu'il fallait « tuer tous les Français ». On attendait de ce geste une paix générale.

Espoirs déçus... L'Angleterre poursuivait sa guerre avec des initiatives nouvelles. Le Pacte de Famille lui était resté dans la gorge. Elle se tourna contre l'Espagne, envoya ses navires devant La Havane et devant Manille qui tombèrent aux premières volées de boulets. On se demandait avec angoisse si Sa Majesté le roi George n'allait pas conquérir toutes les colonies espagnoles et se rendre ainsi maître du monde.

Défendue par des forces et des moyens dérisoires, la Floride était à prendre. Une promenade militaire la livra aux Anglais.

Récit de Dieudonné de Beauchamp

Je ne regrettais pas ma décision de rompre les amarres et d'aller prendre la mesure du continent. Si vaste fût-il, le domaine de Mount Vernon s'était réduit pour moi comme une peau de chagrin et ne me révélait plus rien que je ne connusse. J'avais besoin d'horizons nouveaux comme d'autres de nouvelles amours.

L'idée me vint d'aller traîner dans les parages du fort Saint-Louis-des-Illinois, dont on disait qu'il vivait dans la crainte d'une offensive anglaise. J'avais tout un printemps et tout un été devant moi avant de prendre mes quartiers d'hiver, je ne savais où. Je n'avais aucun itinéraire précis, seulement un but : atteindre La Nouvelle Orléans. Le goût de l'aventure m'avait repris ; j'allais être servi au-delà de mes espérances.

Je crus bien, après une semaine de déambulations au-delà de la barrière des Alleghanys, que mon voyage allait finir en tragédie.

Alors que je me trouvais à quelques lieues du fort Duquesne, baptisé fort William-Pitt par les Anglais, je fus entouré par un parti de Shawnees qui braquaient sur moi leurs lances et leurs fusils. J'eus le plus grand mal à leur faire comprendre que je n'étais pas un traitant anglais mais un Canadien et que j'avais déserté ma garnison de Williamsburg pour me rendre chez mes compatriotes. Les quelques mots de sauvageois que je baragouinais me furent précieux. Ils me laissèrent partir après avoir inspecté mon modeste bagage, dérobé quelques babioles et une partie de ma réserve d'eau-de-vie.

Cet incident me rendit méfiant. J'évitai le bord des rivières, trop fréquenté à mon goût, pour couper à travers la forêt, très dense dans ces parages. La boussole que j'avais achetée à un régisseur me fut d'un grand secours ; sans elle je me serais égaré dans cette immensité déserte. J'avais également dans mon bagage la carte que j'avais dessinée et qui me donnait – approximativement – ma situation.

Un mois après mon départ j'abordai le territoire des Miamis.

Cette nation avait, quelques années auparavant, donné de la tablature aux Français de Louisiane qui, à la suite d'une expédition punitive, avaient rasé le gros village de Pickawillany et tué leur chef : la Demoiselle. Depuis ce châtiment exemplaire, les Miamis se tenaient tranquilles, surveillés du coin de l'œil par les Anglais inquiets du double jeu que ces sauvages jouaient en permanence.

En passant au large du fort Saint-Joseph je croisai une colonne de Highlanders qui, cornemuse en tête, marchaient en direction du lac Michigan ou de la rivière des Plaines. Du haut d'une éminence je les regardai longer la berge d'un petit cours d'eau que la forêt me cachait en partie. Ils avaient belle allure et la musique de la cornemuse, pour surprenante qu'elle fût dans ce désert, me remuait le cœur.

Mon intention était de suivre la direction du sud-ouest jusque dans les parages du fort Saint-Louis-des-Illinois et du fort Crèvecœur, encore occupés par les Français, pour descendre ensuite plein sud. Au cas où je serais pris par le temps, il me resterait la ressource de vendre Valiant et de me procurer un canot pour descendre le Mississippi sur les eaux lourdes de l'automne.

C'est dans les parages d'un ruisseau à castors, entre Chicago et le fort Saint-Louis, que je fis la rencontre d'un personnage singulier.

J'étais en train d'accommoder à ma manière le lièvre que j'avais abattu et de préparer ma bouillie de pois quand j'entendis Valiant piétiner et hennir. Je saisis mon fusil, me jetai dans un buisson et attendis la visite qui m'était annoncée. Une ombre se profila à travers les branches, contre le ciel jaune du soir. Une voix lança :

— *Frenchman? Englishman?*
— Français.
— Montrez-vous, je ne suis pas armé.

C'était un coureur des bois accompagné de son chien qui avait toute l'apparence d'un loup. Il était vêtu d'une tunique de peau effrangée laissant nu le haut de sa poitrine constellée de colifichets qui brillaient à travers ses poils roux, de la même couleur que sa chevelure.

— La fumée... dit-il. C'est elle qui m'a indiqué votre présence. Je pensais qu'il s'agissait des Indiens du chef Longue-Plume. Des amis...

— Pas vu d'Indiens. Vous cabanez dans le secteur?

Il tendit le bras en amont du ruisseau qui coulait à quelques pas. J'aurais pu, moi aussi, apercevoir sa fumée. Accroupi à l'indienne, à quelques pas du foyer, il renifla.

— Votre fricot sent foutrement bon!

— Si le cœur vous en dit... Je m'appelle Dieudonné de Beauchamp. J'étais prisonnier des Virginiens et je me rends à La Nouvelle-Orléans.

Je ne mentais qu'à demi.

— C'est pas la bonne route, dit-il. Faut prendre plus au sud, en tirant vers le Mississippi, mais vous avez encore du chemin à faire.

Il caressa mon cheval.

— Ils sont bien aimables, les Virginiens. Ils vous ont offert un fameux canasson. Et ce fusil : dernier modèle...

— Je les ai volés! répondis-je d'un ton ferme.

— Vous fâchez pas! dit-il en rabattant son bonnet de laine sur ses yeux. Faut m'excuser. Ça fait des mois que j'ai pas vu un visage de chrétien. Ça explique ma curiosité.

— Vous-même : qui êtes-vous?

— Moi, pas de mystère...

Il s'appelait Laurent Chapdeuil, le fils de Germain, qui portait le sobriquet de Cheveux-Rouges, un personnage, me dit-il, connu de Québec à La Nouvelle-Orléans. Il avait été d'un précieux secours dans la lutte des Louisianais contre les tribus insoumises. L'arrivée des Anglais l'avait incité à se faire oublier.

— Ils sont partout, les *British,* dit-il. J'avais parfois l'impression de plus pouvoir respirer sans les renifler. Ils ont une odeur particulière qui me donne la nausée. Ça pue l'*Angliche* de Rimouski à Niagara. J'ai préféré quitter le Saint-Laurent de crainte que ma pétoire parte toute seule.

— Et maintenant, qu'allez-vous faire ?

— Ce que j'ai toujours fait : piéger le castor. Il se fait rare mais je sais où on peut encore en trouver. Quand j'en aurai un bon chargement j'irai les vendre à La Nouvelle-Orléans.

Il accepta sans façon de partager mon fricot puis m'invita à venir lui rendre visite le lendemain.

— Vous pouvez pas vous tromper, me dit-il. Première clairière, à deux portées de fusil. D'ailleurs l'odeur vous guidera...

Je le trouvai le lendemain matin occupé à préparer ses pièges, son chien à ses pieds. Une grosse Indienne debout derrière lui tannait les peaux.

— Gwee-Gwee-sheee, lança-t-il, viens dire bonjour à notre ami et prépare-nous à manger.

Il ajouta :

— Ça veut dire « le Geai », en langue ojybway. C'est ma compagne. On peut pas dire qu'elle soit séduisante ni très futée, mais elle connaît la forêt encore mieux que moi et je crains pas des infidélités de sa part. Pas vrai, Gwee ?

Gwee ne daigna pas se retourner pour me saluer. C'était une Ojibway mâtinée d'Assiniboine. Forte carrure, un peu déhanchée, visage épais entouré de nattes graisseuses. Elle me jeta un regard torve et cracha son jus de chique.

— Fais pas attention, dit Laurent Cheveux-Rouges. C'est une bonne fille mais elle et les bonnes manières...

Il répéta qu'il était content de m'avoir rencontré et de parler un peu car les échanges avec sa dondon étaient sommaires. Il me proposa même de poser mon baluchon et de rester aussi longtemps qu'il me plairait. J'acceptai. La fatigue de cette randonnée mais aussi le même besoin que celui qu'il ressentait : parler à quelqu'un d'autre qu'à mon cheval m'y incitaient.

Laurent habitait une cabane de branches que la moindre tornade aurait emportée, si elle n'avait été adossée à une roche abrupte creusée d'une longue faille verticale où il tenait ses vivres au frais. Il émanait de cette thébaïde une odeur épouvantable.

— Je vais aller faire un tour sur la rivière, dit-il. Si tu veux me suivre...

J'acceptai avec joie. Nous nous installâmes dans un canot d'écorce. Le cours d'eau, petite rivière ou grand ruisseau, glissait avec un faible courant sous une voûte de verdure à travers laquelle le soleil faisait une fête de rayons dorés. Nous descendîmes au fil de l'eau, sans effort, sur un quart de lieue environ, au milieu d'un ramage d'oiseaux et de la rumeur profonde du vent qui brassait les cimes en plein ciel.

– Regarde, me souffla Laurent. Un castor. Un joli mâle...

Le castor vint flairer notre embarcation et, d'un coup rageur de sa large queue plate, plongea et disparut. Un autre coup frappé sur l'eau répondit à cette alerte.

– La femelle... dit Laurent. Le nid n'est pas loin. Nous allons faire une petite visite à la famille.

Il me fit observer de jeunes plants de saules, d'aulnes et de peupliers rongés, les castors se nourrissant de leur écorce. La surface de la rivière était jonchée de branchages d'un blanc d'ivoire. Il suffisait de remonter la piste pour trouver le nid.

– Arrêtons-nous là, dit Laurent. Nous continuerons à pied.

Il me montrait une petite crique enfouie sous les basses branches des saules, d'où déboulèrent des rats et une loutre, cette ennemie des castors. Marchant courbé en deux, à l'indienne, et à l'allure d'un chien au trot, il me conduisit jusqu'à une mare alimentée par la rivière.

– Écoute ! me dit-il. On dirait qu'il y a une bagarre dans la famille.

On avait plutôt l'impression qu'en fait de bagarre c'était une cascade qui venait de faire éclater ses eaux dans le silence de la forêt. Le barrage édifié patiemment par les castors venait de se rompre ; un flot brunâtre, encombré de branches et de broussailles, se déversait dans le bassin.

– C'est la loutre qui a fait le coup ! s'écria Laurent. Saloperie... En privant les castors de cette eau qui est leur domaine, leur terrain de chasse, elle les oblige à aller vivre ailleurs, à construire un nouveau barrage.

Nous progressâmes avec précaution sur le chemin tracé par le passage des castors qui traînaient par là les matériaux destinés à la construction de leur demeure. L'attaque de la loutre, peut-être aussi notre approche avaient fait fuir la maisonnée. L'habitation avait l'allure et les dimensions d'une casemate : un toit conique fait de rondins, enduit de boue pour en assurer l'étanchéité.

– C'est le mois des Fleurs, murmura Laurent. Avec un peu de chance nous trouverons les petits encore au nid. Quant aux parents, ils ne doivent pas être loin, en train de nous observer.

Nous nous engageâmes dans l'étang avec de l'eau jusqu'à mi-cuisses. Le cône était ouvert au niveau de la surface d'un pertuis étroit. Le trou de plongée, prolongé par un tunnel, aboutissait aux appartements.

– Ils sont là... souffla Laurent. Regarde.

Trois petites pelotes de laine poussaient des vagissements aigus.

– Que vas-tu en faire ? dis-je.

– Rien. Je verrai plus tard. Je ne suis pas de ces énergumènes qui chassent pour le plaisir. Ces braves bêtes me font vivre. Je les respecte. Lorsque j'en piège une, je fais comme les Indiens : une petite prière pour m'excuser. Tu connais beaucoup de Blancs qui font ça ?

Je restai trois jours chez l'homme aux cheveux rouges. Chaque soir, en fumant du tabac de sauvages dans sa pipe indienne, il me parlait de lui et de sa famille [1].

La « tribu » des Chapdeuil était connue et estimée dans toute la vallée du Saint-Laurent. Un de ses aïeuls avait été tué avec Dollard des Ormeaux contre les Agniers... Une de ses aïeules, compagne de Cavelier de La Salle, avait été massacrée par les Iroquois au village de La Chine... Son père avait rompu avec le négoce pour courir les bois ; il avait vécu quelque temps à La Nouvelle-Orléans, plus par curiosité que par intérêt, puis avait cédé de nouveau à l'attrait de la forêt ; il s'était fondu dans les territoires des Indiens Creeks et devait être mort...

Je serais bien resté quelques jours de plus mais Gwee tolérait mal ma présence. Son visage à la joue gonflée d'une chique comme d'une fluxion me faisait grise mine. De tout mon séjour elle ne m'adressa pas une seule fois la parole. Je les entendais chaque nuit faire la fête sur leur lit de feuilles puis se mettre à ronfler.

1. *Les Tambours sauvages*, du même auteur.

Le mois des Fleurs tirait à sa fin et La Nouvelle-Orléans était encore loin.

En me tenant à distance respectueuse de la berge, je longeai la rivière des Illinois portée sur ma carte avec un tracé fantaisiste. Elle me mena au Mississippi, au fort Saint-Louis, au territoire des Kaskaskias. Valiant ne manifesta pas durant toute cette première partie de notre voyage, la moindre marque de lassitude. Je le sentais même, chaque matin, lorsque je l'enfourchais, débordant d'une alacrité qu'il me communiquait. Il se lança même un jour, sans que je l'y eusse convié, dans le sillage d'un petit troupeau de bisons, comme si c'était chez lui la résurgence d'une vieille habitude, et il semblait prendre beaucoup de plaisir à cette poursuite.

Au confluent de la rivière Saline et de la Wabosh un habitant du Cap-Saint-Antoine, qui bêchait un carré de choux, me fit la conversation et s'offrit à m'héberger. Je restai trois jours chez lui ; j'avais besoin de repos et de compagnie. Le bonhomme me parla des jésuites qui avaient créé dans ces parages une mission exemplaire. On les avait chassés de la Louisiane ! Pourquoi ? Ces « soldats du Christ » avaient fait du bon travail et fini par se faire aimer des Indiens.

Il se souvenait de cet autre jésuite : le père Picquet, qui avait fait irruption dans sa demeure, le fusil à l'épaule, le verbe autoritaire, la colère à fleur de peau ; fuyant les Anglais, il avait quitté sa mission canadienne pour revenir en France au plus tôt, tenter de défendre son ordre et de mobiliser l'opinion contre les Anglais.

J'arrivai sans encombre à La Nouvelle-Orléans un soir, au début de l'automne. Après cette équipée sauvage et solitaire je me retrouvais dans un monde qui me parut voué au tumulte et à la frivolité. Ces quartiers tirés au cordeau, cette foule qui sentait le tabac et l'eau de toilette, ces cavalcades de voitures à chevaux, ces tavernes et ces cabarets d'où montaient des bruits de voix et des rumeurs de chansons et de musique, toute cette animation me donna sur-le-champ envie de retourner me perdre dans la forêt.

Je dînai et couchai dans une auberge qui me parut la plus calme et la plus honnête ; elle était tenue par un nommé Ceyrat, un vieil homme barbu comme un sage d'Orient. Je mangeai convenablement mais dormis fort mal car cette ville s'était animée au début de la nuit comme si une révolution venait d'éclater ou que la guerre fût à ses portes.

C'est le matin, en me levant, au cours d'une conversation avec Ceyrat que j'appris une bonne nouvelle : on venait d'annoncer, avec des mois de retard, que la paix avait été signée entre la France et l'Angleterre.

LIVRE SIXIÈME

(1765-1769)

LA LUNE DE LA PLUIE

La bonne société de La Nouvelle-Orléans n'eut d'yeux, quelques semaines durant, que pour celle qui, se disant mariée, continuait à se faire appeler Mlle de Crécy, et dont l'époux était le capitaine Bellenos, débarqué à la Louisiane en même temps que M. de Rochemore et sa famille.

Leur comportement à bord n'avait pas tardé à attirer l'attention des dames : on voyait le couple se promener main dans la main sur le pont, étaler aux yeux des matelots, des officiers et des passagers, ce que certains tenaient pour un concubinage effronté et d'autres pour une union légitime.

Mme de Rochemore avait mal supporté le spectacle de cette *créature* qui faisait des effets d'ombrelle et se laissait embrasser. Subir cette présence incongrue durant tout le voyage, elle ne le supporterait pas. M. de Rochemore se montrait plus conciliant :

— Mais enfin, ma bonne, nous n'allons pas la jeter à la mer ! Elle est en règle.

A l'insu de son épouse il avait effectué une enquête durant la traversée, notamment auprès du capitaine qui avait répondu d'un ton narquois que, si l'on devait interdire ce navire et tous les autres aux *créatures*, cela risquait de dépeupler la colonie.

Cette fille, malgré le nom pompeux dont elle s'affublait, n'était pas connue de la noblesse de Versailles. D'extraction modeste, elle avait joué sur des scènes interlopes. Le capitaine Bellenos l'avait pêchée dans les coulisses et en avait fait sa maîtresse et, peut-être, son épouse. Depuis, ils étaient comme les deux pigeons de M. de La Fontaine.

Marie-Charlotte, elle aussi, avait fait son enquête auprès de quelques officiers du bord. Persuadée que l'on avait affaire à une catin à la recherche d'un brevet de légitimité, elle avait décidé d'affronter ce monstre d'immoralité. Elle la prit pour ainsi dire à l'abordage, avec aigreur.

– Mademoiselle, nous ne saurions accepter parmi nous les couples illégitimes. Il y a des enfants et de saintes filles à bord. Or, le capitaine Bellenos et vous...

– Eh bien, quoi ? avait répondu la *créature* d'un air chargé d'impertinence plus que de colère, qu'est-ce qui vous fait dire que nous ne sommes pas mariés, Gaston et moi ?

– Votre nom, naturellement : Mlle de Crécy, et votre comportement.

– Mlle de Crécy est mon nom de théâtre. Quant à mon comportement il n'a rien de choquant. Vous feriez mieux de surveiller celui de votre sœur. Ce laideron aguiche les officiers, que c'en est grotesque et indécent.

Mme de Rochemore s'accrocha au bastingage et s'écria :

– Ma sœur ! Par exemple... Je vous demanderai raison de cette accusation. Mais, puisque vous vous dites mariée, montrez-moi votre contrat de mariage ou quelque attestation officielle !

Le rire de la demoiselle :

– Je le montrerai à un lieutenant de police s'il me le réclame. Pas à une pécore ! Demandez plutôt à Gaston : il vous recevra de belle manière.

Elle fit voler sa main, montra l'anneau de mariage.

– Peuh... fit Marie-Charlotte : sans doute un anneau de rideau...

L'affaire en était restée là jusqu'à l'arrivée, mais ni Mme de Rochemore, ni sa sœur, pas plus que les dames de leur entourage, n'avaient, après des mois, oublié cet incident. On en parlait au cours des soupers. M. de La Frénière surprit un soir, dans la demeure du nouvel ordonnateur, une charge de Mme de Rochemore contre la *créature* qu'il avait rencontrée à diverses reprises et qui lui avait paru à la fois fort aimable et de bonnes manières :

– Cette Crécy est revenue à son ancienne profession :

elle vient d'ouvrir un cours de danse et de maintien pour succéder à ce pauvre Baby. A Dieu ne plaise que nous lui confiions nos chérubins ! Mon mari a écrit au ministre. Si vous voulez mon avis, elle ne tardera pas à réembarquer et son Bellenos avec elle ! Qu'en pensez-vous, Paul ?

Le lieutenant de Rocheblave, pour lequel, disait-on, Mme de Rochemore nourrissait plus que de l'amitié, leva un œil indifférent au-dessus de sa crème au chocolat. Il n'en pensait rien et, de toute évidence, s'en moquait.

Peu après l'arrivée des Rochemore, la colonie s'était scindée en deux clans : ceux qui toléraient la présence de Mlle de Crécy et ceux qui la vomissaient. Parmi les premiers, Mme de Kerlerec.

— Qui se ressemble s'assemble, cacarda Mme de Rochemore.

— Comme vous y allez, ma chère ! protesta Rocheblave. Tout le monde vous dira que Mme de Kerlerec est la vertu incarnée.

— Vous êtes, vous aussi, tombé dans le panneau !

La soirée s'était poursuivie dans un beau charivari jusqu'au moment du pharaon. Lorsque les négresses eurent soufflé les bougies du salon, la maîtresse de maison se pencha sur Rocheblave et lui glissa à l'oreille :

— Polisson ! vous en tenez vous aussi pour cette catin. Vous aurez des comptes à me rendre. Je vous attendrai demain soir. Je serai seule. Mon époux doit partir à l'aube pour La Balise...

On oublia peu à peu Mlle de Crécy et son capitaine. Des préoccupations d'une autre importance, où la morale avait moins de part, pressaient la colonie.

M. de La Frénière ressentait l'impression de plus en plus décourageante que la Louisiane, après l'annonce de la fin des hostilités avec l'Angleterre, sombrait inexorablement dans l'indifférence. Le père Picquet, lors de son passage, ne le lui avait pas envoyé dire :

— Ces gens sont des veaux, monsieur. S'ils s'imaginent en avoir fini avec l'Angleterre, ils se trompent. Je les connais, les *Angliches*... Ils ont bouffé le Canada et le digèrent. Bientôt, il leur faudra la Louisiane ! Et de quoi parle-t-on dans cette ville ? De futilités ! On se brocarde, on échange des cancans, on effeuille la marguerite. Croyez-moi, cela ne durera guère. Les Anglais seront bientôt à vos portes avec leur clique de ministres et de prédicateurs !

Il s'en était pris violemment au gouverneur et à l'ordonnateur :

– On a construit des défenses autour de la ville ? Fort bien ! Mais où sont les canons, les boulets, les canonniers ? J'ai cherché où pouvaient bien se trouver les officiers et les soldats. Vous savez où ils sont : dans les cabarets et les bordels, quand ce n'est pas chez les Indiens ! Qu'attend-on pour faire distribuer des armes à la milice, de la poudre à ceux du fort Saint-Louis, qui en sont dépourvus ?

Cet Alceste portait les choses au pire : il voyait une armada anglaise devant La Nouvelle-Orléans, Mobile et Biloxi, la ville écrasée sous les bombes, les affres d'un siège. La Louisiane avait déjà baissé pavillon avant le premier engagement, alors qu'après la chute de Québec et de Montréal les Canadiens n'avaient pas désarmé.

Le marquis François de Lévis avait relevé le pavillon et battu le rappel. Avec les troupes qu'il avait pu rassembler, il harcelait les Anglais, leur tuant du monde, faisant renaître l'espoir d'une revanche. Durant tout l'hiver il avait tenu ses forces en alerte. A Sainte-Foy ils avaient mis un bon millier d'Anglais sur le carreau. Fort de ces succès il avait poussé l'audace jusqu'à mettre le siège devant Québec et bombarder les défenses ennemies avec les quelques canons qui avaient échappé aux actes de reddition. Il attendait un navire qui devait lui apporter des secours pour l'assaut final ; une unité anglaise s'était présentée à sa place. Il lui restait cinq mille hommes contre des dizaines de milliers d'Anglais qui ne manquaient de rien. Il avait abandonné le combat.

– Avec seulement une poignée d'hommes de cette trempe, avait fulminé le père Picquet, nous aurions repoussé les Anglais jusque sur l'Atlantique. Où sont-ils ? Montrez-m'en un ! Un seul...

Kerlerec baissait la tête, incapable de répondre à cette logorrhée affligeante mais sans doute méritée. Il devait bien reconnaître que le temps des Cavelier, des Iberville et des Bienville était révolu. Ce n'est pas lui qui aurait pu ranimer l'ardeur de ses concitoyens, les mobiliser. La Nouvelle-Orléans était devenue une ville de marchands, comme Boston ou New York, un ventre mou. Quant à lui, il sortait d'une crise de gravelle dont il avait cru mourir. Alors prendre les armes, attendre l'ennemi aux palissades, il n'en était pas question.

Il avait répondu en congédiant le prêtre :
— Pardonnez-moi de ne pas vous écouter plus longtemps. J'ai beaucoup de travail et certains soucis : je dois trouver des musiciens pour le bal que ma femme donne ce soir...

Deux ans après la capitulation de Québec et de Montréal, trois navires accostaient à La Nouvelle-Orléans : la *Médée*, le *Bien-Aimé* et la *Fortune*. Ces unités amenaient à la colonie un secours précieux : cinq cents soldats du fameux régiment d'Angoumois et quelques effectifs du régiment de Bigorre.

Deux autres unités n'avaient pu arriver à bon port : la *Rescousse*, disparue on ne sait comment, et le *Bien-Acquis*, capturé par les Anglais. Ce dernier navire avait à son bord le remplaçant de M. de Kerlerec : Jean-Jacques Blaise d'Abadie. Quant à celui de M. de Rochemore, M. de Cloziaux, il avait été retardé au moment de s'embarquer par l'intervention d'une parente de l'ordonnateur.

En débarquant la marchandise on eut la surprise de constater qu'une partie de cette cargaison portée sur les factures ne se trouvait pas à bord. Personne ne fut capable d'expliquer cette nouvelle friponnerie. Quant aux marchandises de traite, nouvelle déception : pas une once de vermillon ! pas une chemise ! le limbourg remplacé par du mazamet !

Radieux en apprenant que son successeur était resté en France, Rochemore dut déchanter. Il avait appris que l'on avait vu descendre de la *Médée* un personnage inquiétant qui, à peine avait-il mis pied à terre, avait demandé où il pourrait trouver le gouverneur.

— Mon nom est Foucault, avait-il annoncé. Je suis chargé par Sa Majesté et M. de Choiseul, secrétaire d'État à la Marine, de vous remettre ces deux plis en main propre.

Le premier de ces courriers concernait le gouverneur ; il lui causa une satisfaction teintée d'amertume : on l'avait enfin pris au mot ; il était rappelé. Le second avait trait à la révocation de l'ordonnateur, et cette fois-ci la signature figurait bien au bas du document.

— Le courrier qui me concerne me comble ! dit Kerlerec. Le second sera mal reçu. Des dents vont grincer...
— Ne vous hâtez pas de pavoiser, dit Foucault. Les amis que Rochemore compte à Paris ont mené une telle campagne contre vous que ce retour devrait vous occasionner des inquiétudes. En France la justice est l'affaire des intrigants, et vous avez affaire aux pires qui soient.

Kerlerec toisa cet oiseau de mauvais augure et faillit lui répondre que lui aussi avait des amis « bien placés ». Foucault avait l'allure d'un courtaud de boutique : visage mou, yeux bovins, paupières lourdes. Il annonça qu'il irait le lendemain demander des comptes à Rochemore.

— Je ne l'ai pas vu sur le port, dit-il.
— Rien d'étonnant : il est souffrant.
— Maladie diplomatique, sans doute. Il doit se douter que tous ces navires ne sont pas venus sans lui apporter la nouvelle qu'il redoute. Car, je vous en informe, je suis appelé à lui succéder. Quant à vous, en attendant que les Anglais veuillent bien nous rendre ce pauvre d'Abadie, vous continuerez à exercer vos fonctions.

Rudes débuts pour le nouvel ordonnateur.
Bribe par bribe il était parvenu à arracher des comptes à Rochemore, mais ils étaient d'une telle confusion qu'une chatte n'y eût pas retrouvé sa portée. M. de La Frénière l'y aida de son mieux mais, depuis quelque temps, Rochemore le soupçonnait d'avoir pactisé avec le clan du gouverneur et ne lui confiait que des tâches subalternes.

Foucault allait de surprise en stupéfaction : des marchandises avaient disparu, des factures demeuraient introuvables, des taxes inédites fleurissaient.

— Allez-vous à la fin vous expliquer, Rochemore ?
— Que voulez-vous que je vous dise ? Aïe ! ce que je souffre... Il y a des voleurs partout, des rats, des sangsues. Découvrez-les ! Punissez-les !

La situation monétaire fleurait la banqueroute.
— Comment ! sept millions de billets de carte en circulation ? Un change à cinq cents pour cent ? Huit ans de retard dans les comptes ? Et cette pagaille dans ceux de la garnison... Monsieur de La Frénière, nous allons avoir du pain sur la planche.

Ils passèrent une semaine, travaillant jour et nuit, à éplucher une montagne de comptes, mangeant sur le bout du pouce, s'endormant à même les documents lorsque le sommeil les terrassait, ne prenant ni le temps de se laver ni celui de se raser. Plongés jusqu'au vertige dans un abîme d'incohérence et de mystère, ils en ressortirent avec le sentiment de revenir de la caverne des quarante voleurs.

— C'est insensé ! s'écriait Foucault. Aucune marchandise n'entrait ou ne sortait de cette colonie sans que ces rats en aient grignoté une pincée. Je me suis informé : vous êtes un des trois ou quatre honnêtes hommes de cette colonie et je suis convaincu que vous n'avez pas trempé dans ces trafics, mais comment se fait-il que vous ne vous soyez aperçu de rien ?

— J'étais au courant de beaucoup de ces tripotages mais sans aucun pouvoir pour les faire cesser ni pour les dénoncer. C'était au gouverneur de le faire, mais Rochemore lui interdisait la porte de ses services.

— C'en est assez pour envoyer tout ce beau monde à la Bastille ! Je veillerai à ce qu'aucun d'eux n'y échappe.

L'embarquement de Rochemore et de ses complices frisa la pantalonnade. Entre l'hôtel de l'ordonnateur et le débarcadère, Mme de Rochemore ameutait la population, criant que son époux avait été victime d'une cabale, que la lettre de M. de Choiseul était un faux, qu'elle et son mari reviendraient bientôt avec les honneurs. Quant à Rochemore, après avoir joué les moribonds, juré qu'il ne pouvait bouger, protesté lorsqu'on portait la main sur lui, il se débattit avec une vigueur retrouvée par miracle lorsqu'on l'eut jeté dans la voiture qui devait le conduire au navire. De tout le trajet sur le fleuve il gémit et pleura en proclamant son innocence.

Il s'accrocha à M. de La Frénière, venu l'assister une dernière fois, par devoir plus que par sympathie.

— Vous qui êtes persuadé de mon honnêteté, défendez-moi, mon ami. Voyez l'état où je suis ! Embarquer dans ces conditions c'est courir à ma perte. On va me juger, me condamner, m'envoyer à la Bastille, au gibet peut-être... Ce Choiseul, cet intrigant... J'avais raison de me méfier de lui !

— Il n'est pas question de vous juger, monsieur, du moins pour le moment. Un rappel n'est pas obligatoirement une condamnation à mort. Cependant...

— Cependant ?
— Cependant la lettre au ministre, que M. Foucault lui envoie par ce même bateau, ne contribuera pas à vous faire obtenir la croix de Saint-Louis. Mais si vous devez finir vos jours à la Bastille, rassurez-vous : on y est bien traité...

M. Vincent de Rochemore ne devait pas survivre longtemps à sa révocation. Parti en avril de La Nouvelle-Orléans il mourut un an plus tard sans être passé par la Bastille, mais non sans avoir préparé la déchéance de son ennemi, M. de Kerlerec.

Récit de Dieudonné de Beauchamp

Je suis arrivé à La Nouvelle-Orléans assez tôt pour assister à un événement affligeant : l'embarquement des jésuites.

S'il se déroula sans violence, sans une ambiance d'accablement ou de colère, il n'en fut pas de même à leur arrivée en France, ainsi que je devais l'apprendre plus tard : on les traita comme des hérétiques, des mécréants, des brigands ; on confisqua leurs biens qui furent vendus à la chandelle ; on brûla les ouvrages où ils puisaient leur foi ardente ; leur nom fut maudit. Devenu vieux et malade, le Bien-Aimé [1] distillait des humeurs qui l'incitaient aux pires excès.

Je m'étais porté acquéreur d'une modeste demeure dans le domaine que la Compagnie de Jésus possédait en marge de la ville, mais la totalité de ces biens fut vendue à M. de Pradelle. Qu'allait-il en faire ? Il possédait déjà plusieurs immeubles en ville, une retirance à Montplaisir, des domaines rachetés à des colons aux abois.

Cet homme, je le connaissais bien. Il vivait au cœur de son petit univers comme dans une forteresse en état perpétuel d'agrandissement : il y ajoutait au hasard des circonstances une tour, une échauguette, un pan de mur, une pierre... A le voir passer dans sa chaise ou descendre de son carrosse on se demandait ce qui pouvait bien susciter cette boulimie de possession ; il ne profitait guère des richesses qu'il avait accumulées en quarante ans de présence en Louisiane, car une débilité physique

---

1. Louis XV.

et la vieillesse excluent la jouissance de quelque bien que ce soit. Lorsque j'arrivai à La Nouvelle-Orléans et que je le vis pour la première fois, il avait soixante-dix ans. Un vieillard.

Son épouse, Mme Alexandrine, avait organisé son existence en marge de la sienne, à distance de ce vestige des premiers temps de La Nouvelle-Orléans. Plus jeune que lui, elle menait un grand train de maison, avait une santé florissante sous l'allure d'une matrone. On lui prêtait encore des amants ; il est vrai qu'on ne prête qu'aux riches.

La première fois que je vis Mme de Pradelle, elle assistait, en présence de quelques commis et de son homme de paille, un vieux barbu nommé Ceyzat, au déchargement d'un des navires de son mari, qui apportait des produits de Veracruz.

Elle était alors, disait-on, l'amie de l'ordonnateur, M. Foucault. On me l'affirma, mais j'eus peine à le croire. Comment imaginer des rapports sentimentaux et a fortiori charnels, entre ces deux lamantins ? Je soupçonne cette Messaline de ne choisir ses amis de cœur et de lit qu'en fonction de leurs qualités dans le domaine des affaires. Ce furent, me dit-on encore, avec M. de La Frénière, procureur du Conseil supérieur, des relations d'autre nature, mais leur liaison remontait à des années ; ils étaient jeunes alors et ardents au déduit. A l'époque qui me concerne, chacun vivait de son côté, dans sa propre famille, et s'en trouvait, semblait-il, fort bien.

Les entretiens que j'eus avec M. de La Frénière m'ont laissé un souvenir agréable. Cet homme d'âge – le mien à peu près : les alentours de la soixantaine – était la courtoisie même. Je garde l'image d'un homme de taille moyenne, aux cheveux gris et rares, aux traits longs mais sans rudesse, aux yeux d'une limpidité de source, à la voix posée.

Il ne m'a pas traité comme un intrus venu pour s'enrichir ou se refaire une virginité sociale ou judiciaire. Je venais faire légaliser ma présence et l'achat de ma demeure, en espérant que l'on ne se montrerait pas trop tatillon quant à mon passé, mais mon passage dans la flibuste était de l'histoire ancienne et j'avais bien changé depuis mes équipées avec Lachaume pour le compte des Virginiens. M. de La Frénière ne se montra guère curieux de savoir qui j'étais vraiment et d'où je venais. Il paraissait s'y connaître en hommes et apte à juger les gens sur leur mine. La mienne dut lui paraître avenante car il signa sans sourciller le document qui légalisait mon appartenance à la communauté.

C'est grâce à son intermédiaire que je pus trouver sans avoir à chercher le lieu où fixer mes pénates.

L'ordre de M. de Choiseul de faire réembarquer les « mauvaises têtes » : Rochemore et ses complices, avait libéré quelques maisons de bonne apparence sans être des palais, ce qui me permit de faire mon choix. Comme j'étais célibataire et souhaitais alors le demeurer jusqu'à la fin de mes jours, je fis un choix dicté par la modestie, en fonction de mon bien en numéraire : ce fut une cabane de brique de façon rustique, entourée d'un jardinet où planter mes légumes, avec une galerie sur la façade. Elle était vétuste, ce qui m'obligea à retrousser mes manches ; avec le secours de deux nègres que je louai à un voisin, je me mis en devoir de la rendre habitable.

Le hasard avait voulu que cette masure fût située à peu de distance de la demeure qu'habitait le procureur, et sur le chemin qui le conduisait à son cabinet.

Il s'arrêtait fréquemment en passant devant la claie ouvrant sur mon jardin, et me lançait :

— Alors, monsieur de Beauchamp, où en êtes-vous de vos travaux ?

— Je pourrai m'installer, monsieur, si le temps le permet, d'ici une semaine.

Il me dit un matin :

— Le jour venu de pendre la crémaillère, il me plairait d'être invité.

— Je n'y manquerai pas, monsieur, et ce sera un honneur pour moi.

L'année 1762, je m'en souviens, fut marquée pour la France par de rudes épreuves. Après six ans de guerres incessantes, sur les fronts de terre et de mer, elle essuyait, malgré l'alliance de l'Espagne – le fameux Pacte de famille – défaite sur défaite. Les Anglais avançaient leurs pions avec une déconcertante aisance. Au milieu des champs de bataille d'outre-mer, grâce à la vigilance des nations indiennes restées fidèles aux Français, la Louisiane se cantonnait au milieu de la tourmente, inquiète mais épargnée.

M. de Kerlerec avait pu, enfin, s'embarquer pour la France. Le départ de Rochemore avait été une délivrance ; le sien fut un déchirement : ni fête, ni banquet, ni feu d'artifice comme pour Vaudreuil, mais une émotion générale, particulièrement parmi les Indiens qui, au propre comme au figuré, s'accrochaient à ses basques.

Pauvre Kerlerec... Des soldats l'attendaient à Paris pour le conduire à la Bastille. Il s'y retrouva avec les complices de Rochemore qui, un sourire arrogant aux lèvres, n'y restèrent que quelques semaines. Lui y resta des mois. La hargne que ses adversaires avaient nourrie et répandue contre lui n'avait pas tardé à éclater. Kerlerec était un « traître, un tyran, un ami inconditionnel de la jésuiterie ». Pour mieux le perdre, la camarilla de Rochemore avait falsifié ou détruit les documents qui plaidaient en sa faveur, au cours de la traversée. Exilé à Rouen, il devait y mourir quelques années plus tard, malade, ruiné, abandonné de tous.

Exsangues, à bout de forces, la France et l'Espagne avaient signé la paix à Paris.

Cet événement rendit à la Louisiane M. d'Abadie, que les Anglais avaient fini par libérer. Il remplaçait Kerlerec avec le titre, non de gouverneur, mais de directeur général. Il avait occupé en France les fonctions de commissaire général de la Marine, ce qui en avait fait un personnage important, dont chacun louait la compétence. Il souffrait d'une maladie nerveuse, peut-être consécutive à sa détention dans les geôles anglaises, ce qui rendait parfois abrupts ses rapports avec ses subalternes.

Peu après son installation, d'Abadie fit en sorte que l'on célébrât la paix.

Je venais de terminer les travaux entrepris à mon domicile : il avait belle allure, repeint de frais, avec des vitres aux fenêtres et un fauteuil à bascule sous la galerie. J'étais « établi » ; on me vouait une certaine considération, sans pour autant que s'ouvrent pour moi les portes de la bonne société.

La célébration de la paix débuta par une salve de canons et un cortège officiel qui vint parader sur la place Royale, précédé de la fanfare de la garnison et d'un détachement du régiment d'Angoumois conduit par le marquis de Frémeur. Mêlé à la foule, j'assistai, dans l'église trop étroite et déjà délabrée, au *Te Deum* puis au banquet populaire accompagné d'illuminations. A seule fin d'économiser la poudre, M. d'Abadie avait décidé de supprimer le feu d'artifice. En revanche, on ne lésina ni sur le vin ni sur les victuailles. Le vin avait le goût de la liberté et de la paix; les victuailles semblaient annoncer l'opulence. La soirée de janvier était douce et brumeuse.

A quelques jours de ces festivités, M. d'Abadie livra à la population la nouvelle qui lui brûlait les lèvres et lui brisait le cœur : on n'avait guère à se réjouir du traité de Paris qui faisait de l'Angleterre la maîtresse de l'univers et reléguait la France et l'Espagne au rang de puissances subalternes.

Annoncée en détail, la nouvelle fit sensation : la France abandonnait le Canada, la Louisiane, les territoires de la rive gauche du Mississippi entre le fleuve et les Alleghanys, une bonne partie des Antilles, les Indes sauf quelques comptoirs. L'Espagne perdait la Floride où les Anglais étaient déjà installés et, en compensation, gardait Cuba et recevait la rive gauche du Mississippi.

Que nous restait-il ? La Nouvelle-Orléans, les quelques territoires qui en dépendaient mais qui allaient bientôt revenir aux Espagnols... et nos yeux pour pleurer.

Une chape de plomb tomba sur la colonie. La population, la rage au cœur, ne put que se plier à ces décisions. En revanche, les Indiens qui nous étaient restés fidèles prirent mal la chose : on les avait vendus aux Anglais, on les avait trahis ! Leurs délégations à La Nouvelle-Orléans faisaient grand bruit : on parlait d'un soulèvement général. M. d'Abadie réclama au ministre l'envoi de présents; on les distribua en grand tralala, avec des discours pathétiques.

– Nous fumerons longtemps le calumet avec les hommes rouges ! lança d'Abadie. Il faut enterrer la hache de guerre contre leurs frères et contre les Anglais, afin que toute cette terre redevienne exempte de conflits, que les chemins soient aplanis, sans pierres, sans ronces, sans épines ! Nous allons prier le Grand Esprit pour qu'il vous fasse tuer des ours et des bisons en abondance, pour que vos femmes aient autant d'enfants qu'il y a de feuilles aux arbres, pour que la pluie vous donne d'abondantes récoltes de maïs...

Il avait trouvé le ton mais, derrière ce galimatias, je devinais sans peine l'inspiration de M. de La Frénière. Le commandant anglais Farman, qui gouvernait la petite colonie de Mobile et de Biloxi, faisait la grimace. Il était mécontent de ce phébus et ne l'envoya pas dire au directeur général :

— Un beau discours, monsieur d'Abadie, mais qui sonne faux. Ces sauvages vont se croire tout permis. Mon avis, et celui de Sa Majesté, est qu'il faudra s'en débarrasser. Non seulement, ils ne nous sont plus utiles puisque nous vivons en paix mais ils risquent de devenir dangereux.

— Je ne fais que m'en tenir, avait répondu le directeur, aux termes de notre accord. Ils stipulent...

— Je me moque de ce qu'ils stipulent ! Les textes sont une chose ; leur application à des circonstances particulières en est une autre. Nous sommes les maîtres de la Louisiane et nous agirons à notre guise. Comme on dit chez vous : à bon entendeur, salut !

Sans l'intervention du colonel Robertson qui avait une notion plus humaine de ces « circonstances particulières », la discussion aurait tourné à l'aigre.

Je n'étais que depuis peu à La Nouvelle-Orléans, mais ces événements me bouleversaient. J'y voyais une inquiétante propension du destin à accumuler des traverses dans ma modeste existence. Depuis que j'avais quitté le Canada les orages me poursuivaient. Dans ma jeunesse je les supportais avec une certaine allégresse car j'ai toujours eu le goût de l'aventure ; l'âge venu, je les redoutais, je ne demandais qu'un toit pour m'abriter et n'aspirais qu'à une retraite sans histoire, mais l'Histoire me rattrapait.

Mes économies, s'ajoutant à la prime que m'avait offerte George, me permettaient de vivre sans souci, sur un petit pied, durant une année ou deux. La vente de Valiant, que j'avais finalement refusé de changer pour un canot mais qui, dans cette ville où tout était à ma portée, ne m'était plus nécessaire et me coûtait en entretien, avait payé largement les dépenses de mon installation.

Comme je n'étais ni manchot ni ignorant je demandai à M. de La Frénière de me trouver un emploi. Il promit de s'en occuper.

Une semaine plus tard il me proposait un poste de greffier au Conseil supérieur. Je ne devrais pas en attendre des miracles car les finances de la colonie étaient au plus bas, mais ce modeste traitement me permettrait de survivre.

Je n'en demandais pas plus.

Durant les quelques mois qui suivirent l'annonce du traité de Paris, la colonie vécut dans la fièvre.

A La Nouvelle-Orléans la population baignait dans une attente angoissée. On se souvenait de ce qui s'était passé en Acadie. Les Anglais allaient-ils chasser les habitants après les avoir spoliés ? Décideraient-ils de les maintenir sur cette terre et d'en faire des esclaves ? Renverraient-ils les Louisianais dans la métropole ? Les autorités avaient beau tenir des propos rassurants, expliquer que la ville et les territoires limitrophes échappaient à la main mise des envahisseurs, l'inquiétude persistait.

La paix rétablie on ne jugea pas nécessaire de maintenir une garnison à La Nouvelle-Orléans. Les régiments d'Angoumois et de Bigorre embarquèrent pour Saint-Domingue où des révoltes de nègres se produisaient, de plus en plus fréquentes, mettant en danger la vie des colons et l'existence même de la colonie. Ce qui restait passa sur la rive occidentale du Mississippi. Pour assurer la défense de la ville contre un éventuel soulèvement des Indiens on aurait la milice.

Cette perspective n'était pas illusoire.

Lorsque les soldats français et quelques colons avaient tenté de franchir les rivières Tuscaloosa et Tombigbee pour se regrouper au-delà du Mississipi, les Alibamons avaient voulu les retenir. Les Appalaches étaient passés en masse sur la rive occidentale du Grand Fleuve pour échapper aux Anglais. Les Biloxis avaient annoncé qu'ils préféraient mourir jusqu'au dernier plutôt que de subir la loi des envahisseurs. Les Chaouanons avaient fait parvenir à d'Abadie un wampum dont la signification était claire : « Nos quatre-vingts villages sont prêts à vous défendre. » Même attitude de rejet chez les Choctaws, les Oumas, les Chickasaws. Les délégations se succédaient à La Nouvelle-Orléans, suppliant le directeur général de prendre les armes pour résister à l'occupant.

— Si vous refusez de vous battre contre les longs couteaux, disaient-ils, donnez-nous des fusils et de la poudre ! Nous le ferons à votre place.

D'Abadie répondait :

— Nous n'avons ni armes ni munitions à vous distribuer. Pas de présents non plus. Nous n'avons rien. Faites comme nous : patientez !

Patienter alors que les Anglais « gâtaient les chemins », distribuaient de l'eau de feu qui rendait fous les guerriers, qu'ils prenaient leurs femmes et leurs enfants pour en faire des esclaves ! Il en avait de bonnes, ce petit Soleil !

Ils insistaient : qu'on les laisse au moins massacrer l'occupant.

La plupart n'attendaient pas la permission de l'*Empereur* des Français : ils tendaient des embuscades aux uniformes rouges, marquaient avec leurs cadavres les traces de leur territoire pour affirmer son inviolabilité. Colère des Anglais... Ils voyaient dans ces actes l'inspiration revancharde des Français. Riposte du directeur général : on n'avait jamais demandé aux Indiens de prendre le sentier de la guerre, au contraire.

C'est sur le territoire des Illinois que la résistance avait été la plus brutale.

Un jeune chef outaouais, Pontiac, avait, sans en avoir eu connaissance, repris l'idée de Kerlerec de créer une confédération des nations indiennes pour lutter contre les Anglais. Il fit circuler des colliers de guerre dans les tribus du sud et de l'est des Grands Lacs et se retrouva à la tête de milliers de guerriers. Tenu par la consigne, le capitaine de Noyan, qui commandait le fort Saint-Louis-des-Illinois ne put se joindre à ce soulèvement.

De fort en redoute, Pontiac reprit aux Anglais la vallée de l'Ohio au cours d'une guerre d'embuscades qui dura tout l'hiver. Le destin des armes semblait lui sourire. Qu'il se rende maître du fort de Détroit et il pourrait entreprendre une opération de plus grande envergure, refouler l'ennemi au-delà des Alleghanys, démontrer que les Anglais étaient plus vulnérables qu'on ne le pensait. Vainqueur partout, il échoua devant le fort William-Pitt, l'ancien fort Duquesne des Français, puis devant le fort de Détroit qu'il assiégea durant huit mois. Aux premiers revers, ses troupes avaient perdu confiance en lui et s'étaient débandées. Abandonné des siens, il fut assassiné. Un traître vendit sa chevelure pour trois livres et un galon d'eau-de-vie au major Galdwyn qui commandait à Détroit.

Victoire pour les Anglais, mais la leçon avait été rude. Ils mirent un frein à leur avance, se contentèrent, par prudence, de déclarer « terres indiennes » les territoires situés entre les Alleghanys et le Mississippi.

Colère de M. de La Frénière lorsqu'il apprit d'un rescapé de la répression le procédé dont les Anglais usaient pour se débarrasser de ces sauvages encombrants et inutiles : ils leur distribuaient généreusement des couvertures prélevées dans leurs hôpitaux de la côte est, répandant ainsi dans les tribus des maladies qui décimaient les malheureux : le pian, la variole, le mal de Siam... L'eau-de-vie achevait cette œuvre d'élimination.

— D'ici à dix ans, dit-il au directeur, s'ils persistent dans cette voie, restera-t-il un seul Indien capable de se battre pour défendre sa liberté ?

— Sa liberté ? Voyons, mon ami, dit amèrement d'Abadie, en ont-ils jamais joui depuis que l'homme blanc a envahi leurs territoires ?

Elle glissait son museau sous son bras, murmurait dans un souffle, comme on éteint une chandelle :

— Monsieur-maître, je veux un enfant. Un enfant de toi. Nous l'appellerons...

Elle égrenait une litanie de noms oumas qui parlaient de prairies profondes, de fleurs, d'animaux familiers. Elle avait une préférence pour un prénom interminable que Gilles lui faisait répéter pour le plaisir de l'entendre et qui signifiait : « Celui qui pêche de gros poissons sous la lune de printemps. » C'était celui que portait le père du père de son père, qui était un grand chef des Oumas. Et si c'était une fille ? Elle réfléchissait : « Celle qui regarde passer les nuages de printemps au bord de la rivière. » Une de ses aïeules le portait ; elle avait eu quinze enfants.

— N'insiste pas. Tu sais bien que je ne veux pas d'enfants de toi. Je suis trop vieux et j'ai trop de soucis.

Flore insistait. Elle et sa sœur Azada en prendraient soin. Si elle ne faisait pas un enfant on dirait dans sa tribu qu'elle était stérile.

— Alors, pars et épouse un homme de ta tribu.
— Je ne partirai que si tu me chasses. Mais peut-être...
— Quoi encore ?
— Peut-être que tu préfères Azada. Elle aura seize ans à la lune de la Pluie et elle est plus jolie que moi. Si tu veux dormir avec elle...
— Tu me suffis, Flore. Azada trouvera sans peine un jeune guerrier qui l'épousera.
— Tu sais bien qu'Azada ne quittera jamais ta maison. Si tu veux, ce soir, elle prendra ma place. Et si tu nous veux toutes les deux...
— Tu es folle ! Je te répète que tu me suffis. Ta sœur s'occupe très bien des enfants et toi de mon ménage. Que pourrais-je vouloir de mieux ?

La main dans la main, conduits par la jeune servante, les deux enfants se rendaient chaque matin chez les ursulines pour y poursuivre leurs études. L'une de ces saintes filles, Camille du Saint-Esprit, s'occupait d'eux tout particulièrement ; c'était une petite vieille au visage rose mais ridé, à laquelle manquaient toutes ses dents.

Un soir, en revenant à son domicile, Gilles constata que Flore était absente.

— Partie ! dit Azada. Elle est retournée au village pour y faire son enfant.
— Un enfant de qui ?

Le rire d'Azada, derrière ses mains.

— Mais de toi, monsieur-maître. De toi ! Tu ne t'es pas rendu compte ?

Comment s'en serait-il rendu compte ? Il avait bien vu Flore prendre peu à peu l'allure d'une matrone, se caresser le ventre avec un sourire satisfait, mais de là à se douter qu'elle portait un enfant de lui...

— Si tu veux, dit Azada, en attendant qu'elle revienne je peux dormir avec toi.

Il refusa. Azada se devait toute aux enfants. Il attendrait patiemment le retour de Flore, à la lune de la Pluie sans doute, d'autant que les ardeurs de sa jeunesse s'étaient émoussées. Cette révélation le tracassait. Un enfant d'une Indienne... Un petit bois-brûlé... Il ne pourrait cacher longtemps cette paternité, les deux sœurs étant bavardes comme des pies. Dans moins d'une semaine toute la ville saurait que M. le procureur avait une jeune maîtresse ouma et qu'elle venait de lui donner un enfant.

Lorsque Flore réapparut quelques semaines plus tard, elle reprit sa place et son travail comme si elle revenait de faire des emplettes. Elle avait retrouvé sa vénusté, sa sveltesse, ce sourire qui étirait si souvent ses lèvres.

– Ton enfant ? demanda Gilles. Un garçon ? Une fille ?

– C'était une fille.

– Qu'en as-tu fait ?

Elle haussa les épaules, comme si cette question était incongrue, puis elle fit signe qu'elle l'avait étranglée. Il la saisit aux épaules, la secoua sans parvenir à effacer son sourire. Il s'écria :

– Tu l'as tuée ? Tu as tué notre enfant ? Pourquoi ?

– Tu ne voulais pas un enfant de moi. Et une fille, en plus...

Elle entreprit de lui faire comprendre que cet acte était sans importance, que beaucoup de femmes faisaient de même sans que personne y trouvât à redire. L'enfant n'avait pas à se plaindre : elle n'avait eu que le temps de voir la lumière, de respirer une bouffée d'air, et pffluit... elle s'était envolée comme une aigrette pour le pays des ancêtres.

Il la secoua de nouveau, la gifla sans tirer d'elle le moindre sentiment de remords ou la moindre réaction de défense. Le comportement de son maître lui paraissait naturel, comme lui avait paru conforme à la coutume le fait de tuer son enfant. La colère de Gilles retomba aussi brusquement qu'elle avait éclaté. C'était la première fois qu'il levait la main sur une servante. Il alla disperser, par une promenade dans le jardin, tout ce qui restait en lui de rancœur, puis il revint lui faire des excuses. Il savait bien que les Indiens, même imprégnés de la « civilisation », n'accordent pas à la vie le même prix que les Blancs, qu'un enfant qui n'est pas accepté ne compte guère plus que le fruit gâté que l'on jette. Il décida que, désormais, il prendrait davantage de précautions avec sa concubine.

Le soir venu, elle attendit dans le salon en rapetassant des mitasses, un œil sur son ouvrage, l'autre sur son

maître. Il s'amusa un moment de cette perplexité, puis il posa sa main sur l'épaule de Flore et lui dit :
— Tu as assez travaillé. Viens te coucher.

Le défilé des délégations d'Indiens hostiles aux Anglais se poursuivait inlassablement.

Un matin, en pénétrant dans le cabinet de M. d'Abadie, M. de La Frénière le trouva encombré d'une quarantaine de sauvages, du territoire traversé par l'Arkansas, venus, sous la conduite d'un coureur de bois nommé Cabaret, de leur lointain territoire du Nord-Ouest. Triste cérémonie : ils dansaient, chantaient, brandissaient le calumet, distribuaient des colliers.

— Monsieur le procureur, dit d'Abadie en s'épongeant le front, venez à mon secours. Malgré les efforts de Cabaret, j'ignore ce que veulent ces gens. C'est d'une confusion !...

M. de La Frénière s'entretint avec le coureur des bois.

— Si j'ai bien compris ce galimatias, dit-il à d'Abadie, ces sauvages veulent que l'on remette en état et que l'on occupe le fort Saint-Louis-des-Arkansas, qui les protégeait des Anglais.

— Faites-leur comprendre dit le directeur général, que ce serait une précaution inutile. Un jour ou l'autre les Anglais ou les Espagnols occuperont cette position et s'en serviront contre eux. C'est la logique même.

— La logique... soupira M. de La Frénière. Ils ignorent cette méthode de raisonnement.

Même cérémonie, quelques jours plus tard, avec un groupe de Tonicas venus protester contre les traitements odieux que leur faisaient subir les Anglais. Puis vinrent des Appalaches, des Pascagoulas, des Oumas... Tous avec la même complainte aux lèvres.

C'est à quelque temps de là que l'on apprit la mort tragique du chef Pontiac. Cet événement marquait la fin des guerres indiennes. Le flot des doléances amorça son reflux et l'on ne vit plus, à la fin de la lune de la Pluie, à La Nouvelle-Orléans, que des Indiens pacifiques venus vendre leurs produits.

Aux éclats de joie qui avaient salué l'annonce de la paix, à la tristesse qui avait accompagné l'annonce du traité, avait succédé à La Nouvelle-Orléans un calme de cimetière, puis, insensiblement, la vie avait repris. On voyait chaque jour des navires, des voitures, des canots descendre vers le delta ou en remonter, des Allemands venus porter leurs légumes et leurs fromages sur les marchés, des Indiens décharger des sacs de maïs.

M. de La Frénière reçut un jour, en l'absence du directeur général, deux jeunes négociants : Maxent et Laclède, qui débarquaient d'un traversier de Saint-Domingue. Ils n'avaient ni des mines ni des allures d'aventuriers ou de vagabonds.

– Nous sommes français, expliqua Maxent. Comme il est devenu difficile de gagner sa vie dans la métropole, nous avons décidé d'aller voir ailleurs pour y faire fructifier notre petit avoir.

Interloqué, M. de La Frénière leur fit entendre qu'ils avaient mal choisi leur moment et leur lieu d'implantation.

– L'Angleterre, dit-il, a amputé la Louisiane d'une large partie de son territoire.

– Peu importe, dit Laclède, ce qui reste nous suffira.

Ils avaient, en toute innocence, souhaité obtenir la concession et le monopole du commerce de la fourrure, pour la haute Louisiane et la région de l'Illinois notamment.

– Bigre ! dit le procureur, vous n'y allez pas de mainmorte. L'Illinois... Vous aurez affaire aux Anglais qui, en matière de commerce, ne sont pas des apprentis.

– Nous non plus, dit Laclède.

– Les Indiens sont sur le pied de guerre dans cette contrée, et ils ne sont pas tendres, surtout avec les traitants.

– Nous avons avec nous, dit Maxent, une petite troupe de nègres et quelques bons fusils. Les Illinois sont riches en fourrure. Il nous les faut.

– Vous avez les dents longues.

– Un peu comme les lapins, monsieur. S'ils cessent de grignoter leurs dents deviennent démesurées et ils en meurent. En France, notre râtelier était vide. Ici, nous avons de quoi nous faire les dents. Monsieur, il nous faut cette concession.

– Vous l'aurez, je m'en porte garant. Votre visite me fait du bien. Depuis des mois plus personne, pour ainsi dire, n'ose parler d'avenir. Cependant... il y a une contrepartie à notre accord : il faudra construire par vos propres moyens un fort capable de vous mettre à l'abri à la fois des Anglais et des Indiens.

— Nous y avons songé, dit Laclède. Nous ne sommes pas tombés de la dernière pluie. Nous avons servi comme officiers dans les milices coloniales. Celui qui nous fera prendre des vessies pour des lanternes n'est pas de ce monde.

Les deux négociants quittèrent La Nouvelle-Orléans au mois d'août pour arriver aux Illinois en novembre, sous la première neige. Ils passèrent l'hiver à visiter les villages éparpillés autour du fort de Chartres, à tirer des plans pour l'installation de leur propres défenses et du village où ils comptaient attirer des fermiers acadiens.

Le printemps venu ils envoyaient à La Nouvelle-Orléans leur première cargaison de fourrures.

L'atmosphère de La Nouvelle-Orléans n'aurait pas retrouvé son cours normal si quelques intrigues n'étaient venues l'animer et détourner la population de ses soucis.

Tout allait pour le mieux entre le directeur général d'Abadie, l'ordonnateur Foucault et le lieutenant-général Aubry. Chacun s'était installé dans ses fonctions en veillant à ne pas se heurter comme à des angles de murs aux décrets qui les régissaient.

Les choses n'allaient pas tarder à se gâter.

Récit de Dieudonné de Beauchamp

Lorsque le temps lui permettait d'effectuer à pied le trajet entre sa demeure de la rue de La Bourdonnais et son cabinet, M. de La Frénière s'arrêtait pour échanger avec moi quelques mots, pour me féliciter notamment du soin que je prenais de mon jardin.

– Monsieur de Beauchamp, quels magnifiques choux vous avez là !

Je lui en portais parfois à son domicile, avec un panier de patates douces, de giramons, de pois, de melons... Il me tendait sa blague à tabac en peau de pélican, me proposait un verre de rhum. Il arrivait que nous parlions, assis sous la galerie, fumant et buvant. Au moindre signe de lassitude de mon interlocuteur je prenais congé.

C'était un bel homme encore, un peu raide d'allure et – disait-on – de comportement. Entendez par là qu'il était l'honnêteté même, montrant, comme le Candide de Voltaire, « un jugement assez droit avec l'esprit le plus simple ». Il semblait qu'aucun événement ne pût altérer les traits réguliers de son visage comme taillé dans le marbre. Il ne m'en fit jamais confidence mais il semble qu'il se fût épris d'une jeune Indienne ouma entrée à son service.

Un matin de février baigné d'une brume traversée d'une aigre pluie, il s'arrêta devant mon portillon et me lança de sous son vaste parapluie bleu :

– Monsieur de Beauchamp j'ai une triste nouvelle à vous apprendre. Notre directeur général, M. d'Abadie, vient de mourir.

— Je me suis laissé dire qu'il était souffrant depuis un certain temps déjà.

— Certes, mais... tout n'est pas clair. Pardonnez-moi : il faut que je me hâte.

D'Abadie disparu, c'étaient portes et fenêtres ouvertes à de nouvelles tempêtes qui allaient s'ajouter aux tourments qui accablaient la colonie : des épidémies de maladies pernicieuses, de variole et de mal de Siam, avaient fait déborder l'hôpital et l'infirmerie des ursulines et avaient causé la mort du bon M. Prat.

Je m'habillai correctement, et revêtis mes bottes pour me rendre à la faveur d'une trêve dans l'ondée matinale au domicile du directeur général devant lequel se pressait déjà une foule silencieuse et morne. Ma qualité de greffier du Conseil me permit de m'introduire dans la chambre mortuaire. Mme Prat, la veuve du médecin, et Mme d'Abadie se tenaient assises de part et d'autre du cadavre dont le visage émacié souriait doucement dans la clarté des cierges de myrte qui répandaient dans la pièce close une odeur douceâtre.

M. de La Frénière me conduisit dans le cabinet attenant et me dit à voix basse :

— Les médecins viennent à ma demande de pratiquer une autopsie. Il semble que d'Abadie ait été empoisonné.

Je sursautai :

— Empoisonné, lui, le meilleur des hommes ? Comment est-ce possible ?

— C'est l'avis des médecins et la conviction de sa femme. D'Abadie avait reçu des lettres de menace, anonymes, naturellement. Ces temps derniers, il s'était fait beaucoup d'ennemis dans la population. Vous savez pourquoi...

Du fait de mes fonctions je le rencontrais fréquemment, et je constatais que sa santé paraissait décliner de jour en jour. On parlait à son sujet de maladie nerveuse, d'épilepsie, de coliques du peintre. Il était, en un mois, devenu méconnaissable.

Je regagnai mon domicile la mort dans l'âme et l'esprit hanté par de sombres pensées à l'idée que cette pauvre colonie risquait, avec cette affaire de poison, de ressembler à la Florence des Médicis. Qu'il eût des ennemis acharnés à le perdre, à demander son rappel, cela se conçoit, mais de là à le supprimer par ce moyen barbare... L'agiotage était devenu une tradition en Louisiane et de nombreux habitants, des négociants et des agents surtout, s'y livraient en toute impunité. D'Abadie avait voulu y mettre le holà, ce qui était condamner ces messieurs du tripotage à vivre de leur travail plutôt que de profiter de l'innocence et de la misère du pauvre monde. Il avait préconisé le système de la traite exclusive, réglementée de manière à en éliminer tout esprit de spéculation. Il s'était heurté à une fronde, avait tenu bon et avait fini par payer de sa vie son audace et son sens moral.

D'Abadie disparu, les agioteurs pavoisaient. On ne dansait pas sur la place Royale mais j'en surprenais l'envie dans les yeux de ces misérables, bien connus de tous.

D'Abadie serait remplacé, mais quand et par qui ? Je ne manifestais quant à moi aucune inquiétude, n'ayant pas d'intérêt dans les affaires. Rien ne changerait de ma condition, qui était des plus modestes mais des moins sujettes aux fluctuations du négoce.

L'atmosphère de la métropole n'était pas non plus au beau fixe en cette année 1766. La condamnation et l'éviction des jésuites entretenaient une ambiance délétère à la Cour et dans la population. Les fêtes pour saluer la paix s'étaient déroulées dans la morosité ; on pleurait la fin de notre empire colonial. Lally-Tollendal, gouverneur des Indes orientales, avait été exécuté en place publique pour de fallacieuses accusations de trahison. Le dauphin était malade. Le roi, veuf de Mme de Pompadour, promenait sa mélancolie dans les allées du Parc aux Cerfs où il se consolait avec ses petites sultanes.

J'éprouve encore aujourd'hui un profond malaise à me souvenir de ces dernières années de la Louisiane française. Elles m'ont laissé un goût de cendres, de larmes et de sang. La colonie les avait vécues comme dans l'attente d'un ouragan.

J'ai encore dans l'oreille les sombres accents du major Aubry célébrant les mérites du directeur général disparu et faisant, au cours des obsèques, un tableau apocalyptique de la situation :

– Messieurs, où en sommes-nous ? Il ne nous reste plus d'argent, les opérations commerciales sont au point mort. Les tarifs des terres et des nègres ont diminué de moitié. Les débiteurs refusent d'honorer leurs dettes.

L'esprit d'insubordination qui règne depuis dix ans dans cette colonie ne fait qu'empirer. Il est difficile, voire impossible, de donner satisfaction aux griefs et aux doléances que l'on exprime.

Il ajouta en se tournant vers un groupe de gueux qui venaient d'arriver, en suivant la berge du lac Pontchartrain, des « sables arides de Biloxi » :

— Que dire et que faire de ces malheureux Acadiens qui arrivent en nombre, séparés de leur famille, dépourvus de tout ? Aurions-nous le cœur de les rejeter à la mer ?

C'est par une sorte d'instinct migratoire que ces pauvres fermiers, chassés de leur patrie, revenaient vers leurs compatriotes et vers cette Amérique qui était leur domaine. Des navires les avaient dispersés dans les Iles, en Guyane, à Saint-Domingue, sur les côtes du golfe du Mexique. Malgré le voisinage des Anglais, la Louisiane leur apparaissait comme la terre promise à l'issue de la dispersion. Les habitants de la Côte-des-Allemands en accueillaient dix, les Lorrains cinq : il en restait des centaines à qui trouver de quoi survivre.

Pour comble de fatalité, les Indiens refusaient de désarmer et ne rêvaient que d'exterminer les Anglais.

J'ai gardé en mémoire, avec la précision d'une gravure coloriée, la présence d'un jeune chef kaskaskia venu plaider sa cause auprès de M. d'Abadie, quelques semaines avant sa mort. A peine sorti de l'adolescence, torse nu sous le manteau en peau de bison, orné de plumes et de colifichets comme une idole païenne, beau comme un dieu, il avait jeté d'une voix grave, avec un air désabusé :

— Vous que nous avons aimés, vous que nous avons servis, vous que nous croyions si puissants et si braves, rendez-nous les armes dont nous nous servions jadis pour nous battre à vos côtés.

Son regard étincelait de fureur quand, se tournant vers le major anglais Farman venu en visite de Mobile, il lança :

— Quant aux longs couteaux anglais, la rage est dans nos cœurs lorsque nous contemplons les ruines qu'ils laissent sur leur chemin.

D'Abadie disparu, le major Aubry prit en main les questions de défense et Foucault l'administration générale. Ils s'entendaient, me disait M. de La Frénière,

« comme deux roues de charrette dont l'une serait ronde et l'autre carrée ». Cela pour dire que cet attelage risquait fort de faire verser le véhicule dans l'abîme.

Peu avant sa mort, d'Abadie avait reçu un courrier de M. de Choiseul lui confirmant une nouvelle qui, peut-être, avait contribué à hâter sa fin : ce qui restait de la Louisiane, soit la rive gauche, avec La Nouvelle-Orléans, était cédé à l'Espagne.

La lettre signée du roi Louis XV et du duc de Choiseul était restée ouverte sur le bureau abandonné par d'Abadie, près d'un cahier relié de maroquin sur lequel il avait consigné au jour le jour les événements de la colonie. Aubry tendit le document au procureur en lui disant :

— Asseyez-vous, mon cher, et lisez. Cette lettre est proprement *renversante* !

M. de La Frénière approcha un siège de la fenêtre. Le document se composait de plusieurs feuillets. A peine le procureur en eut-il commencé la lecture qu'il sentit une sueur froide perler à ses tempes, ses mains trembler, sa vue se brouiller. Le texte alambiqué paraissait tellement invraisemblable qu'il devait revenir en arrière pour se persuader qu'il n'était pas le jouet d'un cauchemar.

Par un « acte particulier » passé à Fontainebleau, le souverain avait cédé, « de sa pleine volonté », « tout le pays connu sous le nom de Louisiane, ainsi que La Nouvelle-Orléans et l'*Isle* dans laquelle cette ville est située... ».

— Stupéfiant ! Monstrueux ! s'écria M. de La Frénière. Après avoir été vendus aux Anglais, voilà que nous sommes bradés aux Espagnols ! Comment se fait-il que ce document ne nous ait pas été communiqué en son temps ?

— Je l'ignore. A mon avis, malade comme il l'était, d'Abadie n'a pas eu le courage de laisser se répandre la nouvelle. Redoutait-il qu'elle n'occasionnât des troubles auxquels il aurait été impuissant à faire face ? C'est la seule raison valable. Mon cher, cette lettre est un véritable brûlot. Elle risque de déclencher un soulèvement général de nos concitoyens.

– Qu'allez-vous faire ?

– Que pouvons-nous faire selon vous ? Notre devoir est de la rendre publique. Braud se chargera de l'imprimer et de la diffuser.

– Il faut prévenir Foucault. Après tout, cette affaire le concerne au premier chef.

Aubry haussa les épaules et grinça des dents.

– Foucault, ce triste sire... Depuis la mort du vieux Pradelle il ne quitte pour ainsi dire plus la veuve. En vérité, le beau couple que voilà...

L'ouragan redouté venait de fondre sur la colonie.

Imprimée par les soins de Braud, affichée à l'entrée des lieux publics, remise aux notables, la lettre du roi avait fait l'effet d'une météorite. La foule se pressait sous la pluie pour la lire, la commenter, la relire. On entendit des cris hostiles aux administrateurs :

– C'est votre faute si nous en sommes là !

– Qu'allez-vous faire ?

– Qu'allons-nous devenir ?

– Donnez-nous des armes ! Nous nous défendrons !

M. de La Frénière écarta le rideau : ils étaient plusieurs dizaines, indifférents à l'averse, brandissant le poing, proférant des invectives et des menaces. Il entendit une voix de femme crier du portail :

– Osez vous montrer, chenapans ! Donnez-nous des explications !

La place Royale était envahie de voitures, de chaises à porteurs, de chevaux, comme pour la fête de Saint-Louis, et il en arrivait par toutes les artères qui convergeaient vers la place. Des Indiens descendus de leurs canots se mêlaient lentement à la foule.

– Il faut faire quelque chose, dit M. de La Frénière, leur parler, leur dire que nous n'y sommes pour rien. Sinon, ce rassemblement risque de dégénérer en émeute. Et nous n'avons pour ainsi dire plus de troupe pour contenir ces furieux.

Il avait à peine achevé qu'une pierre fit éclater une vitre.

– Vous avez raison, dit Aubry, l'air sombre. Il faut leur fournir des explications complémentaires, les rassurer. Ne pas leur donner satisfaction serait se reconnaître complices de cette infamie. Eh bien, allons-y !

— Je vous accompagne, dit le procureur.

— Amenez avec vous deux factionnaires. Vous les trouverez dans le corridor. On ne sait jamais...

La confrontation fut houleuse. Aubry eut du mal à se faire entendre. Le procureur demanda le silence, l'obtint non sans peine, déclara :

— Nous sommes à vos côtés, mes amis ! Cette décision est inacceptable et, malgré le respect que nous devons à notre souverain, nous la condamnons.

— Alors, lança un commerçant, que comptez-vous faire ?

— Nous rendre à Versailles, décréta Aubry, demander à Sa Majesté de renoncer à sa décision.

— Et si le roi refuse de vous entendre ?

— Nous prendrons les armes ! lança Aubry. Nous défendrons notre patrie, nos biens et nos familles ! Jamais les Espagnols n'entreront dans cette ville.

Cette harangue fit sensation. Des bonnets volèrent, des bâtons et des cannes s'agitèrent sur la houle des têtes. Des cris fusèrent :

— Nous resterons français !

— Mort aux Espagnols !

Aubry tendit les mains dans un geste d'apaisement.

— Maintenant, dit-il, retirez-vous et gardez-nous votre confiance. Nous ne vous abandonnerons pas...

En quelques heures, après l'annonce de la nouvelle, la ville était comme folle. A la tombée de la nuit le tumulte était à son comble. Des groupes parcouraient les artères principales, hurlant, chantant, brandissant des torches de résine. Tavernes et cabarets regorgeaient de monde. Des soldats ivres s'en prenaient aux femmes, d'autres mendiaient, exigeaient de quoi boire, menaçaient les passants de leurs armes. A la *Pomme de pin* les ivrognes menèrent un tel charivari que tout fut dévasté en un moment et que toutes les vitres volèrent en éclats.

Le matin venu, un air nauséeux de fin de beuverie flottait sur les quartiers du centre. Des ivrognes dormaient allongés sous les galeries et sur les banquettes malgré la bruine. Des bouteilles jonchaient le sol. Ici et là, plantées entre deux planches, des torches achevaient de se consumer.

— Alors, monsieur de Beauchamp, toujours à vos légumes ? Vous n'êtes pas venu vous mêler à la « fête » d'hier au soir ?

M. de Beauchamp se redressa péniblement, les mains à ses reins, et s'avança vers le procureur, tenant sa bêche. Pour se protéger du crachin revenu sur un coup de vent, il portait un large chapeau de jonc et une veste de cuir effrangée à la mode indienne. « Ce devait être un bel homme, jadis », songea M. de La Frénière. Les sourcils broussailleux abritaient un regard encore limpide, juvénile, que la moindre contrariété animait, tandis que son visage sillonné de rides discrètes gardait sa sérénité. M. de La Frénière savait peu de chose de ce personnage, malgré leurs rapports assez fréquents qui confinaient à l'amitié. Il avait parfois envie de lui dire : « Je sens dans votre existence passée des mystères qu'il me plairait d'élucider. Faites-moi confiance. Dites-moi ce qui vous a conduit dans ces parages. »

— Monsieur le procureur, dit le jardinier en s'appuyant sur le manche de sa bêche, je ne me désintéresse pas des événements, vous le savez bien, mais j'ai toujours eu la foule en horreur. Les vrais bonheurs de ma vie sont les jours que j'ai passés dans la forêt, seul avec un vieil Indien et mon chien.

— J'aimerais en savoir davantage sur vous, en tout bien tout honneur.

Il avait dit ce qu'il avait à dire et il ne le regrettait pas. Il ajouta :

— J'aime recevoir des confidences et je sais me montrer aussi discret qu'un confesseur. Vous n'avez rien à craindre de moi. Je puis tout entendre. Venez donc souper un de ces soirs... En attendant, préparez-vous à vous rendre à l'hôtel du gouvernement. Nous allons y tenir une importante réunion. Vous ne serez pas de trop...

Le riche négociant Jean Milhet attendait le procureur en compagnie d'Aubry et de Foucault qui se tenaient éloignés l'un de l'autre, séparés par la table de travail de l'ancien directeur

Commandant des milices urbaines, Jean Milhet était, avec son frère Joseph, à la tête de la plus grosse fortune de toute la colonie. Ils possédaient plusieurs maisons en ville, des magasins, des domaines florissants, des centaines de nègres, et ils roulaient carrosse. Nul plus qu'eux ne pouvait se sentir concerné par la cession de la ville et de ses abords à l'Espagne.

— Monsieur le procureur, dit Aubry, notre ami Jean Milhet vient de nous soumettre une idée qui pourrait changer le cours des choses. Il va vous l'exposer.

— Cette idée, dit modestement Milhet, c'est vous-mêmes qui me l'avez suggérée. Le mieux que nous ayons à faire est d'aller dès que possible plaider notre cause à Versailles. Si vous en êtes d'accord, je prendrai la tête de la délégation. Nous tâcherons d'avoir l'appui de M. de Bienville.

— Il est donc encore vivant ? s'étonna le procureur.

— Certes ! Il vient d'avoir quatre-vingt-cinq ans et vit chez un cousin d'Avranches. Sa présence nous sera d'un grand secours. Sa Majesté ne pourra faire moins que nous recevoir. Nous avons de bons arguments pour la faire revenir sur sa décision.

Lorsque M. de Beauchamp se présenta, la décision était déjà prise. On allait convoquer les représentants de toutes les paroisses de la basse Louisiane pour la constitution d'un cahier de doléances.

— Monsieur de Beauchamp, dit le procureur, voici du travail pour vous. Mobilisez vos secrétaires pour que ces gens soient convoqués d'urgence. La réunion générale doit se faire dans les plus brefs délais. Une semaine devrait suffire.

Le secrétaire-greffier hocha la tête : il allait mettre son monde à la tâche ; quelques bonnes jambes iraient porter la convocation.

— Je ferai moi-même diligence, dit Jean Milhet. Avec un peu de chance et de bons vents nous serons de retour avant dix mois. Avec, je l'espère, de bonnes nouvelles...

M. de Bienville ressemblait à une ombre qui traînerait une autre ombre derrière elle. Il était sourd et tendait au moindre bruit de voix son cornet acoustique, avec une grimace qui découvrait ses gencives de bébé. Le « Père de la Louisiane », le pionnier des terres vierges, le fondateur de La Nouvelle-Orléans, le héros dont les Indiens se souvenaient comme du passage fulgurant d'un dieu semblait surgir de son cercueil. Il flottait dans des habits sombres trop grands pour lui mais portait fièrement la croix de Saint-Louis et quelques autres hochets.

905

Les délégués de la Louisiane durent attendre trois jours durant dans une auberge proche du palais avant que M. de Choiseul daignât les recevoir. Le secrétaire d'État était débordé et il n'avait que faire de ces importuns qui risquaient de lui gâter sa journée. Il soupira à l'adresse de son secrétaire :
— Faites entrer ces messieurs...
Jean Milhet, à peine installé dans le cabinet, fit l'exposé de la situation avec éloquence et dans un style fleuri, les hommes de pouvoir étant soucieux de beau langage.
— Messieurs, dit M. de Choiseul, je suis sensible à vos doléances et vous remercie d'avoir accompli un si long voyage pour me consulter. Quant à vous, monsieur d'Iberville...
— ... de Bienville ! glapit le vieillard. Iberville était mon frère aîné. Il avait...
— Veuillez me pardonner ! poursuivit le secrétaire d'État. Je sais ce que cette colonie vous doit, et ce n'est pas sans émotion que je salue votre présence.
Il inclina brièvement la tête, observa un silence révérencieux avant de continuer :
— Daignez me croire, messieurs, si je vous affirme que ce n'est pas de gaieté de cœur que nous avons sacrifié cette pauvre Louisiane. Elle était devenue impossible à administrer de par la malhonnêteté et l'incompétence de ceux qui l'ont gouvernée.
— Puis-je faire remarquer, lança un délégué, que ces gens dont vous parlez nous ont été envoyés par vos prédécesseurs ?
M. de Choiseul sourit mais ne releva pas l'impertinence.
— J'ajoute que cette colonie nous a coûté fort cher. Monsieur de Bienville, vous êtes bien placé pour vous souvenir du fiasco enregistré par les diverses compagnies qui se sont succédé pour l'exploiter.
— Plaît-il ? murmura l'ancien gouverneur en promenant autour de lui un regard chassieux.
Le secrétaire d'État haussa les épaules et poursuivit :
— C'est une des raisons pour lesquelles il nous est impossible de puiser indéfiniment dans notre budget pour la simple satisfaction d'entretenir une colonie en Amérique. Saint-Domingue nous suffit pour le sucre et les Antilles pour le rhum. L'autre motif de cet abandon

est que nous avions une dette envers le cousin de Sa Majesté, le roi Charles d'Espagne. Il a été pour nous un soutien estimable dans la guerre que nous faisaient les Anglais. Nous lui devions bien une compensation. Nous n'avions pas la possibilité de lui offrir un dédommagement en argent car nos coffres sont vides. Restait la Louisiane et l'île de La Nouvelle-Orléans, qui sont...

— La Nouvelle-Orléans, s'écria Bienville, n'est pas une île !

Le visage du secrétaire d'État se renfrogna sous la perruque poudrée d'argent.

— Pardonnez-moi, dit-il, la géographie n'est pas mon fort. Nous avons proposé cette province au roi Charles qui a accepté ce présent, non sans certaines réticences, je dois l'avouer. Il faudrait une armée pour occuper cet immense territoire, tenir tête aux Indiens qui me semblent singulièrement agressifs ces temps-ci, et aux Anglais, le cas échéant. Il faudrait de bons administrateurs. Or ils n'ont ni soldats ni commis en nombre suffisant.

— Devons-nous croire, s'enquit Milhet d'une voix contractée, que la décision de Sa Majesté est sans appel ?

— Elle l'est, messieurs, et je n'y puis rien. Il va sans dire que nous veillerons à rapatrier ou à transporter à Saint-Domingue, aux Antilles ou en Guyane, ceux de vos administrés et de vos commis qui ne souhaiteraient pas cohabiter avec les Espagnols.

— Nous vous remercions de votre sollicitude, monseigneur, dit Jean Milhet avec une pointe d'ironie. Cependant, il nous plairait de tenter une ultime démarche auprès de Sa Majesté.

M. de Choiseul fronça les sourcils. Le matin même il s'était entretenu de cette épineuse question avec le roi qui, d'un mot et d'un geste, avait envoyé le problème aux abysses. Ses favorites lui coûtaient assez cher sans encombrer le budget de cette colonie dont il ignorait tout, sauf qu'elle était un gouffre à finances. *Exit* la Louisiane !

— C'est impossible ! dit froidement le secrétaire d'État en se levant. De toute manière Sa Majesté ne pourrait vous recevoir avant des semaines, et je pense que vous avez hâte de vous en retourner. Elle est très affectée par la mort du dauphin et sa santé est chancelante.

Tous les délégués se levèrent, comme s'ils avaient du mal à s'arracher à leur siège. Bienville resta assis, puis, le visage baigné de larmes, s'agenouilla en gémissant :

— Monseigneur, je vous en conjure, demandez à Sa Majesté de revenir sur cette décision. On ne peut oublier nos sacrifices, nos morts, céder cet empire comme un arpent de prairie. On ne peut oublier que la Louisiane est une province de France. Pitié pour elle !

Dans son émotion il avait laissé échapper son cornet. M. de Choiseul le lui renvoya d'un coup de pied.

— Cette scène est ridicule ! bougonna-t-il. Relevez-vous, Excellence, je vous en prie. Cette attitude est indigne de vous.

Il lança à son secrétaire, en se rasseyant à sa table de travail :

— Veuillez faire entrer Mme de La Lande !

Jean Milhet estimait qu'on ne pouvait et ne devait en rester sur l'échec de cette audience. Ce qu'il ignorait et qu'il apprit par la suite, c'est que l'idée de la cession de la Louisiane à l'Espagne venait du secrétaire d'État : il l'avait vendue en guise de compensation et pour quelques millions de livres en plus.

— Nous ne pouvons abandonner la partie, dit-il. Il faut revenir à Versailles, remuer ciel et terre, frapper à toutes les portes. Peut-être finirons-nous par trouver une oreille attentive.

Ils avaient prévu de retrouver la Louisiane au temps de Noël. Ils passèrent à Paris cette fête qui n'en fut pas une pour eux. Las, désabusés, découragés, ils comprirent que l'on ne peut rien contre une décision prise par le roi. Comme Milhet l'avait annoncé ils frappèrent à toutes les portes, se ruinèrent en pots-de-vin ou en simples pourboires sans faire le moins du monde avancer leur affaire.

Plus d'un an s'était écoulé depuis le jour où ils avaient embarqué pour la France, chargés de tous les espoirs, investis d'une mission de la dernière chance. En cinglant vers l'Amérique ils se demandaient avec angoisse si l'« Ile de La Nouvelle-Orléans » n'avait pas été déjà investie par les Espagnols.

Récit de Dieudonné de Beauchamp

La colère de mon ami Gilles de La Frénière en lisant le billet par lequel Jean Milhet annonçait l'échec de la mission des délégués...

J'étais présent dans son cabinet lorsqu'il décacheta le pli venu par un traversier de la Martinique. Son visage blêmit sans déformer ses traits. Il froissa le billet, le jeta sur le tapis, le ramassa pour l'expédier d'un geste vif sur la table.

– C'est fait, Dieudonné ! murmura-t-il. Le roi a vendu la Louisiane. Pas pour des questions politiques ou de stratégie, mais pour de l'argent. Toujours l'argent ! On en trouve quand il s'agit d'offrir des châteaux ou des bijoux à Mme de Pompadour, à Mme du Barry, mais pas quand il s'agit de sauver une colonie !

Il tourna en rond, les mains dans le dos, autour de mon fauteuil. Je ne l'avais jamais vu dans un tel état de surexcitation. Il ajouta d'une voix âpre :

– Et ce Milhet qui ne revient pas ! Je suppose qu'il a profité de ce voyage pour s'occuper de ses propres affaires. Ces gens ne perdent jamais le nord !

Je faillis protester. Milhet, je le connaissais bien, et j'étais prêt à jurer que ce n'était pas pour régler ses propres affaires qu'il s'attardait en France.

Des Espagnols, pas la moindre nouvelle. Pas plus que de France, d'ailleurs, à part ce billet qui nous parvenait par des voies détournées. En deux ans un seul navire avait accosté à La Nouvelle-Orléans ; il n'était porteur que de médailles, de diplômes et de compliments. Le secrétaire d'État se moquait du monde ! Colère d'Aubry :

— Autant de fleurs jetées sur un cercueil! J'aurais préféré qu'on nous envoyât quelques sacs de farine...

Ce n'est qu'au mois de juillet de l'an 1765 que l'Espagne daigna nous informer de la prise de possession des territoires qui lui avaient été cédés.

Aubry reçut de La Havane une lettre émanant de don Antonio de Ulloa : nommé par le roi Charles gouverneur de la Louisiane, il annonçait sa prochaine arrivée. Aubry lut ce message à l'occasion d'une réunion extraordinaire du Conseil. On la jugea fort courtoise. Elle disait :

« Je me flatte à l'avance que ma présence vous donnera l'opportunité favorable de vous rendre tous les services que vous et les habitants de votre ville pourrez désirer. Je vous supplie de leur en donner l'assurance et de leur laisser connaître qu'en agissant ainsi j'accomplirai seulement mon devoir et gratifierai mon inclination. »

Des mois passèrent sans que le moindre navire battant pavillon espagnol apparût à l'horizon du fleuve. Aubry envoyait des éclaireurs à La Balise : ils revenaient bredouilles.

Dans la ville la fièvre était retombée. On savait que l'Espagne n'avait accepté qu'à contrecœur le marché que lui avait proposé le roi Louis, et l'on se plaisait à songer que peut-être l'occupation par cette puissance étrangère serait purement formelle et que les affaires ne s'en ressentiraient pas trop. Qu'importe, se disait-on, si le pavillon qui flottait sur la ville était français ou espagnol?

Je continuai à assumer ma sinécure au Conseil et à cultiver mon arpent de terre. Mon ami Gilles réglait dans son cabinet les affaires courantes, en l'absence de Foucault qui avait élu domicile chez la veuve Pradelle, qu'il ne quittait guère. Aubry s'obstinait à démontrer qu'il tenait encore les rênes de la colonie : il passait chaque semaine la revue des effectifs squelettiques dont il disposait encore, et jouait les généraux sans armée. Dans les tripots et les salons, on misait de plus en plus gros, par ennui peut-être, ou parce que l'on devinait la fin prochaine de la colonie et que l'argent n'aurait guère plus de valeur que la monnaie de carte.

De temps à autre, des navires « parlementaires », anglais ou espagnols, déchargeaient sur nos débarcadères des cargaisons de vivres qu'il fallait payer en or et donnaient des nouvelles des habitants de Mobile et de Biloxi, où la cohabitation avec les Anglais se révélait difficile. Les habituels commis concessionnaires se donnaient encore du bon temps, mais où étaient les trafics juteux du temps de ce que M. de Vaudreuil appelait les « vasières à crocodiles » ? Au moins leurs tripotages donnaient-ils un semblant d'animation et de prospérité aux affaires.

Parfois, pour me donner de l'air, celui de la ville étant devenu pernicieux, je me rendais au lieudit la Côte-des-Allemands, à une vingtaine de lieues en amont de mon domicile.

La première visite que je fis à cette importante communauté, c'était pour le service du Conseil. Dans ces parages le temps semblait s'être arrêté ; les événements glissaient sur ces familles comme la pluie sur les ailes d'un oiseau. Fondée quelques dizaines d'années auparavant par un chevalier d'origine balte, M. d'Arensberg, cette petite colonie rappelait un village d'Alsace en temps de paix.

Comme il n'y avait pas d'auberge je logeai, moyennant une modeste redevance, dans la famille de Jutta Muller, une veuve d'âge mûr mais plaisante à voir, rose et un peu grasse, toujours de bonne humeur et pleine d'attention pour son hôte.

– C'est encore là, m'avait conseillé Karl Frederick d'Arensberg, que vous serez le mieux. Jutta s'ennuie un peu de son mari, que le mal de Siam lui a enlevé. Vous lui tiendrez compagnie.

Je partageai sa table puis, après quelques visites, je me retrouvai dans son lit, sans que ses six enfants, dont la plupart travaillaient sur le domaine – quelques arpents entre deux bayous –, en prissent ombrage. Tous avaient appris notre langue mais il leur arrivait, lorsqu'ils tenaient à s'entretenir de leurs secrets de famille, de converser dans celle de leur pays d'origine. Leurs secrets... Ils ne devaient guère en receler si j'en juge par la vie paisible qu'ils menaient, mais chez ces gens qui vivent en communauté sous la houlette du patriarche et le regard attentif des ministres du culte, le moindre événement prend des proportions considérables.

Jutta s'inquiétait à juste titre du tour que prenaient les affaires de la colonie. Elle me dit un soir, en défaisant ses nattes blondes avant de me rejoindre au lit :

— Si les Espagnols prennent nos terres, qu'allons-nous devenir ?

— Rassure-toi : ils ne vous prendront rien. Des terres, ils en ont en suffisance entre le Mississippi et le Mexique, et ils les laissent en friche.

— Les Anglais ont bien volé celles des Acadiens...

J'étais forcé d'en convenir. Quelques fermiers d'Acadie s'étaient installés à la Côte-des-Allemands, sur trois paroisses : Marienthal, Augsbourg et Hoffen ; avec un courage et une ténacité qui faisaient l'admiration de tous, ils avaient défriché des terres en amont et avaient commencé à les exploiter avec succès. Comme le célibat était chez eux un comportement contre nature et que les familles avaient été disloquées par le « grand dérangement », des éléments étrangers s'inséraient dans leur communauté, et la vie continuait...

Depuis que le chevalier d'Arensberg, ancien officier des armées suédoises, avait, une quarantaine d'années auparavant, créé cette colonie avec un groupe d'émigrés, la communauté avait connu bien des vicissitudes : agressions d'Indiens durant la mémorable guerre des Natchez, épidémies, inondations, ouragans, sans jamais renoncer. La population s'était rapidement enrichie de nouveaux sujets, ces familles ayant la réputation non usurpée d'être prolifiques. A soixante-dix ans passés, le chevalier régnait sur son peuple comme un potentat débonnaire, dans sa demeure de la paroisse de Karlstein, entre le temple et le cimetière ; rien ne se décidait d'important qu'on ne l'eût consulté.

J'étais revenu à la Côte-des-Allemands quelques mois après ma première mission officielle, dans l'intention de m'y procurer des semences pour mon potager et mon jardin. J'en découvris d'excellente qualité chez Jutta Muller. Nous devions pousser plus loin nos rapports, comme je l'ai dit. Je me prenais à rêver et mon rêve se concrétisa. Après avoir vécu dans sa demeure je décidai de l'épouser. Je fis part à la famille de mon intention. Tous furent d'accord, à commencer par Jutta. Il faut dire que je ne me montrais pas ingrat et que l'on se plaisait à me reconnaître de bon conseil.

— Alors, Dieudonné, quoi de neuf ?

Gilles de la Frénière s'asseyait à sa table de travail, se renversait dans son fauteuil, bourrait lentement sa pipe.

— Rien de nouveau, Gilles. Mais vous-même ? Toujours pas de nouvelles des Espagnols ?

J'avais en permanence mes entrées chez le procureur. Nous nous retrouvions souvent en tête à tête à sa table et en venions volontiers aux confidences. J'avais longtemps hésité à lui révéler ma vie passée, depuis mon enfance sur les rives du Saint-Laurent. Je le fis sans rien oublier de ma familiarité avec les sauvages, de mon séjour chez les Iroquois, de mes aventures de mer avec les flibustiers, de mon incarcération dans la sinistre forteresse de Kinsale, de ma vie en Caroline puis en Virginie... Ce que je lui cachai, en revanche, ce sont mes relations avec Jules Lachaume et nos raids chez les sauvages du Nord-Est, au temps notamment de la guerre des Natchez, ce qui aurait compromis notre amitié.

Il me dit un soir, entre deux bouffées de pipe :

— Maintenant que nous nous connaissons bien, pourquoi ne pas nous tutoyer ?

J'acquiesçai de bon cœur, honoré de cette attention et de la confiance que me témoignait ce personnage important. J'avais plaisir à le voir retrouver sa sérénité dès qu'il franchissait le seuil de sa demeure où l'attendaient ses enfants, ses petites Indiennes, ses habitudes, les livres dont nous partagions la lecture. Je me disais que j'aurais aimé finir mes jours en compagnie de cet être qui me fascinait par sa placidité, sa rigueur morale, son sens de l'hospitalité.

Il me pressa sur sa poitrine le soir où je me laissai aller à lui confier avec une larme au coin de l'œil :

— Jamais je n'aurais osé espérer que nous deviendrions aussi proches l'un de l'autre, mon cher Gilles. Notre amitié me rappelle ce vers de Jean de La Fontaine : « *Deux vrais amis vivaient au Monomotapa...* »

La Louisiane, c'était déjà, pour nous, ce pays né de l'imagination du fabuliste.

Le commerce du bois d'ébène avait repris avec la fin des hostilités entre la France et l'Angleterre. Ce produit étant devenu rare, les colons se ruinaient pour en acquérir.

Des marchands français ou anglais en proposaient des lots sur la place Royale, à deux pas de l'église. Les chalands étaient nombreux ; les curieux bien davantage. Gilles me dit un jour :

— J'ai décidé de m'offrir un nègre. Celui que j'employais était devenu vieux et inactif. Je l'ai libéré à l'occasion de son jubilé, avec un pécule qui lui permettra de finir ses jours sans trop de soucis. Il y a un arrivage demain. Voulez-vous m'accompagner ?

Je ne suis pas amateur de ce genre de spectacle qui me donne une triste idée du comportement des Blancs. Présenté et défendu comme une *tradition*, l'esclavage me semble destiné à prendre fin rapidement sous les attaques des philosophes. Les Anglais commencent à remettre en question ce commerce honteux. C'est dire...

Ce jour-là, un lot d'une vingtaine de pièces d'Inde était mis aux enchères par un négociant anglais qui parlait un mauvais français truffé d'anglicismes. Gilles examina le troupeau et fit la grimace.

— Peu de choix, dit-il, qualité médiocre. Ces nègres sont importés de la Jamaïque. Ils ont été maltraités. Regarde : certains portent des traces de fouet et des marques au fer rouge. Sans doute des nègres marrons que l'on a capturés...

L'*encanteur*, personnage rubicond, jovial et bavard portait l'habit des planteurs : longues culottes bien ajustées, chausses de peau, habit de nankin et tricorne de castor sans garniture. Il brandissait le fouet pour faire avancer les nègres et détailler leurs particularités physiques dignes d'intérêt. Juché sur l'estrade, il lançait à l'assistance :

— Voici, *ladies* et *gentlemen* les plus beaux nègres et les plus belles négresses d'Afrique. Du premier choix.

Puis, se tournant vers le troupeau :

— Allons, Nestor, monte avec moi. N'aie pas peur, *my boy* ! On te mangera pas... C'est plutôt toi qui aurais envie de croquer cette jeune *lady* sous son *parasol* !

Et la foule d'éclater de rire... Le bonimenteur poursuivit, volubile, en contrefaisant la façon de parler des esclaves :

— Nesto', bon nèg'e ! Et fo't avec ça. Pou'ait soulever cha'ette tout seul, *god-damn* ! Sait tout fai'e : menuisier, fo'ge'on, co'donnier, ja'dinier... Pas insolent, doux comme mouton, pas besoin fouetter...

— Pas besoin de le fouetter ! dit Gilles. Regarde son dos...

Le bonimenteur passa aux choses sérieuses :

— Combien pour ce bon nègre, *my lady* ? Vous dites

soixante livres ? C'est le prix d'un vieux mulet cagneux ! Soixante-dix ? Adjugé !

Le second nègre que l'*encanteur* fit monter sur l'estrade semblait être un joyeux luron. Il lançait des saluts à la foule, riait de toutes ses dents et sautillait sur place.

— Je vous présente Jim, dit l'*encanteur*. Un « fameux numéro », comme on dit en France. Il connaît toutes les danses d'Afrique. Il mettra un peu d'animation dans vos *parties*. Et *very strong* [1] avec ça. Un véritable hercule. Combien pour ce sujet exceptionnel ? Cinquante livres ? Cinquante-cinq ? Adjugé !

— Mauvaise affaire, dit Gilles. Ce nègre est dérangé. Rien à en tirer pour le travail.

Après s'être généreusement arrosé le gosier de whisky, le bonimenteur reprit la vente avec une jovialité accrue. Malgré ses efforts, il ne put vendre qu'à bas prix un lot de trois nègres âgés et maigres comme des fagots de bagasse. Il s'écria en bombant le torse :

— Et maintenant, passons aux demoiselles ! *Ladies* et *gentlemen*, ouvrez bien vos mirettes ! Regardez cette femelle : une *wench* [2] de toute beauté. Elle a deux *niggers* et peut en produire encore un chaque année si vous l'accouplez convenablement. *Your price, gentlemen ?* Cent livres ? Cent dix ? Adjugé !

Il présenta ensuite un lot de négrillons de moins de dix ans, séparés de leur mère, de négrites impubères et garanties vierges qu'il vendait nues à tant la livre.

— Décidément, me dit Gilles, ce n'est pas aujourd'hui que je trouverai mon affaire. Que dis-tu du spectacle ? Ça n'a pas l'air de t'amuser.

C'était le moins qu'on pût dire. Je gardais le souvenir de quelques châtiments auxquels j'avais assisté jadis, notamment dans la plantation des Campbell où les esclaves étaient menés à la baguette. Je voyais encore gigoter au bout de la corde le nègre surpris à regarder une dame se baigner nue dans la rivière.

Gilles me prit le bras et ajouta :

— Je ne prends moi-même aucun plaisir à ce genre de spectacle. Jamais, tu le sais, je n'ai fait fouetter un nègre. Ceux qui commettaient une mauvaise action ou qui me manquaient de respect, je les revendais. Notre

1. Très fort.
2. Une jeunesse.

société est ainsi faite que les considérations philosophiques ne tiennent guère devant les impératifs du négoce. Que feraient les colons de Louisiane sans les esclaves ? Ce n'est pas avec des idées généreuses que l'on peut faire prospérer une plantation et que l'on peut apporter aux peuples sauvages de l'Amérique la civilisation et la prospérité...

Nous touchions à la fin de cette année 1765, et n'avions toujours pas de nouvelles des Espagnols.

Au cours d'une séance du Conseil supérieur, Aubry tint à nous donner connaissance du mémoire qu'il avait décidé de remettre à don Antonio de Ulloa dès qu'il arriverait :

« *Il serait à désirer*, écrivait-il, *que le gouverneur du Mexique changeât de système à l'égard des hommes rouges qui détestent les Espagnols à cause des mauvais traitements qu'ils leur infligent. Il faut que les Espagnols s'en fassent des alliés pour former une barrière contre les Anglais, sinon les Indiens de la région de l'Illinois commanderont non seulement à La Nouvelle-Orléans mais encore au Mexique...* »

Il proposait de renforcer les défenses de la colonie, de construire ou de rebâtir les forts destinés à créer un cordon défensif et d'interdire ainsi l'approche du Grand Fleuve.

– Vous n'y allez pas de main morte, mon cher ! s'écria Foucault. Des menaces, des conseils... Souhaitons que le gouverneur du Mexique n'ait pas l'épiderme trop sensible. Vous avez tort de vous inquiéter des ambitions des Anglais. Ils ne bougent guère.

Aubry se dressa comme une fusée :

– Vraiment ! Vous semblez ignorer qu'ils occupent toute la côte, du Mexique à la Floride, continuent leurs manœuvres d'infiltration dans les tribus, monopolisent le commerce de la traite... Ils n'ont jamais été aussi redoutables !

M. de La Frénière se leva pour déclarer :

– M. le major a raison. Si nous n'y prenons garde, d'ici à dix ans les Anglais seront maîtres de toute cette partie de l'Amérique. Tous les détestent, et les Indiens les premiers, qui les fuient comme la peste. Ils ne trouvent que des déserts devant eux.

Il ajouta :

— L'absence et le silence des autorités espagnoles semblent confirmer qu'elles ne sont pas désireuses de prendre possession de nos territoires. Peut-être y renonceront-elles ?

— Mon cher, dit Foucault, vous vous nourrissez d'illusions...

Le procureur me confia le soin de rédiger une copie de la lettre d'Aubry et de faire expédier par l'intermédiaire d'un brigantin de Saint-Domingue ce document au duc de Choiseul en le priant de le faire parvenir à la Junte de Madrid, laquelle aurait à la transmettre au gouverneur don Antonio de Ulloa.

Nous n'en avons jamais eu de nouvelles.

L'année suivante, sur la fin de janvier, un navire espagnol jeta l'ancre devant La Balise, avec à son bord une trentaine de soldats. Il avait croisé au large de Veracruz une frégate conduisant à La Nouvelle-Orléans dont Antonio de Ulloa. Elle était commandée par un Français, M. de Villermont, ancien capitaine d'infanterie entré au service de l'Espagne.

Le gouverneur aurait déjà été présent si une tempête n'avait obligé son navire à mettre à la cape.

La frégate de don Antonio de Ulloa accosta à La Nouvelle-Orléans le 8 mars, par un temps épouvantable. Le vent tournait au-dessus du fleuve comme un chien enragé, envoyait des paquets de pluie sur la ville qui semblait désertée. Les fossés entourant les carrés dégorgeaient une eau boueuse et putride qui inondait les rues jusqu'au niveau des banquettes.

– Que pouvons-nous faire ? demanda Foucault. Nous porter au-devant de Son Excellence ou attendre qu'elle vienne se présenter ?

M. de La Frénière proposa que l'on aille à sa rencontre avec le carrosse de M. de Vaudreuil, abandonné dans une remise mais en bon état. On l'attela de chevaux empruntés à des officiers ; ils renâclèrent au moment de s'aventurer dans ce déluge. Aubry et Foucault s'installèrent dans la voiture, tandis que les messieurs du Conseil et leurs dames préparaient des boissons chaudes.

Après quarante jours de mer depuis La Havane, la frégate la *Volante* avait éprouvé de nouvelles difficultés pour franchir la zone du delta malgré ses modestes dimensions et son faible tirant d'eau. Les autres navires composant le convoi, qui comptaient une centaine d'hommes de troupe, étaient restés en arrière. Le gouverneur était accompagné de Juan de Loyola, commissaire et intendant, de Gayarre, *contador*, et de Navarro, trésorier. Ces fonctionnaires étaient chargés de l'inventaire des marchandises du roi de France et de leur estimation en vue d'un dédommagement.

— Les nouvelles vont vite, dit Foucault. Malgré ce temps de chien toute la ville est là, dirait-on.

Aubry se demandait si l'on devait faire donner le canon pour saluer don Antonio, mais les circonstances et le temps ne se prêtaient guère à cette forme de salutation.

Ils s'avancèrent sous leur parapluie, dans une rafale de vent qui soulevait leur cape et les mouillait jusqu'à la ceinture, alors que le cortège du gouverneur descendait par la passerelle.

— Tudieu ! s'écria Aubry, voyez-vous ce que je vois ? C'est un nabot qu'on nous envoie...

— S'il n'était pas solidement encadré le vent l'emporterait.

Le nouveau gouverneur de la Louisiane s'avançait, imperturbable, sous un parapluie rouge, d'une allure cassée de vieillard, en tenant son manteau bien serré contre lui. Il avait la taille d'un garçonnet ; on ne voyait de son visage, à travers le brouillard de pluie, qu'un masque grisâtre barré d'une bouche maussade.

— Excellence, dit Aubry en s'inclinant, avez-vous fait un bon voyage ?

— Exécrable ! cracha le nabot. Qui sont tous ces gens ?

— Vos nouveaux sujets, Excellence. Ils sont là pour vous souhaiter la bienvenue.

— Ils auraient mieux fait de rester chez eux. Leur enthousiasme n'est guère démonstratif.

Don Antonio parlait un bon français, ce qui arrangeait bien les relations avec ses administrés. Il monta dans le carrosse de M. de Vaudreuil, en compagnie du directeur et de l'ordonnateur, sa suite l'accompagnant au pas de course. De tout le trajet, il ne souffla mot, son chapeau sur les yeux, ne bougeant que pour puiser dans sa tabatière et éternuer avec bruit.

Foucault et Aubry l'aidèrent à descendre du carrosse.

— Excellence, dit Foucault, nous serons heureux de vous accueillir à l'hôtel du Gouvernement qui sera votre résidence. Nous avons préparé une réception.

— Elle attendra ! bougonna le gouverneur. Faites-moi conduire à ma chambre. Il me tarde de me coucher dans un bon lit et qui ne se balance pas de tribord à bâbord. Quarante jours de traversée, dix jours de tempête et aujourd'hui ce temps de chien, c'est plus qu'il n'en faudrait pour me dégoûter de remonter à bord.

919

Il ajouta avant de prendre congé :

— Demain, à huit heures rendez-vous pour la réunion ! Nous avons perdu trop de temps. Il va falloir le rattraper.

La réception se déroula en l'absence de Son Excellence. Le capitaine français de la *Volante* se fit un plaisir, entre deux coupes de sang-gris, de parler du nouveau gouverneur.

— Don Antonio, dit-il, est avant tout un savant et un philosophe, ami de Voltaire et de tous les grands esprits de ce temps. Il a beaucoup écrit. Ses œuvres sont traduites en français...

Il y avait une trentaine d'années, Sa Majesté Très Catholique l'avait chargé d'aller, avec les Français Bouguer et La Condamine, mesurer un arc de méridien sous l'équateur. C'était aussi un génie de l'art militaire, fort expert en fait de fortifications. Pour preuve de son talent : les Anglais qui l'avaient capturé jadis l'avaient relâché bientôt à la requête de la Royal Society de Londres. Il mêlait à tous ces talents celui d'astronome et ne se déplaçait jamais sans ses instruments.

— Est-il aussi expert en administration ? demanda M. de Beauchamp.

— Il vous appartiendra d'en juger, répondit M. de Villermont. Cependant, je me dois de vous prévenir : don Antonio n'est pas d'un naturel accommodant. Il est susceptible et surtout jaloux de son autorité. Il ne faut le manier qu'avec des pincettes...

Don Antonio était célibataire, précisa M. de Villermont, mais en instance de mariage. On parlait à mots couverts de son union prochaine avec une demoiselle de la bonne société péruvienne.

A la brève rencontre glaciale de la veille succéda, le lendemain, une réception qui n'avait rien de chaleureux, dans la salle où s'étaient réunis les membres du Conseil supérieur et les notables. Elle faillit même être le théâtre d'un drame.

M. de La Frénière avait la charge de présenter le nouveau gouverneur. Les choses se gâtèrent lorsqu'il déclara :

— Pour nous conformer à la règle, Excellence, nous vous serions obligés de nous présenter vos pouvoirs.

— Mes pouvoirs ! glapit le nabot. Estimez-vous que

ma présence soit clandestine ou illicite ? En voilà une impertinence ! Mes pouvoirs... Je n'ai nulle intention de traiter de cette formalité avec un tribunal civil. Je soumettrai mes lettres de créance au gouverneur Aubry quand je jugerai le moment venu de prendre officiellement possession de cette colonie pour Sa Majesté le roi Charles.

En dépit des coussins dont on avait rehaussé son siège, don Antonio ne parvenait pas à donner la moindre prestance à son personnage. Entre La Frénière et Foucault qui l'encadraient il ressemblait à un adolescent prématurément vieilli, immature, élevé dans le boudoir d'une aïeule à dentelles. Ses yeux globuleux contrastaient avec un masque de vieille bigote. Sa voix aigrelette dispersait des aigus grinçants.

Ayant dit ce qu'il avait à dire, sans un mot pour remercier de cet accueil, il se leva et se retira quelques minutes plus tard sur une simple inclinaison de la tête.

— Messieurs, dit le procureur, j'avoue que la réaction de Son Excellence me laisse pantois. Si nos rapports futurs sont de même nature, je crains que cela ne nous réserve des jours difficiles. La séance est levée.

Dans les jours qui suivirent, des informations plus rassurantes circulèrent au sujet d'Ulloa : il avait, disait-on, reçu la consigne du roi Charles de ne rien changer à l'ordre des choses et de se conformer aux usages. La Louisiane n'était pas une colonie dépendante du *Ministerio de Indias*; elle relèverait du Conseil d'État, tout comme une province espagnole.

Respecter l'ordre des choses, se conformer aux usages ne paraissait pas devoir susciter de conflits; passer à l'examen des comptes était autrement risqué.

Les comptes de la colonie, que Foucault déposa sur la table du gouverneur, étaient catastrophiques. Il eut la surprise heureuse de constater que don Antonio ne les prenait pas au tragique. Il dit simplement :

— Sept millions de livres en papier monnaie ! On a fait fonctionner la planche à billets, à ce que je constate. Dès que j'aurai pris officiellement possession de cette colonie, je m'attacherai à redresser la situation.

— Pouvons-nous espérer, Excellence, que ces billets seront repris au pair ?

— Vous plaisantez ? Si mon gouvernement consent à les reprendre aux deux tiers de leur valeur, vous aurez beaucoup de chance.

Don Antonio n'eut pas davantage à se réjouir de la situation militaire, qu'il examina avec le major Aubry. Le duc de Choiseul avait assuré aux autorités espagnoles que tout se passerait le mieux du monde en cette matière.

— Notre secrétaire d'État, dit Aubry, n'a qu'une connaissance très imparfaite de la situation. Nos hommes ne poussent pas l'esprit de discipline jusqu'à accepter sans murmurer de passer sous un commandement étranger.

— Ainsi, glapit don Antonio, on nous a bernés une fois de plus ! Comment se pourrait-il qu'avec une centaine d'hommes de troupe je puisse tenir cette province ?

— Cela n'est pas de mon ressort, Excellence. Nos officiers et nos hommes ont pour la plupart demandé à être rapatriés. Nous avons reçu l'ordre de leur en donner la permission.

— Bel exemple de discipline ! Il ne manquerait plus que les cinq mille habitants et esclaves demandent à partir...

— Certains sont déjà partis, Excellence, et d'autres suivront certainement.

— Cela dépasse mon entendement. Nous n'avons pas conquis cette terre par les armes, nous n'avons pas fait couler le sang français. Il s'agit d'une cession pure et simple qui ne changera rien, ou peu de chose, à la vie des habitants.

— Peut-être est-ce là, Excellence, que le bât blesse. Cette colonie, avec les hommes qui la composent, a été vendue.

Une mesure plus réjouissante vint mettre du baume sur les blessures des Louisianais : la Junte de Madrid autorisait le commerce de la province avec la France et les Iles pour les navires porteurs d'un passeport espagnol. En quelques semaines, les magasins regorgèrent de marchandises qui devaient, en revanche, être payées en piastres, une monnaie qui s'était raréfiée. Au moins, à défaut du superflu, était-on sûr d'avoir le nécessaire. Interdiction aux navires de repartir à vide : leur cargaison devait comporter des produits de la Louisiane.

Un matin, M. de La Frénière entra dans la salle du Conseil, la mine sombre, et déclara :

— Messieurs, triste nouvelle : don Antonio vient de

nommer son propre Conseil. Il se compose de Loyola, Gayarre et Navarro, mais aussi de certains de nos compatriotes.

La nouvelle déclencha une tempête.

– Des Français ? c'est une honte !

– Donnez-nous des noms !

M. de La Frénière nomma La Chaise, le fils de l'ancien commissaire – le « M. Jacques » de jadis –, Dreux, commandant de la milice urbaine, Vézin, chef géomètre, le capitaine de Reggio, capitaine à la retraite...

– Des traîtres ! s'écria Marin de Lalande. Votons-leur un blâme ! Mettons-les au ban de la société !

– N'allons pas si loin ni si vite, dit le procureur. Peut-être ces gens auront-ils à cœur de veiller aux intérêts de nos concitoyens, sinon nous aviserons. Attendons que l'on passe aux actes.

Il devint très vite évident pour tous, et chaque jour davantage, que don Antonio de Ulloa n'était ni à sa place ni à son aise dans ses nouvelles fonctions.

Peu de temps avant qu'il ne quittât l'Espagne pour la Louisiane, don Antonio avait reçu une lettre de M. de Kerlerec, qui, venant de terminer son temps d'incarcération à la Bastille, lui écrivait : « *Je vous plains de tout mon cœur d'être envoyé dans un tel pays.* »

Cette phrase lui avait mis la puce à l'oreille et des inquiétudes dans l'esprit. Lui le savant, lui le philosophe, lui l'écrivain, lui qui n'aurait jamais dû quitter son cabinet de travail de Madrid, comment et pourquoi se trouvait-il exilé dans cette lointaine province, dans un monde qui lui était doublement étranger et qu'il devinait hostile ? Au diable la Louisiane et ces Louisianais qui l'abreuvaient de réflexions biseautées, de compliments à double sens, qui toléraient sa présence plus qu'ils ne l'acceptaient ! Habitué qu'il était aux merveilleuses certitudes de la science, à la discipline militaire, il ne sentait, dans ses rapports avec ses nouveaux administrés, qu'indifférence, hostilité feutrée, dérobades.

Le printemps venu, don Antonio de Ulloa décida de se donner un peu d'air.

Il partit visiter quelques villages indiens pour s'informer plus précisément de leurs intentions à son égard. Il poussa jusqu'aux territoires des Natchitotchès de la

Rivière Rouge, fit au retour une halte chez les Acadiens installés autour des bayous. Il dut à cette occasion faire preuve d'un acte d'autorité dont chacun se félicita.

Les fermiers chassés de l'Acadie et transplantés dans ces parages vivaient sous l'autorité tyrannique d'un colon : Pellerin. Il usait de ces malheureux comme d'un troupeau d'esclaves et les faisait travailler pour son propre compte. Comble de toupet, il avait commis un sacrilège qui avait failli susciter une émeute en faisant saisir des linges et de la vaisselle de l'église pour agrémenter une réception. Don Antonio convoqua le tyranneau et le jeta en prison. Les braves fermiers acadiens purent élire leurs magistrats, organiser une milice et vivre dans la paix du Seigneur.

De retour à La Nouvelle-Orléans, don Antonio prépara ses bagages et, sans en informer quiconque, disparut.

— Disparu ? dit M. de Beauchamp. Comment est-ce possible ?
— C'est comme je te le dis, Dieudonné, répondit Gilles de La Frénière. Tout ce que l'on sait tient à peu de chose. Il a présidé un dernier conseil privé, est monté dans sa voiture et fouette cocher !

Aubry envoya du monde aux nouvelles. On apprit que le gouverneur n'avait pas repris la mer. Installé dans le petit fort de La Balise que l'on avait depuis peu remis en état, il passait ses journées plongé dans ses livres et ses écrits, maniant ses instruments de mesure, regardant les lourdes nuées de septembre rouler sur les lointains du delta, contemplant le vol des migrateurs descendant vers le Sud. Il avait retrouvé son élément naturel : une solitude studieuse, au milieu d'un désert d'eau et de vent.

Un soir d'octobre, une voiture fit halte devant La Balise. Un homme emmitouflé dans son manteau de pluie frappa à sa porte. Don Antonio le reçut avec la mine rogue d'un chien à sa pâtée.

— Vous, Aubry ! Que me voulez-vous ?

Stupéfait de la froideur de cet accueil, Aubry resta muet. Il promena son regard sur l'intérieur de la pièce d'une simplicité spartiate, sur la table et les bancs encombrés d'instruments, de grimoires, d'encriers et de plumes, sur les murs où figuraient des cartes de la terre et du ciel.

– Votre départ brutal nous a inquiétés, dit-il. Voilà des semaines que nous sommes sans nouvelles de vous, et nous nous demandions...

– ... si j'étais reparti pour La Havane ? Eh bien non ! Au risque de décevoir vos compatriotes je reste dans cette province. Mon absence vous choque-t-elle, monsieur le major ? La regretteriez-vous ?

– Elle me surprend tout au plus, Excellence, comme d'ailleurs tout le monde à La Nouvelle-Orléans.

Don Antonio éclata d'un rire aigrelet, s'administra une prise généreuse et dispersa ses éternuements aux quatre coins de la pièce.

– Y a-t-il de quoi être surpris ? dit-il. Je ne puis oublier que je suis avant tout un homme de science doublé d'un philosophe, ce qui passe avant mes soucis d'administrateur. Les mesures de la terre et du ciel sont ma passion. Souffrez que je m'y consacre de temps à autre. Lorsque je suis plongé dans ces études et ces grimoires j'oublie la triste humanité qui m'entoure, les sarcasmes, les avanies dont on m'abreuve. Vous avez devant vous un homme comblé.

– Certes, Excellence, mais vous ne pouvez oublier vos fonctions de gouverneur. J'aimerais savoir si vous comptez nous revenir ou si vous préférez vous enterrer dans ce lieu sinistre. Puis-je me permettre de vous rappeler que vous n'avez pas encore, officiellement, pris votre poste de gouverneur ?

Tournant le dos au major, don Antonio se mit à danser sur place autour du brasero puis il se planta devant la fenêtre, les mains dans le dos, pour observer un brigantin de Veracruz luttant contre le courant, les vagues et le gros temps pour franchir la barre.

– Je suis un peu comme ce navire, dit-il. Il hésite avant de s'engager dans le delta au risque de s'échouer sur une barre ou une batture. Il lutte contre les éléments. Passera ? Passera pas ?

Il revint vers Aubry, le fixa de ses yeux rouges et pleins d'eau.

– Je ne reviendrai pas de quelque temps. Je dois terminer des calculs de toute première importance pour la science. D'ailleurs, une prise de possession officielle est-elle bien nécessaire ? Si vous êtes pressé, hissez le pavillon espagnol et tout sera dans l'ordre.

– Vous plaisantez ! s'écria Aubry. Avec tout le respect que je vous dois...

— Nullement ! J'ai la sainte horreur des cérémonies, et celles auxquelles je devrais me plier me donnent froid dans le dos. Toutes ces simagrées m'indisposent. Nous allons préparer un arrangement. Asseyez-vous.

Il s'accouda à sa table, rédigea un texte d'une écriture nerveuse, le fit signer par les deux secrétaires qui siégeaient dans la pièce voisine et le tendit au major.

— Cela vous convient-il, monsieur Aubry ? Vous attestez par la présente m'avoir remis cette colonie mais en garder le gouvernement jusqu'à ce que les forces armées que j'ai demandées à Sa Majesté soient à pied d'œuvre. Cela, je le crains, demandera du temps... si toutefois ma demande est agréée...

Il ajouta, après s'être administré une nouvelle prise :

— Il se fait tard et j'ai un travail à terminer. Bien entendu je vous garde à souper et à coucher, mais ce sera, comme on le dit si joliment en France, à la fortune du pot. Je suis d'un naturel très sobre et ne bois que de l'eau.

Aubry passa cette nuit comme dans un cauchemar. La tempête, à l'approche de la soirée, avait redoublé de violence, brassait des ondées furieuses sur le fort qui tremblait de tous ses aîtres.

Le matin venu, il trouva don Antonio soucieux.

— Le document que je vous ai confié, dit-il, veuillez me le restituer.

Il le prit, le relut, haussa les épaules, le déchira, en éparpilla les morceaux.

— Mais, Excellence...

— J'ai réfléchi une bonne partie de la nuit sur l'opportunité de ce document. Il est préférable, vous en conviendrez, que nous attendions les troupes que j'ai demandées pour prendre possession de mon poste en bonne et due forme. Je me contenterai pour le moment de faire amener votre pavillon sur La Balise et de le remplacer par le nôtre. Le fort de La Balise n'est-il pas la porte de La Nouvelle-Orléans ?

Aubry, peu avant Noël, revint à La Balise. Il trouva don Antonio dans de meilleures dispositions que lors de leur précédente entrevue. Le savant jouait du compas en salivant de plaisir, emmitouflé dans sa houppelande à galons dorés qui lui donnait l'allure d'un singe déguisé, d'autant qu'un épais bonnet de laine lui couvrait le crâne jusqu'aux sourcils. Il se moucha avant de lancer d'un ton joyeux :

— Tiens, c'est vous, major ? Je croyais que vous m'aviez oublié. M'apportez-vous des nouvelles ?

— L'hiver est rude, Excellence. Le fleuve est gelé sur ses bords et beaucoup de gens sont morts de froid.

— Et que dit-on, en ce qui me concerne ?

— Que vous tardez bien à revenir.

— Le regretterait-on ?

— N'en doutez pas.

— Flatteur... Dites-vous que si je passe l'hiver dans ce lieu sinistre et désert, c'est certes pour y travailler à mes expériences et à mes observations mais, pour une autre raison également.

Aubry se demanda ce qui pouvait bien motiver cette surprenante alacrité chez un personnage qui était l'effigie vivante de l'hidalgo cuirassé de morgue et d'arrogance. Il ne tarda pas à l'apprendre.

Don Antonio le fit asseoir, demanda à l'un de ses secrétaires de leur servir un café. Il se renversa dans son fauteuil tapissé de coussins et dit le plus naturellement du monde :

— A vrai dire, monsieur Aubry, j'attends une personne qui m'est chère. J'ai autant d'impatience à la voir paraître que vous de me voir revenir à la Nouvelle-Orléans. Il s'agit de ma fiancée. Vous ne pouvez savoir comme il me tarde de voir arriver son navire. Pour être franc, je suis las de contempler toujours ce même paysage : le ciel, la mer, les marécages...

LA CÔTE-DES-ALLEMANDS

Récit de Dieudonné de Beauchamp

J'aurais donné cher pour être présent le jour où la señorita Juana de Larredo, marquise d'Abrado, arriva par un brigantin de La Havane. Ce que je sais de cette scène, je l'ai appris par un sergent qui commandait le petit fort de La Balise. Le mariage de la jeune femme avec don Antonio eut lieu à bord, en présence seulement du capitaine commandant le navire et des officiers.

La cérémonie vite expédiée, don Antonio remit en place dans ses coffres les grimoires, les instruments, les cartes du ciel et de la terre, revêtit son uniforme d'officier de la marine espagnole et le couple remonta les chenaux en direction de la capitale.

C'était, je m'en souviens, un jour d'avril précédant les premières chaleurs. Le Mississippi roulait ses eaux grises, les migrateurs remontaient vers le Nord et les alligators commençaient à pointer le museau hors de leur soue.

Je m'étais joint, de par mes fonctions, à la délégation qui se rendit sur le port pour accueillir les nouveaux époux. Mon ami le procureur, le capitaine Noyan, Mazan, Milhet frère s'avançaient derrière Aubry et Foucault et précédaient la foule des commis, les autorités religieuses et la population venue en nombre.

A peine le brigantin eut-il accosté qu'on fit donner le canon. C'était plaisir de voir ces petits bouquets de fumée blanche s'épanouir dans le soleil, se dissiper dans le vent et des nuées d'aigrettes s'envoler au-dessus des champs de cannes.

Je me frottai les yeux pour me persuader que je ne rêvais pas.

La marquise d'Abrado donnait, au bras de son époux, l'image d'un rosier en pleine floraison près d'un buisson d'épines. Aux alentours de la trentaine elle était brune comme une Andalouse, d'une élégance raffinée quoique ostensible ; son visage large et brun attestait une ascendance indienne et sa majesté une qualité de princesse. La marquise d'Abrado, princesse inca. La *marquesa*... Ces expressions tournaient délicieusement dans ma tête le temps que dura le défilé qui, traversant le quartier du port, remonta jusqu'à la place Royale.

Le tonnerre des canonnades, les flonflons de la musique militaire jouant des hymnes espagnols n'avaient pas suscité d'échos dans la foule ; elle jugeait inconvenant d'accueillir les époux avec des vivats et d'agiter des palmes. Attitude sinon hostile, du moins indifférente, ou simplement curieuse. Cela me peinait. Je remarquai que, peu à peu, le sourire de la belle Indienne s'estompait et que son visage se crispait, tandis que don Antonio affichait sa superbe.

La même ambiance glacée présida à la réception que l'on ne pouvait s'abstenir d'organiser en l'honneur des nouveaux mariés. Jamais à ce jour je n'avais entendu discours aussi conventionnels : des modèles d'insignifiance, de platitude, sans la moindre coquetterie de style, sans la plus banale effusion de sentiment. J'en fus gêné et m'en ouvris à Gilles. Il me répondit :

– Je te comprends, mon ami ! Tu ne peux imaginer la peine que j'ai prise à composer ce laïus. Je devais faire en sorte, tout en respectant les formes, que chaque mot ne pût être jugé élogieux ou critique. J'ai tellement récuré, lessivé ma version initiale qu'il n'en est resté que la trame.

Les autres discours ainsi que la réponse du gouverneur étaient du même tabac. Le visage de la señora était aussi pâle que la fleur de camélia qu'elle portait sur la poitrine, d'une parfaite fixité, froid et lisse comme un galet de torrent.

Des membres du Conseil privé tentèrent de faire comprendre à don Antonio que la réserve manifestée par la population était due à l'épidémie de mal de Siam qui avait ravagé la colonie après un hiver d'une rigueur exceptionnelle, faisant des centaines de morts. Une version de l'événement qui ne trompait personne, et surtout pas don Antonio.

Nous le voyions peu et son épouse pas du tout. La *marquesa* s'était cloîtrée dans son appartement comme dans une prison dorée où elle ne recevait, par pure obligation, que les religieux et quelques notables.

Des murmures s'étaient élevés dans la population, et notamment dans la bonne société, à propos de ce mariage. En contradiction avec le Concile de Trente qui imposait que l'union fût célébrée par le curé de la paroisse, don Antonio avait confié ce soin au chapelain du navire.

Peccadilles... Des problèmes plus importants sollicitaient l'attention des responsables de la colonie.

Foucault se lamentait devant ses coffres désespérément vides, sans l'espoir de voir une manne céleste ou royale s'y déverser. Plus moyen de tirer des lettres de change, de payer les commis et les officiers, de nourrir la troupe, de poursuivre le retrait des billets contre du métal dont on était totalement dépourvu. Je n'avais moi-même reçu aucun traitement depuis des mois; je vivais de mes réserves et des produits de mon jardin.

Foucault me montra un jour des liasses de billets qu'il brandissait à pleines mains en s'écriant:

– Regardez, Beauchamp! Avec ces centaines de livres vous ne pourriez acheter une once de pain. Tous ces billets sont faux! Tous! Ah! misère...

Il les jeta dans la cheminée; je les regardai brûler avec un sentiment de détresse. Il ajouta:

– Je viens de recevoir un courrier du secrétaire d'État. Vous ne devineriez jamais ce qu'il exige de moi: que je ne quitte pas mon poste avant d'avoir liquidé la situation financière, même après la prise de possession par Ulloa.

D'un naturel avaricieux, don Antonio ne déliait qu'avec réticence les cordons de sa bourse. Pour éviter la faillite de la colonie il avait prêté à Foucault vingt mille livres en piastres et en avait versé deux cent cinquante mille dans les coffres de l'administration.

– C'est sept millions qu'il nous faudrait pour redresser la situation, se lamentait Foucault.

Au plan militaire, double déception pour le gouverneur: Aubry avait décliné avec hauteur la proposition de servir dans les rangs de l'armée espagnole comme Villermont l'avait fait dans la marine; la poignée de soldats qui restaient dans la garnison attendaient en rongeant leur frein le navire qui les ramènerait au pays et refusaient l'intégration sous commandement espagnol.

Pauvre Jean Milhet... Nous l'avons vu débarquer à son retour de France, tête basse, malade, ruiné, vide d'énergie et d'illusions. Humilié. Il essuya une larme en serrant Gille de La Frénière contre sa poitrine.

– J'ai acquis la conviction, nous dit-il au cours d'une séance du Conseil, que, pour le roi et ses ministres, la Louisiane n'a pas plus d'importance qu'un petit domaine de Picardie. Je n'ai observé au cours de mes démarches que froideur ou hostilité. J'avais l'impression de mendier la grâce d'un condamné à mort dont tous souhaitaient se débarrasser. M. de Voltaire a eu beau écrire qu'il rêve de s'installer au bord du Mississippi, personne ne le prend au sérieux. Nous devons en prendre notre parti : la France nous a oubliés. Elle nous a vendus pour trois cent mille livres par an !

– N'ayez pas de remords, dit le procureur. Nous sommes tous ici persuadés que personne n'aurait pu faire mieux. Pourtant... pourtant je ne puis admettre que la situation soit aussi désespérée que vous le dites.

Plus tard, en aparté, je lui demandai de préciser sa pensée.

– Difficile à dire... J'ai le sentiment que les événements futurs nous donneront raison. Les choses ne peuvent rester en l'état où elles sont aujourd'hui. Les soldats espagnols désertent en masse, ce qui décourage Ulloa de décréter la prise de possession.

Il ajouta avec un air désabusé :

– Veux-tu que je te dise ? Nous sommes à la fois les témoins et les acteurs d'une mauvaise farce.

Lettre du secrétaire d'État au directeur général : faire en sorte que l'Espagne prenne possession des lieux et rapatrier les troupes. Réponse d'Aubry : à l'impossible nul n'est tenu. Il lut en Conseil sa lettre à Choiseul :

« Ma position est des plus extraordinaires. Je commande pour Sa Majesté cette colonie comme si elle appartenait au roi d'Espagne. Moi, commandant français, je forme d'autres Français à la domination espagnole. Le gouvernement de Madrid me prie de rendre des ordonnances de police et de commerce qui surprennent tout le monde par leur nouveauté.

« Le pavillon espagnol flotte à La Balise, sur le Missouri et en d'autres lieux. Celui des Anglais sur la rivière d'Iberville, sur le territoire des Natchez, celui des Illinois. Des détachements anglais viennent chercher des vivres à La Nouvelle-Orléans ; nous ne pouvons les leur refuser car nous subsistons grâce aux farines de la Nouvelle York.

« Quant aux sauvages qui nous importunent par leurs demandes de présents et d'eau-de-vie, ils brouillent tout, nous menacent, nous contraignent à les satisfaire pour qu'ils ne passent pas chez les Anglais... »

Il terminait cette lettre, que j'ai recopiée mot à mot, par une note de désespoir : une telle situation n'avait jamais existé et ne se reverrait jamais...

Comme pour ajouter encore au désordre des consciences, Aubry et Foucault avaient sorti leurs griffes et s'agressaient en toutes circonstances, se reprochant l'un l'autre des complaisances pour le gouverneur.

Foucault semblait sur le point de renoncer à sa mission, au risque d'y laisser sa vie. Affronté à des problèmes qui relevaient de la quadrature du cercle, abusant de l'hospitalité généreuse de la veuve Pradelle, il avait perdu vingt livres en quelques mois, buvait beaucoup, mangeait peu et, dans les assemblées, paraissait avoir perdu de son ressort.

Je rencontrais parfois Mme de Pradelle qu'on appelait aussi Mme Alexandrine. Elle avait pris des volumes et des indolences d'odalisque, se gavait de sucreries mexicaines, de liqueurs fortes et fumait le cigare comme une señora de Veracruz ou de La Havane. Pour l'introduire dans son carrosse ou l'en extraire il fallait la soutenir. Depuis la mort de son mari elle semblait avoir renoncé à s'intéresser au sort de la colonie et avoir pris le parti de finir ses jours dans la solitude à deux et la goinfrerie.

Semblait... En fait Mme de Pradelle trompait bien son monde.

Pauvre, pauvre Foucault !... Il n'était pas au bout de ses peines.

Peut-être dans le dessein de le garder auprès d'elle, Mme Alexandrine avait souhaité lui faire épouser une de ses filles, Manette. Cette adolescente vivait dans un couvent, en France, attendant au bord du nid le chant nuptial qui l'inviterait à voler de ses propres ailes. L'occasion lui vint d'un jeune officier de cavalerie du régiment de Vexin ; il lui fit la cour, proposa le mariage. Lorsque sa mère lui fit part de son intention il était trop tard ; elle n'avait d'ailleurs jamais souhaité vivre en Louisiane.

A quelques semaines de ces aléas sentimentaux, Foucault apprit une nouvelle qui faillit l'achever : don Antonio avait décidé de l'évincer pour le remplacer par un agent à sa solde, Esteban Gayarre, homme de bonne volonté, mais qui ne savait pas un mot de français.

— Que toutes ces traverses ne vous attristent pas, lui disait la veuve. Mon cher Nicolas, n'êtes-vous pas à l'aise, ici, avec moi ?

Elle le consola de la perte de ses illusions sentimentales en lui offrant un cartel de Sèvres à personnages, qui marquait les heures sur un air de Pergolèse. Ses déboires semblèrent le stimuler. Ramassant en lui ce qui restait de ses énergies passées il s'en fit une volonté et une force.

— Ma bonne, sachez que je suis bien décidé à faire front. On me croyait abattu ? On va voir de quel bois je me chauffe. Ulloa et son complice Aubry ont intérêt à rester vigilants...

— Prenez garde, Nicolas ! Vous avez affaire à des gens sans scrupules et sans pitié. A la moindre maladresse, ils ne vous épargneront pas. Cette colonie est devenue une jungle.

Aubry me parla, au cours d'une réception, de cette mesure de renvoi qui n'était pas pour le surprendre.

— Foucault l'a bien cherché. Il refuse de composer avec les Espagnols, et les Espagnols se vengent en lui retirant tout pouvoir. Il a eu tort d'imaginer que nous pourrions renverser l'ordre du monde. Il paie son erreur. Quant à moi, j'observe une politique plus réaliste : en essayant de concilier la vivacité française avec la gravité espagnole, je ne mécontente personne...

Ne mécontenter personne : cette politique équivoque ne faisait illusion qu'à court terme. Cette tendance à la compromission menait, d'étape en étape, à la résignation. Il s'opposait en cela à Gilles de La Frénière pour qui tout espoir n'était pas perdu de voir le pavillon français flotter de nouveau sur la Louisiane.

Première vengeance de Foucault, acte de pure folie : dans un moment de rage il avait jeté au feu les archives de la colonie depuis le temps où Iberville la gouvernait.

Le lit de Jutta Muller était large et profond. Au retour de la ville, après des heures à chevaucher la jument empruntée à Gilles, je m'y plongeais avec toujours le même ravissement. J'aimais respirer l'odeur de ma compagne : celle des prairies brûlantes de fin d'été, des jardins des soirs d'automne, avec d'autres fragrances dont je me délectais, comme ces amateurs de grands vins à la découverte des saveurs de vanille, de framboise ou de mûre.

L'ambiance de La Nouvelle-Orléans était devenue irrespirable ; ici, à Karlstein, je baignais dans une atmosphère qui semblait être celle des origines.

Chaque matin, en poussant les volets, j'entendais non pas les appels des crieurs publics, la diane de la caserne, le tumulte du port, mais le meuglement des vaches, le chant des nègres partant pour le travail du tabac ou de l'indigo, le babil des enfants. Au cours de ma promenade je ne rencontrais pas de groupes agités, de ménagères se lamentant devant les magasins pleins et leur bourse vide, de patrouilles, arme à la bretelle, mais le ministre occupé à soigner ses rosiers, à traire sa vache, à diriger la chorale, des enfants sur le chemin de la sacristie, et de jolies filles blondes qui me saluaient d'un joyeux *Guten Tag* !

L'attente des événements, qui était notre lot, m'autorisait de longues absences. Gilles m'avait octroyé toute latitude pour organiser mon temps à ma convenance. Il ne requérait ma présence que lors des séances du Conseil : j'étais chargé d'envoyer les convocations, de rédiger les rapports. Je n'avais pas de scrupule à utiliser mon temps libre à ma façon, d'autant que je n'avais pas reçu mon traitement depuis des mois.

Jutta s'étonnait de mon obstination à demeurer dans cette Babylone qu'était La Nouvelle-Orléans où se croisaient des races et des nationalités plus diverses que jamais et où l'insécurité ne faisait que croître. J'en savais quelque chose, agressé que j'avais été à diverses reprises par des soldats ivres, français ou espagnols. Je m'étais tiré sans encombre de ces mauvais pas grâce au pistolet que je porte à chacune de mes sorties sous ma petite veste blanche. Des voleurs avaient pénétré par effraction dans ma demeure mais, comme je ne possède aucun objet de valeur et que mon magot était bien à l'abri, ils étaient repartis bredouilles.

— Dieudonné, me disait Jutta, donne ta démission du Conseil. On trouvera bien à te remplacer. Ta place est ici, près de moi et de mes enfants qui t'aiment et voudraient te garder.

La paroisse de Karlstein vivait dans une paix évangélique, grâce à la vigilance du chevalier Karl Frederick d'Arensberg. Ce sage s'attachait à y maintenir la paix et la sérénité. Il n'en allait pas de même dans d'autres paroisses de la Côte-des-Allemands : le capitaine Villeré, petit-gendre du chevalier, agitait les esprits contre les Espagnols et ne rêvait que d'une croisade pour les exterminer.

J'avais demandé et obtenu une rencontre avec ce jeune Canadien tout feu tout flamme pour lui conseiller de modérer son comportement. Il m'avait répondu avec hauteur :

— Sommes-nous des moutons pour nous laisser parquer et tondre par des Espagnols ? Le jour où nous aurons décidé de reconquérir la Louisiane on me trouvera au premier rang. Je me fais fort de lever une troupe de trois cents Allemands sur nos quatre paroisses.

Je laissai parler ce matamore sans tenter de le dissuader, comme ç'avait été mon intention. J'étais persuadé qu'à la longue cette impétuosité juvénile retomberait d'elle-même et qu'il n'aurait jamais à prendre les armes.

Je me trompais. Villeré portait au pire des événements que je m'attachais à minimiser. S'il m'avait fallu choisir un parti, j'aurais penché vers celui que défendait le major Aubry, malgré certaines réserves, plutôt que pour celui de Foucault qui incitait à la révolte mais ne faisait rien.

Les événements graves que nous allions subir me contraignirent, si je puis dire, à changer mon fusil d'épaule.

DIES IRAE

Au cours du printemps de l'an 1768, la fièvre monta de quelques degrés à La Nouvelle-Orléans.

La moindre rumeur courant la ville à la vitesse des chevaux affolés donnait l'image d'une émeute sur le point d'éclater. Et Dieu sait s'il en courait, des rumeurs, en ce temps-là...

Celle qui occasionna le plus de trouble et que, dans l'entourage d'Aubry, on s'attacha en vain à minimiser, éclata au mois de mars sous forme d'un décret de Madrid apportant des restrictions au commerce extérieur : celui que nous entretenions avec la France était interdit, seuls les vins et les autres produits d'origine espagnole pouvant circuler librement. Finies les importations de vins de France et de céréales de Nouvelle-Angleterre !

On attendait toujours le renfort de troupes espagnoles. L'occupation symbolique – une poignée de soldats prêts à la désertion, un gouverneur fantôme, trois ou quatre pavillons – ne suffisait pas à combler un vide administratif qui laissait la place à la rancœur et à la vindicte.

A l'issue d'une houleuse réunion du Conseil, un soir d'avril, Foucault dit à M. de La Frénière :

– J'ai décidé de réunir quelques amis demain soir, afin de procéder à un examen rigoureux de la situation. La réunion aura lieu au domicile de Mme de Pradelle. Serez-vous des nôtres ?

– Ne comptez pas sur moi ! bougonna le procureur.

– Je sais ce qui motive votre réaction, mon ami, mais

votre présence est indispensable. Car vous êtes des nôtres, n'est-ce pas ?

— Si vous entendez par là que je suis du parti des mécontents, oui, je suis des vôtres.

— Alors, faites litière du passé et venez nous rejoindre. Vous ne le regretterez pas.

Faire litière du passé ? Facile à dire. Gilles de La Frénière ne pouvait oublier sa passion tumultueuse pour cette Messaline qui avait crevé sous elle autant d'amants qu'un état-major de chevaux au cours d'une bataille. L'idée de se retrouver en face de cette femme bouffie de graisse et de prétention ne lui disait rien qui vaille. Il en avait d'avance la nausée mais, puisqu'il y allait de l'intérêt de la colonie, il ne pouvait balancer.

Le souper se déroulait dans le jardin entourant la demeure de la veuve. Foucault avait choisi ce lieu plutôt que Montplaisir, plus sûr quant au secret, mais trop éloigné de la cité.

Les entretiens sérieux débutèrent avec le café.

Il y avait là Jean Milhet qui s'était montré intarissable sur son voyage en France, Marquis, ancien officier suisse, Caresse, syndic des commerçants, Noyan, neveu de Bienville, qui commandait un poste chez les exilés acadiens, l'avocat Doulcet et le procureur.

M. de La Frénière avait compris d'entrée de jeu que ce complot n'en était pas à ses débuts. Les gens avec lesquels il se trouvait, membres du Conseil pour la plupart, avaient là leurs habitudes. La conversation avait débuté sur les potins de la ville, si bien qu'il faillit, au milieu du souper, prétexter d'un malaise pour se retirer, d'autant que l'hôtesse ne perdait aucune occasion de solliciter ses avis.

— Alors, monsieur le procureur, qu'en dites-vous ? Est-il vrai que M. Untel est devenu l'amant de Mme Untelle ?

M. de La Frénière s'ennuyait. En revanche, les papotages allaient bon train : un officier de marine s'était vanté de détruire certains courriers adressés au gouverneur... Mme d'Ulloa avait fait interdire que l'on fouettât les esclaves dans son jardin car leurs plaintes l'importunaient : elle venait d'avoir un enfant qu'une nourrice espagnole allaitait... Un colporteur courageux, Laclède, venait de quitter la ville pour aller proposer ses marchandises aux Indiens...

Mme de Pradelle tint à servir elle-même le café.

Elle passait d'un convive à l'autre avec des allures pataudes d'oie grasse, des minauderies d'adolescente prolongée, jouant de ses doigts bagués sous le nez des messieurs. Lorsqu'elle arriva au procureur, il marqua un recul : le frôlement de cette chair parfumée à outrance lui levait le cœur.

– Je sais que vous aimez le café corsé, dit-elle. Je connais vos habitudes. Celui-ci, je l'ai préparé spécialement pour vous...

Lorsque la servante noire présenta les cigares et les liqueurs, la conversation était déjà bien engagée et le petit cercle se donnait sans équivoque des allures de complot.

Selon Marquis c'était uniquement pour des questions bassement financières que le roi avait vendu cette colonie à l'Espagne qui semblait répugner à l'occuper.

– Cette situation tourne à l'absurde ! s'écria-t-il. Nous ne pouvons l'accepter.

On tomba d'accord pour estimer que le major Aubry faisait le jeu de l'Espagne. On n'ignorait pas qu'il manifestait des attentions suspectes pour la femme du gouverneur.

– Il en sera pour ses frais ! dit Foucault. Il aura bien de la chance si cette sainte femme lui offre sa main à baiser.

On trouva la repartie savoureuse et le rhum excellent. Mme de Pradelle en avait encore quelques gallons mais on avait épuisé ce soir-là sa réserve de vins de France.

– Nous devrons nous contenter à l'avenir, dit-elle, du « poison de Catalogne ».

M. de La Frénière ne tarda pas à comprendre que ce jeu de futilités n'avait d'autre objectif que de l'investir. Il était évident que ces comploteurs étaient en quête d'un chef. Foucault manquait d'étoffe et n'avait pas les faveurs de la population.

C'est l'avocat Doulcet qui donna le signal des « choses sérieuses ». Ce gros homme, qui suait abominablement sous son habit et s'épongeait sans arrêt le visage et le cou, ne manquait pas de bon sens et semblait ne guère apprécier les balivernes qui s'étaient débitées jusqu'à cet instant où il frappa son verre avec sa cuillère pour réclamer le silence.

— Mes amis, dit-il, laissons Aubry à ses amours, si amours il y a. Nous avons mieux à faire qu'à nous en occuper. La situation actuelle est plus que jamais propice à un coup de force. Les conditions de réussite sont réunies. Ce décret de limitation du commerce amène de l'eau à notre moulin.

— Que peut-on faire ? demanda Marquis.

— Un coup de force, dit Noyan, cela se prépare de longue date.

— Et avec quelles troupes ? ajouta Caresse.

Doulcet laissa passer le flot des questions. Cet homme n'avançait jamais sans regarder où il posait ses pieds. Le sol sur lequel on allait opérer était truffé de pièges. Il le dit et chacun s'en déclara convaincu.

— Il convient de renoncer à toute hâte de manière à éviter les pas de clerc et les dangers.

Il proposa que, dans un premier temps, on fasse circuler une pétition demandant le rappel d'Ulloa. Les motifs de mécontentement à son égard ne manquaient pas. Il les avait consignés : sottises, erreurs, provocations... Si ces doléances étaient suivies d'effet, on proclamerait l'indépendance de la Louisiane.

Au moment de stupeur qu'avait provoqué ce programme succéda un concert d'acquiescements. Mais oui, c'est exactement ce qu'il convenait de faire ! Doulcet parut renifler cet encens qui montait autour de lui. Il s'essuya le gras du menton et ajouta :

— Avant de nous lancer dans ce qu'il faut bien appeler un complot il nous faut un chef. Pas une girouette ! Un homme d'expérience, juste, énergique, aimé de la population. Mes amis, cet homme providentiel, nous l'avons à nos côtés ce soir.

M. de La Frénière sentit un vide se creuser dans sa poitrine. Il n'avait eu aucune peine à voir se dessiner dans le discours de Doulcet sa propre image, d'autant que tous les regards convergeaient vers lui. Doulcet se leva et tous, cérémonieusement, l'imitèrent. Il fut le dernier à se lever.

— Monsieur le procureur, lança l'avocat d'une voix de prétoire, acceptez-vous de nous guider et de nous conseiller ?

M. de La Frénière s'appuya des deux mains au bord de la table, en proie à une agitation qu'il avait du mal à dominer. Il aurait aimé se trouver à cent lieues de là, mais il était au pied du mur. Refuser cet honneur, c'était risquer de passer pour un ami d'Aubry qu'il n'aimait guère et des Espagnols qu'il détestait. Accepter, c'était s'engager dans un labyrinthe dont il n'était pas certain de découvrir l'issue.

Il répondit d'une voix sans timbre :

— Messieurs, la confiance que vous me témoignez me touche profondément, mais je crains que vous n'ayez exagéré les qualités qui pourraient faire de moi votre chef.

Protestations... Encouragements... Flatteries... Rien ne lui fut épargné. Il argua finalement de son âge. Allons donc ! il n'avait pas changé depuis vingt ans !

— Nous ne voulons pas vous imposer une décision, dit Foucault, patelin. Prenez le temps de la réflexion, mais dites-vous que nous serions profondément déçus que vous refusiez. Dans cette opération aucun de nous ne vise à la défense de ses intérêts. Nous sommes réunis pour le bien de la colonie.

Jean Milhet, qui avait fait à Paris provision de potins, raconta que Mme de Pompadour, quelque temps avant sa mort, apprenant la cession d'une partie de la Louisiane à l'Angleterre, avait eu ce mot : « Sa Majesté et moi sommes persuadés que le roi George ne gardera pas longtemps cette conquête. »

— Mes amis, poursuivit-il, elle aurait pu en dire autant de la cession de la Louisiane à l'Espagne. Il est de notre devoir, en l'occurrence, de lui donner raison.

Gilles de La Frénière revint chez lui bouleversé au point que, de toute la nuit, il ne parvint pas à trouver le sommeil.

Il avait souvent pensé qu'il faudrait un jour ou l'autre en venir à cette extrémité. Cette situation ne pouvait s'éterniser sans risquer de condamner la colonie ; devenue adulte, capable de s'administrer elle-même, elle se devait d'affirmer son indépendance entre deux nations qui ne voulaient pas ou plus d'elle.

Par quelles méthodes parvenir à ce résultat, et à quel prix ? Deux questions qui le retenaient au bord d'un engagement définitif dans la rébellion qui se dessinait. Demander le rappel d'Ulloa était sans danger ; prendre les armes, proclamer l'indépendance, décréter la République ? Holà !

Noyan avait prétendu qu'il se faisait fort d'armer un

millier de miliciens, en plus des officiers et des soldats de la garnison qu'il n'aurait aucun mal à rallier à la conjuration. M. de La Frénière lui donna l'ordre de porter ces prévisions sur un mémoire. Sur la foi de ce document il aviserait. Noyan le lui remit quelques jours plus tard, rayonnant de satisfaction.

— Nous dépasserons le chiffre de mille combattants, dit-il. Trois cents Acadiens marcheront avec nous sous la direction de Villeré. Nous pouvons compter sur l'appui de quelques tribus indiennes.

— Ce n'est pas souhaitable, dit le procureur. Je n'ai guère confiance en eux.

— Si nous obtenions, en plus, l'aide des Canadiens réfugiés sur le territoire des Illinois, l'affaire serait dans le sac, mais il faudrait trop longtemps pour les réunir.

— J'admire votre optimisme, Noyan. Votre oncle, M. de Bienville, serait fier de vous. Mais il ne faut pas méconnaître les forces adverses. Les Espagnols ont de la troupe au Mexique et à Cuba.

— Ce sont de mauvais soldats, et peu fiables. Ceux que le gouverneur a amenés avec lui ont presque tous déserté.

Noyan ajouta :

— Votre comportement me laisse supposer que vous avez fini par accepter de prendre la tête de l'insurrection.

— Vous ne vous trompez pas, mais sachez que je n'ai pas pris cette décision de gaieté de cœur, car je suis respectueux de la légalité. Cette fois-ci cependant, c'est ma conscience qui me dicte mon devoir puisque ceux qui nous gouvernaient nous ont abandonnés. Je serai donc des vôtres.

Noyan revenait fréquemment rue de La Bourdonnais, sans motif précis et sans que M. de La Frénière s'inquiétât de ces assiduités. Flore et Azada lui mirent la puce à l'oreille. C'est Justine qui attirait Noyan, autant, sinon plus, que cette affaire de rébellion.

M. de La Frénière fit bonne garde et les surprit un matin dans le jardin, en tête à tête, assis sur un banc, main dans la main.

— Noyan, dit-il au jeune officier, j'apprécie vos visites mais je doute qu'elles n'aient d'autre but que notre conjuration.

— Vous ne vous trompez pas, répondit Noyan. J'aime Justine et suis aimé d'elle.

— Je vous rappelle qu'elle va sur ses quatorze ans.

— Je ne l'ignorais pas, monsieur le procureur. J'attendrai donc qu'elle soit en âge de convoler. Je me permettrai alors de vous demander sa main.

— Je ne puis vous la refuser. En attendant, oubliez un peu Justine, si c'est possible, et ne pensez qu'à notre projet.

L'automne venu, les conjurés firent circuler sous le manteau une pétition destinée à demander le rappel de don Antonio. Elle fut confiée à Foucault afin qu'il en saisisse les membres du Conseil favorables à un soulèvement, après le départ du gouverneur.

Le texte de cette pétition portait sur trois points : le rappel d'Ulloa comme *infractaire* et *usurpateur*; le maintien de tous les anciens privilèges et exemptions; la liberté du commerce et l'admission en Louisiane de tous les bâtiments, quelle que soit leur nationalité.

A quelques jours de là, des détachements de miliciens en armes débarquaient à La Nouvelle-Orléans, en avance sur le programme. M. de Beauchamp, qui travaillait dans son cabinet du Conseil, alla prévenir M. de La Frénière.

— J'ignore ce qui se passe, dit-il. Peut-être ai-je la berlue : je viens de voir défiler des milices en armes.

— Bon sang! s'écria le procureur, Noyan a dû anticiper la consigne. Cet empressement risque de tout faire échouer. Mon cher, ce n'est pas le moment d'aller vous faire dorloter par votre Allemande. Il risque d'y avoir du grabuge...

Conduit par Villeré et Noyan, un détachement d'Acadiens commençait à prendre position sur la place Royale. L'affaire menaçait de s'engager dans la mauvaise voie, le major Aubry ayant consigné les officiers et les hommes dans leur casernement et fait distribuer des munitions. Peu après, il convoquait le procureur à une réunion avec Foucault, en présence du gouverneur. Il précisait dans sa convocation que cette réunion avait été décidée « dans un but de conciliation ».

M. de La Frénière arriva tout premier.

— Dieudonné, dit-il au greffier, toi dont j'apprécie la sagesse et la modération, que penses-tu de cette situation ?

947

— J'ai eu vent d'une rumeur selon laquelle tu aurais pris la tête d'un mouvement destiné à proclamer l'indépendance de cette colonie. J'ai comme un pressentiment que cette affaire tournera mal. Cette prise d'armes...

— Elle est prématurée, j'en conviens, mais nous sommes débordés par de jeunes fous qui ont appelé les fermiers acadiens à en découdre.

— Renvoie ces gens chez eux, c'est le mieux que tu aies à faire.

— Hélas... murmura le procureur, je crains qu'il ne soit trop tard.

Aubry paraissait plus nerveux et agité que jamais. Il tournait dans la pièce, autour du fauteuil occupé par don Antonio qui, dans l'attente de la réunion, jetait des croquis sur un cahier.

— Vous êtes le premier, monsieur le procureur, dit Aubry, d'une voix cassante. Prenez place. Les autres ne vont pas tarder.

Lorsque Foucault eut pris place à son tour, Aubry claironna, les mains dans le dos, rouge de colère :

— Messieurs, que signifie ce remue-ménage ? Pourquoi ne m'en a-t-on pas averti ? Oubliez-vous que je suis le premier responsable, en tant que directeur général, de ce pays ? Je représente le roi de France...

— Le roi de France ! pouffa Foucault. Sait-il seulement que nous existons encore ?

Aubry parut ignorer souverainement cette impertinence. Il se campa devant le procureur.

— Vous, monsieur, pouvez-vous me dire ce que cela signifie ? Tous ces fermiers en armes, que veulent-ils ?

— Nous ne les attendions pas aussi tôt, bredouilla le procureur.

— Pas de sitôt, vraiment ? Et que comptiez-vous faire en les attendant ?

— Vous présenter une pétition pour demander le rappel de Son Excellence. Voici le texte et les signatures.

Aubry lui arracha le feuillet des mains et le jeta par-dessus son épaule.

— Me croyez-vous tombé de la dernière pluie ? J'ai déjà eu connaissance du texte de cette pétition. Pourquoi n'est-elle pas passée par moi ? Il y a du complot là-dessous, il me semble. Foucault, c'est vous l'instigateur de cette manœuvre et vous en avez confié l'exécution à La Frénière. Eh bien, parlez !

— Foucault, répondit le procureur, n'est pas le seul responsable de ce document. Il s'agit d'une volonté et d'une œuvre collectives.

— L'œuvre d'un groupe de séditieux ! Son Excellence et moi sommes au courant depuis le début, mais ce qui nous a retenus de mener une information sérieuse et de vous cueillir, c'est que tout cela ne nous paraissait ni sérieux ni dangereux. Aujourd'hui, les choses prennent une autre tournure. Quel est votre but ? Déclarer la guerre au royaume d'Espagne ? Pendre Son Excellence ?

Aubry parut soudain se souvenir de la présence du gouverneur. Il se planta devant lui et s'écria :

— Excellence, nous sommes en train de parler de vous. Daignez vous réveiller et nous prêter quelque attention, avec tout le respect que je vous dois.

Don Antonio ne broncha pas : il venait de noter sur son cahier une idée qui avait germé dans son esprit sur le calcul de la vitesse du son en fonction de la chaleur...

— Je me permets de vous rappeler, Excellence, ajouta Aubry en martelant ses syllabes, que ces messieurs et, derrière eux, plus de cinq cents habitants de cette ville souhaitent vous voir reprendre la mer.

Surprise des trois hommes lorsqu'ils entendirent le savant murmurer comme s'il voguait sur un nuage :

— Eh bien, s'il le faut, je regagnerai mon navire qui est toujours à quai. Je me conformerai à l'avis de mon Conseil privé. Pardonnez-moi, messieurs : je suis très las et la santé de mon enfant me préoccupe. Il a vomi des glaires ce matin. Continuez sans moi...

Il se leva, se retira avec un mouvement de pantin désarticulé arrivé au bout de son ressort. Quand il se fut retiré, Aubry éclata :

— Voyez, messieurs, dans quelle situation je me trouve : entre l'enclume et le marteau. En toute logique, je devrais déployer ce qui me reste de troupe face à ces fermiers en armes, mais je tiens avant tout à éviter un affrontement.

Il s'assit à sa table de travail, se prit la tête dans les mains et ajouta d'une voix rassérénée :

— Soyez satisfaits. Vous venez de remporter une première victoire : don Antonio va se retirer. Pour le reste, nous avons tout le temps d'aviser, mais je vous mets en garde : la Junte de Madrid réagira avec violence. Je n'ai aucune sympathie, aucune considération pour Ulloa et, en définitive, son éviction me soulage, mais gare à la réaction ! Le mieux que vous ayez à faire dans l'immédiat est de renvoyer ces fermiers dans leurs foyers.

— Monsieur le major, dit le procureur d'un ton ferme, le problème est simple et se résume en une question : Ulloa vous a-t-il remis ses lettres de créance ?

— Non, j'en conviens. Il s'y est toujours refusé, et j'ignore pourquoi.

— Il n'est donc pas, légalement, investi des pouvoirs qu'il se donne ?

— Sans doute.

— Nous sommes donc en droit de juger sa présence sur notre sol illégale. Cette colonie n'appartient plus à la France et pas encore au roi d'Espagne. Elle est à prendre, avant que les Anglais, profitant de cet embrouillamini, ne s'en emparent.

— Cette question, dit Aubry, mérite qu'on s'y arrête. Il faut d'abord que j'en informe le Conseil privé. C'est à lui de prendre une décision...

Des jours difficiles s'annonçaient.

A peine don Antonio, son épouse, leur enfant et sa nourrice se furent-ils installés avec une montagne de bagages dans l'embarcation qui devait les conduire à La Balise, que la population exultait déjà. La foule envahit la place Royale, le port, les abords de la caserne, brandissant des drapeaux blancs, les hissant à la place des drapeaux espagnols, chantant des chansons de France. Massée devant l'hôtel du gouvernement, devant la caserne, elle hurlait :

— Vive le roi de France !
— Nous ne voulons pas d'autre souverain !
— Rendez-nous la liberté du commerce !
— Nous voulons du vin de France !

Accablé, désemparé comme un navire démâté dans la tempête, Aubry, poussé par La Frénière et quelques autres, décréta que don Antonio aurait trois jours pour prendre la mer. L'ambiance d'émeute tourna très vite à la fête populaire : rondes en musique, chants, mousquetades joyeuses... On rafla dans les magasins toutes sortes de boissons. Les cabarets et les auberges grouillaient d'une foule exaltée par l'eau-de-vie et le « poison de Catalogne ». Au centre de la place Royale, au pied du mât qui portait de nouveau le drapeau fleurdelisé, un chanteur de rues entonnait un couplet vitupérant les « moricauds d'Espagne » et ce « jean-foutre d'Ulloa ».

— Il faut faire cesser ces désordres! dit Foucault. Sinon cela pourrait mal tourner pour les quelques Espagnols qui restent en ville. La Frénière, vous qui avez le don de l'éloquence, allez donc calmer ces excités.

Monté sur un banc, à deux pas du mât central, le procureur entreprit de calmer les esprits.

— Vous avez fait la fête! s'écria-t-il. Il est temps de rentrer chez vous. Nous allons veiller à ce que la cession soit annulée. Nous sommes unanimes à souhaiter le retour à la France ou à la proche nation de notre indépendance!

Il se sentit soulevé par une vague d'exaltation. On voulut le porter en triomphe; il s'y opposa avec fermeté, proclamant qu'il n'était que le porte-parole du Conseil supérieur. Beauchamp fut des premiers à le délivrer de cette pieuvre qui menaçait de l'étouffer sous son enthousiasme.

L'autorité de la colonie demeurait bicéphale. Côté français : le directeur Aubry et l'ordonnateur Foucault; côté espagnol : Gayarre et Loyola. Entre eux, une place vide, abandonnée par une ombre : le gouverneur. Il était monté à bord de la *Volante* mais le navire était toujours à quai, sous le prétexte de réparer des avaries.

A quelques jours du départ d'Ulloa, M. de La Frénière décida, au cours d'une séance du Conseil supérieur, de dissiper toute équivoque en ce qui le concernait :

— Mes fonctions ne m'autorisent pas à donner une apparence de légalité à notre mouvement. Je ne suis que le procureur. Mon rôle se borne à présider ce Conseil. Le directeur, M. Aubry, est plus fondé que moi à démêler cette situation. Nous allons lui faire part de cette décision, si vous en êtes d'accord.

La foule était toujours massée sur la place Royale. Des milices patrouillaient. Sur les abords, quelques fermiers en armes, qui avaient retardé leur retour, faisaient le pied de grue devant leurs tentes.

A la vue des délégués sortant de la salle du Conseil, des cris jaillirent :
- Vive le Père du peuple !
- Chassez les Espagnols !
- Nous sommes prêts à donner notre vie pour sauver la Louisiane !

Foucault parcourut d'un regard sombre cette réunion de furieux.
- Que veulent tous ces gens ? dit-il. Ils devraient être au travail ! Et qui est ce « Père du peuple » dont ils nous rebattent les oreilles ?

Aubry était d'une humeur de chien. Il accepta de mauvaise grâce de recevoir la délégation.
- Monsieur le directeur, dit La Frénière, le Conseil supérieur a décidé à l'unanimité de vous confier, au nom du roi de France, la défense de ce pays. Vous seul êtes capable de...

Aubry lui coupa sèchement la parole.
- Si j'ai bien compris votre manœuvre, dit-il, vous aimeriez me voir porter le chapeau. En cas d'incidents graves, cela vous arrangerait !
- Vous ne pouvez vous dérober, ajouta le procureur. C'est une sommation qui vous est adressée par le Conseil et par la population. Refusez et nous considérerons cela comme une démission ou une trahison. Le texte de cette sommation sera dès demain rendu public. Nous allons de ce pas le porter à notre imprimeur, M. Braud.
- Eh bien, moi, je vais rédiger un autre texte. J'y proclamerai mon désaccord. Je refuse une décision prise sans mon avis, contre mon gré et par la menace.
- Le Conseil, répondit le procureur, jugera cette réaction comme nulle et non avenue. Ce n'est ni plus ni moins qu'une dérobade.

Jour après jour La Nouvelle-Orléans sombrait dans le chaos.

Au début de septembre, une délégation s'embarqua pour la France : elle emportait des liasses de mémoires, de libelles, de factums destinés à proclamer, en dépit de l'indifférence du souverain et des ministres, la volonté de toute une population de retourner dans le giron de la France. La foule fit escorte aux délégués, musique en tête et bannières déployées, jusqu'au navire.

Marquis avait émis une idée qui jeta le trouble dans les esprits : fonder la République de la Louisiane, comme dans son pays natal, la Suisse. Elle serait dirigée par un Conseil élu démocratiquement. La proposition fut jugée inopportune et dangereuse.

La monnaie de papier réduite à vingt pour cent de sa valeur, le Conseil proposa la création d'une Banque du mont-de-piété. Le projet ne fit pas long feu : on se méfiait des banqueroutiers qui voulaient se parer du titre de banquiers. Comme il n'y avait pour ainsi dire plus trace de la moindre piastre gourde dans les coffres du gouvernement, Aubry en fut réduit à solliciter une aide de La Havane. Il n'obtint pas de réponse et n'en fut pas surpris.

— Voilà où mène *votre* révolution ! lança-t-il à M. de La Frénière. Au désordre, à la misère ! Le peuple commence à murmurer contre vous et vos affidés, à se désolidariser de votre mouvement. Si vous m'aviez écouté, nous n'en serions pas là !

Les jours passaient et la *Volante*, avec Ulloa à son bord était toujours à quai. On voyait parfois le capitaine Da Costa arpenter le pont le long de la rambarde en fumant son cigare, mais jamais le gouverneur. La réparation des avaries traînait en longueur, si bien que le Conseil se demandait s'il n'allait pas exiger que le navire reprît le large au plus tôt.

Un habitant nommé Petit prit les devants : il trancha la question en même temps que les câbles qui retenaient le navire. La *Volante* prit lentement le fil du courant. Quelques heures plus tard elle avait disparu.

Arrivé à La Havane, don Antonio envoya à la cour de Madrid un rapport sur les événements qui avaient provoqué son éviction et attendit placidement la réponse. Les avis de la Junte divergeaient : les uns penchaient pour un renoncement pur et simple à cette colonie dont on n'avait rien de bon à attendre ; les autres étaient persuadés qu'avec un chef plus énergique que cette tête brumeuse d'Ulloa les choses pourraient rentrer dans l'ordre.

C'est ce dernier avis qui prévalut. Le duc d'Albe l'annonça en des termes qui ne laissaient planer aucun doute quant à l'avenir de la province de Louisiane :

« *Ce qui nous importe le plus est de montrer au monde, et surtout à l'Amérique, que notre souverain est en mesure de réprimer quiconque manifeste des intentions contraires au respect de Sa Majesté.* »

Restait à découvrir l'homme énergique qui rétablirait la situation. Pas un savant, pas un philosophe. Un homme de guerre qui saurait rappeler au monde entier que la race des conquistadores n'était pas éteinte.

Récit de Dieudonné de Beauchamp

Rien. Il ne se passait rien à La Nouvelle-Orléans ni dans le reste de la colonie. Quelques désordres, peut-être, du côté de l'Illinois ou du Missouri, mais c'était loin et il n'en venait que des échos confus. L'exaltation tombée, la rébellion sur le déclin, les habitants ne songeaient qu'à survivre à la misère en souhaitant qu'un cataclysme naturel ou une épidémie n'ajoutassent pas leurs méfaits à la folie des hommes.

Le petit cercle des conjurés tenait encore, le plus souvent chez leur égérie, la veuve Pradelle, des réunions qui n'avaient plus rien de secret. En attendant les nouvelles de France et d'Espagne on dressait des plans sur la comète. Entre le café et le rhum on s'efforçait d'oublier dans les fumées de l'utopie et celle des cigares le sombre destin du pays. Le temps semblait suspendu au-dessus d'un gouffre.

— Nos délégués tardent bien à revenir, soupirait Caresse.

— Si vous voulez mon avis, maugréait Foucault, nous ne les reverrons jamais.

L'avocat Doulcet, que les privations imposées à la population n'avaient pas fait maigrir, se montrait moins pessimiste : la délégation devait faire antichambre à Versailles ; peut-être était-ce un bon signe...

On comptait beaucoup sur l'effet que produirait sur le secrétaire d'État le document issu du Conseil supérieur et intitulé : *Mémoire des habitants et négociants sur l'événement du 29 octobre 1769.* Nouveauté qui pourrait être sensible à M. de Choiseul : ce texte avait été mis sous presse par Denis Braud, afin de faire meilleure impression.

— Souvenez-vous, ajoutait l'avocat, du voyage effectué par notre ami Jean Milhet : il a duré deux ans.

— Et pour quel résultat ? lançait Marquis. Je crains que cette nouvelle démarche ne soit qu'un coup d'épée dans l'eau.

— Touchons du bois ! s'écriait Mme de Pradelle, qui était superstitieuse.

Si je donne ces détails c'est que Gilles m'avait convié à l'une de ces soirées. Il m'avait dit en m'invitant :

— Je ne souhaite pas te convaincre de te joindre à notre mouvement, mais simplement recueillir ton avis et tes suggestions. Cela ne t'engage en rien.

Je ne pouvais me dérober. J'ignore les raisons véritables de son comportement à mon égard, mis à part le fait qu'il me tenait pour un homme d'expérience et de bon sens.

J'assistai donc à l'un de ces soupers qui faisaient oublier qu'à quelques pas de là des enfants mouraient de faim et des nègres de mauvais traitements. Ils me rappelaient les soupers de gala au bord du Potomac, avec George Washington. J'eus l'impression déprimante d'être tombé par accident au milieu d'une de ces « vasières à crocodiles » dont parlait le marquis de Vaudreuil ; les propos qui s'échangeaient étaient aussi dérisoires et malsonnants qu'un concert de grenouilles. Tenté à diverses reprises d'intervenir pour relever une erreur de jugement ou rétablir la réalité d'un fait, je m'en abstins. Gilles m'observait et souriait derrière la fumée de sa pipe qu'il préférait aux cigares.

— Alors, me dit-il en me raccompagnant, ton avis sur cette soirée ?

— J'ai fort apprécié la soupe de tortue et la queue d'alligator aux herbes, mais il manquait un bon bordeaux.

Il répondit en riant :

— Tu sais bien de quoi je veux parler : de nos projets.

Je m'arrêtai au milieu du chemin pour laisser passer un crapaud indolent dans une flaque de lune.

— Vous êtes en train de vivre un rêve, dis-je et vous voulez lui donner l'apparence de la réalité. En fait, c'est un cauchemar, vous ne tarderez pas à vous en rendre compte à vos dépens. Louis ne reviendra pas sur sa décision et Charles va envoyer une armée contre vous. Je m'attends au pire.

Il s'arrêta à son tour et proféra d'une voix acerbe ces mots qui me firent mal :

— Ces propos confirment l'opinion que j'avais de toi : tu te moques de ce qui peut advenir de ce pays.

— Je lui suis très attaché, au contraire, mais je m'efforce de rester lucide. La Louisiane sera sûrement espagnole, peut-être anglaise. Elle ne redeviendra jamais française.

Cette nuit-là, au cours de la promenade sur la levée qui nous ramenait à nos domiciles respectifs, nous avons failli nous brouiller.

Je ne reconnaissais plus mon ami Gilles. Je l'avais connu naguère modeste dans ses opinions, modéré dans son comportement ; je le découvrais peu à peu attaché à des idées fausses, à des utopies qu'il défendait avec une certaine fatuité. Depuis qu'il avait pris la tête de ce qu'il faut bien appeler une révolution et s'était montré au peuple on l'appelait *Louis XV*. Il avait, il est vrai, la prestance altière du souverain ; il était « bien-aimé » de la population. Ce sobriquet le faisait sourire mais il ne tentait rien pour dissiper l'image fallacieuse que cette flatterie donnait de lui.

La situation monétaire tournant au tragique, on décida de faire de nouveau fonctionner la planche à billets. Le papier ne faisait pas défaut mais le métal n'existait que dans les coffres de certains négociants, grands commis ou planteurs. Autant poser un cautère sur une jambe de bois. On abandonna ce projet, de même que celui d'une « Banque du mont-de-piété » qui avait sombré dans le ridicule.

Des abords de la Côte-des-Allemands où, un matin de mai, en compagnie de deux des garçons de Jutta, je pêchais l'écrevisse, je crus être l'objet d'une hallucination en voyant passer au-dessus des champs de cannes la frégate la *Volante* que le capitaine Da Costa, sur ordre sans doute du gouverneur, avait maintenue à quai sous le prétexte fallacieux de réparer les gréements, en fait pour maintenir un semblant de présence espagnole.

Depuis le début de l'insurrection j'avais pu constater à diverses reprises que des voitures et des canots chargés de soldats portant l'uniforme espagnol descendaient le fleuve. Ils étaient regroupés à La Balise dans des navires qui les emmenaient à La Havane. Les autorités espagnoles semblaient vouloir faire place nette ce qui, pour les séditieux, constituait un signe favorable, mais que je m'expliquais mal.

Un matin j'avais vu Hans, l'aîné de Jutta, décrocher son fusil à pierre rapporté d'Allemagne par son père. Je lui demandai s'il partait pour la chasse. Il eut un mince sourire pour me répondre :

– Oui : à la chasse aux Espagnols !

Il m'expliqua en s'esclaffant comment la *Volante* avait été contrainte de prendre le large, ce dont toute la ville riait encore. Il comptait, avec Villeré et quelques forcenés de son acabit, saluer son passage à sa manière.

– Vous êtes tous devenus fous ! m'écriai-je. La *Volante* a une vingtaine de canons. Vous serez pulvérisés !

Hans s'obstina. Je le suivis pour tenter de ramener Villeré à la raison. Je le trouvai sur la berge du fleuve, au milieu d'un groupe d'habitants qui tentaient de le persuader de renoncer à cette folie. Un beau tumulte...

– Je vous préviens, dis-je : si vous faites tirer un seul coup de feu en direction de ce navire, je vous fais passer en Conseil de guerre.

Il s'écarta en grognant comme un dogue à qui l'on vient de ravir son os. Je l'entendis crier au milieu des habitants qui étaient venus avec leur fusil :

– Vous pouvez gueuler, chanter autant qu'il vous plaira, mais interdiction de tirer un coup de feu, même en l'air.

Villeré fut obéi mais il ne put empêcher quelques loustics de faire escorte au navire et de faire des gestes injurieux aux matelots. Nous l'avions échappé belle.

Jutta insista pour me retenir.

– Tu sais que le travail presse et que tu ne seras pas de trop. Reste, je t'en prie.

Je dus refuser. En ville non plus le travail ne manquait pas. Ces messieurs du Conseil ne cessaient d'envoyer des messages de détresse aux quatre coins de l'univers ; ils se seraient adressés à Dieu lui-même s'ils avaient su où le joindre. Ils se répandaient en décrets, en proclamations, en discours. Et qui avait la charge de les enregistrer, de les copier et de les recopier ? Moi. Je suppléais mon supérieur, Garric, un brave homme fainéant comme une couleuvre et qui commençait à prendre ombrage de mes absences abusives.

Je serrai Jutta entre mes bras et ajoutai :

– Dès que cette « révolution » sera terminée, que les choses seront rentrées dans l'ordre, je te promets de ne plus repartir. Si Dieu veut que je sois encore en vie...

Elle sentait bon ce matin-là, plus que d'habitude, me semblait-il, le foin mûr et le fromage frais.

Je devais apprendre plus tard que don Antonio de Ulloa ne s'était rendu à La Havane que pour y répandre sa bile et réclamer des mesures d'urgence contre ces maudits Français qui l'avaient chassé comme un aigrefin. Il avait dicté à ses secrétaires un mémoire de plus de trois cents pages destiné à stigmatiser les insurgés, à réfuter les griefs amassés contre son gouvernement. Il avait mis au premier rang des coupables, en demandant qu'il fût châtié sans pitié, Gilles Chauvin de La Frénière.

J'appris de même que, tandis que les *républicains* se sustentaient de mets succulents à la table de la veuve Pradelle, le duc d'Albe préparait une expédition punitive.

Les Espagnols, s'ils comptaient sur la vacuité de leur gouvernement en Louisiane pour décontenancer et désarmer les rebelles, jouaient un jeu subtil et efficace.

Le temps travaillait pour eux. L'enthousiasme des premiers jours avait reflué insensiblement. Les milices de Villeré, les troupes de Noyan avaient regagné leurs fermes et leurs cantonnements. Il ne restait en ville que quelques irréductibles qui passaient plus de temps au cabaret ou dans les salles de billard qu'à faire l'exercice. Comme on dit vulgairement, la révolution avait tourné en eau de boudin.

Les griefs de la population se portaient principalement sur Gilles de La Frénière, ce bouc émissaire que l'on tenait pour le fomentateur du mouvement insurrectionnel et auquel on reprochait principalement de n'avoir pas entretenu le feu que lui et ses affidés avaient allumé. Ils avaient prévu d'instaurer un régime républicain, comme en Suisse ? Qu'attendait-on pour réaliser ce projet ? Le procureur n'espérait qu'une chose : qu'Aubry se range à son côté. Mais le directeur général lanternait...

Au début de l'année 1769 – l'année tragique – nous

apprîmes la décision de l'Espagne d'interrompre les relations entre Cuba et La Louisiane, ce qui était déjà un fait acquis. La nouvelle ne souleva ni regrets ni colère : on se passerait des marchandises de La Havane. On ressentait cruellement, en revanche, l'absence des cargaisons de farine de la Nouvelle-Angleterre.

Autrement consternante était la nouvelle qui nous parvint quelques mois plus tard.

M. de Choiseul avait écrit à son homologue espagnol : « *Depuis dix-huit mois nous n'avons aucun signe de vie des Français restés en Louisiane. Sa Majesté est disposée à concourir aux mesures que le roi, son cousin, jugera convenable de prendre pour faire rentrer sous son obéissance les habitants de cette colonie...* »

Une telle tartuferie de la part du secrétaire d'État nous donnait une idée précise et définitive des intentions de Versailles : on niait avoir reçu notre délégation ; on nous livrait aux Espagnols. Cette réaction était à ce point abjecte que je me demandai un moment si le courrier abondant envoyé par Aubry, le Conseil, les négociants, était lu. Je sais aujourd'hui que ces lettres, ouvertes par Dubucq, premier commis du secrétaire d'État, étaient classées sans qu'on en donnât connaissance à l'intéressé que cette affaire de Louisiane avait fini par excéder.

Alors que la *Volante* était à quai à La Havane, les ministres, à Madrid, envisageaient les mesures de rétorsion propres à mater la rébellion. L'opinion espagnole était quasi unanime : on ne devait pas renoncer à cette colonie, ce qui aurait pu encourager d'autres insurrections, en d'autres lieux, et la contrebande également. Quant au roi Charles il était décidé à réduire l'insurrection par les armes.

Pour diriger l'expédition on fit appel à une sorte de condottiere d'origine irlandaise : le comte Alexander O'Reilly, qui s'était mis au service de l'Espagne. Lors d'une émeute à Madrid il avait sauvé la vie du souverain, ce qui lui avait valu le grade de lieutenant général avec une mission : inspecter les possessions espagnoles d'Amérique. D'une campagne en Italie il avait ramené une blessure qui le faisait boiter.

Le souverain lui confia le soin d'aller pacifier la Louisiane, avec les pouvoirs d'un envoyé du roi et une consigne formelle : ne pas se conduire comme un tyran mais ramener l'ordre, au besoin par la force, afin d'ouvrir la voie à un nouveau gouverneur.

O'Reilly débarqua en juillet avec une flotte importante et trois mille hommes de troupe. Pour ceux qui attendaient une escadre française la déception fut cuisante. La Nouvelle-Orléans ressemblait à une fourmilière dévastée par un incendie : des groupes affolés parcouraient les places et les rues, se massaient devant les demeures des autorités, implorant des nouvelles dans la crainte qu'un massacre ne suivît le débarquement.

M. de La Frénière s'efforçait de rassurer les habitants :
— Calmez-vous ! Cachez vos armes et vaquez à vos occupations en évitant de provoquer les soldats. Nous allons être contraints de composer avec l'occupant et nous n'avons pas la partie belle.

Le major Aubry ajoutait :
— Nous devons manifester une entière soumission. Le commandant O'Reilly est un officier sévère mais juste. Nous n'aurons rien à craindre de lui si nous savons garder notre sang-froid.

A peine le navire amiral s'était-il rangé le long du débarcadère que le premier soin d'O'Reilly fut de convoquer à son bord les responsables de la province.

Je rencontrai Gilles au retour de cette entrevue. Il rayonnait de confiance.
— Tout semble s'arranger au mieux, me dit-il. O'Reilly a tenu à nous faire partager son dîner. Il nous a entretenus durant deux heures de ses campagnes en Europe, au service de la France et de l'Autriche, avant de louer ses talents à l'Espagne. Quel homme étonnant ! Quel soldat ! Je suis persuadé que nous pouvons lui faire confiance : il n'y aura pas d'effusion de sang. Il s'est d'ailleurs montré satisfait que la population n'ait manifesté à son arrivée aucun signe d'hostilité.
— Nous allons donc retomber sous le joug de l'Espagne ? Toute cette agitation n'aura servi de rien ?
— Je comprends ta déception, dit-il en passant son bras autour de mon épaule (un geste qui lui était coutumier à mon égard). Mais que pouvons-nous faire face à ce chef prestigieux et aux trois mille hommes qu'il amène avec lui ? Je regrette comme toi que nos rêves d'indépendance s'envolent en fumée, mais, crois-moi, c'est la meilleure chose qui puisse nous arriver.

Le 18 juillet eut lieu la cérémonie à laquelle cette vieille baderne d'Ulloa s'était stupidement refusé : la prise de possession officielle.

Je garde de cette fête un souvenir bouleversant, moins en raison de la tristesse qui l'imprégnait que de la rigueur du cérémonial : trois mille soldats vêtus d'uniformes impeccables, une fanfare jouant des airs de marche espagnols, l'alignement des batteries de canons avec les servants debout derrière, l'écouvillon au poing, immobiles comme des soldats de plomb, le silence de la population massée autour de la place Royale...

Le discours d'Aubry me choqua : c'était proprement un serment d'allégeance. Juché sur une estrade, sa courte taille rehaussée par un tricorne emplumé aux couleurs espagnoles, il s'écria :

– Dieu, dans sa grande bonté, m'a fait la grâce de remettre cette colonie entre les mains d'un général glorieux, dont la sagesse et la bonté remplissent d'espérance et de satisfaction les habitants !

Soit qu'ils n'en eussent pas été priés, soit qu'ils l'eussent refusé, ni Foucault ni Gilles de La Frénière ne prirent la parole.

La sagesse d'O'Reilly... Sa bonté... J'avais eu raison de me méfier du mouvement de confiance qui avait succédé à son arrivée. Je me faisais rabrouer mais je tenais bon : cet officier n'était pas venu avec des intentions évangéliques ; il puait la hargne et la vindicte.

Il ne fut pas long à montrer sa véritable nature et à dévoiler ses batteries. A quelques jours du débarquement, Gilles et onze conjurés furent conviés à un nouvel entretien. Il se déroula cette fois-ci à l'hôtel du gouvernement où le lieutenant général avait installé ses services qui, par leur ampleur, étaient dignes d'une ambassade.

Ce qui se dit au cours de cette entrevue, je l'ignore. On ne vit pas ressortir les « factieux ». Dans la nuit, ils furent conduits les uns sur la frégate amirale, les autres dans la prison proche de la caserne.

Persuadé qu'il s'agissait d'une séance ordinaire, Gilles n'avait donné aucune consigne à son entourage. Ne le voyant pas revenir à la nuit tombée je résolus d'aller prévenir ses enfants, en tâchant de les rassurer.

– L'entretien risque de durer encore des heures, leur dis-je. Si vous me le permettez je m'installerai chez vous en attendant le retour de votre père.

Le lendemain matin, toujours pas de nouvelles. J'allai m'informer en compagnie de Gilbert. Portes closes et visages de bois. On se bornait à nous dire que le *señor* La Frénière était en bonne santé, de même que les autres *prisioneros*.

Ce dernier mot me fit froid dans le dos. Gilbert avait blêmi.

— Pourquoi l'a-t-on emprisonné dit-il? J'aimerais le voir.

— Cela me semble impossible, du moins pour le moment. Nous reviendrons demain. J'effectuerai les démarches nécessaires.

Nous revînmes, Gilbert et moi, chaque jour, à l'hôtel du gouvernement pour nous entendre répéter que les *prisioneros* étaient au secret et ne pouvaient recevoir de visite. Justine paraissait la plus affectée : Noyan, son fiancé, avait suivi son père en captivité. Où? Sur la frégate? En prison? A cette simple question qu'elle nous posait sans relâche nous étions bien incapables d'apporter la moindre réponse. Elle pleura sur mon épaule : ils devaient se marier dans moins de deux ans; ils s'aimaient tant qu'ils auraient pu attendre plus longtemps encore.

Après un moment d'affliction et un déluge de larmes, les deux Indiennes avaient pris leur parti de l'événement avec le sentiment de fatalité propre à leur race.

Je ne retournais à mon cabinet qu'avec une certaine appréhension car on avait fini par juger suspectes mes démarches destinées à obtenir des nouvelles de Gilles. Un commis à la triste figure m'avait même interrogé entre deux portes, sans ménagement, et avait menacé de m'envoyer rejoindre mes *amis* conjurés.

Des nouvelles, Aubry m'en fournit sans que je les lui eusse demandées, à la sortie d'une réception.

— Notre ami s'est mis dans un mauvais cas, me dit-il en se grattant le menton. O'Reilly est un personnage redoutable. Il ne badine pas avec l'ordre et la discipline. J'ai tenté de l'amadouer en lui démontrant que l'éviction d'Ulloa tenait à son incompétence et que notre désir d'indépendance n'était que le résultat de notre perplexité. En vain! Pour lui nous sommes des rebelles... Cet homme est une sorte de Janus : épris de justice au recto, tyran au verso. Lequel de ces deux aspects prévaudra? Je ne saurais le dire. Ce dont je suis certain c'est qu'il y aura un procès et qu'il sera long. Mon cher, des têtes vont tomber...

Bien entendu, il avait pris soin de sauver la sienne.

Je cachai cet entretien à Gilbert et à Justine pour ne pas ajouter à leur peine. De jour en jour la certitude s'imposait à moi que je ne reverrais pas mon ami.

J'avais compris, depuis le début de cette affaire, qu'il ne fallait pas compter sur Aubry pour disculper les prisonniers et obtenir leur libération. Les lettres qu'il adressait à O'Reilly et dont certaines copies me tombèrent sous les yeux évoquaient la fureur, la frénésie, l'aveuglement des rebelles. J'ai la certitude qu'il aurait pu, usant de son autorité et de ses bons rapports avec O'Reilly, obtenir sinon leur libération immédiate, du moins une punition légère. Dans cette « criminelle entreprise », La Frénière et Foucault, lisais-je, étaient « très coupables ». Villeré, Mazan, Noyan ? Ils avaient désobéi à ses ordres. Janus lui-même, le directeur tenait un double langage : il transformait ses lâchetés en bons sentiments. Son intention était de se faire passer auprès d'O'Reilly pour une victime des rebelles.

J'eus, à quelque temps de là, le plaisir de voir reparaître le capitaine Noyan et Foucault qui échappaient à la vindicte du lieutenant général. Remis lui-même en liberté, ce foudre de guerre de Villeré avait regagné son domaine de la Côte-des-Allemands.

J'allai lui rendre visite dès que j'appris son retour. Il paraissait accablé en me racontant les conditions dans lesquelles s'étaient déroulées les audiences dans le cabinet d'O'Reilly.

D'un ton détendu, presque amical, le lieutenant général s'était entretenu avec les conjurés de l'origine et du déroulement de la *révolution*. Il était sorti de la dernière audience boitillant, le visage empreint de gravité ; peu après il était revenu accompagné de soldats et avait lancé :

— Messieurs, vous allez me remettre vos épées. Vous êtes mes prisonniers. Je vous accuse d'être les fomentateurs de l'insurrection. Je souhaite que vous puissiez démontrer votre innocence, auquel cas vos épées vous seront rendues avec votre honneur.

Marquis s'était écrié :

— C'est une infamie ! Est-ce donc un crime de se montrer attaché à sa patrie ?

O'Reilly l'avait repris d'une voix glacée :
— De quelle patrie parlez-vous, monsieur ? Il me semble que vous êtes suisse...

Il avait ajouté :
— Quant à vous, capitaines de Noyan et de Villeré, nous n'avons rien retenu contre vous, du moins pour le moment. Vous êtes libres mais veuillez vous tenir à la disposition de la justice.

Il avait ajouté, avec un mince sourire sur son visage d'aventurier, basané, strié de rides précoces :
— Il serait indécent, capitaine de Noyan, de garder prisonnier le neveu d'un personnage pour lequel j'ai beaucoup de respect : M. de Bienville.

Villeré ajouta :
— J'ai rencontré Aubry peu après ma sortie. Il était furieux. O'Reilly a procédé à ces arrestations sans daigner le prévenir.

Villeré m'apprit l'identité des autres inculpés : La Frénière, Petit, Mazan, Jean et Joseph Milhet, Boisblanc, Poupet et quelques autres complices de moindre importance.

Je me rendis aussitôt rue de La Bourdonnais où je savais trouver Noyan. Il me dit en me prenant à part :
— Villeré et moi l'avons échappé belle, mais je crains le pire pour les autres prisonniers, et notamment pour M. de La Frénière. Il faut à O'Reilly des victimes exemplaires. C'est un homme terrible.

Il ajouta :
— Je n'ai pas soufflé mot de mes craintes à Justine. Elle est tout à la joie de me revoir. Je lui parlerai. Plus tard...

Villeré avait fait une fausse sortie.

Quelques jours après sa libération, O'Reilly avait demandé à Aubry de le convoquer pour une simple information, en fait pour lui faire regagner sa cellule. Avait-il, entre-temps, recueilli des renseignements sur ce personnage ? Je l'ignore.

Lorsque les soldats se mirent en devoir de lui lier les mains et de lui entraver les pieds, il avait protesté, crié qu'on l'avait attiré dans un traquenard, injurié O'Reilly qui demeura froid comme glace.

Il avait opposé une telle résistance que, sur l'ordre du lieutenant général, les soldats avaient lardé le prisonnier de coups de baïonnette, ce dont il mourut.

Le capitaine Villeré était la première victime d'O'Reilly. Il devait y en avoir beaucoup d'autres.

Ce crime me causa une profonde affliction. Je connaissais bien le Canadien Joseph Roué de Villeré, petit-gendre du chevalier d'Arensberg. Tout feu tout flamme, perpétuellement agité de mouvements de révolte contre l'injustice, il manifestait plus d'impétuosité que de bon sens. Il avait, disait-on, le « génie de la guerre » en ajoutant que si tous les Louisianais avaient eu sa conviction et son ardeur, ni les Espagnols ni les Anglais ne se seraient hasardés dans ce pays. Sa mort ne le priva pas de subir la vindicte de ses juges : deux mois après son meurtre il était condamné à mort...

En dépit de la clémence manifestée par O'Reilly, le capitaine de Noyan était de nouveau arrêté à son tour.

— Vous me placez devant un choix difficile, lui dit le lieutenant général. On m'a reproché d'avoir fait preuve de favoritisme à votre égard. Je suis donc dans l'obligation de vous prier de quitter la Louisiane.

Noyan le prit de haut : il ne voulait pas d'une mesure de faveur. Partir serait désavouer une insurrection à laquelle il avait participé activement.

— Je refuse cette grâce, dit-il. Je demande à partager le sort de mes compagnons.

A la fin du mois d'août O'Reilly convoqua la population sur la place Royale dans l'intention de lui faire prêter serment de fidélité.

Ce jour-là j'étais alité, suite à une chute malencontreuse qui m'immobilisait. Tour à tour les membres du clergé, les ursulines, les commis, les marchands et, en longues théories, les habitants, vinrent jurer fidélité à leur nouveau souverain.

Le procès des conjurés dura deux mois sans que je puisse une seule fois revoir mon ami. Je commençais à nourrir quelque espoir à son sujet. Ulloa n'avait pas occupé officiellement la colonie qui restait de ce fait, jusqu'à nouvel ordre, territoire appartenant au roi de France. Les prisonniers relevaient donc, en principe, de la justice française.

J'expliquai ma thèse à Gilbert et ajoutai :

— En bonne logique, O'Reilly devrait se borner à une expulsion, d'autant qu'il n'a été relevé aucune voie de fait contre les Espagnols.

— Reste à savoir, dit tristement Gilbert, si le lieutenant général est sensible à cette forme de logique.

— J'en doute moi-même mais nous devons à ton père de garder l'espoir dans notre cœur.

Pour le rassurer je lui confiai ce qu'un juge avait dit de son père au cours du procès : « Chauvin de La Frénière est un véritable orateur de Rome... » Cette appréciation pouvait plaider en faveur du prisonnier.

— J'aurais préféré, me dit Gilbert, qu'il se montrât moins éloquent et plus prudent...

Plus le temps passait et plus je redoutais la sévérité du tribunal.

Les échos qui me parvenaient du procès révélaient la confusion, la pusillanimité, la lâcheté, le ridicule de la plupart des témoins et me laissaient entrevoir une sentence de mort pour les prisonniers, en dépit des lettres et des mémoires que la population avait adressés au roi d'Espagne pour implorer la clémence des juges.

La nouvelle du verdict me frappa comme un trait de foudre. De retour au tribunal je dis à Gilbert :

— Mon pauvre enfant, ton père va mourir. Il sera fusillé demain matin.

Il se laissa tomber dans un fauteuil, les mains sur son visage, haletant mais sans une larme. Cet adolescent avait déjà le comportement d'un homme. Il dit en se relevant :

— Je m'attendais à cette sentence, souvenez-vous. Et Noyan ?

— Il sera fusillé lui aussi. C'est ce qu'il souhaitait. Les juges n'ont pas tenu compte de sa croix de Saint-Louis ni de sa parenté avec Iberville et Bienville.

Il me demanda de ne rien révéler de ces nouvelles à Justine : il voulait la préparer à l'annonce de ce double drame.

Gilbert se comportait en adulte et moi en vieillard. De retour à mon domicile je m'effondrai en larmes sur mon lit.

O'Reilly... Ce monstre ! Il lui fallait du sang. Sur les douze inculpés, quatre, outre Gilles et Noyan, devaient subir la peine capitale : Marquis (il avait arboré la cocarde blanche à l'arrivée des Espagnols), Pierre Caresse (il avait rédigé le mémoire des habitants et l'avait fait imprimer), Joseph Milhet, lieutenant de la milice urbaine (on avait découvert chez lui un dépôt d'armes), Villeré (il était accusé d'avoir fomenté un nouveau soulèvement après l'arrivée des Espagnols)... Les autres prisonniers étaient condamnés à des peines allant de la prison à vie à dix ans de réclusion. Ils seraient transférés au fort Moro, à La Havane, et devraient subvenir à leur subsistance dans une île où tout était à des prix prohibitifs. Leurs biens étaient confisqués.

J'appris qu'une âpre discussion avait éclaté dans les services d'O'Reilly pour décider du mode de supplice que l'on réserverait aux condamnés à mort. Les uns tenaient que la corde était une fin normale pour ces brigands ; d'autres proposaient qu'on leur fracassât le crâne à la manière indienne ; on avança même qu'ils méritaient le supplice de la roue... On chargea Aubry de trouver un bourreau.

— C'est inutile, dit-il. Nous ne trouverions personne qui puisse se charger de cette tâche. Ce métier est considéré comme infamant. Personne ne veut l'exercer.

Aubry oubliait les quelques supplices de la roue qui avaient suscité l'intérêt de la population : celui de Jules Lachaume, notamment, et celui du nègre Jason. Il raconta l'histoire d'un esclave noir qui, sommé de se faire exécuteur des hautes œuvres, avait préféré se couper le poignet plutôt que d'obtempérer.

— Cette sensiblerie est insupportable ! s'était écrié O'Reilly. Puisqu'il en est ainsi nos prisonniers seront passés par les armes.

Je tiens du témoignage d'un commis, M. de Champigny, qui avait été prié d'assister à l'exécution, le récit des derniers moments des condamnés à mort. Ma plume tremble au bout de mes doigts au moment de raconter cet épisode.

Les conjurés avaient été tirés de leur cellule et des cales de la frégate amirale sur le coup de trois heures de relevée, pour être conduits au Petit-Champ-de-Mars, sous l'un des forts qui défendaient la ville. Les mains liées dans le dos, ils avaient été alignés au centre du carré formé par les troupes, face à un peloton de soldats espagnols commandé par le colonel Liboa.

Le greffier Rodriguez donna lecture, en espagnol puis en français, de la sentence de mort. Les officiers : Noyan, Marquis, Caresse et Milhet avaient été autorisés à revêtir leur uniforme, les autres restant en tenue de ville. Marquis ayant demandé une prise de tabac on courut lui en chercher. Il s'écria :

— Mes amis, puisque nous devons mourir, acceptons

notre sort avec dignité. Je suis étranger, mais c'est avec fierté que je meurs pour la France.

— Si je ne commande pas moi-même le feu, s'exclama Noyan, cela prouvera que nous sommes victimes d'un assassinat, et que vous êtes des bourreaux!

Il demanda à l'interprète Gardenat de traduire ces propos. Il n'eut pas de réponse.

— Et M. de La Frénière, dis-je, comment s'est-il comporté?

— Avec beaucoup de dignité, comme les autres condamnés. Si ma mémoire ne me trahit pas, il me semble l'avoir entendu déclarer: « Mourir pour mon roi, mourir français, je ne connais rien de plus glorieux. Je préfère disparaître plutôt que de devenir sujet du roi d'Espagne. » Ce sont ses dernières paroles qui m'ont le plus ému: « Je ne crains point la mort! Adieu, mes amis! Sachez que la liberté... » Je n'ai pu en entendre davantage.

Tous les condamnés ont regimbé lorsqu'un caporal s'est mis en devoir de leur bander les yeux. Pierre Caresse voulut ajouter quelques mots d'adieu mais le colonel Liboa semblait pressé d'en finir car la foule commençait à se presser, massive, muette, aux abords du lieu d'exécution.

— M. de La Frénière, a ajouté Champigny, a demandé la faveur de commander le feu, ce qui lui fut accordé avec quelque réticence. Avant de lancer l'ordre, en français, les yeux levés au ciel, il a, me semble-t-il, murmuré une prière ou peut-être un poème, je ne sais. Des larmes coulaient sur ses joues.

Les cinq condamnés s'écroulèrent sous la salve. M. de La Frénière tomba à la renverse, roula sur lui-même comme pour se relever. Ses jambes bottées de cuir raclèrent le sable. Des soubresauts agitèrent un moment son corps. Marquis gémissait, prononçait des mots que personne ne pouvait entendre. Noyan tenta de se relever mais ne put que rester sur les genoux quelques instants avant de s'abattre pour de bon.

Je me demandais quelle mesure avait été prise contre Foucault mais, depuis le jour de l'exécution et même avant, j'avais évité le centre de la ville, confiant à Flore ou à Azada le soin de se procurer la nourriture de la maisonnée. Informé de la nature de ce personnage tout en faux-fuyants, aussi Janus que pouvait l'être Aubry, je me doutais bien qu'il sauverait sa tête. O'Reilly se contenta de le faire incarcérer. Cosignataire du *Mémoire des habitants*, il prétendit ne pas l'avoir lu. Le fourbe ! Le lâche ! Le lieutenant général fit mettre les scellés sur ses biens et les documents qu'il détenait.

Au cours de son procès il eut une attitude courageuse qui donne la mesure de sa dualité : il refusa de répondre aux questions qu'Aubry lui posa, à la requête d'O'Reilly, et déclara :

– Je suis sujet français. Je refuse d'être jugé par un tribunal espagnol. Que l'on me renvoie en France afin que j'y sois condamné selon les lois de mon pays.

A ma grande surprise Foucault obtint cette faveur, ce qui laissait augurer quelque ménagement de là part de notre Sardanapale. On vint le cueillir à La Rochelle pour l'enfermer à la Bastille. En souvenir des services qu'il avait jadis rendus à la couronne, le roi lui confia des missions dans de lointaines colonies.

C'est à la fin de cette année tragique qu'Aubry, à son tour, reprit le bateau pour la France. Il eut moins de chance que Foucault. Le brigantin qu'il avait emprunté, le *Père de Famille*, s'échoua sur les récifs, au large du phare de Cordouan. Selon ses proches, il avait quitté la colonie avec deux caisses pleines de piastres, qui disparurent avec lui dans les abysses. Si la bourse des habitants était vide, la sienne était bien garnie. Il n'était pas le seul dans ce cas.

Un an après ces événements, j'apprenais que les prisonniers du fort Moro allaient être libérés à la demande du roi de France, sensible à l'émotion qu'avait soulevée la nouvelle de l'exécution, non seulement à Paris mais dans le reste de l'Europe. En Espagne, en revanche, on estimait qu'O'Reilly avait fait preuve de mansuétude et d'esprit de justice eu égard à la gravité de la faute, alors qu'on s'attendait, sans doute, à un massacre général de la population par les descendants des conquistadores. Le consul général des Indes écrivit même qu'O'Reilly avait donné la preuve de l'« immensité et de la sublimité de son génie ». Il me semble, en écrivant cette phrase, entendre le bon rire de Gilles me dire, comme lors d'une de nos dernières entrevues, son bras entourant mon épaule :

– Les Espagnols peuvent revenir, et après eux les Anglais, et peut-être d'autres encore ! Cette terre demeurera à jamais française par le cœur et par l'esprit.

Peut-être aurait-il laissé échapper un mouvement d'indignation en apprenant que le sinistre bourreau avait, d'un trait de plume, révoqué les membres du Conseil supérieur pour en nommer un à sa dévotion : le *Cabildo*. L'appellation avait changé mais la quasi-totalité de cette assemblée se composait de citoyens louisianais : des noms qui m'étaient familiers...

J'eus la surprise d'une visite d'Aubry, quelque temps avant qu'il ne réembarquât. Je m'apprêtais à aller passer quelques jours en compagnie de Gilbert et de Justine chez Jutta Muller, histoire de nous changer les idées.

— Je vous dérange, me dit-il. Vous vous apprêtiez à partir...

— Pour quelques jours seulement, rassurez-vous. Je me rends à la Côte-des-Allemands.

Il parcourut mon intérieur de son allure d'échassier cherchant un ver dans la vase. La modestie de ma demeure paraissait le surprendre.

— C'est réellement ici que vous vivez?

— Je vous concède que ce n'est pas un palais, mais cela me convient.

— Je connais vos goût modestes, de même que les qualités que vous avez déployées dans vos fonctions de greffier. Je vous félicite d'être resté à l'écart de l'insurrection, malgré l'amitié qui vous liait à La Frénière.

Il ajouta, non sans quelque gêne :

— J'aimerais... j'aimerais que vous repreniez vos fonctions au *Cabildo*.

— Travailler sous la coupe des Espagnols? Merci bien!

La vivacité de ma réaction parut le surprendre. Il se planta devant moi, dressé sur la pointe des pieds, une attitude destinée de toute évidence à compenser la médiocrité de sa taille et qui lui était coutumière.

— Vous vous trompez comme beaucoup d'autres, dit-il. Le *Cabildo*, malgré son nom, jouit d'une certaine indépendance vis-à-vis des autorités. Vous ne pouvez refuser. Si tout le monde avait votre comportement, c'est alors que nous aurions à supporter une administration strictement espagnole. Prenez quelques jours de réflexion. Je vous ferai une nouvelle visite dans une semaine.

Il ajouta en se repliant sur lui-même comme une baudruche en train de se dégonfler :

971

— Je dois d'ici peu retourner en France pour rendre compte des événements à Sa Majesté. Dieu sait si j'en reviendrai...

Lorsque je me rappelle cet entretien, je me dis que ce bougre d'homme avait peut-être la prescience de sa fin prochaine. Il répéta : « Dieu sait si j'en reviendrai... »

— Je n'ai nul besoin de réfléchir, répondis-je. Votre proposition me flatte et m'honore mais je dois la repousser. Je suis trop âgé pour reprendre du service.

— Comme il vous plaira... soupira-t-il.

Alors qu'il s'apprêtait à repasser le seuil, il se retourna pour me dire :

— Les enfants de La Frénière : Gilbert, Justine, que vont-ils devenir ? Leurs biens mis sous séquestre, comment vivront-ils ?

— J'ai promis de m'occuper d'eux. Je n'ai pas de fortune, simplement cette bicoque et quelques économies, mais je puis vous assurer qu'ils ne manqueront pas du nécessaire. Gilbert est déjà en âge de voler de ses propres ailes. Il souhaite s'engager dans la marine. Justine est la plus à plaindre : elle a perdu le même jour son père et son fiancé, mais je prendrai soin d'elle comme de ma propre fille.

Il revint vers moi, prit mes mains, les serra dans les siennes avec un éclat de larmes dans les yeux. Il me dit d'une voix étranglée par l'émotion :

— Monsieur de Beauchamp, vous êtes un brave homme et un cœur d'or. Que Dieu vous garde.

Le projet que j'avais formé pour Justine semblait prendre bonne tournure.

Elle se plaisait à la Côte-des-Allemands plus que chez elle où elle ne pouvait échapper au souvenir de son père et de Noyan. Elle avait, dès leur première rencontre, noué des relations amicales avec Stefan, le deuxième fils de Jutta ; elle appréciait sa compagnie plus que celle de l'aîné, Hans, qui avait hérité le caractère bourru de son père et passait plus de temps à la chasse qu'à l'exploitation de la ferme. Ils faisaient ensemble de longues promenades en canot sur les bayous et on les voyait reparaître la main dans la main, radieux.

Justine était devenue une jolie fille dont les quinze ans s'ornaient d'une maturité précoce et d'une grâce de demoiselle. Stefan n'avait ni grâce ni beauté ; ses cheveux tiraient sur le roux, son visage au menton aigu était saupoudré de taches de rousseur mais ses grands yeux sombres, d'un vert de bayou, semblaient s'ouvrir sur la générosité de son âme.

Je dis une nuit à Jutta, alors que tombait la première neige de décembre :

— Justine et Stefan semblent se plaire ensemble. As-tu remarqué les regards qu'ils échangent ? Ces deux-là seraient amoureux que ça ne m'étonnerait guère.

Jutta se jeta dans mes bras en riant.

— Il faudrait être aveugle pour ne pas le remarquer. Ça finira peut-être par un mariage...

Cela finit par un mariage, deux ans plus tard. Ils étaient bien jeunes tous les deux, mais ils s'aimaient comme on aime à cet âge : avec spontanéité, innocence, égoïsme, en écartant d'emblée toutes les conventions qui pouvaient leur barrer la route, mais, des obstacles, ils n'en connurent guère, ni alors ni plus tard.

– Peut-être, ajouta timidement Jutta, faudrait-il penser à nous. Si nous attendons il sera trop tard.

A quelques jours de là je décidai de l'épouser.

Aujourd'hui je joue les patriarches, comme feu le chevalier Karl Frederick d'Arensberg. Je donne des audiences aux habitants qui ont besoin de conseils pour des affaires familiales, des procès, des problèmes d'exploitation et parfois même de cœur. Je me suis laissé pousser la barbe ; elle est grise, raide et rare comme celle d'un mandarin chinois mais elle me donne de l'autorité.

Hans a quitté son foyer pour se marier avec une fille de Marienthal. Les autres enfants en âge de convoler ont émigré vers d'autres paroisses car le domaine de Jutta, qui est devenu le mien, n'est pas suffisant pour faire vivre plusieurs familles. Nous nous retrouvons parfois, au plein de l'été, et pour la fête du village que nous célébrons avec les Indiens qui sont revenus vers nous. La communauté familiale n'a pas été disloquée par ces départs : nous ne sommes distants les uns des autres que de quelques lieues.

Jutta vieillit doucement ; elle est un peu plus forte de la croupe et de la poitrine que lors de notre première rencontre mais son visage est demeuré lumineux comme une rose du matin et sans une ride.

Les deux enfants de Stefan et de Justine poussent dru, avec des mines et des allures de petits fauves; ils sont turbulents, mutins, parfois violents dans leurs jeux mais cela me convient : je ne déteste rien tant que les enfants moroses et renfermés.

Justine m'a annoncé il y a quelques jours qu'elle attend son troisième enfant.

– Si tu ne t'arrêtes pas avant des années, lui dis-je en plaisantant, nous devrons faire agrandir la maison.

Ce nouvel enfant qui va naître, Dieu me donnera-t-il la grâce de le voir ? Mes jours sont comptés ; je n'ose dire mes semaines. Toute la force qui me reste – et il ne m'en reste guère –, je la consacre à mes audiences et à la rédaction de ce récit. J'écris d'une main tremblante, contraint de m'arrêter souvent car ma vue se brouille et la plume échappe à mes doigts devenus insensibles.

– Je ne vous cache pas, m'a dit le docteur Bernheim, médecin de la paroisse voisine d'Augsbourg, que vous êtes gravement malade. Ce sang que vous rendez par le fondement ne présage rien de bon. Renoncez à toute activité, même à ces écrits qui s'entassent sur votre table. Au fait, de quoi s'agit-il ?

– C'est sans importance, ai-je répondu. C'est l'histoire d'une vie, tout simplement. La vie d'un honnête homme.

Au lendemain des événements sanglants d'octobre 1769, nous avons dû nous séparer de Flore et d'Azada. Lorsque Gilbert leur a annoncé cette décision, elles ont fondu en larmes, supplié qu'on les gardât. Elles étaient attachées à cette maison et à cette famille plus qu'à leur tribu. Elles nous ont quittés avec un pécule prélevé sur les économies de Gilles. Le jour prévu de leur départ elles ne se décidaient pas à l'irrémédiable. Leur petit bagage était prêt, je l'avais installé sur le dos de la jument, mais elles tournaient en rond dans la demeure, inspectant chaque pièce, redressant un cadre, essuyant la poussière sur les meubles, lissant de la main une courtepointe. De temps à autre elles essuyaient une larme d'un revers de poignet. Leur peine était la mienne, mais qu'y faire ? Gilbert était un homme, déjà, et ce qu'il décidait devait être exécuté.

– Il faut partir maintenant, dis-je. Nous avons un long

chemin à faire. Je viendrai vous rendre visite et vous pourrez me retrouver à la Côte-des-Allemands si vous avez besoin de moi.

Nous ne nous sommes jamais revus. Le temps estompe puis fait oublier les promesses de ce genre.

Des hommes noirs, envoyés par le gouverneur, vinrent à peu de temps de là pour poser les scellés sur la demeure de la rue de La Bourdonnais.

– Mon clavecin, dit Justine, j'aimerais l'emporter.

Je lui répondis que c'était impossible. Nous ne pouvions rien soustraire à la confiscation. C'était la loi. Je me proposai pourtant de racheter cet instrument lorsque le mobilier serait mis aux enchères et de l'offrir à Justine. Je confesse que cette intention m'est sortie de la tête et que je laissai passer l'occasion. Emportée par ses amours, Justine, d'ailleurs, fut moins affectée que je ne l'avais craint par la perte de son clavecin. Je fis en sorte, en revanche, de distraire de l'inventaire quelques livres auxquels Gilles tenait beaucoup, et notamment ceux de Fénelon, qui avaient appartenu à La Chaise et qu'il avait prêtés à sœur Camille du Saint-Esprit. J'y tenais car elle les avait annotés de sa main. Je pus également préserver de la vente les sanguines de M. de Rémonville représentant des portraits et des scènes de famille au temps du Vieux-Chêne. Gilbert et Justine furent sensibles à cette attention.

Le lieutenant général O'Reilly, se souvenant peut-être des autodafés de l'Inquisition, avait pris une décision qui devait avoir à ses yeux une signification symbolique : les exemplaires du *Mémoire des habitants* qui restaient en dépôt chez l'imprimeur Denis Braud seraient en partie brûlés sur la place Royale et le reste jeté au fleuve.

Je me promenais un jour de décembre, à deux mois des événements sanglants qui avaient marqué la fin de la révolution, sur la levée de La Nouvelle-Orléans, le long des appontements contre lesquels se balançait une gracieuse frégate de La Havane.

Assis pour me reposer sous un saule, dans une onde de soleil tiède, je fus témoin d'un spectacle singulier. Des commis venaient de déposer sur les planches, en amont de l'endroit où je me trouvais, des caisses dont je pensais qu'elles étaient destinées à la frégate. A ma grande surprise, ils en sortirent des liasses non encore reliées. Je me levai, m'approchai et eus un haut-le-cœur en constatant qu'il s'agissait d'exemplaires du *Mémoire*.

— Qu'allez-vous en faire ? demandai-je au greffier qui surveillait l'opération.

— Les jeter au fleuve, me dit-il. Ordre du lieutenant.

Les hommes les saisissaient à poignées, et, riant et plaisantant sur l'utilisation vulgaire qu'on aurait pu en faire, les jetaient le plus loin possible.

J'aurais dû rentrer à mon domicile car il se faisait tard et qu'un vent froid commençait à souffler sur le fleuve. Je suis resté. J'ai longé un appontement, puis la levée, puis un nouvel appontement. Je ne pouvais détacher mon regard des liasses qui descendaient lentement au fil de l'eau, taches claires sur la sombre profondeur du fleuve.

C'était comme si une bourrasque d'hiver, soudain, avait jeté dans le Mississippi une poignée de feuilles mortes.

Alexander O'Reilly ne resta que dix-neuf mois en Louisiane.

Après l'effusion de sang qui avait sanctionné la révolution, il pratiqua une politique plus souple qui lui concilia les faveurs de la population.

O'Reilly fut remplacé par un gouverneur : Bernardo de Galvez. De tempérament libéral, il s'attacha à l'essor de la province. En l'année 1770, lorsque le gouvernement du roi Charles lui confia l'administration de la Louisiane, il avait vingt et un ans. Il demeura six ans à ce poste.

Le troisième et dernier administrateur espagnol se nommait don Luis de Ungaza ; il demeura en Louisiane jusqu'en l'année 1777 et épousa la fille d'un colon, Mlle de Saint-Mexent.

Environ deux ans après la fameuse *Tea Party* de Boston, la guerre d'Indépendance avait éclaté en Amérique du Nord. Bernardo de Galvez revint pour se battre avec les « Américains » de George Washington, chef des *Insurgents*, contre les Anglais.

Le traité de Versailles, signé en l'année 1783, confirma la défaite de l'Angleterre mais ne permit pas à la France de récupérer ses possessions du Canada et de la Louisiane. On n'allait pas tarder à entendre tonner les canonnades de la grande Révolution.

Durant les événements qui agitèrent la France à cette époque, des personnages illustres, les futurs Louis-Philippe et Charles X, trouvèrent asile en Louisiane. Napoléon, le moment venu de quitter la France pour sa terre d'exil, faillit, à l'instigation de son frère Joseph, s'embarquer pour La Nouvelle-Orléans ; tout avait été préparé pour le recevoir.

En signant le traité de Saint-Ildefonse, de l'année 1800, Bonaparte avait échangé le petit royaume italien d'Etrurie, offert à l'Espagne, contre la Louisiane jugée plus française que jamais. Trois ans plus tard, estimant qu'il était difficile, voire impossible de défendre cette lointaine colonie contre l'Angleterre qui s'apprêtait de nouveau à prendre les armes contre lui, il l'avait cédée aux Américains contre une indemnité dérisoire : cinquante-quatre millions de francs. Il avait joué un mauvais tour aux Anglais mais aussi aux Américains : la guerre de Sécession allait éclater soixante ans plus tard et mettre l'Amérique à feu et à sang.

On ne peut s'empêcher de songer avec un brin de nostalgie et de regret que, si la politique extérieure française de nos rois et de nos ministres avait été plus réaliste, si le Canada puis la Louisiane n'avaient pas été stupidement abandonnés à leur sort, l'Amérique, et le monde entier, de nos jours, parleraient français...

TABLE DES MATIÈRES

Prélude et fugue pour violon solo 11

LES ANNÉES MISÈRE

Livre premier. *Biloxi*

L'île Massacre................................ 43
Au cœur de l'ouragan 79

Livre deuxième. *Mobile*

Fêtes de sang................................ 99
Les temps noirs 125
Les émigrantes 137
La mort à La Havane 161
Les surprises de la forêt 183
Noël sur la grève............................ 195
L'Indien blanc............................... 213
M. Jourdain en Louisiane 227
Odyssée au Mexique......................... 287
« La terre tremble sous tes pas lorsque tu marches » 303
Tempête autour d'un système 325
L'amour... La guerre... 343
La route du Missouri 379
La noria des aventuriers 397

Livre troisième. *La Nouvelle-Orléans*

Naissance d'une ville.......................... 407

LES ANNÉES COLÈRE

Livre premier

Le prisonnier de Kinsale......................	439
Les naufragés de la *Galatée*.................	457
Des baisers sous les magnolias	495

Livre deuxième

Boulevard des Anglais........................	519
Le Soleil de la Pomme-Blanche	535
Un collier de guerre..........................	565
Tempêtes et passions.........................	583
Ciels noirs, aubes blanches	599
Amours interdites	623

Livre troisième

Le Grand Marquis............................	647
Sur les chemins de Virginie...................	691
Le Vieux-Chêne..............................	701

Livre quatrième

Un souper de masques........................	737
La Belle Rivière	775
Sous les tentes du Seigneur	807

Livre cinquième

Les Plaines d'Abraham 827
Un homme, un cheval 841

Livre sixième

La lune de la Pluie........................... 871
La Côte-des-Allemands........................ 929
Dies Irae 939

Michel Peyramaure, romancier de l'Histoire

Cléopâtre, reine du Nil (n° 10447)

Le destin fabuleux d'une reine belle, intelligente et ambitieuse dans les fastes et les intrigues de la cour d'Alexandrie.

Henri IV
1. L'enfant roi de Navarre (n° 10367)
2. Ralliez-vous à mon panache (n° 10368)
3. Les amours, les passions et la gloire (n° 10369)

La romanesque histoire du "bon roi Henri", des châteaux du Béarn aux complots du Louvre : une reconstitution magistrale de cette extraordinaire vie de guerre, d'amour et de paix.

Les tambours sauvages (n° 3631)

De 1630 à 1690, du Périgord à Montréal, les aventures de deux jeunes orphelins, Catherine et Denis, qui, poussés par la misère, s'embarquent pour le Canada : une belle épopée qui retrace, à travers le destin des deux héros, la construction de la "Nouvelle France".

Pacifique Sud (n° 4358)

En 1768, Bougainville et les équipages de ses deux navires d'exploration partent à la découverte du Pacifique, mais les vivres et l'eau commencent à manquer, quand soudain on crie : "Terre en vue !"…

Les flammes du paradis (n° 2890)

C'est à Séverine Laveyssade et non à ses frères, l'un incapable, l'autre artiste, qu'échoit la direction des forges familiales : la saga de cette famille de maîtres de forges du Périgord nous fait revivre l'histoire de la France pré-industrielle du XIXe siècle.

Suzanne Valadon
1. Les escaliers de Montmartre (n° 10683)
2. Le temps des ivresses (n° 10684)

La vie du peintre Suzanne Valadon (1865-1938) et de son fils Maurice Utrillo : la bohème des artistes dans le Montmartre de la fin du XIXᵉ au début du XXᵉ siècle.

L'orange de Noël (n° 10049)

En Corrèze, les combats et les joies de Cécile Brunie, une jeune institutrice au coeur de la querelle scolaire, pendant la Première Guerre mondiale.

Les demoiselles des écoles (n° 10050)

La suite de *L'orange de Noël* : Cécile, à force de persévérance, a réussi à conduire Malvina, une petite paysanne que tout le village rejetait, jusqu'au certificat d'études : en 1917, elle entre à son tour à l'école normale d'institutrices. Mais les deux femmes tombent amoureuses du même homme, Fabien, un jeune communiste...

Il y a toujours un Pocket à découvrir

Achevé d'imprimer en Juillet 2000
par Maury-Eurolivres
45300 Manchecourt

POCKET - 12, avenue d'Italie - 75627 Paris Cedex 13
Tél. : 01-44-16-05-00

— N° d'imp. 238. —
Dépôt légal : juin 1998.
Imprimé en France